백악관과 빌리 그래함

낸시 깁스 · 마이클 더피 지음
류 장 열 옮김

기독교문서선교회

기독교문서선교회(Christian Literature Crusade: 약칭 CLC)는
1941년 영국 콜체스터에서 켄 아담스에 의해 시작되었으며
국제 본부는 영국의 쉐필드에 있습니다.
현재 약 650여명의 선교사들이 59개 나라에서 180개의 본부를 두고,
이동도서차량 40대를 이용하여 문서 보급에 힘쓰고 있으며
이메일 주문을 통해 130여국으로 책을 공급하고 있습니다.
CLC는 청교도적 복음주의 신학과 신앙을 선포하는
국제적, 초교파적, 비영리 문서선교기관으로서, 하나님의 뜻에 합당한 책을 만들고
이 책을 통해 단 한 영혼이라도 구원되길 소망하며
이를 위해 주님이 오시는 그날까지 최선을 다할 것입니다.

THE PREACHER AND THE PRESIDENTS
Billy Graham in the White House

by
Nancy Gibbs and Michael Duffy

translated by
Jang-yeol Ryu

THE PREACHER AND THE PRESIDENTS

Copyright © 2007 by Michael Duffy and Nancy Gibbs

This edition published by arrangement with Center Street, New York,

New York, USA.

All rights reserved.

This translation is published by arrangement with Center Street, New York, New York, USA.

through Imprima Korea Agency

이 책의 한국어판 저작권은 Imprima Korea Agency를 통해 Hachette Book Group USA, Inc와의 독점 계약으로 기독교문서선교회에 있습니다. 저작권법에 의해 한국 내에서 보호를 받는 저작물이므로 무단전재와 무단복제를 금합니다.

Korean Edition
Copyright © 2009 by Christian Literature Crusade
Seoul, Korea

추천사

데이빗 거겐(David Gergen)

(하버드대학교 교수)

지난 50년 동안 미국의 대통령들은 그들 인생의 결정적인 순간에 빌리 그래함을 찾았다. 아이젠하워는 대통령 출마를 결정하기 위해, 존슨은 대통령을 사임하기 위해, 닉슨은 대통령에 다시 도전하기 위해, 조지 W. 부시는 인생의 방향을 바꾸기 위해서 말이다. 이뿐 아니라 더 많은 일에 빌리 그래함은 대통령들의 친구요 상담자로서 영향을 끼쳤다. 이 책에서 깁스와 더피는 그들의 친밀한 우정과 그들이 영적인 은혜와 권력을 향한 열망사이에서 어떻게 우정을 지켜 나갔는가를 조명하고 있다… 이 책은 곧 바로 읽어야 할 책이다.

마이클 베쉬로스(Michael Beschloss)

『대통령의 용기: 용감한 지도자들, 그들은 어떻게 미국을 변화시켰는가?』 저자

매혹적이면서도 날카롭게 그리고 인상 깊게 종교와 미국인의 정치적 삶의 관계를 그리고 있다.

E. J. 디오니(E. J. Dionne)
『왜 미국인들은 정치를 미워하는가?』 저자

제리 팔웰 목사와 팻 로버트슨 목사가 종교를 가지고 정치를 휘젓기 오래 전부터, 빌리 그래함은 정치권력과 종교권력의 핵심을 꿰뚫고 있었다. 그리고 대통령들은 그의 영적인 권위 앞에 무릎을 꿇었다. 『백악관과 빌리 그래함』은 우리가 들어야 할 이야기를 흥미롭게 말하고 있다. 깁스와 더피는 정치행위들과 순수한 종교의 힘이 역사 속에서 어떻게 어우러졌는지 빈틈없는 기지로 파악하고 있다.

월터 아이작슨(Walter Isaacson)
『아인슈타인, 그의 생애와 우주』 저자

참으로 강력하고 영감이 넘치는 이야기다. 이 책은 목사와 대통령들 모두에게 중요한 교훈을 준다. 빌리 그래함의 생애는 믿음의 사람이 종교와 정치의 두 세계에 진입하여 어떻게 균형을 유지했는가를 보여준다. 빌리 그래함의 깊은 신앙과 인내심이 그것을 가능케 했다.

이 특별한 책에서, 「타임」의 베테랑 기자인 낸시 깁스와 마이클 더피는 어떻게 한 명의 목사가 해리 트루만 부터 조지 W. 부시에 이르기까지 모든 대통령들을 알고 지냈는지에 대해 흥미진진한 이야기를 전해준다. 미국 역사상 어느 누구도 전도자 빌리 그래함이 해낸 일을 하지 못했다. 그는 모든 대통령의 상담자였으며 모든 대통령이 기도를 요청한 목사였다. 빌리 그래함은 모든 대통령의 부인, 자녀 그리고 측근을 알고 지냈다. 그리고 1952년부터 2000년까지 거의 모든 대통령 선거에서 자신만의 독특한 역할을 수행했다.

저자 서문

　이 책을 쓰려는 계획을 세웠을 때 우리는 이 일이 쉽지 않은 일이라는 것을 알고 있었다. 또 이 책은 저자의 노력만으로 만들 수 있는 책도 아니었다. 이 책은 수백 명의 사람들의 도움을 얻어 나올 수 있었다. 빌리 그래함의 최고위 참모인 데이빗 브루스 그리고 빌리 그래함의 외교정책 고문인 존 액커스, 두 사람은 우리들의 모든 요구에 인내심을 갖고 도와주었다. 래리 로스(Larry Ross)는 몬트릿으로 가는 우리의 여정과 빌리 그래함 전도 협회에 보내는 협조요청이 원활히 진행 되도록 친절하게 도와주었다. 무엇보다도 빌리 그래함 목사 부부가 우리의 4번의 방문을 오랜 옛 친구들을 대하듯이 환영해준 것을 잊지 못할 것이다.
　우리가 「타임」을 운영하는 3명의 편집인들에게 많은 도움을 받았다는 것은 놀라운 일이었다. 그들의 도움이 없었다면 이 책은 시작도 끝도 못 맺었을 것이다. 월터 아이작슨(Walter Isaacson)은 빌리 그래함 목사에 관한 책을 처음으로 제안했고, 그가 정한 원칙을 고수할 것을 늘 감독했다. 짐 켈리(Jim Kelly)는 우리가 책에 몰두할 수 있도록 모든 시간과 장소의 편의를 돌보아 주었다. 릭 스탱글(Rick Stengel)은 정밀한 선거관련 자료를 제공해 무사히 책을 마칠 수 있도록 했다. 이 세 사람 모두 이 책의 저자라 해도 과언이 아니다. 그러나 혹 이 책에 실수가 있다면 그들의 책임은 결코 아니다.

「타임」은 처음부터 우리를 전폭적으로 지원했다. 공동 사장인 존 휴이(John Huey)와 노만 펄스타인(Norman Pearlstine)에게 감사하고 싶다. 좋은 책을 사랑하는 두 분과 함께 일하게 된 것은 행운이었다.

우리는 말에 강력한 영상 이미지가 수반할 때 힘이 있다는 사실을 오래 전부터 알고 있었다. 우리는 6명의 전문 인력의 도움을 받았는데, 「타임」의 예술 감독인 아더 호흐슈타인(Arthur Hochstein)은 밤새워 표지 디자인을 맡아주었고, 우리가 빠뜨리기 쉬운 많은 아이디어를 제공했다. 미셸 스테펜슨(Michelle Stephenson), 메리 앤 골른(Mary Ann Golon), 케이티 엘스워스(Katie Ellsworth)는 사진 편집에 도움을 주었고, 제이 콜튼(Jay Colton)은 책 속에 포함된 빌리 그래함과 대통령에 관련된 사진들을 찾아주었다. 전 백악관 사진사인 다이아나 워커는 우리와 몬트릿으로 동행해서 날카로운 관찰력으로 사진을 찍어주었다.

뉴욕과 워싱턴에 살면서 우리들과 20년 넘게 「타임」에서 일하는 여러 전 현직 동료들은 조언이 필요할 때마다 적극 도움을 주었다. 그들은 프리스길라 페인튼(Priscilla Painton), 카렌 터멀티(Karen Tumulty), 데이빗 밴 비마(David Van Biema), 제이 카니(Jay Carney), 마이크 앨렌(Mike Allen), 마이클 와이스코프(Michael Weisskopf), 캐들린 도우링(Kathleen Dowling), 라투 캠라니(Ratu Kamlani), 아만다 리플리(Amanda Ripley), 리사 베이어(Lisa Beyer), 팀 버거(Tim Burger), 랄프 스필만(Ralph Spielman), 댄 굳갬(Dan Goodgame), 리사 어거스트(Lissa August), 카릴리 새나브리아(Camille Sanabria) 그리고 쥬디 스톨러(Judith Stoler) 등이다. 특히 안드레아 삭스(Andrea Sachs)는 여러 책을 소개했다.

「타임라이프」의 기록보관 사서인 빌 후퍼(Bill Hooper)는 「타임」과 「라이프」 그리고 「피플」의 50년간의 자료를 뒤져 빌리 그래함과 대통령들에 관련된 기사나 인터뷰들을 찾아주었다. 또한 헨리 루스(Henry Luce), 폴 시니아워(Paul Siniawer), 에드문드 베한(Edmund Behan)과 빌리 그래함 사이에 주고받은 편지나 메모를 제공하였다. 그 시간이 엄청난 것이었음을 알기에 깊이 감사드린다.

또한 이 책이 나오기까지 포드 사무실의 페니 서클(Penny Circle), 카터 사무실의 데나 콩길레오(Deanna Congileo), 낸시 레이건 사무실의 렌 포웰(Wren Powell), 조지 H. W. 부시 사무실의 진 베커(Jean Becker), 클린턴 재단의 제이 카슨(Jay Carson), 힐러리 상원의원 사무실의 로라인 볼레(Lorraine Voles) 그리고 백악관의 칼 로브(Karl Rove)의 도움이 컸다.

트루만 기념도서관의 데이빗 클락(David Clark), 아이젠하워 기념도서관의 밸로지 암스트롱(Valoise Armstrong), 존슨도서관의 바바라 클리네(Barbara Cline), 국가기록 보관소 태평양 지역 담당자인 폴 웜저(Paul Wormser), 국가기록보관소의 부속실의 사르 콘웨이 란즈(Sahr Conway-Lanz), 닉슨 도서관의 메간 리(Magan Lee), 포드도서관의 데이빗 호록스(David Horrocks), 카터센터의 알버트 네이슨(Albert Nayson), 레이건 도서관의 쉘리 제이콥(Shelly Jacobs) 등이 우리가 접근할 수 없는 대통령들과 빌리 그래함 간의 편지와 회동자료를 찾는데 도움을 주었다. 부시도서관재단의 로만 파파디욱(Roman Papadiuk)은 매번 성심껏 우리를 도와주었다.

우리는 여러 가지로 방향을 지적해준 저명한 역사가들과 저널리스트들에게도 큰 도움을 받았다. 마이클 베쉬로스(Michael Beschloss)는 이 프로젝트의 처음부터 격려를 아끼지 아니했고 초고를 검토했다. 「타임」과 연합통신에 수십 년간 빌리 그래함에 관한 기사와 논고를 쓴 리차드 오스틀링은 내용이 공정한 시각으로 이 책을 검토했다. ABC 방송의 데이빗 웨스틴(David Westin)은 법조인의 날카로운 시각, 저널리스트의 호기심, 전도자의 열정으로 처음부터 이 프로젝트에 원기를 불어넣었다. 리드 엘즈비어의 태드 스미스(Tad Smith)는 우리가 만난 사람 중에 가장 지혜롭게 이 책을 검토했고 전략적 사고를 제공했다. 우리에게 이 작업을 추진하게 했던 월터 아이작슨은 검토한 원고를 보내주었는데 우리는 그 원고를 보고 비로소 편집인들이 얼마나 정밀한 글 솜씨와 통찰력이 있는지 알게 되었다.

우리가 정치에서 종교적 역할에 대한 이해를 못할 때마다 여러 사람들에게서 친절한 조언을 듣고 그들의 견해를 배울 수 있었다. 그들은 다음과 같다. 랜달 발머(Randall Balmer), 윌 빌로우(Will Billow), 조앤 브라운 캠벨(Joan Brown Campbell), 도우그 코(Doug Coe)에, 마이클 크로마티(Michel Cromartie), 오스 기네스(Os Guinness), 리차드 랜드(Richard Land), 마틴 마티, 존 매캠(Jon Meacham), 칼 토마스(Cal Thomas), 릭 워렌(Rick Warren), 짐 왈리스(Jim Wallis), 조엘 오스틴, 잭 팬넬(Jack Pannell), 리차드 오스틀링, 마크 놀(Mark Noll).

우리가 도움이 필요할 때마다 스탠포드의 마틴 앤더슨(Martin Anderson)과 블루 세이지 캐피탈의 보 바스킨(Bo Baskin), 에델만의 마이클 디버(Michael Deaver)와 ABC 뉴스의 필리스 맥그래디(Phyllis McGrady)가 도움을 주었다.

짐 다우니(Jim Downie)와 수잔 케안 토네티(Susan Kean Tonetti)의 탁월한 연구방법론은 우리로 하여금 방대한 시간적 작업에서 능률을 올릴 수 있도록 도와주었다. 「샬롯옵저버」의 문서보관담당자인 마리아 위갠드(Maria Wygand)는 우리가 도움을 요청할 때마다 친절히 응했다. 잭 발렌티(Jack Valenti), 짐 캐논(Jim Cannon), 스코트 해이그(Scott Haig), 크레이그 풀러(Craig Fuller), 로버트 매덕스(Robert Maddox), 버트 랜스(Bert Lance), 폴 켄고르(Paul Kengor), 칼 토마스(Cal Thomas), E. J. 디오니(E. J. Dionne), 도리스 케른스 굿윈(Doris Kearns Goodwin) 그리고 제이 카네이(Jay Carney)는 원고의 일부 또는 전부를 읽고 교정하고 자료를 분석했다. 그럼에도 자료해석이나 인용의 잘못이 있다면 그것은 전적으로 우리들의 몫이다.

책을 만들기까지 자양분을 제공하고, 좋은 관점으로 지적하고 또 끊임없는 관심으로 격려해준 분들이 있다. 그들은 캐롤라인 피지본스(Caroline Fitzgibbons), 캐롤 맥카이넌(Carol McKeirnan), 쉐리 웨스틴(Sherrie Westin), 팀 스미스(Tim Smith), 짐 존슨(Jim Johnson), 맥시네 아이작스

(Maxine Isaacs), 메리 루켄스(Mary Lukens), 제프 월브링크(Jeff Wallbrink), 톰 카시아토(Tom Casciato), 캐티 휴(Kathy Hughes), 마크 버스타인(Mark Burstein) 그리고 로리 비쳐(Lori Beecher) 등이다. 크리스토퍼(Christopher)와 헬레나 깁스(Helena Gibbs)는 학문적 투철함과 모험적 지성으로 책에 기여했으며 자네트 깁스(Janet Gibbs)와 로버트 그리고 낸시 더피(Nancy Duffy)는 우리에게 무한한 사랑을 보여주었고 때때로 상상력의 한계에 부딪힌 우리에게 비상한 통찰력을 제공했다.

하늘에서 온 천사 같은 크리스 박(Chris Park)은 편집인의 한 사람으로, 단조로운 문체를 멋지게 교정해서 우리의 걱정거리를 해소해주었다. 편집 책임자인 로버트 카스틸로(Robert Castillo)는 원고가 주제와 방향에서 벗어나지 않도록 조력했다. 인쇄 편집 담당인 로랜드 오트웰(Roland Ottewell)은 수많은 오류에서 우리를 건져주었고 사라 스퍼(Sarah Sper)는 우리와 호흡을 잘 맞추어 주었다. 센터스트리트 출판사(Center Street) 사장인 롤프 제터스텐(Rolf Zettersten)은 이 프로젝트의 처음부터 지대한 관심을 보여주었다.

Williams & Connolly 출판사의 밥 바네트(Bob Barnett)는 정말 탁월한 재능을 가진 사람으로 일의 초기부터 냉철한 머리와 뜨거운 열정으로 현대 출판문화의 미로에서 우리의 방향을 잡아준 사람이었다. 우리는 그가 있어서 매일 밤 단잠을 잘 수 있었다.

무엇보다도 가장 크게 감사해야 할 가족들이 있다. 이 프로젝트를 마치기 위하여 우리는 정말 무책임하게도 식구들의 모든 행사 - 바이올린 연주회, 축구게임 등 - 에 빠질 수밖에 없었다. 주중이나 주말이나 지난 2년간 우리는 거의 가족을 잊고 살았다. 데메트라(Demetra), 웨이츠(Waits), 니코(Niko), 샬롯(Charlotte), 룩(Luke), 갤렌(Galen), 제이크(Jake)는 우리를 가장 많이 돕고 격려해준 가족들이다.

이들에게 사랑과 감사를 전하며 이 책을 바친다.

역자 서문

어느 날 뉴욕에서 박영호 목사님과 출판에 관한 이야기를 나누었다. 여러 이야기를 나누다가 기독교문서선교회(CLC)가 그동안 정통 신학서적 출판에 일관된 사명을 가지고 있었지만 이제는 독자층을 전문 신학도에서 평신도 층으로 적극적으로 넓힐 필요가 있다는 공감대를 갖게 되었다. 그런 연유로 『백악관과 빌리 그래함』(*The Preacher and the presidents*)이라는 책에 주목했고 이 책은 신학도 뿐 아니라 정치인 그리고 전문적 일에 종사하는 사람들 그리고 일반 신앙인들에게도 상당한 주목을 받을 수 있을 뿐 아니라 신앙의 지평을 넓혀줄 수 있다는 생각으로 번역을 하게 되었다.

빌리 그래함 목사의 이야기는 참으로 흥미롭다. 그에 관한 책은 그의 명성만큼이나 이미 수 십 권이 나와 있지만 그와 미국 대통령들과의 관계를 집중 조명한 책은 없었다. 그래함 목사는 공적 생애 60여 년간 미국의 11명의 대통령들과 인간적이고도 영적인 관계를 맺었고 상호 영향을 주고받았다. 그것이 부정적인 측면도 있고 또 정치적인 경향을 띤 적도 있었지만 그럼에도 불구하고 한 인간 아니 한 목사가 보여줄 수 있는 파워

풀(powerful)한 영적인 삶에 관한 이야기가 객관적이고 담담하게 그려져 있다.

빌리 그래함은 또한 미국인의 정서를 정확하게 읽어내고 대통령들에게 적절한 정치적 조언을 했다. 그러나 빌리 그래함과 대통령들은 모두 그 우정으로 인해 심각한 도전에 직면해야 했다. 대통령들은 세계에서 가장 존경받는 성직자와 정치적 이해관계 없는 우정, 그 어려운 일을 어떻게 유지하려고 했는가? 빌리 그래함은 권력, 신앙 그리고 명성이 얽힘으로써 찾아올 수밖에 없는 유혹에 어떻게 대처하였는가? 그리고 대통령들의 내면 세계와 백악관에서의 업무를 지켜보면서 빌리 그래함이 얻은 교훈은 무엇이었는가?

깁스와 더피는 빌리 그래함과 대통령들의 삶을 담백하게 추적하여 그들이 겪은 시련과 승리, 죄와 용서를 가감 없이 드러냈으며 나아가 왜 미국에서는 신앙과 정치가 그렇게 단단하게 결합되어 있는지를 밝혀냈다.

이 책은 신앙인들에게 신앙과 정치, 신앙과 국가, 그리고 신앙과 사회의 제 문제의 관계를 다양한 시각을 갖고 생각해 볼 수 있는 기회를 제공한다. 신앙은 단순한 이야기가 아니다. 수직적으로는 하나님과의 관계가, 수평적으로는 인간과의 관계가 긴장을 이루고 있다. 어떤 때는 하나님 때문에 세상과 거리를 두어야 하고 어떤 때는 하나님 때문에 세상에 참여해야 한다. 거리두기와 참여 중 어느 한 지점에 선다는 것이 신앙의 정답은 아니다. 그만큼 신앙과 정치 그리고 사회참여는 역동적인 관계이다. 그런 면에서 여러 번의 실패를 거듭하지만 그래함 목사는 하나님 앞에서 나름대로 정직하려고 애를 쓰면서 자신 앞에 당면한 신앙과 정치를 포함한 삶의 문제를 외면하지 않고 있다. 그는 자신의 신앙적 입장을 절대적인 것이라고 주장하지 않는다. 단지 자신은 대통령들을 지지한 것이 아니라 대통령들을 목회한 것이라는 일관된 입장을 가지고 있다. 그래함의 열정과 고뇌, 실패와 확신 속에서 참된 신앙의 길을 숙고해 볼 수 있도록 하는 것이

이 책의 장점 가운데 하나임이 틀림없다.

이 책은 철저하게 객관적 자료에 근거하고 있다. 즉 단순하게 대통령들이나 그래함을 미화하기 위해 쓰여 진 책이 아니다. 그러기에 대통령들과 그래함의 내면의 세계를 보다 투명하게 들여다 볼 수 있다. 대통령들이나 그래함 목사는 세계의 거인들 이었지만 그들도 보다 큰 문제 앞에서 두려움과 불안에 떨었으며 갈 바를 알지 못해 방황하는 연약한 인간이었음을 새삼 바라보게 된다. 또한 대통령들의 통치 행위를 통해 미국의 정치의 변화무쌍한 여정을, 그래함의 사역을 통해 미국의 신앙의 흐름을 이해할 수 있는 책으로 평가할 만하다.

이 책은 소위 '기독교 국가'로 알려진 미국의 역사를 조명해 주고 있다. 기독교 국가인 미국은 신앙적 파워, 그리고 신앙적 견해에 따라 정치가 요동치는 나라이기도 하다. 거의 모든 대통령들은 신앙을 갖고 있거나 신앙적 배경 하에 정치를 배운다. 대통령들은 거대한 블록을 형성하고 있는 신앙인의 표심을 의식할 수밖에 없고 그러기에 자신의 신앙의 정체성을 드러내야만 했다. 대통령들의 정책은 일정부분 그들 신앙의 반영이고 유권자들은 대통령의 신앙을 통해 미국을 움직이려고 한다. 흑백 간의 인종문제, 인권문제, 세계 평화와 환경의 문제 등등이 신앙적 사고와 얽혀져 있다. 가히 미국의 역사의 기저에는 신앙이 면면이 흐르고 있다고 할 수 있다.

이 책을 번역할 수 있도록 기회를 허락하고 편집에 수고한 CLC 직원들에게 감사드린다.

뉴욕에서
류장열

약어표

BG: Billy Graham
BGEA: Billy Graham Evangelistic Association
HST: Harry S. Truman
HSTL: Truman Library
DDE: Dwight D. Eisenhower
DDEL: Eisenhower Library
JFK: John F. Kennedy
JFKLA: Kennedy Library archives
LBJ: Lyndon B. Johnson
LBJLM: Johnson Library and Museum
WHCF: White House Central Files
RN: Richard Nixon
NPM: Nixon Presidential Materials
RNLB: Richard Nixon Library and Birthplace
HRH: H. R. Haldeman
HK: Henry Kissinger
JC: Jimmy Carter
JCL: Jimmy Carter Library
GF: Gerald Ford
GFL: Gerald Ford Librar

CONTENTS

목 차

추천사		5
저자 서문		7
역자 서문		12
약어표		15
서 론	사자들과 양	19
제1장	소명	33
제2장	해리 투루만과 빌리 그래함	49
제3장	트루만의 거절	67
제4장	영적 군인	81
제5장	하나님의 지배 아래 있는 나라	97
제6장	출세가도를 달려 온 사람	119
제7장	무임소 대사	133
제8장	거룩한 전쟁	157
제9장	당신을 지지합니다	171
제10장	인생의 의미	193
제11장	14캐럿 가치의 사진	205
제12장	비극과 전환	215
제13장	빌리 그래함의 전쟁	239
제14장	설교자와 길거리 시위자	253
제15장	마음의 연대	271

CONTENTS

제16장	리차드 닉슨의 복귀	289
제17장	특사	301
제18장	백악관 예배	313
제19장	침묵하는 다수를 불러내다	327
제20장	1972년 - 진흙탕 선거	345
제21장	숙고	369
제22장	또 다른 닉슨	381
제23장	포드의 사면	399
제24장	새로운 형태의 선거전	413
제25장	대각성	431
제26장	모스크바로 가는 길	445
제27장	비밀 임무	461
제28장	부시 가문(家門)의 목사	473
제29장	내가 찾은 사람은 빌리였다	493
제30장	빌리 그래함과 힐러리 클린턴	505
제31장	깨느냐 덮느냐	521
제32장	겨자 씨앗	533
결 론	한 사람 인생이 주는 교훈	553
자료소개		565

THE PREACHER AND THE PRESIDENTS

서론

사자들과 양

    노스캐롤라이나의 몬트릿은 그레이베어드 산자락과 연결된 협곡으로 돌과 나무들로 뒤 덮여있는데 꽤 아늑한 느낌을 주는 곳이다. 한 여행자가 그곳에 도착하여 지나가는 사람에게 빌리 그래함이 어디에 살고 있는지 물었다. 그 사람은 "아, 깜짝이야. 난 잘 몰라요"라고 퉁명스럽게 말했다. 그러나 빌리 그래함의 집을 모르는 사람은 거의 없었다. 빌리 그래함은 그의 아내 룻과 함께 산등성이에 지은 지 50년도 더 된 낡은 통나무집에서 살고 있었다. 그 집은 룻이 직접 지은 것으로 빌리 그래함이 평생 살던 집이고 그의 인생 여정을 마치고 황혼기를 맞아 최종적으로 안착한 집이었다.

    아마도 모든 사람은 마음의 평화를 얻고 지금까지 살아온 인생을 돌아보며 앞으로 삶을 생각해야 할 장소로 교회를 필요로 한다. 그러나 빌리의 삶은 다른 사람과 달랐다. 그의 삶은 현대 아니 시대를 넘어 그 어떤 사람보다도 충만한 삶이었을 것이다. 빌리 그래함은 역사상 어느 누구보다도 더 많은 장소에서, 더 많은 사람에게 얼굴과 얼굴을 맞대고 말씀을 전했다. 그는 50년 넘게 417번의 복음집회를 통해 185개국에서 2억 천만 명 이상의 사람들에게 복음을 전했다. 사도바울의 모범을 따라 복음을 전한 빌리 선데이(Billy Sunday)나 드와이트 L. 무디(Dwight L. Moody) 또는 그 어느 복음전도자도 빌리 그래함만큼 그렇게 복음을 넓게 확장하지 못했다. 빌리 그래함은 무르익은 때를 만난 사람처럼 복음의 새로운 역사를 쓴 사람이었으며 그리스도를 위한 세계대사로서 그와 비교할만한 사람은 아직까지 없었다.

그의 전도운동은 그 자신을 빼놓고 설명할 수 없는 것이었다. 여러 주간동안 매일 밤마다 하는 설교로 인해 15-20파운드의 체중이 빠지는 것은 보통의 일이었다. 빌리 그래함은 "저는 종종 3개월 또는 6개월간의 전도집회를 인도했습니다.[1] 저는 제트기를 타고 집으로 돌아가 산이 주는 고요함에 파묻혔습니다. 처음 며칠 동안은 저에게 무슨 일이 일어났는지 도저히 알 수가 없었습니다. 심지어 극도의 우울한 시간을 보내었습니다. 그러나 모든 것이 금방 지나갔습니다"라고 대통령직 사임을 하려고 하는 린든 존슨(Lyndon Johnson)에게 말했다

그의 집으로 가는 길은 좁고 바람이 많이 불었다. 만약 반대 방향에서 차가 오면 한 차는 한쪽으로 서 있어야만 했다. 겨울이어서 그런지 구름은 나무아래 걸려 있었다. 나무의 가지들은 뼈만 앙상하게 남아 있었다. 가파르게 쭉 뻗은 길 끝에 도착하니 낡은 표지판이 서 있었다. "여기부터는 개인 소유 길임" 조금 들어가니 윗부분이 날카로운 체인으로 장식된 철제 자동문이 있었다. 이 문은 1968년에 에드가 후버(Edgar Hoover)의 주장으로 설치되었다. 왜냐하면 죽음의 위협이 휩쓸던 그해 여러 명의 미국의 영웅들이 암살을 당하였기 때문이었다. 암살사건으로 인해 빌리 그래함은 국가의 신변보호에 동의하였고 "무단침입자는 죽을 것이다"라는 경고문이 대문에 부착되었다.

길 끝에 이르자 땔나무들이 비에 젖은 채 쌓여있었고 돌들과 나무,

---

1) John Pollock, *Billy Graham: Evangelist to the World* (Minneapolis: World Wide Publications, 1979), 147.

판자들이 누가 집을 지으려고 쌓아 놓은 것처럼 이곳저곳에 놓여 있었다. 집에는 안내판이나 우편함 같은 것도 없었다. 여러 마리의 개와 넓은 차고는 보였지만 안에 누군가가 살고 있는 집같이 보이지 않았다.

처음 방문하는 우리는 옆쪽 문으로 들어가 긴 홀(Hall)로 들어갔는데 처음 맡는 향내가 났다. 그 향은 달콤하고도 강력했는데 디저트 음식냄새는 아니었고 집에 방향제를 뿌린 듯했다. 어느 곳에나 손으로 장식을 단단히 붙여 만든 고가구들이 배치되어 있었고 육중한 의자, 물레바퀴, 중국제 진열장과 도자기들이 눈에 띄었다. 벽에는 사진들과 여행 중 수집한 그림들이 붙어 있었다. 어두운 색깔의 나무로 만든 부엌 겸 거실에는 오븐이 있고 그 바로 앞에 테이블이 하나 놓여 있었다. 스토브 위에는 과자와 파이가 구워져 있었다. 벽 중앙에는 대형 평면 텔레비전이 달려 있었다. 신문들이 테이블 위에 놓여 있었는데 「뉴욕타임즈」가 아니라 「런던텔레그라프」였다. 거실의 피아노 아래에는 책들을 담은 큰 바구니가 있었다. 맨 위에 토마스 프리드만(Thomas Friedman)의 책 『세계는 평평하다』(*The World Is Flat*)가 눈에 띄었다. 벽난로는 매우 컸으며 그 위에 선반은 오래된 다이빙 보드로 만든 것이었다. 선반은 검게 그을려 있었고 "우리의 하나님은 강력한 요새이다"라는 독일어의 문구가 새겨 있었다.

빌리 그래함은 불빛이 약한 거실에 앉아 있었고 옆에는 시중을 들어주는 사람이 서 있었다. 그는 자신을 방문한 손님인 우리를 환영하기 위해 천천히 몸을 일으켰다. 그는 생각보다 훨씬 병세가 심했다. 그는 파킨슨병과 전립선암을 앓고 있었고 뇌에서 남은 피를 빼내기 위해 인공혈관을 설치하고 있었다. 오랫동안 그는 무서운 고통에 시달려 왔으며 스스로 자신을 낙지와 같은 신세라고 표현했다. 무거운 감정이 그를 감싸며 짓누르고 있었다. 그는 손님을 만나는 시간을 가장 좋은 컨디션을 유지할 때로 제한했다. 그 시간은 일반적으로 한낮이었다. 수년전 동맥경련이 일어나 눈에 영향을 준 이후로 시력도 급속히 약화되었다.

그 소식을 듣고 많은 사람이 빌리 그래함에게 자신의 눈을 주겠다는 의사를 밝히기도 했다. 우리를 환영하는 그의 목소리는 조용하고도 부드러웠다. 그의 매너는 시종일관 친절하고 공손했다. 그는 "당신들의 방문을 매우 기쁘게 생각합니다"라며 바로 자신의 사무실로 가자고 제안하였고 우리는 일어섰다.

그는 한쪽 방향으로 나 있는 홀을 따라 우리를 안내했다. 이리 저리 굴러다니는 테니스공 몇 개가 우리 걸음을 방해했다. 거실과 침실을 지나 개인 서재를 뒤로하니 조립식 방이 나타났다. 그 방에서는 산 정상이 보였다. 그 방은 집 한쪽 구석에 붙어 있었기 때문에 그는 여기서 소음과 방문객, 어린아이를 피해 설교를 작성하는데 사용했다. 그 방은 큰 방은 아니었지만 큰 창문이 나있었고 안락의자가 있었으며 성경과 책들로 가득한 책장이 있었다. 거기에는 양키스타디움의 10만 군중, 브라질의 25만 군중 그리고 서울에서의 100만 군중 등의 대형집회 사진이 걸려 있지 않았다. 방안에서 창문으로 평범한 흰색 십자가 탑을 가진 예배당을 볼 수 있었다. 예배당 옆의 숲은 그와 부인 룻이 죽어 매장되기로 예정된 장소였다. 방안에는 그의 화려했던 영광을 보여주는 기념품은 없었다. 오직 그의 친구들이 남겨 논 메모만 있을 뿐이었다. 미국의 대통령들, 12번이나 그를 초청한 영국 여왕, 영국의 수상들, 독일의 수상들, 무비 스타들과 스포츠 스타들 – 무하마드 알리(Muhammad Ali)는 이곳을 방문했었으며, 보노(Bono)는 이곳 거실에 앉아 피아노를 연주하고 노래를 불렀다 – 그리고 그를 찾아와 자신이 겪고 있는 문제에 대한 해답을 찾으려 했던 수많은 사람이 그의 친구였다.

그 방의 벽은 빌리 그래함의 공적이면서도 동시에 사적인 또 다른 사역을 보여주는 창이었다. 유명 인사들의 친구였던 빌리 그래함은 무엇보다도 대통령들의 목사였다. 우리는 수년간 정치에 관하여 글을 써왔다. 정치 캠페인을 취재하였고 백악관에 정치인과 그의 참모들이 들어가고 나오는 것을 수없이 지켜보았다. 그러나 어느 누구도 빌리 그래함이 한 일을 하지 못했다. 그는 정치인도, 지혜자도, 교수나 개혁자, 금융인, 이미지 메이커도 아니었지만 그 어떤 사람과는 달랐다. 그는 미국의 11명 대통령들의 친구였으며 해리 트루만(Harry Truman)부터 조지 W. 부시(George W. Bush)까지 모든 대통령과 친분을 유지했다. 누가 이것을 잘 정리해낼 수 있을는지 모르지만 지금까지 이와 같은 시도는 없었다. 이 책은 몇 가지 특성을 반영하는데 아마 대통령들조차도 알지 못했던 그들의 능력을 다소 평가하게 될 것이다.

우리는 왜 대통령 모두가 한결같이 빌리 그래함을 필요로 하였는지 알아보려고 한다. 대통령의 지속적인 관심을 끌어당긴 것이 무엇인지 빌리 그래함과 대통령 그리고 대통령직에 관련해 알아보려고 한다. 우리는 그들 상호간의 필요한 공생의 관계는 논점에서 제외했다. 그러나 설교자와 대통령이라는 공적인 무대에서 살아가는 이들이 무대의 막이 내리고 커튼 뒤로 물러나서 장시간 사적인 대화를 나눌 때 무슨 일이 일어났는지에 대해 조사했다. 우리는 어떻게 빌리 그래함이 백악관과 그렇게 오랫동안 친밀한 관계를 유지하였는지 그리고 여전히 명성을 유지하고 있는지 배우려 했다. 그것을 위해 우리가 지불해야 할 대가가 무엇인지 스스로 생각해 보았다.

이제 우리는 미국에서 공적인 인물에게 미치는 신앙의 역할에 대한 논의를 활발히 해야 하는 시기가 왔다고 본다. 마하트마 간디(Mahatma Gandhi)는 종교와 정치가 관련이 없다고 믿는 사람들은 종교와 정치 어느 하나도 이해하지 못하는 사람이라고 말했다. 어느 누구보다도 빌리 그래함은 종교와 정치라는 두 영역 안에 있었으며 수십 년간 이 두 영역을 연결하려고 애썼다. 또한 빌리 그래함은 그렇게 함으로써 이 두 영역이 적절한 거리를 유지해야 함을 배웠다. 기자들은 수년간 그를 링안에 올려놓고 인공유산, 줄기세포, 동성결혼, 자살 등에 관한 그의 견해를 밝혀보려고 애썼지만 실패했다. 그는 "나는 그것들에 관해 조언을 안 하겠습니다.[2] 이러한 민감한 이슈들에 대해서 말을 안 할 것입니다"라고 거듭 대답했다. 그는 그것들은 그대로 놔두려고 하였으며 자신의 역할을 하나님의 법률가가 아니라 하나님의 종으로 국한했다. 그는 1952년 1,600만 명의 복음주의 유권자들(evangelical votes) 앞에서 그처럼 정열적으로 선언하고 오늘까지 긴 시간동안 그러한 견해를 유지하여 왔다. 우리는 그가 어떻게 변했는지 그리고 그의 길을 지지하던 사람들에게 그가 무엇을 말해왔는지를 알아내고 싶었다.

오랜 연구 끝에 하나의 확고한 결론에 이르렀다. 그는 사람들이 신앙을 정치적 도구나 덫, 또는 무기로 사용함으로써 분열되는 것을 원치 않았다. 그는 자신의 사역을 좌초하려고 위협했던 몇 명의 대통령을 만난 이후로 이렇게 확신하게 되었다. 신앙문제에 관해서는 그는 결코 주저하지 않았다. 그러나 정치적인 문제에 관해서는 아직도 의심쩍어 한다. "백악관에서 미국의 대통령에게 말한 것을 되돌아보면 한없이 자격이 없었다는 것을 느낀다. 나는 단지 하나님이 어떠한 방법으로든 계획을 갖고 있지만 나도 그것을 이해할 수 없다는 사실만 설명할 수 있을 뿐이다." 빌리 그래함은 여전히 대통령을 위해서 기도한다. 그와 그의 부인 룻은 대통령이 누구든지 간에 매일 아침 그들을 위해 기도한다.

대통령들과의 은밀한 약속

우리는 수백만 명의 사람들이 빌리 그래함을 성인으로 여기려고 한다는 사실을 알고 있다. 우리는 그를 단순하고 매끄러운 – 이것이 앞으로의 연구에 도움이 될 것이다 – 대중적인 연설가, 아첨꾼 혹은 권력자의 앞잡이로 깎아내리는 사람들도 만났다. 빌리 그래함은 우리가 그에 대하여 글

---

2) Richard N. Ostling, "Graham Says NYC Revival Probably His Last", AP, June 16, 2005.

을 쓰는 것에 대해 어떠한 조건도 내세우지 않기로 동의하고 인터뷰에 응했다. 그는 "좋고 나쁜 것 모두를 포함하여 여러분이 하는 일이 공정하고 정직한 작업이 되기를 바랍니다"라며 우리의 작업을 환기했다.

그와 직접 만나지 않는 한 그의 영향력을 포착하기가 쉽지 않다. 많은 사람은 자신들이 만난 사람 중 가장 카리스마적 인물로 빌리 그래함을 꼽았다. 그는 휘황찬란한 지성의 소유자가 아니었다. 그는 종종 "나는 당신이 누구인지에 관심이 없습니다. 그러나 당신의 지성이 당신을 결코 천국으로 안내하지 못합니다"라고 말하곤 했다. 이것이 그만의 독특성이고 페인트 제거제처럼 자신의 허세와 교만을 제거한 그의 신실성이었다. 우리가 증거를 대기도 전에 그는 자청하여 자신의 허물을 이야기하기도 했다. 첫 번째 방문이었지만 오랜시간 대화 중에 그는 자신의 실패에 대해 거의 숨김없이 말했고 다른 사람을 정죄하는 것은 피했다. 그는 "우리는 모두 죄인으로 은혜를 찾아야 하는 사람들입니다"라고 말했다.

대통령직은 유익을 주는 경우도 있고 잃는 경우도 있는데 가장 크게 잃는 것은 우정자체를 유지하기가 쉽지 않다는 것이다. 그러나 빌리 그래함은 회의론자가 아니라 단순성을 추구한 사람이었다. 그는 "나는 분석가가 아닙니다. 나는 사람을 분석하지 않습니다. 나의 아들 중 하나는 모든 사물과 사람을 분석하는 직업을 가졌습니다. 그러나 나는 사람을 분석하려고 들지 않습니다"라고 말했다. 비평가 중에는 그가 쉽게 속고 자기 망상에 빠질 정도로 순진한 사람으로 여기는 이들도 있다. 그러나 그의 수많은 옹호자들은 그가 신실하고 긍정적이어서 그 결과로 사람들의 장점을 끌어내는 사람으로 평가한다. 그러나 이 두 그룹이 공통으로 인정하는 것은 그의 목표는 – 구속의 은혜의 복음을 전파하는 것 – 세계선교만큼이나 대통령선교(Oval Office ministry)에도 비중을 두었다는 것이다. 빌리 그래함은 백악관의 사람들을 언급하면서 말했다. "대통령들은 결국 자기 힘이 미치지 못하는 문제에 직면했지만 탈출구를 찾을 수 없었지요."

그가 알고 지낸 열한 명의 대통령 중에서 열 명은 그의 친구가 되었으며 그중 일곱 명은 아주 친밀한 관계였다. 대통령들은 빌리 그래함과 사적인 조언과 공적인 지원이라는 공표되지 않은 계약을 맺었다고 할 수 있다. 대통령들은 마음의 평안을 원했다. 그들은 가장 원초적인 질문을 했다. 아이젠하워는 "내가 과연 천국에 갈 수 있는지 어떻게 알 수 있지요?"라고, 케네디는 "당신은 정말로 예수님의 재림을 믿나요?"라고, 존슨은 "내가 죽은 후에 부모님을 만날 수 있나요?"라고 물었다. 대통령들은 세계의 종말에 대해서도 물었다. 그들은 세상의 종말을 가져올 수도 있는 능력을 소유한 최초의 대통령들이었지만 그들의 질문은 추상적이지 않고 상당히 구체적이었다. 그들은 그들 어머니의 독실한 신앙을 회고하기도 하였고 빌리 그래함과의 대화를 통해 어린 시절의 천진난만한 신앙의 세계로 돌아가기도 했다. 빌리 그래함의 이름이 화제가 될 때 보좌관들이 종종 그를 조롱하였는데 아이젠하워부터 클린턴에 이르기까지 모든 대통령은 이런 보좌관들을 책망했다. 1969년은 빌리 그래함에게 매우 특별했는데 민주·공화 양대 정당들과 공정한 입장을 유지해서 존슨 대통령의 임기 마지막 주간과 닉슨 대통령의 임기 첫 날밤을 백악관에서 정쟁 없이 머물었기 때문이다. 포드 대통령은 닉슨을 사면하기 전 주간에 이 문제를 논의하기 위해 빌리 그래함을 찾았다. 포드는 그와의 대화가 결정적이었다고 후에 말했다. 낸시 여사는 그녀의 남편 레이건 대통령이 총에 맞아 병원에 후송된 그날 빌리 그래함을 찾았다. 23년 후 레이건이 사망하였을 때 가족을 제외하고 낸시 여사가 제일 먼저 연락한 사람이 빌리 그래함이었다. 모든 사람이 불륜을 저지른 남편 클린턴을 용서한 힐러리를 이해할 수 없다고 하였을 때, 오직 빌리 그래함이 그녀의 행위를 격려했다. 클린턴은 "일반 사람들이 목사의 도움을 필요로 하는 것처럼 대통령들도 동일합니다. 대통령들도 기도와 격려, 상담, 정직성 그리고 종종 상처에 관한 대화를 필요로 합니다."[3] 대통

---

3) BC, interview, April 23, 2007.

령들은 너무 바쁘고 경호를 받고 있으며, 때로는 고립무원의 상태에 있고 또한 자신들의 실패와 두려움을 밝히고 싶지 않기 때문에 이러한 사적인 시간을 갖는다는 것이 매우 힘듭니다. 빌리 그래함은 나와 여러 다른 대통령들에게 최고의 목사였습니다. 그는 지혜롭고 신뢰할만한 분이었으며 정치적 기지도 탁월했고 특별히 온유한 마음을 소유했습니다"라고 말한 적이 있다. 대통령들이나 영부인들이 빌리 그래함을 백악관으로 초청한 것은 그와의 대화가 늘 즐겁고, 불쾌한 일이 발생하지 않으며, 그들 간의 대화가 언론에 노출되지도 않는다고 확신했기 때문이었다. 빌리 그래함은 자기와 함께하는 공간을 안전지대로 만들기 위해 노력했다. 빌리 그래함은 "그들은 제가 그들의 말을 옮기지 않는다고 믿기 시작하면서 자신들의 개인적 감정과 문제들을 터놓기 시작하였으며 저의 기도를 요청했다고 생각합니다. 그들의 사생활의 일부는 매우 곤혹스러운 것들이었지만 나는 그들 모두를 사랑했고 존경했습니다. 그들은 저로서는 상상하기 어려울 정도의 무거운 짐들을 가지고 있었습니다"[4]라고 말했다.

이 세상에서 가장 큰 권력을 가진 대통령들이 치러야 하는 대가는 직위에서 물러날 때 갖게 되는 회한의 감정이다. 빌리 그래함은 "내가 알고 지낸 대통령들 중에 트루만을 제외하고는 모두가 자신이 원하던 것을 이루지 못했다고 생각합니다. 각 행정부들은 임기 말이 다가올 때 절망감을 겪었으며 그들은 무언가 좀 다르게 끝맺고 싶어했습니다"라고 말했다. 빌리 그래함은 대통령이라는 직위가 행정부와 함께 점점 몰락해 가는 모습을 지켜보았다. 특별히 그의 절친한 친구였던 닉슨이 워터게이트 사건에 짓눌려 몰락하는 모습을 목도했다. 우리들은 대통령을 왕으로 생각해 왔다고 빌리 그래함은 말했다. "모든 대통령들은 여전히 자신의 이름을 불러주고 솔직한 조언을 하는 친구들을 필요로 했습니다⋯ 심지어 친구들조차도 진실을 말하는 것을 두려워했기 때문에 대통령은 고립되어 있었습니다. 그들

---

4) BG, interview, January 17, 2006.

모두는 '자네가 틀렸어!'라고 말할 수 있는 친구들이 필요했습니다. 그리고 저는 그런 친구가 되려고 했습니다."[5)]

그러나 빌리 그래함 마음속의 약속은 깨질 때도 많았다. 빌리 그래함은 아무도 모르게 후문을 통해 백악관에 들어가 대통령의 개인적 고백을 들어 주었다. 그들의 이야기는 전쟁에 관한 화제로 바뀌기도 했다. 모든 진행사항은 사적인 문제로 처리되었다. 그러나 빌리 그래함은 지상에서 가장 유명한 목사였고 그가 행한 일은 비밀에 부쳐질 수 없었다. 그의 출현 자체가 뉴스거리였다. 비록 그는 사적인 대화들의 비밀을 지키는데 사려 깊게 행동했지만 때로는 깊은 생각 없이, 때로는 말하지 않을 수 없는 상황으로 인해 언제나 언론에 공식적인 발표를 했다.

빌리 그래함의 역할은 빌리 그래함과 대통령 모두에게 유혹이 찾아오는 자리이기도 했다. 모든 대통령들은 빌리 그래함과 맺은 독특한 관계로 인해 정치적인 곤욕을 치루기도 했다. 아이젠하워는 "무신론의 공산주의"와 대결하기 위하여 종교적으로 부상하는 스타인 빌리 그래함을 활용했다. 케네디는 취임식 4일전에 빌리 그래함을 초청해 골프를 쳤는데 이것은 가톨릭 대통령을 바라보는 개신교인들의 적대감을 완화하기 위한 것이었다. 존슨은 빌리 그래함을 앞세워 자신의 정책인 빈곤과의 전쟁이 성경적으로 근거가 있다는 것을 보수적 침례교인들에게 확인하려고 했다. 레이건은 이스라엘에 우호적인 복음주의자들에게 공중경보시스템(AWACS)을 사우디아라비아에 판매하는 것이 안보에 문제가 되지 않는다고 설득하기 위해 빌리 그래함에게 도움을 요청했다. 부시는 1차 걸프전쟁을 개시하기 전날 밤 빌리 그래함에게 자신의 곁에 있어달라고 부탁했다. 클린턴은 오클라호마에서, 조지 W. 부시는 9·11사태 때에 빌리 그래함의 도움을 받았다. 또한 그들 대부분은 빌리 그래함에게 취임식을 부탁했다. 그들은 아마도 빌리 그래함을 사랑했고 또 그를 필요로 한 것 같다. 그렇다고 그들이

---

5) *Christianity Today*, January 4, 1974.

빌리 그래함을 활용하기를 꺼려했다는 것을 의미하지 않는다. 또한 대부분의 대통령들 주변에는 도덕을 초월하는 전략가들이 많아서 도덕적이고 영적인 동맹자들을 자신들의 전투원으로 사용하려고 했다.

빌리 그래함은 자신이 종종 이용당하고 있다는 세간의 비난을 인정하지 않았다. 그는 대통령직이 신성한 성격을 갖는다고 확고히 믿었다 - 이것은 대통령들이 인간이 아닌 존재라는 의미는 아니다. 그는 대통령은 정당을 넘어서 국익에 관심을 가져야만 하는 사람이라고 믿었다. 그는 대통령들은 비록 하나님의 뜻을 완전히 이해하지 못한다 할지라도 나라를 인도하도록 하나님으로부터 선택받았다는 사실을 믿어야 한다고 대통령들 한 사람 한 사람에게 말했다. 빌리 그래함이 전한 복음의 내용은 전능하신 하나님께 순종하는 것이었다. 이 순종을 자연스레 대통령에게로 향했다. 그래서 빌리 그래함은 대통령을 신뢰하고 순종해야 하며 "대통령 주변에 기도의 담을 쌓아야 한다"[6)]고 사람들에게 말했다.

대통령과 은밀한 약속은 두 가지 방법으로 시행되었다. 그리고 빌리 그래함이 얻은 대가는 정치에 대한 매력에 깊이 빠져든 것이었다. 트루만을 만났을 때 빌리 그래함은 – 빌리 그래함은 당시 31살로 이미 혜성과 같이 떠오른 복음주의 스타였다 – "저는 정치적인 흐름을 주의 깊게 지켜보고 있습니다. 제가 사람들을 만나면서 보고 들은 것을 언제든지 대통령께 알려드릴 수 있으면 큰 기쁨이 될 것입니다"[7)]라고 말했다. 빌리 그래함은 아이젠하워와 닉슨에게 관심을 가져야 할 주(州)가 어디인지, 최소한의 비용으로 최대의 효과를 가져 오는 텔레비전 광고는 어떻게 활용하는 것이 좋은지 조언했다. 수십 여 년이 흘러도 역시 그는 대통령 후보들에게 선거유세, 정치적 전략, 지도력의 형태 등에 대해 조언하기를 즐겼다. 나라의 민심이 양분되었을 때에도 다양한 해법을 가진 정치인들에게 빌리 그래함은

---

6) David Frost, *Billy Graham: Personal Thoughts of a Public Man* (Colorado Springs, CO : Victor Books, 1997), 106.
7) BG to HST, July 31, 1950, HSTL.

협력의 대상이었다. 황혼기에도 빌리 그래함은 부인과 여전히 토론을 즐겼다. "저는 CNN을 시청하고 싶지요. 그런데 부인은 폭스(Fox) 뉴스를 즐겨봐요." 그의 눈에 눈물이 맺혔다. "그런데 그것 때문에 말다툼이 생기죠."

중요한 것은 그의 정치적인 사역이 영적인 사역에 얼마나 도움이 되었느냐 하는 것이었다. 빌리 그래함과 대통령들 그리고 수상들과의 친밀한 관계는 1900년대 중반 복음주의 부흥에 도움이 되었고 복음주의를 미국의 주류세력으로 부상시켰다. 그는 역사 이래 전도자를 한 번도 가져보지 못한 지역에서도 복음을 전했으며, 그가 가는 곳마다 거대한 군중이 모였고, 남아프리카에선 인종통합집회를 했으며 철의 장막에서도, 북한에서도 복음을 전했다. 그는 지구의 모든 곳의 땅 끝까지 찾아 복음을 배달했다. 빌리 그래함은 "제가 대통령들의 친구가 되지 않았다면 대부분의 지역에서 초청을 받지 못했을 것입니다. 옐친(Yeltsin)이 저를 초청한 이유도 대통령 때문이었습니다… 제가 다른 민족에게 그리스도를 전할 수 있었던 것은 주님께서 대통령들을 사용하셨기 때문입니다"[8]라고 주장했다.

무엇보다도 가장 중요한 것은 그들 우정이 난공불락의 요새 문을 열었다는 것이다. 그러한 문들 중에 하나가 백악관이기도 했다. 빌리 그래함은 "대통령에게 영적인 일에 대해 말하거나 대통령을 앞에 놓고 기도하는 사람이 없었습니다. 저는 이것이 하나님이 저를 사용하시는 방법이라고 느꼈습니다"[9]라고 말했다.

그렇다면 빌리 그래함은 어떤 대가를 치루고 이런 기회를 얻을 수 있었는가? 빌리 그래함은 교만이 죄라고 생각했다. 그러면 아첨은 무엇인가? 그는 돈이나 권력을 탐하기 위하여 귀인들 그리고 정치인들과 동맹을 맺은 것은 아니었다. 그러나 복음을 전하기 위하여 그들을 활용하는 것은 세상과의 타협은 아니었을까? 빌리 그래함은 영웅들에게 권력으로 가는 길을 도와주고 그들에게 영적인 방향을 제시하는 것을 여기 지상에서 하나님의

---

8) BG, interview, January 18, 2006.
9) Frost, *Personal Thoughts*, 54.

왕국을 강화하는 것이라고 믿었다. 그러나 사탄도 모호한 방법으로 예수를 시험했다. 사탄은 일시적인 권력과 같은 세상의 것으로 예수를 미혹해서 그의 눈을 하나님에게서 떠나게 하려고 했다. 빌리 그래함은 자신의 정치적 참여를 "미디어를 사용하고 대통령의 능력을 활용하여 제 사역을 이끌어 갔던 경향이 있었습니다"[10]라고 시인했다.

빌리 그래함과 같이 접근할 수 있는 길이 있음에도 그것을 사용하지 않는 사람이 얼마나 있는가? 또 심각하게 고민하지 않고 그것을 사용하는 사람은 얼마나 있는가? 빌리 그래함에 대한 철저한 비판은 오히려 빌리 그래함의 정직성, 신실함 그리고 그리스도에 대한 그의 전폭적인 위임을 증명했다. 그러나 빌리 그래함의 열렬한 팬들 중에 일부는 빌리 그래함의 경우가 경계의 지침이어야 한다는 사실을 인정한다. 만약 존경받는 인물이, 고상한 동기, 의도가 없는 순수함, 경계를 촉구하는 아내 그리고 수많은 경험에도 불구하고 정치와 만남의 장에서 때때로 균형감각을 상실한다면, 심지어 권력의 유혹에 저항하지 않고 두 왕국(지상의 왕국과 영적인 왕국-역주)의 연합을 거부하지 않는다면 누구나 그의 추구하는 지혜를 의심하지 않을 수 없을 것이다.

빌리 그래함과 같이 접근할 수 있는 길이 있음에도 그것을 사용하지 않는 사람이 얼마나 있는가? 또 심각하게 고민하지 않고 그것을 사용하는 사람은 얼마나 있는가? 빌리 그래함에 대한 철저한 비판은 오히려 빌리 그래함의 정직성, 신실함 그리고 그리스도에 대한 그의 전폭적인 위임을 증명했다. 그러나 빌리 그래함의 열렬한 팬들 중에 일부는 빌리 그래함의 경우가 경계의 지침이어야 한다는 사실을 인정한다. 만약 존경받는 인물이, 고상한 동기, 의도가 없는 순수함, 경계를 촉구하는 아내 그리고 수많은 경험에도 불구하고 정치와 만남의 장에서 때때로 균형감각을 상실한다면, 심지어 권력의 유혹에 저항하지 않고 두 왕국(지상의 왕국과 영적인 왕국-역주)의 연합을 거부하지 않는다면 누구나 그의 추구하는 지혜를 의심하지 않을

---

10) BG, interview, January 19, 2006.

수 없을 것이다.

　빌리 그래함의 대통령들과 관계를 보는 시각은 닉슨의 워터게이트 사건 이후로 달라졌다. 그렇다고 빌리 그래함이 대통령에 대한 사역을 포기한 것은 아니었다. 그는 더욱 조심스럽게 처신했으며 대통령들을 바라보는 기대치를 낮추었고 대통령 친구들을 더욱 신중하게 선택했다. 포드와 카터는 튼튼한 영적인 배경을 가지고 있었고 그들 자신의 영적 조언자들도 가지고 있었지만 정치적인 문제들로 빌리 그래함의 도움을 찾았다. 레이건과의 우정은 – 빌리 그래함은 말하기를 레이건과 가장 친하게 지냈다고 했다 – 전적으로 사적이었고 노출이 되지 않았다. 정치적인 동맹이 아니라 영적인 조언자의 역할에 국한하겠다는 빌리 그래함의 맹세는 십여 년간 잘 지켜졌다. 그러나 그의 가장 가까운 친구들 중에 대통령을 원하는 사람들이 생겨났을 때 또 다시 빌리 그래함은 시험의 세계로 빠져들었다.

　빌리 그래함은 여전히 이 세상에서 가장 존경받는 복음주의 지도자로 남아있다. 다른 후배 목사들이 공공의 장소에 군중을 불러 모으고 정치세력을 형성하며 대통령 후보자들을 고무시키고 사회적 참여에 뛰어드는 시점에도 빌리 그래함은 여전히 모든 신앙인들에게 존경받고 사랑받는 인물이었다. 그는 하나님은 한 나라 한 민족만을 사랑하지 않는다고 말했다. 그의 인생 말년의 모든 메시지는 전 세계의 고통 받는 사람들의 문제와 하나님과 화해하라는 것에 초점이 맞춰져 있다. 이제 그의 길고도 특별했던 삶은 급하게 종결되려는 시점을 맞이하고 있었다. 빌리 그래함은 두려움도 후회도 없는 표정으로 "저의 인생은 얼마 안 남았습니다"라고 우리에게 말했다. 그의 인생은 거대했다. 그는 호기심이 많았던 사람으로 자신 앞에 지금보다도 더 큰 또 다른 모험이 기다리고 있다고 믿고 있었다.

　그는 이 땅에 남아있는 시간동안 걸어 온 인생을 뒤돌아 볼 것이고 또 자신의 이야기를 말해줄 것이다. 그리고 그의 가르침은 그가 떠나간 뒤에도 영원히 남을 것이다.

제1장

소명

인생을 살면서 저는 복음 전하는 것 이외에 어떠한 동기도 없었습니다.[1]
그 많은 대통령을 알고 지냈다는 사실에 저 자신도 놀랐습니다.
- 빌리 그래함 자신의 소명에 대해 말하면서

1949년 9월 23일

하늘이 캄캄하고 우박이 쏟아지는 금요일 아침 11시가 임박하자 백악관 홍보실의 머틀 버그하임(Myrtle Bergheim)이 기자실에 들어왔다. 그녀가 "홍보수석이 떠나지 말고 기다리라고 합니다.[2] 그가 잠시 후에 중대발표를 할 것입니다"라고 어슬렁거리고 있는 기자들에게 말했다.

몇 분이 지나자 12명의 기자들이 홍보수석이며 해리 트루만의 오랜 친구인 찰스 로스(Charles Ross)가 서 있는 호두나무로 만든 책상 앞으

---

[1] BG, interview, January 17, 2006.
[2] "A Little Something," *Time*, October 3, 1949.

로 모여들었다. 그는 "문을 닫아 주세요. 이 발표문이 모든 사람에게 배포되기 전에 먼저 나가서는 안 됩니다"라고 말했다. 그는 원고를 배부했다. 기자들은 원고를 읽기 시작했다. 그리고 저마다 문을 박차고 백악관 로비를 향하여 질주했다. 이 소동에 박제 사슴의 코가 떨어져 나갔다. 드디어 그들은 기자실에 도착해 수화기를 들었다. 2분 후 기자실의 전신기의 벨이 급보를 타전했다. 11시 8분에 연합통신의 속보가 방송을 탔다.

백악관은 "최근 몇 주 전 소련에서 핵폭발 실험을 한 증거를 가지고 있습니다"라고 발표했다.

순진무구한 기사들은 신문에서 사라지고, 「타임」(Time) 은 "소련의 핵 실험은 전국을 삽시간에 공포의 충격으로 몰아넣었습니다… 전 세계가 1945년의 사건을 겪은 이후로 미국 국민도 이제 천둥소리나 해일의 공포처럼 다가와 순식간 모든 것을 파괴하는 핵의 위협 하에서 사는 것이 무엇인가를 배워야 할 때가 온 것입니다"[3]라는 기사를 실었다. 일부 의회지도자들은 워싱턴 정부 관료를 교체할 것을 요구했다. 퇴역군인들은 "옛날 군복을 다시 꺼내 입는 것이 좋겠어"라고 비꼬는 투로 말했다. 국방부장관 루이스 존슨(Louis Johnson)은 신문들에게 경제공황 등의 선동적 기사를 내지 말라고 경고했다. 허스트(Hearst <1863-1951>, 미국의 신문왕 - 역주)의 신문 「뉴욕저널-아메리칸」(New York Journal-American)은 원폭으로 인해 완전히 죽음의 도시로 변한 맨해튼의 가상 모습을 신문 첫 페이지로 장식했다.

이 뉴스는 여름이 끝날 때까지 불안을 일으켰으며 트루만에게는 무거운 짐이 되었다. 1949년 전반기에는 트루만의 업적으로 인해 - 4월의 나토 조약의 서명과 한 달 후의 소련의 봉쇄를 깨뜨린 베를린 공수로의 확보 - 경제는 침체를 벗어나기 시작했고 사회불안도 상당히 해소된 상태였다. 기소된 소련의 간첩 알저 히스(Alger Hiss)의 위증죄 재판은 7월

---

3) "The Terrible Job," Time, September 5, 1949.

에 불일치 배심판결로 끝나고 검찰의 새로운 고발로 재판은 가을에 열릴 예정이었다. 장개석의 국민군이 모택동의 백만 공산군에게 붕괴된 중국의 정세로 인해 트루만과 국무장관 에치슨(Acheson)은 곤경에 빠져 있었다. 실업률은 급증했고 무역흑자는 13%나 감소했다. 사람들은 경기침체를 매우 심각하게 말하기 시작했고 전후 번영을 누리고 있었지만 떨쳐버리기 쉽지 않은 불안감이 국민 사이에 팽배했다. 트루만은 평소처럼 백악관을 방문한 전국소녀단 대표들에게 "백악관은 없는 것 없이 다 갖춘 커다란 흰색 감옥이죠. 그러니 대통령은 감옥에서 일하는 끔찍한 직업이라 할 수 있어요"[4]라고 농담을 했다. 자신의 조카들인 넬리와 놀란드에게 보낸 편지에서 "나는 이 세상에서 지금까지 열려진 어떠한 판도라의 상자보다 더 심각한 고통 속으로 들어가는 데에 성공을 했단다"[5]라고 좀 더 심각한 표현을 썼다.

당시 소련은 핵폭탄을 갖게 되었다. 한 주 후인 10월 1일 전 세계 인구의 5분의 1을 차지하는 공산주의 국가, 중화인민공화국이 역사에 첫 걸음을 내딛었다. 이 사건은 미국을 마비시켰고 일순간 충격에 빠지게 하기에 충분했다.

미국이 정신적 충격에 빠진 것처럼 빌리 그래함의 마음도 혼돈 그 자체였다.

당시 31세의 빌리 그래함은 그해 아주 고통스러운 여름을 보내고 있었다. 휘튼대학을 졸업한 후 5년간 대부분의 시간을 개인적 부흥운동과 청년들을 위한 복음집회로 전국을 동분서주하며 보냈다. 이러한 경험으로 인해 그의 명성은 높아졌고 사역은 확장되었다. 그러나 절친한 일부 동료들이 그의 신앙을 뒤흔들어 놓았다. 그해 유능한 친구이자 동역자인 찰스 템플턴(Charles Templeton)[6]이 공동사역을 중단하고 지성적

---

4) "The Terrible Job," *Time*, September 5, 1949.
5) HST, letter to Nellie and Ethel Noland, September 8, 1949, quoted in David McCullough, Truman (New York: Simon and Schster, 1992), 750
6) This account comes from Templeton's online memoir, *Inside Evangelism: Touring with Youth for Christ and Billy Graham*, www.templetons.com/charles/memoir/.

신앙을 추구하기 위해 프린스턴신학교에 가기로 결정했다. 그리고 기회가 있을 때마다 빌리 그래함을 자기의 방향으로 끌어당기려고 노력했다.

템플턴이 노스캐롤라이나에 있는 빌리 그래함의 집을 방문했을 때 "빌리, 창조에 대한 성경의 관점을 더는 믿을 수 없어. 이 세계는 창조된 것이 아니야. 이 세계는 수백만 년이 넘게 진화해 왔어. 이건 의심할 수 없어. 이미 증명된 사실이야"라고 말했다.

빌리 그래함은 "나는 그것을 받아들일 수 없어. 유명한 학자들 중에는 그렇게 믿지 않는 사람도 많아"라고 말했다.

템플턴은 "그들이 누군데? 보수적 신학교에 있는 사람들이지?"이라고 되물었다.

빌리 그래함은 "그래, 그들 대다수 그러나 그것이 중요한 것이 아니야"라고 답했다. 그리고 빌리 그래함은 젊은이를 위한 사역을 통해 배운 것을 설명하기 시작했다. 그가 확실하다고 인식한 것들은 그가 설교할 때마다 - 심지어 그와 템플턴이 인도한 젊은이들 집회에서[7] – 그의 눈앞에서 그리고 내부에서 발생하였기 때문에 "의심할 수 없는 것"이었다.

빌리 그래함은 "성경을 문자 그대로 하나님의 말씀으로 인정하고 선포할 때 나는 능력을 경험해왔어. 내가 사람들 앞에서 '하나님이 말씀하시기를' 또는 '성경이 말하기를' 하고 시작하면 성령이 나를 사용하셨어, 그때에 열매가 있었고 청중은 아멘으로 반응을 하지. 너나 나보다 더 지혜로운 사람들이 수세기동안 그런 문제를 가지고 논쟁해 왔어. 나는 시간도 없고 모든 신학적 논쟁을 검사할 수 있는 지적 능력도 지성도 없어. 그래서 나는 최종적으로 결정했어. 질문은 더는 하지 말고 성경을 하나님의 말씀으로 그대로 받아들이기로 말이야"라고 설명했다.

템플턴은 매우 혼란스러웠다. 그는 질문하거나 검증하지 않는 것을 지적 자살이라고 생각했다. "빌리, 생각 없이 믿는다는 것은 불가능해,

---

7) "Youth for Christ," *Time*, February 4, 1946.

그렇게 한다는 것은 지성을 죽이는 거야. 그것은 결국 불순종, 신앙의 파괴가 되고 말거야. '너는 마음과 목숨과 뜻을 다하여' 하나님을 사랑하라는 그리스도의 명령[8]을 불순종해서는 안 돼."

이런 대화는 둘 사이에 상당기간 계속되었다. 그들은 빌리 그래함이 뉴욕에 찾아왔을 때와 8월에 로스앤젤레스 교외 한 수양관에서 한 번 더 만났다. 빌리 그래함은 그 도시에서 가장 야심만만한 집회를 준비하고 있었다. 과거에 다른 설교자들은 이와 같은 대형집회를 생각하지 않았었다. 1차 세계대전 이래로 그리고 선데이와 에이미 셈플 맥퍼슨(Aimee Semple McPherson)의 시대 이후로 미국에서 이 같은 대형 복음집회는 한 번도 열리지 않았다. 1946년에 하버드신학교의 총장 윌라드 스페리(Willard Sperry) 목사가 "우리는 지금까지 부흥운동에 매우 싫증나 있습니다.[9] 가장 퇴보적인 교회를 제외한 모든 교회들은 신자들에게 가장 유익한 것은 교육이라는 데에 동의하고 있습니다"라고 선언했다.

그러나 빌리 그래함과 로스앤젤레스 사역팀의 생각은 달랐다. 그들은 지역교회들과 비즈니스 그룹 그리고 기도그룹으로 조직을 나누고 기도했다. 포스터제작과 광고비로 25,000달러가 지출되었고 광고의 내용은 "오세요. 빛의 탑을 가진 천막교회로 그리고 들어 보세요. 미국에 돌풍을 몰고 온 청년전도자로부터"였다. 그러나 빌리 그래함에게 방해꾼이 나타났다.

신학적인 괴리로 방황하던 템플턴은 집회장소로 찾아와 "빌리, 네가 말하려고 하는 것은 50년이나 시대에 뒤떨어진 것이야"라고 빌리 그래함을 책망했다.[10] 템플턴은 "사람들은 더는 성경을 너처럼 영감의 책으로 받아들이지 않아. 네 신앙은 너무나 단순하고 너의 말은 시대에 뒤

---

8) William Martin, *A prophet with Honor: The Billy Graham Story* (New York: William Morrow, 1991), 111.
9) William G. McLoughlin Jr., *Billy Graham: Revivalist in a secular Age* (New York: Ronald Press, 1960), 3.
10) Billy Graham, *Just As I Am: The Autobiography of Billy Graham* (New York: HarperCollins, 1997), 138.

떨어졌어. 만약 성공적인 사역을 원하면 새로운 말을 배워야만 해"라고 말했다.

그들의 대화는 진리를 결정하는 순간이었다. 젊은이들을 복음의 대상으로 삼은 이 뛰어난 설교자에게, 자신의 신학을 시대의 유행에 맞추지 않고, 특별히 최근의 신학자들의 호소가 광범위하게 지지를 받고 있는 이때에, 시대의 사조에 역류하여 쉽고도 간단한 방법을 추구하는 이 설교자에게 이것만큼 커다란 시험이 어디에 있겠는가? 그러나 빌리 그래함에게는 성경의 무오성을 믿는 것과 현대의 대중적인 방향을 택하는 것 사이의 갈등이 문제가 아니었다. 그에게 문제는 성경을 믿느냐 아니면 목회를 그만두느냐 하는 것이었다. 그는 "평범한 농부가 되기에는 너무 늦었다"[11]라는 결론을 내렸다.

빌리 그래함의 인생과 사역에 결정적 전기가 되는 하나의 사건이 일어났다. 이 사건의 내용은 로스앤젤레스 수양관 땅 바닥에 설치된 기념패에 기록되어 있다. 그는 잠이 오지 않고 마음의 번뇌가 심할 때 늘 그랬던 것처럼 수양관 근처의 숲으로 산책하며 바람을 쐬었다. 그는 달빛이 비추는 밤에 나무 그루터기 위에 앉아 성경을 읽고 기도를 했다. 성경 안에는 그가 이해할 수 없고, 혼동되고, 반박하고 싶고, 불가사의한 것들이 너무 많았다. 마침내 그는 성령이 자신을 해방시키는 체험을 하고 결심했다. "하나님 아버지, 이 성경을 당신의 말씀으로 받아들이겠습니다. - 믿음으로"[12]

그래함은 최근 몇 개월 동안 체험하지 못했던 하나님의 임재를 느꼈다. 그리고 영적인 전투가 진행되었으며 마침내 승리했다고 자각했다. 후에 윈스턴 처칠이 빌리 그래함에게 천국에 대하여, 아이젠하워가 구원에 대하여, 존슨이 죄와 심판에 대하여 물었을 때, 그의 확고부동한 대답은 그들을 자리에 앉혀 경청하게 하는 권위가 있었다. 그는 하나님의

---

11) Ibid., 139.
12) Ibid., 139. There are many versions of this story, but the memoir seems most authoritative.

말씀을 필사하는 사람이 아니라 말씀의 전달자였다. 그가 맡은 하나님의 말씀을 해석하거나 꾸미려 하지 않았기 때문에 그의 능력은 폭발적이었고 자신의 역할을 감당하는 데에 완벽했다. 그는 이처럼 견고했다.

천막집회

'러시아의 핵무기 소유'라는 긴급뉴스로 로스앤젤레스의 시민도 크게 동요하였기 때문에 빌리 그래함은 그것에 맞추어 메시지를 준비했다. 유력한 로스앤젤레스의 후원자들이 만든 광고에는 "큰 키에 늘씬한 몸, 금발의 멋진 곱슬머리의 잘 생긴 얼굴을 가진 빌리 그래함은 광고모델처럼 돋보이며, 스타들과 동일한 몸짓을 보여준다. 그는 심리학 교수처럼 생각하며 노스캐롤라이나 사람처럼 말하고 선데이와 무디를 합친 것처럼 설교한다. 그는 명성을 얻기 위해 자신을 과장하지 않으며 단지 노스캐롤라이나 언덕에서 온 빌리라고만 소개한다. 그는 성경의 진리에 관해선 문자적 해석만을 신뢰한다. 그는 단정한 머리에 멋진 넥타이를 매고 색깔 있는 양말을 신는다. 그는 미국에서 가장 걸출한 복음전도자라고 알려져 있다. 그는 예화를 거의 사용하지 않으며 감상적인 이야기도 삼가하며 죽음의 참상에 관한 일은 절대 금물이다. 그의 선포의 내용은 거의 현재의 사건들이다"[13]라고 소개되었다.

그 지역 구세군의 공공부문 담당자인 어떤 사람은 전도집회를 자원하여 도왔다. 그는 기자들에게 빌리 그래함의 첫 번째 전도집회를 꼭 취재해달라고 부탁했다. 그러나 다음날 신문들에서 빌리 그래함에 관한 한 줄의 기사[14]도 발견할 수 없었다.

---

13) Fact Sheet by Lloyd Doctor, Christ for Greater Los Angeles, November 21, 1949.
14) *JAIA*, 143.

빌리 그래함은 설교에 "러시아는 핵실험에 성공했습니다.[15] 적들의 핵이 겨누고 있는 지역이 어디인지 여러분은 알고 있습니까? 뉴욕입니다! 두 번째는 시카고, 세 번째는 로스앤젤레스입니다"라는 긴급뉴스를 포함했다. "이 사악하고 죄악이 관영한 도시, 흉악한 죄와 도덕적 파멸로 세계에서 악명 높은 이 도시를 하나님이 보호하실까요?" 처음에 빌리 그래함은 옷깃에 마이크를 꽂은 채, 밝은 수제품 넥타이, 화려한 구두, 그의 바짝 마른 몸을 감싼 더블 재킷 복장으로 무대를 종횡무진하며 마치 하나님의 진노를 청중에게 쏟아 붓는 것처럼 그의 팔을 흔들어 댔다. 빌리 그래함은 청중의 이혼, 도박, 거짓예언, 변절 등의 죄를 열거했다. "여러분들은 공산주의자라 할 수 있는 제5열[16](적지에서 스파이로 활동하는 사람을 지칭 -역주)이 미국의 다른 도시들보다 이 로스앤젤레스에서 더 활개치고 있다는 사실을 알고 있습니까? 이제 우리는 심령의 부흥이 필요한 때입니다."

빌리 그래함은 손을 이용해서 세계를 흑과 백으로 묘사했다. 사람들은 전후(戰後)의 그림자 속에서 불확실성과 씨름을 하고 있었기 때문에, 그의 확고하고도 단순명료한 메시지는 신선한 버팀목이 되었다. 그날 밤 개회모임에 약 3천명의 사람이 참석했다. 이 숫자는 신자들을 제외한 것으로 놀랄만한 것이었다. 시간이 지남에 따라 여러 가지 변화가 있었다. 빌리 그래함의 설교에 사람이 모여든 것은 아마 당시의 지배적인 분위기가 그런 것이기 때문일 수도 있고 아니면 시대가 뒤숭숭했기 때문일 수도 있다. 또는 링링브라더스 서커스단이 멋진 쇼로 사람들의 관심을 끌어당기는 것처럼 일반적인 호기심일 수도 있다. 빌리 그래함의 집회는 치밀하게 준비된 회개의 메시지로 이 세상과 전혀 다른 세계를 소개했다. 부름에 응답하는 사람들 중에는 도청범죄자, 올림픽출전 육상선수도 있었다. 한 유명한 라디오 편성자는 자신의 죄를 예수 안에서 발견하고 주류 판매 금지론자로 변하여 대통령 선거에 출마하기도 했다.

---

15) McLoughlin, *Revivalist in a Secular Age*, 47.
16) Ibid., 48.

제1장 소명   41

어느 날 밤 빌리 그래함과 그의 팀이 집회장소에 도착하자 사진 기자들과 기자들의 환영을 받았다. 과연 어떤 일이 이 땅에서 일어난 것일까? 한 기자가 "당신은 지금까지 윌리엄 랜돌프 허스트(William Randolph Hearst)에게 주목을 받아왔습니다"라고 말했다.

빌리 그래함은 그 신문왕을 만나 본 적이 없었다. 빌리 그래함은 후에 자신의 방송설교를 청취해왔던 헤드라(Hedla)라는 가정주부에게서 허스트와 매리온 대비스(Marion Davies)가 전도집회에 변장을 한 채 왔었다는 이야기를 들었다.[17] 허스트는 대중들이 관심을 갖는 일에 꽤나 흥미를 느끼기 때문에 전도집회에 온 듯했다. 빌리 그래함의 전설적인 집회가 끝나고 허스트는 사무실로 돌아와서 그의 모든 신문사에 "떠오르는 빌리 그래함"이라는 두 단어의 전보를 보냈다. 허스트의 모든 신문은 이 전국적인 전도집회에 대하여 기사를 쓰기 시작했다. 그리고 다른 매스컴들도 이것을 기사화하기 시작하는데 오래 지체하지 않았다. 전도집회 마지막 주간에 이르자 「라이프」(Life), 「뉴스위크」(Newsweek)뿐 아니라 주요 신문들이 빌리 그래함에 관한 기사를 쓰고 있었다.

기자들은 이것을 남부 캘리포니아 역사상 가장 큰 집회라고 불렀다. "수천 명이 꼬리에 꼬리를 물었다. 복고풍의 기독교가 로스앤젤레스를 휩쓸었으며, 심지어 선데이의 명성을 능가하는 전도집회였다."[18] 이것이 「뉴욕선」(New York Sun)의 머리기사였다. 빌리 그래함의 말 한마디 한마디는 전국 뉴스거리가 되었다. 파시즘과의 대결에서 승리한 이후 불과 4년 만에 미국의 도시를 한 번에 파괴시킬 수 있는 능력을 보유한 공산주의자들과의 대결이라는 상황에 당황하는 청중에게 빌리 그래함은 해답을 주기 위하여 온 힘을 다했다. 트루먼이 국민에게 소련의 위협을 거듭 상기시킬 때 이미 그들의 핵실험 성공을 예견했다. 그러나 예상한 시간보다 빨리 온 것이었다. 조 맥카시(Joe McCarthy)는 공산스파이들이 미국 정부에 깊숙이

---

17) *JAIA*, 150.
18) *New York Sun*, November 2, 1949.

침투해서 기밀을 빼내가고 있다고 매년 주장하였는데 소련의 핵실험으로 그의 주장이 확인된 것처럼 보였다.

빌리 그래함도 미국 안에 있는 스파이에 대하여 경고했다. 그리고 그리스도만이 가장 위험한 적에게서 미국을 보호할 수 있다고 설교했다. 그는 "서구 문명과 그것의 열매는 성경에 기초해 있습니다… 반대로 공산주의는 하나님을 반대하며 그리스도와 성경 그리고 모든 종교를 대적합니다. 공산주의의 정신, 목표 그리고 동기는 사탄에서 기인한 것입니다"[19]라고 말했다.

로스앤젤레스 전도집회는 예정된 3주가 아니라 8주간 지속되었다. 제인 러셀(Jane Russell), 진 어츄리(Gene Autry)와 같은 스타를 포함하여 약 35,000명이 참석했다. 아직 회심을 경험하지 않은 무비스타가 퉁명스럽게 빌리 그래함에게 "빌리, 당신은 흥행성에서 결코 우리와 경쟁이 되지 않아요.[20] 우리는 비결을 알아요. 당신이 무대에 올라 설교하는 매일 밤 내가 함께 있겠습니다"라고 말했다.

빌리 그래함은 일약 유명인사가 되었다. 동부로 돌아가는 기차에 탔을 때 사람들은 걸음을 멈추고 그를 알아보았다. 그의 다음 집회는 1949년 뉴욕에서 시작하여 보스턴으로 이어졌다. 보스턴의 신문들은 빌리 그래함을 "모험과 스릴이 넘치는 남부인(southerner)", 노란색 캐딜락을 타고 "1,600마일(12,000 스다디온을 마일로 환산한 수치 - 역주)의 길이, 1,600마일의 넓이 그리고 1,600마일의 높이(계 21:16)"를 가진, 황금 길과 진주로 만든 문과 그리고 매월 다양한 과일이 열리는 나무를 가진 천국의 모습을[21] 진지하게 소개하고 있다. 빌리 그래함은 "우리는 신문들 사이의 취재 전쟁의 대상이 되었습니다"라고 말했다. 각 신문들은 전면에 빌리 그래함의 기사를 다루려고 서로 경쟁했다. 몇 년이 지난 후 그의 설교가 문제가 되었을 때 그는 자신의 "젊은 동역자"에게 시대와 주해에 관한 신학적 견해에 일부

---

19) Martin, *PWH*, 115.
20) *JAIA*, 154.
21) Martin, *PWH*, 126; see also "Heaven, Hell and Judgement Day," *Time*, March 20, 1950.

문제가 있었음을 언급했다.

빌리 그래함의 정치적 이력도 쌓여가기 시작했다. 그는 매사추세츠주 하원으로부터 기도해 줄 것을 요청받았다. 기자들은 죽었을 때 받는 형벌 같은 영적인 질문부터 마샬플랜(Marshall Plan)에 따른 외국원조 같은 현실적인 문제에 이르기까지 빌리 그래함의 입장을 물었다. 그는 후에 "제가 말한 것이 나도 모르는 사이에 기사화되었습니다. 나는 진실로 자격을 갖춘 사람이 아님을 잘 알고 있습니다.[22] 저는 정말로 타당한 것을 말할 수 있을 만큼 경험이 충분하지 못했습니다. 그러나 사람들은 제가 권위 있는 말을 해줄 것을 기대했습니다. 저는 매우 두려웠습니다"라고 인정했다. 그는 기자들에게 악과 싸우기 위해선 마샬플랜보다 영적 부흥이 더 유익하다고 말했다. 그리고 그는 "우리는 절망 속에 우리 자신을 너무 허비하고 있습니다. 우리는 전 세계를 지속적으로 도울 능력이 없습니다"[23]라고 경고했다. 그는 기자들이 자신의 말을 메모하는 것을 보면서 빠르게 첨가했다. "그러나 제가 이렇게 말한 것을 트루만에게는 알리지 마십시오."

그러나 결국 트루만은 듣게 되었다.

희망의 시작

시간이 흘러 어떻게 무명의 설교자를 이 시대의 가장 유명한 전도자로 알게 되었는가라는 질문에 빌리 그래함은 두 사람이 중요한 역할을 했다고 답했다. 한 사람은 허스트였고 다른 사람은 「타임」의 설립자이고 가장 영향력 있는 출판인이었던 헨리 루스(Henry Luce)였다. 허스트와 루스는 좋은 사이가 아니었으나 - 미디어의 황제자리를 놓고 다투는 사람들이

---

22) Marshall Frady, *Billy Graham: A Parable of American Righteousness* (Boston: Little, Brown, 1979), 204.
23) Martin, *PWH*, 128.

었다 - 그 둘은 빌리 그래함을 매우 좋아했다.

    대통령들과 똑같이 설교자들도 대중에게 전달할 메시지를 가지고 있다. 1945년 이후로 빌리 그래함과 같이 교회 설교단이 아니고 자신의 전도 집회에 사람들을 끌어당기는 순회전도자는 말하는 능력이 매우 중요했다. 근본주의자들은 금지령의 붕괴, 기독교 범위에 대한 강력한 도전으로 인해 주류의 위치를 상실한 이후 무대 밖에서 활동해 왔다. 그들은 전국적인 네트워크를 가진 미디어에서 도외시되었지만 라디오, 잡지, 팸플릿 그리고 앞으로 10년 안에 다가올 텔레비전과 케이블 그리고 인터넷의 영향력을 재빨리 간파했다. 빌리 그래함 이후 보다 많은 청중을 확보하는 목표를 가진 세속적인 인쇄 매체가 필요했는데, 그와 같은 보수적 신학 색채를 가진 종교 지도자들 중에는 어느 누구도 생각하지 못한 일이었다.

    빌리 그래함은 변화의 흐름과 변화에 대한 사람들의 적응력을 미리 내다보는 직관이 있었다. 그는 일찍이 사진의 능력을 실감했다. 빌리 그래함은 1946년 폐허된 유럽으로 떠나기 위해 시카고의 오하레(O'Hare) 공항에서의 일을 회상했다. 수백 명의 사람들이 환송하기 위해 모였고 수십 명의 사진기자들도 함께 했다. 그들은 공항 아스팔트에 무릎을 꿇고 이번 선교에 하나님께 도움을 구하는 기도를 하였고 사진기자들은 분주하게 움직이며 그들을 찍었다. 그들은 천사들의 도움을 찾으며 "여러분, 계속 기도합시다. 기도가 전부입니다. 계속 하십시오, 그리고 한번 더 기도하십시오"[24] 하며 서로 독려했다. 사진기자들은 이것을 친절하게 사진으로 찍어 세상에 알렸다. 템플턴은 "그 사진에서 빌리와 내가 웃음을 참지 못하는 모습을 볼 수 있었지"라고 회상했다.

    허스트는 빌리 그래함의 유럽선교를 취재하기 위하여 사진기자를 보냈다. 그리고 로스앤젤레스 집회를 후원해 줌으로써 다시 한 번 빌리 그래함에게 도움을 주었다. 그러나 빌리 그래함의 공적인 후원자 역할을 민첩하

---

24) Templeton online memoir.

게 또 지속적으로 해 준 사람은 루스였다. 빌리 그래함은 자기의 메시지가 그렇게 멀리 전달된 이유를 알고 있었다. 빌리 그래함은 루스 같은 영향력 있는 사람에게서 적극적인 도움을 받은 것은 하나님이 자신에게 문을 열어준 것이라고 생각했다.

루스는 선교사의 아들로 그가 보여준 애국심과 신앙심은 믿지 않는 사람들에게는 종종 이해될 수 없을 정도로 철두철미했다. 그는 위인들만이 그들의 용기와 무욕(無慾)으로 역사를 창조해 나간다고 믿었던 사람이었으며 「타임」을 이러한 자신의 믿음을 담아내는 그릇으로 생각했다. 그는 칼빈주의 장로교의 신실한 신자이었는데, 이것이 그를 당시의 많은 미디어계 거물들과 구별하는 여러 요인 중의 하나였다. 그는 눈치가 부족하고, 외로움을 타며, 활동적이고, 무뚝뚝했으며, 순진무구하고, 호기심이 끊이지 않는 등 다양한 성격의 소유자였으며 사람들이 읽기를 원하는 것이 무엇인지를 정확히 알아내는 직관을 소유하고 있었다. 그와 빌리 그래함은 서로 완벽하게 잘 맞는 사람이었다.

1950년 봄에 루스의 친구인 버나드 바우치(Bernard Baruch)는 루스의 사우스캐롤라이나 여름 별장인 홉카우 만의 농장을 찾아갔다. 당시 그 지역의 한 신문은 빌리 그래함이 콜롬비아에서 선포한 설교들을 실었다. 바우치는 루스에게 "젊은 설교자가 이 지역으로 내려 왔는데 그는 설교도 잘 할 뿐 아니라 아주 뛰어난 판단력도 있었다"[25]라고 말했다. 친구의 이야기를 들은 루스는 빌리 그래함을 직접 만나보기로 마음먹었다.

「타임」의 애틀랜타 지부 책임자인 윌리엄 하우랜드(William Howland)는 사우스캐롤라이나의 찰스톤에서 루스를 만난 후 그의 지시에 따라 빌리 그래함의 전도집회 후에 주지사인 스트롬 더몬드(Strom Thurmond)와 함께 저녁식사 약속을 받아냈다. 하우랜드는 집회에 모여든 군중을 보며 남부지방에 부흥의 불길이 일어났음을 알아챘다. "모인 청중은 진실하지

---

25) BG to Roy Rowan, unpublished transcript from "A Candid Talk with Crusader Billy Graham," *People*, November 26, 1975.

만 성공하는 삶에서 거리가 멀어 의기소침했으며, 허름한 옷에 낮은 교육 수준, 더욱이 남부인 특유의 고지식함을 가진 사람들이었다. 교파적으로는 거의 침례교도, 감리교도 그리고 하나님의 교회(Church of God)에 속하여 있었다.[26] 집회에는 10대 사춘기 소녀들과 노인들, "린트천을 머리에 두른 사람들과 농부들도" 참여했다. 주차장에는 대형차들이 많지 않았지만 청중은 조지아, 플로리다, 노스캐롤라이나 등 여러 지역에서 몰려들었다. 더몬드와 그의 아내는 상원의원 올린 존슨, 대법원 판사 제임스 비어네스, 트루먼 정부의 1기 국무장관과 함께 설교단 단상에 앉아 있었다. 국무장관은 예배에 대하여 "나는 여러 수상과 대통령 그리고 왕과 많은 시간을 보냈습니다… 그러나 나의 인생에 있어서 가장 감동적인 순간은 이 자리였습니다"[27]라고 말했다.

루스는 빌리 그래함을 가장 신경 쓰이게 하는 대상이 귀빈 청중일 것이라고 생각했다. 빌리 그래함은 하나님의 심판에 관하여 준비한 자신의 설교가 그들을 당황케 할 수도 있어서 일부 원고 내용을 바꾸고 싶은 마음이 강하게 들면 어떻게 해야하나 하는 걱정에 휩싸이기도 했다. 그러나 빌리 그래함은 권력자들에게 호감을 얻기 위하여 적당히 설교하는 것을 하나님이 인정하지 않을 것이며, 그렇게 하면 하나님의 심판이 자기에게 떨어질 것을 두려워했다.[28] 결국 빌리 그래함이 준비한 대로 설교를 선포했고 루스는 매우 당황했다.

빌리 그래함은 "천국에 가기 위하여 여러분이 해야 할 일은 예수님을 믿는 신앙뿐입니다. 사람들이 수소폭탄에 관하여 이야기 할 때 나의 마음은 매우 무겁습니다. 그러나 나는 두려워하지 않습니다. 폭탄이 떨어지고 내 몸이 산산조각이 날지라도 나는 천국에 갈 것을 믿습니다"라고 선포했다. 그는 계속 말하면서 청중이 있는 통로까지 내려갔다. 일부는 울부짖었

---

26) William Howland memo, March 14, 1950.
27) McLoughlin, *Revivalist in a Secular Age*, 56.
28) Pollock, *Billy Graham: The Authorized Biography* (New York: McGraw-Hill, 1966), 71.

고 일부는 침묵을 지킨 채 단호한 태도를 유지했다. 그 자리에는 여러 명의 눈이 충혈된 채 서 있는 나이 많은 여성, 머리를 땋은 어린 소녀, 작업복을 입은 청년이 있었다. 그때 성가대는 빌리 그래함의 애창찬송인 "큰 죄에 빠진 날 위해"(통일찬송가 339장 - 역주)를 불렀다. 집회가 끝난 후 빌리 그래함은 그대로 서서 집으로 돌아가는 그들을 바라보았다.

주지사의 관저로 돌아온 루스와 빌리 그래함은 신학에 관해 좌담하면서 밤늦게까지 머물렀다. 빌리 그래함은 "루스는 나와 대화를 계속하고 싶어 했습니다.[29] 내가 순수하고 정직했는지 알아보려고 말이죠"라고 말했다.

이들의 만남은 빌리 그래함에 대한 「타임」의 보도에 강력한 영향을 주었다. 2월호 「타임」에서는 "말만 그럴듯한 31세의 전도자 빌리 그래함은 마치 망치로 내려치는 듯한 자신의 강력한 음성이 마비된 양심을 깨뜨릴 수 있다고 자신만만해 했다"[30]라고 다소 비아냥거렸다. 그러나 루스와의 만남 이후 「타임」의 논조에서 비난은 찾아볼 수 없었다. "매부리코의 핸섬한 전도자 빌리 그래함은[31] 그의 특유의 은유법을 사용하여 옛 보수주의 기독교를 멋지게 전달했다. 그는 심판의 날에 대해 말했다. '하나님이 말하고 있습니다,' '파송하라! 심판 집행자를,' '하나님이 당신의 TV 카메라에 당신들의 삶을 요람에서 무덤까지 샅샅이 찍었기 때문입니다. 하나님은 그의 책에 인간의 죄에 대하여 기록하였습니다… 당신은 준비가 되었습니까?'"

빌리 그래함은 루스와 만난 것이 얼마나 영예로운 일이었는지 그에게 편지를 썼다. 편지에 빌리 그래함은 자신이 다음 달 워싱턴 D.C.의 상원개원식에 기도 인도자로 청빙을 받았다는 것과 그곳으로 전도사역팀을 데리고 오라고 촉구하는 상원의원들의 명단을 적었다. 빌리 그래함은 루스에게 "주님께서 우리를 위하여 일하고 있습니다.[32] 이것이 제가 당신에게 알려주

---

29) Rowan, *People* transcript, November 26, 1975.
30) "The Whiskey Rebellion," *Time*, February 20, 1950.
31) "Heaven, Hell and Judgement Day," *Time*, March 20, 1950.
32) BG to Henry Luce, March 31, 1950, Luce archives. Graham Letters 1950-1960, used by permission, all right reserved.

고 싶은 일의 발단이 될 것입니다. 만일 워싱턴 D.C.가 영적 부흥을 경험하고 국가 지도자들이 우리가 당면한 딜레마에 대한 해답을 찾기 위하여 그리스도께 돌아온다면 역사의 방향은 달라질 것입니다"라고 말했다.

전도집회의 희망은 이제 시작했다. 그의 전략은 이런 것이었다. 즉, 영향력 있는 사람들의 심령을 먼저 변화시키고 그다음 그들을 통하여 많은 사람들에게 영향력을 행사하는 것이다. 급진사회개혁주의자들의 노력은 곧 좌절될 것이다. 그러나 빌리 그래함이 헨리 루스에게 전달해준 복음적 신앙은 결코 시들지 않을 것이다. 그의 목표는 "워싱턴 행정부와 국회의사당의 언덕에 그리스도를 심으라. 그러면 국가의 문제는 스스로 해결될 것이다"이었다.

제2장

해리 트루만과 빌리 그래함

> 저는 어떤 일에 두려워하는 사람은 아닙니다. 그러나 그에게 개인적인 신앙에 대해 물어봤을 때 두려워할 수밖에 없었습니다. 그는 산상수훈을 믿고 황금률에 따라 살려고 노력한다고 하였습니다. 즉시 저는 그에게 말하였습니다. "그것으로는 결코 충분하지 않습니다!"[1]
>
> - 해리 트루만과의 첫 번째 만남에서

빌리 그래함과 해리 트루만은 잘 어울릴만한 공통적인 배경이 많았다. 두 사람은 놀라운 회심을 경험한 농장주 가문에서 자란 독실한 자녀들이었다. 비록 세대가 다르지만 - 그들이 만났을 때 빌리 그래함은 31살이고 트루만은 66세였다 - 그들은 가치관과 취미에 있어서 비슷했고 비교적 연소한 나이에 명성을 얻었다. 빌리 그래함은 우유보다 강한 자극을 주는 음료수는 절대로 마시지 않았던 반면, 해리 트루만은 버본 위스키(bourbon)

---

[1] BG, interview, January 18, 2006.

를 좋아했고 포커게임을 즐겼다. 대통령은 그의 동료들과 비교해 볼 때 독불장군은 아니지만 강직한 사람이었다. 그는 결코 재즈세대를 포용하지 않았고 댄스도 배우지 않았으며 19세기의 미국의 작은 마을들이 가졌던 유산(遺産)인 검소하고 실용적인 실내장식을 고집했다. 트루만이 가진 미국에 대한 비전과 가치들은 빌리 그래함이 매번 성도에게 설교한 내용과 동일한 것이었다.

무엇보다도 그들은 다른 누구보다도 많은 것을 성취하였음에도 불구하고 끝까지 겸손을 유지한 사람들이었다. 윈스턴 처칠이 말한 대로 트루만은 "다른 사람보다 더 많은 재능을 가지고 서구문명을 구원한" 사람이었다. 그러나 그는 인류역사에 야만적인 사건을 일으킨 사람으로 조롱을 받기도 했다. 독서광이던 학생시절엔 그는 피아니스트가 되는 꿈이 있었다. 새로운 일을 하게 된 젊은 시절, 그에게 거금이었던 25달러를 마크 트웨인(Mark Twain) 작품[2]을 무대에 올리기 위해 사용했다. 그러나 사업을 하던 아버지가 밀(麥)에 투자한 것이 실패해 파산하였을 때 그는 대학 연극에서 손을 떼었다. 백악관에 입성하기 전 그는 캔자스 시티의 우체국원에서 산타페 철도회사의 일용자로, 은행원, 농부, 방물장수 그리고 캔자스 시티의 민주당 소속 정치인을 거쳤다. 나이 50세에는 미래가 불투명한 평범한 상원의원이었다. 그러나 그는 1944년에 민주당의 파워그룹 간 경쟁의 우연한 산물로 부통령이란 절대 권력을 소유하게 되었다.

빌리 그래함은 친구들에 비하면 불가사의한 인물이었다. 그는 이미 유럽과 미국 전역에 걸쳐 수백만 사람들에게 설교를 하였는데, 그때 나이가 불과 30세 였다. 그러나 그 정도의 유명세는 아직 놀랄만한 것이 아니었다. 그는 천국에 가서 하나님께 묻고 싶은 첫 번째 질문은 "왜 하필이면 저였습니까?"였다. 노스캐롤라이나 샬롯 지방 외곽에 위치한 농장출신의 평범한 학생이었던 그는 여자 친구와 데이트하고 야구놀이를 하고 싶어 했던

---

2) McCullough, *Truman*, 83.

평범한 소년이었다. 그는 전설적인 야구선수 베이브 루스와 만난 적이 있었고 한때는 어떤 목사에게 영향을 받아 장의사가 되고 싶었다고 말하기도 했다. 시골 출신의 소년은 복음전도자가 되어 대통령보다 더 큰 자부심을 가진 사람으로 성장하게 되었다. 빌리 그래함의 집을 방문한 어떤 목사가 12살의 개구쟁이 소년인 빌리에게 "저리로 가라. 꼬마야, 너는 결코 목사가 될 수 없어"[3]라고 말한 것은 경건한 신앙인이었던 그의 부모를 실망을 안겨주었다. 한편 빌리는 유능한 세일즈맨이었다. 대학생이 되기 전, 방학에 세탁용 솔을 팔러 방문판매 경험이 있던 그는 후에 "성실성"이 복음전도 뿐 아니라 상품을 세일즈 할 때도 가장 중요한 부분이라고 결론지었다.[4] 나이 17살 때 노스캐롤라이나 몬로 지방의 감옥에 수감된 알콜 중독자, 도적, 부랑자들에게 한 설교가 그의 첫 설교였다.[5]

빌리 그래함은 처음에 사우스캐롤라이나 그린빌 지방의 밥존스대학교(Bob Jones University)에 다녔다. 이 학교는 엄격하고 보수적인 교육을 하는 학교로 그의 어머니 모로우(Morrow) 빌리 그래함은 아들에게 최상의 선택이라고 생각했던 곳이다. 이곳에서는 학생들이 데이트하는 것을 허락받아도 같은 소파에 함께 앉을 수 없었다. 빌리 그래함은 더는 그곳에 있고 싶지 않았다. 그는 다른 대학으로 전학을 가기 위하여 총장인 밥 존스(Bob Jones) 박사를 만나러 갔다. 그때 밥 존스는 빌리 그래함에게 화를 내며 아무것도 될 수 없는 실패자가 될 것이라고 악담을 했다. 빌리 그래함은 "나는 환멸을 느꼈고 크게 낙담한 채 그의 연구실을 나왔습니다"[6]라고 말했다. 비록 그는 장로교인으로 자라났지만 플로리다신학교(Florida Bible Institute)에 등록을 하였고 1939년에 남침례교 목사로 안수를 받았다. 4년 후에 그는 일리노이 주의 휘튼대학(Wheaton College)을 졸업하였고 그의

---

3) Stanley High, *Billy Graham: The Personal Story of the Man, His Message and His Mission* (New York: McGraw-Hill, 1956), 103.
4) Ibid., 108.
5) Noel Houston, "Billy Graham," *Holiday*, February 1958, 138.
6) *JAIA*, 41.

부인 룻(Ruth)과 함께 인문학 학위를 받았다. 1년 반 후에는 일리노이주 웨스턴 스프링 지방의 작은 교회의 목사로 부임을 했다가 그곳에서 복음전도의 소명을 깨닫고 젊은이들을 위한 순회전도자가 되기 위하여 목사직을 사임했다.

트루만과 빌리 그래함은 정신적인 면에 있어 비슷한 점이 많았다. 둘은 감상적이며, 관대하고 낙관적이며 호기심이 많고, 애국심이 깊고 자기훈련에 철저한 사람이었다. 두 사람 모두 하버드클럽 회원같이 정확한 발음을 구사하진 못했다. 또한 미묘한 말투를 사용하거나 빈정거리지 않았으며 자신의 문제에 영악스럽지 못했다. 두 사람은 단순했지만 그들이 만난 실제 상황은 그렇지 못했다. 그들 주변에는 약점을 캐서 공격하는 사람들로 넘쳐났다. 백악관의 트루만 전임자들은 매우 치밀한 수완가였지만 트루만과 빌리 그래함은 모두 그들과는 거리가 멀었다.

처음에 빌리 그래함은 국민으로부터 존경심을 일으키는 투르만의 열정과 방법에 감탄했다. 모이네스에서 청소년 집회를 준비하던 때에 빌리 그래함은 동료 클리프 바로우와 함께 트루만의 연설을 듣기 위하여 새벽에 달려갔는데, 그때는 대통령 선거전이 막바지에 다다르던 1948년 이었다. 트루만과 토마스 듀이(Thomas Dewey)는 그해 9월 아이오와 주(州)를 자기편으로 끌어들이려고 농장밀집지역일대에서 캠페인을 벌이고 있었다.[7] 트루만은 기자들에게 "우리는 힘겹게 싸우고 있어요. 그러나 그들에게 반드시 패배를 안겨줄 것이오"[8]라고 말했다. 빌리 그래함은 기차의 후미와 한참 떨어진 "연단 보호막" 한쪽으로 갔는데, 그곳에는 수백 명의 지지자들이 그의 연설을 듣기 위하여 모여 있었다. 그때 빌리 그래함은 대중을 사로잡는 대가의 능란한 언변을 보고 감탄을 했다. 그것은 자신이 인도하는 영적부흥회의 세속적 재판(再版)이었다. 그리고 그곳에서 신앙집회와는 또 다른

---

7) "Strategy Is Seen in Iowa Campaign," *New York Times*, September 12, 1948.
8) "Truman Off on Western Trip Promising He'll 'Fight Hard,'" *New York Times*, September 18, 1948.

형태의 뜨거운 열기를 체험했다. 트루만은 농사일과 농장생활 그리고 경제에 대하여 이야기 했다. 그리고 자신의 아내 베스와 딸 마가렛을 청중에게 소개했다. 이것은 가식 없이 진실하게 보였기 때문에 특권의식[9]에 젖어 농부의 등을 치던 공화당원들에게 충격을 주었다. 빌리 그래함은 클리프에게 "만약 오늘 더 많은 사람이 모였다면 트루만이 승리를 바로 거머쥐었을 거야"[10]라고 말했다.

시간이 한참 지난 후에 빌리 그래함은 당시 자신은 누구를 찍었는지 기억할 수 없다고 회고했다. 빌리 그래함은 민주당원으로 성장했고 듀이는 그의 친구이자 개인변호사가 되었다. 일 년 후, 로스앤젤레스에서 전국적인 관심을 받기 전, 빌리 그래함은 대통령의 참여를 자신의 전도운동에 지렛대로 삼고자 하는 의도를 품었다. 그 당시 빌리 그래함은 미국 최초로 가장 연소한 대학총장이 되는 특별한 이력을 가지고 있었다. 그는 당시 저명한 복음주의의 리더인 윌리엄 릴리(Riley)가 발탁하여 북서부지역학교 연합회 의장과 미네소타에 있는 보수적 신학교의 총장직을 계승하도록 하게 했다. 그의 초창기 공격적 복음전도전략 중 하나는 기독교방송을 시작한 것이었다. 1949년 2월 트루만은 "독창적이며 강력한 라디오 방송 KTIS[11]가 미니애폴리스에서 이번 주 개통방송을 합니다"라는 내용의 전보를 받았다. 일요일 오후에 열린 개통식에는 사회, 종교 등 모든 분야의 지도자들이 참석했다. 빌리 그래함은 대통령에게 "축하전보를 보내주시면 감사하겠습니다. 이 방송은 비영리로 운영하여 중서부지방에서 선한 사역을 하는데 헌신할 것입니다. 진심으로 당신의 회답을 기다립니다"라고 썼다.

이러한 빌리 그래함의 행동이 그의 직관과 운명에 하나의 실마리를 준다. 트루만의 비서인 찰리 로스는 대통령께서 모두 다 도울 수 없는 것을 유감으로 생각하고 있으며 또한 다 답해줄 수 없을 만큼 너무 많은 요청을

---

9) "Calls GOP Cunning," *New York Times*, September 19, 1948.
10) BG, interview, January 18, 2006.
11) BG, telegram to HST, February 8, 1949, HSTL.

받고 있음을 알아 달라고 재치 있게 답장을 썼다. 빌리 그래함은 "여기 북서부 지역의 1,100명이 넘는 학생들이 매일 지혜가 풍성하고, 격무 중에 바른 길로 인도하시라고 대통령을 위해 하나님께 기도하고 있음을 알아주십시오… 우리는 하나님께서 당신을 대통령으로 선택하셨다고 믿고 있습니다."[12]라고 답장을 썼다.

이것은 영적인 아첨으로 볼 수도 있을 것이다. 그러나 대부분 빌리 그래함은 누가 대통령이 되었든, 그들의 정치적 견해가 무엇이든지 가리지 않고 그들을 돕고 기도하는데 거리낌이 없었다. 선거철이 되면 그는 하나님의 뜻이 이루어지기를 기도했다. 그리고 승리자가 확정되면 그가 자신이 마음에 두었던 사람이든 아니든 관계치 않고 공적인 지지를 보냈고 기도로 도왔다. 이 같은 자세는 그로 하여금 정치적 중립을 유지할 수 있었고 하나님이 선택했다고 믿는 대통령들의 결정에 섣불리 비판하지 않는 계기를 만들어 주었다.

트루만은 너무나 겸손하여 자신의 대통령직을 "하나님의 선택"이었다고는 상상조차 하지 않았다. 그러나 전기작가 데이빗 맥컬로우(David McCullough)가 쓴 바에 의하면 트루만의 신앙은 예기치 않던 권력자의 죽음과는 관계없이 순수한 것이었다. 루스벨트의 갑작스런 죽음[13]으로 1945년 4월 대통령직을 승계하는 자리에서 대법관 헬렌 스톤은 백악관 관리인의 책상에서 꺼내 온 값싼 기드온 성경을 사용했다. 트루만은 취임식이 끝났을 때 그 조그만 성경 앞으로 다가가 성경에 입을 맞추었다. 그리고 예상과는 달리 대통령 취임 초기 국정운영은 순조로웠다. 트루만은 자신의 일기에 "일이 순조롭게 풀려나가는 것은 하나님께서 함께 하신다는 것 말고는 설명할 길이 없다. 나는 하나님께서 인도하고 계신다고 믿었다"[14]라고 기록했다. 트루만은 자주 백악관 밖 라파예트 공원을 가로질러 가면 있는

---

12) BG to Charlie Ross, February 17, 1949, HSTL.
13) McCullough, *Truman*, 347; also "The Thirty-Second," *Time*, April 23, 1945.
14) McCullough, *Truman*, 390; also HST diary, May 27, 1945.

세인트존 교회에 참석해 쉽게 눈에 띄지 않는 뒷좌석에 앉아 예배드렸다.

그러나 트루만은 순회설교자들에게 의심의 마음을 품고 있었다.[15] 트루만은 "마을에서 큰소리를 지르며 말씀을 전하는 복음전도자들에게 저녁마다 달려갔었습니다"라고 자유분방하게 자라난 어린 시절에 대하여 말했다. 당시 빌리 그래함의 스타일은 아주 화려했다. 화사한 넥타이나 색깔 있는 양말 뿐 아니라 수많은 청중을 사로잡는 화려한 설교 스타일이 검소한 생활태도를 유지하는 트루만에게는 너무 사치스러운 모습으로 보일 수 있었다.

트루만의 첫 번째 거절에 빌리 그래함은 실망하지 않고 로스앤젤레스 사역 이후 다음 집회에 전력했다. 그는 1950년 보스턴에서 신년집회를 열고 트루만에게 다시 전보를 보냈다. 로스앤젤레스 집회 성공이후 보스턴의 "냉담한 신도들"의 반응은 매우 놀라운 것이었다. 보스턴은 이 남부의 설교자가 쇼 같은 무대를 가지고 성공할 수 있는 도시가 아니었다. 「보스턴헤럴드」(*Boston Herald*)는 신년호 제목을 "신년쇼를 하기 위해 온 복음전도자"로 달았고, 설교를 듣기 위하여 원숭이가 아니라 많은 사람이 올 것이라는 빌리 그래함의 생각을 비웃었다. 그러나 그날 보스턴집회에는 호텔이나 나이트클럽보다 더 많은 사람이 모인 것으로 판명 났다. 집회 진행위원회는 이제 빌리 그래함이 대통령에게 전보를 보내야 한다는 쪽으로 결론을 내었다. 역사적인 전보의 내용은 "미국적 삶의 양식은 무신적 세력들(anti-God forces)에 의해 심각하게 위협받고 있으며 또한 심각한 도덕 불감증에 걸려 있습니다. 우리는 조상들이 돈에 새겨놓았던 하나님에 대한 그 신앙을 새롭게 하기 위하여 대통령께서 직접 국민에게 기도와 회개를 촉구할 것을 요청합니다"[16]였다. 미국은 재부흥의 기로에 서 있었다. 아마도 대통령들의 후원에 의해 가능한 것이었는지 모른다.

빌리 그래함은 집회 때마다 위대한 부흥의 불길이 일 것이라고 셀 수

---

15) Merle Miller, *Plain Speaking* (New York: Berkley, 1973), 363.
16) BG, telegram to HST, December 31, 1949, HSTL.

없이 외쳤다. 1950년에는 부흥의 증거가 나타나기 시작했다. 세계대전 이후 인간애과 안정을 찾으려고 하는 시대 상황 속에서 모든 교파의 교회들은 너나없이 부흥을 경험했으며, 성경의 판매량은 1947년과 1952년 사이에 배로 증가하였고, 신학교들은 차고 넘쳤으며, 새로운 교회들이 도시 근교를 따라 세워졌다. 빌리 그래함은 멈추지 않았다. 그는 보스턴에 있는 AP통신기자에게 "내가 원하는 것은 약간의 도움을 받기 위하여 단지 30분 동안만 트루만의 귀에 대고 말하는 것입니다"[17]라고 말했다.

전통적 기독교 설교자에게 이것은 새로운 요구 사항이었다. 과거에 근본주의 크리스천들은 세상의 일들을 경시했다. 그들은 개인적 영혼을 돌보는 일에 집중하고 그리스도께서 영광중에 다시 오실 때에 들림 받기 위하여 사회적인 일에는 무관심했다. 그러나 빌리 그래함은 스스로 공공의 문제에 개입하였고, 정치인들과 친구가 되고 사회적이며 경제적인 경향을 언급하는 새로운 접근방식을 택했다. 그는 복음주의 그룹이 고립주의에서 탈피하여 세상으로 나가기를 기대하였다. 그는 성경을 굳게 믿고 신앙을 유지한 채 세계대전 이후 흐름인 미국의 성공, 지방의 번영, 공공 시민의식에 뛰어 들었다.

대통령 집무실에서의 만남

빌리 그래함은 정치인들이 자신의 메시지에 어떻게 반응하는지를 생각하기 좋아했다. 그러나 정치인들은 종종 일반사람과 비슷하게 반응했다. 보스턴 부흥회 때 영향을 받은 사람 중에 매사추세츠 하원의원 존 맥코맥(John McCormack)이 있었는데, 그는 나중에 백악관의 대변인이 되었다. 그는 빌리 그래함의 설교를 듣기 위하여 보스턴 공원에 4만 명의 인파가 모인 상황을 기록한 어느 신문기사의 머리기사를 - "공원 역사상 가장 대규

---

17) Martin, *PWH*, 131.

모의 기도회에 수많은 군중이 비와 추운 날씨에 용감히 맞선 가운데 빌리 그래함 전도자가 세계 평화를 위한 다섯 가지 방안을 제시했다" - 결코 잊지 않았다. 바로 이 사람이 7월 14일 오후에 빌리 그래함과 트루만과의 면담을 성사시킨 사람이었다.

평화를 위한 트루만의 노력과 희망이 산산이 부서지고 있는 시점에 운명의 장난처럼 면담이 성사되었다. 그해 6월 25일 북한의 군대가 38선을 넘어 남한을 공격해 들어갔다. 트루만은 공산주의의 도전에 직면해 있었는데, 공산주의는 마치 미국이 자신들의 침략에 무방비 상태인 것을 보여주려는 듯이 아시아에서 전쟁을 확대해나갔다. 북한의 공격보고를 들은 날은 독립기념일에서 트루만은 집에 머물러 있었다. 그의 딸 마가렛이 "아버지는 그 보고를 들은 순간부터 3차 세계대전의 발발에 대해 두려워하였습니다"[18]라고 회고했다.

미국 국민은 일반적으로 강력한 대응을 선호했다. 빌리 그래함의 부인 룻은 그녀의 아버지가 중국 선교사로 봉사하였을 때 몇 년간 한국에서 교육을 받았다. 빌리 그래함은 자신의 의견을 제안했다. 곧 대통령을 만날 것을 알고 있었지만 빌리 그래함은 한국전쟁을 영적인 전쟁으로 여기고 트루만에게 "수백만의 그리스도인들이 이 위기에 하나님께서 당신에게 지혜를 주시기를 기도하고 있습니다.[19] 공산주의의 정체를 밝히는데 강력히 대처해야 합니다. 남한은 세계 어느 나라보다 인구당 크리스천의 비율이 높습니다. 우리는 그들을 버려서는 안 됩니다"라는 전보를 보냈다. 전보에는 "북서부학교연합회 의장"이 아닌 "전도자 빌리 그래함"이라고 사인되었다.

빌리 그래함은 직관적으로 사람들의 불안감을 간파했다. 전쟁에 대한 불안감으로 인해 일용품, 나일론 제품, 비누, 타이어, 세탁기, 심지어 화장지까지 불티나게 팔려나갔다. 유엔의 지지결의를 받아 군대를 파견하기로 결정했을 때, 트루만은 이것이 대통령 직무 중 가장 어려웠던 심지어 히로시

---

18) McCullough, *Truman*, 775.
19) BG to HST, June 26, 1950, HSTL.

마 원폭사건보다 더 어려운 결정이었다고 말했다.[20] 용감무쌍하지만 경험은 미숙한 소규모의 미군 부대들이 중원부대가 오기까지 북한군을 저지하려고 노력하였지만, 그 짧은 시간에 당한 살육의 피해는 미국 전사(戰史)상 가장 참혹한 것 중의 하나였다. 트루만은 미군의 참패를 지금까지 수행된 전투 중 가장 영웅적인 것의 하나라고 위로했다. 이 전쟁은 적극적으로 수행되어야 했지만 미국인들이 익히 경험했던 그런 방식의 전쟁은 아니었다. 당시 루이스 존슨 국방장관은 무능한 최악의 인물로 평가받고 있었고 사람들은 맥아더 장군이 핵폭탄을 투하하여 이 전쟁을 조기 종식하려고 한다고 생각하고 있었다.

여러 가지의 압력요인들로 인해 7월 14일의 역사적인 각료회의가 열렸다. 냉전시대 청사진을 조정하는 국가안전보장회의 68차 회의의 권고를 받아들여 트루만은 의회에 긴급 전비(戰費) 100억불을 이미 요청했다. 당시 한 해의 국방예산은 130억불 정도였다. 그러나 그해가 지나가기도 전에 이미 전비 지출은 500억불에 이르게 되었다. 그는 전쟁수행에 박차를 가해 그해 늦여름, 무장병력의 수를 300만으로 두 배로 늘릴 것을 요청했다. 이 날 각료회의는 앞으로 다가올 수십 년 미국의 군사정책의 방향타를 알리는 군비경쟁을 결정지은 것이었다.

오전 각료회의가 있던 날 오후에, 트루만은 빌리 그래함의 방문을 받았다. "시골 청년이 미국의 대통령을 방문한 것은 아주 사소한 사건이었습니다."[21] 이 말은 1935년 신출내기 상원의원이었던 트루만이 프랭클린 루즈벨트 대통령을 처음 방문했을 때 한 말이었다. 빌리 그래함 역시 그와 같은 감정이었다. 빌리 그래함은 자신과 세 명의 동료들 - 찬양인도자 클리프 바로우(Cliff Barrows), 행정책임자 제리 비벤(Jerry Beaven) 그리고 어릴 적 친구이며 동료 전도자인 그래디 윌슨(Grady Wilson) - 과 어떤 옷을 입어야 할지 이야기 하느라 잠을 제대로 자지 못했기 때문에 신경이 예민한

---

20) McCullough, *Truman*, 782-783.
21) Ibid., 215.

상태였다. 트루만과 마찬가지로 빌리 그래함은 매우 신중하게 옷을 고르는 편이었고 심지어 강박관념을 가질 정도로 깔끔한 복장을 고집했다. 워싱턴에 부임했을 때 트루만은 옷을 잘 다림질하는 세탁소를 찾기 위하여 전쟁을 치를 정도였다. 빌리 그래함은 하루에 세 번 샤워를 했다. 빌리 그래함은 "대통령이 멋을 아는 사람이었기 때문"[22]에 대통령에게 좋은 인상을 주기로 마음먹었다.

빌리 그래함은 플로리다 키 웨스트에 있는 리틀 백악관(트루먼 재임시절 즐겨 찾던 저택을 말하는데, 일년에 절반이상을 지내며 집무를 하기도 해 유명하다 - 역주)에서 하얀 사슴가죽 장갑을 끼고 캐주얼 복장으로 휴가를 즐기고 있는 트루만의 모습이 신문에 났던 것을 기억해 냈다. 빌리 그래함은 윌슨을 보내 모두를 위해 흰 사슴가죽 장갑을 사오게 했다. 「타임」은 "담황색의 양복"을 입은 빌리 그래함에 대해 그리고 비슷하게 차려입은 그의 동료들에 대해 기사를 썼다. 빌리 그래함은 "트루만의 얼굴표정을 보니 자신이 순회 희극단을 영접한다고 생각하는 것이 틀림없었습니다"[23]라고 회상했다.

트루만은 마른체구에 안경을 끼고 절도 있는 모습이었다. 그는 가늘고도 윤기 나는 머리카락을 가졌고 마치 목 주변에 가죽 띠를 꽉 조인 듯한 가냘프고도 고음의 목소리를 지녔다. 그는 177-8cm의 키였지만 실제보다는 작아보였고 그를 비판하는 사람들은 그를 "어린애"(little man)라고 말하기를 좋아했다. 그는 평소에 내용과 의미 없이 말하는 것을 싫어했다. 특별히 또 다른 전쟁의 가능성을 예상한 그의 말은 깊은 숙고 끝에 나온 것이었다.

트루만은 온유하고 지성적인 모습을 가진 반면, 빌리 그래함은 180cm의 키에 야성적인 멋을 가졌고 보이지 않는 세계, 곧 영원한 왕국에 관해 설교할 때 그의 목소리는 다양한 음계를 가진 악기처럼 폭발적인 힘을 뿜어내었다.

---

22) *JAIA*, xix.
23) Ibid.

빌리 그래함이 트루만의 옛일을 화제 삼는 등 두 사람은 잠시 정중한 대화를 나누었다. 트루만은 빌리 그래함의 전도집회가 성공적이었다는 것을 들었다고 말했고, 빌리 그래함은 로스앤젤레스와 보스턴에 모인 군중에 관해 말했다. 그들은 한국에 대해서도 대화를 나누었다. 빌리 그래함은 트루만에게 사람들이 거의 히스테리 증세를 보일 정도로 두려움에 사로잡혀 있다고 말했다. 그리고 "지금 당장 라디오 방송을 통해 국민을 안정시켜야 한다"[24]라고 재촉했다. 빌리 그래함은 또한 "하나님께로 돌아가지 않는 한" 우리는 이 위기를 넘어설 수 없다고 했다.

15분 정도가 지났을 때 빌리 그래함은 주어진 시간이 얼마 남지 않았음을 알았다. 그는 당시에 "나는 결코 두렵지 않았습니다.[25] 그러나 내가 트루만에게 그의 개인적 신앙에 관해 물어 본 후에 두려웠습니다"라고 회상했다.

빌리 그래함이 "대통령 각하, 당신의 신앙관과 좌우명에 대해 말해 줄 수 있습니까"라고 묻자, 트루만은 "글쎄요. 나는 산상수훈과 황금률 (Golden Rule: 산상수훈 중 특히 마 7:12의 말씀을 기본 윤리규범으로 삼고 사는 삶의 태도를 말한다 - 역주)에 따라 살려고 애쓰고 있습니다"라고 대답했다.

그 간단한 도덕적 좌우명은 그가 어린 시절 산상수훈을 암기하면서 형성한 것이었다. 그가 다섯 살 때 그의 어머니는 큰 글자로 인쇄한 가족성경을 읽도록 가르쳤다. 그러나 이것은 트루만이 이방인의 자세로 말한 것은 아니었다.[26] 연애시절, 트루만은 연인 베스 월리스에게 "만물이 그런 것처럼 나도 신앙에 의지하고 있습니다. 말하는 것 보다 행동하는 것이 더 낫다고 생각합니다"라고 편지를 썼다(베스가 장로교인이고 해리가 침례교인이어서 베스가 교회적 우월감을 가졌다거나, 그녀의 어머니가 해리가 침례교인으로 대통령이 된 순간에도 너그러운 마음을 갖지 않았다는 것은 그리 중요한 문제가

---

24) "Evangelist Prays with Mr. Truman," *Washington Post*, July 15, 1950.
25) BG, interview, January 18, 2006.
26) McCullough, *Truman*, 83.

아니었다).

　황금률에 따라 산다는 트루만의 좌우명은 수많은 대적자들에게 공격의 빌미를 제공했다. 그들은 트루만이 인간의 선한 면을 너무 믿는 순진함에 빠져 있다고 비난했다. 「시카고 트리뷴」(Chicago Tribune)은 그를 비난하는 풍자시를 다음과 같이 게재했다.

　자, 어린애, 트루만을 보라[27]
　진흙탕에 구르고 매를 맞고 산산조각 나버린 희생자들 그리고 또!
　그의 잘못된 믿음이 만든 희생자들
　착한 꼬마는 무엇을 해야만 하는지 배웠지만
　학교를 벗어난 뒷골목엔
　어디에도 황금률은 보이지 않네.

　수십 년이 흐른 뒤 빌리 그래함은 "그것으로 충분하지 않습니다"라고 대통령에게 말한 것이 부끄러웠다고 회고했다. 빌리 그래함은 중요한 것은 그리스도와 그분의 십자가 상에서 죽음에 대한 신앙이라고 설명해 나갔다. 대통령은 일어섰다. 빌리 그래함은 시간이 이미 지나버린 것을 알아 차렸다. - "우리는 20분만 시간을 보내기로 했습니다" - 빌리 그래함 역시 일어섰다.
　트루만이 문에서 우리를 배웅하고자 했을 때 빌리 그래함은 손을 내밀며 "대통령 각하, 제가 기도해도 될까요?"[28]라고 묻자
　트루만은 "글쎄요, 나쁘지 않을 것 같군요"라고 대답했다.
　빌리 그래함은 자신의 긴 팔로 트루만의 어깨를 감싸고 몸을 밀착시켜 그를 위하여 함께 기도했다.
　"하늘에 계신 아버지 오늘 우리가 여기 함께 있게 하신 은혜를 감사합

---

27) *Time*, April 14, 1946.
28) "Evangelist Prays with Mr. Truman." *Washington Post*, July 15, 1950.

니다. 여기 이사람, 이 세상에서 가장 중요한 책임을 지고 있는 이에게 당신의 은총을 베풀어 주소서. 이 혼돈스러운 시대에 대통령에게 지혜와 힘과 용기를 베풀어 주시기를 기도합니다. 이 나라를 긍휼히 여기시며 만약 당신의 뜻이라면 우리의 군대에게 승리를 주시옵소서. 아멘"

빌리 그래함이 기도할 때 클리프 바로우는 "주님 그렇게 해 주세요"[29]라고 계속 중얼거렸다.

기도 후 빌리 그래함 일행은 카메라를 들고 기다리고 있는 기자들과 부딪혔다. 기자들은 모든 것을 알고 싶어했다. "대통령께서 무슨 말씀을 하시던가요?"

빌리 그래함은 자신이 기억하고 있는 것은 모두 말했다. "대통령이 하신 말씀을 그대로 말한다는 것은 어린애 같은 일입니다."[30] 빌리 그래함은 대통령이 국민을 안심시키고 국가적인 회개와 기도의 날을 정해 교회지도자들을 초청하기 위해 라디오 연설을 "심각히 고려하고" 있다고 말했다.

"당신은 뭐라고 말했습니까?"

빌리 그래함은 트루만을 "매우 정중하고 겸손하며 부드러운 사람"[31]이라고 표현했다.

"대통령을 위하여 기도했습니까?"

"예, 우리는 대통령과 함께 기도했습니다."

"그가 기도에 대하여 어떻게 생각하던가요?"

빌리 그래함은 대통령 일행이 고개를 숙인 채 서 있었다고 설명했다. "주님께 기도했습니다. 그리고 하나님이 대통령에게 지혜를 주시기를 간구했습니다."[32]

"우리가 사진을 찍을 수 있도록 이 잔디밭 위에서 기도를 할 수 있습니까?" 사진기자들이 간청했다. "사진을 찍기 위하여 기도할 수는 없습니다."

---

29) Pollock, *Authorized Biography*, 77.
30) Rowan, *people* transcript, November 26, 1975.
31) "Evangelist Prays with Mr. Truman," *Washington Post*, July 15, 1950.
32) "President and Evangelist Pray in the White House,"*New York Times*, July 15, 1950.

"무릎 꿇고, 무릎 꿇고 기도하세요." 기자들도 소리치기 시작했다.

어쨌든 빌리 그래함과 사역팀이 백악관 방문을 하나님께 감사하며 백악관의 잔디밭 위에서 기도하기 위해 무릎을 꿇었다. 빌리 그래함은 "저는 진심으로 기도했습니다.[33] 대통령과 함께 기도했던 내용과 거의 동일하게 기도했습니다. 물론 다음날 신문에 사진이 실렸고 저는 매우 당황했습니다"라고 말했다.

빌리 그래함은 "며칠 후에 저는 그것을 분명히 알았습니다. 우리가 대통령을 만나는 특권을 어떻게 남용했는지 말입니다. 백악관 방문에 대한 전국적인 관심은 우리에게 도움이 되지 않았습니다"[34]라고 기록했다. 사실 트루만은 격노했다. 며칠 후 시사 평론가 드루 피어슨(Drew Pearson)은 빌리 그래함은 더는 백악관의 환대를 받을 수 없을 것이라고 기사를 썼다.

트루만의 적대감은 개인적인 것이었다. 그는 빌리 그래함이 혹 사기꾼이나 냉소주의자일지도 모른다고 의심했던 유일한 대통령이었다. 트루만은 후에 구술 전기 작가인 멀 밀러(Merle Miller)에게 "글쎄 이런 말은 하지 말아야 하는 건데… 빌리 그래함은 대통령들의 친구라고 스스로 주장하는데, 그는 내가 대통령이었을 때 결코 나의 친구가 아니었지요. 나는 바로 그와 같은 사람을 좋아하지 않아요. 빌리 그래함의 관심은 온통 자신의 이름이 신문지상에 나오는 것 뿐이죠"[35]라고 말했다.

빌리 그래함은 트루만과는 달리 그에 대해 깊은 인상을 받았다. 비록 이것에 대해서는 밝혀진 바는 없지만 말이다. 사흘 후에 빌리 그래함은 사진을 찾기 위하여 매튜 코넬리에게 "저는 그것을 내 집무실에 흔쾌히 걸고 싶습니다"[36]라고 편지를 썼다. 7월 31일에는 트루만에게 감사를 표하고 자신을 일종의 정치적 탄광 카나리아(탄광에서 독가스 유출 여부를 알기 위하여 카나리아 새를 먼저 들여보내는 것을 비유함 - 역주)로 여겨 달라는 제안을 담

---

33) BG, interview, January 18, 2006.
34) *JAIA*, xxi.
35) Miller, *Plain Speaking*, 363.
36) BG to Matthew Connelly, July 18, 1950, HSTL.

은 편지를 썼다. 이 편지는 대통령에게 다가가 진정으로 그를 도우려고 하는 빌리 그래함의 최초의 시도를 보여준다. 그리고 이 편지는 그가 바라던 바와 같이 대통령과 관계를 맺는 데 실마리를 제공했다. 빌리 그래함은 두 사람이 스포트라이트를 받는 공적 동맹을 제안한 것이 아니었다. 그것은 빌리 그래함 자신의 사역을 통해 대통령이 듣기 원하는 여론과 그것에 대한 특별한 통찰력을 제공하고자 하는 사적 제안이었다.

빌리 그래함에게서 어떤 허영의 표식도 찾아낼 수 없다. 그에게는 명성을 얻고 자만하는 것이 가장 두려워하는 죄악이었다. 그러나 빌리 그래함이 대중의 열망을 읽고 그 열망에 부응하여 뒤따르는 명성은 거부하지 않았다. "미전역에서 하룻밤에 5천 명에서 2만 명에 이르는 사람들에게 설교하는 것은 나에게 주어진 특권입니다. 저는 누구보다 더 많은 사람들에게 얼굴을 맞대고 설교하고 있습니다."[37] 그는 자신의 휘슬-스톱(whistle-stop) 운동(작은 마을을 돌아다니며 하는 선거유세의 형태 - 역주)에서 수많은 사람에게 연설한 대통령에게 역대 어느 대통령이 한 연설보다도 더 많은 사람들에게 설교했다는 것을 상기시켰다. "저는 미국 사상의 흐름, 사람들의 기저에 내재된 사고와 의식에 대해 조금은 알고 있습니다."

그는 국가 기도의 날이 얼마나 중요한지에 대한 영적 조언을 하고 싶다고 제안했다. 그러나 오직 공산주의와 대결을 위한 전 국민의 긴급 동원령과 정치적 지침들만이 난무했다. 빌리 그래함은 "미국 국민은 군사적인 안전이 보장된다면 세금을 많이 내는 것에 개의치 않습니다"라고 트루만을 확인했다.

빌리 그래함은 후임 대통령들에게도 하게 될 제안을 트루만에게 했다. 그는 마치 국민의 정서와 의식을 조사하는 여론조사위원처럼 행동했다. 빌리 그래함은 "저는 당신을 전적으로 신뢰합니다. 저의 신뢰는 며칠 전 당신과의 대화를 통해 확고해 졌습니다. 만약 제가 당신을 개인적으로 도울 수

---

37) BG to HST, July 31, 1950, HSTL.

있다거나 국가를 위하여 봉사할 수 있다고 판단이 되시면 언제든지 불러 주십시오. 저는 대통령의 정치적 결정에 충실히 따를 것이며 국민에게 설교할 때는 언제든지 당신을 위해 조언하는 것을 기쁨으로 여기겠습니다"라고 말했다.

빌리 그래함이 대통령의 관심을 얻으려고 줄기차게 노력했지만 트루만은 결코 그의 제안을 받아들이지 않았다. 그러나 다른 대통령들은 빌리 그래함에게 트루만과 동일한 저항을 보여주지 않았다.

THE PREACHER AND THE PRESIDENTS

제3장

트루만의 거절

저는 강력한 반공산주의자였습니다.[1] 일시적이긴 했지만 그것이 제가 전한 복음의 전부였습니다. 그러나 그것은 잘못이었습니다. 그렇게 행하지 말아야 했습니다. 그러나 그 당시 저는 그것만이 유일한 길로 생각하였습니다. 어리고 경험이 미숙하였기 때문이었습니다.

- 빌리 그래함의 초기사역에 대해

1950년 7월 빌리 그래함과 만남 이후, 수개월 동안 트루만에게는 대통령직 수행이 거친 야생마를 조련하는 기간과도 같았다. 맥아더의 인천상륙작전은 전쟁의 판도를 바꾸어 놓았다. 그러나 260,000명의 중공군의 반격으로 한국전의 상황이 반전했다. 맥아더는 중국의 해상을 봉쇄하고 만주와 중국본토에 대한 핵 공격을 원하고 있었다. 「라이프」는 "세계 3차 대전

---

[1] BG, interview, January 18, 2006.

이 임박했다"라고 경고했다.

트루만은 1950년 11월 28일 각료회의를 소집하고 아주 단호한 어조로 현재 당면하고 있는 문제의 위험을 상기시켰다. 빌리 그래함은 "세계의 미래를 결정하게 되는 이 중차대한 기로에 서 있는 당신을 위해 기도하고 있습니다. 하나님 아버지께서 당신에게 지혜와 능력을 주실 것을 의심하지 않습니다"[2]라는 지지의 메시지를 보냈다. 트루만은 아마도 많은 사람들이 정치인의 연설보다 빌리 그래함의 기도를 통해 평안을 얻었다는 사실을 인지하고 있었을 것이다.

캔자스 엠포리아의 감리교 은퇴 목사인 에드워드 린들리(Edward Lindley)는 이 어려운 시기에 "젊고 담대한 침례교 목사"인 빌리 그래함을 가까이 하면 분명 용기를 얻게 될 것이라고 트루만에게 편지를 썼다. 빌리 그래함은 미국에 대한 자부심이 대단했고 미국의 미래를 확신하고 있었던 사람이었다. 린들리는 "당신의 '대통령 긴급교서'에 빌리 그래함의 제안을 수용할 것을 제안합니다"[3]라고 말했다. 이것은 미 대통령들에게 빌리 그래함을 고문이나 위원회의 장, 장관, 대사, 대법관 그리고 두 세 차례나 있었던 미국의 부통령직을 맡기라는 수많은 추천서의 시작을 알리는 첫 번째 편지였다.

트루만의 위기는 문제를 모호하게 감추는 것보다 혼란이 있더라도 국민에게 세계의 문제를 알리는 것이 더 낫다고 생각하는 것에 있었다. 한 번의 실수는 파멸을 초래할 수도 있는 상황이었다. 트루만의 제한된 전쟁 수행이라는 아이디어는 새로운 것이었고 일부에게는 반발이 예상되는 것이었다. 당시 빌리 그래함은 공산주의자들과 최후의 승부를 주장하는 사람들의 영향을 받았다. 빌리 그래함은 전쟁방법을 놓고 트루만과 대립하는 사람들에게 지지를 보냈다. 이 사람들은 억제책이라는 지혜보다는 전면대결을 찾아 청동갑옷으로 무장한 냉전(冷戰)전사들이었다. 그들 중에 중요

---

2) BG to HST, November 29, 1950, HSTL.
3) Edward Lindley to HST, December 14, 1950, HSTL.

인물이 루스(Luce)로 그는 중국 정책에 강경 매파(대외 정책에서 자신들의 이념이자 주장을 고수하며 타협하지 않는 대외 강경론자 또는 주전파 - 역주)였으며 빌리 그래함의 멘토(mentor)였다. 루스는 장개석(蔣介石)이 비록 동맹관계에서 믿음을 보여주지 못했지만 그는 뛰어난 지도자라고 칭송했다. 공산혐오주의자들은 상원에서 트루만에게 반대표를 던졌다. 여론은 줄을 서거나 아니면 배신자가 되어야만 하는 상황으로 변했다.

12월에 빌리 그래함은 6주간의 애틀랜타 전도집회의 대미를 장식하고 있었는데 거기서 자신의 설교 대부분을 한국전쟁을 언급하는데 할애했다. 그는 미 국무부가 극동문제에 관하여 현명한 사람들의 조언을 무시하고 있다고 비판했다. 이 현명한 사람들의 리스트에는 맥아더, 루스 그리고 장개석이 포함되어 있었다. 빌리 그래함은 "국무부는 이 사람들의 말에 귀 기울이지 않습니다. 국무부는 술과 음식을 대접받는 것을 좋아하는 '약삭빠른' 자들로 가득 합니다"라고 말했다. 빌리 그래함은 영국 수상에 대해서도 "트루만 대통령과 애틀리 수상이 말하는 것을 보면 기적적인 일이 발생하지 않는 한 아시아를 보호하고 유럽을 지키는 일이 불가능할 것으로 보입니다. 만약 그들이 '우리는 어디로 가야할 지 모릅니다'라고 하나님께 함께 기도한다면 문제가 풀리지 않겠습니까?"[4]라고 말했다. 빌리 그래함은 전면에 서서 행정부의 부패를 경고하고 나섰다. 그는 "도덕적 붕괴 - 당시 의회에서 조사한 바에 의하면 고위공직자들의 부도덕성이 심각한 것으로 나타남 - 에서 내면을 깨고 나오는 결단이 필요함을"[5] 역설했다.

이 경고들은 중공이 전쟁에 개입한 직후 ABC 라디오 방송의 '결단의 시간'에 의례적으로 방송되었다. 한 달 만에 빌리 그래함의 프로그램은 방송국에서 가장 높은 청취율을 나타냈다. 빌리 그래함은 "우리는 국민 여러분들이 사건을 신속하게 알 수 있도록 할 것이며 더불어 성경의 빛 안에

---

4) Holland memo, December 7, 1950.
5) McLoughlin, *Revivalist in a Secular Age*, 110.

서 그것들을 조명할 것입니다"⁶⁾라며 성경적으로 해법을 제안하기로 약속했다. 빌리 그래함은 "처음부터 저는 사회적인 이슈들 뿐 아니라 국내와 국제적인 문제들을 직접 다루기로 결정했습니다. 한동안 텔레타이프 기계를 집에 준비해 둔 것은 최신사건을 놓치지 않고 말씀을 전하기 위한 것이었습니다"[7]라고 말했다. 1951년 1월에 빌리 그래함은 비록 트루만의 이름은 거명하지 않았지만 그의 경제정책을 다음과 같이 경고했다. "이제 모험 자본가들이 나라의 경제를 인플레와 빚더미로 끌고 가고 있습니다. 지난 15년간 재정은 적자를 면치 못했고 국가의 빚은 심각한 수준으로 거의 파산지경에 이르게 되었습니다."[8]

심지어 빌리 그래함은 맥카시의 '마녀사냥'이라는 썩은 물에 발을 담갔다. 비록 그들은 만나거나 교제한 적이 없었지만 빌리 그래함은 맥카시 상원의원이 "이 나라에는 공산주의자 또는 자생적 공산주의자들이 운영하는 유력한 사회기관들이 1,100개가 넘고 그들이 국민의 여론을 주도하고 있으며 이러한 좌익세력, 즉 핑크와 레드 계열이 미국의 지식계층에 침투하였고 교육, 종교 문화가 거의 회복 불능의 상태에 있다고 말하였을 때"[9] 그것을 거의 지지하는 것처럼 행동했다. 비록 맥카시의 열풍이 사라졌을 때에도 빌리 그래함은 악의에 찬 반공주의 운동을 변호했다. 빌리 그래함은 "어느 누구도 감시인을 좋아하지 않지만[10] 저는 우리의 가장 위험한 적인 공산주의를 돕고 지지하기 위하여 미국의 보호아래 숨어 온갖 술수로 간첩활동을 하고 있는 핑크계열, 자주색계열 그리고 레드계열을 폭로하는 일에 비난과 조롱을 무릅쓰고 혼신의 힘을 다하는 사람들로 인해 하나님께 감사하고 있습니다"라고 말했다.

빌리 그래함은 이념투쟁의 대가가 막대했다고 회고했다. "저는 강력한

---

6) Frady, *Parable of American Righteousness*, 225.
7) *JAIA*, 180.
8) McLoughlin, *Revivalist in a Secular Age*, 108.
9) *Hour of Decision*, July 1953, quoted in McLoughlin, *Revivalist in a Secular Age*, 112.
10) Ibid., 111.

반공산주의자였습니다. 일시적이긴 했지만 그것이 제가 전한 복음의 전부였습니다. 그러나 그것은 잘못이었습니다. 그렇게 행하지 말아야 했습니다. 그러나 그 당시 저는 그것만이 유일한 길로 생각하였습니다. 어리고 경험이 미숙하였기 때문이었습니다."[11] 반공주의에 대한 확신은 빌리 그래함의 플로리다신학교 시절에 형성된 것으로 학장과 그의 동료들이 - 복음의 횃불, 빌리 그래함은 그들을 이렇게 불렀다 - 공산주의에 대하여 강연했기 때문이었다. 후에 빌리 그래함은 자신이 지정학(geopolitics) 문제나 '공산주의 반대'라는 샛길로 빠진 것을 후회했다. "저의 사명은 복음전도였는데 제가 행한 일이 저의 인생과 사역을 망가뜨렸습니다."[12] 그러나 때론 현 상황에 매몰되는 것은 피할 수 없는 것이었다.

문민이 군대를 통제할 수 없는 어려움에 처할 수 있다는 신문사설과 일부 군 장성들의 지지를 업고 트루만은 1951년 4월 자신에게 고분거리지 않는 맥아더를 해임했다. 그러나 이 사건 때문에 트루만은 지난 6년간 대통령직을 수행하면서 인내해 왔던 모든 것을 무(無)로 만들 수 있는 위기를 맞이하게 된다. 트루만은 후에 "나는 맥아더 장군이 대통령의 권위를 인정하지 않았기 때문에 그를 해임했습니다.[13] 나는 그가 말이 안 통하는 머저리이었기 때문에 해임한 것이 아닙니다. 그가 비록 그런 인간일지라도 그것은 장군의 역할과는 하등 상관이 없습니다"라고 말했다. 맥아더의 오판을 비판하고 그의 자만심을 경멸하던 정치인들이나 시사 평론가들조차도 어린애 같은 트루만이 당대의 거물인 맥아더의 목을 친 것에 대하여 경악했다. 갤럽조사에 의하면 70% 이상이 맥아더를 지지하였고 사람들은 트루만의 인형을 길거리에서 불태웠다.

빌리 그래함은 "국민 여러분 저는 정치인이 아닙니다. 정치적 문제에 대한 견해는 삼가려고 합니다. 그러나 맥아더 장군의 해임에는 반대합니다"

---

11) BG, interview, January 18, 2006.
12) Ibid.
13) Miller, *Plain Speaking*, 287.

라고 말했다. 빌리 그래함이 복음전도에 열심을 내었다면 맥아더는 특별히 동양의 선교사들을 지원해 왔다. 모든 아시아 크리스천들은 뒤통수를 한 대 맞은 느낌이었다. 맥아더가 미국으로 귀국했을 때 빌리 그래함은 그를 조지 워싱턴에 비유했다. 그들이 워싱턴에서 만났을 때 빌리 그래함은 맥아더에 대하여 "그는 전 미국 역사상 가장 위대한 사람 중에 한 사람입니다."[14]라고 말했다.

한국전쟁 초기에 트루만을 지지했었지만 빌리 그래함은 한국전쟁을 "이 모호한 전쟁"[15], "반쯤 잊힌 전쟁," "절반의 힘만 쏟는 전쟁," "이 심각한 참상"이라고 비판했다. 빌리 그래함은 '결단의 시간'에서 미국의 청년들을 "소모품"으로 전락시키는 "워싱턴의 사람들"[16]을 공격하였고 군인들이 한국전쟁에서 죽어가고 있는 동안 "워싱턴에서 칵테일이나 마시고 있는 외교관들"을 비난했다.

워싱턴 대집회

1952년 1월 빌리 그래함의 역사적인 워싱턴 집회가 다가왔고 빌리 그래함은 트루만 부부를 집회에 초청했다. 그러나 트루만은 정중한 거절했다. 그렇지만 빌리 그래함은 놀라지 않았다. 빌리 그래함은 트루만에게 크리스마스 이틀 전에 처음으로 공식 초청장을 보냈다. 그는 초청장에 이것이 자신의 최초의 워싱턴 부흥집회이며 수도 워싱턴은 35년 만에 맞이하는 집회이고 여기에 수많은 상하원 의원들이 다양한 분과에 참여하고 있다는 사실을 설명했다. 집회 중 매주 사업가 오찬모임, 목회자 워크숍이 예정되어 있으며 이미 텔레비전과 라디오의 활발한 취재 보도가 있었다. 지역 신문

---

14) Frady, *Parable of American Righteousness*, 253.
15) McLoughlin, *Revivalist in a Secular Age*, 115.
16) Ibid., 115-116.

들은 적극적인 협력을 약속하였고 사설을 통해 지지를 보냈다. 초청장에서 빌리 그래함은 "워싱턴 정가로부터 흘러나온 최근의 유쾌하지 못한 사건 뉴스들로 인해 전보다 더 많은 사람들이 워싱턴이 영적이고 도덕적인 부흥이 일어나는 도시가 되기를 기도하고 있습니다"[17]라고 강하게 언급했지만 대통령에게 해를 주고자 하지 않았다.

빌리 그래함의 중요한 목표는 트루만이 집회에 참석하는 것과 정부의 모든 기관들과 양대 정당으로 흩어진 사람들이 하나가 되는 것 그리고 삶의 영적인 차원이 정치적 의제보다 더 크고 중요하다는 것을 보여주는 것이었다. "개회식은 1월 13일 오후 3시입니다. 만약 대통령께서 오셔서 몇 마디 환영의 인사말을 하시고 끝까지 자리를 지켜주신다면 저에게는 대단히 영예로운 일이 될 것입니다… 바쁘신 줄은 알지만 대통령께서 수백만의 사람들이 신앙과 인종, 피부색, 신조에 관계없이 지켜보는 이 집회에 참석하신다면 국민이 매우 기뻐할 것입니다."

빌리 그래함은 대통령이 국가의 수도를 위하여 기도를 요청하는 모습을 국민이 보는 것이 매우 중요하다고 굳게 믿고 있었다. 또한 빌리 그래함은 정치적 압력들에 기민하게 대처했다. 그해 10월 트루만은 바티칸에 미국대사를 파송하는 아이디어를 생각해 냈다. 공산주의의 위협에 대처하는 여러 가지 방법 중에서도 바티칸과의 공조가 매우 중요하기 때문이었다. 공화당원들은 이것이 가톨릭 유권자의 호감을 얻는 일이라고 생각하였고 트루만이 속한 침례교인들은 나라를 분열시키고 교회와 국가의 분리원칙을 파괴하는 것이라고 생각했다. 이러한 상황 때문에 빌리 그래함은 복음주의자들의 반가톨릭 정서를 무시할 수 없었으며, 트루만에게는 "저는 대

---

17) BG to HST, December 23, 1951, HSTL. 또한 그래함은 미니애폴리스에서 전보를 보냈다. 전보에는 한국전에서 포로로 잡힌 미군 조종사들을, 미군에게 포로가 된 북한 병사와 교환을 통해서라도 구해야한다는 청원이 담겨있었다. 그래함은 "기부금을 모금해서라도 자금을 만들어 조종사들을 석방시켜야 합니다. 그렇게 하는 것이 현 위기의 심각성을 국민에게 알리는데 가장 효과적인 일이 될 것입니다. 기부금모집은 국가 방어망 체계 아래로 국민을 단결하는 계기가 될 것입니다." 라고 썼다.

통령을 반대하는 입장에 서는 것을 원하지 않았기 때문에 바티칸 대사를 임명하는 것에 대하여 한 마디 코멘트도 하지 않았습니다"라며 주일 개회예배에 참석하는 것이 지혜로운 일이 될 수 있다고 편지를 쓴 것이다.

빌리 그래함은 "당신이 지고 있는 짐은 너무나 무겁습니다. 어느 누구도 당신을 짓누르고 있는 막중한 책임에 대하여 이해하지 못할 것입니다"라고 존경과 연민의 마음으로 편지를 마무리했다. 빌리 그래함은 자신이 대통령을 위해서 기도하고 있다는 사실을 대통령이 알기 원했다.

백악관의 기록에 의하면 트루만은 휴일을 평범하게 보냈다. 그는 백악관 행사에 목회자를 초청하는 타입이 아니었다. 그는 어느 경우도 재선을 의식하지 않았다. 그는 개인 상담이나 공적인 행사 어느 것에도 빌리 그래함 같은 사람을 필요로 하지 않았다. 대통령의 고문인 하셋은 키 웨스트에서 코넬리에게 "대통령은 빌리 그래함의 워싱턴 집회를 후원하는 일이나 특별히 그를 백악관에 초청하는 일은 결코 없다고 단호히 말했습니다. 당신도 기억하듯 빌리 그래함이 집회 중 마지막 시간에 보여준 것은 하나의 쇼에 지나지 않습니다. 대통령은 그것을 생각조차 하기 싫어합니다"[18]라고 썼다.

코넬리는 신년 이브에 자신이 "실망스런 답을 주게 되어" 매우 미안하다고 빌리 그래함에게 편지를 썼다. 코넬리는 1월 초에 있는 의회 일정으로 대통령의 스케줄이 꽉 차있다고 말했다.

개회예배에 11,000여 명의 사람들이 운집했다. 수도 워싱턴은 여러 가지 면에서 다른 남부풍의 도시와 다르지 않았지만 집회는 인종차별의 벽을 깬 채 진행되었다. 빌리 그래함은 "교회 내에서는 피부색이 문제되지 않습니다"[19]라고 기자들에게 말했다. 집회기간 중에 수십 명의 상하의원들이 참석했다. 빌리 그래함은 가정생활에 악영향을 주는 도색잡지를 비롯하여 미 육군사관학교의 90명의 사관생도들의 제명 처분을 가져온 부정부패 추

---

18) William Hassett to Connelly, December 28, 1951, HSTL.
19) Richard Oulahan memo, January 11, 1952.

문에 이르기까지 모든 것을 설교에 담았다. 부통령인 앨빈 바클레이(Alben Barkley)는 경이로운 표정으로 빌리 그래함에게 "당신이 이 도시를 확실하게 뒤집고 있군요"[20]라고 말했다.

빌리 그래함은 워싱턴 집회가 대통령을 백악관에서 예배당 의자로 끌어낼지도 모른다고 희망적인 예상을 했다. ABC 텔레비전은 말할 것도 없고 크리스천들의 이목이 대통령의 참석여부에 쏠려 있었다. 빌리 그래함은 백악관의 한 참모에게 트루만이 올 수 있게 해달라고 부탁을 해 놓았다. 빌리 그래함은 자신 있게 "대통령은 모든 시대에 가장 용기 있는 사람들 중 하나이므로 역사의 무대로 걸어 나올 것입니다"[21]라고 말했다. 그리고 이러한 자신감을 대중들과 공유하고 싶어했다. 빌리 그래함의 지지자들이 백악관으로 수많은 편지를 보내는 등 빌리 그래함의 끈질긴 구애에도 불구하고 트루만은 놀라울 정도로 꿈쩍하지 않았다. 미시간 트렌턴에 사는 메리 슈미트 부인은 "대통령 각하, 당신의 짐은 매우 무겁습니다. 그러나 우리에게는 무거운 짐을 대신 지시는 주 예수 그리스도가 있습니다. 우리가 가장 필요로 하는 시간에 하나님은 그의 사랑하는 종 빌리 그래함을 통하여 당신에게 도움을 허락하실 것입니다. 대통령 각하, 이 집회에 나타난 하나님의 손을 보셔야 합니다. 그리고 당신의 지지를 보여 주시기 위해 한 번 참석하십시오. 또는 그 이상 참석하시면 더 좋을 것입니다. 그리고 국민을 하나님께로 인도하십시오"[22]라는 편지를 대통령에게 보냈다.

그러나 트루만은 양보하지 않았다. 워싱턴에서의 집회는 결국 트루만의 참석 없이 끝이 났다. 강사 중 하나였던 샘 래이번(Sam Raybern)은 "이 나라는 부흥이 절실히 필요합니다. 그리고 빌리 그래함이 이 부흥을 가져올 것이라고 저는 믿고 있습니다"[23]라고 선언했다. 군부대의 한 행정하사관은 트루만의 취임식 때보다 군중이 더 많았다고 평가했다. 빌리 그래함은 설

---

20) "Rockin' the Capital," *Time*, March 3, 1952.
21) Memo for Connelly, January 31, 1952, HSTL.
22) Mary Schmit to HST, January 7, 1952, HSTL.
23) Pollock, *Authorized Biography*, 93.

교자인 자신에게 쏟아진 갈채를 열심을 내준 팀 사역자들과 하나님께 돌렸다. 그러나 정치적으로 보면 빌리 그래함은 하나님이 공을 바로 자신에게 넘긴 듯이 말했다. 현재의 정치적인 분위기를 진단하면서 빌리 그래함은 "만약 제가 사람들을 하나님, 그리스도, 성경으로 돌아가도록 호소하는 오늘 이 강단에서 미국의 대통령으로 출마한다면 당선될지도 모릅니다. 그것은 하나님에 대한 국민의 갈망이 너무 크기 때문입니다"[24]라고 청중에게 말했다. 뉴스에는 트루만이 특별히 초청 받았지만 참석하지 않았다고 나왔다.

이것은 경악할만한 사건이 되었다. 트루만은 더는 선거에 안 나오려고 하였지만 민주당 지도부는 다시 한 번 선거에서 이기고 싶어 했다. 그리고 이 워싱턴 집회가 하나의 계기가 되었기 때문에 민주당 지도부는 대통령이 다시 한 번 숙고하기를 요구하고 있었다. 앨라배마주의 하원의원인 프랭크 보이킨(Faank Boykin)은 코넬리에게 "트루만이 빌리 그래함 박사의 초청을 받아들이지 않음으로써 결정적인 기회를 놓치고 있다고 확신합니다. 빌리 그래함은 파리에 있는 아이젠하워 그리고 런던의 저명인사 등 세계 곳곳으로 부터 초청받고 있습니다. 다음 주 그는 맥아더 장군의 초청을 받고 뉴욕으로 갈 예정입니다"[25]라고 썼다.

이것은 명백한 정치적 경고였다. 빌리 그래함은 하원 오찬모임에서 양당의 의원 65명에게 연설을 했다. 보이킨은 "내가 들어본 것 중 가장 명연설이었습니다"라고 말했다. 보이킨은 워싱턴 군부대에서 열린 저녁 집회 전날 밤에 그의 부인과 함께 빌리 그래함에게 갔다. 그는 빌리 그래함과 저녁을 함께했고 밤늦게까지 이야기를 나누었다. "그는 거인입니다. 그는 분명 우리에게 도움이 되는 인물입니다. 그에게는 무엇인가가 있습니다. 만약 트루만 대통령이 빌리 그래함을 초청하여 열린 마음으로 그와 대화를 나누면 분명 놀라운 해답을 갖게 될 것이라고 저와 매트는 믿고 있습니다." 나아가 보이킨은 만약 트루만이 설교단 아래 다른 귀빈들과 자리를 함께 한

---

24) AP, in *New York Times*, February 4, 1952.
25) Frank Boykin to Connelly, February 13, 1952, HSTL.

다면 더 좋을 것이라고 말했다. "나는 지난 밤 그와 함께 연단 위에 앉아 있었습니다. 거기에는 다른 지방에서 온 상하원 의원들이 많이 있었습니다. 나는 내 생애 그렇게 뜨거운 열기를 본 적이 없었습니다."

빌리 그래함은 처음으로 정치에 깊게 관여하였지만 그가 만난 정치인들에게 강한 인상을 심어주었다. 빌리 그래함은 거의 매일같이 국회의사당을 찾았다. 린든 존슨, 리차드 닉슨, 샘 래이번 등 모두가 빌리 그래함을 찾았다. "클락 룸(cloak room, 극장이나 연회장 같은 곳에서 모자, 외투 등 소지품을 맡겨놓은 방 - 역주)에서 놀라운 변화가 일어났다."[26] 사우스캐롤라이나 하원의원인 조셉 브리슨은 "당신이 이곳에 온 이래 욕하는 소리나 저주의 소리 그리고 인종차별적 이야기들이 사라졌습니다"라고 빌리 그래함에게 말했다. 최소한 3명의 하원의원이 예수를 영접하기 위해 앞으로 나왔다. 빌리 그래함은 "워싱턴 호텔에서 열린 오찬모임에 참여한 상하의원 100여명에게 '공산주의와 그리스도'라는 주제로 설교했을 때입니다. 오찬모임이 마치자 여러 명의 사람들이 제 앞으로 나오면서 지금까지 공산주의를 잘 알지 못했었다고 말했습니다"[27]라고 기자들에게 말했다. 빌리 그래함은 "이 중대한 시국에 미국의 리더들에게 그리스도를 전해야 하는" 새롭고도 강력한 기회가 오고 있는 것을 알아차렸다. 그는 "나는 그들의 사무실로 찾아가서 장시간 담화할 수 있었습니다"라고 말했다.

많은 사람들은 그가 반드시 공직에 - 아마도 상원의원에 - 출마해야 한다고 제안했다. 빌리 그래함은 "저는 그들에게 도덕적인 측면에서 제안을 하고 싶습니다. 물론 저는 어느 후보를 지지하려는 것이 아닙니다"[28]라며 자신은 모든 대통령 후보와 인터뷰하기를 희망한다고 발표했다. 그는 이미 "미국의 모든 크리스천은 1952년 대통령 선거기간 동안 가만히 앉아 있어서는 안되며 후보자의 견해나 다른 문제에 관계없이 가장 도덕적이고 영적

---

26) Oulahan memo, February 22, 1952.
27) Ibid.
28) "Rockin' the Capital," *Time*, March 3, 1952.

인 인물에게 투표해야만 합니다. 저는 크리스천들이 권력의 균형추 역할을 할 수 있다고 믿습니다"[29]라고 호소했다.

유감스럽게도 대통령은 반응을 보이지 않았다. 그러나 빌리 그래함은 적어도 공식석상에서는 대통령을 이해했다. 신문들은 "대통령이 빌리 그래함을 퇴짜 놓다"라고 머리기사를 달았다. 빌리 그래함은 「타임」 기자에게 "저는 그렇게 기분 나쁘게 생각하지 않습니다. 대통령은 매우 바쁘실 것이고 많은 일들로 매우 바쁘실 것입니다.[30] 어떤 의원이 '트루만은 빌리 그래함을 만나기를 거절함으로써 500만 명의 유효표를 잃어버렸습니다'라고 말했습니다. 저는 대통령의 참모들이 저와 대통령의 만남이 전국적으로 어떠한 영향을 미치는지 전혀 모른다고 생각합니다"라고 말했다.

빌리 그래함은 당시의 정치인들과 같은 영향력을 자신이 갖고 있음을 인식하고 있었다. 그는 영향력에 비례하여 더 신중하게 말해야 함을 배웠다. 그는 아주 빠르게 영향력 있는 사람이 되었지만 여전히 연소한 나이였다. 그는 후에 "저는 기자들 앞에서 어떻게 처신해야 할지 잘 몰랐습니다. 때때로 너무나 순진하게도 목회자의 영역을 벗어난 정치, 외교문제에 관하여 내 의견을 말해왔었습니다. 그러나 이러한 경험을 통해서 더 신중해야 함을 배웠습니다"[31]라고 회고했다.

빌리 그래함은 사건이 많았던 트루만에 대해서 시간이 지날수록 더 존중하는 마음을 먹게 된다. 놀랍게도 미국은 개인적으로도 그리고 정치적으로도 용기 있는 사람, 무차별 정치적 공격에는 참지 않으며 유려한 언변, 분위기, 태도를 지녔으며 실천력을 갖춘 자신감에 찬 위인을(트루만) 발견했다. 그는 굽히지 않는 신념의 사람이었으며 압력에 저항하고 대중의 인기에 무관심하며 모든 일에 스스로 책임을 지는 사람이었다. 후에 지금의 세대를 돌아본다면 20세기 중반이 얼마나 평화스러웠는지, 이 평화를 지

---

29) Martin, *PWH*, 146.
30) Oulahan memo, February 22, 1952.
31) *JAIA*, 164.

키기 위해 제정된 법들은 얼마나 유약한 것인지, 전쟁 이후의 세계가 얼마나 강철 같은 의지를 가진 지도자들을 필요로 했는지 쉽게 잊어버릴 것이다. 빌리 그래함은 "역사는 지금 트루만이 얼마나 위대한 대통령인지를 보여주기 시작했다고 생각합니다"[32]라고 말했다.

어떤 사람은 트루만이 빌리 그래함에게 호의를 가지고 있었으며 빌리 그래함에게 신중함의 중요성을 가르쳐 주었다고 평가했다. 시간이 지나면서 빌리 그래함은 대통령들을 더욱 존중하였고 비록 개인적인 일일지라도 공중 앞에서 더욱 신중히 말했다. 한참의 시간이 지난 후 1967년에 빌리 그래함은 트루만을 방문했다. 빌리 그래함의 입에서 나온 첫 마디는 나쁜 평판이 난 사진에 대한 사과였다. 이때까지 트루만은 원만한 인간관계를 유지하고 있었다. 트루만은 한때 사진기자들이 자신을 쥐고 흔들어 왔던 유일한 사람들이라고 말한 적이 있었다. 트루만은 빌리 그래함에게 "괜찮습니다. 당신은 변명하는 사람이 아니라는 것을 잘 압니다"[33]라고 부드럽게 말했다. 그런 후 그는 빌리 그래함을 자신의 도서관으로 안내했다.

---

32) BG, interview, January 18, 2006.
33) Ibid.

THE PREACHER AND THE PRESIDENTS

제4장

영적 군인

저는 그가 민주당원인지 아니면 공화당원인지 조차도 알지 못했습니다.[1] 제가 관심을 가진 것은 그의 생각이었습니다.

- 아이젠하워와 첫 번째 만남에서

빌리 그래함이 대통령 출마를 끝까지 내켜하지 않았던 아이젠하워 장군을 설득하여 끝내 1952년 선거에 출마하게 했다는 것은 매우 유명한 일화이다. 실제로는 그렇게 단순하지 않았다. 텍사스의 억만장자가 아이젠하워를 개인적으로 설득하기 위하여 빌리 그래함을 파리에 가도록 부탁한 놀랄만한 일이 있었다. 또한 빌리 그래함과 아이젠하워가 만나기까지 수많은 지지자들이 토대를 마련한 것도 사실이었다. - 아이젠하워는 이미 뉴햄프셔주의 경선에서 유권자들과 악수 한 번 하지 않고도 승리했다.

흥행사로서 역할을 한 사람은 세계의 거부 중에 한 사람이었던 시드 리

---

1) BG, interview, January 18, 2006.

차드슨(Sid Richardson)으로 텍사스에 살고 있던 유전업자였다. 그는 1951년 포트워스 전도집회 중에 빌리 그래함을 만나 그를 양자로 삼은 인물이었다. 리차드슨은 설교듣기를 좋아하지 않았다. 그러나 빌리 그래함의 설교에 대해선 예외였다. 돈을 사랑했지만 동정심도 풍부하였고 사태를 파악하는 뛰어난 분별력을 가졌던 리차드슨은 린든 존슨(Lyndon Johnson)과 존 코넬리(John connally)를 포함하여 그의 텍사스 사단의 모든 간부를 빌리 그래함에게 소개했다.

그는 아이젠하워가 대통령 선거에 출마해야만 하는 이유를 적은 빌리 그래함의 편지를 친구인 아이젠하워에게 보내주었다. 빌리 그래함의 설득에 충분히 공감한 아이젠하워는 1951년 11월에 직접 빌리 그래함에게 답장을 썼다. 일주일 전만 해도 아이젠하워는 선거에 출마하는 일에 얼마나 관심이 없는지 일기에 써놓은 상태였다. 답장에서 아이젠하워는 자신의 말이 인용되는 것을 원치 않았기 때문에 "사적이고도 은밀하게, 낡은 가치관과 싸우고 있는" 빌리 그래함의 노력에 찬사를 보냈다.[2] 그는 편지에서 "당신과 같은 영적인 사람을 준비하여 이 위대한 목표에 심혈을 기울이게 하신 하나님께 감사하고 있습니다"라고 썼다.

비록 그렇게 말했지만 아이젠하워는 여전히 출마에 대한 생각에 적극적이지 못했다. 그는 나토(NATO)에 대한 자신의 사명이 너무 중요해서 한 정당인으로 출마해서 여론을 둘로 나누는 것은 좋지 못하다는 생각을 밝혔다. 빌리 그래함은 "어떤 선거구 관할 판사가 워싱턴 정가가 향후 2, 3년 안에 정화되지 않는다면 대 혼돈의 파국이 있을 것이라고 저에게 털어 놓았습니다. 밖으로는 야만인들의 위협, 안으로는 도덕이 폐기되는 세속주의의 도전 앞에서 누가 과연 이 전쟁을 승리로 이끌 사람인지 종종 생각해 보곤 합니다"라고 다시 답장을 쓰며 자신이 들은 말을 전했다. 빌리 그래함은 "하나님께서 당신의 인생에서 가장 중요한 결정을 할 수 있도록 인도하

---

2) DDE to BG, November 8, 1951, DDEL.

실 것입니다. 당신이 어떻게 결정하느냐에 따라 서구사회의 운명이 판가름 날 것입니다"라고 자신이 아이젠하워 장군을 위해 기도하고 있다고 덧붙였다. 훗날 빌리 그래함은 "어느 누구도 이 문제로(아이젠하워를 설득해 출마시킨 일 - 역주) 저를 비난할 수 없을 것입니다"라고 말했다.

아이젠하워는 "빌리 그래함의 편지는 지금까지 내가 받아 본 편지 중 가장 놀라운 내용을 담고 있습니다"[3]라고 리차드슨에게 말하면서 좀 더 자세한 내용을 알고 싶다고 말했다.

"빌리 그래함을 당신에게 보내겠으니 만나보십시오."

빌리 그래함과 드와이트 아이젠하워(Dwight Eisenhower)가 서로 만나 대화할 가능성이 있다고 생각할 사람이 당시 다섯 명에도 미치지 못했을 것이다. 그처럼 그들은 세대가 달랐고 마치 다른 행성에서 사는 사람들처럼 한 사람은 전쟁을 다루는 사람이었고, 한 사람은 영혼을 다루는 사람이었다. 아이크(아이젠하워의 애칭 - 역주)는 힘을 신봉하는 사람이었고, 빌리 그래함은 영혼을 신봉하는 사람이었다. 당시 가장 강력한 사업가인 리차드슨은 그런 그들을 한 자리에 앉혔다. 리차드슨은 그들에게 각양의 선물과 휴가를 위한 별장, 골프 환담을 위한 개인 비행기까지 제공했다. 두 사람은 부자에게 꼼짝 못한다는 비난을 받기는 했지만 그것은 종종 별개의 일이었다. 당시의 빌리 그래함이나 아이젠하워는 다른 정치인들과 달리 직면한 강력한 도전을 넘어섰기 때문에 단순한 찬사가 아닌 절대적 명성을 얻었다. 아이젠하워는 서구세계를 구했고 빌리는 사람들을 영원한 세계로 인도하고 있었다. 그들이 한 일은 어느 누구나 할 수 있는 일이 아니었다.

두 사람은 카메라가 잘 받는 얼굴을 가졌다. 또한 그들의 성공은 텔레비전 시대의 개막과 함께 이루어졌다고 해도 과언이 아니었다. 1950년 초에 400만 가정이, 50년대 말에는 4,500만 가정이 TV를 보유했다. 두 사람은 기자들을 다루는 방법을 알고 있었다. 두 사람은 마치 순진한 소년들처

---

3) *JAIA*, 189.

럼 국민을 편안하게 하는 재능이 있었다. - 비록 아이젠하워는 개발한 능력이었고, 빌리 그래함은 타고난 것이긴 하지만 말이다. 아이젠하워는 씩 웃는 것으로 불신과 절망을 녹일 수 있었다. 그는, 리더는 희망을 창출해 내야 한다는 것을 알고 있었다. 빌리 그래함은 한때 깊은 우울증에 빠졌었다. 그때 절친한 한 친구가 빌리 그래함에게 죽지 않을 것이라는 확신을 불러 일으켜 주었고 빌리 그래함은 그 후로 더는 절망의 단어를 사용하지 않았다.

그러나 아이젠하워에게 알려지지 않는 한 가지가 있었는데 그것은 그의 신앙이었다. 군인 시절에 그는 거의 교회에 나가지 않았다. 그는 각 분야에 많은 친구들이 있었다. 그런데 왜 이 순간에 이 젊은 전도자와 우정을 맺는 길을 택하였을까? 왜 아이크는 빌리 그래함처럼 종교적 부흥에 관심을 기울이는 것처럼 보였을까?

참모들은 이것이 선거정치 때문이었다고 말하지 않았다. 그의 연설 담당 비서인 윌리엄 에월드(William Ewald)가 "아이크는 위선자가 아닙니다.[4] 그는 선거를 위해서 유권자에게 호소하려고 없는 것을 있는 것처럼 꾸미는 사람이 아닙니다"라고 말했다. 아이젠하워는 전쟁의 중압감에 대하여 누구보다도 잘 알고 있었다. 그렇다고 대통령직의 중압감을 무시한 것은 아니었다. 에월드는 "그는 신의 섭리와 인도함에 대한 믿음이 없이 어떻게 대통령직의 중압감을 짊어질 수 있겠는가라고 말하였습니다. 신앙 없이는 대통령직을 수행할 수 없었을 것입니다. 그것이 아이크는 진실한 감정이었습니다"라고 회상했다.

누군가 그가 무거운 짐을 지도록 도울 수 있었을 것이다. 빌리 그래함 역시 전략적으로 매우 유용하게 그를 도왔다. 냉전이 예기되는 상황에서 아이젠하워는 종교의 역할에 대한 확신을 갖기에 이른다. 그는 출마를 선언하면서 미국의 도전과 응전에 관하여 말했다. 그는 "우리가 가지고 있는

---

4) William Ewald interview, January 6, 2006.

수많은 문제에도 불구하고 나는 이 한 가지 질문을 던집니다.[5] 만약 우리 한사람 한 사람이 자신의 마음속에 이 단순한 가치들 - 성실, 용기, 자기 확신 그리고 하나님 말씀에 대한 흔들리지 않는 신앙을 확고히 품고 있다면 우리가 직면한 문제들이 이 가치들을 결코 파괴할 수 없지 않을까요? 우리가 이러한 가치에 최선을 다한다면 전능하신 하나님이 주시는 안식에 이르지 않겠습니까?"라고 말했다.

사람들은 수많은 친구들을 가진 두 사람이 분명 친구가 되었을 것이라고 생각할 것이다. 그러나 두 사람이 평행선을 달렸던 여러 가지 이슈들을 생각하면 의견이 같았던 것은 작은 것에 불과했다.

상대방을 알아가기

반세기가 지난 후에 빌리 그래함은 아이젠하워의 미소, 악수 그리고 눈빛의 대부분이 "매우 기묘했다"고 기억했다. 빌리 그래함은 아이젠하워와 파리에서 첫 번째 만났을 때 두 시간을 함께 있었다고 말했다. 그러나 잠시 후에 그것은 반시간보다 조금 더 길었다고 정정했다. "그것은 아이크가 제가 만나러 온 이유를 이미 알고 있었기 때문이었습니다."[6]

트루만이 침례교파 교인이었음에도 빌리 그래함이 크게 호감을 갖지 않았지만 아이젠하워는 겨우 교회를 우군으로 삼았던 것에 불과한 데도 빌리 그래함은 그에게 지대한 관심을 보였다. 그때까지 빌리 그래함은 그의 장군 기질은 알고 있었는지는 모르지만 영혼의 상태에 관하여는 아는 것이 거의 없었다. 첫 번째 만남 때 빌리 그래함은 그의 영적인 면을 살펴볼 기회를 얻었다. 아이젠하워는 워싱턴 전도집회와 설교의 내용에 대하여 물었다. 대부분의 사람들은 자신이 이미 알고 있다는 것을 과시하기 위하

---

5) "Homecoming," *Time*, June 16, 1952.
6) BG, interview, January 18, 2006.

여 그가 설교한 내용에 대하여 결코 질문하지 않았다. 그들은 미국의 영적 상태에 대해서도 이야기를 나누었다. 그리고 아이젠하워 가문의 신앙의 뿌리에 대하여 말했다. 그들의 조상은 박해를 피해 온 스위스 메노나이트분파로 남자들은 수염을 기르고 여자들은 머리에 수건을 쓰는 근본주의 도강파(渡江派)형제단(River Brethren)이라고 설명했다. 빌리 그래함은 "아십니까? 당신이 주장하는 것이 우리 어머니의 신앙과 동일한 것입니다"[7]라고 아이젠하워의 말을 회상했다.

이것은 단순한 것 같지만 매우 복잡한 이야기이다. 아이젠하워는 다른 대통령들보다 매우 엄격한 신앙적 환경에서 유년기를 보냈지만 장로교나 성공회 계통의 전임 대통령들과 달리 그의 신앙배경은 말하기가 간단하지가 않다. 아이젠하워는 종종 독실한 부모가 고수했던 신앙적 가치를 흠모했다. 그중 어떤 것들은 매우 신중한 설명을 필요로 하는 것들이다. 특별히 아이젠하워는 자신이 후보로 나서는 것을 거절했던 어머니의 믿음을 존경하는 것에서는 더욱 그러했다.[8] 그때 빌리 그래함은 모든 이야기를 들은 것은 아니었다.

비록 아이젠하워의 가문이 도강파형제단에 속했지만 아이젠하워의 부모는 성경추종자(Bible Student - 후에 여호와의 증인으로 개명함)에서 활동했다. 집회는 교회가 아니라 아이젠하워의 집을 포함하여 회원들의 집에서 열렸고 그의 어머니 아이다(Ida)는 종종 집회에서 피아노를 연주했으며 성경공부[9]에 열심을 다했다.

아이젠하워의 집안에서는 정치적인 이야기는 금기사항이었다. 아이젠하워의 동생인 밀톤은 "부모님들은 각 개인은 선하며 사회는 스스로 지켜진다고 생각했습니다. 부모님들은 일시적인 사회적 제도보다는 아직 도래

---

7) Rowan, *people* transcript, November 26, 1975.
8) In its April 7, 1952, 아이크의 관심이라는 부분에서 아이젠하워는 "종교적이기는 하지만 교회출석을 하지 않았다."라고 설명되었다.
9) Dwight D. Eisenhower, *At Ease* (New York: Doubleday, 1967), 305.

하지 않은 천년왕국에 깊이 몰두해 있었습니다"[10]라고 회상했다. 아이젠하워는 여호와 증인의 가르침을 인용하여 그의 어머니를 "내가 알고 있는 어떤 사람보다도 정직하고 신실한 평화주의자"[11]라고 평했다.

물론 이런 어머니의 신앙은 2차 세계대전시 연합군 총사령관이 된 경건한 아들에게 난국을 헤쳐 나갈 수 있게 하는 힘을 제공하였음이 분명하다. 1943년 봄에 아이젠하워는 자신의 어머니의 반전(反戰)의 견해를 대대적으로 보도한 신문기사를 보고 "일부 기자들이 늙으신 어머니가 왕국회관에 가시기를 좋아한다고 기사를 썼구나.[12] 종교생활을 통해 행복을 누리는 어머니가 신문쟁이들의 어떠한 악평보다 내게는 더 중요하단다. 그러나 정부는 우리 어머니의 신앙으로 인해 나의 군인정신을 평가절하하지 않을 것을 확신한다"라고 동생 아더에게 편지를 썼다.

이런 아이젠하워의 확신은 일부 극단적 그룹에게는 통하지 않았다. 그들은 아이다의 신앙을 이용하여 아이젠하워를 "반기독교주의자"[13], "비애국주의자"라고 헐뜯기 시작했다. 아이젠하워가 도래하는 핵전쟁의 시대를 맞이하여 대통령 출마에 나섰을 때 그의 부모가 아마겟돈 전쟁의 공포를 주장하는 종교에 속했다는 사실은 상황이 단순하지 않다는 것을 뜻했다. 아이젠하워 부모는 빌리 그래함 같은 19세기 부흥사 드와이트 무디를 따라 아이젠하워의 이름에 드와이트를 붙여주었다. 무디는 이렇게 말한 사람이었다. "이 세상은 파선한 배와 같습니다. 하나님은 나에게 구조선을 주시며 말씀하셨습니다. '무디, 할 수 있는 한 모두를 구원하라.'"

극단주의자들이 그를 조롱하고 비난한 반면 아이젠하워는 어린 시절을 기독교 이단에서 생활하고 성년이 되어서는 어떤 종파의 교회도 다니지 않고 자신의 종교적 정체성을 새롭게 확립할 절실한 필요를 느끼고 있었다.

---

10) Bela Kornitzer, *The Story of the Five Eisenhower Brothers* (New York: Farrar, Straus and Cudahy, 1955), 278.
11) Eisenhower, *At Ease*, 106.
12) DDE to Arthur Eisenhower, May 18, 1943, DDEL.
13) Ralph Lord Roy, *Apostles of Discord* (Boston: Beacon, 1953), 20.

그는 빌리 그래함에게 "나는 군 시절 교회에 다니지 않았습니다"라고 고백했다. 빌리 그래함은 첫 번째 대화에서 그의 거친 언어를 상기했다. "그는 군대식 용어를 많이 사용했습니다.[14] 그런 말투는 저에게는 충격적이었습니다. 저는 2년 후 그에게 그러한 말투에 대해 말했습니다."

두 사람 사이의 동맹은 그날 파리에서 맺어졌다. 이틀 후에 아이젠하워는 "오늘날 세상의 절망적인 문제들에 대해 깊이 알면 알수록 해결책은 영적이고도 도덕적 가치에서 찾아야함을 더욱 확신합니다"[15]라고 그의 종교 담당 참모인 피어슨에게 길고도 확신에 찬 편지를 보냈다. 빌리 그래함은 파리에서 기자들에게 아이젠하워가 미국의 영적부흥에 대해 관심이 많다고 말했다. 빌리 그래함은 기자들에게 정치적인 대화를 나누지 않았고[16] 선거캠프에 참여하지 않을 것이며 오직 국민에게 크리스쳔의 의무는 투표하는 것이라는 사실을 독려하기 위한 방송 외에는 아무것도 안할 것이라고 말했다.

그러나 빌리 그래함은 정치적인 혼돈기에 자신의 역할을 찾은 기쁨으로 충만하여 유럽에서 돌아온 것이 분명했다. 1952년 대통령 선거는 공화민주 양진영 모두 뚜렷한 현역정치인이나 유력한 후계자가 정해지지 않는 상태에서 시작되었는데 이것은 10년 만에 처음 있는 일이었다. 빌리 그래함은 시카고에서 개최된 전국복음주의연합대회에서 설교를 했다. 이 대회는 10년 전에 완고한 근본주의를 벗어나 복음주의를 전면에 부각시키려고 만들어진 조직이었다. 목사들이 권력의 주의를 배회하는 것이나 세상의 주제에 관심을 갖는 것을 배제한 그룹이었다. 그러나 빌리 그래함은 자신의 생각을 설명할 필요를 느끼고 있었다.

그는 청중에게 "많은 사람들이 저에게 묻습니다. '왜 당신은 정치인들을 찾아다니며 대화를 합니까?'[17] 여러분, 그 이유가 무엇인지 아십니까? 저

---

14) BG, interview, January 18, 2006.
15) DDE to Drew Pearson, March 27, 1952, DDEL.
16) "Preacher Visit Eisenhower," *New York Herald Tribune*, March 26, 1952.
17) Sermon "The Holy Sprit and Revival in Our Time," preached to the National

는 그들과 만나 그들에게 예수 그리스도의 복음을 직접 말하고 있습니다. 하나님은 문을 열어 놓으셨습니다. 그리고 지도자들에게 그리스도에 대하여 말하는 것이 나의 사명이라고 굳게 믿고 있습니다. 저는 정치인 대부분을 위하여 기도하고 있습니다"라고 말했다.

빌리 그래함은 한 발 더 나아갔다. 그는 청중에게 "이번 선거에는 분명 유대인들은 유대인대로, 가톨릭은 가톨릭대로 뭉칠 것입니다. 마찬가지로 노동자 동맹, 흑인 동맹, 폴란드인 동맹, 아이리쉬 동맹 등 수없이 많은 그룹이 형성될 것입니다.[18] 그들은 거대한 압력을 행사할 것이며… 그들의 일부는 힘을 갖고 그 힘으로 실력을 행사할 것입니다. 왜 우리 복음주의자들은 우리의 목소리를 알리기 위해 뭉쳐서는 안 된다는 말입니까?"라고 이번 선거가 어떻게 진행되는지 설명했다.

이것은 약 30년 뒤에나 등장하는 형태와는 다른 것이기는 하지만 종교적 권리의 세례(baptism of the religious right)라고 불릴만한 일이었다. 빌리 그래함과 그의 친구들이 가졌던 목표는 매우 일반적인 것이었다. 즉, 무신론 공산주의에 대항하는 강력한 태도 그리고 가정에서의 영적가치의 진작이었다. 그들은 후보자를 위한 리트머스 시험지도 가지지 않았으며 또한 결정적 이슈도 내세우지 않았고 그것을 위해 특정한 후보자나 정당과 유대를 맺으려는 계획 같은 것도 없었다.

그것은 선한 크리스천이 무대 뒤에서 뛰어나와 정치에 적극적인 역할을 하는 시대를 말하고 있었다. 빌리 그래함은 "사람들은 도덕 운동에 굶주려 있습니다. 그들은 모세나 다니엘과 같은 사람들이 나타나 인도하기를 바라고 있습니다"[19]라고 말했다. 물론 빌리 그래함은 사람들마다 자신들의 다니엘을 찾아낼 것이라고 확신했다.

Association of Evangelicals convention in Chicago, 1952. From C. T. Cook, *The Billy Graham Story* (Wheaton, IL: Van Kampen Press, 1954), 100.
18) Ibid.
19) Ibid.

대장정

그해 봄 아이젠하워는 대통령 후보로서 다시 미국에 돌아왔다. 6월 첫째 주간 그는 대통령 후보라는 영예를 안고 고향인 캔자스주의 에블린으로 갔다. 대다수의 기자들은 아이젠하워가 백악관을 향하여 출마하게 된 동기인 그의 신앙과 그에게 신앙을 전수한 그의 부모에게 예전과 달리 예의를 갖추었다. 「타임」은 그의 고향방문을 정치적 데뷔라고 평했다. 아이젠하워는 자신과 형제들이 자란 흰 판자 집이 보이는 들판에 서서 준비한 원고도 없이 마치 부흥사의 말투로 연설을 했다. 「뉴욕타임즈」(*New York Times*)의 기자 레스톤은 아이젠하워가 윌리엄 제닝스 브라이언이나 순회설교자들 같이 말했다고 비교했다. 레스톤은 "그는 머리가 아니라 가슴에 호소했다.[20] 그는 예전 부흥사들이 사용했던 고상한 언어들을 - 검소, 엄격, 정직, 근검, 단순, 완전 - 사용하여 연설했다"라고 썼다.

아이젠하워는 시카고에서 열린 공화당 전당대회의 첫 번째 무기명 투표에서 대통령 후보로 지명되었다. 그는 "위대한 성전"을 이끌 것을 맹세했다. 전당대회에서 캔자스 주의 상원의원인 프랭크 칼슨(Frank Carlson)은 빌리 그래함을 찾았다. 그는 이미 워싱턴 전도집회에서 빌리 그래함을 만난 적이 있었다. 그는 빌리 그래함에게 아이젠하워가 그를 보기를 원한다고 말했다. 칼슨은 이미 아이젠하워에게 빌리 그래함을 가까이 하라고 조언해 둔 상태였다. 빌리 그래함은 "칼슨은 내가 유능한 연설문 작성자가 될 수 있다고 생각한 것 같습니다"[21]라고 말했다.

그들은 블랙스톤 호텔에서 만났는데 이곳은 공화당 지도부가 와렌 G. 하딩(Warren G. Harding)을 대통령 후보로 지명했던 역사적인 곳이었다. 아이젠하워는 빌리 그래함에게 선거참여에 관심이 있는지를 물었다. 빌리

---

20) James Reston,"Eisenhower Opens 'Crusade' Amid His Boyhood Scenes," *New York Times*, June 5, 1952.
21) BG, interview, January 18, 2006.

그래함은 정당 간 싸움에 얽히고 싶지 않으며, 자신을 이해했으면 기쁘겠다고 답했다.[22] 아이젠하워 역시 정당정치에 큰 관심이 없었으므로 두 사람은 좋게 헤어질 수 있었다. 아이젠하워는 시카고를 떠나면서 그가 원하는 선거전에 대해 "나는 무엇이든 할 수 있는 능력을 가진 우리 국민에게 어떤 특별한 정책을 자세히 말하기 보다는 적극적인 신앙의 메시지를 전달하고 싶습니다"[23]라고 발표했다.

공화당이 전당대회를 하는 동안 빌리 그래함 역시 기자회견을 했다. 그 이유는 지지자들에게는 자신이 도덕적 의제(議題)에 집중하고 있음을 확신하게 하고 한편으로는 빌리 그래함이 너무 깊이 정치에 개입한다는 생각을 가진 일부사람들에게 경고하기 위한 것이었다. 그는 자신의 말 한마디로 1,600만 명의 유권자를 움직일 수 있다고 대담하게 말했다. 그는 상원의원이나 대통령 후보로 출마하라는 수많은 제안을 받고 있었다. 그러나 그는 한쪽으로 조용히 비켜있기를 원했다. 그러나 민주·공화 양당에게 자신의 의견을 전달했다. 만약 그들이 도덕적 황폐와 싸우지 않는다고 느끼고 혹은 공산주의의 손을 들어 주는 행위를 한다면 그는 "나는 지체하지 않고 전면에 나설 것입니다.[24] 나는 온 힘을 다하여 이 나라의 크리스천들이 하나님의 선물인 민주적 제도를 보호하는데 앞장서도록 호소할 것입니다"라고 말했다. 빌리 그래함을 대통령 후보로 추대하려고 했던 정치 세력들은 빌리 그래함이 출마의 문을 항상 열어 놓고 있다고 말해왔다.

빌리 그래함의 한 절친한 친구가 "이 나라의 수많은 사람이 당신을 존경한 것은 당신의 영적 메시지 때문이었습니다.[25] 만약 당신이 정치적인 야심의 모습을 조금이라도 보인다면 당신의 도덕적 영향력은 급속히 감소할 것입니다"라고 영감어린 충고를 했다. 그는 "만약 사람들이 당신의 동기에 대해 환멸을 느끼거나 당신이 영적인 목적과는 다른 것을 추구한다고 생

---

22) *JAIA*, 191.
23) "Plans 'Message of Faith,'" *New York Times*, July 15, 1952.
24) "Parties Are Warned by Billy Graham," *Washington Post*, July 10, 1952.
25) Pollock, *The Billy Graham Story* (Grand Rapids, MI: Zondervan, 2003), 94.

각한다면 그것이 커다란 해악이 될 것입니다"라며 빌리 그래함의 사역이 위기를 맞이했다고 말했다.

거기에 대해 빌리 그래함은 종종 하는 방법, 즉 자기에 대한 비판을 존중하는 태도로 답했다. "나는 당신의 제안, 권고, 조언을 원하며 꼭 필요합니다. 만약 당신이 나를 때려주고 싶거나 소매 끝을 잡아당기고 싶거든 언제든지 그렇게 하십시오. 나에게 격려와 찬사를 보내는 사람은 많이 있습니다… 그러나 때때로 나에게 현실을 이야기할 친구가 필요합니다."

이때는 빌리 그래함이 자신의 정치적 견해를 이야기 할 수 있는 마지막 기회였다. 그러나 빌리 그래함의 지지자들은 여전히 빌리 그래함과 연합하라고 아이젠하워를 압박하고 있었다. 8월에 아이젠하워는 빌리 그래함의 지지자 중 한 사람인 워싱턴 주지사인 아더 랭글(Arthur Langlie)에게 편지를 썼다. 아이젠하워는 "빌리 그래함은 목표를 향해 질주하는 사람들을 위한 좋은 선물을 가지고 있는 사람입니다"라고 말했다. 그는 빌리 그래함이 방송에서 정직한 정부를 만들기 위한 아이크의 "대장정"이라고 말해준 것에 대해 기뻐하고 있었다. 문제는 형식이었다. "모든 목사들은 반드시 비정파적 입장에서 발언을 해야만 하기 때문에 우리를 위해 싸워 줄 공식적인 종교 지도자 연합을 만드는 것은 매우 곤란합니다"[26]라는 빌리 그래함의 말에 아이젠하워는 다음과 같이 제안했다. "그렇지만 비공식적으로는 어떤가요?"

빌리 그래함은 아이젠하워가 농업정책, 노사관계, 국가예산에 관하여 벼락치기로 공부하기 위해 머물고 있던 덴버의 브라운 팰리스 호텔에서 그와 며칠을 같이 보냈다. 빌리 그래함은 그러한 정책들은 영적인 문제와 연관이 있다고 조언했다. 둘은 선거운동에 유용한 성경구절에 관하여 이야기를 나누었다. 빌리 그래함은 다시 한 번 자신이 걸어 온 영적인 삶에 대하여 이야기했다. 아이젠하워는 자신이 교회와 등지고 살았던 것을 인정했

---

26) DDE to Arthur Langlie, August 11, 1952, DDEL.

다. 빌리 그래함은 아이젠하워에게 이러한 일은(사람들이 교회를 등진 것 - 역주) 목사들이 영적인 일보다는 사회적 이슈에 더 민감했으며 그 결과 그리스도 중심적 메시지의 약화, 주류교회의 쇠락에서 연유한 현상이라고 말했다. 아이젠하워는 "내가 당선되어 워싱턴으로 입성한다면 당신이 교회를 추천하겠습니까?"[27]라고 빌리 그래함에게 말했다.

그때 아이젠하워의 생각은 미국 국민은 교회에 출석하지 않는 대통령을 쉽게 따르지 않는다는 것이었다. 그는 "후보로 있는 동안에는 교회에 출석하지 않을 것입니다. 왜냐하면 국민이 그것을 선거 전략으로 생각할 것이기 때문입니다. 그러나 11월에 대통령이 되든, 그렇지 않든 교회에 다닐 것입니다"라고 빌리 그래함에게 말했다. 아이젠하워의 부인 매미(Mamie)는 장로교인이었고 그들은 장로교회에서 결혼식을 올렸기 때문에 장로교가 적절한 선택처럼 보였다. 빌리 그래함은 그의 각료 중 에드가 후버(J. Edgar Hoover)가 출석하고, 2차 세계대전 중에 유럽에서 군목으로 봉직하였던 에드워드 엘손(Edward Elson)이 목사로 있는 내셔널 장로교회를 추천했다.

빌리 그래함과 그의 사역팀은 자신들의 상징인 실크로 짠 붉은색의 모로코 가죽성경을 언제나 소지하고 다녔다. 빌리 그래함은 그 성경에 자필 사인을 해서 그들의 사역에 헌신적으로 도와 준 사람들에게 선물로 주었다(빌리 그래함의 협력전도자로서 성격이 직선적인 그래디 윌슨은 종종 이렇게 말했다. "성경은 반드시 읽어야만 하기 때문에 우리는 붉은색을 골랐다").[28] 빌리 그래함은 아이젠하워에게 그 붉은색 성경에 서명을 한 후 선물했다. 아이젠하워는 대통령 재임기간 내내 백악관의 침실에 그 성경을 놓아두었다. 빌리 그래함은 그 성경 안쪽 여백에다가 꼭 읽어야 할 부분을 명기하였고 또 어떻게 그 부분을 공부해야 하는지를 써 놓았다.[29]

---

27) BG, "Billy Graham's Own Story," *McCall's*, June 1964, 64.
28) "The New Evangelist," *Time*, October 25, 1954, 54.
29) Frost, "*Personal Thoughts*, 101.

공산주의에 대한 유화정책과 편애정책을 고수하는 민주당에 대항하여 도덕적 재무장을 주장하는 공화당이 선택한 것은 무시무시하고도 역겨운 선거운동이었다. 공화당 선봉대는 민주당이 계급투쟁의 밭을 제공하였고, 사회주의를 진작시켰으며, 경제를 망쳤고, "국가의 반역자들을 철저히 보호하였으며, 미국 국민의 도덕수준을 저하시켰다"[30]라고 맹비난을 했다. 그러나 이것은 서론에 불과했다.

아이젠하워 선거팀은 명백한 정치철학을 표명하지 않았다. 그러나 세계가 경험했던 가장 최고의 악을 격퇴시킨, 도덕적 영웅 아이젠하워가 국민을 상대로 연설을 시작했을 때 시민들은 그를 거부하지 못했다. 선거구호는 이러했다. "하나님에 대한 신앙! 그리고 국가에 대한 충성! 그것이 아이젠하워입니다.[31] - 당신은 어떻게 생각하십니까?"

빌리 그래함은 모든 것을 설명하고 있는 선거구호에 화답했다. 「휴스턴 포스트」(Houston Post)는 "빌리 그래함 목사는 아이젠하워 후보가 세속정치에 뛰어든 것이 아니라고 강조하고 우리에게 필요한 대통령은 불굴의 정신과 도덕적 용기로 사회 각 방면에 만연해 있는 부정부패와 그것에 연루된 자를 일소해 낼 수 있는 사람[32]이어야 한다고 말했다"는 기사를 달았다. 빌리 그래함은 다른 신문에서 "여러분 중 누가 한국전쟁에 참여해야 한다고 투표했습니까? 나도 투표한 것이 아닙니다."[33] 미국이 참전한 것은 "워싱턴에 앉아있는 한 사람이 결정했기 때문입니다"라고 질문했다(후에 빌리 그래함은 이렇게 고백했다. "당시 미 국무부가 여러 가지 실책을 범했기 때문에 그들을 공개적으로 비난하는 것을 꺼리지 않았습니다. 그러나 돌이켜 보면 얼마나 어리석고 주제넘은 짓이었는지 모릅니다").[34]

10월 하순 투표일이 며칠 남지 않았을 때 빌리 그래함은 교인들과 종교

---

30) From the American Presidency Project, University of California at Santa Barbara.
31) William Lee Miller, *Piety Along the Potomac* (Boston: Houghton Mifflin, 1964), 19.
32) McLoughlin, *Revivalist in a Secular Age*, 117.
33) Ibid., 114.
34) *JAIA*, 189.

신문 기자들을 대상으로 한 지지율 조사 결과를 발표하였는데 아이젠하워의 지지율이 77%로 나타났다. 그러나 모순적이게도 신문보도는 다음과 같았다. "빌리 그래함 목사는 정치운동에 있어 어느 편에도 서지 않았다. 그는 중립을 유지하고 있다."[35]

선거가 끝나고 빌리 그래함은 자신의 친구인 헨리 루스(Henry Luce)에게 편지를 써서 선거운동을 도와 준「타임」의 기사에 감사를 표하고 한국 전도여행 후 뵙기를 원한다고 말했다. 빌리 그래함은 "아이크를 지원해준 것에 대해 감사드립니다.[36] 나는 지난 몇 개월 동안에 아이크를 두 번이나 만날 수 있는 기회가 있었습니다. 그는 도덕적 원칙과 참된 성실성을 갖춘 인물이라고 믿고 있습니다. 새로운 시대의 여명이 밝았음이 분명합니다"라고 썼다.

분명 아이크와 빌리 그래함 두 사람에게는 새로운 시대가 틀림없었다. 아이젠하워의 대통령직은 그가 빌리 그래함을 좋아했다는 사실 때문에 좀 남다른 면이 있었다. 그러나 빌리 그래함은 결코 아이크를 이용하지는 않았다. 아이젠하워는 빌리 그래함의 조언을 환영했다. 그는 빌리 그래함의 목회적 돌봄(pastoral care)을 원했으나 그러한 일은 대부분 그의 참모들이 정치적으로 결정했다.

1953년 이후의 빌리 그래함의 전도집회에는 아이젠하워가 소파에 앉아 빌리 그래함과 함께 성경을 읽는 한 장의 사진을 활용했다. 인기가 있는 대통령과 유대관계는 빌리 그래함에게 세속사회에서 어떠한 전도자도 가져 보지 못했던 국민적 신뢰를 주었다.

---

35) October 25, 1952.
36) BG to Luce, November 20, 1952.

THE PREACHER AND THE PRESIDENTS

제5장

하나님의 지배 아래 있는 나라

아이크는 말했습니다. "빌리, 사람이 죽을 때 어떻게 자신이 천국으로 향하고 있다고 확신할 수 있지요?" 저는 다른 사람에게 하던 것과 마찬가지로 그의 질문에도 대답할 필요가 없음을 느꼈습니다.[1]

- 아이젠하워의 영적 여정에 관하여

　대통령 선거의 승리를 염두에 두어야 하는 아이젠하워가 왜 종교적 부흥을 그처럼 우선순위에 두었을까?

　아이젠하워의 신앙은 지금까지는 사적인 것이었지만 대통령에 당선된 이후 그는 그것을 공적인 것으로 다루기로 결심했다. 그는 성경에 해박하지만 교회에는 출석하지 않았던 링컨을 사모하여 닮아가기를 원했다. 그는 링컨의 초상화를 그려[2] 그것을 칼라 인쇄하여 크리스마스 선물로 백악관의 모든 참모에게 선물하면서 "나는 최근에 링컨의 생애

---

[1] BG, interview, January 18, 2006.
[2] "Prayers for Peace by President," *New York Times*, December 25, 1953.

를 공부해 왔습니다.[3] 그리고 그가 오늘날 그렇게 존경을 받는 이유에 대해 확신했습니다. 그것은 그가 미국 역사상 어느 대통령보다 더 많이 하나님께 기도하였기 때문입니다"라고 말했다. 빌리 그래함은 아이젠하워에게 "각하는 링컨처럼 백악관 식구들에게 영적인 일을 강조해 왔습니다. 그리고 링컨처럼 그 목표를 가지고 헌신해 왔습니다"라는 편지를 자주 썼다.

그러나 링컨과 아이젠하워는 다른 길을 걸어갔는데 그것은 신앙에 대한 그들의 태도에서 나타난다. 링컨은 미국의 운명을 "하나님이 선택한 백성"의 운명으로 여겼다. 그는 노예문제에 대해 자신의 생각과 다른 사람들이 정말 잘못한 것이라고 생각했다. 링컨은 하나님이 누구편이냐고 물은 것이 아니라 자신이 하나님의 편이 되어야 한다고 기도한 것은 유명한 일화이다.

아이젠하워는 하나님이 미국의 편이 되어야 함을 요청했다. 그래야만 그는 냉전시대의 틀을 만들어 갈 수 있었다. 미국과 소비에트의 근본적인 차이는 경제나 정치적인 것보다 영적인 것이었다. 미국은 "선택받은 나라"임에 반하여 소련은 "무신론"의 나라였다. 빌리 그래함은 여기에 완전히 동의하였고 조만간 다가 올 문명의 충돌을 내다보았다. 빌리 그래함은 "공산주의가 멸망하던지 아니면 기독교가 멸망하던지 둘 중의 하나입니다.[4] 왜냐하면 그것은 실제적으로 그리스도와 적그리스도와의 전쟁이기 때문입니다"라고 썼다. 아이젠하워는 심지어 국민을 군대로 소집하여 치열한 전투현장에 배치하는 상황이 올 때 신앙은 하나의 무기가 된다고 보았다. "우리의 선조들은 오직 하나님 안에 있는 백성만이 어떠한 싸움에서도 승리할 수 있는 가장 강력한 백성임을 증명했습니다.[5]… 만약 공산주의에 대한 우리의 전쟁이 전능하신 분을 믿

---

3) BG to DDE, November 18, 1959, DDEL.
4) Thomas Aiello, "Constructing 'Godless Communism': Religion, Politics, and Popular Culture, 1954-1960," in *Americana: The Journal of American Popular Culture, 1900 to the Present* 4:1 (Spring 2005), quoting *American Mercury*, August 1954, 41-46.
5) "Eisenhower: 'The Miracle of America' Lies in Faith Fostered in Our Homes," *New*

는 신앙인들과 반신앙적 세력 간의 싸움이 아니라면 도대체 무엇이란 말입니까?"

그 후 수십 년 동안 학교에서는 기도하고, 법원마다 십계명을 걸어놓으며, 미식축구 게임이 시작되기 전에 기도의 시간을 준수함으로써, 미국인들은 공산주의와 치열한 전쟁을 수행했다. 심지어 거듭난 복음주의자들도 아이젠하워가 한 것과 동일하게, 자신을 나라를 지키는 영적 군인으로 생각했다.

행동하는 신앙

빌리 그래함은 아이젠하워에게 대통령으로서 최초로 국가 기도의 날을 선포할 것을 제안했다. 빌리 그래함은 그에게 "장군, 미국 국민에게 영적인 삶의 방식을 촉구하십시오. 당신은 살아있는 어느 누구보다도 더 큰 영향력을 미칠 수 있습니다"[6]라고 말했다. 아이젠하워는 빌리 그래함의 제안에 동의했다. 그리고 자신의 취임식을 위한 특별한 예배를 계획했다. 취임 퍼레이드 행사 감독은 "행렬차량에서 어느 곳에도 하나님을 믿는 백성들의 나라라는 모습을 보여주는 상징물이 없다"[7]는 것을 거의 마지막 순간에 알아차렸다. 그래서 그는 새로운 한 대의 행렬차량을 준비하고 이것이 전체 행진을 이끌도록 결정했다. "신의 수레"(God's Float)로 불린 이것은 "예배의 자유" 그리고 "하나님을 믿는 신앙"이라는 글귀와 함께 교회들과 예배 장면을 찍은 대형사진을 걸고 있었다. 성공회 신문은 다른 종교들의 비판을 예상하면서 "모든 종교를 공평히 대한다면 어떤 상징도 가져서는 안 된다"[8]라고 언급했다. 또한 장식차량은 치과용품 박람회에 전시된 어떤 물건

York Times, September 15, 1952.
6) Pollock, *Authorized Biography*, 96.
7) "'God's Float' Will Lead the Inaugural Parade," *New York Times*, January 19, 1953.
8) William Lee Miller, *Piety Along the Potomac*, 43.

처럼 보일 뿐이라고 논평했다.

    취임식 당일 날 75만 명 이상의 사람들이 새로운 대통령을 환영하기 위하여 길거리로 나왔다. 그들은 펜실베이니아 거리를 가득 메우고 마치 메시야의 승리의 입성을 기다리는 사람들처럼 환호했으며 마분지로 만든 망원경을 통해 행사를 지켜보았다. 대통령 취임식에 처음으로 참석한 빌리 그래함은 2주전 자신이 말해준 성경구절 위에 손을 얹고 서약하는 아이젠하워를 지켜보았다. 그 구절은 역대기하 7:14의 말씀이었다. "내 이름으로 일컫는 내 백성이 그 악한 길에서 떠나 스스로 겸비하고 기도하여 내 얼굴을 구하면 내가 하늘에서 듣고 그 죄를 사하고 그 땅을 고칠지라."

    빌리 그래함은 아이젠하워가 예상을 뒤엎고 그의 호주머니에서 기도문을 꺼내들었을 때 다른 사람들처럼 자신도 깜짝 놀랐다고 말했다.

    "국민 여러분, 이 순간, 취임사의 말을 하기 전에 제가 사적인 짧은 기도를 하도록 허락하시겠습니까?" 그는 청중에게 고개를 숙여달라고 요청했다. 그리고 미국 국민이 국가에 대한 봉사에 헌신하며 잘못된 것에서 올바른 것을 구별하며 인종이나 신분 그리고 종교에 관계없이 모든 사람을 위하여 봉사하게 해달라고 기도했다.

    아이크의 동생인 에드가는, 대통령은 자신의 기도에 대해 다음날 신문들이 일제히 비판한 것을 읽고 분노와 충격에 사로잡혔다고 말했다. 에드가는 계속해서 "나는 하나님이 아이크가 사용한 어떤 단어를 좋아하셨다고 생각하지는 않습니다. 아이크는 세상을 향하여… '나는 결코 위대하거나 지혜로운 사람이 아니어서, 이 무거운 짐을 혼자서는 감당할 수 없어서 나의 전능하신 하나님께 도움을 요청한 것입니다'라고 말한 것입니다"[9]라고 했다. 빌리 그래함이 그날 대통령의 기도문을 써 주었다는 소문이 너무나 오랫동안 지속되었다. 몇 년 후 빌리 그래함은 자기가 한 일은 몇 개의 성경구절을 제시했을 뿐이라는 사실을 확인하기 위해 아이젠하워의 부인

---

9) Kornitzer, *Story of the Five Eisenhower Brothers*, 308.

매미 여사에게 편지를 썼다. 그녀는 "다른 사람들의 생각인 신문기사 말고 빌리 그래함 당신의 말을 듣고 싶습니다"[10]라고 요청했다. 빌리 그래함은 대답했다. "물론입니다. 저는 단지 아이크가 자신의 손으로 짧은 기도문을 쓰는 것을 보았을 뿐입니다. 다른 사람들의 말에 괘념치 마십시오."

아이젠하워는 대통령 재임 시 세례를 받은 첫 번째 대통령이었다. 그리고 캘빈 쿨리지(Calvin Coolidge) 대통령에 이어 대통령에 당선된 후로 교회에 출석한 두 번째 대통령이었다. 덴버에서 빌리 그래함과 약속한 대로 그는 내셔널 장로교회에 출석한다. 그러나 그것은 매우 짧은 시간 동안 뿐이었다. 몇 주후에 아이크는 매우 격노해서 자신의 일기에 "내가 자신의 교회에 출석한다는 사실을 목사가 사람들에게 공개하기 전에는 교회활동에 아무런 거리낌이 없었다"[11]라고 적었다. 엘슨 목사는 아이크의 교회출석이 결코 공개되지 않을 것이라고 약속했었다. "나는 즉시 같은 교파의 다른 교회에 출석하고 싶다. 만약 목사가 다시 약속을 깨는 일이 있다면 반드시 그리할 것이다."

뒤이어 미국에서 근래 볼 수 없었던 기독교 장려운동이 공식적으로 발생했다. 아이젠하워는 각료회의가 있기 전에 침묵의 시간이 있을 것이라고 발표했다(한 번은 아이젠하워가 "맙소사 기도하는 것을 잊어버렸잖아!"라고 말했을 때 의전비서관인 톰 스테펜은 다시 각료들을 앉히고 기도를 하고 회의를 마쳤다).[12] 최초의 국가 조찬 기도회가 1953년 아이젠하워와 빌리 그래함이 참석한 중에 열렸다. 1954년에는 "하나님 보호 아래"라는 구호를 충성의 맹세에 추가했다. 사회적 시민운동을 위한 종교활동연합(Foundation for Religious Action)[13]이 아이젠하워의 신앙을 지지하는 각계의 중진들로 구성되었다. 빌리 그래함, 노만 빈센트 필(Norman Vincent Peale), 헨리 루

---

10) *JAIA*, 199.
11) Robert H. Ferrell, ed., *The Eisenhower Diaries* (New York: W. W. Norton, 1981), February 1, 1953, 226.
12) Ewald, interview, January 6, 2006.
13) "Three Faith Will Join in Capital Parley," *New York Times*, November 11, 1954.

스, 헨리포드 주니어(Henry Ford Jr.), 허버트 후버(Herbert Hoover) 그리고 제네럴 일렉트릭(General Electric) 사의 찰스 윌슨(Charles Wilson)을 이사회 멤버로 포함했다. 1955년 워싱턴의 국회의사당 안에 기도실을 만들었고 모든 동전과 지폐에 "하나님을 믿는다"(In God We Trust)라는 문구를 새겨 넣기로 결정했다. 이후 하원의원들은 국가의 모토는 "다양성 중 일치"(E Pluribus Unum)를 통한 전진이라고 생각했다.

그해 여름 제네바에서 열린 4개국 정상회담 전날 밤, 미 국무장관이 좀 더 신중할 것을 요청하였음에도 불구하고, 아이젠하워는 미국을 전쟁에 광분하는 나라로 선전 선동하는 소련에 대항하기 위하여 전 국민을 병적부에 올리는 국가교서를 발표했다. 또한 그는 1억 6천 5백만 명에 이르는 전 국민이 주일에 교회에 나가 평화를 위해 기도해줄 것을 요청했다. 빌리 그래함은 "제네바의 한 교회에 나가 무릎을 꿇고 기도하는 미국의 대통령을 보게 되니 내 눈에서 기쁨의 눈물을 주체할 수 없었습니다. 그리고 저는 '4개국 정상회담에서 하나님은 대통령과 함께 할 것입니다'라는 말을 그에게 했다"[14]고 그 당시를 회고했다.

아이젠하워가 국가를 신의 무릎에 놓으려고 한 조치들에 대하여 냉소적인 시각이 많았다. "신앙에 몰두하여"라는 구호는 아이젠하워의 연설에서 반복적으로 등장한다("우리 정부의 형태는 그것이 깊은 신앙심에 기초하지 않는 한 아무런 의미를 가지지 못합니다. 신앙의 기초를 갖는 한 정부의 형태는 크게 중요치 않습니다").[15] 비판적 관찰자인 논평가 윌리엄 밀러(William Lee Miller)는 방송에서 "다른 많은 사람들과 마찬가지로 아이젠하워 대통령은 매우 모호한 신앙심에 도취된 맹신자라는 소리를 들을 것입니다"[16]라고 말

---

14) "Young Delinquents Billy's '56 Targets," *Charlotte Observer*, August 5, 1955.
15) 뉴욕타임즈의 계속되는 인용부분은 다음과 같다. "물론 그것은 유대주의 기독교의 개념이지만 모든 사람들이 동등하게 창조되었다는 것은 확고한 신앙이 되어야한다. 그러나 종교는 민중의 아편이라고 교육을 받아 온 주코브(Zhukov)에게 내가(아이젠하워) 어떻게 설명할 수 있을까?"
16) William Lee Miller, *Piety Along the Potomac*, 34.

했다. 라디오방송 논평가인 엘머 대비스(Elmer Davis)는 "아이젠하워 행정부의 종교적 색채가 너무 강하다는 명백한 증거가 7월 4일 독립기념일 연설에서 또 드러났습니다. 그는 국민에게 이날을 회개와 기도의 날로 삼으라고 권고한 것입니다. 그러나 아이젠하워 자신은 아침에는 낚시를 해서 고기 4마리를 잡았고 오후에는 골프 18홀을 돌았으며 저녁에는 테이블에 앉아 카드게임을 즐겼습니다"[17]라고 말했다.

그러나 자신의 편지와 일기에 표현된 아이젠하워의 생각은 종교적 부흥에 대한 그의 열망에 대해 또 다른 시각을 제공한다. 냉전시대에 무력을 통해 승기를 잡으려는 시도는 국가적 재앙 아니면 파산을 초래하는 것이었다. 이러한 위험에 대한 인식이, 대통령이 되고 나서 맞은 첫 여름에 위기가 점점 현실적으로 나타나자, 그는 자신의 일기에 집중적으로 표현했다. 위기 종식을 위해 단기 처방에 불과한 자본시장의 민주화를 주장하는 "우매한 사람들의 단견 때문에"[18] 충격을 받았다고 아이젠하워는 매일같이 자신의 일기에 적었다. 국민에게 장기적 안목을 기르도록 요청한 그는 공산주의는 결코 무력으로 파괴되는 것이 아니라 스스로 무너질 것이라고 말했다. 그러나 단기적인 이득을 최대한 얻으려는 목표를 계속 고수한다면 "소위 문명세계라는 서구 유럽과 영국 그리고 미국은 스스로 자멸하고 말 것입니다." 그는, 신앙이란 인간이 본질적인 이기심을 극복하게 하며 영웅주의를 진작하고 선을 위하여 고난을 감수하게 하며 민주주의가 필요로 하는 대로 시민들이 자기의 역할을 충실하도록 만드는 것이라고 믿었다. 아이젠하워는 "하나님을 믿는 신앙"과 "조화로운 하나의 세계" 사이에는 영적 연결선이 있다고 믿은 것이다.

대통령은 최소한 본보기를 통해서 리더십을 발휘해야 한다고 아이젠하워는 생각했다. 그의 동생 밀톤에 따르면 아이젠하워는 대통령이 되기 전에는, 신앙은 심령과 마음의 문제이기 때문에 교회예식서를 거의 사용하지 않

---

17) Ibid., 42.
18) Ferrell, ed., *The Eisenhower Diaries*, July 2, 1953, 244-245.

았다고 말했다. 그러나 상황은 변하고 그는 자유세계의 지도자가 되었다. 밀톤은 "우리나라는 기독교 국가입니다."[19] 그리고 어떤 대통령이라도 정치적이나 사회적 리더십뿐 아니라 영적인 리더십도 발휘해야만 합니다. 그렇게 하려면 미국의 대통령이 정기적으로 교회에 출석하는 것이 좋고 또한 그것이 마땅한 일이며 그것이 국민의 영성을 자극할 것입니다"라고 말했다.

빌리 그래함은 모든 것을 기쁘게 지켜보았다. 그는 "우리는 다시는 공산주의자들에 의해 짓눌리지 않을 것입니다"[20]라고 말했다. 그리고 아이젠하워는 빌리 그래함의 눈에 만족스러울 만큼 영적 모범을 보여주고 있었다. 빌리 그래함은 1953년 6월 하룻밤에 2만 5천 명의 청중이 운집한 전도집회를 하고 있던 댈러스에서 아이젠하워에게 편지를 쓰면서 몇몇 스크랩한 신문기사를 동봉했다. "이 신문기사를 동봉하는 것은 미국에 영적 갈급함이 크다는 것을 알려드리고자 함입니다. 각하께서 영적인 문제에 관심이 크시다는 점이 우리를 크게 돕고 있습니다. 우리나라가 구원받기 위해서 반드시 있어야 할 영적 부흥운동의 물결이 밀려오고 있다고 생각합니다."[21]

문제는 모든 사람이 공개적인 경건의 물결에 참여하지 않는 것이었다. 맥켈이 종교적 부흥이 실제적인지 아닌지에 의문을 제기하면서 "하나님은 회심자의 양(量)이 아니라 질(質)에 관심을 갖는다"[22]라고 말하였을 때 빌리 그래함은 의기소침해하기도 했다. 할리우드도 종교영화를 만들어 내기 시작했다. 헤디 레말(Hedy Lamarr)은 들릴라로, 찰톤 헤스톤(Charlton Heston)은 모세로 출연했다. 라디오에서는 기독교 찬양이 흘러나왔고 서점에서는 기독교서적이 베스트셀러의 위치를 확보했다. 그러나 대부분의 경우 이러한 신앙은 지옥의 불보다는 안전, 온순, 친밀을 강조했으며, 죄와 사탄보다는 자

---

19) Kornitzer, *Story of the Five Eisenhower Brothers*, 137.
20) McLoughlin, *Revivalist in a Secular Age*, 117, from *Hour of Decision*, February 8, 1953.
21) BG to DDE, June 29, 1953, DDEL.
22) Andrew S. Finstuen, "The Prophet and the Evangelist," *Christianity Today*, July/August 2006.

기의지와 성공을 위한 열 단계, 즉 빈센트 필의 달콤한 신앙을 강조했다. 종교란 영적인 영역을 잃어버릴수록 더 사회적 친밀성을 갖는 법이다.

일부 크리스천들은 그렇게 세속적인 것을 포용하고 하나님 보다는 미국적 삶의 양식을 더 강조하는 기독교신앙에 대해 깊은 우려를 표명했다. 이 세상은 아직 하나님의 왕국이 아니다. 사회적 종교가 신앙의 본질을 희석하고 세속적인 애국심의 뒤에 위치해 있는 한 사회전반에 관여하려는 여지가 너무 많게 된다. 사회적 종교는 복합신앙(complex faith)으로 이해할 수 있다. 이처럼 종교를 종교자체를 벗어나 하나의 대용물로 취급할 때 교회는 난관에 봉착하고 만다.

아이젠하워와 빌리 그래함은 공개적으로 그들을 반대하는 미국에서 가장 저명한 신학자인 라인홀드 니버(Reinhold Niebuhr)에 대하여 공동 대처했다. 니버는 미국이 누리고 있는 번영을 미국이 받는 축복의 증거로 여기는 것은 어린아이 같은 순진무구한 발상에 불과하다고 경고했다. 애국심을 하나님의 왕국이 지닌 가치로 내세우는 것은 자기 과신에 지나지 않는 것이다. 이것은 신앙이 아니라 극단적 애국주의이며 오히려 국민으로 하여금 사회의 문제에 눈멀게 하며 나아가 사회 부조리를 지적하는 공산주의의 호소가 효력을 발휘하게 하는 역작용으로 나타난다.

그러나 수면아래 잠복해 있는 반발과 혼란이 무엇이든지, 사회적 행동으로 표출되기 위해서는 또 다른 시대, 또 다른 대통령을 기다려야만 했다.

빌리 그래함의 주도권

1954년 2월 빌리 그래함의 후견인인 헨리 루스는 런던에 있는 「타임」의 전설적 특파원인 안드레 래구에레(Andre Laguerre)에게 빌리 그래함의 런던 전도집회를 지원하라고 지시하는 편지를 썼다. 루스는 「타임」과 「라이프」가 "빌리를 소개한 최초의 메이저 언론이며 빌리 그래함은 그것을 매우 감사하고 있다"고 자랑스럽게 설명했다. 그러나 다른 신문들은 그들보다 더 많이 빌리 그래함을 보도했다 - 「뉴스위크」는 가장 최근에 빌리 그래함을 전면에 다루었다.

빌리 그래함이 모든 사람의 존경을 받고 있는 모습을 보면서 루스는 그의 시대적 역할을 간파했다. 그는 "정말로 빌리가 수많은 청중을 가지고 있는 것이 사실이라면 그것은 그가 미국인의 사고와 정서에 결정적 영향을 끼치고 있다는 것이며 이것은 나만의 생각이 아닐 것입니다"라고 말했다. 종교적 경험은 계량화할 수 없는 것이기 때문에 그의 영향력을 측정한다는 것은 매우 어려운 일이다. "지난 10년 동안 종교에 대한 관심이 급증했습니다.[23] 언론인이 사용할 수 있는 용어가 '관심'이란 단어이기 때문에 저는 '관심'이라고 말합니다. 언론인들은 사실상 종교의 참 본질을 판단하기가 불가능합니다."

루스는 "당신이 빌리 그래함을 어떻게 생각하든지, 그의 삶의 동기는 전적으로 사람들을 그리스도께 인도하는 것입니다 - 그의 이러한 삶이 왜 래구에레 당신과 모든 영국인들이 스스로를 돌아보아야 하는가 하는 이유를 제공합니다 - 영국에서의 기독교는 죽어가고 있습니다. 그래서 빌리 그래함의 영향력을 예의 주시할 필요가 있습니다"라고 지적했다. 당시 영국의 교인 수는 인구의 5%에서 많아야 15%에 지나지 않은 반면, 미국은 59%에 이르고 있었다. "당신이 알고 있는 사람 대다수는 빌리를 냉소적으로 바라보고 있습니다. 그러나 일반 국민은 - 대부분의 보통사람들은 - 그의 말을 기쁘게 받아들이고 있습니다. 이것은 추측이 아니라 사실입니다."

장차 일어날 일에 대하여 관심을 갖고 지켜본 사람은 결코 루스 혼자만이 아니었다. 빌리와 룻이 영국으로 떠나기 전 대법관 얼 와렌(Earl Warren)은 워싱턴 고위관리들을 모아놓고 전도자 빌리의 성공을 위해 기

---

23) Luce to Andre Laguerre, February 23, 1954, Henry Luce archives.

도회를 인도했다.[24] 그러나 공격의 기회를 노리고 있는 영국 언론의 날카로운 칼날에서 빌리 그래함을 방어해 줄 것은 어디에도 없었다. "어리석은 빌리,"[25] 그들은 그를 그렇게 불렀다. 「피플」(People)은 "엑스타시 현상에 사로잡힌 한 젊은이에 의해서 억지 신앙 속으로 끌려들어간다면 대영제국의 시민들은 죄의식으로 옴짝달싹 못할 것이다"라고 썼다. 어떤 신문의 머리기사는 "지금 이 미국인은 우리를 이방인들이라 부른다"고 썼다. 어떤 신문은 첫 페이지에 빌리 그래함의 다양한 의상 중 하나인 넥타이를 강조한 삽화를 넣고 제목을 달았다. "누가 이 넥타이를 맬 것인가???"[26]

그러나 사람들의 반응은 다르게 나타났다. 선발대, 기도 그룹들, 영국 내 후원자들은 수년간 이 집회를 준비해왔다. 빌리 그래함을 환영하기 위해 워털루 역에 나온 인파가 너무 많아서 흥분한 한 소녀가 소리쳤다. "오, 여왕께서 도착하신 것 같아요!"[27] 첫 번째 주간에 수많은 사람이 모여들었으며 빌리 그래함은 토요일 하루만도 해링게이 스타디움에서 3번의 집회를 열었다. 들어가는 입구에는 "만원"이라는 푯말이 내걸렸다. 사람들은 해링게이로 가는 열차를 탔고 열차 안에서 찬양을 불렀다. 밤마다 열린 집회에 만 천 명의 좌석은 꽉 찼으며 수천 명은 자리가 없어 일어선 채로 비가 오고 진눈깨비가 흩날리고 찬바람이 불어도 꼼짝도 않고 빌리 그래함의 설교를 들었다. 몇 주가 지나자 국회의원들도 참석하기 시작했으며 함대의 장군들과 해군의 주요 인사들도 참석했다. 빌리 그래함은 여왕의 어머니로부터 클래런스 궁을 방문해달라는 요청을 받았고 나중에는 여왕의 초청을 받았다. 이후 빌리 그래함은 여왕과 12번의 개인적인 만남을 가졌다.

빌리 그래함은 영국하원으로 초대되어 모든 노동당과 보수당의원에게 환영을 받았다. "저는 영국과 미국의 관계에 작은 힘을 보태기 위해 최선

---

24) Martin, *PWH*, 174.
25) Pollock, *Authorized Biography*, 118.
26) Dorothy Kilgallen, "Revival Altered Billy's Life, Dorothy Reveals," *New York Journal-American*, May 18, 1957, 4.
27) "Billy's Britain,"*Time*, March 8, 1954.

을 다했습니다."[28] 빌리 그래함은 그렇게 아이젠하워에게 편지를 썼다. 아이젠하워는 프랑스가 베트남에서 지배력을 강화했는데도 미국의 원조를 바라는 베트남의 요구로 인해 골치를 앓고 있었다. 빌리 그래함은 "저는 지난 며칠간 인도차이나 반도 문제로 씨름 하고 있는 각하를 위해 전심으로 기도해왔습니다"라고 말하며 자청하여 아이젠하워의 견해에 공감을 표시했다. 만약 아이젠하워가 또 다른 길을 간다할지라도 빌리 그래함은 "각하께서 무엇이든 최종적 결심을 하신다면, 저는 라디오와 텔레비전 방송을 통해 국민을 설득하는데 최선을 다할 것입니다. 저의 사적인 견해를 더한다면 인도차이나 반도의 문제는 어떠한 대가를 치루더라도 반드시 해결되어야 한다는 것입니다"라며 함께 기도하겠다고 약속했다.

빌리 그래함은 칼럼계의 "캐산드라(Cassandra, 그리스 신화에 나오는 트로이의 예언자 - 역주)"라 불리는 「데일리미러」(Daily Mirror)의 윌리엄 코너로부터 맹렬한 비판을 받았다. 그는 빌리 그래함을 "세례요한의 할리우드판"이라고 불렀다. 그가 자주 비평 칼럼을 쓰자 빌리 그래함은 개인적으로 만날 것을 제안했다. 코너는 장난기를 발동하여 '침례교의 무덤'이라는 이름의 선술집에서 만나고 싶다고 했다. 이렇게 빌리 그래함은 비참할 정도로 여러 곳에서 비난당했다. 그는 전도집회를 시작한 이후로 14파운드나 체중이 감소했다. "이제 빌리 그래함은 노스캐롤라이나로 힘없이 돌아갈 것입니다." 코너는 다음과 같은 명문장으로 자신이 빌리 그래함을 누르고 승리했음을 선포했다. "빌리 그래함은 마치 정복자가 된 듯이 우리를 그렇게 두드리고 짓눌렀습니다. 그는 우리의 인내의 한계를 넘어서는 환멸스런 행동을 했습니다. 그는 우리 앵글로색슨의 귀중한 유산을 부끄럽게 만들고도 갈채를 받아왔습니다… 나는 친구의 우정이 그렇게 날카로운 비수를 숨기고 있는 줄 몰랐습니다. 순수함을 빌미로 우리를 죄인 취급하여 그에게서 그토록 얻어맞아야 한다는 것은 상상할 수 없습니다."[29]

---

28) BG to DDE, May 10, 1954, DDEL.
29) High, *Billy Graham*, 184.

치열한 전투가 모두 끝나고 빌리 그래함은 휴식을 취하기 위해 스코틀랜드로 향했다. 그러나 5월 25일 아침, 빌리 그래함은 깜짝 놀랄만한 전화를 받았다. 처칠 영국수상에게서 방문해 달라는 전화였다. 몇 년 후 빌리 그래함은 평화의 길에서 지쳐있던 세계적인 지도자 처칠과 만난 내용을 소개했다.

매우 무거운 분위기에 싸여있는 처칠을 보고 빌리 그래함은 충격을 받았다. 그들은 세계가 처한 상황에 관하여 대화를 나누었다. 처칠이 "나는 희망을 찾지 못하고 있습니다"[30]라고 말했다. "각하는 또 다른 진정한 희망을 소유하고 있습니까?" 처칠이 세계 평화에 대하여 이야기하는 것인지 아니면 자기 자신의 문제를 이야기 하는 것인지 분명치 않았다. 그래서 빌리 그래함은 목사로서 물었다.

"각하는 영혼의 구원에 대하여 희망을 상실한 것입니까?"

"그렇습니다. 그것이 저에게 가장 큰 문제입니다." 처칠이 대답했다. 빌리 그래함은 신약성경을 꺼내 자신이 늘 하던 대로 하나님의 계획과 은혜의 가능성에 대하여 설명했다.

그리고 빌리 그래함은 수상각하를 위해 기도하겠다고 말했다. 그런 후 헤어지기 위해 일어나 악수할 때였다. "우리의 대화는 우리 둘만의 것이라고 생각합니다. 그렇지요?"

처칠의 부탁을 경청한 후에 빌리 그래함은 대답했다.

"그렇습니다, 각하."

그리고 빌리 그래함의 전도집회는 독일, 스칸디나비아 그리고 프랑스까지 휩쓸었다. 「타임」이 전면에 소개한바와 같이 그는 "떠오르는 전도자" "교황을 빼고는 오늘날 세계에서 가장 널리 알려진 기독교 지도자"[31]가 되었다. 「시카고 데일리 뉴스」(*Chicago Daily News*)는 빌리 그래함은 "유럽인들이 기꺼이 듣고 싶어하는 유일한 미국인 설교자로서 공산주의가 만들어

---

30) *JAIA*, 236.
31) "The New Evangelist," *Time*, October 25, 1954.

낼 수 있는 어떤 인간형보다도 더 매력적인 사람임에 확실하다"[32]라고 평했다. 빌리 그래함은 나날이 성숙해갔다. 그는 다시는 눈에 거슬리는 넥타이를 매지 않았으며 설교 중에 음성을 자유자재로 구사했다. 그는 더 완벽한 사람으로 나타났으며 정치가다운 노련함으로 그의 경험을 적재적소에 활용할 줄 아는 사람으로 성장했다.

빌리 그래함 자신도 상상하지 못했던 명성을 안고 귀국한 이래 그가 얻은 행운은 무엇이었는가? 약 1,200만 명의 사람들이 그가 설교하는 것을 직접 들었으며 초창기 전도자들은 꿈도 꿀 수 없었던 대중매체를 통해, 또 수백만 명의 사람들이 그가 설교하는 것을 청취하고 시청했다. 한 출판업자가 위대한 부흥사였던 조지 휫필드에게 그의 설교를 책으로 내자고 제안했을 때 휫필드는 "당신이 책 안에 불과 번개를 집어넣을 수만 있다면 언제든지 그렇게 하겠소"[33]라고 말한 적이 있다. 그러나 빌리 그래함은 책자를 통해서도 강력한 힘을 발휘했다. 1953년에 출판한 그의 책 『하나님과 평화』(Peace with God)는 백만 권도 넘게 팔렸다. 그의 신문 칼럼은 수 백회에 걸쳐 1,500만 명의 독자를 확보했다. 그가 내 뿜는 불과 번개는 전파를 타고 쉽게 전 세계로 퍼져나갔다. 그는 지금도 1,000여개의 방송망을 통해 설교하고 있다. 그는 NBC 방송한테서 방송출연의 대가로 백만 달러를 제안 받았지만 거절했다. 그는 5편의 전도영화에도 출연했다. 세실 드밀레(Cecil B. DeMille)가 그에게 삼손의 역을 제안하였을 때 빌리 그래함은 자신의 본분을 지키겠다고 대답했다. "드밀레씨는 내가 그렇게 대답할 줄 예상했으며 저의 대답이 자신의 신앙을 회복한다고 후에 말했습니다."[34]

빌리 그래함은 자신의 전도집회를 빛낸 할리우드의 스타들에게 그리고 할리우드 스타들을 만들어 내는 언론 재벌들에게, 또한 언론에 막대한 자금을 대는 인사들에게 지지를 받았다. 대 실업가들은 자본주의와 상업 그

---

32) "Billy Emerging As No. 1 Enemy of Reds in Europe," *Chicago Daily News*, June 11, 1955.
33) High, *Billy Graham*, 53.
34) Frady, *Parable of American Righteousness*, 271.

리고 미국의 노동윤리에 찬성하는 빌리 그래함을 환영했다. 사역초기 빌리 그래함은 에덴동산을 노동규약, 감독관, 뱀이나 질병이 없는 천국으로 설명하면서 기업가들을 호되게 비판했었다. 「타임」이 커버스토리에 쓴 대로 "상류사회에 속한 크리스천들은 복음주의 기독교의 긴급 제안들을 입맛 쓴 위선적 행동으로 여기려는 경향을 보였으나 빌리 그래함은 다르다."[35] 또한 빌리 그래함의 동역자인 윌슨이 지적했다. "그리스도의 이름으로 행하는 일들 중 많은 것이 싸구려 옷감같이 엉터리이지만 빌리는 최고라고 믿는다."[36]

구시대의 근본주의 기독교는 사라질 것이며 심지어 기독교 자체도 점점 한쪽 구석 모퉁이로 밀려날 것이라는 예상이 많았다. 그러나 빌리 그래함은 자신에 관한 저술이 아이젠하워에 관한 이야기보다 훨씬 많다는 사실에 주목하고 있었다. 이미 1956년에 빌리 그래함에 관한 화보나 기사는 마릴린 몬로나 리차드 닉슨보다 훨씬 많았다.[37]

인기를 좋아하는 것은 누구에게나 공통적인 것이다. 빌리 그래함과 대통령들이 공유한 진기한 경험들은 일반인들의 흥미로운 관심의 대상이었고 때론 예찬의 대상이었다. 그 결과 그들의 사생활은 침해당했고 자부심은 시험의 대상이 되었다. 빌리 그래함의 야망은 두려움과 끝까지 싸우는 것이었다. 두려움은 너무나 효과적으로 빌리 그래함을 압박했다. 그때 빌리 그래함은 하나님이 부여하신 그의 은사를 상실하기도 했다. 그의 심령이 부서진 것은 두려움을 겸손하게 받아들이지 않았기 때문이다.

그의 야망은 너무나 당연히 하나님께 속했어야만 했다. 그는 명성이 더 많은 사람들에게 다가가게 하고, 복음을 더 멀리 전파할 수 있는 통로이기 때문에 그것을 추구했다고 말했다. 그러나 그것은 왜 한 인생이 행할 수 있는 설교보다 훨씬 더 많은 설교 요청을 수락해서 대통령들을 능가하는 유

---

35) "The New Evangelist," *Time*, October 25, 1954.
36) John Corry, "God, Country, and Billy Graham," *Harper's*, February 1969, 34 .
37) "Sidelights, 10 Most Active Subjects," *New York Times*, March 24, 1956.

명세를 치러야 했는지, 그는 왜 여전히 공적인 자리를 유지하고 있는지, 사람들로부터 받는 환호를 끝까지 놓지 않으려고 하는지를 설명하지 못한다.

권력에 매혹당한 것은 영원히 그의 약점이 될 것이다. 권력의 유혹에 대해서 빌리 그래함은 안전장치를 갖지 못했다. 빌리 그래함의 부인 룻은 그가 정치와 일정거리를 유지해야만 하며 그의 눈은 복음적 사명에 고정해야 한다고 늘 사리에 맞게 권면했다. 그녀는 모든 면에서 빌리 그래함에게 지상에 있는 가장 견고한 피난처 역할을 했다. 그녀는 선교사의 딸로 아름답고 총명하며 맑은 영혼과 바다같이 넓은 마음을 소유한 여인이었다. 룻은 결혼할 계획이 없었다. 만약 빌리 그래함이 휘튼에서 그녀에게 무릎을 꿇고 구애를 하지 않았다면 그녀는 부모님이 걸었던 선교사의 길을 따랐을 것이다. 그녀는 빌리 그래함의 친구요 동역자로서 그의 장점과 에너지를 극대화하기 위해 혹독하게 몰아 부치는 편이었다. 룻은 성경을 꿰고 있었으며 책도 저술하고 시(詩)도 썼다. 그녀는 결혼생활을 개인의 행복보다는 가정을 돌보고 특별히 남편을 내조하는 데 보냈다. 그녀는 자기의 다섯 자녀들에게 "드러내는 것 보다는 감추는 것이 필요할 때도 많다"라고 가르쳤다. 이 원칙은 그녀가 행글라이더를 타다가 팔이 부러졌을 때 남편 빌리 그래함이 아는 것을 원치 않아서 끝까지 감춘 것과 같이 늘 자신에게 적용한 것이었다. 수많은 정치가들이나 목사들을 파멸시켰던 치명적인 유혹에 빌리 그래함이 연루되었을 때에도 그녀는 그를 잘 지켜냈다.

재정의 투명성을 유지하기 위하여 빌리 그래함은 전도집회가 끝나고 난 뒤에 모든 기금을 회계 감사하여 지역신문에 공개했다. 그는 1950년, 빌리빌리 그래함 전도협회를 창설한 이후 아무리 많은 기금이 들어와도 도시의 대다수 담임목사들이 받는 평균치의 월급만 수령했다. 그는 자기 아내 룻을 제외하고는 어떤 여자와도 단둘이 있지 않는 원칙을 철저히 지켰다. 어느 단체의 여성회장이 점심을 드는 중에 빌리 그래함에게 완전히 반했다. "빌리 그래함 목사님은 너무 말씀을 잘하시고 핸섬한 분입니다." 그녀는 "그가 정치계에 있지 않다는 것은 잘못된 일이 아닌가요?"[38]라고 말했다. 그녀의 말에 룻은 냉정하게 답했다. "만약 주님께서 그렇게 생각하시고 그의 목회를 중단하신다면 몰라도요." 빌리 그래함과 그의 팀 사역원들은 지방에 다닐 때 종종 호텔의 숙소를 같이 썼다. 결국에는 빌리 그래함은 열성팬이나 기자들이 죽치고 앉아 기다리는 것을 피하기 위해서 한 사람을 먼저 보내 적당한 숙소를 찾아 미리 예약하게 했다.

 빌리 그래함이 자신을 지켜낼 수 있었던 것은 아마도 복음에서 얻은 교훈이었을 것이다. 빌리 그래함의 제자는 아주 많았다. 또 그래디 윌슨, 클리프 바로우, 베브 쉐아(Bev Shea)와 같은 자신과 평생을 함께 사역한 친구들이 있었다. 그들은 언제나 빌리 그래함 편에 머물러 있어 그가 겸손하고 정직할 수 있도록 도왔으며, 함께 웃었고 때로는 쓴 소리도 마다하지 않았으며 그를 끝까지 신뢰했다. 특별히 쉐아는 90살이 다된 빌리 그래함이 머물고 있는 몬트릿의 산자락에 있는 그 집에서 지금도 여전히 살고 있다. 윌슨은 자신의 소명이 특별하다고 여기는 사람이었다. 윌슨은 "주님께서 빌리를 여전히 기름 부으시는 한 나도 여전히 그를 겸손히 만들 책임이 있습니다"[39]라고 말하기를 좋아했다.

 빌리 그래함은 목회자를 위협하는 세 가지 문제, 즉 섹스와 돈 그리고 교만에 대하여 지속적으로 언급한 바와 같이 그의 사역에서도 이 문제를 다루어 왔다. 온건한 복음주의 기독교는 자신의 목소리를 낼 필요가 있었다. 그리고 더는 주류교회들 안에서 급진적 사회주의 복음이 증가하는 것을 바라만 보고 있을 수 없게 되었다. 빌리 그래함은 1956년 세속적 기독교의 영향력에 대처하기 위하여 「크리스채너티투데이」(*Christianity Today*)를 만들었다. 그의 목표는 "복음적 기독교의 영적 영향력과 사회적 존경심

---

38) High, *Billy Graham*, 19.
39) Pollock, *Authorized Biography*, 78.

을 되찾는 것"[40]이었다. 그는 "우리는 중상, 비난 그리고 파괴를 싫어하며 사랑과 보호를 전파할 것입니다. 보수적 기독교는 큰 나무만 바라보다 실패했습니다. 이제 좀 더 부드럽고 사랑스러운 방향성을 택해야 할 시간입니다"[41]라고 선언했다.

친밀감의 증대

빌리 그래함과의 우정을 통해 아이젠하워가 잃은 것은 아무것도 없다. 만약 빌리 그래함에 대한 아이젠하워의 최초의 반응이 트루만과 같이 의심에 가득 찬 것이었다면 그들이 나누었던 친분은 불가능하였을 것이다. 빌리 그래함은 세계를 여행하면서 자신의 세계를 넓혀갔다. 그리고 올바른 결정, 인간의 성품, 권력, 인기 그리고 정의로운 분배 등 어려운 삶의 문제들과 씨름하면서 성장했다. 빌리 그래함이 순수한 목회 영역으로 자신의 방향을 정할 때 역시 아이젠하워도 목회자의 정치적 조언과 개인적 위안 사이에서 균형 감각을 갖추게 되었다.

아이젠하워가 빌리 그래함을 처음으로 정치적 동맹자가 아니라 친밀한 친구와 같이 여기게 된 것은 1955년 어느 여름날이었다. 빌리 그래함이 유럽에서 고향으로 돌아가는 길에 워싱턴을 통과하고 있을 즈음에 아이젠하워가 전화를 했다. 아이젠하워는 그날 빌리 그래함을 게티스버그에 있는 자신의 농장으로 초대하고 차를 보내겠다고 말했다.[42]) 빌리 그래함은 이것은 아주 순수한 방문이 될 것이라고 생각했다. 담소를 나누던 중 빌리 그래함은 대통령에게 자신의 두 명의 할아버지들이 남북전쟁 당시에 게티스버그에서 싸웠던 일화를 말했다.

"그래요" 아이젠하워는 제안했다. "당신을 그 곳으로 데리고 갈 수

---

40) *JAIA*, 286.
41) Ibid., 291.
42) BG, interview, January 18, 2006.

있어요. 가서 한 번 둘러봅시다." 아이젠하워는 사관학교 생도였을 때, 방대한 전쟁사를 읽어가는 중에 게티스버그 전투에 대하여 공부한 적이 있었다. 그래서 빌리 그래함은 어머니에게 전화를 걸어 정확한 장소와 할아버지의 부대 등에 관하여 물어보았다. 그리고 둘은 수행원들이 뒤를 따르는 중에 골프카트를 타고 전쟁터를 둘러보았고 아이젠하워는 전투에 관한 이야기를 하면서 담소했다.

둘이 농장으로 돌아왔을 때 아이젠하워는 빌리 그래함을 위층에 있는 아내 매미에게 안내했다. 그때 그녀는 몸이 좋지 않은 상태였다. 빌리 그래함은 "저는 그때에는 그녀를 잘 알지 못했습니다"라고 말했다. 어쨌든 그들은 위층으로 올라갔고 빌리 그래함은 병석에 누워있는 그녀를 위해 기도했다. 그리고는 점심을 먹기 위하여 다시 아래층으로 내려왔다. 빌리 그래함은 "저는 그가 무엇인가 골똘히 생각하고 있는 것을 알았습니다. 저는 왜 그가 나를 위층으로 데리고 갔는지 말은 안했지만 그 이유를 알 것 같았습니다"라고 말했다.

둘은 서재에 있었는데 빌리 그래함은 앉아 있었고 아이젠하워는 서서 벽난로를 응시하고 있었다. 그가 무슨 생각이 떠올랐는지 입을 열었다.

"빌리, 사람이 죽을 때 어떻게 자신이 천국으로 가고 있다고 믿을 수 있는지 말하시오"

약간 놀랬지만 빌리 그래함은 "한번 찾아볼까요?"하고 말하면서 자신의 신약성경을 꺼냈다. 그리고 구원에 관한 성경구절들을 함께 묵상하고 설명했다. 빌리 그래함은 구원은 "우리 스스로가 행하는 그 무엇이 아니라"[43] 오직 은혜를 통해서만 온다는 사실을 확인하고 싶었다. 그러나 수십 년이 흐른 후에도 빌리 그래함은 여전히 그날의 대화를 음미하고 있었다. 빌리 그래함은 "그것은 참으로 흥미로웠던 방문이었습니다. 그리고 저를 매우 겸손하게 만들었지요. 나는 다른 사람에게 했던 것과 마찬가지로 그의 질문에도 대답할 필요가 없음을 느꼈습니다"[44]라

---

43) JAIA, 204 and BG, interview, January 18, 2006.
44) BG, interview, January 18, 2006.

고 회고했다.

그날 그들은 아이젠하워가 관심을 갖고 있는 주제에 대하여 많은 이야기를 나누었다. 그는 다가올 선거를 준비하고 있었다. 공화당은 그가 만약 재선에 도전하지 않는다면 마땅한 후계자가 없는 상태였다. 당시 아이젠하워는 69%의 지지를 받고 있었고 선거전은 그다지 치열하지 않을 것 같았다. 그러나 그는 이제 10월이면 65세의 나이가 되고 공직에 그의 전 생애를 보낸 상태였다.

빌리 그래함은 집으로 돌아온 후 편지를 써 자신의 입장을 밝혔다. 그리고 다시 한 번 그를 강하게 권유했다. 국민은 반드시 아이크를 원하지 않을 수 있지만 하나님은 그를 대통령직으로 불렀다는 식이다. "각하와 부인께서는 말할 수 없는 개인적 희생을 치르셨다고 생각합니다.[45] 그러나 당신만이 미국 국민을 하나로 묶을 수 있는 능력을 가진 사람입니다… 제가 보건대 앞으로 5년간은 우리의 역사에 있어 가장 중요한 시간이 될 것입니다. 제 사견으로는 앞으로도 엄청난 개인적 희생을 치르시겠지만 당신의 리더십은 국민에게 절대적으로 필요합니다."

"이것은 참으로 말하기 어려운 것이지만- 각하는 이미 나라를 위해 당신의 생애를 전적으로 희생해왔습니다- 아마 미국 역사상 가장 특별한 방식으로, 미국 국민의 절대적인 지지뿐 아니라 신의 섭리에 의해서 당신이 대통령직에 앉게 된 것이라고 생각합니다."

아이젠하워는 심장병으로 고생을 하고 있음에도 불구하고 빌리 그래함은 "저는 당신이 비록 병상에 있지만 현장에서 뛰고 있는 다른 모든 후보자들 보다 훨씬 뛰어난 대통령이라고 믿고 있습니다"[46]라고 요양 중에 있는 아이젠하워에게 편지를 썼다. 아이젠하워는 다시 출마하기로 결정했다. 한 공화당원이 "아이젠하워는 출마하지 않고 게티스버그의 집에 앉아 그가 시작한 일을 계승해나가는 애들라이 스틴븐슨이

---

45) BG to DDE, August 19, 1955, DDEL.
46) BG to DDE, November 16, 1955, DDEL.

나 애버렐 해리만을 지켜볼 수도 있었다"[47]라고 말했다.

아이젠하워의 재출마 결정은 나라와 공화당에 엄청난 반향을 일으켰고 아이젠하워의 낙점을 기다리고 있던 후보예상자들은 큰 충격을 받았다. 그러나 빌리 그래함은 그 일로 인해 아이젠하워와 더욱 가까운 사이로 발전했다.

---

47) "The Return of Confidence," *Time*, July 4, 1955.

THE PREACHER AND THE PRESIDENTS

제6장

출세가도를 달렸던 사람

오, 저는 그가 그 일을 잘해 내리라 생각했었습니다.[1]

- 닉슨을 만나고 난 후

 떠오르는 정치적 스타인 닉슨은 친구들만큼이나 적들도 많이 만들었다. 사람들은 빌리 그래함이 열렬히 지원한 1950년대의 마지막 사람은 부통령으로서 정열적으로 분열의 정치를 해온 닉슨이었다고 말한다.

 빌리 그래함은 자신이 지원한 정치인 중에 닉슨과 관계만큼 복잡한 것은 없었다. 닉슨은 정열적이기도 했지만 남에게 상처를 많이 주는 성격이었다. 빌리 그래함은 1962년 닉슨에게 "내가 당신만큼 좋아하고 사랑한 정치인은 없습니다. 당신과 우정을 맺은 것은 당신이 부통령이거나 국제적인 인물이기 때문이 결코 아니고 더 깊은 의도에서 그렇게 한 것입니다"[2]라고 편지를 썼다. 어떤 사람들은 빌리 그래함이 닉슨 연구가들이 간과하고 있

---

1) BG, interview, January 18, 2006.
2) BG to RN, 1962, pre-presidential papers of Richard Nixon, from RNLB, Yorba Linda, CA, November 11, 1962. All other Nixon correspondence prior to 1968 comes from this collection.

는 그의 영적인 측면을 보았기 때문에 그를 최선을 다해 도왔다고 말했다. 닉슨은 수년간에 걸쳐 빌리 그래함에게 1,000번 이상의 친절을 보여주었다. 그러나 빌리 그래함이 마침내 이 캘리포니아 사람의 어두운 면에 대한 증거를 보게 되었을 때, 그는 당황, 비통, 자기비하의 복잡한 감정에 빠지게 되었다.

닉슨이 대통령이 되었을 때에도 빌리 그래함을 이용했다고 말하는 사람들이 많다. 그러나 그것은 빌리 그래함을 파멸시키려는 계획된 의도는 아니었다. 사실 닉슨은 빌리 그래함 자신보다 더 빌리 그래함의 이미지를 보호하려고 노력했다. 그러나 빌리 그래함은 그가 사랑했던 친구에게 조언하고 싶은 유혹을 떨쳐버리지 못했고, 닉슨 또한 그의 조언을 거절하지 못하고 오히려 성직자가 주는 풍성한 축복을 받기 위해 더 많은 조언을 요청했다.

그들은 1952년 빌리 그래함이 워싱턴 전도집회를 인도할 때 상원 식당에서 만났다. 노스캐롤라이나 상원의원인 클라이드 호이지(Clyde Hoey)는 빌리 그래함에 대해, 흥미롭게 생각하는 인물들을 소개하고 싶어서 그를 점심에 초대했다. 빌리 그래함은 "호이지는 내가 그곳에 생소한 사람인 것을 알고 내가 알아두면 좋을 사람들과 상원의원들을 불러 모았습니다. 그리고 그는 '저기에 있는 사람이 젊은 닉슨 씨입니다'[3] - 그는 단지 그 젊은이를 캘리포니아에서 온 젊은 닉슨 씨라고 불렀다 - 라며 소개했습니다"라고 회고했다. 그리고 호이지는 의미심장한 말을 했다. "저 젊은이를 주목하십시오. 그는 출세 가도를 달릴 사람입니다."[4]

1946년도는 제2차 세계대전에 복무했던 세대가 처음으로 공직에 진출하던 해였다. 이 해에 존 F. 케네디와 닉슨은 하원의원으로 뽑혔다. 닉슨은 걸출한 인물이었다. 그는 철저한 반공주의자로 알저 히스(Alger Hiss)에게 미국을 구한 사람으로 인정되었고 그로 인해 전국적인 명성을 얻었으며 공

---

3) BG, interview, January 18, 2006.
4) From unpublished *Life* article, October 1960, RNLB.

화당 내에서 가장 유력한 인물이 되었다.

"그를 만나보고 싶군요"라고 빌리 그래함은 요청했고 호이지는 닉슨을 불렀다. 닉슨은 빌리 그래함의 이름을 그의 어머니 한나(Hannah)에게 듣고 이미 알고 있었다. 닉슨의 어머니 한나는 1949년 로스앤젤레스 전도집회 직후 열렸던 휘티어지역 집회에서 빌리 그래함의 설교를 들었다. 빌리 그래함은 닉슨과 처음 만난 그때를 이렇게 기억했다. "닉슨은 매우 친절했습니다. 그는 제 손을 잡고 제 눈을 쳐다보았습니다. 1-2분이 지났을까 할 때 그는 '골프를 하십니까?' 하고 물었습니다."

"예 조금 합니다." 빌리 그래함은 대답했다. 그러자 즉석에서 닉슨은 라운드에 나갈 것을 원했고 빌리 그래함은 수락했다. 그날 오후 플로리다의 상원의원인 조지 스마더스(George Smathers)와 함께 셋이서 골프를 쳤다. 골프를 치고 난 후 닉슨은 근처에 있는 자기의 집으로 빌리 그래함을 초청했다. "그래서 나는 그의 집으로 갔습니다. 거기서 그의 부인 팻(Pat)과 두 딸들을 만났는데 그들은 아주 평범한 사람들이었고 집도 평범해서 놀랐습니다." 둘은 아주 오랫동안 이야기를 나누었다. 그리고 닉슨은 빌리 그래함이 묶고 있는 호텔에 자신의 차로 손수 운전하여 배웅했다. "그렇게 닉슨과 관계가 시작되었습니다."[5]

이 관계의 시작은 두 사람 모두를 시험의 세계로 끌고 갔다. 빌리 그래함은 그것을 "달고도 씁쓸했다"고 평했다.[6] 빌리 그래함은 정치인의 전형적인 성격을 보여주는 닉슨과 운명적으로 만났다. 닉슨은 전도자를 사랑하고 보호하려고 애썼다. 그러나 어떤 때는 속이기도 하고 이용하기도 했다. 한편으로 닉슨은 어려운 친구를 결코 외면하지 않는 경건하고도 사려 깊은 퀘이커 신자였으며 다른 한편으로는 수십 년 후 범죄 테이프가 그를 폭로하기까지는 빌리 그래함 도 전혀 알 수 없을 만큼 사람들을 자기 마음대로 조종할 뿐 아니라 원칙을 개의치 않는 교활한 수단가였다.

---

5) BG, interview, January 18, 2006.
6) *JAIA*, 462.

닉슨의 비판자들은 "닉슨은 전혀 갈등을 못 느끼는 두 종류의 성품을 가지고 있다"[7]라고 말하기를 좋아했다. 두 개의 얼굴로 상대방을 분열시켜서 승리하려는 닉슨의 전략은 1946년 그의 첫 번째 하원선거에서부터 나타났고 그것이 그때부터 닉슨을 어두움에 몰아넣었다. 지지자들에게 닉슨은 국민을 위해서 자신의 사적인 자산까지 희생하는 의로운 공복(公僕)이었고 비판자들에게 닉슨은 엉터리 신앙인이요 완벽한 수단가였다. - 닉슨의 친구였던 스마더스는 "그는 내가 알고 있는 모든 사람 중에 가장 계산적인 사람"[8]이라고 평했다. 닉슨의 정치적 반대자들은 "만약 닉슨이 조금이라도 양심의 가책을 느꼈다면 선거전의 결과는 바뀌었을 것이다"[9]라고 비판했다.

비판자들이 닉슨을 각료 중 가장 잔인한 사람이라고 비난할 때 빌리 그래함은 그를 방어하기 위해 나섰다. "닉슨은 정치적 속임수나 쓰는 사람과는 거리가 멉니다.[10] 그는 결코 과장을 하거나 선동을 하는 성품의 소유자가 아닙니다." 빌리 그래함은 인디애나폴리스 전도집회 중 뉴스 인터뷰에서 "닉슨 씨는 아마도 미국 역사상 가장 잘 준비된 대통령 후보감일 것입니다. 그는 모든 면에서 훌륭한 크리스천이라고 저는 확신합니다"[11]라고 주장했다. 빌리 그래함은 그의 영적 성숙의 면, 즉 퀘이커 신자의 증표인 겸손과 정직에 대해서도 옹호했다. "그는 자신의 개인적 신앙을 드러내는 일을 극히 조심하고 있습니다. 그것은 국민이 신앙을 정치적으로 활용하는 정치인이라는 평가를 하는 것에 대해 두려워하기 때문입니다."[12] 사실 빌리 그래함 자신도 개인적으로는 닉슨의 신앙에 의심을 갖고 있었다. 그래

---

7) Stephen E. Ambrose, *Nixon: The Education of a Politician* (New York: Simon and Schuster,1987), 483-484.
8) Christopher Matthews, *Kennedy and Nixon: The Rivalry That shaped Postwar America* (New York: Simon and Schuster, 1996), 58.
9) Ambrose, *Nixon*, 483-484.
10) unpublished *Life* article, October 1960, RNLB.
11) "Billy Graham Says Nixon Well Trained," UPI, in *Charlotte Observer*, October 15, 1959.
12) Charles Henderson, The Nixon Theology (New York: Harper and Row, 1972), 62

서 빌리 그래함은 닉슨에게 기도와 성경읽기를 강력히 권면하였고 하나님을 절대적으로 의지하라고 말했다. 그러나 빌리 그래함이 그가 신앙에 대하여 말하는 것을 좋아하지 않는다는 사실을 알게 된 것은 한참의 시간이 지난 후였다.

영적 일대기

1953년 1월 20일, 리차드 닉슨은 미국의 부통령으로 취임했다. 그날 그의 어머니는 그에게 한 장의 편지를 건넸다. 닉슨은 그날 밤 그것을 읽지 않았다. 그러나 그 편지를 오랫동안 가지고 있었다.

리차드에게

네가 더 높은 공직에 나가는 것을 우리는 언제나 자랑스럽게 생각한다.[13] 창조주 하나님과 긴밀한 관계를 유지하리라 믿는다. 네 직위가 결국은 하나님과의 관계를 위한 것이라는 사실을 명심하기 바란다. 그것이 네 인생에 가장 귀중한 일이 될 것이다.

사랑하는 엄마가

닉슨의 영적 일대기는 다른 많은 대통령들보다 더 복잡하고 의미가 있다. 그의 어머니 한나의 신앙심은 독실한 퀘이커 신자 사이에서도 단연 앞서갔다. 그녀의 가족은 1887년 휘티어에 있는 퀘이커교의 집단 농장부락으로 이주했다. 퀘이커 신도 내에서 "성녀"라 불린 그녀는 언제나 신실한

---

13) Richard Nixon, *The Memoirs of Richard Nixon* (New York: Grosset and Dunlap, 1978), 117.

자세로 다른 이들을 섬겼으며 아들의 성공을 위해 기도했다. 닉슨은 자신의 첫 번째 자서전인 『6개의 위기』(Six Crises)에서 자신이 "정치의 세계"[14]에 입문한 것은 어머니의 뒤늦은 소망이었다고 썼다. 처음에 그녀는 닉슨이 라틴 아메리카에서 퀘이커 선교사가 되는 것을 꿈꾸었다. 그러나 퀘이커의 전통에 충실했던 그의 어머니는 닉슨을 그녀가 원하는 방향으로 강요하지 않았다. 언젠가 한나는 자신의 아들에 대해서 "리차드는 매우 종교적인 아이였습니다. 그러나 아들은 예배드리는 것을 아주 싫어했습니다. 저는 다른 퀘이커 신도들이 제 아들을 이해해 줄 것이라고 믿었습니다. 신도들은 왜 그 아이가 논쟁 때마다 중심에 서 있었는지 알고 있습니다.[15] 퀘이커 신도들은 온유하고 인내심이 많은 사람들이지만 이상향을 추구하는 퀘이커의 숭고한 정신세계와 견해를 변호하는 데는 능숙하지 못합니다"라고 썼다.

종교는 가정생활의 중심이었다. 닉슨의 가족은 매일 기도하고 잠자기 전에 성경을 읽었으며 주일에는 4번의 예배에 참석했다. 닉슨은 교회에서 피아노를 연주했으며 교회학교에서 가르쳤다. 그의 어머니는 골방에서 기도하고 자신의 신앙을 결코 자랑하지 말라는 마태복음의 명령을 문자적으로 따랐다. 그녀는 실제로 잠자기 전에 옷장 안으로 들어가 기도했다.[16] 닉슨이 부통령이 되었을 때 아이젠하워 대통령은 그에게 연설을 할 때마다 신앙적인 이야기를 삽입하라고 강요했다.[17] 그러나 닉슨은 자신의 어머니의 신앙은 이야기하였지만 정작 자신의 신앙에 관하여는 말하지 않았다.[18]

6학년밖에 공부하지 못한 닉슨의 아버지 프랭크는 모든 면에서 시끄럽고 거칠었으며 열정적이었다. 또한 호전적인 신앙을 소유했다. 감리교에서 자란 그는 한나와 결혼한 후 퀘이커 신자가 되었다. 한나의 하나님이 온유

---

14) Nixon, *six Crises* (New York: Simon and Schuster, 1962), 295.
15) "A Worshiper in the White House," *Time*, December 6, 1968.
16) Nixon, *Memoirs*, 8.
17) Ibid., 14.
18) Ibid., 6.

하다면 그의 하나님은 맹렬한 하나님이었다. 닉슨은 "아버지는 무서워 피해 다녔고 늘 신앙적인 어머니를 따라다녔습니다"라고 어린 시절을 회고했다. 그는 자신의 논쟁술과 개인접촉을 기피하는 이런 두 성격을 그런 아버지에게 물려받은 것이 아닐까 생각했다.

닉슨의 동생 헤럴드가 폐결핵으로 오랜 투병 끝에 죽고 가정이 산산조각 나자 프랭크 닉슨은 그것을 하나님의 무서운 심판으로 여겼다. 프랭크는 주일에는 야채가게의 문을 닫고 더 열심을 내는 신앙인이 되었다. 그는 교회 앞에 서서 "우리는 다시 깨어나야 합니다. 먼저 심령이 부흥되어야 합니다!"라고 큰 소리로 외치곤 했다. 수십 년이 흐른 뒤 빌리 그래함이 그의 친구 닉슨의 신앙적 배경에 대해 물었을 때 그는 십대 때 폴 래이더 목사가 인도하는 집회에서 그리스도에게 자신의 삶을 위탁했다고 말했다.[19]

그러나 빌리 그래함이 십대에 모데카이 햄(Mordecai Ham) 목사의 영향으로 그리스도를 영접한 후 취한 행동과는 달리 닉슨은 성서문자주의에 기초한 전통적 신앙에 빠져들지 않았다. 대학 4학년 때에 닉슨은 한 수업에서 "나는 무엇을 믿는가?"라는 제목으로 자신의 개인 신앙에 대하여 자세히 쓴 적이 있었다. 그는 부모에 의해 성경을 문자 그대로 하나님의 말씀으로 받아들이도록 교육 받아왔다. "4년 전 대학에 입학할 때에는 성경의 기적들, 요나의 큰 물고기 이야기 등 이 모든 것을 나는 사실로 받아들였다." 닉슨은 자유주의 사상을 가진 교수들을 경계하지 않으면 신앙의 확신을 잃어버릴 것이라는 부모의 경고를 자주 들었다. 그러나 시간이 지날수록 그런 "유아적 사고"와는 멀어져갔다. 그는 비록 문자적 의미대로는 아닐지 몰라도 여전히 하나님을 창조주로 믿으며 예수를 하나님의 아들로 믿었다. 부활사상을 문자적으로 정확히 믿기 보다는 그것이 갖고 있는 상징을 더 중요시 여기는 쪽으로 닉슨의 견해가 바뀌었다. "중요한 것은 예수께서 역사적인 삶을 사셨고 생명에 대하여 완전한 지식을 주셨으며 그분이 돌아가신 이후에

---

19) Ambrose, *Nixon*, 41.

도 여전히 사람들의 마음속에 살아계신다는 것이다."[20] 그러나 정치인이 된 이후로는 예수에 대하여 이런 식으로 또는 다른 어떤 방식으로도 말을 한 적이 없었다. 닉슨은 정통교사들은 기독교신앙의 핵심으로서 육체적 부활을 주장한다고 하면서 "나는 현대인들이 예수의 생애와 가르침 안에서 참된 부활 사상을 발견할 것이라고 믿습니다"라고 말했다.

물론 정통교사들 중의 하나는 빌리 그래함이 될 것이다. 빌리 그래함은 닉슨과 만난 이후부터 그를 유년시절의 명료하고 확고했던 신앙으로 돌려놓기 위하여 애를 많이 썼다.

두 사람은 반공주의의 선봉에 선 것[21] 말고도 꼼꼼한 성격이나 부인에 대한 성실성 그리고 자신의 지칠 줄 모르는 목표추구로 인해 가정을 희생시켰다는 것 등 많은 면에서 닮은 점을 가졌다. 그들은 어느 정도 유머를 구사했지만 촌철살인의 유머감각은 갖지 못했다. 빌리 그래함은 닉슨의 경건하지 않고 야비한 면 또는 야만성에 대해 전혀 몰랐다. 그들의 우정이 시작된 초기시절엔 빌리 그래함은 닉슨에게서 악마적 경향을 찾아볼 수 없었다. 빌리 그래함은 닉슨의 인간성에 대하여 말해 달라는 요청을 받을 때마다 언제나 그를 자신이 알고 있는 사람들 중에 가장 호감이 가는 사람 즉 따뜻하고, 신실하며 경청의 자세를 갖춘 사람으로 표현했다. 빌리 그래함은 "닉슨과 잠깐만 같이 있어도 당신은 어떤 분야의 독보적인 존재가 되었다는 착각이 들 것입니다. 그처럼 닉슨은 당신의 일이나 문제에 진지한 관심을 보여줍니다. 그것이 닉슨이 갖고 있는 특별한 은사입니다"[22]라고 말했다.

그들은 상호 애정을 갖고 있었음에도 불구하고 같은 점만큼이나 차이점이 많았다. 닉슨은 단호하고 서투른 반면 빌리 그래함은 유연한 매

---

20) Nixon, *Memoirs*, 16.
21) 닉슨은 FBI 국장인 에드가 후버가 보내준 공산주의 그룹의 동향보고를 그래함에게 전달했다. 공산주의 그룹도 중가일로에 있던 닉슨에 대한 교회의 지지와 전도자 빌리 그래함이 형성한 대중선전체계를 통해 닉슨이 받을 혜택이 무엇인가 주시하고 있었다. 그래함은 닉슨에게 공산주의 세력에 대한 주변 정보를 보내준 것에 대해 감사편지를 썼으며 그와 사귀게 된 것을 기쁘게 생각한다고 말했다. BG to RN, August 27, 1958, RNLB.
22) unpublished *Life* article, October 1960, RNLB.

력을 가졌다. 닉슨은 빌리 그래함이 늘 주장하는 '무장을 해제하는 은혜' (disarming grace)에 대해 늘 호기심을 갖고 있었다. 빌리 그래함은 "세계인들로 하여금 미국인들이 최선을 다하고 있는 것을 보여주는"[23] 미국의 아이콘으로 닉슨을 생각했다. 빌리 그래함이 "오, 저는 닉슨이 그 일을 잘해내리라 생각했었습니다"[24]라고 말했다. 그러나 오히려 빌리 그래함이 미국의 아이콘 역할을 더 잘해냈다. 닉슨이 늘 불안감에 싸여 있었다면 빌리 그래함은 평정을 유지했다. 닉슨이 어느 누구도 믿지 않았다면 빌리 그래함은 모두를 믿었다. 닉슨은 작은 이야기에 신경이 무딘 반면 빌리 그래함은 누구와도 무슨 이야기라도 나눌 수 있는 사람이었다.

빌리 그래함은 원한을 품은 적이 없었다. 그의 인생은 평온했으며 늘 감사하는 마음으로 살고 최선의 것을 추구했고 그것을 얻었다. 그러나 닉슨은 냉소주의자에 가까웠다. 닉슨의 냉소주의는 알저 히스의 간첩행위를 폭로하는 자신에 대한 트루만 정부의 끈질긴 방해로 인해, 그 간첩 스캔들 막바지에 완벽한 증거를 제시하는 영웅적인 연설을 했음에도 친구들의 비난을 받음으로써 드러났다. 또한 자신의 충성심에도 불구하고 끊임없이 냉대하는 아이젠하워와 관계에서도 생겨났다. 닉슨은 고통스런 어린 시절을 보낸 듯했다. 닉슨은 "존경하는 아이크는 대부분의 사람들이 생각하는 것보다 훨씬 더 교활하고 속을 알 수 없는 사람입니다"[25]라고 비난했다.

아이크는 정치인이 아닌 한 인간으로서 닉슨을 경계했다. 닉슨은 친구가 없기로 유명한 사람이었다. 이것은 그가 공적인 생활을 시작하기 이전에도 그랬다. 화목한 가정생활과 평온한 어린 시절을 보냈음에도 불구하고 닉슨은 사람들에게 신뢰를 상실하고 회복하지 못했다. 닉슨은 워싱턴 무대에 등장한 후 필요한 만큼의 우호적 인사들을 만들었지만 권력을 상실했을 때에도 의지할 수 있는 그런 종류의 내부 그룹을 만들지 못했다. 한번

---

23) Frady, *Parable of American Righteousness*, 439.
24) BG, interview, January 18, 2006.
25) Nixon, *six Crises*, 161.

은 아이젠하워가 병상에 있는 닉슨을 문병하고 돌아온 후 비서인 앤 휘트만(Ann Whitman)에게 어떻게 사람이 친구없이 살아갈 수 있느냐고 의아한 표정을 짓기도 했다. 휘트만은 자신의 일기에 두 사람의 차이점을 밝혀 놓았다. "대통령은 모든 행동을 신실하고 믿을만하게 하였고[26]… 그것이 자연히 밖으로 드러났기 때문에 모든 사람은 그것을 알고 그를 신뢰하고 존경했다. 그러나 부통령(닉슨)은 때때로 자기의 모습을 감추고 인위적인 행동을 하는 사람처럼 보였다."

인기를 간절히 원하였던 사람이 그러한 능력을 소유하지 못해서 사람들의 빈축을 사게 된 것은 참으로 가슴 아픈 일이었다. 공화당의 의장이었던 렌 홀(Len Hall)은 "어느 누구도 닉슨과 함께 낚시를 하며 한 주간의 휴가를 보내고 싶어하지 않았습니다[27]"라고 말했다. 한 사람의 예외가 있었는데 그는 닉슨이 믿었던 베베 레보조(Bebe Rebozo)였다. 팻 닉슨(Pat Nixon)여사는 레보조에 대해 "그는 스펀지 같은 사람이었는데[28] 그것은 딕(Dick: 닉슨의 애칭 - 역주)이 말하는 것은 무엇이든지 빨아들이되 한마디 코멘트도 하지 않았기 때문이었습니다. 딕은 그의 이런 면을 좋아했습니다"라고 말했다. 그리고 또 한 사람은 빌리 그래함이었다. 오랫동안 닉슨의 언론담당수석이었던 허브 클라인(Herb Klein)이 "닉슨은 빌리를 굉장히 존경했습니다.[29] 그리고 빌리를 친구로서 매우 좋아했습니다"라며 빌리 그래함과 함께 시간을 보내면 "닉슨은 매우 편안해 하였습니다"라고 했다. 이것은 순전히 그들의 신앙적 관계에서만 오는 것이 아니었다. 클라인은 말하기를 닉슨은 종교적 센스가 뛰어났지만 목회자들과도 신학에 관한 이야기는 전혀 나누지 않았다고 언급했다. "닉슨은 사람들에게서 장점을 취하는 빌리 그래함을 만나기를 즐겼습니다." 그러므로 빌리 그래함이 자신의 친구들, 대통령과 부통령, 공화당의 실력자들과 떠오르는 스타들 사이에서 평화를

---

26) Ambrose, *Nixon*, 564.
27) Ibid., 350.
28) Ibid., 618.
29) Herb Klein, interview, January 31, 2006.

중재하려고 노력한 것은 당연한 일이었다.

1956년 - 닉슨의 백악관 입성

전국적인 선거전에서, 빌리 그래함이 진정한 친구의 입장에서 전적으로 도와준 최초의 사람이 닉슨이었다. 처음엔 부통령 선거전이었고 결국엔 대통령 선거전에서 말이다. 빌리 그래함은 언제나 선거에서 중립을 지킨다고 말했다. 그러나 그는 어느새 판세를 분석하려고 애쓰는 후보자들을 지켜보는 일에 몰두하고 그들의 우호세력을 발견하여 한 목소리로 규합했다. 트루만 시절에 빌리 그래함은 정치적 형세를 조심스레 분석하고 전국을 돌아다니며 주의 깊게 여론을 들으며 최고의 게임에 참여한 아마추어 전략가였을 뿐이었다.

빌리 그래함은 닉슨과 우정을 맺은 이래, 대통령을 향한 닉슨의 행보에 목사로서 실제적으로 돕기 시작했다. 1955년 아이젠하워의 심장병은 빌리 그래함을 비롯하여 민주·공화 양당의 정치인들에게 아이젠하워의 미래가 불투명하다고 예견한 닉슨의 말을 심각히 받아들이게 만들었다. 빌리 그래함은 아이젠하워에게 재선을 준비하라고 재촉하는 편지를 쓰는 한편, 1955년 10월 닉슨에게 쓴 편지에는 "당신의 정치적 위치는 극적으로 변화를 거듭해 왔습니다"라고 언급했다. 그리고 '당신에게는 가장 결정적인 순간이 될지도 모르는'[30] 앞으로의 몇 개월을 대비하여 하나님께 능력을 구하고 인도하심을 요청하라고 조언했다.

정치적 메시지의 전달자로서 막후 역할을 한 빌리 그래함은 뉴욕주지사 토마스 듀이와 나눈 대화를 닉슨에게 전달했다. 듀이는 1948년 공화당 후보지명에는 실패했지만 공화당 중립파의 대부가 된 사람이었다. 듀이는 닉슨을 공화당 내에서 가장 유능한 사람이라고 여겼다. 빌리 그래함은 "듀

---

30) BG to RN, October 8, 1955, RNLB.

이는 당신(닉슨)이 자신도 모르게 일부 극단적 우파에게 휘둘리는 상황을 걱정하고 있는 듯이 보입니다.[31] 듀이는 대통령에 당선되기 위해서는 누구든 중립적인 입장을 취해야 한다고 생각하고 있습니다. 나는 그가 옳다고 생각합니다"라고 말했다.

닉슨은 빌리 그래함에게 "당신의 정치적 조언이 옳다고 생각합니다.[32] 지난 몇 주간 당신이 권면한 대로 따라가려고 노력했습니다"라고 답장을 썼다.

그 이후 몇 개월 동안 닉슨은 약간의 정치적 시련을 겪어야 했다. - 대부분 아이젠하워에 의해서 - 아이젠하워는 자신의 심장병 발작 이후 닉슨의 사려 깊고 안정적인 국정 운영에도 불구하고 자신의 재출마를 신중히 고려하고 있었다. 그는 닉슨의 현 자리는 유지시켜주려고 했다. 크리스마스 다음날 아이크는 닉슨을 자신의 집무실로 불렀다. 그는 제 2기 국정운영의 방향은 아직 정하지 못한 상태이며 또한 자신의 후임을 맡을 사람을 발견하지 못했다고 닉슨에게 말했다. 닉슨의 역량이 "아이젠하워가 후임으로 물려주고 싶을 정도로 크게 드러나지 않았다는 것"이 그에게 불운이라면 불운이었다. 아이젠하워의 건강이 이슈가 되었을 때, 민주당에서는 닉슨이 후보직을 얻어낼 것이라고 확신했다. 아이젠하워는 닉슨에게 각료직을 제안하였고 그것이 행정부 경험을 얻을 수 있는 기회가 될 것이라고 설득했다. 부통령이었던 닉슨에게 이 제안은 기자회견을 해서 불출마 선언을 하라는 뜻으로 들렸다.

이러한 일들을 지켜보면서 빌리 그래함은 닉슨을 도울 방법을 찾고 있었다. 빌리 그래함은 닉슨에게 "하나님을 바라보십시오, 그분이 당신을 인

---

31) Ibid. 그래함은 자신과 닉슨이 그동안 주도해오던 이슈를 - 즉 당시에 정치적 분야와 그리고 부흥운동 분야에서 주장하던 소련의 위협 - 상실했다고 생각했다. "소련이 매우 호의적으로 나왔기 때문에 공산주의라는 이슈가 더 이상 폭발력을 갖지 못했다고" 그래함은 분석하고 있었다. "이것은 미국의 정치에 딜레마를 가져올 것입니다. 특별히 당신(닉슨)과 같이 신념이 강한 사람에게는 말입니다." 그래함은 자신의 영향력을 활용하여 닉슨이 "도덕적이며 크리스천의 원칙을 가진 사람"이라고 국민이 인식하도록 도울것을 닉슨에게 약속했다.

32) RN to BG, November 7, 1955, RNLB.

도하실 것입니다"라고 조언했다. 아이젠하워는 닉슨을 한 쪽으로 밀어내려는 반면 빌리 그래함은 아이젠하워와 공화당 유력인사들 그리고 영향력 있는 종교 지도자들을 설득해서 닉슨을 세워주려고 노력했다. 빌리 그래함은 닉슨을 종교 지도자들의 여름 컨퍼런스에 강사로 초청하도록 은밀히 추진했다. 장로교와 남침례교가 닉슨을 강사로 받아들였을 때 빌리 그래함은 "이번에 당신은 미국에서 가장 규모가 큰 2개의 여름 종교 컨퍼런스에 참가하게 됩니다. 이 두 개의 컨퍼런스에 참여하기 위해 전 세계에서 중요한 인사들이 몰려 올 것입니다"라고 닉슨에게 이 도박을 확실히 이해하도록 말했다. 모임이 끝난 후 닉슨은 장로교 지도자들, 성공회와 감리교의 감독들, 장로교의 총회장, 남침례교의 의장들과 사적인 오찬을 하기 위해 몬트릿에 갔다. 빌리 그래함은 "솔직히 말하자면 당신은 개신교의 후원이 절대적으로 필요합니다. 내가 가는 곳마다 매번 당신에 대한 부탁을 했습니다. 지금이 그들에게 당신을 알릴 수 있는 가장 좋은 기회입니다"[33]라고 조언했다. 심지어 빌리 그래함은 침례교 교인들에게 호소할 수 있는 제안까지 닉슨에게 알려주었다.

헤럴드 스태이슨(Harold Stassen)은 1950년과 1952년에 닉슨을 지지했었지만 후보 지명의 시간이 정점에 이르자 닉슨을 극렬하게 반대했다. 그러나 닉슨은 빌리 그래함과 그의 동료들의 안전한 보호막 안에 숨어있었다. 민주당이 전당대회를 열어 아들래이 스티븐슨을 대통령 후보로 다시 한 번 지명한 것은 공화당의 닉슨을 목표로 한 것이었다. 「뉴스위크」는 "시카고 전당대회의 시작을 알리는 의사봉을 두드리는 순간부터 마지막 열정적인 환호로 화답하고 마치는 시간까지 닉슨이 공격목표였다. 연사들은 마치 닉슨의 이름이 외설스런 별칭인 듯이 놀려댔다"[34]라고 평했다. 그들은 닉슨을 "대통령의 손도끼", "백악관의 난쟁이 애완동물", "최악의 도로를 걷고 있는 여행자" 등으로 매순간 공격했다. "기억하세요, 만약 아이크에게 무슨

---

33) BG to RN, June 4, 1956, RNLB.
34) *Newsweek*, quoted in Nixon, *Memoirs*, 178.

일이 발생한다면 여러분들은 닉슨과 함께 가야하는 신세가 됩니다."

민주당 전당대회의 열기가 식어가고 공화당이 샌프란시스코에서 전당대회를 준비할 때 스태이슨은 노스캐롤라이나에서 빌리 그래함과 함께 있던 닉슨에게 "만약 당신이 불출마를 택한다면 그것은 분명 나라를 위해서도 나아가 긴 안목으로 볼 때 당신 개인의 미래를 위해서도 최선의 선택이 될 것이라고 나는 굳게 믿고 있소"[35]라고 편지를 써서 불출마할 것을 강력하게 재촉했다. 닉슨은 이 편지를 무시하고 샌프란시스코로 출발했고 전당대회에서 승리하여 다시 한 번 아이젠하워의 부통령 후보가 되었다.

미래에 대한 확신을 가지고 닉슨은 여유만만하게 자신의 사무실로 돌아왔다. 빌리 그래함과 닉슨은 이 승리로 더욱 결속했다. 서로 주고받는 편지는 "경애하는 빌리", "경애하는 딕"으로 시작되었다. 닉슨에게 쓴 축하편지에서 빌리 그래함은 "이번 일이 당신의 위상을 높였으며 우리가 나누어 온 미래의 가능성을 더욱 명확하게 했다고 생각합니다"[36]라고 말했다.

빌리 그래함과 닉슨은 1956년 11월에 장래 닉슨의 백악관 입성을 말하고 있었던 것이다.

---

35) Ambrose, *Nixon*, 406-407.
36) BG to RN, November 10, 1956, RNLB.

제7장

무임소(無任所) 대사

저는 현재의 수상만 제외하고 영국의 모든 수상을 만났습니다.[1] 저는 그들과 좋은 관계를 맺고 있고 독일의 수상들과 관계가 좋습니다. 저는 최후의 두 사람만 빼고 모두와 긴밀히 교제하고 있습니다. 그러나 가장 중요한 사람은 여왕입니다. 여왕은 제가 생각하건데 12번이나 만나 주었습니다… 그러나 저는 이러한 사실을 결코 말하지 않았고 그들 중 어느 누구도 언급하지 않았습니다.

- 세계 지도자들이 모인 자리에서

1956년 봄, 언론출판인 컨퍼런스가 열리는 동안 백악관을 주시하고 있던 사람들은 백악관에 무엇인가 변화가 있다는 사실에 대해 알기 시작했다.[2] 아이젠하워는 앞으로 있을 일들에 대해 자주 언급했다. - 국방부의 재개편, 인도 수상 네루의 국빈 방문, 농장법안의 운명, 티엔티 십억 톤의 위

---

1) BG, interview, January 18, 2006.
2) *New York Times*, March 22, 1956, 20.

력을 가진 핵폭탄이 만들어질 때의 파괴력 등. 그러나 당시의 기자들은 사사로운 일에 매달리고 있었다.「뉴욕타임즈」의 윌리엄 로렌스가 "왜 대통령은 빌리 그래함 목사와 함께 보내는 시간이 그렇게 많아야 합니까?"라고 물었다. 다음엔 「포틀랜드 프레스헤럴드」(Portland Press Herald)의 용맹무쌍한 논객 메이 크레이그(May Craig)가 "대통령께서 빌리 그래함을 흥미 있어 한다는 사실을 왜 저희들에게 말하는지 조금은 당황스럽습니다. 대통령은 공산주의와 싸우기 위하여 전 세계 기독교 국가들을 동원하려고 하는 겁니까?"라고 물었다.

아이젠하워는 처음에는 얼버무리며 피했다. 빌리 그래함과는 "실제로 그와 좀 많은 시간을 보냈다고 생각한 것은 이번이 처음입니다. 내가 평소 그와 이야기 하는 것은 몇 분 안 걸리는 문제입니다. 그리고 어제가 지금까지 만남 가운데 가장 길었다고 생각합니다"라고 단순한 친구 관계인 듯이 말했다. 그리고 아이젠하워는 "빌리 그래함이 내 농장으로 방문한 것이 절대 아닙니다. 그저 점심을 같이 한 것 뿐예요"라고 말하며 강하게 손사래를 쳤다.

아이젠하워는 그렇게 많은 사람들이 빌리 그래함의 설교를 들었고 또 들으려고 한다는 이유만으로도 그를 감싸주었다. "그는 자신의 종교를 전 세계 구석구석으로 나르고 있습니다. 평화를 증진하기 위하여… 편견대신 관용을 증진하기 위하여 말입니다." 아이젠하워는 "그래서 그를 경청하는 수많은 사람과 마찬가지로 나도 그의 말을 듣는 것을 좋아합니다. 나는 빌리 그래함 목사의 활동에 매우 관심이 있습니다"라고 기자들에게 말했다.

그레이그는 아이젠하워의 대답에 만족하지 못했다. 그녀는 "무신론의 공산주의와 대결하기 위하여 기독교 세계를 동원하려고 하시는 건가요?"라고 다시 질문했다. 본론은 이것이었다. 아이젠하워는 기회를 잡았다. 그리고 아이젠하워는 "미국은 인간이 단지 문명화 된 동물 이상이라고 믿는 사람들과 인간은 아무것도 아닌 존재라고 믿는 사람들 사이의 싸움에 깊숙이 참여해 왔습니다. 무신론은 모든 종교를 배척하고 있습니다. 그래요, 맞습니다. 신앙인들을 결집시키는 것은 매우 중요합니다. 왜냐하면 기독교는 문제를 평화적으로 해결하려는 노력의 원천이 되기 때문입니다"라고 대답했다.

아이젠하워의 말은 계속되었다. 「타임 라이프」(Time Life)의 특파원 존 스틸(John Steele)은 대통령의 생각에 충격을 받았다. 그는 뉴욕에 있는 본사에 "기자들과의 대담에서 대통령은 장황한 연설을 했습니다.[3] 그것은 어느 정도 예상했던 바와 같이 빌리의 쇼맨십, 가장된 웃음, 그의 다양한 매력과 옷맵시에 도취된 미국의 대통령의 반응이었습니다"라는 기사를 보냈다. 두 사람은 차이점이 많았던 것 같았지만 굳건한 동맹관계를 형성했다. 스틸은 두 사람의 관계를 "두 사람은 마음이 저절로 통하는 깊은 애정의 관계처럼 보인다"라고 추측했다. 목사와 대통령, 실로 이 두 사람은 많은 생각을 공유했다.

심지어 아이젠하워 행정부의 일부 각료들도 대통령이 빌리 그래함을 지나치게 생각하는 것을 보고 놀랐을 정도이다. 실제로 대통령의 참모 한 사람은 전화를 걸어 온 사람의 명단을 대통령에게 보고하면서 씩씩거렸다. "빌리 그래함 목사가 각하를 면담하고 싶다고 전화를 걸었습니다." 아이젠하워는 그를 응시하며 "그의 이야기를 들을 때마다 신이 납니다. 그를 만난다는 것은 매우 기쁜 일이요"라고 아주 심각하게 말했다. 그의 참모인 로버트 그레이(Robert Gray)가 집무실에서 나가려고 할 때 아이젠하워는 "언제나 그를 만나는 것을 기쁜 일이요"[4]라고 다시 말했다. 그레이는 대통령이 빌리 그래함을 가까이 하는 것을 좋게 생각하지 않고 '매우 걱정스럽게' 바라보았다. 그레이는 빌리 그래함과 만나고 나서 '그가 사람을 사로잡는 강력한 그 무엇이 있다는 사실을' 발견했다. 그리고 그와 대화를 나누고 나

---

3) John Steele memo, March 23, 1956.
4) Oral History interview with Robert Gray by Ed Edwin, Columbia University Oral History Project, DDEL.

서 빌리 그래함에 대한 대통령의 반응을 이해할 수 있었다.

서로간의 호감과는 별도로 이 두 사람이 맺은 동맹의 전략적 가치가 그해 겨울 빌리 그래함의 역사적인 아시아 전도집회 중에 분명히 드러났다. 미 국무장관인 존 포스터 덜레스(John Foster Dulles)는 빌리 그래함이 출발하기 전 그에게 정보를 브리핑 하기 위해 워싱턴으로 불렀다. 빌리 그래함이 인도로 떠나는 그 주간은 공산주의 수장인 니키타 흐루시초프(Nikita Khrushchev)와 니콜라이 벌개닌(Nikolay Bulganin)이 인도를 친선 방문하여 네루 수상이 주관하는 연회와 공식만찬에 참여하고 민속공연을 관람하는 등 우호적인 관계가 조성된 직후였었다. 그러나 빌리 그래함을 맞이하는 인파는 참으로 놀라운 것이어서 3억 8천만 명의 인구의 나라 인도에서 거의 500만 명에 달하는 크리스쳔들이 열렬히 환영했다. 거대한 군중이 모여들었으며 그들은 호기심에 가득 찼고 빌리 그래함에게 넋을 빼앗겼다. 고작 4만 명이 사는 도시인 코타얌에서 열린 집회에서는 10만 명이 넘는 청중이 몰려들었다. 「시카고 데일리 뉴스」의 국제담당 국장인 윌리엄 스톤맨(William Stoneman)은 이렇게 기사를 내보냈다. "객관적 시각을 가지고 지켜본 사람들이" 다음과 같이 결론을 내렸습니다. "빌리 그래함의 아시아 방문은 참으로 놀라운 결과를 만들어냈다. 세계대전 이후 어떤 미국인도 그렇게 많은 사람을 미국인의 친구로 만들지 못했으며[5] 미국은 정신적인 문제를 뒤로하고 오직 현실의 이익을 더 중요시 한다는 만연된 편견을 불식하기 위해 그처럼 멀리 날아간 사람은 없었다."

빌리 그래함은 인도에서 돌아와서 아이젠하워, 닉슨, 덜레스를 만나 외교의 문제에 관하여 자신의 견해를 설명했다. 흐루시초프가 네루에게 선물한 늠름한 흰색 말은 인도 모든 주요 신문의 톱기사를 차지했다. 반면 덜레스가 약속한 5,000만 불 경제원조는 한쪽 구석에 언급했을 뿐이었다. 빌리 그래함은 5,000만 불의 돈보다 한 마리의 말에 더 강한 인상을 받는 것이

---

5) High, *Billy Graham*, 216.

인도 사람들이라고 말하면서 좀 더 외형적인 효과가 나타나는 선물이 필요하다고 역설했다. 즉 식량을 주는 것보다 그 식량을 인도 전역으로 수송할 수 있는 교통수단인 흰색 기차[6]가 더 중요할 수 있다는 것이며 그러면 인도인들은 미국에 우호적인 감정을 보여줄 수 있을 것이라는 것이 빌리 그래함의 요점이었다. 빌리 그래함은 "아니면 캐딜락은 어떻습니까? 인도와의 우호관계를 위해서는 그러한 선물이 경제 원조를 위해 주는 수천만 달러보다는 효과가 더 분명할 것입니다"[7]라고 말했다.

영적 운동의 지도자인 빌리 그래함이 감각적이고 상업주의적 발상으로 한 외교적 조언은 「크리스천센추리」(Christian Century)의 맹비난을 받았다. "빌리 그래함은 진정으로 세계를 위한 일이 무엇인가 하는 개념이 조금도 없다… 만약 세계의 진정한 변혁이 무엇인가 하는 의식이 조금이라도 있는 사람이라면 기차나 캐딜락이니 하는 그런 부적절한 언어를 사용할 생각조차 할 수 없었을 것이다… 그것은 졸렬한 정치이지 결코 기독교가 될 수 없다."[8]

그러나 닉슨은 빌리 그래함의 운동을 지속적으로 더 넓은 세계로 확대하기 위해 노력했다. 닉슨은 인도 주재 미국공사에게 빌리 그래함과 네루의 만남을 주선하라고 전보를 쳤다.[9] 그리고 1958년 오스트레일리아 대사에게[10] 빌리 그래함을 소개하고 빌리 그래함의 전도팀을 무조건 도우라고 편지를 썼다. 다음해에는 이집트 대사인 레이몬드 하레(Raymond Hare)에게 이집트 대통령 나세르(Nehru)와 빌리 그래함의 만남을 주선하라고 편지했다. "그 만남에 외국의 지도자들도 참석할 수 있도록 해 주시기 바랍니다. 빌리 그래함 박사는 매우 놀라운 성취를 이끌어 온 분입니다.[11] 내가

---

6) *JAIA*, 274.
7) McLoughlin, *Revivalist in a Secular Age*, 119, quoting *Christian Life*, April 1956.
8) "Whose Ambassador," *Christian Century*, February 29, 1956.
9) RN to Ambassador John Sherman Cooper, January 20, 1956, RNLB.
10) RN to Ambassador William J. Sebald, April 3, 1958, RNLB.
11) RN, memo to Ambassador Raymond Hare, April 23, 1959, RNLB.

그 만남을 강력하게 권고하는 이유는 그들 간의 대화가 중동의 이해와 평화를 증진시킬 것이라고 확신하기 때문입니다."

그때는 오히려 국내에서의 평화와 이해증진이 우선적 문제로 등장하던 시기였다. 그리고 그것이 필요한 당사자는 빌리 그래함을 특사로 임명한 아이젠하워였다. 민권문제(Civil Right)는 아이젠하워가 자신의 도덕적, 정치적 리더십을 거의 사용하지 않은 영역 중 하나였다. 아이젠하워는 문제가 발생할 때 관심을 보이고 행동하는 식이었다. 아이젠하워는 1956년 공립학교 내 인종차별의 문제로 야기된 '브라운 대 교육위원회 사건'(Brown vs. Board of Education)의 소송사건에 있어 대법원의 결정을 존중했다. 그러나 그는 대법원의 판결 내용이 아니라 권위를 존중하는 것임을 분명히 했다. 흑인사회의 동요가 심화되자 그는 인내를 요청했다. 아이젠하워는 "많은 사람들이 남부의 감정을 충분히 이해하지 못하고 있습니다. 우리가 그곳에 살지 않는 한 결코 알 수 없습니다… 또 하나의 남북전쟁이 일어나려는 분위기입니다"[12]라고 말했다.

아이젠하워의 연설담당 비서인 윌리엄 이왈드(William Ewald)는 "아이젠하워는 인종차별주의자가 아닙니다.[13] 그는 남부에서 출생한 남부 사람이며 남부에 많은 친구가 있고 그들을 존경하는 사람입니다"라고 말했다. 뿐만 아니라 아이젠하워는 정치적으로도 남부와 평화적인 관계를 유지하고 있었다. 1952년 대선 운동 때 참모들은 민주당세가 견고한 남부지역 유세를 건너뛸 것을 강력히 권고하였지만 아이젠하워는 그것을 받아들이지 않았다. 남부 군중도 그에게 우호적으로 바뀌었다. 이왈드는 "공화당의 한 사람이 남부 사람들을 칭찬하였는데 아이젠하워는 그것을 매우 좋게 생각했습니다"라고 말했다. 또한 흑인을 대통령의 참모로 지명한 것은 아이젠하워가 처음이었다고 그는 언급했다.

---

12) Ambrose, *Eisenhower: The President, Vol. II* (New York: Simon and Schuster, 1984), 308.
13) Ewald, interview, January 6, 2006.

남부에 친구가 많고, 자신 또한 남부 사람이었던 빌리 그래함은 이 이슈에 대해 대통령보다 먼저 해결책을 꺼내들었다. 얼마간 예언자적인 시각이 필요한 사건의 경우, 빌리 그래함의 전형적인 해결책은 논쟁을 피하고 국민을 연합하는 것이었다. 빌리 그래함은 1954년에 "크리스천은 인종문제를 그리스도의 눈으로 바라보고 있습니다. 그러나 교회가 이 엄청난 문제를 해결하지 못하고 있음을 시인합니다. 우리는 스포츠, 오락, 정치, 군사문제, 교육 그리고 산업에 마음을 쏟아 부었고 교회는 그것을 부추겨왔습니다"[14]라고 주장했다. 그는 해결책은 오직 십자가 아래에서 찾을 수 있다고 결론지었다. "우리가 흑백에 관계없이 형제애로 하나 되는 곳에서 가능합니다." 사실 그는 예배가 마칠 때쯤 하는 초청의 시간에 그리스도 안에서 누구나 차별이 없다는 믿음을 보여주었다. "늙은이나 젊은이나, 백인이나 유색인종이나, 남자나 여자나, 부자나 가난한 자나, 배운 자나 못 배운 자나 관계없이 지금 바로 그리스도 앞에 나오십시오."

1952년 남침례교총회에서, 빌리 그래함은 침례교 대학들이 자격을 갖춘 흑인들을 입학을 허용하는 것이 기독교의 의무라고 주장했다. 미시시피의 잭슨 지역에서는 인종차별과 알코올 중독이 이 도시의 가장 큰 두 가지 문제라고 주장했다. 다음해 차타누가 지역 전도집회 시, 주최 측이 인종차별 구역을 철폐하기를 거절했을 때 빌리 그래함은 집회 장소로 걸어 들어가 흑백 구역을 구별하기 위해 쳐놓은 로프를 찢어버렸다. 겁에 질린 안내인이 급히 뛰어 들어와 제지하려고 했다. "안 돼요, 안 돼! 제발 빌리 그래함 목사님, 이것은 잘못된 일입니다." 빌리 그래함은 "이 로프를 치우든지 아니면 저 없이 이 집회를 진행하시든지 둘 중에 하나를 택하십시오"[15]라고 대답했다.

빌리 그래함은 크리스천의 삶을 수직적이고 수평적인 두 가지 차원으로 설명했다. 수직적 차원은 그리스도와 관계에서 파생되는 삶을 말하고

---

14) Cook, *The Billy Graham Story*, 88.
15) Frady, *Parable of American Righteousness*, 408.

수평적 차원은 그것을 매일의 삶에서 적용하는 것을 말한다. 늘 양자의 종합을 강조한 빌리 그래함은 사람들에게 어느 한쪽에 일방적으로 치우치지 말 것을 제안했다 - 침례교는 수직적 차원에 치우쳤고 감리교는 수평적 차원으로 기울었다. 지금 당장 양자를 종합하면 십자가를 좇아가는 삶이 될 것이라고 그는 말했다.[16]

빌리 그래함과 아이젠하워는 사람의 마음이 단번에 변하지 않는 것처럼 사회문제도 일정한 시간이 필요하다는 신념을 공유했다. 빌리 그래함은 "주님께서 우리를 도와주실 것입니다.[17] 만일 대법원이 신중히 결정하고 양쪽 극단에 서 있는 사람들이 잠잠해 진다면 향후 10년간 평화로운 사회적 재조정의 시간을 갖게 될 것입니다"라고 대통령에게 말했다.

대통령이 인내를 요청했지만 그러나 그것은 민권운동 지도자들에게 무책임을 의미하는 것이었다. 1956년 남부의 많은 주들이 브라운 사건 판결에 반대하기 위한 집회를 열었다. 4개의 주의회는 자신들의 주가 무정부상태에 버금간다고 공표했다. 3월에 상·하원 101명은 평결을 뒤집으라고 촉구하는 선언문에 서명했다. 한편 마틴 루터 킹(Martin Luther King Jr.) 목사는 역사적인 몽고메리 버스 보이콧 운동(Montgomery bus boycott: 1955년 12월부터 이듬해 11월까지 미국 앨라배마주(州) 몽고메리에서 흑백 분리주의의 철폐를 요구하며 흑인들이 보이콧을 벌인 사건 - 역주)을 인도하고 있었다. 그런데 어느 날 몽고메리에 있는 흑인교회에 폭탄이 터졌고 그것을 빌미로 버스 보이콧을 하는 흑인들이 체포되었다.

아이젠하워는 이 사태를 관망하기로 하고 법원이 나서게 했다. 그러나 앨라배마 하원의원인 프랭크 보이킨(Frank Boykin)은 빌리 그래함 목사가 이 문제에 밀사의 역할을 맡아야 한다고 제안하고 나섰다. 그는 "빌리 그래함은 이 나라에서 어떤 사람보다 이 사태 수습을 위해 많은 역할을 할 수 있습니다"라고 대통령에게 편지를 썼다. 보이킨이 원하는 것은 혁명적 힘이

---

16) High, *Billy Graham*, 61.
17) BG to DDE, June 4, 1956, DDEL.

아니라 온건한 힘이었다. "저는 이 문제를 우리의 대적자들 일부가 시도하고 있는 것처럼 하루아침에 국민의 요구를 강압적으로 잠재우는 대신 조용하고도 수월하게 하나님이 원하는 방법으로 해결하고자 하는 것입니다. 제 생각으로는 각하께서 빌리 그래함 목사와 대화를 해보시면…[18]"

아이젠하워는 다음날 "당신이 빌리를 천거하는 것을 매우 흥미있게 생각합니다.[19] 빌리의 해외활동을 알려주는 보고서도 당신의 의견과 일치하고 있습니다. 그는 놀라운 재능을 가진 사람이며 많은 것들을 성공적으로 수행했습니다"라고 답장을 썼다.

"그렇지 않아도 오늘 빌리 그래함은 내 집무실에 왔습니다. 우리는 어떻게 그의 재능을 사용하여 나라의 일부 심각한 문제들을 해결할 수 있는지 여러 가지 의견을 나누었습니다."

아이젠하워는 자리에 앉아 심사숙고하면서 빌리 그래함에게 장문의 편지를 썼다. 이 편지는 "경애하는 빌리 그래함 목사님"으로 시작하지 않고 "경애하는 빌리"로 시작했으며 어감이나 내용도 예전의 형식적이고 공손한 태도와는 완전히 달랐다. 편지에는 상황의 긴박함과 그 일에 몰두하고 있는 아이젠하워의 진심이 담겨있었다. 그것은 법원이나 의회에서 담당하는 것 보다 설교단에서 먼저 말해야 할 일이라고 아이젠하워는 생각했다.

아이젠하워는 이렇게 편지를 시작했다. "나는 그저께 우리가 나누었던 문제에 대해 줄곧 심각하게 생각했습니다."[20] 그리고는 빌리 그래함이 한 '격의 없이 한 충고'를 나열해 나갔다.

아이젠하워는 목사들은 대립을 완화하면서 관용과 전진을 촉발하는 독특한 역할을 수행한다고 생각했다. "목회자들은 피스 메이커(peace maker: 화해시키는 자 - 역주)가 하늘의 은총을 입은 자라는 것을 가장 잘 알고 있는 분들일 것입니다. 또한 가장 유능한 피스 메이커는 불행하게도

---

18) Boykin, letter to DDE, March 19, 1956, DDEL.
19) DDE to Boykin, March 20, 1956, DDEL.
20) DDE to BG, March 22, 1956, DDEL.

싸움이 끝난 후에 화평의 조각을 줍는 사람이 아니라 싸움이 더 크기 전에 막아내는 사람이라는 것을 잘 알고 있는 분들입니다."

아이젠하워는 빌리 그래함이 연방판사들에게 자신들은 더는 할일이 없다는 사실을 재인식시켜주기를 바랬다. 또 아이젠하워는 몇 가지 실마리를 제안했다. "일부 자격을 갖춘 흑인들을 교육위원으로 선출할 수 없을까요? 혹은 시의 고위직 공무원으로 말이죠? 그리고 대학들은 완전히 실력으로만 입학평가를 할 수 있다고 봅니다. 그러면 입학담당관들이 지원자가 어떤 인종인지 알지 못할 것 아닙니까?" 이것이 아이젠하워가 제안한 것으로 설교강단에서 말할 수 있는 것들이었다. 이 제안은 자신의 교구에 속한 학교들에게 인종차별 없이 학생을 입학을 허용하라고 명령한 루이지애나의 감독에게는 좋은 소식이었을 것이다. 일선 현장에서 주장되고 있는 전향적 조치들을 전폭 지지하자고 빌리 그래함이 목회자들에게 강력히 요청할 수 있다면 "이러한 조치들은 온건한 방식을 선호하고 있던 연방 판사들의 관심을 불러일으킬 수 있을 것이다."

빌리 그래함은 이러한 논의가 사적으로 그리고 즉시 이루어져야함을 강조했다. 그는 남부지방의 주요 종교 지도자들을 모아 아이젠하워의 의견을 전달하고 목회자들이 강단에서 말할 수 있는 구체적인 제안들을 내 놓았다.

아이젠하워는 자신의 편지 말미에서 인종차별 철폐를 위한 자신의 노력이 가져올 수 있는 정치적 손실에 대해 말했다. 심지어 도덕적으로 정당한 자신의 주장을 향하여 쏟아지는 비난도 염두에 두었다. 빌리 그래함 역시 세속적인 성직자로 추락하는 것을 감수해야 했다. "대통령 선거 후에 즉각적으로" 빌리 그래함은 충고했다. "각하께서 정당하다고 생각하는 것을 시행할 수 있습니다. 잘못하면 민주당이 정면 공격해 들어올 빌미를 줄지도 모릅니다."[21] 그는 지금은 대통령 자신을 위하여 행동해야 하며 이 소

---

21) BG to DDE, March 27, 1956, DDEL.

동을 비켜가라고 충고했다. "제가 바라는 것은 11월 선거전까지, 이 고통스럽고 격화되어가는 인종문제에서 대통령이 한발 비켜나 있는 것입니다."

아이젠하워는 누구보다 정치적 곤경을 잘 의식하고 있었다. "당신이 정치적 환경에 대하여 권고하는 것을 주의 깊게 읽었습니다." 아이젠하워는 "이 심각한 문제가 거의 피할 수 없는 일이 되어가고 또 정쟁의 영역으로 끌려들어가고 있는 것이 참으로 안타깝습니다. 나는 거짓에 대항하여 진리가 승리한다는 확신을 갖고 있기에 이 문제를 피하지 않을 것이고 정치적 입장에서는 중간에 설 것입니다"라고 즉각 답장을 했다. 아이젠하워는 "양 진영의 어리석은 극단주의자들은 결코 승리하지 못할 것입니다"[22]라고 말하며 강한 신념을 표시했다.

6월에 빌리 그래함은 아이젠하워에게 상황보고서를 전달했다. 그는 남부의 주요 성직자들을 -흑인과 백인을 불문하고 - 개인적으로 면담하고 인종차별 철폐에 강력히 지지해 줄 것과 "자비와 무엇보다도 인내를 가지고 행동해줄 것을" 요청했다. 그는 개신교 컨퍼런스에서, 여러 흑인계 대학에서 연설했다. 그리고 인종 간 평화를 위한 세밀한 프로그램을 준비하고 있음을 설명했다. 그러나 빌리 그래함은 공화당이 남부의 백인의 비난을 감수하며 북부의 흑인 표를 얻기 위해 전력 질주하고 있다는 소문에 시달렸다. "저는 다시 한 번 대통령께서 이 특수한 문제에 말려드는 것을 주의시키고 싶습니다.[23] 흑인과 백인 지도자들이 매순간 놀라울 정도로 대통령을 신뢰하고 있는 것을 보았습니다. 그러나 정치꾼들과 심지어 공화당 내의 그러한 사람들에 의해 이 신뢰가 휴지조각이 될까봐 두렵습니다."

빌리 그래함은 아이젠하워가 재선에 성공하는 것이 민권운동을 촉진하는데 최선의 방책이 될 수 있다고 진실로 믿었을 수도 있다. 그가 대선 유세 초기부터 후보인 아이젠하워에게 밀착되어 있던 것이나 정치적 논평을 검토해서 정치적 계산을 조언하며 정책수립에 관여했던 것은 그러한 신

---

22) DDE, letter to BG, March 20, 1956, DDEL.
23) BG to DDE, June 4, 1956, DDEL.

념의 일환이었을 것이다. 그러나 흑백 간 갈등을 풀려고 그가 열심을 낸 것은 아이크의 재선을 돕기 위한 동기가 더 강했던 것이 분명하다.

8월에 빌리 그래함은 아이젠하워가 공화당 전당대회에서 한 연설을 칭송하기 위해 편지를 썼는데 편지 말미에 아이젠하워의 기도에 대해 언급했다. "민주당의 시카고 전당대회에 비해 우리의 샌프란시스코 전당대회에는 매우 성공적이어서 수백만의 사려 깊은 국민의 지지를 얻었다고 저는 확신합니다. 각하와 영부인 그리고 닉슨이 기도하기 위해 고개를 숙였을 때 우리는 모두 대업에 헌신하고 있는 각하가 결코 패배하지 않을 것임을 느꼈습니다."

그리고 자신은 결코 중립인 척하지 않겠다고 다짐하면서 편지를 맺었다. "저는 당신의 대업을 위해, 지지자들을 얻기 위한 선거운동에 힘닿는 대로 모든 것을 할 것입니다."[24] 빌리 그래함은 자신의 절친한 친구이며 민주당 소속 테네시주지사인 프랭크 클레멘트와 공화당소속 워싱턴주지사인 아더 랭글리의 전당대회 연설문의 주요부분을 대필했다는 의심을 받았는데, 이것은 양당에 우호적이라는 빌리 그래함에 대한 평판을 증명한 것이었다. "저는 두 분에게 짧은 메모를 남겼는데, 그것은 국민에게 도덕적이고 영적인 호소를 언급해야 함을 제안한 것이었을 뿐입니다."[25] 빌리 그래함은 "대필은 절대 아닙니다. 저는 그들의 연설문을 써준 것이 아닙니다"라고 말했다.

아이젠하워는 빌리 그래함에게 답장을 써서 자신의 연설에 호평을 해준 것에 대해 감사하다고 말했다("사실은 빌리 그래함, 당신의 연설에 비해 내 것은 형편없다는 것을 잘 알고 있습니다").[26] 그러나 더 흥미로운 것은 아이젠하워가 공화당 의장인 렌 홀에게 보낸 편지였다. "편지 말미에 빌리 그래함 목사가 써 보내온 두 단락의 말을 옮겨 적었습니다. 빌리 그래함의 그 두 말은 나로 하여금 종종 그의 도움을 요청하고 싶은 마음을 갖게 합니다."[27]

24) BG to DDE, August 24, 1956, DDEL.
25) "Billy Graham Says He Didn't Help on Keynotes," *New York Post*, August 22, 1956.
26) DDE to BG, August 29, 1956, DDEL.
27) DDE to Leonard Hall, September 3, 1956.

아이젠하워는 재선 문제에 관해서는 빌리 그래함의 도움이 전혀 필요치 않았다. 그는 스티븐슨의 42%에 비해 57%의 지지율을 확보하고 있었다. 그러나 1년이 지난 후 흑백갈등이 더욱 심화되었다. 특히 신학기가 시작되자 많은 지역에서 성난 군중이 인종차별 철폐정책에 공개적인 반대운동을 시작했다. 인종차별 철폐 정책에 가장 격렬히 반대한 사람은 그리지 크릭이라는 시골출신의 약삭빠른 사람으로 아칸소의 주지사인 오벌 퍼버스(Orval Faubus)였다. 그는 리틀록의 센트럴고등학교에 진입한 12명의 흑인 학생들을 진압하기 위하여 총과 가스 마스크로 무장한 주방위군을 출동시켜 학교를 포위했다. 이것은 아이젠하워에게 악몽 같은 시나리오였다. 아이젠하워는 연방군대를 동원해 무력으로 인종차별 철폐정책을 밀어붙이게 될 때 일부 남부지역 사회가 공립학교를 철폐하고 사립학교로 바꾸거나 종교법인 학교로 바꾸어서 흑인 학생뿐 아니라 가난한 백인 학생까지도 피해를 입게 되는 것을 우려했다. 퍼버스의 강경책은 지역사회에서 평화롭게 인종차별 철폐정책을 지지해 온 학부모들에게 깊은 우려를 주었다. 백인이나 흑인 학부모들은 리틀록에 무슨 일이 벌어지는지 숨죽이며 지켜보아야 했다.

9월 23일 성난 군중이 학교로 들이 닥치자 9명의 용감한 흑인학생들은 뒷문으로 밀려났다. 군중은 흥분해서 "저놈들을 죽여라!"고 외쳤다. 리틀록 시장인 우드로우 윌슨 만(Woodrow Wilson Mann)은 아이젠하워에게 "연방군대를 긴급 출동시켜주십시오… 통제 불능의 상황입니다"라고 전보를 쳤다.

아이젠하워가 전화를 했을 때 빌리 그래함은 뉴욕에 있었다. 그는 과연 대통령이 군대를 파견해야 하는 상황에 대해 어떻게 생각하고 있었을까? 빌리 그래함은 "다른 선택의 여지가 없는 것 같습니다"라고 대답했다. 한 시간 후 닉슨이 전화했을 때 빌리 그래함은 "인종차별은 반드시 철폐되어야 합니다"라고 똑같은 말을 했다. 다음날 빌리 그래함은 기자들에게 말했다. "양식 있는 모든 남부인은"²⁸⁾ 군중의 주장여부에 관계없이 그들의 폭력과 욕설에 당혹하고 있습니다."

아이젠하워는 행동해야만 했다. 그는 주방위군을 출동시켰고 101공수여단의 병력 500명을 한밤중에 리틀록에 투입했다. 다음날 공수부대의 철저한 보호 하에 9명의 흑인 학생들이 센트럴고등학교에 등교했다. 아이젠하워는 국민에게 자신이 군대를 동원한 것은 인종차별 철폐정책을 시행하려고 한 것이 아니라 법질서를 준수하기 위한 것이라고 설명했지만 남부의 인종차별주의자들은 이것을 "침략"이라고 부르며 비난했다. 아이젠하워는 이날이 자신의 인생에서 가장 슬펐던 날이었다고 회고했다. 그는 남부의 온건주의자들에게 협력을 요청하며 리더십을 발휘해 달라고 호소했지만 그를 도와준 사람은 거의 없었다.

그러나 빌리 그래함은 공공연히 그리고 일관되게 자신을 흑백차별 철폐주의자라고 주장했다. 상원의원인 에스테스 케파우버(Estes Kefauver)와 시사 평론가인 피어슨은 고등학교 폭탄사건이 일어난 테네시의 클린턴 지역의 흑백차별주의자들에게 설교해 줄 수 있느냐고 빌리 그래함을 자극했다. 빌리 그래함은 그들이 단상위에 함께 앉을 것을 요구조건으로 해서 그 요청을 수락했다. 빌리 그래함은 백인시민연합으로부터 그 도시에서 살아나올 수 없을 것이라는 경고를 받았다.²⁹⁾ 그러나 빌리 그래함이 설교하는 동안 처음부터 끝까지 아무런 소요도 일어나지 않았다.

빌리 그래함은 흑백차별철폐주장으로 인해 남부지역 백인들의 전반적인 반대에 직면해 있었고 그것에 저항하고 있었다. 한때 그 긴장이 최고조에 이르기도 했다. 사우스캐롤라이나 주지사인 조지 벨 팀머만(George Bell Timmerman)은 주의사당 앞에서 개최된 빌리 그래함의 집회가 흑백차별철폐의 논조로 흐르자 격렬히 비난했다. 그는 빌리 그래함에 대해 "남부

---

28) George Dugan, "Arkansas Events Disturb Graham," *New York Times*, September 25, 1957.
29) *JAIA*, 202.

의 아들이면서도 인종혼합의 배후에 서 있는 그는 우리에게 많은 상처를 주고 있습니다"[30]라고 말했다. 아이젠하워의 배려로 빌리 그래함은 잭슨부대에서 전도집회를 하였는데 흑백 구분 없이 6,000명의 병사들이 참여해서 사우스캐롤라이나 역사상 최초이며 가장 규모가 큰 흑백차별이 철폐된 집회가 되었다. 빌리 그래함은 "하나님이 우리(크리스천)를 긍휼히 여기셨습니다.[31] 인종문제에 관한 우리의 견해가 그리스도와 그분의 말씀을 전하는 데 방해가 되지 않게 하셨습니다"라고 기자들에게 말했다.

1959년 빌리 그래함은 리틀록에서 한 주간을 머물렀다. 폭탄이 터지는 사고로 시작한 그의 방문은 전쟁기념 스타디움에서 수차례의 전도집회로 끝을 맺었다. 주지사인 퍼버스는 집회에 참석했지만 좌석에는 앉을 수 없어 후미의 계단에 걸쳐 앉았다. 빌리 그래함은 "저는 어떤 선동을 하려고 이곳에 온 것도 아니고 또 인종문제에 관하여 설교하려고 온 것이 아닙니다. 저는 우리가 갖고 있는 근본적인 사회문제들은 그리스도의 십자가를 떠나서는 해결할 수 없다고 생각합니다"[32]라고 말했다.

청중 중에 핫 스프링스에서 온 한 소년이 빌리 그래함을 지켜보고 있었는데 그는 주일학교 교사가 자기를 데리고 왔다고 말했다. 그 소년의 이름은 빌 클린턴(Bill Clinton)이었다.

결정적인 승리: 뉴욕집회

빌리 그래함은 모든 진영으로부터 집중 포화를 받을 만큼 영향력 있는 인물이었다. 군중이 모여들고 회심자가 늘어나면서 사회, 경제, 정치계의 중요인사들의 지지를 받는 것만큼이나 좌우 양 진영에서 비판도 더 많아

---

30) Frady, *Parable of American Righteousness*, 409.
31) McLoughlin, *Revivalist in a Secular Age*, 92, quoting *Charlotte Observer*, October 27, 1958.
32) Ibid., quoting *Arkansas Gazette*, September 13, 1959.

졌다. 미국의 종교적 힘은 세속에 저항하고 진리를 추구하는 것으로부터 나온다. 영국 국교에 저항한 이들이 세운 이 나라, 선구자들이 기초를 놓고 주기적인 사회 개혁을 목표로 세운 이 나라가 이제는 새로운 신앙을 창조해 내고 있는 것이다.

빌리 그래함의 비판자들은 두 그룹으로 나뉘는데, 하나는 그의 명성에 불만을 가진 그룹이고 다른 하나는 그의 방법론을 싫어하는 그룹이었다. 그의 대중적 호소는 근본주의자들의 저항을 받았다. 그들은 빌리 그래함이 참된 신앙을 팔아 대규모 군중과 대중적 회심을 사들이고 있다고 비난했다. 한편 좌익의 비판은 빌리 그래함이 개인구원의 신앙에 초점을 맞추고 사회 변혁을 등한시 한다는 것이었다. 그가 1957년 죄악의 도시의 결정판인 뉴욕집회를 결정하고 메디슨 스퀘어 가든에 왔을 때 우익은 격노하고 좌익은 비난의 대열에 앞장섰다. 반면 매스컴과 경제계는 우호적 관심을 보여주었다.

뉴욕집회는 수년간에 걸쳐 준비되었다. 이 일을 위해 50개국의 나라에서 24시간 기도연합운동이 일어났다. 여기에는 매일아침 동틀 무렵마다 기도한다고 알려 온 인도 아쌈 부족[33]도 포함되었는데 그들은 한때 사람을 사냥하는 야만 부족이었다. 대규모 우편물을 가정마다 발송하였고 650개의 옥외 광고판을 걸었으며 4만 개의 오렌지색과 검은색을 사용한 차량부착 스티커를 만들었고 50만 장의 전단지를 뿌렸다. 「버라이어티」(Variety)는 빌리 선데이(Billy Sunday)의 1917년 뉴욕집회 이래 "대형 합창단"[34], 할렐루야, 구시대의 기독교, 초대형 부흥회"의 특색을 가진 가장 큰 대회가 될 것이라고 예상했다. 영국에서 교회 밖의 세력까지 접촉한 것처럼 빌리 그래함은 자신이 속한 보수적 기독교의 도움을 벗어나 - 그를 도울 수 있는 교회는 극히 적었다 - 신학적 스펙트럼에 구애받지 않고 모두에게 손을 내밀었고 그들의 도움을 환영했다. 당시 뉴욕인구 800만 명 중에 절반이상

---

33) Murray Kempton, "Preparation of the Tabernacle," *New York Post*, May 14, 1957.
34) "Billy in New York," *Time*, May 20, 1957.

이 아무런 종교도 가지고 있지 않았다.[35] 종교의 분포도는 가톨릭 27%, 유대교 10%, 개신교 7.5%였다.

복음사역을 확대하려는 자신의 노력을 구체화하기 위해 빌리 그래함은 4월 3일 뉴욕집회를 결정했다. 그는 복음주의전국협회 회의에 참석해서 "우리의 뉴욕집회는 일부 극단주의자의 도전을 받게 될 것입니다.[36] 저는 제 주장을 분명히 드러낼 것입니다. 만약 제 메시지에 단서를 달지만 않는다면 그리스도의 복음을 선포하기 위하여 어디든지 갈 것이며 누구의 도움도 거절하지 않을 것입니다"라고 말했다.

이것은 빌리 그래함의 전통적 지지층, 즉 근본주의자들에게는 당혹스러운 것이었다. 밥 존스 경은 3년 전 「타임」과의 인터뷰에서 빌리 그래함을 선지자로 생각한다고 말했다. "전능하신 하나님께서 그를 사용하셔서 우리시대의 문제들이 무엇인가 보여주기를 원하십니다."[37] 그러나 그 당시에는 빌리 그래함이 영혼을 구원한다는 핑계로 노만 빈센트 필의 단체와 같이 신학적으로 부패한 교회들에게 그들을 팔아넘기고 있다고 비난했다. 그 결과 밥존스대학교의 학생들에게는 빌리 그래함의 전도집회의 성공을 위하여 기도하는 것이 금지되었다.[38] 심지어 빌리 그래함에 관한 영상영화들은 불탔다. 보수주의 진영은 빌리 그래함이 독실한 크리스천을 끌어가서 그들의 전통이 파괴되고 잘못된 습관이 형성될까봐 두려워했다. - 실제로 「할리우드리포터」(Hollywood Reporter)에 의하면 당시 4,300만 이상의 개신교인이 영화 관람을 비신앙적 행위로 인식하고 있었다.

빌리 그래함 측은 빌리 그래함이 자유 진영 기독교와 그들의 문화에 성공적으로 침투하여 그곳의 사람들을 전통적인 기독교의 뿌리와 가치관의 세계로 끌어 들이고 있다고 변호했다. 빌리 그래함은 자신의 신앙에 대해 "만약 당신들이 의미하는 근본주의자가 '편협하고,' '고집스럽고,' '편견에 가

---

35) "Billy vs. New York," *Time*, February 11, 1957.
36) *Christian Beacon*, April 4, 1957.
37) Charles Wickenberg memo, August 14, 1954.
38) Pollock, *Authorized Biography*, 174.

득차고,' '극단적이고,' '감정적이며,' '뱀을 다루는 사람,' '상식을 무시하는 사람'을 의미하는 것이라면 저는 분명히 근본주의자가 아닙니다.[39] 그러나 근본주의가 성서의 권위를 인정하고, 그리스도의 동정녀 탄생, 그리스도의 대속의 죽음, 그의 육체적 부활, 그의 재림 그리고 은혜를 통하여 믿음으로 받는 개인구원을 의미하는 것이라면 저는 분명히 근본주의자입니다"라고 말했다. 마지못해 빌리 그래함을 지지하는 한 목사가 「리더스다이제스트」 (Reader's Digest) 종교담당 편집자인 스탠리 하이(Stanley High)에게 "개인적으로 빌리 그래함이나 그가 하는 설교 그리고 설교방식이 맘에 들지 않습니다. 그러나 전능하신 하나님이 그를 통해 일하고 계시는 것은 확실하다고 생각합니다"라고 말했다.[40]

회의론자들의 비판은 근본주의자들보다 그렇게 확고하지 않았다. 「크리스천센추리」의 편집자들, 특별히 신학자 니버는 뉴욕집회를 "메디슨 가(街)와 바이블 벨트(Bible Belt: 미국 남부의 근본주의 신앙이 강한 일대를 지칭함 - 역주)의 합류점"[41]이라고 혐오했다. 하지만 그들은 빌리 그래함이 예의 바르고 신실하다는 것은 인정했다. 단순하고 군더더기가 없는 그의 메시지는 그들의 마음을 동요시켰다. 또한 그의 메시지는 인생의 모호함이나 고통, 책임 등에 관하여는 거의 언급하지 않았다. 「크리스천센추리」는 "그의 설교의 내용과 방법은 성령의 다양한 모습에 대한 신앙을 보여주지 않는다. 이 기형적 집회에는 승리에 도취되어 모든 감각을 상실해 버리는 소름 끼치는 그 무엇이 존재 한다… 빌리 그래함 신드롬의 가장 우려스러운 부분은 아마도 비판적인 팀원을 허용하지 않고 또한 의식 있는 사람의 신경이 마비되게 하는 것이다. 그중 최악은 반대그룹을 축출하고 비판자들을 무시하며 비판자체를 묵살한 것이다. 통일성이라는 미명아래 빌리와 그의 사역 팀은 위험하게도 반기독교적인 획일성과 맹목적 순응을 강요해왔다"

---

39) *Look*, February 5, 1956, quoted in McLoughlin, *Revivalist in a Secular Age*, 70.
40) High, *Billy Graham*, 100.
41) "Billy in New York," *Time*, May 20, 1957.

라고 비난했다.

　메디슨 스퀘어 가든의 무대는 빌리와 사탄의 대결전의 장으로 꾸며졌다. 뉴욕으로 가는 길에 빌리 그래함은 아이젠하워를 만나러 워싱턴을 들렸다. 백악관의 접대실에서 만난「뉴스위크」의 한 기자가 발행인이 이번 주 잡지의 표지인물로 백악관 비서실장 셔먼 아담스로 선정하려는 계획을 전면 취소하고 대신 뉴욕집회로 바꾸려고 한다는 사실을 빌리 그래함에게 알려주었다. 빌리 그래함은 자신의 뉴욕집회 계획을 아이젠하워에게 설명하기 위해 방문한 것이었다. 짧은 시간의 면담이 끝나고 빌리 그래함이 떠나려고 일어서자 대통령은 벽에 걸려있는 자신의 사진을 떼어 주었다. 빌리 그래함은 "저는 대통령이 우리의 뉴욕집회를 간접적으로 지지하고 있다는 표식으로 받아들였습니다"[42]라며 그것을 우정의 표지라고 생각했다.

　스퀘어 가든의 빌리 그래함 쇼는 그가 도착하기 전날 밤부터 시작되었다. 강단은 풀밭과 꽃으로 장식되고 대형 설교단을 준비하였고 설교단 주위로 격자형 펜스를 만들어 마치 소돔의 심장에 감미로운 오아시스가 생겨난 듯했다. 모든 지역은 금연 표시문이 붙었고 안내인은 공손히 청중을 맞이했다. 맥주 광고판은 전단지로 덮어 감추었고 휴대품 보관소는 성경판매점으로 바꾸었다.「뉴욕타임즈」는 빌리 그래함의 개막식 설교 전문을 마치 대통령 연두교서처럼 게재했다. 뉴욕집회는 97일간에 걸쳐 약 2백만 명이 참석했으며 미국 역사상 가장 큰 복음 전도집회였다. 로얄석에는 제롬 힌스(Jerome Hines), 펄 배일리(Pearl Bailey), 진 티어니(Gene Tierney), 에드 설리반(Ed Sullivan), 데일 에반스(Dale Evans), 손저 헤니(Sonja Henie), 월터 윈첼(Walter Winchell) 등이 얼굴을 내밀었다.

　빌리 그래함을 비판하는 남부인사들을 당황스럽게 하는 일이 발생했다. 그것은 마틴 루터 킹 목사가 어느 날 밤 집회에서 개회기도를 한 것이었다. 빌리 그래함은「뉴욕타임즈」와 인터뷰에서 민권 운동가들은 "기독교 사랑

---

42) *JAIA*, 307.

의 모범적 사례를 보이는 사람들"[43]이라고 말했다. 다음날 킹 목사는 빌리 그래함에게 "우리가 함께 토의했던 시간은 저의 인생에서 가장 중요한 순간의 하나로 남아 있습니다"[44]라고 편지 한통을 보냈다. 킹은 "저는 당신께서 인종차별 문제에 관하여 분명한 입장을 견지해준 것에 대하여 깊은 감동을 받았습니다… 미국의 대다수의 목사들과 달리 당신은 인종문제에 관하여 수많은 사람의 눈을 뜨게 하였습니다… 인종문제에 관한 당신의 메시지는 당신이 순수 남부 사람이었기 때문에 더 큰 영향을 주었습니다"라고 계속해서 말했다. 그리고 킹은 "남부의 깊숙한 곳, 남부의 심장에서 집회를 하십시오… 아마 그 집회의 영향력은 측정하기 어려울 정도로 폭발적일 것입니다"라고 빌리 그래함에게 반인종 차별집회를 강력 요청했다.

6월 1일 밤에는 ABC 방송이 처음으로 이 집회를 생중계했다. 「버라이어티」는 빌리 그래함을 "거대한 흥행의 보증수표"라며 환호했다. 빌리 그래함은 불가능한 시간대에 재키 클레아슨(Jackie Gleason)과 페리 코모(Perry Como)가 진행하는 프로그램을 능가하는 시청률을 확보했다. - 약 700만 명이 뉴욕집회를 시청한 것으로 집계되었다 - (페리는 "놀라운 시청률"이라고 말했고 재키는 "할 말이 없습니다"라고 말했다)[45] 뉴욕집회는 16주간에 걸쳐 타임 스퀘어에서의 집회를 마지막으로 끝을 맺었다. 1,941,200명의 사람이 참석했고[46] 56,426명이 그리스도를 믿기로 결단했으며 30,523명은 텔레비전 중계를 통해 회심했다.

빌리 그래함은 이제 단순히 유명인 아니라 대통령이나 무비스타와 어깨를 나란히 하는 사람이 었다. 사생활의 상실, 죽음의 위협, 명성상실에 대한 우려에서 오는 중압감 등이 그에게도 생겼다. 그의 사역이 라디오와

---

43) "As Billy Graham Sees His Role," *New York Times*, April 21, 1957.
44) Clayborne Carson et al., ed., *The Papers of Martin Luther King, Jr., Vol. IV, symbol of the Movement: January 1957-December 1958* (Berkeley: University of California Press, 2000), 264.
45) "Great Medium for Messages," *Time*, June 17, 1957.
46) "Crusade's Impact," *Time*, July 8, 1957.

텔레비전으로 확대되면서 교만과 권위의식을 부추기는 재정적이며 개인적인 유혹도 따라왔다. 그는 가정을 정상적으로 지키기 위하여 커다란 중압감에 시달렸으며 이제는 자신의 눈을 자기 앞에 있는 군중이 아니라 하늘에 고정해야 하는 기나긴 투쟁을 해야만 했다.

닉슨은 빌리 그래함의 인기와 힘을 직접적으로 목도한 최초의 대통령이자 부통령이었다. 물론 트루만은 빌리 그래함의 워싱턴 집회에 참석하는 것을 완강히 거부했다. 아이젠하워도 몇 번 집회 참석의 기회가 있었지만 한 번도 참석하지 않았다. 그것은 아마 백악관의 참모들이 "어느 특정한 부흥목사"[47] 특별히 종교의 냄새를 풍기는 특정 단체의 리더를 지원하는 것은 정치적으로 매우 위험한 일이라고 충고했기 때문일 것이다.

그러나 닉슨은 집회에 참석하는 기회를 맞는다. 1957년 7월의 어느 날 저녁이었다. 양키 스타디움에서 열린 집회에 섭씨 36도가 넘는 무더위에도 불구하고 10만 명의 사람들이 몰려들었다. 만여 명이 입장하지 못하고 밖에 서 있었으며 사람들은 통로에도 꽉 찰 정도로 입추의 여지가 없었다. 양키 스타디움에 이전에 없던 군중이었고 미국에서 있었던 빌리 그래함의 집회 중에서도 처음일 정도로 대단한 청중이었다. 닉슨은 이 집회를 "우리 세대에 가장 위대한 영적 모험 중의 하나"[48]라고 말했다. 두 사람이 걸어서 운동장을 통과하여 연단위로 걸어오자 군중은 흥분해서 격정적으로 찬송 "주 예수 이름 높이어"(통일찬송가 37장 - 역주)를 부르기 시작했다. 이것이 닉슨이 본 빌리 그래함의 능력이었다.

닉슨은 그런 청중을 모을 수 있는 것이 믿을 수 없는 일이라고 빌리 그래함에게 찬사를 보냈다. 이 말은 허영과 교만을 두려워했던 빌리 그래함의 마음을 찔렀다. 곧 빌리 그래함은 닉슨의 찬사에 "제가 불러 모은 것이 아닙니다. 하나님이 하셨습니다"라고 손사래를 치며 말했다. 빌리 그래함은 그렇게 말했고 거대한 청중 앞에서도 이 말을 되풀이 했다. "사람들은

---

47) Henderson, *The Nixon Theology*, 109-110.
48) Ibid., 106-107.

양키 스타디움이 채워지지 않을 것이라고 말했습니다. 그러나 하나님이 채우셨습니다." 그는 "그리고 이 모든 감사와 영광과 찬양을 하나님께 돌립시다. 당신들이 만약 이것에 대해 저를 칭찬하면 저의 사역은 무너질 것입니다. 성경은 하나님만이 홀로 영광을 받으셔야만 한다고 말하고 있습니다"[49]라고 선언했다.

그러나 앞으로 다가올 수년간의 시간이 보여줄 것이지만 닉슨이 빌리 그래함의 사역을 무너뜨리는 일에 결정적 역할을 했다.

아이젠하워는 1961년에 공직에서 떠나 게티스버그로 은퇴했다. 거기서 그는 회고록을 집필하며 노후를 즐기며 보냈다. 그와 빌리 그래함은 간간히 연락을 하며 지냈다. 그러나 1968년 아이젠하워가 월터 리드 육군병원에 입원한 이후로는 거의 만나지 못했다. 빌리 그래함은 베트남으로 가는 길에 병상에서 죽음을 기다리는 대통령을 만나러 갔다.

빌리 그래함은 아이젠하워가 닉슨에게 가졌던 애정에 대해 회고했다(닉슨의 딸 줄리는 아이젠하워의 아들 데이빗과 결혼하기로 약속한 사이였다). "아이젠하워는 저에게 자신을 대신해서 닉슨을 만나 '내가 닉슨을 만나고 싶습니다.[50] 그와 나 사이에는 정산해야만 하는 일이 있습니다'라고 말해달라고 했습니다. 저는 그렇게 하겠다고 말하고 뉴욕에 있는 닉슨의 아파트로 갔습니다. 닉슨과 저는 벽난로 앞에 앉아 스테이크를 함께 먹었습니다. 닉슨은 '내일 그곳에 가겠습니다'라고 말했습니다. 닉슨의 표정이 밝아지고 편안해지는 것을 보았습니다. 그것이 아이젠하워가 나에게 부탁한 것이었습니다."

빌리 그래함이 아이젠하워를 마지막으로 방문했을 때 그는 의사와 간호사에게 15분만 자리를 비워 달라고 요청했다. 그는 "빌리, 게티스버그에서 나에게 말했던 것을 다시 한 번만 더 말하시오, 내가 천국에 갈 것이라고 어떻게 확신할 수 있나요?"라고 물었다.

---

49) Ibid., 108-109.
50) BG, interview, January 18, 2006.

빌리 그래함은 다시 한 번 더 그에게 성경말씀을 설명했다. 그리고 함께 기도했다. 빌리 그래함은 그에게 지나간 과거는 모두 용서될 것이며 걱정할 일은 아무것도 없다고 말했다. 아이젠하워는 "나는 떠날 준비가 되었습니다"라고 말했다. 빌리 그래함은 "그리고 제가 방을 나가려고 할 때, 그는 환한 미소를 머금고 손을 흔들며 말했습니다. '모든 친구들에게 말하시오, 이 늙은 군인이 여기서 그대들을 생각하며 기도하고 있다고 말이오'"[51] 라고 회고하였다.

---

51) Ibid.

THE PREACHER AND THE PRESIDENTS

제8장

거룩한 전쟁

> 저는 닉슨에게 정치적 조언을 했습니다.[1] 대가를 기대한 것은 결코 없습니다. 그 당시 저는 그를 강력하게 지지했습니다.
>
> - 1960년 집회에서 빌리 그래함이

　　1960년은 대통령 선거에서 후보자간 직접 토론을 실시한 최초의 해였다. 아이젠하워의 사려 깊은 청지기형 리더십에 의해, 전쟁 이후 국가건설의 목표를 향한 젊은이들의 야심이 조용히 뿌리를 내린 시기이기도 했다. 미국은 역동적인 시기를 보내고 있었다. 도시와 시골의 변화로 지도를 새롭게 편성하였고 인종간의 관계도 재설정하고 세계에서의 미국의 역할도 다시 생각해 보는 시기였다. 유권자들은 케네디가 주장하는 변화, 행동, 열정을 찾고 있었다. 케네디는 다양한 장점을 가진 리차드 닉슨에 비하여 경험이 미숙하고 신인이었다. 닉슨은 지금까지 평화와 번영의 시대를 만드는 일에 일조하

---

[1] BG, interview, January 18, 2006.

는 정치인의 역할을 훌륭하게 수행했다. 그러나 유권자들은 이제는 아이젠하워와 충분한 거리를 두고 새로운 시작을 보여주는 사람이길 기대했다.

닉슨과 케네디는 여러 모양으로 비교가 되었다. 개신교 신앙과 가톨릭 신앙, 가난한 소년시절과 부한 시절, 어울리지 못하는 외톨이와 사교적인 매력남, 점잖은 사람과 플레이보이. 그러나 실제적인 정책을 들여다보면 큰 차이가 없었다. 공산주의에 대한 강경책, 시민의 권리 신장, 가난퇴치, 감세, 강력한 소비억제정책에서 차이가 없다. 이것은 유권자들의 표심이 두 사람이 만들어 내는 이미지에 그리고 누가 더 지도자로서 신뢰를 주느냐에 달렸다는 것을 보여준다.

이때에도 빌리 그래함은 깊이 관여했다. 선거일이 다가오면서 빌리 그래함은 과도한 관심을 갖고 항상 기도했다. 빌리 그래함이 나중에 회고한 바에 의하면 그의 관심은 놀라울 정도였다. 빌리 그래함의 가장 가까운 동역자인 그의 부인과 심지어 닉슨까지도 정치에 그렇게 깊이 관여하면 복음사역이 위험에 처할 수 있다고 이구동성으로 경고했다. 이때에 그를 구원한 것은 그와 생각을 달리한 일부 저명한 성직자들이었다. 빌리 그래함은 그의 역할을 사적인 영역으로 국한했다. 그는 격려의 말과 전략적 조언을 제공했다. 심지어 어떤 때는 빌리 그래함 자신도 자신이 금지의 선을 넘었다는 것을 아는 듯했다. 그는 닉슨에게 모종의 편지를 보내면서 읽고 난 후에 폐기할 것을 요청하기도 했다. 후에 그의 역할이 무엇이었냐는 질문에 빌리 그래함은 "저는 닉슨에게 정치적 조언을 했습니다. 그러나 대가를 기대한 것은 결코 없습니다. 그 당시 저는 그를 강력하게 지지했습니다"라고 담담히 말했다.

이번 선거전에서는 더는 종교의 문제를 중요시하지 않았다. 근소한 차이로 결론이 난 선거는 날씨를 비롯하여 여러 가지 원인이 있었다. 그러나 종교 지도자들의 중심적 역할과 그들이 설전을 벌인 신앙관이 주요 원인이었다는 분석도 있었다.

두 후보자는 신앙을 대외적으로 언급할 때 조심해야 할 금기들을 알고 있었다. 지난 8년간 종교적 부흥이 일어났지만 그 문제가 정당 정치 안에서는 여전히 조심스러운 주제였다. 이것은 여전히 독실한 신앙심을 가진 지도자를 원하는 미국 국민 특유의 갈증을 보여주는 것이었다. 자신의 기독교 신앙을 공포하는 것이 후보자가 되는 필수 요건이었지만 신앙의 내용이나 그 신앙을 어떻게 정책과 연결할 것이냐 하는 것은 관심 밖 사안이었다. 닉슨은 "미국 선거전에서 제가 종교를 정당한 이슈로 부각시킬 수 있는 방법은 오직 하나입니다. 그것은 대통령 후보자들 중 누구 하나가 신앙인이 아닐 때뿐입니다"[2]라고 말했다.

다른 대통령들처럼 케네디와 닉슨도 자녀들에게 신앙을 가르치려는 경건한 어머니들의 품에서 성장했다. 케네디가 받은 영적 유산은 그의 공적생활에 막대한 영향을 미친 반면 닉슨은 전혀 그렇지 않았다. 케네디의 어머니 로즈는 가톨릭 교회에 조용히 헌신했다. 그러나 잭(케네디의 애칭 - 역주)은 쾌활하게 신앙생활을 하며 흘러간 신학적 논쟁들을 곱씹어 보는 것을 즐겼으며 흥미가 있는 영적인 문제들을 탐구하기도 했다. 그의 여동생인 유니스는 "오빠는 미사나 교회규율을 준수하는 것에는 크게 관심을 두지 않았습니다.[3] 우리들과는 달리 어떤 내용에 대해서는 의심이 많았습니다"라고 말했다. 케네디는 자신의 신앙의 내면을 가까운 사람들에게도 잘 표현하지 않았다. 그는 가톨릭 교회를 유일한 교회로 믿지 않았으며 불신자라고 꼭 지옥으로 간다고 생각하지 않았다. 그러나 그의 조언자이며 "지성적 정보 창구"의 역할을 한 데오도르 소렌센(Theodore Sorensen)은 "케네디는 백악관에 있는 동안 그리고 여행 중일 때라도 매주일에 미사에 참석하는 것을 중요한 일과로 삼았지요.[4] 그러나 그는 자신의 종교를 표내지 않았습니다. 그는 중요한 순간에 몸에 성호를 긋는 것도 하지 않았습니다"라고 말했

---

2) Henderson, *The Nixon Theology*, 135.
3) Thurston Clarke, *Ask Not: The Inauguration of John F. Kennedy and the Speech That Changed America* (New York: Henry Holt, 2005), 63.
4) Theodore Sorensen, interview, July 20, 2006.

다. 수년간 수많은 대화중에서도 케네디는 한 번도 소렌센에게 인간과 하나님과의 관계에 대하여 개인적인 견해를 밝힌 적이 없었다.

미국인들이 가톨릭 신앙을 가진 대통령의 탄생에 숙고했던 최초의 시기는 1928년 앨 스미스(Al Smith) 후보 때였다. 당시 가톨릭 신앙 인구는 전 국민의 16%정도였다. 허버트 후버(Herbert Hoover: 공화당, 개신교 후보 - 역주)가 앨 스미스(민주당, 가톨릭 후보 - 역주)를 58% 대 40%로 누르고 대통령에 당선되었을 당시, 열 살의 초등학생이었던 빌리 그래함은 민주당 지지가 우세했던 노스캐롤라이나 지역임에도 불구하고 모든 학교에서 후버의 승리를 축하하던 일을 영문도 모른 채 지켜보았던 적이 있었다.[5] 그러나 1960년에는 미국의 가톨릭 신자 인구가 거의 두 배 이상 늘었으며 도시 거주 가톨릭 신앙인들이 뉴욕으로부터 일리노이에 이르기까지 민주당의 조직을 거의 지배하고 있었다. 이제 가톨릭은 소수민족 출신으로 담배를 물고 얼굴표정을 자주 바꾸고 14살에 학교를 그만두고 풀톤 어시장(Fulton Fish Market)에서 정치를 배운 앨 스미스 대신 하버드 출신의 우아하고 연설을 잘하며 퓰리처상을 수상한 가톨릭계의 왕자인 케네디를 내세운 것이다. 지난번 선거엔 아이젠하워의 압도적 승리로 인해 가톨릭이 위축되었지만 이제 민주당은 1960년에 위축된 가톨릭을 다시 전선으로 불러들였다.

빌리 그래함은 상대방의 후보가 언론에 드러나기 훨씬 전부터 미래 선거전의 양태를 내다보았다. 1957년 12월, 빌리 그래함은 닉슨에게 "케네디 상원의원이 언론을 다루는 방법은 놀라울 정도입니다.[6] 케네디는 실로 무서운 적수가 될 것입니다. 여론과는 달리 제 생각에는 종교적 이슈가 당신에게는 가장 강력하게 활용할 수 있는 수단이 될 것입니다"라고 주의할 것을 권고했다. 당시 빌리 그래함은 닉슨이 성숙한 신앙을 소유했으며 또한 성경에 대한 지식이 해박하다고 생각했다. 빌리 그래함은 언젠가 닉슨과 상원의원 스마더스와 함께 성경에 기록된 예언과 종말에 대해 대화를 나

---

5) *JAIA*, 390.
6) BG to RN, December 2, 1957, RNLB.

눈 적이 있었다. "언젠가 우리는 다시 개인적으로 그 부분에 대하여 더 이야기를 나눌 기회가 있을 것이라고 봅니다. 왜냐하면 당신들이 국가의 부름을 받아 미래를 결정해야 하는 중차대한 순간에 성경의 지식이 도움이 될 것이기 때문입니다."

빌리 그래함은 종종 닉슨을 만나 사적인 결정과 공적인 태도에 있어서 신앙의 역할이 무엇인가 하는 것을 논의했으며 나아가 닉슨이 주일마다 교회에 빠짐없이 출석하는 것이 필요하다고 조언했다. 1960년 선거일이 다가오자 빌리 그래함은 자신은 닉슨이 가장 훌륭한 후보라고 생각하고 있다고 공식적으로 선언했다. 이 내용이 주요 신문의 첫 페이지를 장식했다. 그러자 어떻게 그런 경박한 크리스천 후보를 지지할 수 있느냐는 분노의 편지들이 빌리 그래함에게 쇄도했다. 빌리 그래함은 "저는 결코 입장을 바꾸지 않고 계속 앞으로 갈 것입니다"[7]라며 닉슨을 확신시켰다. 예배에 대한 순수한 열망과는 거리가 있었지만 닉슨은 전략적인 이유로 교회 출석에 있어 눈에 띄는 행보를 보였다. 빌리 그래함은 닉슨에게 "저는 당신이 기독교신앙을 가지고 있는 대다수의 미국인들에게 절대적인 신뢰를 받게 될 것이라고 확신합니다. 만약 당신의 정적들 일부가 당신에게서 신앙의 모순점을 지적하려고 애쓴다면 그것은 그들에게 가장 불행한 일이 될 것입니다"라고 말했다.

닉슨이 개신교에 소속한 것은 약간은 의도적이었지만, 당시 그에게는 하나의 자산이었다. 가톨릭 대통령이 탄생될지도 모른다는 우려를 등에 업은 당시의 편협하고도 일방적인 반가톨릭 정서는 시대를 역행하는 처사였다. 빌리 그래함이 설립한 이후 가장 영향력 있는 복음주의 잡지인 「크리스채너티투데이」는 필자가 드러나지 않는 사설에서 개신교인들이 선거에서 가톨릭 대통령 후보를 반대하는 것은 "아주 이성적인 행위"라고 선언했다.[8] "비이성적 편견"이 아니라고 말하면서 바티칸의 전략을 "로마가톨릭의 교세가

---

7) BG to RN, November 19, 1959.
8) "Political Criticism of Catholic Backed," *New York Times*, February 6, 1960.

강한 곳에서 그들은 개신교인을 핍박합니다. 개신교가 덜 강한 곳에서는 압제하고 괴롭힙니다. 그들이 소수인 지역에서는 특별한 권리 즉 정부의 비호와 더 많은 권력을 차지하려고 애쓰고 있습니다"라고 폭로했다.

케네디는 이에 대해 분노하거나 방어할 여력이 없음을 알았다. 그는 공적으로 자신의 정책만을 이야기했다. 정교 분리에 대한 분명한 입장을 표명했고 종교계 학교에 대한 연방 정부의 보조에 대한 반대, 바티칸에 대사를 파견하지 않겠다는 입장을 밝혔다. 그러나 종교에 관련된 비방전이 수면 아래에서, 즉 주일날 교회에서 소책자 배포를 통해서 빈번하게 이루어졌다. 케네디는 개신교인들에게는 안심을 주고 가톨릭 교인은 결집하기 위하여 자신의 신앙관을 밝힐 필요성을 느꼈다. 어느 순간 케네디는 빌리 그래함의 도움을 받아야만 하는 입장에 처하게 되었다.

비록 빌리 그래함과 닉슨의 친분은 공공연히 알려진 사실이었지만 빌리 그래함은 정쟁과는 거리를 두고 거의 의견을 피력하지 않았다. 빌리 그래함은 "만약 사단의 간계에 의해 제가 정치적으로 오해를 살 수 있는 일에 휘말리면 그것은 비극일 것입니다"[9]라고 말했다. 그는 1960년 초반 3개월은 아프리카에서 보냈는데 거기서 핵무기에 관한 의견을 말해달라고 요청받았을 때 "그것은 정치적 문제입니다. 우리는 대선을 앞두고 있습니다. 저는 가능한 정치적인 언급을 피하려고 합니다"라고 못을 박았다. 7월에 그는 브라질로 갔고 8월부터 10월까지는 유럽을 여행했다. 빌리 그래함은 "당신도 권고한 바와 같이 저는 국내의 정치적 환경과 거리를 두려고 열심히 노력하고 있습니다. 제가 최근 수개월을 해외에서 보내는 것도 그러한 노력의 일환입니다"[10]라고 헨리 루스에게 편지했다. 이것은 그간 정치적 유혹을 당해 본 그의 경험에서 나온 말이었다. 그에게 있어 정치적 유혹을 거부하는 가장 좋은 방법은 성적 유혹을 멀리할 때의 방법과 같은 것이었다. 즉 자기 부인 이외의 어떤 여자와도 단둘이 있지 않는 것처럼 대통령

---

9) Houston, *Holiday*, March 1958.
10) BG to Luce, September 16, 1960.

선거의 해에 외국에서 머무는 것이었다.

그러나 소동은 그가 어느 곳에 있든 그를 끈질기게 따라다녔다.

결전의 여름

빌리 그래함이 외국 여행을 마치고 잠시 미국으로 돌아온 것은 봄이었다. 시카고에서 열리는 복음주의전국연합회에 설교하기 위해 신시내티에서 기차를 탔다. 그때 한 젊은이가 앞으로 다가와 자신은 케네디의 언론특보인 피에르 셀린저(Pierre Salinger)라고 신분을 밝혔다. 케네디는 2주 후로 다가온 웨스트버지니아 민주당 예비 선거를 앞두고 빌리 그래함이 종교의 관용 정신의 중요성에 관하여 성명서를 발표하기를 희망하고 있었다.[11] 당시 웨스트버지니아 인구의 약 95%가 개신교에 속했다. 허버트 험프리(Hubert Humphrey)는 20% 이상 케네디를 앞서고 있었는데, 여론조사의 분석결과 험프리의 지지자 중 절반이 험프리를 지지한 원인으로 종교적인 이유를 들었다(험프리의 로고송은 "전통적인 기독교를 내게 주오"였다). 파커스버그에 있는 연합형제교회 목사는 "만약 케네디가 승리한다면 교황이 이 마을을 지배할 것입니다"[12]라고 교인들을 선동했다.

케네디가 자신의 전략과 노선을 확고히 한 것은 웨스트버지니아에서였다. 그는 이슈를 종교가 아니라 관용으로 끌고 가려고 했다. 케네디는 아직 마음을 정하지 못한 유권자들을 자기에게 투표하게 함으로써 자신들이 결코 편협하지 않다는 것을 보여 주기를 바라고 있었다. 소렌센은 선거 운동원들에게 종교적 편견에 맞서 당당히 싸울 것을 주문하는 한편 저명한 개신교 목사들의 서명을 받는 계획을 은밀히 추진했다.[13] 그는 이 성명서가

---

11) *JAIA*, 389.
12) "Stop Signs," *Time*, April 25, 1960.
13) Sorensen, interview, July 20, 2006.

케네디를 지지해 달라는 것이 아니라 종교적 관용을 위한 비당파적 호소일 뿐이라고 목사들을 설득했다. 셀린저는 빌리 그래함에게 이 계획을 "아주 진실하고 매력적으로" 설명했다. 그러나 결국 빌리 그래함은 성명서를 작성하는 것이나 또는 어느 성명서든 서명은 안할 것이라고 거절했다. "저는 일부의 사람들이 제가 말한 것을 정치적인 의도가 있다고 오해하는 것을 걱정하고 있습니다."[14] 그러나 선거전이 치열해지면서 빌리 그래함은 사려 깊지 못한 모습을 보여주었는데 그것은 그가 닉슨을 강하게 지원하고 있다는 인상을 줄 때였다.

빌리 그래함은 결코 편협한 사람이 아니었다. 그의 메시지의 중심은 그리스도에게로 가는 것이었다. 빌리 그래함에게는 (그리스도를 향한 여행에 있어) 어떤 길을 택하여 여행을 하느냐 보다는 여행을 시작하는 것이 훨씬 중요했다. 빌리 그래함의 뉴욕집회에서 이런 일이 있었다. 일부 가톨릭 지도자들이 신자들을 "거짓 교리"로 선동한다고 빌리 그래함을 비난하며 가톨릭 신자들은 참석하지 말 것을 강력히 권했다.[15] 신부들이 자주 평상복 차림으로 집회에 참석해서 그를 비난하였는데 빌리 그래함은 그런 일에 익숙해 있었다. 심지어 그들은 일부 비난꾼들을 회중 사이에 심어 놓기도 했다. 그러나 빌리 그래함은 가톨릭 국가들에서도 집회를 열었고 그들에게서 좋은 반응을 얻었다. 그래서 그는 일부 개신교 신자들의 압력에도 불구하고 가톨릭 대통령 후보를 결코 공개적으로 비난할 의도를 가지고 있지 않았다. 반면 어느 누구를 지원하려고도 하지 않았다.

소렌센은 "우리는 빌리 그래함이 노골적으로 닉슨을 지지하지는 않더라도 최소한 은연중에는 그리할 것이라고 여겼습니다"[16]라고 훗날 회고했다. 케네디 선거본부는 윌슨 전 대통령의 손자이며 워싱턴 성공회 담임인 프랜시스 세이레 같은 여러 명의 목회자를 얻는 데 성공했다. 목회자 성명

---

14) *JAIA*, 389.
15) "Don't Be Half-Saved," *Time*, May 6, 1957.
16) Sorensen, interview, July 20, 2006.

서는 "우리는 후보자들 모두가 국민에게 정직하고 당당하게 자기 자신을 밝혔다고 확신합니다. 그러므로 후보자 자신이 선택한 종교로 인하여 그들이 비난받는 것은 옳지 않다고 생각합니다"[17]라는 내용으로 144명이 서명했다. 이 성명서는 복사되어 웨스트버지니아의 모든 목사들에게 발송되었다. 결국 케네디는 75개 선거구에서 승리하였고 험프리는 주저앉았다.

대다수의 공화당원들은 이 결과를 기쁘게 받아들였다. 그것은 케네디가 훨씬 상대하기가 수월하다고 여겼기 때문이다. 그러나 닉슨은 그러한 환상에 사로잡히지 않았다. 그는 케네디가 결국은 민주당 후보가 될 것이라고 늘 생각해 왔었다. 그는 자신의 경쟁자를 잘 알고 있었다. 그들은 한때 가깝게 지낸 적이 있었다. 닉슨이 1950년 상원의원에 출마했을 때 케네디가 어느 날 그의 사무실에 들러 그의 아버지의 이름으로 1,000달러를 기부금을 낸 적이 있었다.[18] 지금의 케네디는 막대한 자금과 노련한 참모진을 갖고 있고 공화당보다 훨씬 잘 조직된 막강한 민주당을 등에 업고 있었다. 닉슨은 케네디의 가톨릭 신앙배경이 경쟁이 치열한 주요 주(州)에서는 자신에게 유리하게 작용할 것이고 자신이 고전하고 있는 몇 개의 주에서만 불리하게 작용할 것이라고 생각했다. 닉슨은 공화당원들과 참모진들에게 종교적인 이슈에서 한 발짝 물러나 있으라고 지시했다. 그것은 과도한 반가톨릭 전선이 가톨릭 사람들과 종교가 없는 사람들을 민주당으로 결집시킬 위험이 있었기 때문이었다. 닉슨은 승리를 얻기 위해선 비종교인들의 마음을 잡아야만 했다.

그러나 보수적 기독교는 잘 조직되어 있지 않았다. 5월에 마이애미에서 개최된 남침례교정기총회에 13,000명의 대의원들이 참석했다. 같은 시간에 2년 이상의 준비기간 끝에 프랑스, 영국, 미국 러시아 4개국 정상회담이 파리에서 열렸다. 미국의 U-2 정찰기가 소련에 의해 격추당하는 사건이 발생했지만 오히려 아이젠하워는 미국의 소련영공 정찰비행을 시인해야만 하

---

17) Sorensen, *Kennedy* (New York: Harper and Row, 1965), 144.
18) Matthews, *Kennedy and Nixon*, 70.

는 곤경에 빠짐으로써 정상회담이 유야무야한 상태에 빠졌다. 빌리 그래함은 파리의 정상회담 실패가 가져올 재앙을 검토한 후 총회 전날 "우리는 아마도 역사의 종말시기에 살고 있는지도 모릅니다.[19] 세계는 점점 위기에 빠져들고 있습니다. 그것도 빠르게 말입니다. 영국의 맥밀란(Macmillan) 수상은 이 정상회담이 실패로 돌아간다면 문명의 종말을 맞이할지도 모른다고 말했습니다. 그런데 이미 회담은 실패하고 말았습니다. 한 발자국만 더 잘못 내디디면 마이애미는 우리의 해변을 침범한 러시아의 잠수함에 의하여 파괴될 수도 있습니다"라는 중대 메시지를 발표했다.

빌리 그래함은 언제나 청중에게 임박한 종말에 대하여 말하려고 했다. 그러나 그해 봄 침례교총회의 대부분의 주제는 손에 잡히는 현실적인 문제들이었다. 총회는 정교분리의 입장을 확고히 하며 "침례교회를 비롯하여 교회들의 대통령 후보들과의 연대는 선거에 있어 유권자들에게 중대한 영향을 미친다는 것을 경고하는"[20] 내용을 만장일치로 채택했다. 더욱이 대통령 후보가 "특정한 교파의 성도여야만 한다는 입장을 고수한다면 종교의 자유를 주장해온 미국의 전통과 정면 배치되는 것이다"라고 선언했다.

총회 중반에 빌리 그래함은 언론 인터뷰에서 「뉴욕타임즈」가 "빌리 그래함이 은연중에 부통령 닉슨을 지지했다"라고 보도한 것에 대해 언급하면서 이번 선거에선 "신뢰감을 주는 사람"[21]에게 투표할 것이라고 말했다. 그 말은 닉슨과의 그의 오랜 친분을 염두에 둔 것이 아니었을까?

"그럴지도 모르죠." 빌리 그래함은 씩 웃으며 답했다. 빌리 그래함은 "앞으로의 4년은 세계역사에서 가장 중요한 시기가 될 것입니다. 그리고 우리는 세계를 다룰만한 능력과 경험을 가진 대통령이 필요합니다. 지금은 신인과 함께 실험할 시기가 아닙니다"라며 국가적 중대사에는 친분보다 더 큰 요인이 작용한다고 주장했다.

---

19) "Graham Deplores Crisis at Summit," *New York Times*, May 18, 1960.
20) "Baptists Question Vote for a Catholic," *New York Times*, May 21, 1960.
21) Ibid.

빌리 그래함은 웃으면서 덧붙였다. "그러나 저는 어느 편을 드는 것이 아닙니다."[22] 50명의 기자는 일제히 웃었다.

총회기간 중에 빌리 그래함은 닉슨의 선거참모인 렌 홀에게 자신은 남아메리카로 가기 때문에 공화당 전당대회에서 개회기도를 해달라는 요청을 수락할 수 없게 되었다고 알려주었다. 홀은 "빌리 그래함은 오랜 숙고 끝에 당신을 공개적으로 지지하기로 결정했다고 말했습니다"[23]라는 메모를 닉슨에게 건넸다. 그해 6월 초에 빌리 그래함은 언론인 포럼에 참석하기로 예정되어 있었다. 만약 닉슨이 그 시기가 적절하다고 동의했다면 빌리 그래함은 그 포럼을 닉슨 지지의 기회로 사용할 수도 있었을 것이다.

요점은 빌리 그래함이 여전히 공개적인 지지표명에 이중적 태도를 유지하고 있었다는 것이다. 그것은 그가 정치인과 성직자를 구별하고 경건함을 선호하는 문화에서 자라왔기 때문이었다. 빌리 그래함은 닉슨에게 침례교 정기총회의 소식을 알리면서 자신의 은밀한 속내를 언급했다. "이렇게 하는 것이 지금 시점에서 당신을 공개적으로 지지하는 것보다 훨씬 효과적인 전략이라고 생각합니다."[24] 빌리 그래함은 닉슨이 침례교도들 사이에서 절대적인 지지를 받고 있다고 격려하면서 만약 케네디가 민주당 후보로 지명된다면 전통적으로 민주당세가 강한 남부지방에서 닉슨이 실제적인 공격수단을 갖게 될 것이라고 예상했다.

또 다른 면에서 빌리 그래함은 만약 U-2기 피격사건의 논쟁이 심화되면 그 여파를 예의주시해야 한다고 닉슨을 환기하였다. 빌리 그래함은 이 사건을 "정치적 다이너마이트"라고 불렀다. "가장 좋은 방법은 가능한 한 조용히 있는 것이라고 말하고 싶습니다. 기류가 어느 방향으로 흐를지 예측하기가 매우 어렵습니다."

이 사건을 빌미로 흐루시초프가 미 대선에 관여할지도 모른다고 빌리

---

22) "Billy Graham Gives Implies Nod to Nixon for President," *Charlotte Observer*, May 21, 1960.
23) Hall to RN, May 23, 1960, RNLB.
24) BG to RN, May 27, 1960, RNLB.

그래함은 경고했다. 또한 빌리 그래함은 케네디와 스티븐슨 그리고 민주당이 이 사건을 처리해가는 아이젠하워를 비난함으로써 외교정책에 있어 초당적 접근을 바라는 국민을 이간할지도 모른다고 생각했다.

당시 닉슨은 빌리 그래함을 존경했고 그와 함께 가려는 의지를 갖고 있었다. 또한 닉슨은 빌리 그래함의 지지를 추호도 의심치 않았다. "나는 빌리 그래함 당신이 그 문제를(공개적 지지를 미루는 문제 - 역주) 잘 처리했다고 생각합니다."[25] 정상회담 결과에 대해 닉슨은 빌리 그래함에게 "나는 U-2기 피격사건에 대해 당신의 조언이 적절하다고 전적으로 동의합니다"라고 말했다. 닉슨은 그 사건에 대해 작성한 최근의 연설원고를 동봉해서 빌리 그래함에게 보냈다. "당신의 제안을 따르려고 생각하고 있습니다." 그리고 이내 둘은 골프를 치는 계획을 잡지 않았을까?

정치에 관련되는 것을 피하려고 단단히 결심한 빌리 그래함이었지만 다음 달 워싱턴에서 한 주간에 걸쳐 예정된 전도집회는 그에게 큰 시험거리였다. 빌리 그래함은 "워싱턴은 정치적인 도시입니다. 그러나 저는 정치와 거리를 두기 위해 온 힘을 다하고 있습니다"[26]라고 말했다. 중앙 우체국장이 빌리 그래함을 위해 파티를 개최했다. 존슨과 스마더스 그리고 다른 두 사람이 공동주최한 오찬에는 56명의 상원의원이, 조찬모임에는 125명의 각계대표들이 참석했다. 빌리 그래함은 국방부에서 기도회를 열었으며 아이젠하워의 부인 매미가 묵고 있는 호텔로 그녀를 방문했다. 또한 하원 개회식 기도를 하였으며 전도집회 중에 닉슨과 팻의 20주년 결혼기념일을 축하했다.

존슨을 포함하여 그의 절친한 정치인들을 검증해 볼 수 있는 기회가 빌리 그래함에게 찾아왔다. 존슨은 당시 대통령 후보 지명을 희망하고 있었다. 빌리 그래함은 검증 결과를 닉슨에게 편지로 알려주었다. 닉슨은 빌리 그래함이 민주당 친구들의 정치적 속내에 귀 기울이고 있는 반면에 민주당

---

25) RN to BG, June 4, 1960, RNLB.
26) Anne Chamberlin memo, June 24, 1960.

의 거물들은 빌리 그래함의 관심을 정확하게 읽어내지 못하고 있다는 사실을 알아냈다. "존슨 상원의원이 어느 날 저를 자신의 집무실로 초청을 해서 약 두 시간 정도 함께 시간을 보냈습니다."[27] 빌리 그래함은 닉슨에게 "존슨과 그의 대변인인 샘 래이번은 종교적인 이슈가 가장 중요하다고 확신하고 있었습니다"라고 말했다. 빌리 그래함은 동요하고 있는 가톨릭 표심을 붙잡기 위해 닉슨이 어떤 일을 시도한다 할지라도 그것은 시간낭비라고 말했다. 존슨, 스마더스, 래이번 모두는 케네디가 가톨릭 유권자들을 완전히 모으는 데에 동의했다. "제 의견에는 만약 가톨릭 신앙을 가진 사람을 부통령 후보로 지명한다면 그것은 최악의 시나리오로 개신교인을 분열시키고 가톨릭 유권자도 놓치고 마는 결과를 초래할 것입니다." 닉슨에게는 개신교 유권자들이 지지할 수 있는 사람을 부통령으로 지명하는 것이 효과적이었다. 빌리 그래함의 장인처럼, 예전에 중국에 의료선교사로 봉사해 존경을 받고 지금은 미네소타의 하원의원인 월터 주드(Walter Judd)가 보수 진보 양 진영 개신교에서 지지를 받고 있는 유일한 사람이었다. 그는 남부지방 뿐만 아니라 남부와 북부에 걸쳐있는 주(洲)의 유권자들로부터 닉슨의 표를 얻어낼 수 있는 사람이었다. 빌리 그래함은 "유권자들 모두가 그를 지지하는 것은 아니지만 대부분은 주드를 깊이 신뢰하고 있습니다. 그와 함께 티켓을 쥔다면 개신교인들의 열광적이고 헌신적인 지지를 얻어낼 것입니다. 공화당 안에는 그만한 사람이 없습니다"라며 주드가 "거의 틀림없다"라고 말했다.

편지를 끝낼 무렵 빌리 그래함은 위험한 늪에 깊이 빠졌다는 사실을 깨달은 듯했다. 빌리 그래함은 "제 말에 신뢰를 하고 숙고하신 것에 대해 감사드립니다. 이 편지를 읽으신 후에 곧바로 폐기하시면 좋겠습니다"라고 결론을 맺었다. 3일 후 닉슨은 빌리 그래함과 자신의 최측근 정치 참모들과 함께 은밀한 오찬을 나누었다.

7월에 민주당은 케네디와 존슨을 정·부통령 후보로 지명하기 위하여

---

27) BG to RN, June 21, 1960, RNLB.

로스앤젤레스에 모였다. 빌리 그래함은 존슨에게 "저는 당신을 깊이 존경하고 있습니다"라는 사실을 확인하여주고 자신이 종교문제에 관하여 의기양양하게 말하고 다닌다는 소문을 잠재우기 위하여 편지를 썼다. "그것은 사실이 아닙니다."[28] 그리고 자신은 "가능한 최선을 다해 정치적 선거전에서 물러나 있으려고" 결심했다고 덧붙였다. 그 후 샌프란시스코에서 공화당 지명대회가 열렸고 그곳에서 주드와 넬슨 록펠러(Nelson Rockefeller)가 부통령 지명을 고사하자 닉슨은 헨리 카봇 롯지(Henry Cabot Lodge)를 지명했다. 그리고 둘은 함께 선거전에 뛰어들었다.

그때까지 빌리 그래함은 유럽에 머물러 있었지만, 그는 선거전에서 막대한 영향을 미칠 수 있는 일을 결정했다. 8월 4일 그는 아이젠하워에게 왜 현직 대통령이 방관자적 입장을 버려야 하는지 설명하기 위해 편지를 썼다. 그는 대통령 지지도가 높은 남부의 주요 주들을 흔들만한 일을 하라고 아이크를 재촉했다. 빌리 그래함은 "저는 켄터키부터 텍사스에 이르는 남부의 주요 주에서 국면을 새롭게 할 수 있는 사람이 대통령뿐이라고 믿고 있습니다.[29] 대통령께서 그렇게 하실 때만 닉슨에게 싸워볼만한 기회가 있을 것입니다. 이것은 두 달간의 고된 일이 되겠지만 닉슨에게 돌아가는 것은 대통령께서 노르망디 상륙작전을 인도하셨을 때처럼 굉장한 것이 될 것입니다"라고 마치 비밀 전략가처럼 편지를 썼다. 이 비유는 민주당에 대한 불신보다는 닉슨에 대한 전폭적 신뢰를 보여주는 예이지만 케네디의 승리가 예견되는 상황에 대한 경고이기도 했다.

빌리 그래함은 다른 저명한 개신교 지도자들과는 달리 정치의 전면에 나서지 않았다. 그는 무대 뒤에서 닉슨에게 끊임없이 조언을 했다. 절대로 카메라 앞에 나서지 않았다. 다른 종교 지도자들이 무대 위에 나타나면서 선거의 지형은 빠르게 바뀌었다.

---

28) LBJ Library Famous Names, BG to LBJ, August 8, 1960, LBJLM.
29) BG to DDE, August 4, 1960, in Richard Pierard, "Billy Graham and the U.S. Presidency," *Journal of Church and State* 22 (Winter 1980), 120.

제9장

당신을 지지합니다

노만 빈센트 필은 관여했지만 저는 분명히 관여하지 않았습니다.[1]

- 선거에서 종교가 크게 부각되었을 때

    8월 10일 빌리 그래함은 최소한 공개적으로 종교문제를 일으키지는 않을 것을 약속하는 편지를 케네디에게 보냈다. 빌리 그래함은 아마도 닉슨에게 표를 던질 것이지만 그것은 그와의 오랜 친분관계에서 비롯된 것일 뿐 종교문제 때문이 아니라고 말했다. 그리고 만약 케네디가 승리한다면 그는 국민이 하나로 단결하는 일에 최선을 다해 도울 것이라고 약속했다. "당신이 대통령에 당선되면 저는 온 힘을 다해 도울 것입니다."[2]
    한 주일이 지난 후 빌리 그래함은 스위스의 몬트룩스에서 복음주의 모임을 주재했다. 공통의 주제인 영적인 사역에 관한 논의가 끝난 후 그들의

---

1) BG, interview, January 18, 2006
2) BG to JFK, from Pollock, *Authorized Biography*, 218-219.

대화는 빠르게 미국 대통령 선거로 옮겨갔다. 그 모임의 세부적인 내용은 당시에 참석한 극소수의 사람에게만 알려져 있지만 선거의 전(全) 과정을 주도적으로 개입하려고 하였을 것이다.

빌리 그래함은 개인적인 비밀편지를 통해 모임의 내용에 관하여 닉슨에게 알려주었다. 25명 이상의 목사들이 통일된 행동 계획을 따랐다. 빌리 그래함은 편지에서 "첫째, 전국의 목회자들에게 정보를 제공하기 위하여 자금을 각출하여 9월 8일 워싱턴 안에 사무실을 열기로 하였습니다.[3] 이것은 상대방을 비방하는 온갖 종류의 불관용과 편협한 생각을 벗어나 최고의 도덕적 수준으로 운영될 것입니다"라고 말했다. 참여한 목사들은 민주당이 더 조직적이며 그들의 메시지를 더 잘 전달하고 있다고 생각하고 있었다. 새 사무실은 신문에 주의를 끌만한 이야기를 게재하면서 전선을 고르게 하려는 의도였다.

이 모임은 닉슨을 공개적으로 지지한 노만 빈센트 필 목사가 참석했기 때문에 문제가 되었다. 필은 초여름, 케네디에 관한 입장을 의논하기 위해 빌리 그래함과의 접촉을 시도하였고 빌리 그래함은 그를 몬트룩스로 초청한 것이다.

필은 종종 "부유한 빌리 그래함"으로 불렸다. 불안의 시대였던 당시, 두 사람은 그 어떤 사람보다 큰 명성을 갖고 있던 목사들이었다. 빌리 그래함과 같이 필도 1950년대 초대형 베스트셀러인『긍정의 힘』(*The Power of positive thinking*)의 작가였다. 두 사람은 라디오와 텔레비전을 통하여 광범위한 사역을 하고 있었으며 매주 수백만 명에게 전달되는 신문의 시사 평론가들이었다. 두 사람은 니버와 같은 신학자들의 주요한 공격대상자들이었다. 니버는 그들이 중산층의 삶을 영적 파탄으로 이끄는 사람들이라고 비난했다. 두 사람은 사업가와 정치인들 특히 닉슨과 우호적인 사람들이었다. 닉슨은 젊은 해군장교시절 뉴욕에 배치되면서 필 목사의 마블 대학생

---

3) BG to RN, August 22, 1960.

교회에 출석했다. 1957년 빌리 그래함의 뉴욕 전도집회를 통해 필 목사의 교회는 다른 교회들 보다 급성장을 했다.[4]

빌리 그래함과 필은 신학적으로 비슷한 영성을 소유한 사람들은 아니었다. 빌리 그래함의 메시지는 대단히 복음적인 것이었지만 필의 메시지는 거의 자기 긍정을 강조하는 것이었다. 그들의 정치적 성향도 큰 차이가 있었다. 빌리 그래함은 모든 이에게 복음을 전하려는 욕구와 친구의 당선을 도우려는 욕구사이에 어떻게 균형을 맞출 것인가를 놓고 씨름했다면, 필에게는 이런 상반된 감정이 거의 없었다. 웨스트버지니아 예비선거가 열리는 찰스톤에서 필은 케네디가 가톨릭 신앙인이라는 사실을 밝히는 것이 가장 중요한 일이라고 주장했다. 필은 10월의 어느 주일을 택해 설교를 통해 닉슨을 공개지지하려는 계획을 하고 있었다.[5] 그것이 큰 반향을 일으킨다면 그 설교의 복사본이 35만부가 필요하게 될 것이라고 필의 부인은 예상했다.

몬트룩스 모임이 끝난 후, 빌리 그래함은 자신과 필은 "닉슨의 연설에 종교적인 면을 더 많이 포함해야 함을 강력하게 권고하도록" 모임의 참석자들이 위임하였다고 닉슨에게 말했다. 그것은 케네디를 격파하기 위해서라기보다는 닉슨 자신을 선명히 하는 것이었다. 개신교계에서는 리차드 닉슨이 정확히 무슨 신앙을 갖고 있는지에 대해 "끊임없는 의문"을 갖고 있었다. "저는 몬트룩스에 참여한 지도자들에게 종교를 정치적 목적으로 사용하지 않으려는 당신의 신중함에 대하여 말했습니다.[6] 그러나 그들은 종교에 대한 언급이 나쁜 것이 아니며 오히려 국민은 이 불확실한 역사의 시기에 대통령 후보자의 종교적 신념에 대하여 알 권리가 있다는데 동의했습니다."

빌리 그래함은 닉슨에게 본인의 신앙관에 대하여 자주 공개할 것을 촉구했다. 그리고 빌리 그래함 자신도 닉슨의 신앙의 깊이를 잘 알지도 못하면서 그의 신앙을 변호하기 위해 최선을 다했다. 1960년에 전개된 그들의

---

4) "Crusade Adds 22 to Church's Rolls," *New York Times*, June 24, 1957.
5) Carol V. R. George, *God's Salesman: Norman Vincent Peale and the Power of Positive Thinking* (New York: Oxford University Press, 1993), 198.
6) BG to RN, August 22, 1960.

친분의 관계를 볼 때 빌리 그래함이 닉슨의 정치적 요구에 도움을 크게 준 반면 닉슨에게 자신의 영적인 요구를 관철하지도 못했다는 것은 상당한 모순이었다. 빌리 그래함의 거대한 청중은 복음을 증언하는 자들에서 유권자들로 바뀌었다. 빌리 그래함은 자기의 인명록에 있는 2백만 성도 가정에 투표 참여를 독려하는 편지를 보냈다고 닉슨에게 말했다. 그러면 그들은 또 다른 사람들을 투표장으로 끌어들일 것이다. "이 명단의 대다수의 사람들은 민주당 지지층이거나 독립성향의 유권자들로 보입니다. 그렇지만 이들은 당신에게 호의적인 유권자들로 바뀔 것으로 보입니다."

또한 빌리 그래함은 아이젠하워도 최선을 다해 돕겠다는 편지를 자신에게 보냈다고 닉슨에게 밝혔다. "전당대회 때처럼 대통령이 전투적인 연설을 해준다면 그것은 상상할 수 없는 영향을 미칠 것입니다."

10월에 몬트룩스에서 미국으로 돌아온 빌리 그래함은 마침내 닉슨 부부를 노스캐롤라이나로 초청했다. 이것은 닉슨이 빌리 그래함과의 친분을 정치적 무기로 사용하게 하는 공개적 초청이었다. 닉슨은 "내 생각으로는 이것은 노스캐롤라이나에서 일어난 정치국면을 새롭게 하기 위한 극적이고도 공개적인 사건임에 틀림없었습니다. 그럼으로써 잠재된 종교적 이슈가 한마디 언급도 없이 전국적 관심사로 떠올랐습니다"라는 반응을 보였다. 이 경우는 빌리 그래함의 아이디어였기 때문에 닉슨이 빌리 그래함을 이용하려한다고 어느 누구도 그를 비난할 수 없었다.

닉슨은 답장에서 빌리 그래함의 제안을 자신의 연설문에 적극 반영하겠다는 약속을 하였고 빌리 그래함이 제안한 계획을 아이젠하워에게도 전달했다고 언급했다. 교회 출석에 관해서는 닉슨은 "내가 후보가 된 이후로 기자들은 평일뿐만 아니라 일요일에도 취재를 합니다. 그 결과 실제로 매주일 팻과 두 딸과 함께 교회에 나가는 사진이 신문에 게재됩니다. 케네디의 한 참모는 내가 교회에 나가는 사진을 통해 계획적으로 종교적 이슈를 선거전에 이용하고 있다고 격렬히 비난했습니다. 이 문제는 당신을 매우 곤란하게 만들 것으로 보입니다"라며 생각만큼 쉽지 않은 일이라고 말했다.

닉슨은 빌리 그래함이 정도를 벗어나지 않으면서도 자신의 지지자들을 결집하고 있다고 인정했다. 닉슨은 "이번 선거전에서 목사님들이 저를 위해 할 수 있는 일 중 최고의 일은 유권자들을 독려하여 투표장에 나가게 하는 것이라고 생각합니다. 이것이 소위 종교적 편견에 관한 의혹을 완벽하게 불식하는 일이며 이번 11월 8일의 선거가 다수의 국민에 의해 결정된다는 사실을 확인해줄 것입니다"[7]라는 편지를 보냈다.

그러나 빌리 그래함은 공식적인 언급을 통해서 "모든 국민은 투표장에 나가야 합니다"라는 주장보다 한 발 더 나아갔다. 제네바에서 빌리 그래함을 면담한 기자들은 그가 이번 선거에서 종교의 역할을 어떻게 생각하는지에 대해서 설명해줄 것을 강력히 요청했다. 빌리 그래함은 그것은 "민감한 이슈"라고 생각한다고 대답하면서 "한 개인의 신앙은 그의 인격과 분리될 수 없습니다. 마찬가지로 정치적 결정을 해야 될 때에도 종교와 무관할 수는 없는 것입니다.[8] 예를 들면 퀘이커 신앙이 가르치는 평화가 무엇을 말하는지, 크리스천 과학자는 의학적 도움을 어떻게 생각하는지, 교황청의 세속적 영향력에 대해 가톨릭 성도들은 어떤 견해를 갖고 있는지, 국민은 알 권리가 있다고 생각합니다"라고 말했다.

빌리 그래함의 말은 「타임」이 다음과 같이 단언하게 만드는 충분한 계기가 되었다. "빌리 그래함은 케네디의 가톨릭 신앙에 대해 묻는 것은 정당한 일이라고 말함으로써 정치에 발을 딛고 말았다." 빌리 그래함은 편집인에게 항의서한을 보냈고 그 서한의 복사본을 닉슨에게 부쳤다.[9] 빌리 그래함은 필요이상으로 정치에 관여하여 비난을 받았지만 어쩌면 그것이 더 많은 비방을 막아주었는지도 모른다. 빌리 그래함은 9월 1일 닉슨에게 "당신도 아시다시피 저는 종교적인 문제로 정치에 관여하는 것을 피해왔습니다.

---

7) RN to BG, August 29, 1960.
8) Reuters, August 20, 1960.
9) "The Religion Issue," *Time*, August 29, 1960.

또한 천박한 종교적 편견을 멀리하고 이슈가 발생할 때마다 뒤로 은밀히 속삭이는 더러운 행위를 안 하려고 최선을 다했습니다. 당신을 지지하지만 케네디를 적대시하는 것이 결코 아닙니다"[10]라고 편지를 썼다.

빌리 그래함은 자신의 적극적인 행보는 자신과 닉슨 둘 다 보호하는 데 목적이 있다고 닉슨에게 말했다. "내심으로는 당신의 당선을 위해 나의 모든 힘을 보태고 싶습니다. 그러나 편협한 신앙과 비관용적 태도를 배격하는 것이 더 중요하고 결국 그것이 당신을 돕는 것이라고 생각합니다." 또한 그는 크리스천끼리 결속하는 것 자체가 나쁜 것은 아니지만 그것은 어리석은 일이며 크리스천의 공개적인 공격은 가톨릭 유권자들의 단결을 도와주는 것이라고 말했다. "당신은 지금부터 어떠한 희생을 치루더라도 종교적인 문제와 일만 마일(mile)이상의 먼 거리를 유지하십시오. 저는 어제 매우 걱정스러운 편지를 받았습니다. 내용인즉 어떤 크리스천 지도자가 공화당 전국위원회와 비밀협약을 맺었다는 것입니다. 그것이 사실이라면 충격적인 일입니다. 그것은 잘못된 결탁으로 공화당에 엄청난 피해를 입힐 것입니다."

다음으로 빌리 그래함은 "그들은 종교적인 문제를 매우 심각하게 받아들이고 있습니다. 그리고 명석하고 뛰어난 크리스천 변호사인 와인(Wine)을 내세워 케네디를 위한 크리스천 조직을 결성하고 있습니다. 케네디 캠프 내에서 이 문제를 공개적인 행보로 나갈 것이냐 아니면 비밀스럽게 진행할 것이냐를 두고 격론이 일고 있다는 사실을 알게 되었습니다"라고 케네디 캠프의 소식을 전했다.

사실 "교계관계" 부서를 만드는 것은 소렌센의 지시에 따른 것이었다. 보비(로버트 케네디의 애칭 - 역주) 케네디의 제안으로 소렌센은 변호사 제임스 와인을 고용했는데 그는 웨스트버지니아 출신으로 전국교회연합회 간사를 지냈으며 지난봄에 있었던 목사들의 성명서를 만드는데 일조하였던 인물이었다. 소렌센은 "우리는 그가 이름있는 해결사이며 뛰어난 경력을 가

---

10) BG to RN, September 1, 1960.

진 사람으로 생각하고 있습니다"[11]라고 평가했다. 와인은 비서들과 속기사들로 이루어진 팀을 운영하며 케네디의 신앙에 대해 질문하는 사람들에게 매주 수백 통의 답장을 발송했다. "사무실로 쏟아져 들어오는 우편물의 내용은 피임법과 같은 이슈들이 아니었습니다. 이 나라는 국민이 다스리는 것인데 많은 사람들이 가톨릭은 교황청의 권위에 복종해야 하므로 가톨릭 대통령이 당선되면 결국 교황이 미국을 통치하는 것 아니냐는 의문을 갖고 있었습니다." 소렌센은 당시를 그렇게 회상했다. 와인은 이러한 의문에 적절하게 답할 수 있는 지침서와 상원의원의 성명서, 전단지 등을 민주당원들에게 배포했다. 그들은 자금이 풍부한 닉슨의 지지자들이 괴문서를 만들어 배포한다고 의심하기에 이르렀다. 와인은 "얼마 지나지 않아 우리는 괴문서를 배포하는 사람들이 반가톨릭 진영의 사람들이 아니라는 것을 알았습니다.[12] 그들은 반(反)케네디 진영의 사람들이었습니다"라고 말했다.

　닉슨이 자기 진영 사람들에게 종교문제에 있어 오해받지 않도록 조심하라고 수차례 경고했음에도 불구하고 이 문제가 전국적으로 분출했다. 케네디의 동생 로버트 케네디는 새롭게 개소되는 민주당 선거본부에서 연설할 때마다 그의 기지에 찬 모토인 "문제를 만나면 호롱불을 비추라"고 강조했다. "이제 종교문제는 남부지방에서 그리고 이 나라에서 가장 큰 쟁점이 되었습니다.[13] 해리 트루만 전 대통령은 닉슨이 이중 플레이를 하고 있다고 비난했다. 트루만은 "닉슨은 현관문에서 자비와 관용을 말하지만 그의 지지자들은 또 다른 문에서 편협하게도 인종과 종교문제를 가지고 국민을 분열해 놓고 있습니다. 나는 모든 상황을 다 알기에는 역부족이라는 닉슨의 말을 결코 믿

---

11) Sorensen, interview, July 20, 2006.
12) Deborah Hart Strober and Gerald S. Strober, *The Kennedy Presidency: An Oral History of the Era* (Washington: Brassey's, 2003), revised and updated edition of *Let Us Begin Anew: An Oral History of the Kennedy Presidency* (New York: HarperCollins, 1993), 41.
13) "Anti-Catholic View Found Widespread in Parts of South," *New York Times*, September 4, 1960.

을 수 없습니다"¹⁴⁾라고 말했다. 트루만의 공격에 아이젠하워가 움직였다. 아이젠하워는 언론모임에서 "나는 편견의 목소리가 있다는 사실을 믿지 않습니다. 또한 의심스런 징후도 전혀 발견하지 못했습니다.¹⁵⁾ 그리고 닉슨 후보도 저와 동일한 생각이라고 확신합니다… 그러나 나는 종교가 토론될 수 있는 주제 중 하나이긴 하지만 선거 전까지는 중지했으면 합니다"라고 말했다.

그러나 그 순간 필은 메이플라워 호텔에서 150여명의 기독교 지도자들과 모임을 갖고 전혀 다른 메시지를 내보내고 있었다. 닉슨은 깜짝 놀랄 수밖에 없었다. "그것은 정치적 재난입니다… 제가 도저히 수습할 수 없는 재난 말입니다."¹⁶⁾

필이 종교문제의 뇌관을 터뜨리다

'종교자유를 위한 시민모임'은 필이나 빌리 그래함이 만든 것이 아니라 전국복음주의협회를 탈퇴한 32세의 침례교 목사인 도널드 길(Donald Gill)과 70세의 회중교회 목사인 얼윈 라이트(Elwin Wright) 박사였다. 9월에 빌리 그래함은 여전히 유럽에 머물렀기 때문에 그 모임에 참석할 수도 없었다. 필은 그 모임의 탄생과는 전혀 관련이 없었지만 사회를 맡기로 동의하였고 또한 모임의 공식적인 연사로 봉사했다. 이 행위는 결국 필을 파멸로 안내했다.

시민모임이 개최되기도 전에 필은 언론에 "민주당은 아무리 능력이 출중한 사람일지라도 국민을 분열시키는 사람이라면 결코 후보로 지명해서는 안 됩니다"라는 자신의 견해를 밝혔다. 그는 국민을 분열케 하는 사람이라면 어떤 배경을 가진 사람이든, 혹 그가 가톨릭 신자라도 부적격자라

---

14) "Truman Accuses GOP on Bigotry," *New York Times*, September 6, 1960.
15) "The Power of Negative Thinking," *Time*, September 19, 1960.
16) Nixon, *six Crises*, 327.

고 선언했다. 필은 "개인적으로 나는 케네디 후보에 대해 아무것도 모릅니다. 저는 닉슨 후보를 존경하며 이번에 그가 대통령이 되어야 한다고 생각합니다. 이것은 종교와는 관계가 없는 일입니다"[17]라고 말했다.

시민모임에는 가톨릭이나 진보적 기독교 측에서는 한 사람도 참여하지 않았다. 그리고 이 모임은 언론에 자신을 개방하지 않았다. 그러나 두 명의 기자가 몰래 숨어 들어가 회의의 전 과정을 지켜보았다. "미국 문명이 위기 앞에 있습니다. 미국의 문명이 사라지지는 않겠지만 정체성이 상실될 것입니다." 기자들은 필의 연설 내용을 자세히 보고했다. 참석자 중에는, 영향력 있는 신문인 「크리스천헤럴드」(Christian Herald)의 편집자이면서 오랫동안 케네디를 비판해온, 다니엘 폴링(Daniel Poling)과 기독교가 가톨릭에 너무 관대하다고 말했던 빌리 그래함의 장인 넬슨 벨(L. Nelson Bell)이 있었다. 벨은 "가톨릭이 공산주의를 비판하곤 있지만 둘은 유사한 방법론을 갖고 있기 때문에 그 비판은 아주 작은 것에 지나지 않습니다"[18]라며 로마와 모스크바에 차이가 없다고 생각했다.

총회는 2,000 단어로 이루어진 선언문을 채택했다. 총회가 끝난 후 필은 기자들을 만나려고 했다. "만약 잘못된 단어가 하나라도 있다면, 기자들은 우리를 맹렬히 공격할 것이고 그러면 일주일도 안되어 우리의 목표는 어긋날 것입니다."[19] 어떤 참석자가 그렇게 우려를 표명하자 필은 "우리가 기자들에게 말하는 동안 기도나 하시오"라고 웃으며 말했다.

숨어들어 온 기자들이 비판적인 논평을 이미 발표했기 때문에 필은 기자회견을 시작하기도 전부터 김이 빠져버렸다. 기자들의 마이크 공세 앞에서 필은 모임의 성격을 가톨릭 교회의 특성에 관한 "철학적 토론"이었다고 규정했다. 닉슨은 그 모임에 대하여 알지 못했다. 닉슨은 "만약 미리 알았다면 아마 나는 그 모임을 인정하지 않았을 것입니다"라고 기자들에게 말

---

17) "Peale to Head Protestant Forum on Religious Issue in Campaign," *New York Times*, September 4, 1960.
18) "The Power of Negative Thinking," *Time*, September 19, 1960..
19) Ibid

했다. 그러나 이미 필은 선언서를 발표한 후였다. 선언서는 종교문제는 선거의 "주된 이슈"[20]라고 말하였고 케네디 혹은 가톨릭 신앙을 가진 후보자는 바티칸의 압력과 정교분리를 허물어 버리려는 바티칸의 공개적인 활동에서 과연 자유로운지 의문을 던지고 있었다.

필의 기자회견에 대한 반응은 벌집을 쑤신 듯했다. 시사 평론가인 머레이 켐프톤은 아이젠하워 시대의 종교적 분위기에 대해 그리고 빌리 그래함과 필과 같은 "교회당 없는 목사들"[21]에 대해 통렬히 비판했다. "우리는 전혀 종교의 색깔을 가지지 않은 국가종교로 인해 고통을 받아왔습니다. 필은 자신이 지지하는 후보자 닉슨이 퀘이커 신자 출신이라고만 언급하고 그의 진정한 신앙관에 대해서는 한 마디도 하지 않았습니다." 켐프톤은 빌리 그래함을 "천박한 개신교 교황"(Pope of lower Protestantism)이라고 지칭하며 겉으로는 필과 달리 매우 신중했다고 공격했다. "그러나 빌리 그래함은 공화당을 위하여 기도하는 사람입니다. 그는 백악관과 게티스버그에서 대통령과 함께 기도했고 그의 절친한 친구인 닉슨 부통령을 기독교 집회에서 소개했습니다." 켐프톤은 빌리 그래함이 기독교 의무교육을 교과과정에서 제거하는 결정을 내린 대법원을 비난할 때 정교분리원칙을 들고 나왔는데 지금은 그것과 반대로 가톨릭을 비난하고 있다며 위선자라고 비아냥거렸다.

대체적으로 빌리 그래함은 보이지 않게 행동했다. 필은 막 크리스천이 된 사람들을 자신의 그룹으로 끌어들이는 데 명수였다. 케네디는 필의 그룹이 "미국에 대한 자신의 헌신"을 왜곡하고 있다고 비난하였으며[22] 존슨은 "악의적인 선거전"이라며 필을 비난했다. 니버와 뉴욕 진보당(The Liberal Party in New York)의 부의장인 존 베넷(John Bennett)은 필의 행위를 "기독교의 지하활동"이라며 비난했다. 베넷은 "이러한 기독교 그룹이 원

---

20) "Protestant Groups' Statements," *New York Times*, September 8, 1960.
21) *New York Post*, September 9, 1960.
22) "Senator Says Religious Attacks Impugn His Loyalty As a Citizen," *New York Times*, September 10, 1960.

하는 나라는 어떤 나라인가?[23] 4천만 크리스천들은 이 나라에서 스스로 이방인이라고 여기고 있는가?"라는 질문을 던졌다. 또한 유대교 지도자들은 공직에 진출하기 위해선 종교시험이 필요하게 되었다고 한탄했다. 「필라델피아인콰이어러」(Philadelphia Inquirer)는 필의 칼럼을 폐지했다. 민주당 전국위원회의 의장이며 상원의원인 헨리 잭슨(Henry Jackson)[24]은 필과의 관계를 정리할 것을 닉슨에게 강력히 촉구했다.

닉슨이 심각한 무릎부상으로 한동안 병원에 있고 난 후 처음으로 공개 석상에 나타난 것은 그 주간 수요일로 '밋 더 프레스'(Meet the Press)와 회견에서였다. 거기서 닉슨은 케네디의 명예와 애국심, 봉사정신을 변호했다. "저는 케네디 상원의원의 국가에 대한 충성심을 추호도 의심치 않습니다." 닉슨은 만약 선거가 종교적인 이유로 결론이 난다면 그것은 "비극"이 될 것이라고 선언했다. 그리고 닉슨은 "종교에 관한 문제는 언급하지도 드러내지도 말고 그런 사람은 선거운동에 참여시키지 마십시오. 저는 결코 종교를 입에 올리지 않을 것입니다"라고 자신의 선거운동과 관계있는 모든 사람에게 거듭하여 명령했다.

닉슨은 덫에 빠져있었다. 그는 매순간 종교편견에 반대하는 선언문을 발표해야만 했다. 케네디는 "딕이 또 다시 교묘히 종교적 이슈를 퍼트리고 있습니다"라고 말했다. 케네디의 다음 행보는 가장 담대한 것이었다. 그는 '휴스턴 목회자연합회'의 연설 초청을 수락했다. 아마도 백인들에게 종교가 뜨거운 이슈였던 시대에 케네디에게 그나마 우호적인 청중이 조금은 있었던 것 같았다. 소렌센은 목회자들이 질문할 수 있는 내용에 대한 답을 준비했다. 소렌센은 "우리는 월요일 밤 휴스턴에서 선거의 승패를 가르는 시간을 가질 것입니다"[25]라고 한 친구에게 그렇게 말했다.

목회자들은 핑크와 녹색의 카펫이 깔린 라이스 호텔의 무도장에 모였

---

23) "'Protestant Underworld' Cited As Source of Attacks on Kennedy," *New York Times*, September 11, 1960."Jackson Asks Nixon to Repudiate Peale,"
24) "Jackson Asks Nixon to Repudiate Peale," *New York Times*, September 13, 1960.
25) White, *Making of the President 1960* (New York: Atheneum, 1961), 311.

다. 3백 명의 지도층 인물들과 3백 명 이상의 관객이 이 행사의 불꽃 튀기는 장면을 보기 위해 왔다. 케네디의 이 막판의 대결을 취재하기 위해 전국의 기자들이 다 모였다. 존슨의 참모였던 잭 발렌티(Jack Valenti)가 "케네디는 뒤쪽의 방에서 혼자서 걸어 나왔습니다… 보좌관은 한 사람도 없었습니다. 그것은 마치 케네디가 '좋다, 나쁜 사람들아! 나를 원하고 있지? 나 여기 있다'라고 말하고 있는 모습이었습니다. 이 단순한 행동은 한 외로운 사람이 거기에 모인 사람들에게 먹이는 한 방의 펀치였습니다. 그것은 객관적인 관찰자로서 지금까지 내가 보아왔던 것 중 가장 멋진 연출이었습니다."[26]라고 회고했다.

케네디는 자신이 속한 가톨릭 신앙에 관하여 말하려고 온 것이 아니었다. 케네디는 다음과 같이 열변을 토했다.

"내가 말하려고 하는 것은 내가 확고하게 믿고 있는 미국의 정체성에 관한 것이며 그것만이 나에게 가장 중요한 것입니다. 내가 믿는 미국의 정체성은 정치와 종교가 완벽하게 분리된 나라라는 것입니다. 이 나라에서는 추기경이라 할지라도 대통령이 어떻게 행동해야 한다고 간섭하지 않습니다. 더욱이 가톨릭 신자가 대통령이 되어야만 한다고 말하지도 않습니다. 그리고 대부분의 개신교 목사들도 자기 교구 사람들에게 누구에게 투표해야 한다고 말하지 않습니다… 어떤 교파를 개인적으로 싫어한다고 해서 그 교파에 속한 사람의 모든 것을 반대하려는 경향은 종교의 자유를 오해하고 있는 것입니다."

늦었지만 케네디는 자신의 캠프 안에 가톨릭 신자만이 아니라 모든 소수종교의 신자들도 끌어들였다. 이 시기는 가톨릭 신자만으로 구성되는 참모진은 의심을 사기에 충분했다. 곧 유대인과 유니테리언 신자까지 케네디의 참모그룹에 포함되었다. "이 국가적인 위기에 조화로운 사회가 만들어지기 않는다면 오늘은 제가 피해자가 될 수 있지만 - 내일은 당신이 될 수

---

26) Strober and Strober, *The Kennedy Presidency*, 45.

도 있습니다."

"대통령은 자신의 종교적인 견해를 사적인 일로 여겨야 하며, 대통령에 의해 종교가 국가를 관장해서도 안되며 국가에 의해 종교가 대통령의 직무를 제한하는데 이용되어서도 안 된다고 믿습니다." 이것이 케네디가 추구하는 미국이었고 후에 그의 동생은 그것을 위해 죽었다. "어느 누구도 이러한 미국을 만드는 일로 국민의 여론이 둘로 나누일 것이라고 생각하지 않습니다. 자유에 대한 신념이 그리고 우리의 조상들이 죽음으로 지켜낸 자유가 위협받을 것이라고 생각하지 않습니다."

마지막으로, 그는 대통령이 된다면 외부의 압력이 아닌 국가의 이익에 기초한 결정을 할 것이라고 약속을 했다. "만약 그 시간이 나에게 있다면, 나는 아무리 사소해도 국가이익에 대한 직무를 소홀히 하지 않을 것입니다. 만약 대통령의 직무가 저에게 저의 양심과 국가의 이익 중 어느 하나를 택하라고 요구한다면 대통령직을 사임할 것입니다. 제가 바라기는 모든 양식 있는 공직자들도 이와 같은 선택을 해 주기를 희망합니다."

무감정의 냉담한 청중이 동요하기 시작했고 일부는 눈물을 흘리기도 했다. 소렌센은 "그것은 케네디의 선거유세 중 최고의 연설이었습니다"라고 말했다. 그의 연설을 담은 필름은 수 주일에 걸쳐 배포되었고 수백만 명의 국민이 그것을 시청했다. 이 연설은 선거 전쟁의 양상을 재편했다. 케네디는 맹목적 편견에서 나온 것이 아니라면 자신의 자격에 대해 끊임없이 의심하는 모든 사람의 질문에 온유하게 답변했다.

샘 래이번(Sam Rayburn)은 "우리가 텍사스 안방에서 유세하고 있을 때 케네디는 피가 떨어지는 날고기를 물고 있었습니다"[27]라고 말했다.

닉슨은 벌어지는 일들을 보면서 필사적으로 종교문제를 잘라버리려고 애썼다. 그는 말했다. "(케네디의) 휴스턴 선언문은 어떠한 의심도 해서는 안 됩니다."

---

27) Matthews, *Kennedy and Nixon*, 143.

필은 이제 치명타를 맞은 꼴이 되었다.[28] 공화당 지지자들은 필에게 그가 닉슨의 선거에 말로 할 수 없는 피해를 끼치고 있다는 내용의 편지를 써 보냈다. 그에게서 며칠 후 필은 시민단체와의 연대를 공식적으로 파기해야만 했다. 소렌센은 필을 비꼬았다. "그는 말과 행동이 다른 사람은 아니지만 스스로 종교적 편견이 없는 사람이라고 생각했습니다."[29] 그 후 필은 은둔했고 모든 연설계획을 취소하였으며 마블교회에 사직서를 제출했다. 그는 한 친구에게 자신은 스스로 파멸에 빠졌으며 심지어 실추된 명예를 만회하기 위하여 케네디를 공개적으로 지지하는 선언문을 발표할 생각도 해봤다고 말했다.

필은 그가 받은 고통에도 불구하고 빌리 그래함을 끌고 들어가지 않았다. 빌리 그래함이 워싱턴 모임을 계획한 것은 아니지만 주최자들은 장차 빌리 그래함이 가톨릭 국가들에서 전도집회를 하는데 방해가 될 것이기 때문에 일부러 모임에서 제외시켰다고 말했다.

빌리 그래함과 필을 둘 다 잘 아는 사람들은 빌리 그래함이 종교문제를 이슈화 했을 때 필을 포기했다고 생각했다. 「크리스천헤럴드」의 다니엘 폴링은 빌리 그래함이 후원하는 모임이라고 생각했기 때문에 자신은 워싱턴 모임에 참석했다고 말했다. 수십 년 후에도 빌리 그래함은 종교문제에 민감하게 반응했다. 선거 때에 종교문제에 늘 관여했다는 지적에 대해 빌리 그래함은 "저는 정말 관여하지 않았습니다.[30] 노만 빈센트 필은 거기에 관여했습니다. 필은 저에게 보낸 첫 번째 편지에서 가톨릭 신자가 대통령 후보로 나왔다는 사실에 혼란스러웠다고 적었습니다"라고 주장했다. 빌리 그래함은 몬트룩스에 참여했던 어떤 사람이 워싱턴 모임을 화제에 올렸을 때 자신은 갈 수 없다고 말했다고 회고했다. 그러나 빌리 그래함은 "필을 독촉한 것이 제가 그 모임에 관여한 전부입니다"라고 필이 참여하도록

---

28) George, *God's Salesman*, 207-208.
29) Sorensen, *Kennedy*, 189.
30) BG, interview, January 18, 2006.

독촉한 사실은 인정했다. 빌리 그래함은 필이 개인적으로나 공적으로 회복 불가능한 상처를 입었음을 알았다. 후에 그는 필에게 워싱턴 모임에 참여하도록 권유한 것을 사과했다.[31]

케네디를 주목하다

9월은 닉슨과 필에게도 고통스러운 시간이었지만 빌리 그래함에게도 역시 초죽음의 시간이었다. 그나마 몬트룩스회의에 대해 알고 있던 사람들 중에는 말하는 사람이 없었고 빌리 그래함 또한 워싱턴 모임에 직접 참여하지 않았기 때문에 공적인 불명예는 벗어날 수 있었다. 그러나 닉슨에게 보낸 편지에 보면 빌리 그래함의 절망스러운 감정이 잘 나타나 있다.

그는 9월 24일에 "저는 종교적인 이슈에 공개적으로 관여할 수 있는 입장이 아니었습니다.[32] 왜냐하면 그들은 저만 십자가에 매달지 않고 결국은 저를 넘어 당신을 공격할 것이 분명하기 때문입니다… 저는 이 재앙과도 같은 몇 주간에 언론에 노출되는 것을 극구 피했습니다. 그러나 다음 주 귀국하면 직접 관여한 인상을 안 주면서도 당신을 지지하는 것으로 해석될 수 있는 입장을 표명할 것입니다. 선거전이 진행될수록 저는 공식적인 입장을 밝히라는 압력을 받게 될 것입니다. 그때쯤 저는 당신의 운동을 도울 것이지만 지금은 우리 모두 적절한 시간이 오기를 기다려야 할 것입니다"라는 편지를 썼다.

그러는 동안 민주당은 휴스턴에서의 케네디의 승리를 굳히기 위해 후보 간 토론회를 개최하자고 제안했다. 빌리 그래함은 닉슨이 기세를 상실했으며 종교문제로 인해 큰 손실을 입었다고 느꼈다. 빌리 그래함은 민주당의 목표는 가톨릭 유권자를 단단히 결속하고 개신교 유권자를 흩어 놓는

---

31) *JAIA*, 392.
32) BG to RN, September 24, 1960.

것이라고 말했다. 케네디는 순교자가 되어 국민의 동정심을 촉발했으며 닉슨의 장점으로 작용한 중요한 이슈들은 한쪽으로 밀려났다. 빌리 그래함은 "그들은 이 모든 목표를 성공적으로 달성하고 있는 중입니다. 지난 6월에 민주당의 고위층의 한 사람과 나눈 대화를 되새겨보니 케네디가 민주당 후보가 될 것을 가정하고 그가 말한 것이 바로 이런 것이었습니다. 그는 '종교적인 이슈만 가지고도 케네디는 능히 당선될 수 있습니다'라고 말했습니다"라고 닉슨의 주의를 환기하였다.

빌리 그래함은 닉슨 혼자 이 싸움을 감당할 수 없음을 알아채고 록펠러와 듀이뿐 아니라 아이젠하워가 참여하는 것이 매우 중요하다고 생각했다. 빌리 그래함은 "이제까지 종교적 배타성이 대선 쟁점이 된 적이 없었습니다"라고 아이젠하워에게 호소했다.

케네디가 미국의 방어망을 강화하고 쿠바에 대해 강경노선을 취하여야 한다고 말했을 때 빌리 그래함은 케네디가 다른 쟁점에 대하여 잘 파악하고 있다고 닉슨에게 말했다. 빌리 그래함은 닉슨이 아이젠하워의 정책을 반대할 수 없다는 사실을 알고 있었다. "선거전 막바지인 지금 당신도 케네디처럼 이 문제에 강경한 입장을 고수해서 케네디의 강력한 무기의 하나를 무력화해야 한다고 생각합니다." 물론 닉슨은 쿠바침공에 관한 계획은 전혀 갖고 있지 않았을 뿐 아니라 그것에 대하여 논의해 보지도 않은 상태였다.

닉슨은 빌리 그래함의 편지를 읽고 난 후 그의 참모들인 밥 핀치(Bob Finch)와 렌 홀에게 전화를 걸었고 빌리 그래함의 견해를 적은 메모를 보냈다. "깊이 생각해 볼 문제라고 생각합니다"[33] 닉슨은 참모들에게 그것이 가져오는 효과에 대해 검토하라고 지시했다. "빌리 그래함이 쿠바의 상황에 대하여 말하고 있는 구절을 면밀히 검토해 보시오. 렌, 당신이 그것을 검토한 후 그 상황에 대하여 대통령께 보고하시오. 나는 쿠바와 관련하여 어떤 일이 벌어질지 잘 모르겠지만 분명 반응들이 나타날 것이오."

---

33) RN to Hall, Bob Finch, October 5, 1960.

닉슨은 이제 빌리 그래함을 하나의 척도로 활용하고 있었다. 닉슨의 주변에는 재능있고 경험 많은 정치적 조언자들이 많이 있었지만 그들은 자신들이 닉슨을 잘 알지 못한다고 느끼고 있었다. "닉슨은 우리 모두를 하나의 사무원 정도로 여기고 있어요." 어떤 사람이 불만을 터뜨렸다. 반대로 빌리 그래함은 주의 깊게 듣는 사람이요 사귀기 쉬운 성품이었다. 10월 초에 빌리 그래함은 마침내 유럽에서 돌아왔다. 그리고 바로 전화를 걸어 전국의 정치, 종교, 재계의 지도자들과 통화해 여론에 귀를 기울였다. 그는 케네디를 주목해 보았고 그가 말하는 것에 공감할 부분이 많다는 사실을 발견했다.[34] 1960년대의 국가적 위기 앞에서, 국가에 대한 희생과 헌신을 주장하는 케네디가 왜 자신뿐 아니라 국민에게도 공감을 불러일으키고 있는지를 알게 되었다.

닉슨의 선거운동은 매우 불안한 상태에 놓여 있었다. 빌리 그래함은 각 분야에서 닉슨의 정책이 선명치 않다고 지적했다. 첫째로, 쿠바문제에 대한 미국의 외교정책은 이 선거기간 안에 바뀌어야할 필요가 있다고 생각한 빌리 그래함은 "저는 비록 외교관계의 파국을 맞는다 할지라고 대통령이 좀 더 강력하고 극적인 행동을 취해야 한다고 봅니다"라고 말했다. 지금은 많은 국가가 민주적 행정부를 가지고도 어떻게 공산화 했는지 국민에게 알려주어야 할 시기였다. "그러한 나라는 최소한 20개 입니다. 이것은 굉장히 충격적인 일로 이 문제에 관하여 케네디의 입을 막을 준비를 해야 합니다."

다음으로 존경받는 공화당 지도급 인사들은 어떻게 민주당이 종교를 이용하고 있는지를 나서서 국민에게 알려주어야 한다고 빌리 그래함은 지적했다. "트루만과 존슨은 지난 며칠간 노스캐롤라이나에 머물렀습니다. 그리고 그들의 대화의 대부분은 종교에 관한 것이었습니다." 그리고 빌리 그래함은 핵심을 가로막고 있는 잔가지들을 제거했다. 즉 빌리 그래함은 닉슨 자신도 신앙적으로 문제가 있다고 지적했다. 크리스천들은 부통령인

---

34) BG to RN, June 12, 1961, RNLB.

닉슨이 아이젠하워가 공적인 직무를 신앙적 수사(修辭)로 표현한 것처럼 미국의 신앙적 부흥, 하나님에 대한 절대적 신앙과 기도에 대한 강력한 표명을 공개적으로 해야만 한다고 생각하고 있었다. 그에게 장애물이 발생한 것이다. 닉슨은 공중 앞에서의 자신의 신앙심을 드러내야만 하는 강력한 기대에 부응하지 않으면 안 되었다.

빌리 그래함은 아이젠하워와 나눈 대화를 소개하며 "당신은 다음 토론회에서 누가 당선되든지 당선자는 워싱턴이나 링컨처럼 하나님께 능력과 리더십을 구하지 않으면 안 된다는 사실을 반드시 표명해야 합니다. 대통령과 사담을 나누었을 때, 그도 이점이 가장 중요하다고 동의했습니다"라고 제안했다.

이것은 또 다른 미묘한 신경전을 야기했다. 닉슨은 아이젠하워를 깊이 끌어들임으로써 자신의 장점이 분산되는 것을 싫어했다. 빌리 그래함은 아이젠하워를 텍사스, 펜실베이니아, 오하이오 그리고 캘리포니아 유세에 나가게 해야 한다고 닉슨에게 독촉했다. "대통령은 텔레비전에서는 큰 효력을 발휘하지 못합니다. 그러나 지역에 내려가 직접 유세를 한다면 지역주민들에게 큰 호응을 얻을 것입니다." 이것은 케네디가 승리한다면 이것은 아이젠하워의 불참에서 비롯된 것이라는 빌리 그래함의 메시지를 담고 있었다.

닉슨은 빌리 그래함에게 동의했다. 당시 아이젠하워는 선거지원에 열심을 낼 생각이었다. 대통령의 직접적인 선거지원을 압박하려고 닉슨이 아이젠하워를 만나기로 한 전날 밤에, 매미 아이젠하워는 팻 닉슨을 불러 남편의 선거참여는 제한적일 수밖에 없다고 말했다. 주치의는 대통령의 무리한 선거참여는 건강에 치명적일 수 있다고 경고했다. 닉슨은 거기에 동의할 수밖에 없었고 그로인해 치열한 경합 주(洲)들에서 아이크의 도움은 기대할 수 없게 되었다.

마지막으로 빌리 그래함은 일련의 영적인 지원을 제공했다. 수천 개의 기도모임은 전국적으로 조직하였고 빌리 그래함은 "앞으로 며칠 안에 당신은 기도의 응답을 통하여 오는 초자연적인 능력과 지혜를 느낄 것입니다."[35]라며 닉슨에게도 선거를 위해서 기도할 것을 요청했다.

그러나 공교롭게도 종교계에서 제 삼의 인물이 선거 무대에 빌리 그래함과 필을 합류하게 하려는 일이 벌어지면서 닉슨은 다시 한 번 자신이 언제나 명예롭게 생각하던 편견 없는 자신의 천성을 보여주는 데 실패했다.

선거판을 흔든 마틴 루터 킹

1960년 대통령 선거에서 종교분쟁이 하나의 불운이었다면, 다른 하나는 인종문제였다. 민권운동(Civil Rights Movement: 인종차별, 특별히 흑인차별에 대항한 운동 - 역주)은 두 후보자들에게 도덕적이며 정치적인 도전이었다. 이 문제는 후보자의 개인적인 견해에 관계없이 선거운동의 흐름 속에서 분출한다. - 이후의 몇 년간 백악관의 기록은 그들 모두 인종차별 문제에 깊은 관심을 보였음을 알려주고 있다 - 지난 8년간의 부통령 시절동안 닉슨은 케네디보다 이 문제에 더 깊은 관심이 있었고 아이젠하워에게 이 문제를 풀도록 강력 청원하기도 했다. 닉슨의 어머니는 인종차별을 그에게 가르치지 않았다. 닉슨은 자신의 딸을 흑백통합교육을 하는 학교에 보냈고 집을 구입했을 때엔 차별 조항에 서명하지 않았다. 1957년 가나 공화국 여행 중 마틴 루터 킹을 만났던 닉슨은 이후 민권청원서에 대한 논의가 한창일 때 그와 랄프 알버나티(Ralph Abernathy)를 백악관으로 초청했다. 킹 목사는 아직은 미비한 민권청원서이지만 의회 통과가 되면 1960년 대선에 2백만 명의 흑인 유권자가 더 늘어나게 될 것이라고 판단하고 있었다. 법안이 통과되었을 때 킹 목사는 부통령인 닉슨에게 "당신의 열성적인 수고와 불굴의 용기… 이것들은 도덕법 중 최상위법에 헌신한 당신의 모습을 보여주는 증표들입니다. 흑인 표는 여러 중요한 대형주(州)에서 힘의 균형추 역

---
35) BG to RN, October 17, 1960.

할을 하기 때문에 누구든지 대통령 선거에서 승리하기 위해선 흑인 표를 얻어야 합니다"[36]라는 감사의 편지를 썼다.

1960년을 시작할 때, 빌리 그래함은 킹 목사에게 눈을 고정하고 그의 잠재적인 정치적 파워를 주시하고 있었다. 둘은 6월에 세계침례교총회가 열린 브라질의 리우데자네이루에서 3일을 함께 보냈는데 한번은 빌리 그래함이 킹을 위하여 만찬을 베풀었다. 빌리 그래함은 "케네디는 킹을 자신의 집으로 초청하여 3시간의 대화를 나누었습니다. 킹은 케네디에게 깊은 인상을 받았습니다. 저는 최소한 킹을 중립지대에 묶어놓을 수 있습니다. 그러나 당신이 그를 초청하여 환담을 나눈다면 그것은 분명 그의 마음을 흔들어 놓을 것입니다. 킹은 강력한 영향력을 가진 사람입니다"[37]라고 중립을 표방한 킹의 말은 분명한 자기입장을 밝히지 않겠다는 것이 아니라 오히려 빌리 그래함 자신의 입장과 비슷한 것임을 닉슨에게 알려주었다.

닉슨은 심각한 시련에 봉착해 있었다. 결국 대부분의 북부지방 흑인들이 민주당을 지지하고 있었기 때문에, 북부지방을 겨냥했던 공화당의 소극적인 개혁정책은 오히려 승기를 잡았던 남부에 총을 쏜 격이 아니었을까? 중도파에 기반을 두고 있던 닉슨은 그들에게 압력을 받았다. 후에 배리 골드워터는 닉슨이 민권운동을 지지함으로써 남부를 잃었고 나아가 선거에서 졌다고 분석했다. 인종문제에 관한 입장이 대통령 선거에서 결정적인 역할을 했다고 하는 것은 참으로 놀라운 일이었다. 닉슨의 선거운동은 북부에서는 흑인 표를 그리고 남부에서는 백인 표를 잃는 결과를 낳았다.

10월 19일 마틴 루터 킹은 50여명의 사람들과 함께 시내에서 연좌데모를 하던 중, 애틀랜타의 매그놀리아 룸 식당 앞에서 체포되었다. 같이 잡힌 이들은 보석금을 내고 석방되었으나 킹은 추가된 교통 위반죄로 인하여 라이즈빌에 있는 주교도소에서 강제 노동형을 선고받았다.

뉴스를 들은 닉슨은 대변인인 허브 클라인에게 "킹 박사는 억울한 누

---

36) Carson, ed., *Papers of Martin Luther King, Jr., Vol. IV.*
37) BG to RN, August 23, 1960.

명을 쓰게 될 수도 있습니다"라고 말했다. 그는 법원에 전화를 걸어 다음의 요지를 말했다. 킹 박사의 민권운동이 오히려 모독 받고 있는 것은 아닌가? 그리고 그것이 고발의 근거가 되는 것인가? 한 관리가 그의 석방을 위한 탄원서를 제출했지만 효력을 발휘하지 못했다. 아이젠하워 역시 아무 반응을 보이지 않았다. 클라인은 법원에 들렀다 떠나면서 기자들이 엄청난 질문을 했을 때 "부통령은 아무 말도 없었습니다"라고 말했다.

한편 케네디는 매제인 사전트 슈리버(Sargent Shriver)의 독촉으로 킹의 부인인 코레타 스코트(Coretta Scott)에게 전화를 걸었다. 당시 코레타는 임신 6개월로, 남편이 거칠기로 소문난 조지아 감옥에서 6개월의 강제 노동형을 선고받은 것에 대하여 어찌할 바를 모르고 있었다. "이 일로 많이 상심하실 줄 압니다. 제가 당신과 킹 박사에 대해 애정을 갖고 있다는 것을 알아주셨으면 합니다." 케네디는 "제가 도울 일이 있으면 언제든지 연락을 주십시오"라고 그녀를 위로했다. 이 통화는 아마 2분 정도 걸렸을 것이다. 다음날 케네디의 동생인 보비(로버트 케네디의 애칭 - 역주)는 킹의 석방을 이끌어 내려고 민주당 소속인 주심 판사에게 전화를 걸었다.

선거유세는 절정으로 치달았지만 대다수의 국민은 앞으로 무슨 일이 일어날지 전혀 알지 못했다. 감사의 마음으로 가득한 코레타는 케네디의 위로 전화를 가족과 친구들에게 말했고 그들은 또 다른 사람에게로 전달했다. 처음에 케네디는 이 사실이 밖으로 퍼져나간 것에 대하여 분노했고 그것이 자신과 남부 민주당원들을 해롭게 할까봐 무척 두려워했다. 그러나 침례교 목사로 명성을 갖고 있던 킹의 아버지는 케네디에게 안도감을 가져도 좋을 이유들을 설명했다. 킹의 아버지는 몇 주 전만 하더라도 종교문제로 인해 부통령인 닉슨을 지지했었다. ("생각해 보시오" 케네디는 짤막하게 말했다. 킹 박사의 아버지는 고집불통의 사람이었다. 케네디는 다음과 같이 말을 이어나갔다.

"우리는 모두 킹의 아버지처럼 아들을 위해 고집불통인 아버지가 있습니다.[38] 그렇지 않습니까?") 킹의 아버지는 이러한 케네디의 동정적 행동에 감동하여 결

---

38) Sorensen, *Kennedy*, 33.

국 가톨릭계 대통령 후보에게 투표하였다. "나는 유권자들을 움직일 수 있습니다. 나는 그들의 표를 케네디 후보에게 몰아 줄 것입니다."[39]

　케네디의 선거본부는 케네디 후보가 인권 운동가인 킹 목사와 그의 가정을 지원했다는 내용을 담은 청색의 팸플릿을 백만 부나 찍어서 전국의 흑인 교회들 앞으로 발송했다. 팸플릿은 "마틴 루터 킹의 사건에 대해 닉슨은 말이 없었다. 그러나 케네디 상원의원은 전심을 다했다"라는 내용을 담았다. 킹의 동료 알버나티는 "나는 지금이 닉슨에 대한 우리의 지지를 거두어들일 때라고 진심으로 믿습니다"[40]라고 선언했다. 그의 선언은 후에 "청색 폭탄"(blue bomb: 청색폭탄은 pc통신이나 인터넷 통신에서 자신과 통신하고 있는 상대방의 윈도 운영체제를 갑자기 정지시키는 수법을 말한다 - 역주)이라 불렸다. 선거 이틀 전 킹 목사는 라디오에 출연해 케네디를 칭송하고 공화당을 "두 말을 하는 집단"[41]으로 강력히 비난했다. 그것은 지지선언은 아니었지만 그것으로 충분했다. 1956년에 공화당은 흑인 표에서 3대 2로 여유 있는 승리를 하였지만 케네디는 7대 3으로 승리했다. 아이젠하워는 이 결과에 깊은 탄식을 했다. 케네디 형제가 걸었던 두 통의 전화는 결국 흑인 표의 향방을 결정했다.

　닉슨은 킹 목사의 사건을 대략적으로 "돌이켜 보면 그 일은 피해갈 수도 있었고 아니면 최소한 더 좋은 방향으로 조정할 수 있었을 텐데…"[42]라고 회고했다. 필 목사가 종교문제로 선거판을 흔들어 버린 것처럼 킹 목사 역시 인종문제로 선거의 방향을 바꾸었다. 그러나 최종적인 결론은 빌리 그래함이 자초한 결과였다. 빌리 그래함은 불 속에서 빠져나오기 위하여 하나님의 응답을 기다리고 있었다.

---

39) White, *MOP 1960*, 387.
40) Matthews, *Kennedy and Nixon*, 173.
41) Frady, *Martin Luther King* (New York: Penguin Putnam, 2002), 77.
42) Nixon, *six Crises*, 362.

제10장

인생의 의미

> *닉슨은 매우 낙심했습니다. 그의 어깨는 축 처졌고 몰골은 매우 초췌했습니다. 그는 기력을 회복하지 못하고 있었습니다. 저는 그를 안고 위로했습니다. "딕, 국민이 당신을 다시 부를 것입니다."* [1]
>
> *- 닉슨이 선거에서 패배하고 난 후*

빌리 그래함은 필의 사건을 "20년 전 그리스도에게로 개종한 이래 아마도 제가 겪은 일 가운데 가장 심각한 내적 갈등을 겪은 일"[2]이라고 회고했다.

10월에 미국으로 귀국이후 빌리 그래함이 최초로 들른 곳은 뉴욕에 있는 타임앤라이프(Time and Life) 빌딩으로, 루스를 만나기 위해서였다. 필 목사가 낸 화재로 닉슨의 진영이 초토화상태에서 빌리 그래함은 기자들에게 자신은 명백한 지지선언을 할 수 없지만 닉슨을 돕기 원한다고 말했다.

---

1) BG, interview, January 18, 2006.
2) BG to Luce, October 24, 1960.

루스는 빌리 그래함에게 "당신이 닉슨에 대해 알고 있는 대로 글을 쓰는 것이 어떻습니까? 만약 글을 쓴다면 「라이프」에 싣도록 하겠습니다"라는 제안을 했다. 빌리 그래함은 주저했다. 루스는 "당신이 누구를 지지하는지는 밝히지 말고 그냥 당신이 생각하는 닉슨에 대해서만 쓰는 것입니다"라고 말했다.

여전히 혼돈스러웠지만 빌리 그래함은 노력해 보겠다고 말하고 노스캐롤라이나의 집으로 돌아왔다. 어느 날 오후 그는 글을 쓰기 위하여 책상에 앉았는데 글을 마치는데 한 시간이 채 걸리지 않았다. 글쓰기는 그에겐 가장 쉬운 일 중 하나였다.

빌리 그래함은 "저는 정치와 거리를 두려고 마음먹었습니다. 특별히 종교문제가 선거의 중요 이슈가 되었을 때에 그랬습니다[3]"라고 글을 시작했다. 그는 성경을 읽고 기도한 후, 자신의 의견을 밝히는 것이 국민의 한 사람으로서 마땅한 의무라고 결론지었다. "노동계 지도자, 연예인, 시사 평론가, 언론인 그리고 각 분야의 사람들이 저마다 자신의 입장을 개진하고 있습니다. 그런데 저는 왜 안 되는 것입니까?"

자신의 등장을 정당화하기 위하여 그는 경험을 활용했다. 즉 빌리 그래함은 세계 50개국이 넘는 나라의 지도자와 교분을 나누어 왔고 그들은 빌리 그래함에게 "자유세계의 지도자를 선택하는데 당신이 영향력을 발휘해야 합니다"라는 이야기를 들어왔다. 빌리 그래함은 닉슨에 대해 제2의 링컨이 될 만한 자질을 가졌으며 온유하고 신실하며, 경건한 사람인 것은 말할 것도 없고 가정생활에 문제가 없는 사람이라고 평했다. "닉슨의 신앙은 독실한 부모님이 물려주었기 때문에 하나님을 깊이 신뢰하는 사람이라고 확실히 말할 수 있습니다." 빌리 그래함은 말했지만 이 말은 신앙은 유전되는 것이 아니라 하나님과 일대일 관계의 믿음을 강조하는 사람들에게는 논란거리가 되었다. "비록 그가 공개적으로 자신의 신앙을 드러내지는 않

---

[3] Unpublished *Life* article, October 1960.

앉지만 저는 그가 신앙심이 깊은 사람임을 알고 있습니다."

빌리 그래함이 개인적으로 닉슨에게 가까이 갔다고 해서 국가와 대통령직에 대한 그의 충성심이 없어진 것은 아니었다. 즉 그는 케네디가 당선이 된다면 그를 지원할 것을 약속하였고 결국에는 모든 것을 하나님의 뜻에 맡겼으며 국민에게는 "하나님의 뜻이 이루어지도록" 기도할 것을 촉구했다.

빌리 그래함은 이 기사에 대하여 닉슨에게는 말하지 않았지만 일부 닉슨의 참모들에게는 말했다. 참모들은 이 기사가 어떤 결과로 나타날지 의아해 했다. 그러나 루스는 이 원고를 읽고 흥분했다. "나는 이 기사를 특집으로 꾸며서 다음 주에 내보낼 것입니다."[4] 그렇게 하면 선거 전 두주일 동안 거의 6백만 명 이상의 독자들이 분명히 이 기사를 읽을 것이었다.

빌리 그래함은 루스가 좋아하는 것을 보고 기뻤다. 그러나 빌리 그래함은 점점 힘을 잃었다. 빌리 그래함의 정치적인 행위에 대해 경고의 음성이 들려왔고 부인 룻도 빌리 그래함의 그런 행위를 단호히 반대했다.[5] 빌리 그래함의 다른 친구들처럼 룻도 원칙과 실용주의를 강조했다. 즉 그녀는 정치에 뛰어드는 것은 복음전도 사역을 가로막는 행위이며 아마도 닉슨이 다가가야 하는 가톨릭 유권자들을 잃어버리는 행위가 될 것이라고 경고했다. 기사에 관한 소문이 빠르게 퍼져나가자 민주당 진영의 빌리 그래함 친구들이 전화를 걸어왔다. 노스캐롤라이나 주지사인 루터 하지(Luther Hodges)는 전화로 "당신은 지금까지 정치와 거리를 두고 있었는데 점점 정치에 빠져들고 있습니다"[6]라고 말했다. 다음으로 빌리 그래함의 친구들인 상원의원 스마더스와 주지사 클레멘트가 전화했다. 그들은 빌리 그래함이 너무나 큰 실수를 하고 있다고 말했다. 클레멘트는 "나는 당신이 하는 일은 무엇이든지 좋아했지만 그런 기사는 세상에 나오지 않기를 바라고 있습니다"라고 말했다.

---

4) *JAIA*, 392.
5) BG to RN, June 12, 1961.
6) Pollock, *Authorized Biography*, 219.

기사가 출판되기로 예정된 전날 빌 포스기자는 사장인 루스와 편집국장인 톰슨에게 한 장의 메모를 건넸다. 그것은 「보스턴글로브」(Boston Globe)가 기사내용의 낌새를 알아차렸다는 우려를 알리는 것이었으며 「라이프」가 케네디에 관한 기사를 닉슨기사의 자매편으로 쓸 것인지, 또한 케네디가 항의의 전화를 한 것이 사실인지 여부를 묻는 것이었다.[7]

「라이프」는 10월 20일 목요일 밤에 그 기사를 인쇄했다. 그날 밤 빌리 그래함은 밤새 무릎을 꿇고 기도하고 있었다. 그는 루스에게 그 기사를 중단할 것을 요청하지 않았다. 그는 하나님께 모든 것을 맡겼다. 그는 하나님의 뜻이 기사가 출판되는 것이 아니라면 그분께서 친히 중단할 것이라고 생각했다.

하나님이 직접 개입했는지 아닌지는 모르지만 케네디는 확실히 개입했다. 루스는 케네디에게 기사는 이미 나왔다고 말했고 케네디는 공정치 못한 처사라고 공격했다. 니버와 다른 사람들은 케네디에게도 기회를 주어야 한다고 말했다(그렇다면 그것은 매우 흥미 있는 기사가 될 것이 틀림없었다. "내가 강박관념에 사로잡힌 간부(姦夫)에게 투표하게 될 줄 꿈에도 몰랐습니다."[8] 니버는 윌리암 코핀 목사에게 말했다. "그러나 케네디는 확실히 닉슨보다는 훨씬 상황 인식이 민첩합니다").

반대가 더욱 심했고 그 기사를 인쇄하기에는 한 주간의 시간적 여유가 남아있었지만 루스는 그날 밤 칼을 빼들었다.

다음날 아침 10시에 그는 빌리 그래함에게 전화를 걸었다. 그는 지난 밤 한숨도 못 잤다고 말했다. 그리고 인쇄를 끝냈다고 말했다. 루스는 이미 자신의 결정을 후회하고 있었다. 그러나 빌리 그래함은 희열에 넘쳤다. 그는 하나님께서 자신의 기도를 들어주었으며 기적이 일어났다고 확신했다. 루스는 더는 빌리 그래함과 대화하기가 어렵다고 느꼈다.

---

7) Memo from William Furth to E. K. Thompson and Luce, October 22, 1960.
8) William Sloane Coffin, quoting Reinhold Niebuhr in Strober and Strober, *The Kennedy Presidency*, 39.

빌리 그래함의 몸은 꼼짝할 수도 없는 상태였다. 빌리 그래함은 "제가 쓴 기사에 격렬한 반발이 있을까봐 걱정하고 있습니다"[9]라고 루스에게 편지를 썼다. 빌리 그래함은 투표하는 것이 모든 크리스쳔의 의무라는 논지의 중립적인 기사를 다시 내자고 제안했다. 빌리 그래함은 친구인 스탠리 하이(Stanley High)에게 전화로 자신의 기사내용을 읽어준 후 "빌리 그래함은 이 기사는 당파적 정치에 치우쳤다는 비난을 받지 않으면서도 목적을 달성할 수 있을 것이라고 생각했습니다"라고 말했다. 다음으로 빌리 그래함은 "이 위기의 시대에 역사의 주관자이신 하나님은 저에게 전 세계를 바라보라는 당신의 음성을 들려주셨습니다. 저는 전 세계를 향한 복음의 문을 여는데 하나님께서 어떤 단일 변수보다는 당신을 더 많이 사용하셨다고 믿습니다. 그러므로 제가 복음을 전할 때 어떤 의미에서 당신도 복음 전하는 일에 참여하고 있는 것입니다"라고 출판인 루스에게 이 논조를 최우선으로 다루어 줄 것을 부탁했다.

루스는 안전장치가 가미된 새로운 기사에 대해 예리하게 판단하지 못했다. 그는 단지 빌리 그래함이 잠시 물러서 있기를 제안했다. 그러나 빌리 그래함은 다시 기사를 써서 발송했다. 루스는 그것이 처음 기사만큼 강력하다고 생각하지는 않았지만 그것을 다시 인쇄하기로 동의했다. 빌리 그래함의 생각은 "저는 하나님께서 기묘하고도 신비한 방법으로 간여하실 것이라고 진실로 믿었습니다.[10] 왜 그런지는 제가 하나님의 보좌 앞에 설 때까지 결코 알 수 없습니다"라며 확고했다.

최종적으로 「라이프」의 기사에 난 빌리 그래함의 메시지는 분명했다. 투표하는 것이 크리스쳔의 의무이며 누구를 결정할 지에 대해서는 "후보자의 매력이나 외모가 판단의 근거여서도 안되며 전통을 벗어나 의심스러운 길을 따라가서도 안 된다"라는 것이 빌리 그래함의 요지였다. 그는 결론적으로 "저는 내가 소속한 정당이 옳던 그르던 그곳에 투표할 것입니다. 그

---

9) BG to Luce, October 24, 1960.
10) BG to RN, June 12, 1961.

것은 조금은 편협한 생각일지 모르지만 최악은 피할 수 있습니다"[11]라고 말했다. 그러나 빌리 그래함의 말은 수적으로 훨씬 우세했던 공화당에게 불리하게 작용했다.

만약 선거일을 앞두고 빌리 그래함이 신문전면 기사로 공개적 지지를 닉슨에게 보냈다면 어떤 결과가 나왔을는지는 아무도 모른다. 그랬다 해도 어느 누구도 깜짝 놀랐을 것 같지는 않다. 왜냐하면 선거를 앞둔 마지막 주간, 국민 사이에선 7개의 흑막이 난무하였고 빌리 그래함은 방송과의 인터뷰 때마다 자신에게 위임된 사명만 들먹였으며 이미 발표된 자신의 입장만을 반복하였기 때문이다. "저는 살아오면서 각 분야의 사람들, 즉 연예계 스타, 성직자, 사업가, 노동계지도자과 교분을 쌓아왔는데 그들은 모두 자신이 지지하는 후보자가 있었습니다."[12] 빌리 그래함은 샬럿뉴스에서 "저는 그것이 정당한 일이며 또한 이 시대를 살아가는 사람들의 책임이라고 생각합니다"[13]라고 말했다. 빌리 그래함은 "제가 선거권을 가진 이래 그 어느 때 보다 중요한 이번 선거에서 확고한 신념을 갖고 있습니다"라고 말한 이후로 정치관여의 유혹을 받아왔음이 분명하다. 그러나 그는 자신의 신념을 명백히 공표하지 않는 한 금지의 선을 넘어선 것이 아니라고 생각했다.

빌리 그래함 주변의 사람들은 그와 같이 강박관념에 얽매여 있지 않았다. 한번은 닉슨이 노스캐롤라이나의 샬럿 지방에 선거유세를 왔을 때 빌리 그래함의 부모는 공항에서 그를 영접하고 그와 함께 연단에 앉았다. 빌리 그래함의 동료인 그래디 윌슨은 샬롯 지방의 모든 목회자들에게 유세장에 참여해줄 것을 촉구하는 편지를 발송했다. 빌리 그래함은 닉슨의 콜롬비아와 사우스캐롤라이나 유세장에서 하나님의 가호를 간구했다. 두 사람이 주 의사당을 향해 걸음을 옮길 때 악대가 다음과 같은 가사의 곡을 연주했다. "딕은 더는 가방 안에 있지 않아요."[14] 빌리 그래함은 거기서 기자

---

11) "'We Are Electing a President of the World,'" *Life*, November 7, 1960.
12) *Charlotte News*, October 26, 1960.
13) *Charlotte Observer*, October 27, 1960.
14) "Kennedy, Billy Graham Lunch, Golf," *New York Herald Tribune*, January 17, 1961.

들에게 "내가 콜롬비아에 온 것을 정치적으로 해석하지 않았으면 합니다"[15) 라고 말했다. 그는 그동안 닉슨을 분명하게 지지하라는 유혹을 받아왔다고 밝히며 결코 그런 일은 없을 것이라고 다음과 같이 공표했다. "제가 가지고 있는 확고한 생각은 나의 사명과 책임은 영적인 영역이며 결코 당파적 정치에 관여할 수 없다는 것입니다"[16)

빌리 그래함이 이렇게 말할 때는 아직 선거전이 불붙지 않은 때였고 그리고 이 말이 최종적인 말이 아니었다.

기사 사건이 종결되었을 때, 빌리 그래함과 루스 둘은 원래의 기사를 인쇄한 후 폐기한 것이 옳다고 결론지었다. - 만약 그냥 배포했다면 폭풍이 엄청났을 것이다 - 빌리 그래함은 "선거일이 다가오면서 원래의 기사를 인쇄, 출판하지 않는 것이 실수 아닌가 하는 생각에 사로잡혔습니다. 그러나 그 문제로 기도할 때, 마음의 동요가 없이 평안했는데, 저는 이것을 중요하게 생각했습니다"[17) 라고 말했다.

루스는 둘이 함께 짊어졌던 딜레마(기사사건)에 관해 빌리 그래함에게 "선거일이 다가오면서 많은 일이 일어났고 반응은 지역마다 달랐습니다. 당신의 일은 그런 것 중의 하나일 뿐입니다. 나는 언론인으로서 잘못을 했습니다. 즉, 케네디가 경계심을 갖지 않도록 세심하게 기사를 게재했었어야 했습니다. 왜냐하면 당신의 기사 내용은 순수한 것이었기 때문입니다. 나의 행위는 일관성이 없어 보였는지 모르지만 당신의 결정은 결코 실수가 아니라고 생각합니다"[18) 라고 편지를 쓴 적이 있다.

빌리 그래함 같이 대중의 존경을 받는 사람이 나타나서 자신의 성품을 칭송하는데 정작 그것에 대해 기뻐할 수 없었던 닉슨의 입장을 상상해보라. 닉슨은 "아마도 저를 위한 최고의 그리고 가장 강력한 도움은 당신이

---

15) "Dr. Graham to Aid Nixon Rally," *New York Times*, November 2, 1960.
16) *Charlotte News*, October 31, 1960.
17) BG to Luce, November 28, 1960.
18) Luce to BG, December 9, 1960.

「라이프」에 쓴 기사를 인쇄하지도 않고 또 사용하지 않는 것입니다"[19]라고 빌리 그래함에게 썼다. 거기서 기사를 멈추는 것이 바른 결정이었지만 빌리 그래함은 '신앙적 의인'이라는 새로운 덧칠을 해서 답장을 썼다. "선거에서 이기는 것보다 더 중요한 것은 당신이 미 역사상 가장 신실한 영적 지도자의 한 사람이 될 만한 사람이라는 것을 인정받는 것입니다. 그 점에서 이 기사는 당신을 해롭게 하지 않을 것입니다." 결과론적으로 말하기는 쉬운 일이지만 어쨌든 그 후 닉슨이 정말로 필요로 한 시기에 빌리 그래함은 아무런 힘을 발휘하지 못했다.

닉슨이 빌리 그래함의 사역을 보호하려고 애를 썼다는 사실은 1년도 채 안되어 드러났다. 빌리 그래함의 기사사건에 대해 빌리 그래함이 닉슨은 아무런 책임이 없었다고 증언했음에도 불구하고 닉슨은 자서전 『여섯 번의 위기』(Six Crises)에서 모든 책임을 스스로 떠맡았다. 또한 종교적 이슈의 선거판 중심에 서 있는 빌리 그래함을 보호하기 위하여 닉슨은 "자신이 직접 지지선언을 요청했지만 빌리 그래함은 과감히 거부했습니다"[20]라고 말했다. 빌리 그래함이 "친밀한 친구"인 닉슨을 무제한적이며 열정적으로 지지하면 커다란 도움이 될 것이라고 닉슨의 참모들은 생각했지만 닉슨은 그것을 자제를 촉구했다. 닉슨은 "비록 빌리 그래함의 지원이 종교영역 밖에서 이루어지고 있지만 반대편은 그의 지원을 종교적 편협함의 증거로 몰아세울 것이 분명하기 때문에 나는 그것을 크게 걱정했습니다"라고 말했다.

마지막 결전

선거 막바지에 사실 두 진영은 종교문제를 어떻게 다룰지에 대하여 의

---

19) RN to BG, January 15, 1961, RNLB.
20) Nixon, *Six Crises*, 365.

견이 갈렸다. 케네디와 닉슨의 참모들은 선거운동 마지막 날 고단위 성명서를 발표해야 한다고 강력히 조언했다. 접전을 지켜보고 있는 유권자들에게 적절한 메시지를 보내는 것은 결정타가 될 수도 있었다. 문제는 메시지의 내용과 그 내용이 미치게 될 영향을 파악하는 것이었다.

여론분석가인 루 해리스(Lou Harris)는 마지막 순간에 공화당은 전격적으로 아이젠하워를 텔레비전에 내보낼 것이며, 이것이 굉장한 영향을 미칠 것이라고 경고했다. 그는 토론회를 통하여 구축된 케네디의 긍정적 이미지가 종교적 감성의 문제로 파묻히는 사태를 걱정하면서 케네디에게 전국망을 가진 TV쇼에 출연하여 재차 종교문제에 관한 연설을 할 것을 재촉했다. 케네디 캠프는 "아세요, 닉슨은 종교문제를 드러내지 않는다고 말했지만 사실 전국을 순회하면서 종교문제에 깊이 빠져있습니다"[21] 라는 상업광고를 내 보내고 있었다.

빌리 그래함도 닉슨에게 동일한 이야기를 수없이 반복했다. 빌리 그래함은 "저는 종교적인 문제가 잘못되지 않는 한 이번 선거에서 당신이 승리할 것이라는 것에 조금도 의심치 않습니다"라고 11월 2일 닉슨에게 편지했다. 비록 「뉴욕타임즈」가 공화당 소속의 텍사스 억만장자인 헌트가 괴문서를 배포하고 있다고 폭로했지만, 빌리 그래함 역시 가톨릭 유권자 밀집지역에서 민주당이 동일한 선동을 하고 있다는 의심을 제기했다. 빌리 그래함은 자기 동역자들이 하는 선동은 모르고 있었던 모양이었다. 한번은 그래디 윌슨이 라디오 방송에 출연해서 가톨릭 신자들이 한 밤중에 대규모 군중을 모아놓고 빌리 그래함이 스페인으로 가려고 탑승한 군용기가 사고가 나기를 기도했다고 주장했다.[22]

빌리 그래함은 선거일 전 한 주간 내내 7개의 대형 주(州)들에서 텔레비전 광고방송을 대대적으로 내보낼 것을 닉슨에게 강력 촉구했다. 빌리 그래함은 닉슨에게 "월요일 저녁 텔레비전 방송에서 당신은 차기 대통령이 누

---

21) Sorensen, interview, July 20, 2006.
22) "Billy Refused Kennedy Plea," *Charlotte Observer*, August 8, 1960.

가되든, 대통령 혼자서는 세계가 직면한 심각한 문제를 대처할 능력이 없다는 것과 그러므로 대통령은 하나님의 도움이 절대적으로 필요하며 모든 국민은 그를 위하여 기도해야 할 사명이 있음을 공표해야만 합니다"[23]라고 말했다.

이러한 빌리 그래함의 조언은 한편으로는 전략적이었으며, 다른 한편으로 진심에서 우러나온 것이었다. 빌리 그래함은 닉슨이 아이젠하워와 전혀 다른 인물인 것에 '가슴 아파하는 크리스천들'이 보낸 편지들을 소지하고 있었다. 빌리 그래함은 닉슨이 그렇게 말하는 사람들의 소리를 들을 수 있다면 모든 것이 잘 되어갈 것이라고 생각했다. 빌리 그래함은 "당신이 하나님을 확고히 신뢰하며 인간의 운명을 결정하시는 하나님의 손길에 이번 선거를 맡겼으며 당신은 단지 '그분의 뜻이 이루어질 것을' 기도하고 있다는 것을 분명하게 말하십시오. 또한 당신은 이번 선거에 나선 것은 개인적 야망보다는 하나님이 원하시는 일을 하고 싶었기 때문이라고 말하십시오. 만약 이런 개인적 고백을 국민이 듣는다면 그때에는 엄청난 일이 일어날 것입니다"라고 재촉했다.

빌리 그래함은 이번 선거는 중요한 영적 전쟁의 하나라고 말했다. "이번 선거는 보이지 않는 전쟁으로 여론조사와 통계로만으로는 그 실체를 파악할 수 없습니다." 그는 그렇게 설교했고 닉슨과 국가가 당면하고 있는 위기를 위하여 자신과 함께 기도하자고 요청했다. "딕, 지금은 하나님 앞에 자신을 던져버리고 그분만을 의지할 때입니다. 시편 118편 6절에 이렇게 말했습니다. '여호와는 내 편이시라 내게 두려움이 없나니 사람이 내게 어찌할꼬.' 당신은 지금 시험을 통과하고 있고 하나님은 당신이 진심으로 그분 앞에 서 있는지 보기를 원하신다고 믿습니다. 저는 하나님의 도움 없이는 이번 선거에서 이길 수 없다고 확신하고 있습니다." 그리고 그는 여호수아의 하나님 약속을 인용했다. "마음을 강하게 하고 담대히 하라 두려워 말며 놀라지 말

---

23) BG to RN, November 2, 1960.

라 네가 어디로 가든지 네 하나님 여호와가 너와 함께 하느니라"(수 1:9).

그것이 선거일을 앞두고 한 빌리 그래함의 마지막 말이었다.

그가 겪은 다섯 번의 대통령 선거에서 "1960년의 대통령 선거보다 나에게 영향을 끼친 사건은 없었다. 그것은 정말로 이상한 선거였다"[24]라고 닉슨은 자신의 회고록에서 기술했다.

사람들은 얼마나 많은 일들이 선거결과를 뒤바꾸어 놓았는지 생각하지 못했다. 새로운 조류가 밀려왔기 때문에, 만약 선거운동이 2일간만 더 연장되었다면 닉슨이 이겼을 지도 모른다. 루스는 자신이 왜 「라이프」에 빌리 그래함이 쓴 글을 싣게 되었는지 의아해 했다. 필은 그가 닉슨에게 백악관행 뇌물을 바쳤다고 비난하는 신문 칼럼을 읽어야만 했다. 닉슨은 왜 자신이 선거일 전 마지막 일요일에, 50개주 모두를 방문해서 선거 운동하겠다는 약속을 지키지 못했는지 의아해했다. 약속대로라면 그는 알라스카로 가야했지만 대신 일리노이에서 유세를 한 것이다.

그리고 유령유권자와 재검표에 대한 이야기가 무성했다. 재검표는 6,800만 명의 유권자 중에서 불과 113,000표의 차이로 당락이 결정되었기 때문에 불가피해 보였다. "이봐요 딕," 렌 홀(Len Hall)은 선거가 끝난 후 2주일이 지나서 닉슨에게 "14,000명의 표가 바꿔치기 되었어요. 우리는 영웅이 될 것이고 저들은 부랑자가 될 것입니다"[25]라고 말했다. 트리키아 닉슨(Tricia Nixon)은 그해 크리스마스 때 쓸 비용을 시카고에 있는 재검표위원회에 보냈다.[26]

검표가 최종적으로 끝났을 때, 닉슨은 "당신이 영적인 영감으로 나에게 조언을 해 준 것에 대하여 진심으로 감사드립니다"[27]라고 빌리 그래함의 영혼을 오싹하게 할지도 모르는 일종의 칭송 편지를 빌리 그래함에게 보냈다. 닉슨은 "더구나 당신의 정치적 조언은 다른 사람이 한 것보다 훨씬 현

---

24) Nixon, *Memoirs*, 214.
25) Nixon, *six Crises*, 294.
26) Ambrose, *Nixon*, 644.
27) RN to BG, January 15, 1961.

명한 것이었습니다. 나는 당신의 복음사역의 위대한 가능성을 정치가 차단해 버렸다고 친구들에게 종종 말했습니다"라고 말했다.

만약 빌리 그래함이 닉슨 편지의 초안을 볼 수 있었다면 아마도 그는 정치적 친구의 의미에 대해 다르게 생각했을지도 모른다. 닉슨은 추신에서 팻이 "당신과 룻에게 안부를 전한다"라고 덧붙였다. 그리고 괄호 안에 이런 표시를 남겼다. "그의 부인 이름이 룻이 맞지, 아마."

제11장

14캐럿 가치의 사진

케네디의 부친이 그곳에 나를 앉도록 하고 결국은 종교적인 문제를 꺼냈습니다. 그 순간까지 저는 더 이상 저의 역할이 없다고 생각했는데 이내 다르게 느꼈습니다. 저는 국가를 위한 제 역할이 있다면 감당하기를 원했습니다.[1] 그것은 종교로 빚어진 문제였기 때문에 그 상황에서 쓰임 받는다는 것이 기뻤습니다. 그래요, 케네디는 당시 국민 사이에 분열된 골을 메우려고 노력하고 있었습니다.

- 케네디와 의미심장한 만남을 가진 후

또 한 주간의 무거운 주제들을 다루기 전에, 존 피츠제럴드 케네디(John Fitzgerald Kennedy)가 월요일에, 팜비치 골프장에서 1964년도 재선을 위한 선거운동을 시작했다는 것에 주목해보자.[2]

케네디가 대통령에 취임하기 며칠 전에, 「타임」의 특파원인 휴 사이디(Hugh Sidey)는 1961년 1월 뉴욕에 있는 편집국장에게 특종기사를 급히

---
1) BG, interview, January 19, 2006.
2) Hugh Sidey memo, January 18, 1961.

알렸다. 그것은 대통령 당선자와 빌리 그래함 간에 골프회담이 열린다는 내용이었다.

선거 직후, 대통령 당선자와 빌리 그래함의 만남은 케네디 생각이 아니라 그의 부친 조(Joe)의 구상이었다. 잭(Jack:케네디의 애칭 - 역주)은 아버지의 결정을 유쾌하게 생각하지 않았다고 알려졌다. 케네디에게 충성스런 사람이면서 동시에 닉슨과 빌리 그래함의 친구이기도 한 상원의원 스마더스는 이 회담을 주선했다. 그는 선거 이후 며칠이 안되어 대통령 당선자와 빌리 그래함 간에 친분을 만들어 주기 위해 팜비치에서의 친선 골프게임에 초청하는 전화를 했다.

빌리 그래함은 그러한 초청에 '노(no)라고 말할 사람이 아니었다. 그러나 빌리 그래함이 닉슨을 지지하였고, 닉슨은 아직도 패배의 슬픔에서 벗어나지 못했기 때문에 이번 경우는 다른 때와는 다른 것이었다. 그래서 빌리 그래함은 닉슨의 측근인 할드만(H.R. Haldeman)에게 전화를 걸어 의견을 물었다. "빌리는 약간 주저하면서 받아들였습니다."³⁾ 할드만은 "빌리 그래함은 케네디 상원의원이 원하는 것이 무엇인지는 모른다고 하였습니다. 그러나 이 회동이 당신을 향한 전폭적인 후원을 철회하는 것이 결코 아님을 알아달라고 말했습니다"라고 닉슨에게 전했다.

닉슨은 어떻게 그 회동이 주선되었는지 잘 알고 있었다. 그리고 빌리 그래함에게 다른 신경 쓰지 말라고 말했다. "그는 대통령 당선자입니다. 그가 당신을 부를 때마다 당신은 가야만 합니다. 나라도 그럴 것입니다. 그러므로 괘념치 마십시오."⁴⁾ 닉슨은 선거 이후 6일째 되는 날 케네디를 만났다.

스마더스는 빌리 그래함과 케네디 사이에 생긴 얼음벽을 깨부수기 위해 그 회동에 함께했다. 사이디 가자가 향후 1964년 선거를 미리 구상하고 있는지에 대해 스마더스에게 물었다. 그는 웃으며 "그 질문이 나쁘지 않군요"라고 말했다. 빌리 그래함은 왜 회동이 이루어졌는지에 대해서는 신경

---

3) HRH, memo to RN, November 23, 1960, RNLB.
4) *JAIA*, 393.

쓰지 않는 눈치였다. 그는 단지 기회를 얻고자 했다. 빌리 그래함은 "그 초청은 하나님의 섭리에 의한 것이 아닌가 생각합니다. 그곳에서 저는 대통령 당선자에게 나의 생각과 주장을 설명할 기회를 잡을지도 모릅니다"[5]라고 썼다.

빌리 그래함이 조 케네디의 팜비치 저택에 도착했을 때 잭은 위층에서 옷을 갈아입고 있었다. 빌리 그래함은 "빌리 그래함 박사님, 내 아버지께서 당신을 보고 싶어합니다. 그는 바깥 수영장 근처에 있습니다. 그를 뵈러 밖으로 나가시겠습니까?"라고 위층 창문에서 상체를 기울이고 아래층을 향해 말하던 케네디를 회상했다.

빌리 그래함은 케네디가(家)의 가장이 수영장 한쪽에서 자기를 기다리고 있는 것을 보았다. "오늘 왜 이곳에 오셨는지 아십니까?" 조 케네디는 물었다.

"모르겠습니다. 어르신, 조금 놀랐습니다. 초대를 영광스럽게 생각합니다." 빌리 그래함은 대답했다.

조는 노트르담대학의 총장과 독일을 여행하면서 겪은 이야기로 빌리 그래함을 추켜세우며 대화를 풀어나갔다. 그들은 그곳, 독일에서 빌리 그래함의 전도집회 포스터를 보고 호기심에 사로잡혔으며 수만 명의 사람들이 설교를 듣기 위해 광장으로 몰려가는 것을 보고 매우 놀랐다. 며칠 후 그들은 교황과 만나게 되었는데 빌리 그래함의 전도집회에 관하여 이야기를 나누었다. 교황은 그들에게 말했다. "그래요, 나도 우리 가톨릭 교회 안에 그 사람처럼 일하는 사람이 12명쯤이면 얼마나 좋을까 하고 생각했습니다."

조 케네디는 "아들이 대통령에 당선한 후, 나는 잭에게 당신을 반드시 친구로 삼으라고 말했습니다"[6]라고 말했다.

만약 친구가 아니라면 최소한 동역자의 하나로 만들어야 하는 것이 조

---

5) BG to Luce, November 28, 1960.
6) Rowan, *People* transcript, November 26, 1975.

의 생각이었다. 케네디는 덮개가 있는 흰색의 링컨 승용차에 태워 빌리 그래함을 태워 세미놀 골프클럽으로 안내했다. 차에서 내린 그들은 코스로 들어섰다. 빌리 그래함은 첫 번 홀에서 더블 보기를 했고 케네디는 "나는 목사님의 골프실력이 최고라고 알고 있는데요"라며 그를 놀렸다.

"아, 이것이 미국의 대통령 당선자와 치는 골프가 아니었다면 최고의 실력을 보여 줄 수 있었을 텐데요."

빌리 그래함은 그날을 선명히 기억하고 있었는데, 골프를 마치고 클럽으로 돌아가는 길에 케네디는 빌리 그래함에게 신학적인 질문을 던졌다. 신호등 앞에서 차를 멈추면서 케네디는 물었다. "빌리, 당신은 예수님의 재림을 믿으십니까?"

빌리 그래함의 사역에 익숙한 사람은 누구나 그리스도의 재림이 그의 설교의 중심주제인 것을 알고 있었기 때문에 케네디의 질문은 빌리 그래함에게 묘하게 들렸다.

"저는 매우 충격을 받았습니다." 빌리 그래함은 회고했다. "저는 분명히 말했습니다. '그럼요, 예수님의 재림은 확실한 것입니다.'"

"그런데 왜 내가 다니는 가톨릭 교회는 그것을 가르치지 않지요?"

"그 가르침은 가톨릭의 신조 안에 들어있습니다."[7] 빌리 그래함은 대답했다.

"그들은 예수님의 재림에 대해 거의 말하지 않습니다." 케네디는 응답했다. "저는 당신의 생각을 듣고 싶습니다." 케네디는 사람들의 전문영역을 파고들기로 유명했다. 그것을 통해 배우고 그들을 기쁘게 했다. 빌리 그래함은 걸으면서 그리스도의 생애와 죽음 그리고 재림의 약속에 관한 성경의 교훈을 설명했다.

"매우 흥미롭군요." 케네디는 응답했다. "언젠가 그것에 대하여 더 많은 대화를 나누었으면 좋겠습니다." 몇 년이 지난 후 빌리 그래함은 맥켈과의

---

7) BG, interview, January 18, 2006.

대화 중 케네디와의 그 이야기를 회고하면서 다음과 같이 말했다. "얼마나 빠르게 묻고 반응하는지 저는 케네디에게 깊은 매력을 느꼈습니다. 그는 열정적이며 탐구심이 뛰어난 지성을 가지고 있었습니다. 그는 백여 개나 되는 질문을 던졌던 것 같습니다."[8]

그러나 빌리 그래함은 이 초청의 목적이 영적이거나 철학적인 것이 아니었다는 것을 알아야만 했다. 그 목적은 정치적인 것이었다. 케네디는 호텔에서 기다리고 있는 기자들을 자신과 함께 만나는 것이 어떠냐고 빌리 그래함에게 요청했다. 그곳에서 말하는 것보다는 듣게 될 것이라고 생각한 빌리 그래함은 그렇게 하기로 동의했다. 사실 빌리 그래함은 다른 선택이 없었다. 그것은 지난 여름 케네디에게 편지를 써서, 그가 승리한다면 기꺼이 지원할 것이라고 빌리 그래함이 약속했기 때문이었다.

시험의 순간이 왔다. 케네디가 도착했을 때 수백 명의 기자들이 기다리고 있었다. 케네디는 먼저 골프 이야기를 하다가 기회를 봐서 말했다. "빌리 그래함 목사님께서 나와 함께 여기 오셨습니다. 여러분 중에 그에게 할 질문이 있다면 목사님께서 대답하시리라 생각합니다. 혹 여러분 중에 묻고 싶은 것이 있습니까?"

미국 역사상 가장 치열했고 가장 근소한 차이로 승패가 갈린 선거가 끝난 후, 케네디는 분열된 국론을 치료하기를 원했다고 훗날 빌리 그래함이 회고하면서 "저는 그날 밤 치유자의 역할을 하려고 노력했습니다"[9]라고 말했다.

기자들이 기다렸다는 듯 물었다. "종교에 대해서도 의견을 나누셨습니까?" "그렇습니다." 빌리는 웃으며 대답했다. 역사는 이와 같은 순간들을 기록한다. 빌리 그래함은 선제적 방어를 했다. "저는 선거전엔 종교에 관해선 언급을 하지 않았습니다." 그는 단호히 말했다. "저는 선거전에는 종교에 관해선 어떠한 성명서도 발표하지 않았습니다." 그러나 그것은 그가 말하고

---

8) BG, "God Is My Witness," *McCall's*, June 1964, 145.
9) Transcript of BG interview with Gary Clifford, *People*, January 31, 1981.

싶은 것을 충분히 말하지 못했다는 것을 의미할 뿐이었다.

이처럼 빌리 그래함이 약간 말을 수정해 변명한 것이 케네디를 화나게 하지 않았는데, 그것은 케네디 진영에서 듣기를 원하는 화해라는 용어를 빌리 그래함이 명확하게 말했기 때문이다. 빌리 그래함은 대통령 선거를 통해 개신교와 가톨릭간의 상호이해가 증진되었으며 "나라 안에는 국민이 두려워했던 것만큼 종교적 편견이 심하지 않다는 것을" 모두가 알게 되었다고 말했다. 그는 앞으로의 선거에서는 종교문제로 인한 분열은 없을 것이라고 예견했다. "종교문제는 허들 경기에서 만나는 장애물 같은 것이었지만 이제는 완전히 통과했다고 봅니다."[10]

케네디는 빌리 그래함이 자신이 원하는 것을 했다고 생각했다. 이것은 정화의식(sanctification ritual)의 일부였으며 빌리 그래함을 탁월한 종교 지도자에서 정치 지도자로 전환케 하는 계기를 만들어 주었다. 소렌센은 "케네디는 빌리 그래함을 미국 내에서 가장 강력한 영향력을 가진 인물로 인식하였으며, 역사상 가장 근소한 표차이로 당선된 그는 반대파들을 우호세력 또는 최소한 중립지대로 만듦으로써, 안정적인 리더십을 발휘할 수 있었습니다. 그렇다고 케네디가 빌리 그래함을 친구나 심정적으로 자신과 동일한 생각과 사상을 가진 인물로 여겼다는 것은 아닙니다"[11]라고 설명했다. 어쨌든 목적은 이루어졌고 회담은 지나갔다. 사이디는 "케네디는 그를 빌리라고 친구처럼 불렀고 빌리는 표정이 밝았습니다. 둘이 악수를 나눈 후, 빌리 그래함이 차를 타자 케네디가 차 뒤로 물러섰고 사복 경호원들이 그를 호위했습니다. 그러자 빌리 그래함을 태운 차가 출발했습니다"라고 편집국장에게 보고했다.

다음날 모든 신문들은 일제히 키가 훤칠하고 핸섬한 이 두 사람이 함께 웃고 있는 사진을 특종으로 내보냈다. 스마더스는 이 개신교 최고 지도자(빌리 그래함)로부터 전화를 받고 회담과 신문에 난 사진은 나라의 분열

---

10) "Dr. Graham Says Election Aids Church Amity," *New York Times*, January 17, 1961.
11) Sorensen, interview, July 20, 2006.

을 치유하고 미래로 향하는데 크게 도움이 될 것이라는 요지의 말을 나누었다. 결국 조찬 기도회의 사진과 기사는 - 비록 빌리 그래함과 다른 대통령들과의 관계보다는 못하지만 - 그와 케네디가 친밀한 친구라는 인상을 국민에게 심어주었다. 빌리 그래함과 찍은 사진은 케네디에게 중요한 의미가 있었다. 더스톤 데이비스(Thurston Davis) 신부는 예수회 잡지인「아메리카」(America)에 기고문을 쓰면서 "케네디가 추기경과 찍은 사진은 앞으로 1964년 대선에서 남부 복음주의 지역에서 10,000표를 잃어버리게 만들 것이다. 반면에 빌리 그래함과 찍은 사진은 순도 14캐럿짜리 금[12]과 같아서 다음 선거에 최소 5%의 이윤을 줄 것이다"라고 말했다.

그 이후로 빌리 그래함과 케네디는 공식적인 성격의 모임 이외는 만나지 못했다. 빌리 그래함은 간간히 조찬 기도회 때 케네디를 보았지만 저녁 만찬이나 하룻밤 백악관에 묵는 일 같은 초대는 받지 못했다. 그런 초대는 옛 친구가 새로운 대통령이 될 때까지 기다려야 했다. "일 년에 두세 번 대통령과 찍은 당신의 사진, 특별히 골프를 치는 사진을 신문을 통해 보면 마치 둘은 오랜 친구사이처럼 보입니다." 누군가 그렇게 말했을 때 빌리 그래함은 대답했다. "그러나 저는 케네디를 제대로 알지 못합니다."[13]

케네디의 지인들은 피그 만(灣)과 쿠바 미사일 사건 이후, 케네디 안에 일어난 변화를 인지하였는데 그것이 그가 영적인 일에 개인적으로 더 깊은 관심을 갖게 되었다는 것이다. 어느 조용한 저녁, 사이디는 케네디를 만나기 위해 그의 대통령 집무실에 들어서다 창문을 응시하고 있는 케네디를 보게 되었다.[14] 그때 케네디는 어떤 계획에 자신보다 하나님의 결정이 더 중요한지 모른다고 고백했다. 사이디가 무슨 뜻이냐고 케네디를 재촉했지만 그는 더는 그것에 대해 말하지 않았다.

케네디는 기회를 만들어 빌리 그래함을 초청했다. 빌리 그래함은 1961

---

12) "Catholic View of J.F.K.," *Time*, January 19, 1962.
13) James Michael Beam, "I Can't Play God Anymore," *McCall's*, January 1978, quoted in Frost, *Personal Thoughts*, 102.
14) Sidey, "Beyond Politics, the Reality of Faith," *Life*, August 11, 1967.

년 12월 케네디의 라틴 아메리카 방문에 관한 대화를 나누기 위하여 백악관에 들어왔다. 케네디는 짧은 일정의 의례적인 방문을 원치 않았다. "제가 당신의 세례요한이 되겠습니다."[15] 빌리 그래함이 자원했다. 빌리 그래함은 콜롬비아에서 일어나고 있는 심각한 상황을 알고 있었다. 케네디는 중재자로 나섰고 2만 명의 군중과 함께하는 모임에도 참석할 마음이 있었다.

케네디가 빌리 그래함을 우군으로 여기게 된 또 다른 이유가 있었다. 1963년은 평등권을 위한 투쟁이 폭발하던 해로 무엇보다도 앨라배마 버밍햄에서 대규모 가두시위가 있었다. 버밍햄 감옥에서 띄운 마틴 루터 킹의 편지는 '정의는 자연스럽게 스스로 자라난다'고 믿는 모든 사람의 마음에 강력한 도전을 주었다. 킹의 편지는 인종차별 철폐를 위한 시위를 외부사람들이 간섭해서는 안 된다고 말한 버밍햄 지역의 8명의 백인 목사들에게 배달되었다. 또한 이 편지는 법무장관 로버트 케네디(Robert Kennedy)와 빌리 그래함을 겨냥한 것이었다. 케네디는 킹의 편지를 때를 잘못 택한 행동이라고 폄하하였고 「워싱턴포스트」(*Washington Post*)는 킹의 데모는 "실익이 전혀 없는 것"이라고 평했다. 빌리 그래함은 「뉴욕타임즈」와의 회견에서 하나의 사건이 복잡하게 꼬임으로써 지금의 버밍햄 시위사건으로 확대되었다고 말했다. "지금 저는 시위가 잦아들고 절제의 미덕이 발휘되기를 바라고 있습니다." 빌리 그래함은 "사랑하는 친구여, 브레이크를 조금 밟아주시오."[16]라고 킹에게 몇 가지 조언을 했다.

킹은 다음과 같이 썼다. "사실 나는 인종차별이라는 질병으로 고통을 당해보지 않은 사람들의 생각하는 것처럼 적절한 시기가 있다고 생각하지 않습니다." 그리고 킹은 동료 목사들, 백악관 그리고 진리의 순간은 따로 있다고 생각하는 모든 "백인 온건주의자"에게 저항했다. "저는 참으로 유감스런 결론에 이르렀는데, 그것은 흑인들의 자유를 향한 걸음에 거부감을 느끼는 그룹들이 백인시민연합 회원들이나 극우단체인 KKK가 아니라 정의

---

15) *JAIA*, 398.
16) "Billy Graham Urges Restraint in Sit-ins," *New York Times*, April 18, 1963.

보다는 질서를 앞세우는 백인온건주의자들이라는 것입니다.[17] 그들은 언제나 '나는 당신이 추구하는 목표에 동의합니다. 그러나 직접시위라는 방법에는 동의할 수 없습니다'라고 말합니다."

계속되는 길거리 시위의 흉흉한 모습과, 거침없이 타오르는 도덕적 요구를 텔레비전을 통해 모든 가정이 시청하자, 갑자기 국가의 양심이 작동하면서 인식에 변화를 가져왔다. 백악관은 "만약 킹 목사를 잃어버리면 더 과격한 사람이 그 자리를 대신할 것이라는"[18] 생각을 하고 있었다. 대통령은 공공의 장소에서 모든 형태의 인종차별을 금지하는 포괄적인 시민 권리장전을 내놓았다. 빌리 그래함은 "피부색으로 인해 공용의 식당에서 흑인들을 쫓아내는 것은 인간의 존엄성을 모독하는 것입니다"[19]라고 말하며 자신의 목소리를 높였다.

9월 버밍햄의 16 가(街) 침례교회에서 일어난 폭탄사고로 4명의 흑인 아이들이 죽고 난 이후, 시사 평론가인 피어슨은 그 상처를 회복하기 위해 미국양심재단(America's Conscience Fund)을 조직하였고, 빌리 그래함은 네 명의 명예의장 중 한 사람이 되었다. 한편, 케네디는 성직자들과 회담을 하였는데 그들에게서 빌리 그래함이 어떤 역할을 맡아 버밍햄 지역에서 인종차별 금지집회를 해야 한다는 강력한 건의를 받았다. 텍사스의 주지사인 존 코넬리(John Connally)는 "빌리 그래함은 단순한 설교자나 전도자 그리고 기독교 지도자가 아니라 그 이상의 분이다. 솔직히 말한다면, 그는 우리의 양심의 역할을 해 온 분이다"[20]라고 선언했다. 남부의 분위기를 완화하기 위해, 빌리 그래함을 파견해야 한다는 코넬리의 건의는 케네디가 이번 한 번만 받은 것이 아니었다.

---

17) Martin Luther King, Jr., "Letter from Birmingham Jail," April 16, 1963.
18) Adam Fairclough, *To Redeem the Soul of America: Then Southern Chistian Leadership Conference and Martin Luther King Jr.* (Athens: The University of Georgia Press,1987), 136.
19) "Billy Graham's Work Sets a Pace in International Harmony," *Charlotte Observer*, August 16, 1963.
20) Pollock, *Authorized Biography*, 223.

그로부터 3주후, 케네디는 암살당했다. 그러나 빌리 그래함의 버밍햄 전도집회는 취소되지 않았다. 1964년 부활절 날, 전도집회를 취소해야 한다는 요청에도 불구하고, 폭동이 일어날 것이라는 경고와 인종차별주의자들의 테러 위협에도 불구하고, 빌리 그래함은 집회를 계속 강행하였고 버밍햄 메인 스타디움에는 35,000명의 군중이 모여들었다. 정부당국은 그 집회가 앨라배마 역사상 가장 대규모의 인종차별 철폐를 위한 모임이었다고 말했다.

바티칸이 대통령 집무실을 접수한다는 국민의 두려움과 무수한 경고에도 불구하고 1963년 11월 23일 백악관에서 유일하게 딱 한 번 가톨릭 미사가 열렸다.

제12장

비극과 전환

제가 린든 존슨을 매우 잘 알고 있는 사람처럼 보였지만 그는 매우 복잡한 속내를 가진 사람이었습니다.[1] 그러나 저는 그를 매우 좋아했습니다.

- 린든 존슨에 대해

1963년 11월 22일, 케네디가 사망했다는 공식 발표가 있은 지 98분이 지난 후, 대통령 전용기인 에어포스원 안에서 대통령 선서를 하게 되었을 때, 린든 존슨(Lyndon Johnson)은 재키 케네디(Jackie Kennedy)가 참석하기를 바란다고 말했다. 국정은 합법적으로 승계되었다. 모두가 금색 카펫이 깔린 우아한 대통령 전용 객실에 모였을 때 재키는 여전히 당도하지 않았다. 존슨은 "우리는 그녀를 기다릴 것입니다.[2] 나는 그녀가 이곳에 참석하기를 바라고 있습니다"라고 말했다. 그는 버드 여사에게 일어나는 모든 상

---

1) BG, interview, January 17, 2006.
2) "The Transfer of Power," *Time*, November 29, 1963; also "The Prudent Progressive," *Time*, January 1, 1965.

황을 기록하라고 부탁하고 녹음기인 딕터폰(상표명 - 역주)을 주었고 사진사에게도 동일한 지시를 했다. 곧이어 재키가 도착하였고 그녀는 존슨이 손을 들어 선서를 할 때 그의 부인과 함께 옆에 서 있었다. 선서가 끝나고 존슨은 돌아서서 두 여인을 포옹했다. 그리고 대통령으로서 첫 번째 명령을 내렸다. "됐습니다. 이제 비행기를 워싱턴으로 돌리시오."

비행 중 존슨은, 만약 갑자기 조종사에게 무슨 일이 발생하고 "지도나 계기판을 해독하지 못하는" 어떤 사람이 비행기를 대신 조종하는 사태가 오면 어떻게 될까 하는 상상을 해보았다.[3]

케네디는 결코 혼자가 아니었다. 그의 사망 뉴스가 발표되었을 때, 그의 영혼을 위하여 기도하려는 사람들로 교회당은 가득 찼다. 조종이 울리고 국가의 모든 일은 중지되었다. 상점들은 문을 닫았고 법원도 모든 재판을 중지했다. 극장들은 무대의 빛을 끄고, 의사들은 진료실을 떠났으며, 미식축구도, 모든 파티도 취소되었다. 전화국 교환수들도 업무를 중지하여 전화 시스템도 모두 불통이었다.

케네디의 죽음으로 인해 빌리 그래함의 사역에 묘한 이야기가 회자되었다. 빌리 그래함이 정확하게 다가올 일을 내다본 것은 결코 아니었다. 그러나 두주 전 휴스턴에서 설교할 때 그는 이상한 예감에 관해 이야기했다. 텍사스 주지사 코넬리가 호텔로 찾아와서 빌리 그래함과 담소하는 중에 코넬리는 케네디의 이번 방문은 매우 위험스러운 일이라고 말했다. 즉, 텍사스의 분위기는 대통령에게 점점 적대적으로 변해가고 있다는 것이었다. 이 대화는 빌리 그래함의 정신을 번쩍 들게 했다. 빌리 그래함은 친구인 스마더스를 통해 케네디에게 연락을 취하려고 백방으로 노력했고 대통령을 텍사스로 내려오게 하면 안 된다고 스마더스에게 강력히 경고했다. 그러나 빌리 그래함과 케네디는 연결이 되지 못했고 그 결과 빌리 그래함의 경고 메시지를 케네디가 받지 못했다.

---

3) "The Prudent Progressive," *Time*, January 1, 1965.

빌리 그래함은 "이날은 링컨의 서거 이후 미국 역사상 가장 비극적인 날입니다.[4] 우리는 모두 이 두려운 책임을 맡은 존슨 대통령을 위하여 끊임없이 기도해야만 합니다"라고 노스캐롤라이나 집으로 돌아와 그렇게 말했다. 그리고 빌리 그래함은 이 사건의 보다 깊은 의미를 찾아 영적 증언의 기회로 삼으려 했다. "이 비극을 통하여 모든 국민은 아마도 이 시대의 영적인 무지를 깨닫게 될 것입니다. 또한 우리는 어떤 비극적인 일을 당하더라도 그 속에서 영적인 교훈을 찾아야 할 것입니다."[5]

빌리 그래함은 하나님이 존슨을 지켜주시기를 기도하고 그에게 전보를 보냈다. 존슨은 "당신의 말씀은 필요 적절했습니다.[6] 하나님의 위대한 사역자가 저를 위해서 하늘의 지혜를 구하고 있다는 사실을 알고 나니 저절로 힘과 용기가 생기고 큰 위로를 받고 있습니다… 앞으로 당신의 조언을 소중히 여길 것입니다"라고 답장했다.

존슨에게는 지금이 국가적 위기이자, 자신의 위기이기도 했기 때문에 빌리 그래함의 조언을 소중히 여긴다는 것은 진심이었다. 그는 부통령의 직위에 질색을 했었다. 왜냐하면 부통령의 최고 중요한 역할이 대통령으로 하여금 죽음의 운명을 상기시키는 것이기 때문이었다. 그는 "매번 케네디의 존재 여부를 확인해야 했습니다. 저는 케네디의 어깨 위를 맴도는 빌어먹을 까마귀가 된 느낌을 갖고 있었습니다"[7]라고 자기 측근이자 후에 자기의 전기 작가가 되는 도리스 굿윈(Doris Goodwin)에게 말했다. 가난한 산골마을에서 자라 상원의장까지 지낸 존슨은 사람들이 이름조차 잘 기억하지 못하는, 부통령이라는 주목받지 못하는 자리까지 올랐다.[8] 케네디

---

4) "Graham Urges Prayer for America, Johnson," UPI, in *Charlotte news*, November 23, 1963.
5) "'I Had a Strong Feeling the President Should Not Go,'" *Charlotte news*, November 23, 1963.
6) LBJ to BG, December 9, 1963, LBJLM.
7) Doris Kearns Goodwin, *Lyndon Johnson and the American Dream* (New York: St. Martin's, 1976), 164.
8) Robert Dallek, *Flawed Giant: Lyndon Johnson and His Times*, 1961-1973 (New York: Oxford University Press, 1998), 44.

는 비록 존슨을 개인적으로 존경했지만 집무실에서 친구들과 휴식을 취할 때, 순진한 웃음을 지으며 그의 직무를 놀리곤 했다. "오늘은 린든 존슨에게 무슨 일이 좀 있었나요?"[9]

그러나 이제 케네디는 가고 없었다. 존슨은 국가적 상처를 돌보고 있는 자신을 발견했다. 존슨은 대통령에 취임한지 이틀 만에 "나는 언제나 해리 트루만과 그가 대통령이 된 방법에 대해 딱하게 생각하고 있었습니다. 하지만 트루만의 전임자인 루즈벨트는 살해되지는 않았습니다"[10]라고 한 측근에게 말했다. 존슨이 케네디가 누렸던 국민의 지지와 인기를 따라간다는 것은 불가능해 보였다. 존슨은 어느 날 갑자기 최고의 지위로 올라간 자신의 신비한 운명에 대해서 한 번도 솔직한 감정을 내보이지 않았다. 사람들은 그를 권력 찬탈자로 여기는 듯했다. 여론조사에 의하면 국민의 3분의 2가 케네디 없는 국가의 운명에 대해 걱정했다. 할렘의 한 바텐더가 "저 불쌍한 대통령이 이제 우리를 위해 무엇을 할 것인지 지켜봅시다"[11]라고 뉴스를 보면서 손님에게 그렇게 말했다. 존슨은 "편견에 찬 사람들과 분리주의자들 그리고 동부의 지식인들은 내가 일어서려고 하기도 전에 녹다운 상태를 기다리고 있습니다. 이 모든 일들은 거의 감당하기 어려운 것들입니다"[12]라고 탄식했다.

그래서 취임 후 첫 주간동안 존슨은 모든 분야의 사람들을 접촉하기 시작해서 기업인, 노동계 지도자, 민권 운동가, 언론인, 시장과 주지사를 초청했고, 취임 둘째 주간은 집무실로 방문하는 백여 개의 그룹과 환담을 나누었다. 존슨 대통령의 전화를 받았을 때, 빌리 그래함은 아나폴리스에 있는 해군사관학교 채플에서 설교 초청을 받고 군목의 방에 앉아있었다.

대통령은 "빌리, 존슨입니다. 내 미리 알았더라면 당신의 설교를 듣기 위해 해군사관학교로 갔었을 것입니다. 내일 백악관에서 뵈었으면 합니

---

9) "A Different Man," *Time*, November 4, 1964
10) Dallek, *Flawed Giant*, 54.
11) "City Goes Dark," *New York Times*, November 23, 1963.
12) Goodwin, *Lyndon Johnson*, 170.

다"[13]라고 초청의사를 밝혔다.

　12월 16일, 빌리 그래함은 15분 정도 청취자처럼 대통령의 말을 듣고 있을 것으로 예상을 하고 백악관에 당도했지만 환담은 서너 시간으로 늘어났다. 빌리 그래함이 대통령 집무실에 도착하자, 존슨은 백악관 내 수영장에서 수영을 하자고 제안했다. 존슨에게는 수영복을 안 가져온 것도 전혀 문제가 아니었다. 그 후에도 존슨은 옷 벗기를 꺼려하는 사람들을 부추겨서 함께 물에 들어감으로써 친밀감을 나누고자 하였고, 그래서 종종 환담을 중지하고 수영을 제안하곤 했다. 빌리 그래함과 존슨은 언론인을 위한 만찬장에 가기 전까지, 수영장에서 물을 튀기며 시간을 보냈다. 만찬장에서 빌리 그래함은 기도하자고 제안했다.

　빌리 그래함은 후에 "저는 당신이 막중한 그래서 두려운 대통령의 무한 책임의 일부를 들여다 볼 수 있는 기회가 있다고 생각했습니다"라고 존슨에게 편지를 썼으며 존슨이 좋아하는 성경적 권면을 덧붙였다. 빌리 그래함은 모세가 여호수아에게 이스라엘을 맡기면서 했던 말을 전했다. "네 사는 날을 따라서 능력이 있으리로다… 그 영원하신 팔이 네 아래 있도다"(신 33:25-27). 빌리 그래함은 수백만의 사람들이 새 대통령을 위해서 기도하고 있으며 자신은 존슨 대통령이 위대한 미국의 지도자들의 반열에 오르기를 기도하고 있다고 말했다. "하나님이 포지계곡(Valley Forge)에서 워싱턴과 함께 하시고 남북전쟁의 캄캄한 시기에 링컨과 함께 계셨던 것처럼 이제 당신과 함께 하실 것입니다. 결정이 너무 어렵고 책무가 너무 무거울 때, 바로 그때가 하나님이 당신 가까이 계신 때입니다."

　빌리 그래함이 대통령을 위해 축복기원을 했다는 소식과 함께 케네디의 사진들이 여전히 백악관 모든 집무실마다 걸려있다는 사실을 국민이 알고 난 후, 대통령을 향한 국민의 생각이 저주에서 축복으로 뒤바뀌었다. 국민은 빌리 그래함이 존슨을 "백악관의 역대 주인 중 가장 자격을 갖춘

---

13) "God Is My Witness," *McCall's*, June 1964.

사람이며 국가를 위해 도덕적 리더십을 보여준 사람"이라고 평한 것과 자신들의 생각을 비교했다. 빌리 그래함은 "대통령은 매우 신앙적인 사람입니다. 그는 저의 전도집회에도 수십 번 참석하였고 독실한 가정에서 자랐습니다. 저는 그가 우리 국민에게 매우 유익한 모범을 보여줄 사람이라고 믿고 있습니다"[14]라고 말했다.

존슨은 빌리 그래함에게 "나를 위해서 기도하십시오"[15]라고 감사의 답장을 긴급으로 보냈다. 그는 "하나님께서 나에게 옳은 것을 분별할 수 있는 지혜와 또 그것을 할 수 있는 용기를 주시지 않는다면 국민의 신뢰에 부응할 수 없습니다"라고 간청했다. 편지 아래에 존슨은 친필로 "워싱턴에 오게 되면 꼭 찾아 주십시오"라고 썼다.

이처럼 빌리 그래함은 계속 존슨을 격려했고 그해 뿐 아니라 존슨이 대통령으로 있는 동안 매년 그를 후원했다. 존슨과의 만남은 백악관에서 떠나 거의 유배생활을 해온 빌리 그래함을 활기 있게 만들어 주었다. 빌리 그래함은 1960년대 존슨의 백악관 담당 목사로서 활동했지만 닉슨과의 관계에도 소홀하지 않았다. 시간은 흘러갔다. 빌리 그래함이 케네디와 친밀하지 못했던 것이 오히려 존슨이 가진 헤아릴 수 없을 정도로 심각한 불안감을 치료하는데 유익했다. 빌리 그래함은 신화 만들기를 추구했던 케네디에 대한 존슨의 분노를 모두 흡수해버리는 듯이 보였다. 빌리 그래함은 베트남에 대하여 처음 들은 것은 1961년 케네디 취임직전, 골프장에서 만났을 때 케네디한테였으며, 존슨은 베트남의 "쓰레기"를 물려받았으며, 존슨이 의회를 압박해서 케네디가 하지 못했던 역사적 법안을 만드는데 성공한 것이라고 기자들에게 말했다. 이제 일반국민은 북부사람도 아니고, 전통의 하버드 형(型)의 인물도 아닌, 존슨의 권력을 인정했다. 국민은 자연히 빌리 그래함과 존슨의 지지자가 되었다.

---

14) 존슨은 1950년대에 있었던 그래함의 워싱턴 기도모임에 1952년부터 참석하기 시작했고, 1960년에는 워싱턴 전도집회에 참석했다. 1965년 휴스턴 전도집회에서는 대통령으로서는 처음으로 참석하는 기록을 남겼다. 이때 존슨의 참석은 예상치 못한 일이었다.
15) LBJ to BG, January 3, 2006, LBJLM.

존슨 행정부를 떠나 법조인으로 돌아간 그리고 후에 케네디의 자서전을 썼던 소렌센은 "빌리 그래함은 존슨이 그를 이용한 만큼 존슨을 이용했습니다.[16] 빌리 그래함은 이 나라의 종교 대통령이 되기를 원했으며 자신이 얼마나 중요하고 능력이 있는가를 보여주고 싶어 했습니다. 그의 전도집회에 수많은 사람이 운집하고 수백만 달러의 돈이 모이는 것은 그가 카리스마적 인물이기 때문입니다"라고 말했다. 그러나 빌리 그래함과 존슨의 관계는 그가 지적한 대로 그리 쉽게 단정 지을 수 없을 정도로 변수가 다양했다. 시간이 흘러 존슨의 대통령직에 위기가 오고 그의 지지도가 80%에서 38%로 추락했을 때, 빌리 그래함은 존슨의 관계에 위기가 옴을 느꼈다. 그것은 말할 것도 없이 자신의 사역이 자신의 인기도에 의존하고 있었기 때문이었다. 만약 적들이 사방으로 포위하고 있는 존슨이 더 공격받는 사태가 온다면 빌리 그래함 역시 불길 속에 들어있는 형국일 수밖에 없었다. 지금까지 빌리 그래함의 적들은 여전히 그를 시골뜨기라고 생각하고 있는 엘리트들과 교회연합운동에 매진하는 그를 비판하는 근본주의자들이었다. 그러나 이제는 왜 사회정의에 관심이 없냐고 빌리 그래함을 비판하는 신앙인들 중에서도 적들이 생겨날 형국이었다.

빌리 그래함과 존슨은 질서유지가 매우 중요하다고 생각했고 급박한 문제가 아니면 보수적 방법을 신봉하는 사람들이었다. 존슨은 종종 "저는 모든 국민의 대통령이 되고 싶습니다"라고 말했다. 그는 대통합을 만들어 내는 사람이 되고 싶어했다. 그러나 시대는 불화의 시대로 넘어가고 있었다. 민권운동가와 인종차별주의자 간의 대립, 여성운동가와 가부장제도 신봉자, 노동자와 기업가, 환경운동가와 오염배출 기업인들 간의 대립의 시대로 들어선 것이다. 아이젠하워의 시대에 주류였던 사람들은 한쪽으로 밀려나고, 뉴스의 전면에는 기성의 가치를 거부하는 청소년들과 사회참여를 주장하는 목회자들, 학문적 성과를 이룬 중국인들, 흑인 인권운동가들 그

---

16) Sorensen, interview, July 20, 2006.

리고 혁명가들의 갖가지 이론들이 등장했다. 빌리 그래함을 따르는 사람들은 구시대의 방법을 신봉하는 사람들로, 후에 닉슨을 지지하는 침묵의 다수로 변신한다. 이제 세상은 변화의 문 앞에 섰는데, 그것이 바로 존슨 대통령의 시절이었다.

빌리 그래함의 명성이 1960년대 이후 추락할 것이라는 여러 전문가들의 예상은 보기 좋게 빗나가고 말았다.[17] 그가 세계적 전도단체를 만들어 불안한 세대의 사람들에게 더 강력하게 복음을 전하였는데, 국내든 해외에서든 그의 호소력은 폭발적이었다. 1964년의 세계만국박람회장에 전도를 위한 임시 천막을 설치하였다. "사랑과 신앙에 관한 데비 레이놀드(Debbie Reynolds)와 빌리 그래함의 허심탄회한 대화" 이것이 「레드북」(Red Book)의 머리기사였다. 빌리 그래함의 저서는 수백만 권이 팔렸고 그의 텔레비전 전도사역은 히트를 쳤으며 그의 부흥운동은 오지이든, 그에게 적대감을 가진 지역이든 가리지 않고 개최되었다. 기자들이 학교에서 기도하는 문제부터 자유연애에 이르기까지 떠오르는 시대적 이슈에 대한 여론의 추이를 알고자 할 때, 그들은 어김없이 빌리 그래함의 견해부터 물었다. 1960년대 말, 빌리 그래함의 미니애폴리스 본부는 사무실 건물 규모가 160,000만 스퀘어 피트(약 4,500평 - 역주)에 이르렀고 거기서 그들은 한해 8천만 통의 복음편지를 발송했다. 빌리 그래함의 본부를 견학한 공화당과 민주당 전국위원회 관계자들은 그들의 업무처리 능력을 보고 감탄을 금치 못했다.

존슨과 후임 대통령들은 자신의 영적문제를 담당할 목사를 신중히 택해야 했기 때문에 빌리 그래함의 사역을 지켜보았다. 진보적 기독교가 사회정의라는 의제를 표방하자, 빌리 그래함은 자신의 메시지의 핵심은 보편적인 것이라고 대통령들에게 전달했다. 즉 그의 의제는 일시적인 것이 아니라 영원한 것에 관한 것이며 그의 목표는 사회개혁보다는 영혼의 구원이었다. 역사가 마틴 마티(Martin Marty)는 빌리 그래함에 대해 "빌리 그래함

---

17) Corry, "God, Country, and Billy Graham," *Harper's*, February 1969.

은 시대적 현실과 궁극적 가치체계 사이를 통행하고 있는 사람이다"[18]라고 분석했다. 그러나 빌리 그래함 역시 자기 자신 안에서 일어나는 갈등은 피해갈 수 없었다. 정의도 추구하고 질서를 사랑하는 사람이, 만약 현재의 질서자체가 정의롭지 못하다면 그는 어떻게 할 것인가? 만약 친구인 대통령에게 우호적이 되는 것이, 정의를 추구하는 예언적 사역을 방해한다면 그는 그 대가를 기꺼이 지불할 용의가 있는가?

최고의 친구

"케네디는 타고 났지만, 존슨이 갖지 못한 것이 있는데 그것은 부, 배경, 우아함이었다."[19] 작가인 데오도레 와이트(Theodore White)는 두 사람의 차이를 그렇게 관찰했다. "존슨은 아마도 사랑과 우정을 손쉽게 만들어 내는 케네디의 재능을 부러워했을 것이다."

존슨을 "매우 불안정하고 예민하며, 자기중심적 인간"[20]이라고 평한 것은 케네디였다. 빌리 그래함은 존슨에게 무엇보다도 그가 가장 원하던 것, 즉 조건 없는 사랑을 보여주었다. 존슨은 목사와 정치적 관계가 아니라 개인적 관계를 맺을 때 유익하다고 생각했다. 큰 업적을 이룬 대통령이었지만, 존슨만큼 미움을 받았던 사람도 없었다. 특별히 자신은 최선을 다해 호의를 베풀었다고 생각한 사람한테서 말이다. 존슨은 대통령에서 물러난 후 월터 크롱키트(Walter Kronkite)에게 "나를 사랑한 사람들이 많지 않았습니다. 그러나 빌리 그래함 목사는 나를 사랑했습니다"[21]라고 고백했다. 존슨은 격무에 시달릴 때 빌리 그래함의 방문을 받으면, "새로운 충전"을

---

18) Martin Marty, "Armageddon or Bust," *New York Times*, September 12, 1965.
19) White, *Making of the President* 1964 (New York: St. Atheneum, 1965), 35.
20) Dallek, *Flawed Giant*, 10.
21) Patricia Cornwell, *A Time for Remembering: The Ruth Bell Graham Story* (San Francisco: Harper and Row, 1983), 192.

받은 것 같았다고 설명했다. 그는 "사람들이 나를 악한이니, 사기꾼이니 그리고 그보다 더한 욕을 할 때 나는 빌리 그래함을 초대하곤 했습니다.[22] 그리고 우리는 서로 유쾌하게 웃고 떠들었습니다. 나는 그를 세상에서 가장 위대한 전도자라고 높여주었고, 그는 내가 가장 위대한 정치가라고 위로했습니다'라고 말했다.

굿윈은 "보통사람보다 훨씬 큰 힘을 가진 사람은 자기와 동일한 부류의 사람의 진가를 인정합니다.[23] 존슨은 텔레비전이 중계하는 중에 설교하는, 대설교가의 환상적인 모습 속에서, 자신이 정치에서 하고 싶은 일을 빌리 그래함이 종교계에서 하고 있는 것을 볼 수 있었습니다. 만약 그 둘이 동일한 영역에 있었다면 충돌이 일겠지만 서로 다른 영역이었기 때문에 존슨은 그를 경외심이 가득한 눈으로 바라보았고 그의 폭발적인 에너지와 성공에 커다란 매혹을 느꼈다고 봅니다"라고 분석했다.

빌리 그래함은 또한 존슨의 평화를 방해하는 사람이 아니었다. 존슨은 밤늦게 침실로 들어갔고 침실에서도 잠자기 전에, 산더미 같은 결재 서류들을 검토해야했다. 빌리 그래함은 존슨에 대해 "그는 침실에 누워서도 신문을 읽었고 텔레비전을 시청했습니다.[24] 저는 존슨에게 잠자기 전과 잠에서 깬 후에, 파자마 차림일지라도 항상 기도하라고 권면했습니다"라고 말했다.

빌리 그래함은 그와 함께 성경을 읽고 그것에 대해 대화를 나누었다. 존슨이 성구 하나를 택하면 빌리 그래함은 그것에 대해 설명하는 식이다. 존슨은 자신의 긴장을 풀어주려고 애쓰는 치료자인 빌리 그래함에게 자신의 영혼을 맡겼다. 존슨은 "빌리 그래함은 새벽 3시에 일어나 무릎을 꿇고 나를 위하여 기도했습니다. 6시에 우리는 함께 커피를 마시면서 국가가 직면한 문제들에 관해 이야기를 나누었습니다[25]"라고 말한 적이 있다. 존슨

---

22) Marianne Means, "Pals: President and the Preacher," *New York Journal-American*, November 5, 1965.
23) Goodwin, interview, September 26, 2006.
24) Rowan, *people* transcript, November 26, 1975.
25) Edward Fiske, "The Closest Thing to a White House Chaplain," *New York Times*,

제12장 비극과 전환 225

의 딸인 루시(Lucy)는 빌리 그래함이 백악관에 들어오면 가정 전체의 분위기가 변했다고 말했다. "빌리 그래함 박사님이 우리와 함께 있을 때는 가정에 맴돌던 걱정과 긴장 지수가 언제나 감소했습니다."[26] 버드 여사는 빌리 그래함의 출현이 남편에게 가장 긍정적 영향을 준다는 것을 알았다. "그는 필요의 욕구가 매우 강했습니다. 자신이 옳은 길을 가고 있다는 사실을 확신하기 위하여 하나의 닻을 필요로 했습니다. 빌리는 다음과 같이 그를 위로 했습니다. '세상에서 가장 절실한 도움을 필요로 하는 장소가 있다면 그것은 바로 대통령직일 것입니다.'"[27]

대통령의 전 가족을 대상으로 빌리 그래함이 목회한 것은 존슨 대통령 가정이 최초일 것이다. 아이젠하워의 가정과 달리, 존슨의 가정은 빌리 그래함의 가정과 마찬가지로 별 볼일 없는 집안이었다. 그리고 버드여사는 빌리 그래함의 부인 룻과 공통점이 많았다. 그들의 남편들은 거의 집에 머물지 않았다. 그녀들은 자녀들이 아버지들의 명성과 권력으로 인해 희생되지 않도록 방패의 역할을 해야만 했다. 한번은 존슨이 자기 딸이 빌리 그래함 목사의 지속적인 격려성 권면을 받아서, 자기 주장을 갖기, 독립성 키우기, 자기 미래에 대해 숙고하기, 학교를 스스로 선택하기, 자기 소득세 서류를 스스로 작성하고 지불하기, 자기만의 후보를 선택해 투표하기 등에 대해 크게 성장했다[28]고 말하면서 흐뭇해했다. 그러나 존슨 대통령의 딸들은 스스로 크는 것 외에는 다른 도리가 정말 없었다. 상원의원이었던 그녀들의 아버지인 존슨은 그녀들이 잠들기 전에는 거의 집에 오지 못했으며,[29] 어머니는 남편을 내조하는 일을 최우선 순위에 두었기 때문에 선거구 주민들에게 시간을 다 썼다. 그녀는 아이들을 대부분 마운트 버논 같은 명

June 8, 1969.
26) Lucy Johnson, interview, September 12, 2006.
27) Cornwell, *A Time for Remembering*, 192.
28) LBJ, call to BG, November 5, 1964.
29) Robert Caro, *The Years of Lyndon Johnson: Master of the Senate* (New York: Alfred A. Knopf, 2002), 229-231.

승지 관광에 보내고 (그녀는 이런 일이 몇 번인가 세어보다 200번을 센 후 그만 두었다) 거의 매일 밤, 사회적 모임에 참여했다. 존슨의 딸인 린다(Lynda)는 일요일에 "아버지는 가족과 함께 오붓이 시간을 보내는 것보다 리차드 러셀(Richard Russell: 상원의원으로 존슨의 정치적 스승)을 아침식사에 초청하는 것이 훨씬 중요한 일이라고 믿는 그런 사람이었습니다"라고 회고했다.

정치인들의 가정은 대부분 방과 후에 우유와 쿠키를 가지고 아이들과 함께 피아노 연주회에 참석하는 일반적인 가정과 달리 정상적이지 못하다. 오히려 휴가를 선거운동에 보내는 것이 일상이며 사생활은 거의 불가능하다. 존슨의 딸 루시는 "대통령이나 영부인과 같이 공적인 사람들은 수많은 문제 앞에서 어려운 결정을 내려야만 합니다"[30]라고 말했다. 대통령의 가족들 사이에, 비록 서로 다른 정치적 신념을 가졌다 해도, 서로 간에는 거의 비난을 주고받지 않는 이유가 있다. 루시는 "그러기에는 우리가 너무 귀족적이고, 세련되었기 때문이랄까요. 아마 우리 모두가 노출을 피할 수 없고, 약점이 드러나 있으며, 소박한 가정생활을 원하기 때문이라고 봅니다. 누가 그런 인생을 원하겠어요?"라고 말했다. 대통령의 가족들은 빌리 그래함의 전도여행이 확대되고, 그의 명성이 높아지면서, 그의 가정에도 자신들과 비슷한 멍에가 있다는 것을 볼 수 있었다. 빌리 그래함이 언젠가 "한번 사생활을 잃어버리면 가장 가치 있는 것을 상실했다는 것을 깨닫게 됩니다. 특별히 어린 아이들에게 무거운 짐입니다. 아이들까지 어느 곳에서나 노출되고 감시받게 되기 때문입니다. 그렇기 때문에 아이들까지도 성자들이 되지 않으면 안 됩니다. 그러나 제 자녀들은 이것을 잘 극복해 왔다고 말할 수 있습니다"[31]라고 말하였는데 이 말은 모두에게 공감을 불러 일으켰다.

루시는 빌리 그래함에 대해 "우리 가족 중 여러 사람이 그도 약점이 많다는 것을 느꼈습니다"[32]라고 말했다. 그 결과 십대 후반에 스스로 자신의

---

30) Lucy Johnson, interview, September 12, 2006.
31) "He's Getting in Shape for Crusade," *Charlotte Observer* April 2, 1972.
32) Lucy Johnson, interview, September 12, 2006.

영적인 방향을 정하면서, 루시가 빌리 그래함을 떠나 가톨릭으로 개종한 것은 당연한 일이었다. 그녀는 계속했다. "나는 빌리 그래함이 이렇게 말하고 있다고 강하게 느꼈습니다. '너는 우리를 떠나서는 안 돼. 너는 지금 우리와 관계 속에서 개인적이면서도 의미 있고 살아있는 신앙을 가져야 할 필요가 시급한 시점이야. 나는 너를 격려하기 위해 여기 있고 너의 성장을 진심으로 기대하고 있어.' 그것이 빌리 그래함을 그렇게 유명한 사람으로 만들었으며 그가 믿고 있는 개인적 체험이라고 생각합니다. 그는 우리들이 좌익 출신이든, 우익 출신이든, 어디 출신이든 개의치 않습니다. 그의 핵심은 '그 길을 붙들라!' 하는 것입니다. 그래서 하나님의 심판을 무서워하는 사람들이 많이 있습니다." 그러나 빌리 그래함은 결코 그런 사람들 중의 하나가 아니었다.

시간이 지남에 따라, 존슨의 가까운 측근들이 그를 떠났으며, 그의 요구에 싫증을 냈고, 그가 제시하는 방향에 실망했다. 그러나 존슨은 빌리 그래함에게는 불편함이 없도록 늘 배려했다. 그는 빌리 그래함 앞에서 다르게 행동했으며, 자아를 드러내지 않고 혀에는 재갈을 물렸으며, 심지어 자신을 두렵게 하는 말씀일지라도 성경을 이야기했다. 빌리 그래함은 그에게서 불같은 성품이 있음을 보았다. "존슨은 한편으로는 사자와 같이 격정적이었지만[33] 어떤 때는 마치 어린아이에게 이야기하는 것처럼 부드럽게 말했습니다." 그러나 존슨에게 목사는 영광스러운 지위를 가진 사람이었다. 존슨 어린 시절부터 "장시간의 설교"를 듣는 것을 즐기면서 자라났으며 집무실의 벽에는 샘 휴스턴이라는 사람이 자신이 제일 존경하는 할아버지에게 보낸 노란색깔의 편지를 장식해서 걸어놓았는데, 그의 할아버지는 이 텍사스의 영웅(존슨)에게 예수를 전해준 사람이었다. 그리고 빌리 그래함은 존슨이 가장 좋아하는 사람이었다. 백악관의 참모들은 빌리 그래함의 부드럽고 세련된 능력이 보여주는 영향력에 놀라움을 금치 못했다. 존

---

33) BG, interview, January 17, 2006.

슨이 대통령 선서를 할 때, 갑자기 돌아서서 빌리 그래함에게 "용서하세요, 목사님"라고 말했다. 존슨은 커티사크(Cutty Sark: R. Burns의 이야기 Tam o' Shanter에 나오는 마녀 - 역주) 같은 사람이라기보다는, 우유를 들고 뛰어다니는 어린아이같이 순수한 사람이었다. 그리고 부인 버드 여사에게는 매우 정중하게 행동했다. 그가 정치력을 발휘하여, 약자들을 돕기 위한 정책을 추구한 것은 복음의 정신에서 나온 것이었다. 빌리 그래함은 "존슨은 물론 성자는 아니었습니다.[34] 그가 나를 함부로 대한 건 아니냐고요? 아마 정반대였을 겁니다. 저는 제가 오히려 그를 조금은 몰아세웠다고 봅니다"라고 말했다. 빌리 그래함은 존슨이 정치적인 이유에서 뿐 아니라, 개인적으로도 전통에 충실한 침례교 목사를 가까이 하기를 좋아한다는 것을 알았다. "그러나 저는 사회적 이슈들에 대해 그에게 이야기하는 것을 피하지 않았습니다. 또 한편으로는 필요할 때마다 그의 영혼의 상태를 파악해서 조언했습니다."

물론 빌리 그래함은 존슨에게 위협의 대상이 아니었다. 그가 빌리 그래함의 생각을 깨뜨리기 위해서 연장통에서 연장을 꺼낼 필요가 없었다. 그것은 빌리 그래함이 권력투쟁의 상대자도 아니었으며 협상의 당사자도 아니었기 때문이다. 잭 발렌티는 "미국의 정치현실에서, 대통령이 만났던 사람들 중에 빌리 그래함은 가장 독특한 인물이었다.[35] 그는 아무것도 묻지도 요구하지도 않았다. 그에게는 또한 숨겨진 의도가 없었다. 모든 대통령들이 이것을 알고 있었고 그래서 그와의 만남을 즐겼다. 어느 누구도 그것의 가격을 매길 수 없을 것이다"라고 말했다.

그렇다고 존슨이 아무것도 주지 않은 것이 아니다. 빌리 그래함은 존슨한테서 상당히 많은 선물을 받은 사람이었다. 존슨은 선물을 줌으로써, 사람들에게 사랑의 빚을 졌다는 감정을 갖게 하고 싶었다. 존슨은 굿윈에게 "그것이 내가 사람들의 마음속에 나를 심어주는 방법입니다"라고 말한 적

---

34) *JAIA*, 406.
35) Jack Valenti, interview, June 16, 2005.

이 있다. 빌리 그래함은 존슨으로부터 앨범, 일부약품, 전기면도기, 전동칫솔 등을 선물로 받았다.[36] (굿윈 그녀도 존슨으로부터 받은 칫솔이 열 두 개가 넘었다. 그녀가 말하기를 백악관의 참모들 사이에서, 빌리 그래함은 존슨으로부터 가장 선물을 많이 받은 사나이로 불린다고 했다).[37] 언젠가 존슨은 나무로 만든 두 개의 흔들의자를 보냈고 빌리 그래함은 이 의자들을 몬트릿의 집의 가장 좋은 자리에 배치했다. 빌리 그래함 역시 친절하게 답례했다. 자신이 서명한 성경책, 크리스마스엔 웨지우드 커프스를 존슨에게 보냈다. 존슨이 한때 빌리 그래함이 끼고 있던 노란색의 돼지가죽 골프장갑을 보고 반했던 적이 있었는데 그 장갑을 색깔별로 세 켤레나 보낸 것이 빌리 그래함이 존슨에게 준 가장 큰 선물이었다. "만약 대통령께서 그 장갑들을 끼면, 아마 기자들이 당신을 보고 '황홀경에 빠진 대통령'[38]이라고 놀릴 것 같습니다"라고 빌리 그래함은 농담을 적어 보냈다.

    빌리 그래함이 워싱턴에 오는 일정을 미리 알게 될 때, 존슨은 빌리 그래함에게 호텔예약을 취소하고 백악관에 머물라고 종용하였으며 주말은 캠프 데이빗 대통령 별장을 이용하라고 배려했다. 발렌티는 "빌리 그래함이 주일에 백악관에 머물며 기도하는 일이 수십 번 있었는데 거의 내가 수행했습니다"라고 회고했다. 한번은 존슨이 빌리 그래함을 텍사스 농장으로 초청하면서 비행기를 보냈다. 침실은 존슨의 침실에서 빌리 그래함의 코고는 소리가 들릴 정도로 가까운 곳에 배치되었다. 아침에 둘은 농장으로 걸어가 함께 닭의 숫자를 세기도 하고 달걀도 수집하고 옥수수 빵을 같이 먹었다. 또한 해리포트 품종의 돼지, 앙고라 품종의 염소 그리고 양들의 상태를 점검했다. 그들은 덮개가 달린 차 링컨을 타고 농장일대를 돌아다니며 시간을 함께했다. 존슨이 성경을 이야기하면 빌리 그래함은 듣고 틀린 것은 교정했다. 이러한 만남으로 쌓은 친분으로 인해 존슨은 빌리 그래함

---

36) LBJ to BG, January 11, 1966.
37) Goodwin, *Lyndon Johnson*, xi.
38) BG to LBJ, June 21, 1968.

의 전도집회에 최초로 참석하는 대통령이 되었다. 1965년 11월 10일간에 걸쳐 열린 휴스턴 부흥집회 마지막 날에, 존슨이 그곳에 참석한 것이다.

"여러분들이 존슨 대통령을 진실로 이해하려면, 페더날레강 계곡에 가 보아야만 합니다."[39] 빌리 그래함은 존슨을 쳐다보았다. "저는 대통령이 어디 출신인지 그 배경에 대해 그리고 그가 왜 그렇게 행동하는지에 대해 조금은 알고 있습니다. 사람들이 대통령은 보통 투박하고 세련되지 못하다고 하는 것들이 저에게는 그렇지 않습니다. 왜냐하면 제가 바로 그런 곳 출신이기 때문입니다." 역사가인 월터 프리스콧 웹(Walter Prescott Webb)은 존슨이 자란 "산골 언덕의 동네"를 "지독하게 외로운 장소"[40]로 표현했다. 그곳은 "상점이 너무 멀리 떨어져 있으며, 가뭄에 불타고, 해일에 찢기고, 바람에 다 날아가고, 강풍에 얼어붙고, 메뚜기 떼에 다 먹히고, 자본가들이 황폐화하고, 정치인들에 의해 속임을 당한 사람들이 사는 곳"이었다. 존슨은 가난이 무엇을 의미하는지를 배우며 자랐다. 존슨의 야망과 숨은 일면의 뿌리가 여기에 놓여 있었다. 한번은 외국 지도자로부터 통나무집에서 자라난 것이 사실이냐는 질문을 받고 존슨은 "아니요, 아니, 아닙니다. 당신은 나를 에이브러햄 링컨과 혼동하고 있군요. 저는 마구간 구유에서 태어났습니다"[41]라고 힘주어 말했다.

존슨의 아버지 샘 얼리 존슨(Sam Early Johnson)은 직업이 소 검사관이었으며, 다섯 번이나 주 하원의원을 지냈으나 영적인 일에는 무관심했다. 그는 거칠고 자존심이 강하고 정치적 야심이 많은 사람이었다. 그의 어머니 레베카 베인즈(Rebekah Baines)는 매우 교양 있는 여인이었지만 존슨이 출세해서 그녀를 기쁘게 하기까지는 불행한 결혼생활을 했다. 그녀는 존슨이 3살 때 롱펠로와 테니슨의 시들을 암송하도록 하였고 가문의 유명

---

39) Fiske, "The Closest Thing to a White House Chaplain," *New York Times*, June 8, 1969.
40) Dallek, *Flawed Giant*, 4.
41) Quoting historian Walter Prescott Webb, "The Prudent Progressive," *Time*, January 1, 1965.

한 선조들의 이야기를 했다. 특별히 그녀의 아버지요, 존슨의 외할아버지인 조셉 윌슨 베인즈(Joseph Wilson Baines)에 대한 이야기가 많았는데 그는 변호사요 교육자요 침례교 평신도 설교자였다. 그녀는 아들에게 신사다운 사람이 될 것과 고귀한 봉사에 종사하는 꿈을 불어 넣어주었다. 아들에 대한 그녀의 기대가 얼마나 큰지 존슨이 마침내 대통령이 되었지만 여전히 어머니의 기대에 부응할 수 있는지에 대한 고민을 하였고 그 고민을 빌리 그래함에게 털어놓기도 했다. 존슨이 대통령직에서 물러났을 때, 그의 참모 중 하나가 빌리 그래함에게 "존슨은 당신의 격려에 상당한 영향을 받았습니다. 당신은 그가 어머니의 무릎 아래서 배웠던 것, 그가 종종 '잊어버려서는 안 되는 것'이라고 말한 그것을 늘 그가 마음속에 새길 수 있게 한 거의 유일한 사람이었습니다"[42]라고 편지를 썼다.

루시 존슨은 "아버지는 매우 독실한 신앙인이었습니다. 아버지는 11살 때 어머니가 속한 남침례교를 떠나 그녀의 마음을 아프게 한 적이 있었습니다. 그는 가족과 상의 없이 그리스도의 교회(Church of Christ)에 출석하기로 결정한 것입니다"라고 말했다. 자신의 영적인 삶에 특별히 정치적 색채를 가질 필요가 없었던 대통령들의 취향에 비추어 볼 때, 존슨 역시 교파에 대하여 큰 관심을 두지 않았다. "아버지는 아침 9시에 그리스도의 교회에서 예배를 드렸습니다. 그런 다음 집으로 돌아와서 11시에 다시 어머니와 함께 침례교회 예배에 참석했습니다. 그 다음 1시에 나와 함께 미사를 보러 가려고 준비했습니다. 나는 아버지께 말했습니다. '아빠, 이제 '밋 더 프레스'(Meet the Press: 텔레비전 뉴스 프로그램 - 역주)를 시청하거나 아빠가 원하는 것을 하세요. 벌써 두 번이나 예배를 드렸잖아요. 나를 위해서 또 가톨릭 교회에 가실 필요가 없어요.' 아버지가 말했죠. '루시야, 너는 이해 못하겠지만 너를 위해 그러는 것이 아니다. 너도 앞으로 모든 사람의 도움을 받아야만 하는 아빠의 위치가 되면 이해할 수 있을거야."

---

42) Pollock, *Evangelist to the World*, 170.

루시는 "빌리 그래함 목사는 침례교이지만 비교파적 정서가 있었습니다. 그는 모든 사람에게 보편적 신앙을 이야기했습니다. 그는 사람을 분리하려고 하지 않았고 불가능이 아니라 늘 가능성을 전했습니다. 그것이 린든 존슨이 그를 좋아한 이유였습니다. 그것이 또한 아버지의 모습이기도 했습니다. 그는 출석하는 교회가 있었지만 보편적 신앙을 소유한 분이었습니다"[43]라고 말하며 이러한 아버지의 취향, 즉 에큐메니칼한(교회연합) 경향이 빌리 그래함과의 사귐을 가능케 한 것이라고 이해했다.

그러나 존슨은 늘 영적으로 방황했다. "내 신앙이요?" 그는 어느 날 저녁 백악관 정원의 느릅나무 아래에서 워싱턴 기념탑을 바라다보고 있을 때 그런 질문을 받았다. "이 나무처럼 단단하지요."[44] 그는 차도의 콘크리트 바닥에 발을 굴리며 대답했다. 한번은 그의 참모 빌 모이어즈(Bill Moyers)가 "그의 가슴에는 세미한 구멍하나가 나 있었지요.[45]… 채울 수 없는 빈 구멍 말입니다"라고 했다. 존슨은 암살 당할 것에 대한 두려움이 있었지만 정작 두려워한 것은 죽음이 아니라[46] 장애자가 되는 것이었다. 그는 가끔 전신마비로 다른 사람의 부축을 받거나 자신이 죽는 악몽을 꾸었다. 한번은 애틀랜틱시티에서 열리는 교사대회에서 연설해야 하는 일정이 잡혔다. 그날은 일기가 매우 나빴는데 안개가 짙어서 모든 민간 항공기들은 취소되었다. 존슨은 다음날 국가 조찬 기도회를 인도하기 위해 워싱턴에 와 있던 빌리 그래함에게 함께 비행기를 타고 가지 않겠느냐고 요청했다. 비행기 안에서 빌리 그래함은 걱정을 하는 존슨에게 모든 교사가 대통령을 위해 기도하고 있을 것이라고 말했다. 빌리 그래함은 후에 "존슨은 대회장에서 교사들에게 나를 소개하면서 빌리 그래함 목사와 함께 온 것은 기상 악화

---

43) Lucy Johnson, interview, September 12, 2006.
44) Sidey, "Beyond Politics, the Reality of Faith," *Life*, August 11, 1967.
45) Dallek, *Lyndon B. Johnson: Portrait of a President* (New York: Oxford University Press, 2004), 190.
46) Goodwin, interview, September 26, 2006.

때문이라고 말했습니다."[47]라고 했다.

사실 존슨은 빌리 그래함 목사가 언제나 자기와 함께 동행하기를 원했다. "존슨은 언제나 죽음에 대한 약간의 두려움을 느끼고 있었습니다."[48] 존슨은 빌리 그래함에게 자신의 임종의 자리에 함께 해줄 것을 원했다. 빌리 그래함은 존슨이 가진 두려움은 자신이 진정으로 구원을 받았는지에 대한 확신이 없기 때문이라고 생각했다. 존슨은 어린 시절부터 부흥회에 참석했었다. 그리고 구원의 확신을 얻기 위해서는 회심이 필요하다는 사실을 잘 알고 있었다. 그러나 그는 여전히 확신하지 못했으며 자신이 쌓아온 정치적이며, 도덕적인 선행이 불필요하다는 사실을 모르고 있었다. 빌리 그래함은 "존슨이 내적으로 굉장한 신앙적 갈등을 가지고 있다고 생각합니다.[49] 그는 자신의 모든 것을 그리스도께 위임하고 싶어 했습니다. 신학적 용어로 말한다면, 그는 그리스도의 위임이 구원과 심판의 갈림길이라는 것을 알고 있었습니다. 또한 거듭남이 무엇인지도 알고 있었습니다. 그러나 그는 거듭남의 경험이 전혀 없었다는 것을 느꼈습니다"라고 말했다.

빌리 그래함은 존슨의 농장에서 함께 저녁시간을 보냈다. 함께 드라이브를 하다가 차를 세우고 석양이 지는 것을 지켜보았다. 경호원들이 그들 뒤에 차를 세우고 기다리고 있었다.

존슨은 매우 심각했고 숨김이 없었다. "이봐요. 빌리, 나는 그리스도를 진실로 그리스도를 영접했어요"라고 말했다. 그러나 여전히 그는 두려워하고 있다는 것을 빌리 그래함은 알았다. "그러나 내가 정말로 천국에 갈 수 있는지는 잘 모르겠어요." 빌리 그래함은 그때 존슨에게 정말로, 마음속으로 그리스도를 구주로 고백했느냐고 매우 간명하게 물었다고 말했다.

"아, 빌리, 그렇게 고백했어요. 어린 시절 부흥회에 참석해서 고백한 이후, 그 후로도 여러 번 그렇게 고백했지요."

---

47) BG, interview, January 17, 2006.
48) Ibid., January 18, 2006.
49) Transcript, Billy Graham Oral History Special Interview, October 12, 1983, by Monroe Billington, LBJLM.

빌리 그래함은 전에도 그에게서 비슷한 이야기를 들어왔다. "대통령 각하, 누가 자신의 구원여부를 물을 때, 저 역시 확실하게 말해줄 수 없습니다. 그러나 이것은 확실합니다. 그리스도가 대속한 사건은 딱 한번 일어난 단회적 사건입니다.[50] 그러므로 당신이 그리스도를 진실로 영접했다면 주님은 당신을 반드시 구원하십니다."

존슨은 더는 말하지 않았다. 빌리 그래함은 계속했다. "왜 당신은 그리스도를 영접했다고 기억하면서도, 그 순간이 결정적으로 구원받은 순간이라고 믿지 않습니까?" 자신의 머리를 운전대에 파묻고 있던 존슨을 위해 빌리 그래함은 기도했다.[51] 빌리 그래함은 그 순간을 "비록 성령께서만 모든 것을 아시겠지만, 존슨은 구원을 확신했고 저는 그의 확신이 진실이라고 생각했습니다"[52]라고 회고했다.

두 사람의 관계에서 가장 주목할 만한 일은, 아마도 그들의 관계가 사적이고도 목회적인 관계로 발전했다는 것일 것이다. 닉슨과 그의 후임자들이 종종 빌리 그래함의 도덕적 권위를 정치적으로 활용하려고 생각했지만 존슨은 결코 그런 일을 하지 않았다. 이것은 빌리 그래함이 거절했기 때문도 아니고, 존슨이 사람을 이용할 줄 몰라서도 아니었다. 그것은 아마 존슨이 대통령직이 갖고 있는 제사장적 성격을 몰랐기 때문에 빌리 그래함을 어떻게 활용할지를 몰랐다고 하는 것이 더 정확할 것이다. 존슨은 누구보다도 정치의 속성을 잘 알았지만 정치가 갖고 있는 신비나 위엄의 속성에 대해서는 잘 알지 못했다.

존슨은 기껏해야 빌리 그래함을 통해 자신을 정화하려는 기본적인 생각에 머물러 있었다. 존슨의 참모였던 마빈 왓슨(Marvin Watson)은 "두 사람은 국가의 중대사에 하나님의 인도를 구하기 위하여 함께 기도하기를 주저하지 않았습니다"[53]라고 말했다. 만약에 공적인 자리에서 빌리 그래함과

---

50) *JAIA*, 412.
51) Martin, "Billy and Lyndon," *Texas Monthly*, November 1991.
52) BG, interview, January 18, 2006.
53) Marvin Watson, interview, August 15, 2006.

대담을 나누고 또 기도하게 될 때에는 존슨은 더욱 적극적이었다. 정부에 회의를 느끼고 있는 중산층을 설득해서 인권이나 사회정의 문제에 관심을 보이게 하려고 존슨은 고문변호사인 해리 맥퍼슨(Harry McPherson)을 시켜 발표할 문안을 다듬었는데, 그 문안에 자신이 빌리 그래함과 함께 기도하고 있다는 것을 강조했다. "여러분들은 빌리 그래함 같은 존경받는 지도자를 갖고 싶어하고 '이런 지도자들이 하는 일은 우리 모두에게 유익한 것'이라고 말합니다. - 저는 빌리 그래함과 늘 이런 문제를 갖고 기도를 해왔습니다."[54]

존슨은 대중 앞에 첫 번째로 나서게 되었을 때, 「타임」 기자와 만났다. "대통령은 최고의 위치에 있는 기업가에서 가장 가난한 소작농에 이르기까지 두루 만납니다. 그들은 모두 나에게 순수한 기대를 품고 있습니다… 나는 그들의 기대가 가치 있는 결과로 나타나기를 희망하고 있습니다."[55] 존슨은 전형적인 목사를 필요로 한 것이 아니라 부자들을 두렵게 하지 않으면서도 가난한 자들을 돌볼 수 있는 사람을 원했다. 왓슨은 "전형적인 목사들 중에 백만장자와 거지가 갖고 있는 가치관의 차이점을 제대로 볼 수 있는 사람은 거의 없다고 봅니다. 빌리 그래함이 늘 투숙하는 호텔과 그가 가진 능력을 비교해 보시오. 또한 그의 능력과 그가 입고 있는 옷의 가격과 그가 받는 월급을 비교해 보면, 빌리 그래함 박사는 너무 소박해서 세상의 것에 관심을 갖는 사람이 아니라는 것을 알게 될 것입니다. 그리고 존슨도 같은 유형의 사람입니다"라고 주장했다.

그들의 독특한 관계가 백악관의 참모들에게 눈에 띄기까지 그리 오랜 시간이 걸리지 않았다. 시사 평론가인 마리안느 민스(Marianne Means)는 "정치라고 하는 변하기 쉬운 사회에서, 점점 돈독해지는 현상을 보이는 아주 흥미로운 관계가 하나 있다. 그것은 민주당의 전도자인 린든 존슨과 침례교의 전도자인 빌리 그래함 간의 우정이다. 그들이 돈독할 수밖에 없는

---

54) Harry McPherson, interview, June 19, 2006.
55) "The American Dream," *Time*, May 1, 1964.

이유가 있다. 그것은 린든 존슨 안에는 설교자의 욕구가 있었고, 빌리 그래함 안에는 정치가의 욕구가 있었다"[56]라고 분석했다.

존슨은 상대방의 단점을 빨리 파악하는 재능이 있었다. 비록 권력을 추구하는 사람은 하나님과 가까워지기가 어렵다고 말하는 빌리 그래함도 정상의 위치에 있는 것을 좋아한다는 사실을 존슨은 알아챘다. 존슨은 자신이 고심하고 내린 결정을 막후에서 뒤집어 버리는 세계의 정치인들의 속성에 대해서도 잘 알고 있었다. 빌리 그래함은 존슨이 각료회의에 나가고 자신이 국가 예산안을 다루었던 일을 회상했다. 존슨은 빌리 그래함에게 "빌리, 내가 그곳에 얼마나 있어야 할지 모르겠군요?"[57]라고 말했다. 빌리 그래함은 "연필을 잡고 내가 돌아오기까지 예산안에서 수십억 달러를 삭감할 수 있으면 한 번 해보시오"라고 대답했다. 빌리 그래함은 실제로 두꺼운 예산안을 들추어 보고 삭감했을 뿐 아니라 일부 항목까지 추가했다. 존슨이 돌아와서 그것을 살펴보고는 "당신은 매우 유능한 하원의원의 자질을 갖고 있군요"라고 탄성을 질렀다.

존슨은 가톨릭 계열 학교들을 돕는 구제 계획안을 반대하는 남침례교도들의 거센 불만을 자신이 어떻게 달랬는지 말하기를 좋아했다. 어느 날 그들로부터 전화가 걸려왔다. 전화를 받은 이는 백악관 참모인 모이어스였다.

"어떤 용무로 전화를 하셨습니까?" 전화를 건 사람은 저명한 침례교목사였다. "교황이 이 나라의 대통령이라도 되었다는 말입니까?"

"아니 그럴 리가 있겠습니까. 대통령께선 지금 수영 중입니다." 모이어스가 대답했다.

"아니 지금 대낮인데 대통령은 업무를 보지 않고 수영을 하고 있단 말입니까?"

"그게, 지금 빌리 그래함 박사님과 함께 수영 중이거든요."

이 이야기를 반복할 때마다 존슨은 다음의 말을 음미하곤 했다. "함께

---

56) *New York Journal-American*, November 5, 1965.
57) *JAIA*, 410.

수영하는 분이 우리의 빌리, 우리 목사님이란 말이죠?"[58] 불만을 내뿜던 사람이 갑자기 유순해지면서 물은 말이었다.

침례교 목사들을 대상으로 연설할 때 존슨은 "여러분들이 빌리 그래함과 빌 모이어스(Bill Moyers)가 어느 날 함께 수영장 안에 있는 것을 보셨는지도 모르겠습니다. 그들은 수영을 한 것이 아니라 크리스천이기 때문에 번갈아 가면서 서로 침례를 주고 있었던 것 아닐까요?"[59]라고 농담을 했다. 캠프 데이빗의 수영장에서 존슨은 "빌리, 당신은 미국의 대통령이 될 만한 사람이요. 모든 사람을 이끌어 갈 수 있는 유일한 사람이란 말입니다. 만약 당신이 출마를 결심한다면 나는 기꺼이 당신의 매니저가 되겠소"[60]라고 빌리 그래함을 향해 말했기 때문에 함께 있던 사람들을 깜짝 놀라게 한 적도 있었다.

그것은 재미있는 농담의 하나였다. 또한 둘의 관계를 주시하고 있던 사람들에게, 두 사람 사이의 우정의 깊이를 보여준 하나의 일화이다. 존슨은 1964년에 자신의 힘으로 대통령에 출마를 하였고 마침내 케네디의 망령을 벗어났다.

---

58) McPherson, interview, June 19, 2006.
59) LBJ, remarks to members of the Southern Baptist Christian Leadership Seminar, March 25, 1964.
60) Frady, *Parable of American Righteousness*, 266.

THE PREACHER AND THE PRESIDENTS

제13장

빌리 그래함의 전쟁

부인이 저를 불러서 이렇게 말했습니다. "당신이 선거에 출마한다 해도 국민이 이혼한 대통령을 택하지 않을 것입니다." [1]

- 1964년 대통령 선거에 출마할 것이라는 소문에 대해서

빌리 그래함이 구국의 신념으로 대통령에 출마할 때가 왔다는 여론이 일어난 것은 비단 11월의 케네디의 암살로 인한 혼란한 정국 때문만은 아니었다. 1963년 7월에 전국 여론조사에서 갤럽은 빌리 그래함을 1964년 대선에서 케네디와 상대하는 공화당의 후보로 상정하고 여론을 물었다[2] (케네디가 61대 24로 승리하는 결과가 나왔다. 이유에 대해서는 17%가 빌리 그래함의 경험부족을 들었고, 19%는 그가 종교인이고 또 종교인으로 남을 것이 분명하기 때문이라고 답했다). 그러나 케네디 암살 이후 세상이 변했다. 특별히

---

1) BG, interview, January 17, 2006.
2) Gallup poll, July 23, 1963.

민주당의 내분이 아니고서는 싸워볼 만한 힘이 없다고 우려하고 있던 공화당에게는 더더욱 그랬다.

1960년 닉슨이 패하고 나서, 공화당에선 배리 골드워터(Barry Goldwater)가 부상했다. 그의 확고부동한 정책은 신중과 타협을 중시하는 공화당원을 갈라놓았다. 그의 모토는 "부화뇌동이 아닌 결단"이었다. 그의 공약은 사회보장제도의 개혁, 농업경기 침체 극복, 노조의 무력화, 핵무기의 사용 결정권을 일선 지휘관에게 이양 등이었다. 그는 "크렘린(Kremlin) 안방에 앉아 있는 그 사람에게 한 방 먹일 것입니다"라고 말했다. 그의 지지자들은 동부의 국제 감각을 갖춘 공화당 의원들이 아니라 서부쪽 의원들이었다. 그들은 매우 열정적이어서 골드워터 선거대책본부가 워싱턴의 주방위군 부대에서 집회를 열었을 때, 시카고와 텍사스 같은 먼 지방에서도 전세버스를 타고 참가했을 정도였다. 그러나 골드워터는 풀뿌리 대중의 지지는 얻지 못했다[3]. 골드워터의 워싱턴 지지대회는 아이젠하워나 케네디의 취임식 그리고 빌리 그래함의 전도집회에 모인 청중보다 작지 않았으나 그렇게 많이 모인 것은 그때 딱 한 번뿐이었다.

온순하고 보수적인 공화당원들은 1964년 예비 경선을 통해 서로 분열되어 있었기 때문에, 어떤 의미에서 골드워터의 일방적 집회는 예견된 일이었다. 그런 분위기 때문에 빌리 그래함은 뒤에 물러나 있었다. 1963년 가을, 빌리 그래함의 로스앤젤레스 집회가 열리던 시기에 공화당 고위 전략회의가 열렸는데 거기에서 빌리 그래함이 대통령 후보가 될 경우의 장점에 대해 논의했다.[4] - 빌리 그래함 전도팀의 조직력이나 우편물 수령자 명단은 백악관 입성에 탄탄한 기반을 제공할 것이다 - 회의의 결과를 빌리 그래함에게 직접 전달했다. 빌리 그래함은 자신이 출마하면 공화당원들이 앞장서서 모든 대의원들의 표를 모을 것이라는 내용의 전보를 받았다고 말했

---

3) White, *MOP 1964*, 97.
4) "Graham Weighs Idea of Running for President," *New York World-Telegram*, January 31, 1964.

다.[5] 그해 겨울까지 수개월 동안 빌리 그래함이 텍사스의 오일 재벌이며 늙은 구두쇠인 헌트(H. L. Hunt)로부터 선거 자금을 약속받았다는 소문이 떠돌아다녔다.[6] 비록 헌트는 오랫동안 존슨의 후원자였지만, 소문에 의하면 헌트는 그래디 윌슨에게 만약 빌리 그래함이 공화당 전당대회에 나서기로 동의만 한다면 그의 개인구좌로 6백만 달러를 입금할 것이라고 말했다[7]는 것이다.

빌리 그래함의 친구들에 의하면 빌리 그래함이 이러한 제안을 단호히 거절하는 데 불과 15초 밖에 안 걸렸다고 한다. 그 외에 다양한 소문이 있었는데 제시된 금액이 달랐다느니, 조건이 달랐다는 등의 이야기들이었다. 존슨의 백악관 참모가 되기 전 민주당 텍사스지부장이었던 마빈 왓슨은 그 소문을 들은 사람이었는데, "내가 말할 수 있는 것은, 헌트가 대통령에 출마할 사람을 찾느라고 가장 분주하게 보낸 해가 1964년이라는 것뿐입니다"[8]라고 말했다.

논점은 어쨌든 소문이 발생했다는 것이고 빌리 그래함은 즉각 그 사실을 부인하지 않았다는 것이다. 아침 신문들은 "빌리 그래함의 측근이 한 이야기"라고 인용하면서 "대통령 출마를 저울질하고 있는 빌리 그래함"[9]이라는 머리기사를 달았다. 「휴스턴프레스」(Houston Press)는 "빌리 그래함은 대통령 출마를 놓고 진지하게 기도하고 있으며 많은 시간 밤을 새우고 있다"라는 기사를 썼다.

이것은 월터 크롱키트(Walter Cronkite)가 진행하는 CBS 저녁 뉴스거리가 되기에 충분했다. 「크리스천센추리」의 빌리 그래함 독자들은 이 일에 대해 분개했다. "왜 엉터리 같은 가능성에 대해 빌리 그래함이 공개적으로

---

5) Frost, *Personal Thoughts*, 48.
6) "Issue of Marital Bliss Is Making GOP Unhappy," *Washington Post*, May 2, 1963.
7) Martin, *PWH*, 300. 빌리 그래함의 전기작가 윌리엄 마틴은 이야기를 추적하는데 최대한 노력했다. 그가 1987년 죽기전에 윌슨과 그 제안을 확인했다.
8) Watson, interview, August 15, 2006.
9) *New York World-Telegram*, January 31, 1964.

부인해야 하는가?[10]… 대통령을 꿈에도 생각지 않았던 그가 여론 때문에 공식적으로 불출마 선언을 해야만 한다는 것 자체가 정치를 희극으로 만드는 행위이다. 「크리스천센추리」의 편집인들은 갤럽이 수개월간 "불가능한 가능성"을 놓고 여론조사를 해왔다는 사실을 알지 못한 것 같다."

그러나 그들의 분개는 룻과 비교하면 아무것도 아니었다. 그녀는 빌리 그래함에게 분명한 선을 그었다. "당신이 선거에 출마한다 해도, 국민이 이혼한 대통령을 택하지 않을 것입니다."[11] 그의 장인도 강력 반대했다. "장인이 말했지요, '자네, 당장 기자회견을 열게. 그리고 바로 그들에게 말하게.' 저는 대답하기를 '지금은 한밤중에요! 지금은 가능하지 않습니다.' 아침이 되자마자 저는 기자회견을 했습니다." 빌리 그래함은 "만약 지명되어도 저는 출마하지 않습니다"라고 선언했다. "만약 당선되어도 일하지 않을 것입니다. 하나님은 저를 설교자로 부르셨습니다." 그러나 빌리 그래함은 현재 백악관에 있는 친구의 지도력을 확신하기 때문에 불출마하는 것이라고 언급하지 않았다.

이것이 1964년도 대선을 앞두고 빌리 그래함이 가졌던 정치적 시험의 끝은 아니었다. 공화당에서 골드워터가 후보로 지명되자, 이제는 누가 부통령 후보가 되느냐가 문제였다. 골드워터와 온건파가 예비 경선을 통해 분열했기 때문에 전통에 따라 화합형 인물을 추천하였다. 후보 물망으로는 남부의 민주당 텃밭을 공략하기 위해선 아이젠하워의 업적을 계승할 남부 출신 인사를, 더욱이 그해 6월 골드워터가 역사적인 민권 법안에 던진 반대표를 상쇄하기 위해선 민권 법안에 온건한 입장을 가진 사람, 그러면서도 골드워터처럼 흑백분리의 도덕관에 찬성하는 사람이 떠올랐다.

그런 조건에 비추어 골드워터와 빌리 그래함의 동반 출마라는 아이디어가 대세를 이뤘다. 두 사람은 친밀한 관계는 아니지만 지난 가을 빌리 그래함이 대규모 남캘리포니아 전도집회를 하고 있을 때 골드워터는 인근 도

---

10) Quoted in Frady, *Parable of American Righteousness*, 267.
11) BG, interview, January 17, 2006.

시에서 18년 만에 가장 성대했던 공화당 집회에서 연설하고 있었다. 두 사람은 빌트모어(Biltmore)에서 조찬 회동[12]을 하고 계란과 옥수수죽으로 아침을 같이 한 적이 있었다.

골드워터가 빌리 그래함을 부통령 후보로 영입하려고 백방으로 노력한다는 사실이 존슨에게 보고되는 데 그리 오랜 시간이 걸리지 않았다. 텍사스 출신의 변호사인 얼 메이필드(Earle Mayfield)는 "전당대회가 열리기 직전 골드워터의 핵심 인물 몇 명이 몬트릿으로 날아가서 빌리 그래함의 의사를 타진해 보았습니다.[13] 그 문제를 장시간에 걸쳐 논의했는데 빌리 그래함이 정중히 거절하면서 사실상 다음과 같은 말을 한 것으로 보입니다"라고 존슨에게 자세한 내용을 보고했다.

첫째) 목사에서 정치인으로 변신하고 그것을 공식화하기에는 시간이 충분치 않다.
둘째) 위에서 언급한 변신을 위해서는 충분한 시간을 두고 "대중에게 뿌리를 내리는 계획"이 있어야 하는데 그렇지 못하다.
셋째) 그 초대는 "마치 '마지막으로 하는 제안'이라는 인상을 준다. 즉 다른 수많은 사람이 거절한 후에 빌리 그래함에게 제안했다는 것이다."

시간이 꽤 흐른 후, 빌리 그래함은 그러한 비밀 회동은 기억에 없다고 말했다. 그리고 몬트릿의 공식적인 기록에도 그런 일이 있었다는 기록은 없었다. 골드워터는 화합형 인사의 기용을 포기하고 뉴욕 하원의원인 윌리엄 밀러(William E. Miller)를 부통령 후보로 지명했다. 그는 가톨릭 신앙을 가진 북부출신으로 토론의 달인이요, 극단적 보수주의자이며, 이념적으로 맞지 않을 땐 직책도 던져버렸던 사람이었다. 그러나 존슨은 그해 여름 어떤 움직임도 보이지 않았다. 코스타리카 대통령을 위한 국빈 만찬이 끝

---

12) "Goldwater Hits Policies of Kennedy's," *Los Angeles Times*, September 17, 1963.
13) Earle B. Mayfield Jr., memo to LBJ, July 21, 1966, LBJLM.

난 후 존슨은 빌리 그래함과 룻을 초청해서 백악관의 '이스트윙'(동별관) 맨 위층에 일본식 램프를 켠 방에서 댄스를 즐겼다.

존슨은 부통령 후보를 마음속으로 결정해 두고 있었다. 비록 바비 케네디(Bobby Kennedy)가 다른 경쟁자에 비해 4대 1로 확실한 여론의 지지를 얻고 있었음에도 불구하고, 빌리 그래함을 부통령 후보로 지명하라는 편지들이 백악관에 쇄도했다. 바비는 자신을 왕궁의 충직한 청지기로 여기고 있었지만, 그와 존슨은 서로 싫어했다. 바비는 존슨을 "천하고 심술궂고 사악한 사람으로 모든 면에서 짐승"[14]과 같다고 여겼다. 존슨은 바비에 대하여 "우리가 인생의 규칙을 배우고 따를 때 그는 그것을 무시하며 산 사람입니다. 그는 내가 그를 생각하는 것과는 비교가 안 될 정도로 저를 싫어합니다"[15]라고 말했다. 시중에 재키 케네디가 애틀랜틱시티에서 열리는 민주당 전당대회에 나타나서 시동생인 바비의 지원을 호소할 것이라는 이야기가 떠돌아 다녔다. 빌리 그래함이 존슨은 "바비가 재키와 함께 나타나 바람을 일으키는 것을 죽기보다 싫어했습니다. 결국에는 제가 나서서 존슨 대통령에게 그 문제에 대해 크게 신경 쓰지 말라고 권면했습니다"[16]라고 말했다.

존슨은 먼저 각료 중에서는 부통령 후보를 지명치 않겠다고 선언한 후에야 홀가분한 마음으로 후보를 고를 수 있었다. 존슨은 허버트 험프리(Hubert Humphrey)를 염두에 두었는데 그가 말을 많이 한다는 사실은 배제하더라도 단지 이번 여름 상원의원으로서 민권 법안 통과를 위해 영웅적인 지도력을 발휘한 인물이기 때문에 남부 백인 유권자들이 그의 지명을 폭탄선언으로 받아들이지 않을까 하는 것이 문제였다. 누가 부통령이 되어야 하는지 하는 질문은 전략적으로는 그럴듯하지만 대세적 측면에서는 중요치 않다. 존슨은 더이상 아첨을 받아들이지 않고 신중한 조언을 원

---

14) Dallek, *Flawed Giant*, 138.
15) Ibid., 136.
16) "The Preaching and the Power," *Newsweek*, July 20, 1970.

했기 때문에 널리 조언을 구했다.

　빌리와 룻은 민주당 전당대회 전날 밤 백악관에서 밤을 보냈다. 존슨은 부통령 문제로 생각에 잠겨있었다. 그들은 테이블에 둘러 앉아있었다. 빌리 그래함은 "존슨은 왔다 갔다 하면서 전화를 했습니다. 그런 후 저에게 말했습니다. '여기 후보 명단에 대상자가 많은데 이것을 보고 빌리의 생각을 알려주시오. 오늘이나 내일은 부통령 후보를 결정하려고 합니다'"라고 회고했다.

　존슨이 12명 이상이나 되는 후보자 명단을 읽어나갔고 빌리 그래함이 자신의 의견을 말하려고 했다. 그때 룻이 테이블 아래에서 빌리 그래함을 발로 세게 찼고 존슨이 그 모습을 보았다.

　룻은 "당신이 대답할 문제가 아녜요"라고 말했다. 그녀는 남편 앞에 있는 유혹을 날려버리는 용감한 전사 같았다. "당신이 할 일은 대통령께 정치적인 조언이 아니라 영적이고 도덕적인 조언을 하는 것입니다." 그러나 버디 여사와 룻이 자리에서 일어나 거실로 나갔을 때 존슨이 얼른 일어나 살며시 문을 닫고 빌리 그래함에게 다가와 "지금 말해보시오, 당신이 마음에 두고 있는 사람이 누굽니까?"라고 물었다.

　빌리 그래함은 존슨이 마음속에 들어있는 사람을 추측하면서 자신이 최고라고 생각한 사람을 말했다. 빌리 그래함이 후에 그것은 단순한 조언이 아니었다고 말했다. 빌리 그래함은 험프리와 만난 일화를 말하기를 좋아했는데, 그들은 1945년 미니애폴리스에 있는 YMCA 수영장에서 수영을 하다 만났다. 그때 험프리는 시장 선거운동을 하고 있을 때였고 빌리 그래함은 최초로 청소년 전도집회를 할 때였다.

　빌리 그래함이 "나의 조언이 그를 부통령에 지명한 일에 어떤 영향을 미쳤는지 잘 모르겠습니다. 그러나 저는 항상 허버트 험프리를 좋아했습니다"라고 말했다. 이틀 후에 존슨은 최종결정을 내리고 험프리에게 지명사실을 알리면서 "만약 한 달 전쯤에 자네가 부통령이 된다는 사실을 짐작 못했다면 아무래도 부통령이 되기에는 자격이 부족하다는 증거일세"[17]라고 말했다.

개인적인 조언 이외에도 존슨은 빌리 그래함을 통해 자기가 원하는 그림을 손에 쥐었다. 즉, 전당대회가 열기기 직전의 주일날 빌리 그래함은 존슨이 출석하는 교회의 초청강사로서 설교단 위에 섰다. 빌리 그래함은 대통령과 "좋은 벗"의 관계에 대하여 감사를 표했고 예배 후에는 사진을 찍었는데 백악관 경내를 거니는 두 사람의 모습이 보기 좋게 나왔다.[18]

선거 유세는 일찍 시작했다. 존슨은 예상했던 경쟁자를 만나서 자기가 원하는 방향으로 선거전을 이끌 수 있었다. 즉, 존슨은 극단주의자에 맞서 여론을 중시하는 화합주의자의 이미지를 내세웠다. 치열한 전투를 시작하기 전까지는 지방을 순회하면서 국민을 만나 자신은 상원의원 간 막후 조정자나 케네디의 대역에 만족하지 않을 것이라고 주장했다. 9월 중순에 갤럽 여론조사 결과 69 대 31로 존슨이 이기고 있었다.

한편 일부 백악관 참모들은 본래 보수적 성향을 지닌 빌리 그래함이 결국 골드워터를 지지할 수도 있을 것이라고 존슨을 각성했다. 빌리 그래함은 가을 언론 인터뷰에서 자신과 존슨의 관계는 정치적인 것이 아니라고 말했고 자신은 언제나 양당의 사람들과 골고루 친분을 나누고 있다고 강조했다. 「뉴욕포스트」(New York Post)의 진보적 시사 평론가인 제임스 웨슬러(James Wechsler)는 9월 오하이오 중부도시 콜럼버스에서 열린 전도집회에 자신이 참석하여 빌리 그래함이 전국적인 도덕적 타락 현상, 높은 통행세가 가져오는 분열상, 의존적인 태도의 팽배 등에 관하여 지적하는 것을 들었다고 썼다. "눈을 감았을 때 갑자기 나는 배리 골드워터의 연설문을 듣고 있는 듯한 착각이 들었습니다. 단지 세금 문제에 관해서만 형제(골드워터 - 역주)의 지지자가 되기가 힘들어 하는 듯했습니다."[19]

---

17) White, *MOP 1964*, 289.
18) "Johnsons, Billy Graham Draw Crowds to Church," *Los Angeles Times*, August 24, 1964.
19) James Wechsler, "The Message," *New York Post*, September 14, 1964.

골드워터의 연설의 핵심이, 빌리 그래함이 설교에서 항상 강조해온 도덕적 타락이었다는 것이 그가 빌리 그래함에게 준 선물이라면 선물이었다. 두 사람은 이 나라와 국민이 풍요롭기는 하지만 행복하지도 평안하지도 않다고 주장했다. 범죄는 증가하고 있었다(1964년 초반 6개월간 강도사건이 뉴욕에서 28% 증가했다). 매독 감염율의 증가로 청소년들의 도덕적 해이가 우려되었다. 술의 판매는 기록적으로 증가했으며 해변 가의 난동, 폭력배와 자살률이 증가 추세였다. 골드워터와 빌리 그래함이 보스턴에 함께 있게 되었는데, 골드워터는 빌리 그래함과 자신은 현 사회상에 대해 동일한 진단을 하고 있다고 선언했다. 다만 해결책에 있어, 빌리 그래함은 하나님을 통한 영혼의 구원으로, 골드워터는 헌법을 통한 개선이 다를 뿐이었다. 골드워터는 "도덕적 타락이 극에 달했습니다"[20]라고 경고하면서 만약 백악관부터 부도덕상태를 벗어난다면 전국적으로 범죄와 폭력이 하락할 것이라고 주장했다.

빌리 그래함은 메인의 포틀랜드에서 설교하기로 일정이 잡혔기 때문에 보스턴을 떠나 북쪽으로 향했다. 그러나 닉슨이 골드워터를 지원하기 위해 오고 있다는 소식을 듣고 그를 만나기 위해 어거스타 공항으로 차를 몰았다. 닉슨이 도착했을 때 빌리 그래함과 주지사인 존 리드(John Reed)는 활주로에서 기다리고 있었다. 빌리 그래함은 닉슨의 기자회견과 어거스타 군부대에서의 연설을 경청했다. 잠시 동안이기는 하지만 골드워터 선거운동 지역에 두 사람이 함께 방문한 것은 처음이었고 그것이 존슨을 매우 긴장하게 만들었음이 틀림없다.[21] 닉슨은 "골드워터가 이길 것이라고 생각지 않습니다.[22] 그러나 나는 할 수 있는 한 모든 힘을 다해 그를 도우려고 합니다"라고 그날 빌리 그래함과 단둘이 만날 때에 그렇게 말했다.

그러나 그것만이 나쁜 소식이 아니었다. 존슨의 최측근이었던 월터 젠

---

20) *New York Times*, October 22, 1964.
21) Frank Sleeper memo, October 22, 1964.
22) *JAIA*, 443.

킨스(Walter Jenkins)가 백악관에서 서너 블록 밖에 안 떨어진 YMCA 건물 지하 남자 화장실에서 체포되어 외설적인 성적 행위로 기소되었다. 존슨과 젠킨스는 오랫동안 친분이 두터웠다. 심지어 젠킨스가 자신의 6살 먹은 아들의 이름을 대통령의 이름을 따 린든으로 지었을 정도였다. 그는 대통령의 오른팔로 매우 신중한 사람이었다. 체포된 사실이 거의 일주일 후에 공개되었기 때문에 CIA는 가능한 비밀리에 조사하라고 명령했고 존슨은 그에게 즉각 사임하라고 지시했다. 젠킨스는 매우 낙심되어 병원에 입원하였다.

존슨은 이 모든 것을 의논하기 위하여 메인에 있는 빌리 그래함의 위치를 추적했다. 그리고 워싱턴으로 내려와서 선거일 직전 주말을 백악관에서 함께 지내자고 빌리 그래함을 초청했다. 빌리 그래함은 존슨에게 지난 밤 무릎을 꿇고 하나님께서 대통령에게 힘을 주시기를 기도했다고 말하면서 마음의 여유를 갖기를 희망한다고 말했다. 빌리 그래함은 존슨의 건강을 걱정하고 있었다. "제 생각으로는 이번 선거에서 당신이 이길 것입니다. 그것도 아주 크게 말입니다."[23] 빌리 그래함은 젠킨스에 대한 자신의 판단을 유보했다. 한 개인의 죄를 들추는 것은 그의 성품이 아니었다. 그는 "아시지요, 예수께서 젠킨스가 행한 것 같은 도덕적 문제를 다루실 때, 그분은 언제나 부드럽게 다루셨습니다. 언제나 말입니다. 인간은 연약합니다. 그리고 성경은 우리 모두를 죄인이라고 선언하지요… 만약 젠킨스와 어떤 형태로든 연락할 수 있다면 그에 대한 나의 사랑과 이해도 전달하십시오"라고 대통령에게 상기시켰다.

빌리 그래함은 그 주말에 백악관에 와서 존슨과 함께 보냈다. 존슨은 그에게 교과서적인 말을 했다. "빌리, 정치와는 관계없이 쉬시오." 그러나 물론 결론은 이미 나있었다. 한 시사 평론가가 후에 이렇게 적었다. 빌리 그래함도 후에 "그러한 방문이 말 한마디 보다 훨씬 큰 효력을 발휘하는 법

---

23) LBJ, call to BG, October 20, 1964, University of Virginia, Miller Center.

이다."[24]라고 인정했다. "저는 후에 존슨에게 약간 짓궂게 말했습니다. '당신은 제가 나가서 골드워터를 위해 무슨 말을 할까봐 무서워서 저를 여기에 가두어 놓았지요.'[25] 존슨은 그 말을 듣고 웃었습니다."

빌리 그래함은 정쟁의 비밀들을 자세히 들여다 볼 기회가 많았다. 빌리 그래함은 백악관에서 이른 아침 눈뜨자마자 그의 침실로 찾아 온 존슨과 한참 이야기를 나누었다. 그때 백악관 참모가 대통령에게 메모를 건넸고 대통령은 그것을 빌리 그래함에게 보여주었다. 그것은 골드워터에 관한 매일매일의 첩보로 골드워터가 아침부터 침대에 들 때까지 모든 행동, 그의 혈압, 그가 만난 사람들과 연설한 내용 등등이었다. 빌리 그래함은 "그것은 믿을 수 없는 일이었습니다. 정치의 무대 뒤에서 일어나는 일을 알게 되니 마음이 무거웠습니다"[26]라고 말했다. 그 주말이 지난 후, 빌 모이어스는 빌리 그래함을 신뢰하기 어렵다고 의문을 제기해 왔던 어떤 사람에게 걱정하지 말라는 편지를 썼다. 모이어스는 빌리 그래함의 정치적 지향점을 비꼬면서 편지 끝에 다음과 같이 썼다. "알다시피, 그는 양쪽 길을 다 넘나듭니다."[27]

골드워터의 전사들은 포기하지 않았다. 선거운동 마감시간이 다가오면서 전보들이 쉴 새 없이 노스캐롤라이나 산맥을 향해 날아들었다. 애쉬빌에 있는 서부연합 책임자는 다섯 대의 기계를 더 설치해서 24시간 맹렬히 빌리 그래함에게 전보 보내기 운동을 하고 있다고 말했다.[28] 대다수의 사람들은 골드워터의 열렬 지지자들이었다. 그들이 보낸 내용은 빌리 그래함에게 존슨을 지지하던지 아니면 정쟁에서 한 발 물러서든지 입장을 분명히 하라는 재촉의 전보에서 골드워터의 지지를 촉구하는 성명서에 이르기까지 다양했다. 빌리 그래함은 후에 조지아에서 "빌리 그래함에게 전보보

---

24) Means, "Pals: President and the Preacher," *New York Journal-American*, November 5, 1965.
25) Clifford, *People* transcript, January 31, 1981.
26) *JAIA*, 407.
27) Bill Moyers to Ross Coggins, October 29, 1964, LBJLM.
28) "Thousands Entreat Graham to Support Goldwater's Race," *New York Times*, November 3, 1964.

내기 운동"을 전개한 책임자를 만났다고 밝혔다.

존슨의 지지자들 역시 빌리 그래함이 현 대통령을 지지하게 만들려고 노력하고 있었다. 그러나 그들은 빌리 그래함의 가족들을 전선으로 끌어들이는 것은 염두에 두지 않았다. 빌리 그래함은 워싱턴에서 샬롯에 있는 집으로 돌아가기 위해 운전하는 동안 자신의 십대 딸인 앤(Anne)이 골드워터를 지지했다는 방송뉴스를 들었다.[29]

몬트릿의 빌리 그래함의 집에 전화벨이 울렸을 땐 앤이 집에 없었다. 그 전화는 빌리 그래함이 갖고 있는 부담감에 대해 사과를 표명하고 앤에 대한 당부를 요청하는 대통령의 전화였다. "우리는 모두 살면서 배웁니다. 나는 빌리 그래함 당신이 모든 것을 잘해왔다고 진정으로 생각합니다. 이것이 내가 당신이 신문에 낸 성명서를 읽고 말하고 싶은 것이었습니다."

빌리 그래함은 앤에게 일어난 일을 설명했다. 앤은 선거 연설을 듣기 위해 참여했고 "그들은 앤이 거기에 있는 것을 발견하고 그녀를 단상으로 불러 올렸습니다. 앤은 단지 16살에 불과했고 그들의 주장을 어떻게 생각하느냐는 질문을 받았습니다. 앤은 감정에 북 받쳐 있었고 결국에는 울음을 터뜨렸습니다."

존슨은 "알아요, 앤에게 걱정하지 말라고 전하세요. 우리는 앤이 그 일로 더욱 성숙해질 것을 알고 있다고 말하세요. 우리는 모두 이미 한 가족이나 다름없습니다"라고 말했다. 빌리 그래함은 딸의 독립적인 의지를 대견해 했지만 딸들의 작은 반란을 상기했다. 빌리 그래함은 바로 기자단에게 전화를 했었다고 기억했다. "기자 여러분들에게 존경과 우정을 품고 있습니다. 우리는 모두 당신들의 역할을 중심으로 단결해야 하며 그러기 위해 기도하고 있습니다. 저는 당신들을 100% 신뢰합니다."[30] 또한 빌리 그래함은 자신이 골드워터와 오래 친구이며 자신의 가족들은 "정치적으로 독립

---

29) "Billy says He'd Never Endorse a Candidate," AP, in *Charlotte News*, December 23, 1964.
30) LBJ to BG, November 5, 1964 (WH 6411.08), LBJLM.

적"이지만 자신은 엄격한 중립을 유지하고 있다고 기자들에게 언급했다.[31]

다음날 신문들은 빌리 그래함의 한 말을 실었다. "교회를 향한 빌리 그래함의 충언: 정치와 떨어져라." 이것이 머리기사였다. 빌리 그래함은 "때때로 교회가 정치에 너무 깊이 관여했습니다.[32] 그러나 정치와 거리를 두는 것만큼 더 좋은 일이 없습니다. 예수께서는 우리에게 '권세자를 위하여 기도하라'라고 말씀하셨습니다. 존슨 대통령은 우리의 기도를 항상 명심할 것입니다"라고 말했다.

존슨이 압도적 승리로 마침내 당선이 확인되었을 때, 빌리 그래함은 그에게 최고의 찬사를 보낸다. 그는 존슨에게 "저는 당신이 미국 국민의 선택뿐 아니라 하나님의 선택을 받은 것이라고 생각합니다.[33] 또한 당신의 위대한 할아버지 베인스가 평신도 설교자로 봉사했던 것처럼, 당신도 진정한 하나님의 종이라고 확신합니다"라고 편지를 썼다.

후에 룻은 사람들에게 그해 빌리 그래함이 누구를 찍었는지 자신은 정말 몰랐다고 말했다.[34]

---

31) "Billy Graham Neutral on Choice of President," *Los Angeles Times*, November 2, 1964.
32) "Billy's Advice to Churches: Shun Politics," *Charlotte Observer*, November 6, 1964.
33) BG to LBJ, November 10, 1964, LBJLM.
34) "Billy's Political Pitch," *Newsweek*, June 10, 1968.

THE PREACHER AND THE PRESIDENTS

제14장

설교자와 길거리 시위자

존슨은 진정으로 흑인들을 사랑했습니다.[1] *저는 그와 농장에서 오랜 시간 함께 지냈습니다. 그는 자신의 차(Convertible: 지붕을 접었다 폈다 할 수 있게 만든 차량 - 역주)에 흑인 어린이들을 가득 태우고 종종 집에 실어다 주었습니다. 여러분들은 인종차별 문제에 대해 존슨이 연설을 할 때 흑인들이 진정으로 받아들이는 것을 볼 수 있을 것입니다.*

- 존슨의 민권법 홍보에 대해

종교적 부흥이 먼저 일어나 사회적 혁명에 불을 붙이는 것이 미국의 전형이다. 즉 최초의 대각성운동이 미국독립혁명의 기초를 그리고 두 번째 부흥운동이 남북전쟁의 기초를 놓았다. 빌리 그래함은 더할 나위 없는 부흥운동을 일으켰지만 그로 인해 파생될 다른 혁명을 생각해보지 못했다. 그의 메시지는 목사들이 대규모의 군중을 광장에 모으는 새로운 경쟁, 즉

---

1) BG, interview, January 18, 2006.

민권법 투쟁과 반전 운동을 유발했고 그것들을 정치적으로 좌익의 성향을 띄게 만들었다. 그들이 사회적 운동의 당연한 귀결로 길거리로 쏟아져 나오자, 교회와 목사들의 관계, 주류사회와 복음적 교회들의 관계, 정치인들과 목사들의 관계에 변화를 일으켰다. 빌리 그래함 개인적으로는 반동적인 사회적 분위기가 그를 권력자들과 더 밀착하게 만들었다. 그것은 빌리 그래함이 국가 리더십의 변화를 촉구하는 저항자들이 늘어나는 시기에 권세자들을 인정하라는 순종적 애국주의(Obedient Patriotism)를 강조했기 때문이다.

빌리 그래함은 자신과 마틴 루터 킹은 서로를 이해하고 있다고 늘 말했다. 킹이 1957년 빌리 그래함의 뉴욕집회에 참석했으며, 그 후 1960년 브라질에서 열린 세계침례교대회에 둘이 함께 가는 등, 그들의 우정은 단단해졌다. 빌리 그래함은 그 일들을 자주 회상하면서 "저는 당신의 길거리 시위를 비난해본 적이 없습니다. 당신이 길거리에서 일하는 것처럼 저는 스타디움에서 일합니다"[2]라고 킹에게 말했다. 빌리 그래함은 킹이 자신을 이해하고 있다고 확신했다. 킹이 빌리 그래함에게 "만약 당신이 길거리로 나선다면 지지자들이 당신을 떠날 것입니다.[3] 그리고 인종통합 복음운동의 기회를 놓치게 될 것입니다"라고 말했다.

그러나 이것은 기껏해야 어색한 동맹에 불과했다. 흑인사회의 우울한 왕자였던 킹은 지적으로 훨씬 뛰어났고 자신의 운동에 아퀴나스(Aquinas), 소로(Thoreau), 헤겔(Hegel)의 이론을 활용했다. 빌리 그래함은 말쑥한 옷차림에 화려한 타이를 매었지만 킹의 옷은 사제의 검은 옷을 착용했다. 빌리 그래함의 개인적이고 경제적인 삶은 소박했지만 킹은 계속적으로 빈궁했다. 남부기독교지도자협의회(SCLC)에서 킹의 모토는 빌리 그래함과 동일한 "미국의 영혼 구원"이었다. 그러나 그들의 영적은사는 서로 달랐다. 킹은 예언자였다면 빌리 그래함은 전도자였다. 빌리 그래함의 방법은 세일

---

2) Frady, *Parable of American Righteousness*, 416.
3) Frost, *Personal Thoughts*, 123.

즈 방식이었다면 킹은 과감한 타도였다. 빌리 그래함은 선동 심지어 "사회적 저항"에 설교가 가장 효과적인 수단이라는 믿음을 갖고 의학이나 법의 세계가 아니라 목회의 세계에 뛰어들었다.

초기에 둘은 함께 일했다고 말할 수 있는 순간이 있었다. 킹은 인종차별에 저항하는데 빌리 그래함의 아이디어인 대중 집회를 차용했다.[4] 킹은 심지어 처음에는 북부지방에서, 그다음 더 멀리 남부지방에 이르기까지 빌리 그래함과 연합집회를 꿈꾸었다. 킹은 감옥에 갇힌 동료들을 면회할 때, 빌리 그래함의 책으로 위장된 간디의 저서들을 몰래 건네주었다.[5] 심지어 말콤 엑스(Malcolm X)도 자신은 추종자 그룹을 만들려 하지 않고 흑인민족주의 신학을 전파하는 우를 범했는데, 이제 "빌리 그래함의 방법에서 나의 실마리를 찾았다"[6]라고 말했다.

그러나 인종 간 갈등이 폭발했을 때, 빌리 그래함은 성서적 명령을 따랐고 킹은 행동주의로 전환했다. 빌리 그래함은 시민 불복종운동에 대하여 다른 생각을 가지고 있었다. "법률이 어떠하든지"[7] - 심지어 정당치 못한 법이라 할지라도 - 크리스천의 의무는 그 법을 준수하는 것입니다. 그렇지 않으면 무정부 상태가 초래합니다." 이것에 대하여 킹은 성 어거스틴의 말을 인용했다. "정당치 않은 법은 결코 법이 아닌 것입니다."[8] 빌리 그래함은 킹이 원하는 만큼 민첩하게 움직이지 않았다. 반면에 킹은 훨씬 강력한 행동을 요구하는 경쟁자들의 압박을 받고 있었다. 민권법에 존슨이 가세하면서 그림은 세 차원으로 변했다. 세 사람은 호의와 경계심을 번갈아 나누면서 상호 협력의 관계를 맺기도 하고 때때로 적대적이 되기도 했다.

도리스 굿윈은 "킹과 관련하여 거기에는 확실히 경쟁심리가 존슨에게

---

4) Taylor Branch, *Pillar of Fire:America in the King Years, 1963-65*(New York: Simon and Schster, 1998), 24.
5) Ibid.,122.
6) "Malcolm X Plans Muslim Crusade," *New York Times*, April 3, 1964.
7) Frady, *Parable of American Righteousness*, 412.
8) King, "Letter from Birmingham Jail," April 16, 1963.

작용했습니다"⁹⁾라고 분석했다. 존슨이 인종 간 정의를 위해 노력하는 것은 의심의 여지가 없었다. 굿윈이 "그러나 존슨은 킹이 바깥에서 자신을 압박하고 있다는 사실을 모르지 않았습니다. 그것은 그 둘이 함께 춤추는 흥미로운 댄스와 같았습니다. 킹은 밖에서 정부가 그 일을 해야 한다고 주장하고 있었고 존슨은 자신이 생각하는 최선의 방법으로 추진하기를 원했습니다"라고 했다.

존슨의 비서실장 마빈 왓슨이 정부 안에 킹에 대한 여러 견해가 있다고 말한 것은 일부분, 냉혈한인 에드가 후버(Edgar Hoover) FBI 국장의 정치 사찰과 정보 조작의 결과였다. 왓슨은 "킹 박사의 영향력이 누구보다도 크다는 사실은 의심의 여지가 없습니다.¹⁰⁾ 언론은 온통 그의 이야기입니다"라고 평했다. 그러나 케네디와 존슨 행정부의 킹에 대한 평가는 전적으로 후버의 입맛에 따라 결정되어, 킹은 위험스러우며 성적으로 방종한 공산주의자로 낙인찍혔다. 빌리 그래함은 전기 작가인 마샬 프레디(Marshall Frady)에게 "당시 저는 킹에 대해 여러 가지로 혼돈스러웠습니다.¹¹⁾ 제가 킹의 주변사람들을 주시해 본 것은 후버가 킹을 이간시키는 여러 가지 정보를 보냈기 때문이었습니다"라고 말했다.

빌리 그래함이 자신을 포함한 모든 사람이 함께 길거리로 나서게 될 때 빚어질 결과에 놓고 숙고한 적이 있었다고 후에 민권운동지도자들이 밝혔다. 남부기독교지도자협의회를 킹과 함께 창설하여 그곳에서 20년간 일한 조셉 로웨리(Joseph Lowery) 목사가 "저는 국민에게 엄청난 영향을 미쳤을 것이라고 봅니다.¹²⁾ 만약 빌리 그래함이 사회적이며 경제적인 난제를 외면하지 않고 그것을 향해 도덕적 신앙 명제를 선포했다면 수많은 사람이 그것을 공개적으로 지지할 것이 분명했습니다. 그러나 빌리 그래함은 언제나 설교단 뒤에서 내려오지 않았습니다"라고 말했다.

---

9) Goodwin, interview, September 26, 2006.
10) Watson, interview, August 15, 2006.
11) Frady, *Parable of American Righteousness*, 416.
12) Joseph Lowery, interview, July 11, 2006.

킹보다 더 강경한 민권운동가들이 등장하기 전까지는 남부출신인 빌리 그래함과 존슨은 킹의 일부 전략에 혐오감을 갖는 사람들과 동조했다. 왓슨은 "법을 어긴 사람은 누구를 막론하고 그 대가를 받아야 한다고 단순히 생각하기에는 대통령에게 너무 어려운 문제였습니다"[13]라고 말했다. 존슨은 자신이 혁명적인 민권 법안을 의회를 통해 합법적으로 처리하려고 노력했던 유일한 사람이었다는 데에 자부심을 가지고 있었다. 그는 정의에 대한 요구와 법의 신성함, 이 양자를 모두 옳다고 생각했다. 또한 그는 은혜의 힘을 확실히 믿고 있었다. 그렇다면 급진적 변혁을 가져오기 위해선 신앙과 힘을 어떻게 적절히 조화해야 하는가? 빌리 그래함이 그 중립지대를 논의하기 위해 다가온 것이 존슨에게 힘이 되었다. 빌리 그래함은 크리스천의 역할은 "첫째, 인간의 근원적 요구에 대한 유일한 해답으로 예수 그리스도의 복음을 선포하는 것이며, 둘째, 기독교의 원리를 우리 주변의 사회적 환경에 최선을 다해 적용하는 것"이라고 말했다.

그러나 당시의 급진적 성향의 성직자들은 빌리 그래함이 견지하는 입장을 받아들이지 않았다. 미국의 목사들을 길거리로 내몬 것은 다름 아닌 급진적 정의투쟁운동이었다. 그들의 운동은 느슨하게 시작되었으나 곧 힘이 결집되었고 목사, 신부, 랍비들이 전략을 논의하기 위해 워싱턴에서 모임을 개최하였고 급기야 상원의원들에게 민권 법안 통과를 직접 탄원하기 위하여 몰려갔다. 흑인 아이들을 물어뜯는 개, 소방호스와 짐승 치는 막대기에 쫓겨 다니는 모습, 청바지 차림의 교인, 폭격당한 교회당 같은 이미지 때문에 생겨난 무기력과 고립을 넘어 목사, 사제, 랍비들은 성경을 끼고 감옥과 그 이상의 처벌도 두려워하지 않은 채 통제구역을 넘어 행진했다. 미연합장로교회의 총회장인 유진 카슨 블레이크(Eugene Carson Blake) 목사는 "우리는 소방호스에 당당히 맞서 그것을 피하지 않을 것입니다"[14]라고 선언했다.

---

13) Watson, interview, August 15, 2006.
14) "Never Again Where He Was," *Time*, January 3, 1964.

빌리 그래함과 함께 일해 온 주류 기독교는 적극적인 사회적 행동 참여로 나섰고, 자신과 신학적 동질 집단인 근본주의 기독교는 인종차별 철폐주장과 교회연합운동을 하는 빌리 그래함에게 적대감을 표하고 있었다. 양자 사이에 놓인 빌리 그래함은 고립무원의 처지였다. 이러한 적대감이 매년 쌓아져서 급기야 밥 존스 총장은 사우스캐롤라이나 그린빌에서 열린 빌리 그래함의 전도집회에 학생 참여를 금지시켰다. 그리고 그의 전도집회를 위해 기도하는 것도 허용치 않았으며 나아가 빌리 그래함을 거짓교사로 "빌리 그래함은 예수 그리스도의 복음운동에 누구보다도 큰 해악을 끼치고 있는 사람입니다"라고 맹비난했다.

한편 좌익 쪽 사람들의 입장에서는 인내심을 갖고 인간의 영혼을 고치려는 빌리 그래함의 방법은 너무 막연한 것이었다. 로웨리는 "민권법 투쟁운동은 신학적 전제를 하고 시작했습니다. 그러므로 우리는 당신의(빌리 그래함) 감정과 생각 그리고 행동이 변화되기를 기다렸습니다.[15] 다시 말하면 당신은 열심을 다하여 일한다고 했지만 발로 우리의 목을 눌렀습니다. 당신은 영혼이 먼저라고 말하지만 우리의 고통은 배가되었습니다"라고 말했다.

그러나 킹은 어떤 도시에 가서든지, 심지어 철두철미하게 인종차별을 주장하는 신문에서 도 빌리 그래함의 전도집회를 대대적으로 보도하는 것을 보고 그의 능력에 감탄했다.[16] 킹은 빌리빌리 그래함전도협회의 기금 조성 방법과 조직 운영 그리고 기획 능력을 배우기 위해 그곳에 두 명의 보좌관을 파송했다.[17] 언론을 다루는 킹 본부의 방법을 검토한 빌리 그래함의 언론 담당 비서인 월터 베네트(Walter Bennett)는 그들의 모든 것이 잘못이라고 지적했다. 빌리 그래함은 몸소 뛰는 집회를 일 년에 극소수로 제한하고 방송 채널을 확보했다. 한 번의 방송으로 그는 2년에 걸쳐 수백만

---

15) Lowery, interview, July 11, 2006.
16) David L. Chapell, *A Stone of Hope: Prophetic Religion and the Death of Jim Crow* (Chapel Hill: University of North Catolina Press, 2004), 142-143.
17) Branch, *Parting the Waters: America in the King Years, 1954-63* (New York: Simon and Schster, 1998), 594-595.

의 사람을 만나야 하는 시간을 벌었다. 반면에 킹은 너무 비효율적이었다. 그는 남부기독교지도자협회를 유지하기 위한 기금을 마련하기 위해 필사적으로 이 도시, 저 도시로 뛰어다녔다. 그런 방법은 결코 매스컴의 주목을 받지 못했다. 베네트는 그런 방법으로는 킹이 5년도 못 살 것이라고 경고 겸 예언을 했다.

베네트는 킹의 죽음의 시간은 맞추었지만 죽음의 원인은 그것이 아니었다.

존슨, 빌리 그래함, 킹 그리고 셀마

케네디가 암살된 직후 킹은 정부가 민권 법안의 통과를 위해 의무감을 가져야 한다고 촉구했다. 킹의 요구가 있은 다음날, 의회의 회기 시작 전에 존슨이 등장해서 "어떠한 명연설도 그리고 찬사도, 케네디 대통령이 오랫동안 노력해온 민권 법안의 조기 통과보다 그를 더 명예롭게 하는 것이 없을 것입니다. 이 나라에서 참으로 오랫동안 그리고 충분할 만큼, 흑백 동등의 권리에 대하여 논의해왔습니다. 우리는 100년 이상이나 그것에 대해 이야기해 온 것입니다. 이제는 그것을 넘어 그 다음의 역사를 기록해야 할 때입니다"[18]라고 말했다.

킹은 이 텍사스 사람인 존슨의 열정에서 가능성을 발견했다. 그의 열정은 케네디 형제들의 냉정함과는 아주 다른 것이었다. 그러나 민권법이 정치 전략적으로 다루어졌을 때 존슨은 빌리 그래함과 많은 의견을 나누었다. 이제 남부가 다른 지역들과 경제 사회적으로 통합의 길을 가야할 필요가 너무 커졌기 때문이었다. "저는 링컨이 시작한 것을 마무리하는 대통령이 될 것입니다." 존슨은 킹이 더 심각한 대립으로 나갈 수 없도록 만들었다. 존슨은 "우리는 이제 그것을 처리할 것입니다"라고 약속했다.

18) Address before a joint session of Congress, November 27, 1963, LBJLM.

빌리 그래함은 역사적인 민권 법안이 통과되던 날, 의회의 표를 주관했던 허버트 험프리와의 대화를 기억했다. 민주당 지도부는 자신들이 법안을 통과시킨 것에 환호하며 그리고 그것에 관한 방대한 박사학위 논문들을 상상하며, 험프리의 사무실에 모였다. 그날 밤 일 중에 빌리 그래함이 기억해낸 것은 자신의 역할을 당부하는 부통령의 말이었다. 빌리 그래함은 "험프리가 이 투쟁을 진두지휘했습니다. 그리고 저를 한 쪽으로 불러 말했습니다. '빌리, 우리가 드디어 해냈습니다. 그러나 그것은 법적인 것뿐입니다. 진정한 흑백평등을 이루어 내기 위해선 당신과 당신의 지지자들의 도움이 절대적으로 필요합니다'"[19]라고 말했다.

존슨은 이 법안을 1964년 7월 2일에 서명했다. 한 참모는 그것을 노예해방선언에 사인하는 것으로 비유했다. 킹은 그 자리에서 사인을 하는 존슨을 지켜보았다. 그날 존슨은 노스캐롤라이나 주지사 시절부터 빌리 그래함의 친구인 경제담당 수석인 루터 하지(Luther Hodges)를 불러 그 다음에 해야 할 일을 물었다. 하지는 흑인 지도자들을 만나 이제 행동을 자제하여 길거리로 나가 더이상 체포되는 일이 없도록 해달라고 당부하는 일이 필요하다고 말했다. 존슨은 법안 시행 초기에, 그 법안으로도 이미 벌어진 수백 건의 사건을 처리하기가 쉽지 않음을 알았다. 그리고 여전히 폭력에 대한 우려가 심각한 상황이었다.

시장, 목사 그리고 사회지도자들은 화해자의 역할을 맡기 위해 파란색 리본을 부착했다. 존슨은 "우리가 미완성의 집을 가지고 있다 할지라도… 사람들을 설득해서 살게 해야 할 것입니다"라고 말했다. 존슨은 분쟁을 신속히 중재하기 위한 사회협력국(Community Relations Service)을 신설하고 전 플로리다 주지사였던 네로이 콜린스(Leroy Collins)를 국장으로 임명했다. 또한 별도의 특별위원회가 필요했다.

"빌리 그래함이 우리의 제안을 거절했습니다. 대통령 각하"[20] 하지가 말

---

19) BG, interview, January 17, 2006.
20) LBJ, call to Luther Hodges, July 2, 1964 (WH 6407), LBJLM.

했다.

"그가 뭐라고 말하던가요?"

"빌리 그래함은 혼자서가 훨씬 잘 할 수 있다고 생각하는 것 같았습니다. 자신은 전도집회를 하기 위해 미시시피와 그 밖의 남부의 두세 개 주로 떠나기로 한 것을 전해달라고 합니다. 그렇게 떠나야 위원회의 명예가 손상하지 않을 것이라고 했습니다."

"그럴 수도 있겠군요." 존슨은 인정했다. 그들 사이에는 어떤 불편한 감정이 나타나지 않았다. 한 주 후 빌리 그래함은 저녁 댄싱 파티를 위해 백악관에 있었다.

킹은 그해 12월, 노벨평화상 수상을 위해 출국하기 직전 존슨을 면담하면서 다음 단계는 투표권의 합법화임을 분명히 피력했다. 존슨은 킹에게 동의했지만 그것도 역시 간단한 문제가 아니므로 너무 빨리 행동에 나서면 안 된다고 경고했다. 다음 단계로 진입하기 위해선 국민의 양심에 호소하는 것이었다. 백여 명의 흑인 유권자 중 한 사람도 선거인 명부에 등록되지 않은 셀마(Selma)지역에서 문제가 터졌다. 셀마의 경찰서장은 정복의 단추를 채우면서 "흑인은 절대 안 돼"라고 소리쳤다. 그는 흑인들을 "최하등 인간"으로 불렀다.

1965년 3월 7일, 셀마에서 일어난 평화로운 시위에 최루가스가 살포되고 몽둥이가 난무하면서 피의 일요일이라는 이미지와 함께 미국은 다시 한 번 떠들썩한 격동의 시기로 접어들었다. 하와이에 있던 빌리 그래함은 전투태세를 준비한 것처럼 보였다. "제가 아직까지 감옥에 가 보지 않았습니다."[21] 빌리 그래함에게서 좀처럼 보기 힘든 이미지였다. "저는 '아직 감옥에' 라는 말을 강조했습니다. 아마 제가 할 수 있는 일, 또 해야만 하는 일을 아직 다하지 못한 모양입니다." 그는 존슨에게 전화를 걸어 민권법 대표

---

21) Lowell Streiker and Gerald Strober, *Religion and the New Majority: Billy Graham, Middle America and the Politics of the 70s* (New York: Association Press, 1972), citing Religion News Service, March 3, 1965, 53.

자 회의를 개최해줄 것을 요청했다. 다음날 존슨은 의회에 나타나서 대통령 교서를 발표했다. 그는 셀마를 렉싱톤(Lexington)과 콩코드(Concord)에 비유했다. "어떤 시대에도 하나의 이슈가 미국의 심장 자체를 건드린 적이 없습니다." 존슨은 말했다. 만약 흑백 간 정의가 해결되지 않는다면 국가의 부와 힘과 진보도 아무런 소용이 없는 것이다. 이제 이 나라는 영원한 운명의 기로에 서게 된 것이다. "편견과 불공정의 절름발이 유산을 극복해야만 하는 사람은 흑인들만이 아니라 진실로 우리 모두입니다."

"그리고 우리는 반드시 이것을 넘어서야 합니다."

존슨의 연설을 지켜보기 위해 마틴 루터 킹과 함께 모였던 사람들은 울고 있는 킹을 보게 된다. 킹의 눈에서 눈물이 흐르는 것을 그렇게 많은 사람이 본 것은 그때가 처음이었다.

존슨은 빌리 그래함을 부르기 위해 앞으로 나섰다. "빌리, 앨라배마에 가서 설교할 수 있겠지요? 당신만이 그곳에서 이 문제를 해결할 수 있는 유일한 사람입니다"(빌리 그래함은 후에 말했다. "여러분들도 알다시피 존슨은 그의 연설로 인하여 역사적 인물이 될 것입니다"). 빌리 그래함은 유럽집회 계획을 취소하고 대신 남부로 향했다. 그리고 앨라배마의 주요 소요지역을 찾아 설교했으며 개인적으로는 목사, 사업가, 지역정치인들을 만났다. 빌리 그래함은 "경찰들이 할 수 없었던 것을 저희가 해냈습니다. KKK단이 우리가 있는 곳을 찾아다니며 집회 안내판들을 파괴했습니다"[22]라고 회고했다. FBI는 최소한 폭탄 한 개 이상의 테러가 있을 것이라고 빌리 그래함에게 경고했다.

"빌리 그래함, 민권법에 전념하다." 이것이 그 주간 「뉴욕타임즈」의 머리기사였으며 주요내용은 빌리 그래함이 대부분의 시간을 민권법 설파에 보내고 있으며, 빌리 그래함의 작은 검은색 기도 노트에 조지 월리스(George Wallace: 당시 앨라배마의 주지사 - 역주)를 추가했다는 것 등이었다. 빌리 그

---

22) *People* interview transcript, January 31, 1981.

래함은 이 운동에 뒤늦게 뛰어든 사람이 아니라는 듯이 활약했다. 그는 민권 법안을 칭송했으며 "저는 정당한 권리를 쟁취하기 위해 불법적 수단이라도 사용해야만 한다고 생각하지 않았지만 이 민권법 투쟁 시위는 세계의 양심을 일깨우는 데 결정적인 역할을 했다고 고백합니다"[23]라고 인정했다. 빌리 그래함은 또한 "교회들은 이 운동을 이끌고 가야합니다. 그러나 교회들은 아무것도 행하지 않고 있습니다"라고 남부의 교회들을 비판했다.

빌리 그래함은 앨라배마 집회를 통해 부흥운동이 사회개혁의 견인차라는 자신의 주장을 확인했다고 믿었다. 흑인지도자들은 "말 그대로 몽고메리에 만들어진 새로운 분위기에 대해 환호했다." 빌리 그래함은 "대부분의 영역에서 영적이고 사회적인 분위기가 변화되고 있는 것"을 보았다. 그는 백인과 흑인 남녀들이 전도집회에 함께 참여하는 것을 보면서 단상 위에 있는 한 목사에게 속삭였다. "이 모습이 우리가 고심했던 문제의 해답입니다." 나아가 빌리 그래함은 "KKK단이 조용히 해준다면, 극단주의자들이 앨라배마가 새로운 민권법에 적응할 시간을 준다면 그리고 정치인들이 상황을 악화하려 하지 않는다면"[24] 모든 일이 수월하게 풀려나갈 것이며 앨라배마는 이 나라에서 하나의 모범사례가 될 것이라고 단언했다.

한편 한 침례교 목사가 전혀 다른 반응을 나타냈다. 버지니아 린치버그의 토마스 로드 교회(Thomas Road Church)의 젊은 목사인 제리 팔웰(Jerry Falwell)은 '피의 일요일' 2주후, 주일예배 설교에서 "제가 믿는 성경의 가르침에 의하면, 예수 그리스도의 구원의 복음을 설교하는 것을 중단하고 공산주의와 대결이나 민권 개혁운동에 참여하는 것과 같은 다른 일을 한다는 것은 불가하다고 생각합니다… 설교자는 정치인으로 부름 받은 것이 아니라 영혼의 쟁취자로 부름 받은 것입니다"라고 말했다. 이 설교를 자세히 들은 두 사람, 빌리 그래함과 킹은 자신들의 방법과 메시지가 거부된 것으로 들었는지 모른다.

---

23) "Billy Graham Is Focusing on Rights," *New York Times*, April 17, 1965.
24) "Graham Discerns Gains in Alabama," *New York Times*, June 21, 1965.

존슨은 빌리 그래함의 노력에 찬사를 보냈다. 존슨은 빌리 그래함에게 "당신의 노력과 기도로 이룬 성과는 여기에 있는 나에게는 너무나 의미 있는 것이라고 말하고 싶습니다. 백악관의 문은 언제나 열려있고 당신의 방은 언제나 준비되어 있다는 것을 꼭 기억하십시오.[25] 당신이 자주 찾아와 주기를 간절히 바랍니다"라고 말했다.

"당신은 정말로 용감했으며 국가를 위해 꼭 필요한 일을 했습니다. 당신의 용기있는 행동이 남부의 미국 국민에게 형제애와 이해심을 증진시키는 데 지대한 공헌을 했습니다… 나는 당신의 성공을 위해 기도하고 있습니다. 그리고 내가 당신을 얼마나 자랑스러워하는지 기억하십시오."

와츠(Watts)지역의 폭발

셀마의 사건은 하나의 역사적 사건이었다. 이후 모든 것이 달라졌다. 그것은 빌리 그래함의 민권법 투쟁에 있어 절정의 사건이었다. 이후 수년간 흑백 간 갈등이 증폭되고 폭력과 대립이 더 심해지면서, 또한 새로운 리더가 등장하면서, 신중하고 보수적인 성품을 가진 빌리 그래함은 자연스레 한동안 뒤로 물러나 있었다.

존슨은 자신이 발의한 동등투표권법안(Voting Right Act)을 통과하게 하고 1965년 8월 6일 법안에 서명했다. 그러나 존슨은 법을 바꾸는 것보다 삶을 바꾸는 것이 훨씬 어렵다는 사실을 직시하였다. 더 나은 학교와 직업 환경 그리고 슬럼가의 감소 등, 모든 것은 더 많은 시간을 필요로 했다. 그러나 정치인들의 약속은 흑인들에게는 조급함을 백인들에게는 분노를 자아냈다.

그로부터 5일 후, 캘리포니아 고속도로 순찰대원이 오토바이를 타고 가던 한 흑인을 구타한 사건이 발생했다. 이 일은 6일간의 방화사건으로 이

---

25) LBJ to BG, April 13, 1965, LBJLM.

어졌고 급기야 와츠(Watt)지역에서 폭동이 일어나 34명이 죽고 천 명이 상해를 입었으며 4천 명이 체포되고 재산 손실이 수백만 달러에 달했다.

존슨은 정신을 잃을 지경이었다. 그는 "어떻게 이런 일이 일어날 수 있는가? 우리가 성취한 것이 이런 것인가? 어찌 이럴 수가?"[26]라고 물었다. 그러나 놀란 것은 그 혼자만이 아니었다. 지난해 도시환경협회는 기회와 환경에 있어서 흑인들에게 최적의 도시 1위로 로스앤젤레스를 선정했었다.[27] 존슨은 적대자들뿐 아니라 미국의 정치사에서 새로운 페이지를 만들려고 도운 지지자들까지도 자신의 개혁안에 의구심을 품을 것이라는 사실을 직감했다.

빌리 그래함은 폭동이 일어났을 때 몬트릿의 집에 있었다. 이런 종류의 무차별 폭력에 대해 빌리 그래함은 단순히 복음의 사랑만을 말할 수 없었다. 폭동자들의 폭력은 단순히 인간의 본성적 죄악의 문제가 아니었다. 그것은 실제적이고도 무차별적인 폭력으로, 무정부 상태를 방불케 하는 것이었다. 빌리 그래함은 "우리는 인종 간 폭력의 가련한 포로가 되었습니다. 우리는 피의 물결에 휩싸일지도 모릅니다"[28]라고 경고했다. 그는 의회에 "로스앤젤레스에서 경험한 폭동과 폭력에 대처하기 위한 즉각적인 신법률안 발의와 제정"을 촉구했다. "저는 흑백 인종문제를 이용해서 궁극적으로 미국 정부를 파괴시키려는 불길하고도 사악한 세력이 있다고 확신합니다." 그는 로스앤젤레스 폭동을 "혁명을 위한 예비연습"이라고 선언했다. 그리고 여전히 영적인 부흥 없는 법률적 처방만 가지고는 충분하지 않다고 주장했다. "우리는 미움을 법으로 제거할 수 없습니다."

「크리스천센추리」는 "전도자 빌리 그래함이 로스앤젤레스 폭동에 대해 막연하고도 격렬한 감정으로 대응한 것은 종교 지도자의 역할에 걸맞지 않은 것입니다. 빌리 그래함 목사는 예언적 언어가 아닌 광란의 언어로 마

---

26) Dallek, *Flawed Giant*, 223.
27) White, *Making of the President 1968* (New York: Atheneum, 1969), 24.
28) "Graham Predicts Worse Violence," *New York Times*, August 16, 1965.

치 무엇인가 잘못된 것을 알지만 그 원인에 대해서는 조금도 모르는 사람 같이 극단적인 경고만을 했습니다"[29]라고 빌리 그래함을 공격했다.

그러나 빌리 그래함은 좌우를 구별없이 모든 종류의 극단주의에 대해 즉각적으로 비난하고 나섰다. 빌리 그래함은 폭동에 대한 반발을 예의 주시하면서 "일부 무책임한 사람들이 행한 일로 그들이 속한 인종 전체가 비난받아서는 안 됩니다"라고 주장했다. 빌리 그래함은 시위가 약간의 소강상태를 보이자, 킹이 흑인 여론에 책임 있는 지도자임을 다시 언급했다.[30] 그리고 킹이 민권 법안이 정착하기까지, 흑인 지도부를 불러 시위를 중단하게 해야 한다고 압박했다.

킹은 사태의 심각성을 보고 상황을 진정시키기 위해 곧 바로 현장에 가려고 하였으나 주지사인 에드먼드 브라운(Edmund Brown)은 그가 오면 안 된다고 강력 요구했다. 그 지역 흑인목사들도 킹의 출현이 도움이 될지 아니면 해가 될지 확신하지 못했다. 그래서 킹은 출발을 미루고 빌리 그래함의 연락을 기다렸다. 빌리 그래함은 방탄조끼를 착용하고 현장에 도착해서 시장인 샘 요티(Sam Yorty)와 함께 헬리콥터로 파괴의 현장을 둘러보았다. 킹은 남부기독교지도자협회 로스앤젤레스 지부장인 톰 킬고어(Tom Kilgore)에게 전화를 걸었다. "톰, 빌리 그래함이 헬기를 타고 그들을 진정하도록 한다면 왜 나는 그 곳에 가서 그 젊은이들과 대화할 수 없단 말입니까?"[31] 다음날 킹은 그곳으로 달려갔다. 거리를 걸으면서 진정해줄 것을 간청했다. 그는 파괴를 지지하지 않았다. 그는 "폭동은 국가와 사회에 대한 맹목적이고도 어리석은 항거이며 반대로 국가는 합리적인 공권력만을 사용해야만 한다"[32]라고 말했다.

이제 존슨은 긴박한 또 다른 문제와 맞부딪혔다. 시위의 양상이 짐 크

---

29) "Be Specific, Mr. Graham," *Christian Century*, September 1, 1965.
30) "Graham Asks Curb on Rioting," *Charlotte Observer*, August 15, 2006.
31) Branch, *At Canaan's Edge: America in the King Years, 1965-68* (New York: Simon and Schuster, 2006), 294.
32) "Curfew Lifted in Los Angeles," *New York Times*, August 18, 1965.

로우 법(Jim Crow: 흑인차별법 - 역주)에 항거하는 도덕적 시위행진에서 북부 슬럼가의 환경문제로 옮겨가자 긍정적 시각으로 바라보던 사람이나 불쾌한 감정으로 바라보던 사람들 사이에 공유했던 여론이 나뉘기 시작했다. "통합"이라는 말은 이제 동력을 상실했다. 흑인지도자들이 너무 과격하다고 생각한 국민은 1964년도에는 전체의 3분의 1이었으나 1966년도에는 85%에 달했다.[33] 킹이나 로이 윌킨스(Roy Wlikins) 같은 사람들은 흑인사회가 진정해줄 것을 강력 요청했지만 뉴스의 초점은 언제나 비폭력주의를 무능한 것으로 여기는 전투적인 지도자들의 활동상이었다. 그들의 구호는 "극복이 아닌 돌파"였다. 심지어 「크리스천센추리」의 진보적 기자들조차도 킹이 속한 SCLC(Southern Christian Leadership Conference)을 지지하는 "선한 흑인단체"와 급진주의자들의 NAACP(National Association for the Advancement of Colored People)를 지지하는 "나쁜 흑인단체"로 나누고 평등협의회(Congress of Racial Equality)와 비폭력학생협회(Student Nonviolent Coordinating Committee)의 "독단적 개인왕국"에 대하여 비난하고 나섰다. 빌리 그래함 자신도 "사악한 정치적 목적으로 국가전복"[34]을 꿈꾸는 극단적 단체들을 밝혀내라고 존슨과 FBI에 요청했다.

최소한의 도움

존슨은 흑백갈등과 시위를 잠시 한쪽으로 밀어놓고 싶어했다. 그러나 그는 여전히 빈곤문제를 최우선으로 다루고자 했다. 비록 1964-65년도에 민권법이 통과될 때 보다 실질적으로 더 나은 아이디어를 얻은 것은 없었지만 말이다. 그러나 킹은 존슨의 빈곤퇴치 계획에 협력자가 되지 않았다. 존슨이 민권법 투쟁을 위해 자신이 치룬 대가와 겪은 위험에 대해 킹이 전

---

33) Goodwin, Lyndon Johnson, 304.
34) "Graham Urges Johnson to Expose Extremists," *Los Angeles Times*, July 20, 1965.

혀 고맙게 생각하고 있지 않다는 사실을 알아챘다.

존슨의 계획은 빌리 그래함이 은둔해서 가난한 자를 향한 크리스천의 의무에 관련한 성경말씀을 연구하고 스스로 변화의 체험을 하기 전부터였다. 비록 빌리 그래함이 1966년에는 "확실한 영적 기반 없이 사회적 개선을" 요구하는 목사들을 비난했지만, 1967년에는 세계교회협의회(WCC)에서 "사회복음이 인간을 고통 속에 몰아넣는 수많은 문제들을 제거하는데 초점을 맞추고 있다는 데에 의심의 여지가 없습니다.[35] 그리고 저 역시 그것을 지지합니다"라고 말했다.

빌리 그래함은 존슨과 의회에 "해외 지원 예산의 일부를 전용해서… 슬럼가를 제거하여 미국에 그런 장소가 없도록 해야 한다"[36]라고 제안했다. "맨해튼과 같은 풍요의 도시에 그렇게 많은 빈곤 지역이 점점 증가하고 있다는 것은 참으로 믿을 수 없는 일입니다."

경제기회국(Office of Economic Opportunity)의 국장인 사전트 쉬리버(Sargent Shriver)가 빈곤과의 전쟁을 지휘하는 책임자가 되었다. 1967년 어느 따뜻한 봄날, 쉬리버가 탄 헬리콥터가 빌리 그래함이 사는 산자락에 굉음을 내며 착륙했다. 그는 빌리 그래함과 애팔래치아 산 주변 일대의 빈곤 지역을 돌아볼 계획이었다. 그들이 만난 사람 중에 가난한 산골 오두막에 살고 있는 여인이 있었다. 그들은 20달러가 쥐어진다면 무엇을 할 것이냐고 그녀에게 물었다. 그녀는 자기보다 더 돈이 필요한 사람을 찾아서 그에게 주겠다고 답했다.

이러한 내용이 '언덕을 넘어서'(Beyond These Hills)라는 제목으로 텔레비전에 방송되었다. 쉬리버는 기자들에게 "빌리 그래함 목사가 정부의 지원으로 만들어진 프로그램에 참여한 것은 이것이 처음일 것입니다"[37]라고 말했다. 그해 여름 의회의 교육과 노동위원회는 1964년에 처음 설치된 쉬리

---

35) Martin, PWH, 343.
36) "Gramham and King As Ghettomates," *Christian Century*, August 10, 1966.
37) Sargent Shriver to George Christian, May 9, 1967, LBJLM.

버의 특별 부서를 연장시킬 것인지 여부와 예산 배정 문제로 7주간 토론을 벌였다.

빌리 그래함은 영화시사회에 참여한 후 의회 관계자들에게 로비하기 위하여 6월에 워싱턴에 갔다. 빌리 그래함은 존슨과 사전 논의를 거쳐 의회에서 빈곤과의 전쟁은 도덕적으로만이 아니라 영적으로 접근해야 한다고 말했다.[38] "전에는 전혀 다른 문제로 17번이나 의회의 여러 위원회에 출석했습니다. 그러나 오늘과 같이 빈곤퇴치프로그램으로 증언해 본 적은 한 번도 없었습니다. 이것이 시행될 때는 저는 매우 회의적이었습니다. 그러나 지금은 생각이 바뀌었습니다. 이것은 무가치한 프로그램이 절대로 아닙니다."[39]

빌리 그래함은 만약 의회가 OEO(경제기회국)를 지원하지 않는다면 미국은 "영적으로, 도덕적으로 그리고 사회의 모든 국면에서 곤경에 처할 것"[40]이라고 경각심을 불러 일으켰다. 그러나 오레곤 하원의원인 민주당의 에디 그린은 이 법안을 앞장서서 반대하였으며 빌리 그래함 지지행동에 대해 불쾌하게 생각했다. 그녀는 "빌리 그래함은 빈곤과의 전쟁에 반대라도 하면 신성모독이라고 생각하는 모양입니다"[41]라고 비아냥거렸다.

너무 정치에 깊이 발을 내디뎠기 때문에 빌리 그래함은 자신이 "거대한 포위망"에 갇혀 있다는 사실을 바로 알았다.[42] 의회는 1966년 선거 이후 더욱 보수적으로 변해 있었다. 특히 남부 민주당원들은 OEO가 가난한 자들을 위한 대안교육부터 건강보조 그리고 법률서비스까지 관여하고 있는 것에 대해 냉담했다. 그해 여름 또 한 번의 폭동은 반대자들로 하여금 OEO는 실패했다고 주장하게 만들었다. 빌리 그래함은 처음부터 정치적 의도로 만든 것처럼 보이는 영화를 의회가 투표를 마칠 때까지 상영 중지하자

---

38) Watson to LBJ, June 8, 1967, LBJLM.
39) "House Hearing: Its Ritual and Reality," *New York Times*, August 21, 1967.
40) Martin, PWH, 343.
41) "House Hearing: Its Ritual and Reality," *New York Times*, August 21, 1967.
42) Shriver, memo to LBJ, June 15, 1967 (EXPR 12 WHCF Name File), LBJLM.

고 부탁했다.

    11월 폐렴으로 고생하기 직전까지, 빌리 그래함은 빈곤 퇴치 법안을 지지해줄 것을 의원들에게 호소하기 위해 거의 일주일간을 전화통에 매달려 있었다. 그는 예산 배정액에 대해서는 관여하지 않았다. 그는 "저는 계획안 내용이 축소되지 않기만을 바라고 있습니다. 그것은 무가치한 것이 아니라 가난한 자들의 자활을 돕는 것이며 그것이 제가 이것에 매달리는 이유입니다"라고 말했다. 역사가인 리차드 피어랄드(R. Pierard)는 빌리 그래함의 로비가 거의 폐기가 확실했던 OEO를 살려냈다고 평가했다.[43] 법안은 통과되었고 존슨은 크리스마스 전에 사인할 수 있었다. 한 의원이 "2-3개월 전만 해도 의회 내 어느 누구도 빈곤퇴치 법안이 통과되리라고 생각한 사람은 아무도 없었습니다"[44]라고 말했다.

    그러나 이러한 승리는 보다 더 큰 패배로 인해 빛을 잃고 만다. 존슨은 불과 몇 개월 후 이 정책을 포기하고 만다.

---

43) Pierard "Billy Graham and the U.S.Presidency," *Journal of Church and State* 22, 124.
44) "How Poverty Bill Was Saved in the House," *New York Times*, December 25, 1967.

제15장

마음의 연대

그들은 우리가 알고 있거나, 생각해온 것과는 비교도 할 수 없는 무거운 짐을 지고 있었습니다.[1]

- 전쟁을 수행한 대통령들에 대하여

킹 박사를 비롯해 많은 사람이 존슨 대통령과 등을 지게 된 것은 베트남 전쟁 때문이었다. 킹은 미국이 영혼을 좀먹는 전쟁과 폭력을 세계에 공급하는 나라라고 비난했다. 킹은 한때 활기 있던 사회정책이 "마치 전쟁에 미쳐버린 사회에서, 쓸모없게 돼버린 정치적 장난감처럼 유명무실한 상태인 것을" 보았다. "베트남 전쟁이 파괴적인 악마의 흡입관처럼 인력과 기술 그리고 자금을 지속적으로 빨아들이는 한, 우리는 결코 가난한 자들을 위한 정책에 자금과 에너지를 투자할 수 없을 것입니다."[2]

---

1) BG, interview, January 18, 2006.
2) "King Speaks for Peace," *Christian Century*, April 19, 1967.

킹의 말은 「뉴욕타임즈」와 타 신문들의 사설을 통해 논란을 증폭하였다. 빌리 그래함은 "분명히 흑인들도 우리와 같이 전쟁에 대해 의견이 갈린 것 같습니다. 킹의 말은 지금 베트남에 있는 수천 명의 충성스러운 흑인 병사들을 모독하는 것입니다"[3]라며 킹이 두 가지 이슈를 쓸데없이 하나로 묶었다고 비난했다. 존슨은 아직 대내외 정책 간의 갈등이 한계점에 왔다는 사실을 인정할 수 없었다. 그리고 가능한 전쟁 비용을 숨김으로써 사람들에게 '묵인자'라는 부정적인 평판을 얻었다.

"어떻게 행동하든 비난받을 운명에 처했다는 사실을 나는 처음부터 알고 있었습니다."[4] 존슨은 굿윈에게 "전쟁이라는 더러운 일에 전념하면 내가 심혈을 기울였던 '위대한 사회'의 이상을 포기하게 되고 그 결과 가난한 사람들을 부양하려고 하는 모든 계획과 희망을 잃어버릴 것입니다… 만약 전쟁에서 한발 물러서면 공산주의자들이 베트남을 함락할 것이며, 세계는 나를 겁쟁이, 미국은 방관자라고 조롱할 것입니다. 나라는 파괴적인 논쟁의 소용돌이에 빠질 것이며 대통령직은 흔들리고 행정부는 마비되며 결국 우리의 민주주의에 커다란 해악을 가져올 것입니다"라고 말했다.

대통령의 생각에 일찍부터 동의한 빌리 그래함은 자신의 지지자들에게 미국은 언제나 고귀한 명분으로 전쟁을 수행해 왔다고 확신했다. 그러나 베트남 전쟁 양상이 점점 복잡해지자, 빌리 그래함의 대중연설도 애매모호해졌다. "독실한 크리스천들도 베트남에 대해 두 가지 입장을 가지고 있는 것을 알게 되었습니다."[5] 빌리 그래함은 도덕적 이슈에 대해서는 전혀 거리낌이 없이 말했지만 그것이 정치적인 문제로 비화하면 쉽게 말할 수 없었다. 베트남에 대해서 상당부분 빌리 그래함의 시각이 바뀌게 된 것은 시간이 지날수록 도덕적 명령으로 해결하기가 모호해졌기 때문이었다.

1964년 초봄, 스마더스는 전쟁 확대로 인해 존슨 행정부가 국민의 저

---

3) "Graham Denounces Dissenters," *Christian Century*, May 17, 1967.
4) Goodwin, *Lyndon Johnson*, 251-252.
5) Rowan *People* transcript, November 26, 1975.

조한 지지율로 고전하고 있다고 경고하고 하나의 예로 빌리 그래함을 들었다. 공화당은 무조건 반대할 것이라는 이유로 스마더스는 "어느 날 밤 빌리 그래함에게서 베트남에 관한 이야기를 들었습니다.[6] 그는 이 문제에서 한 발짝 물러나 있으려고 했습니다. 그는 이렇게 말했습니다. '왜 우리는 베트남에서 전쟁을 결정하였는지 그리고 어떻게 쿠바에서는 그것을 피해갈 수 있었는지 잘 모르겠습니다"라고 말했다. 스마더스는 베트남에서 공산주의자와 싸우는 이유를 빌리 그래함조차 확신하지 못한다면 다른 사람을 더 말해 무엇 하겠느냐고 말했다.

1965년까지 빌리 그래함은 동남아시아의 공산주의자를 "쓰레기"라고 말했다. 그는 국민에게 하나님께서 지혜를 주시도록 대통령을 위해서 기도하라고 말했다.[7] 그는 평화주의자가 될 기미는 없어보였다. 그는 목회자들을 모아 1966년 조찬 기도회를 열었다. 그곳에서 빌리 그래함은 이렇게 말했다. "그리스도를 온순하고 천진난만한 방관자로 격하시키려는 사람들이 있습니다. 그러나 예수께서 말씀하셨습니다. '너희가 잘못 알았다. 나는 불을 던지려고 왔고 칼을 주려고 왔다.'"[8] 그러나 만약 빌리 그래함이 여전히 전쟁이 가치 있는 것이라고 믿었다면 베트남 전쟁이 그렇다고 확신하지 못하는 것은 무슨 이유인가? "어느 날 하원 군사위원회 위원장인 멘델 리버(Mendel River)가 저를 불러 말했습니다. '이제 나는 베트남 전쟁에서 손 떼려고 합니다. 이것은 승산 없는 전쟁입니다. 빌리, 이제 더는 다른 아시아 국가를 잃지 않도록 방비책을 세워놓고 베트남에서는 빠져나와야 합니다.' 이것이 매파(대외 정책에서 자신들의 이념이자 주장을 고수하며 타협하지 않는 대외 강경론자 또는 주전파 - 역주)중에서도 강경 매파인 리버가 한 말이었습니다. 그때부터 저는 그와 같은 생각을 갖게 되었습니다."[9]

베트남전은 앞으로 미국이 겪어야 할 내분의 한 전형이었다. 이후로도

---

6) George Smathers, call to LBJ, June 1, 1964 (WH6406.01), LBJLM.
7) "Billy Asks Prayer Over Asian 'Mess,'" *Charlotte Observer*, February 15, 1965.
8) "President and Preachers," *New York Post*, November 17, 1967
9) Rowan *People* transcript, November 26, 1975.

폭발적인 이슈들을 만날 때마다 미국인들은 피해비용 산정보다 도덕적 지침을 간절히 원했다. 베트남전은 그러한 갈등의 현장에서 빌리 그래함이 맞은 최초의 도전이요 시련이었다. 빌리 그래함은 「크리스천센추리」에 편지를 보내면서 "베트남 전쟁의 도덕적 정당성 여부에 대해 말하는 것에 매우 신중하려고 합니다.[10] 이것은 국민 사이에 분쟁을 일으킬 수 있는 감정적 이슈라고 생각했었습니다. 그리고 제 일은 모든 국민에게 복음을 전해야 하는 것이었습니다"라고 말했다. 빌리 그래함은 전쟁이 끝난 후 "제가 어떤 한 입장에 섰다면 절반의 국민은 제가 전하는 그리스도의 복음에 귀 기울이지 않았을 것입니다"[11]라고 했다.

1966년 시민 종교에 관한 기념비적인 책을 쓴 로버트 벨라(Robert Bellah)는 "심지어 존슨도 민권법과는 달리 베트남 전쟁의 경우 '하나님이 이 전쟁을 기뻐하신다고' 단언하지 못했다"[12]라고 언급했다. 버드여사는 전기 작가인 로버트 달렉(Robert Dallek)에게 "존슨은 전쟁 욕구가 없었습니다.[13]… 그것은 그가 원한 전쟁이 아니었습니다. 그가 원했던 것은 빈곤, 무지 그리고 질병퇴치에 관한 것이었습니다"라고 했다. 그러나 존슨은 안락의자에 앉아만 있는 장군들이나 반전 지식인들 같이 전쟁을 싫어한 사람을 미워했다. 왜냐하면 그들은 존슨이 전쟁을 원해서 적극적으로 나선 것처럼 말하였기 때문이었다. 빌리 그래함은 전쟁을 지지하지 않았을지도 모른다. 그러나 반전 운동에는 반대했다. 빌리 그래함은 "반전 운동가들은 전쟁에 대한 국민의 분열된 여론을 너무 침소봉대해서 하노이 공산군에게 승리에 대한 자신감을 불어 넣었습니다.[14] 그들이 계속 그런 입장이라면, 그렇지 않아도 길 것으로 예상하는 전쟁이 더욱 오래가게 될 것입니다"라

---

10) *Christian Century*, Letters, March 29, 1967, and May 17, 1967.
11) Frost, *Personal Thoughts*, 131, quoting from Edward Watkin, "Revival Tents and Golden Domes," *US Catholic*, March 1976.
12) Robert N. Bellah, "Civil Religion In America," *Daedalus: Journal of the American Academy of Arts and Sciences* 96 (Winter 1976).
13) Dallek, *Flawed Giants*, 249.
14) "Graham Denounces Dissenters," *Christian Century*, May 17, 1967.

고 비난했다.

빌리 그래함은 애국심 때문에 존슨과 함께 공격대상이 되었다. '아메리카 만세'[15]라는 3인극이 1967년 말에 브로드웨이에서 상영되었는데 이것은 반전 운동 드라마로서 최초의 빅히트 작품이었다. 이 극에서 빌리 그래함은 바보로, 존슨 대통령은 위선자로 묘사했다. 이극은 640회나 상연되었으며 그해의 어떤 작품보다 더 큰 갈채를 받았고, 「뉴욕타임즈」는 60년대 가장 획기적인 작품으로 선정했다.

빌리 그래함은 존슨의 사악한 참모들의 포로와 같았다. 만약 빌리 그래함과 존슨이 국내에서 지지자들을 결속했다면 하노이를 협상 테이블로 끌어내어 문제를 해결하는 데 도움이 되었을 것이다. 그러나 존슨 행정부의 장밋빛 예상은 현장 보고와는 동떨어져 있었다. 결국 빌리 그래함은 신뢰를 상실했고 동맹세력은 그를 떠났으며 국내 분열 상황은 더욱 깊어졌다.[16]

빌리 그래함은 직접 전쟁 상황을 파악하기 위하여 1966년 크리스마스 때 베트남으로 갔다. 출발할 때 존슨은 "당신의 용기와 감화력은 베트남에 있는 미군들에게 크리스마스 선물이 될 것입니다.[17] 그렇게 생각하니 나도 너무 기쁩니다… 돌아와서 모든 것을 말하기를 기대하겠습니다"라고 격려의 말을 했다.

빌리 그래함은 '미국의 교황'이라 불리는 스펠만 추기경과 함께 떠났다. 그는 강경 매파였다. 스펠만은 캄란 만(Cam Ranh Bay)에 있는 공군기지에서 미사를 집전했고, 빌리 그래함은 안케(An Khe)에서 크리스마스이브 촛불예배를 인도했다. 빌리 그래함은 크리스마스 날에는 다낭(Da Nang)의 해군기지에서 장병들과 함께했다. 존슨은 신년에 "당신은 먼 오지에서 장병들의 눈을 밝게 하고 마음을 고양하였습니다. 미국의 아들들과 가족들 그리고 나는 당신의 평화를 위한 기도에 함께 동참하며 또 당신을 자랑스럽

---

15) "American Hurrah Warmly Received by London Critics," *New York Times*, August 4, 1967.
16) LBJ to BG, November 28, 1966, LBJLM.
17) LBJ to BG, January 1, 1967, LBJLM.

게 생각하고 당신의 감화력에 감사하고 있습니다"라고 빌리 그래함에게 편지를 썼다.

군의 사기는 충천했고 빌리 그래함은 "군인들은 두 가지 즉 성경과 카메라를 갖고 싶어 했습니다. 그들은 죽음의 위험에 직면해 있었기 때문에 생명의 연약함을 느끼고 있었습니다"라고 귀국보고를 했다. 군인들에게서 강한 충격을 받았기 때문에 빌리 그래함은 귀국해서도 우울한 감정을 감추지 못했다. "참으로 복잡하고 혼돈스러우며 실망스런 전쟁입니다. 그러나 조기 종전의 모습을 보기는 어려울 것 같습니다." 그렇지만 '전쟁포기'라고 말하기엔 빌리 그래함은 준비가 아직 안되었다. "전쟁의 대가는 제가 생각했던 것보다 훨씬 심각합니다."[18] 빌리 그래함은 뉴스 회견에서 말했다. 여전히 빌리 그래함은 공산주의자들의 공세에 두려움을 느꼈다. 다음날 그는 더 종말론적인 태도를 견지했다. "이제 중국과의 충돌을 피할 수 없다고 생각합니다."[19] 빌리 그래함은 중국이 세계를 지배하기 위해 10년 내에 미국 본토에 핵 공격을 할 것이라고 예언했다. "중국은 핵전쟁은 일으킬 것입니다. 그들은 전쟁으로 3억 인구를 잃어도 여전히 4억이 남는다고 생각하고 있습니다."

약속대로 존슨은 빌리 그래함과 스펠만을 백악관 오찬에 초청했다. 그 자리에는 국가안보보좌관인 월트 로스토우(Walt Rostow)와 국무장관 딘 러스크(Dean Rusk)가 배석했다. 빌리 그래함의 기억에 의하면, 존슨이 스펠만에게 "앞으로 이 전쟁의 양상과 국민의 생각을 말하시오"[20]라고 물었다.

스펠만은 자신의 견해를 거침없이 말하기를 좋아했지만, 빌리 그래함은 "저는 도덕적이고 영적인 환경에 국한해서 말하고 싶습니다. 그리고 이것이 저의 주요 관심사입니다. 저는 대통령이 무엇을 하고 무엇을 하지 말아야 하는지에 대해 말하는 것은 저의 역할이 아니라고 생각합니다. 그러나 국

---

18) Vietnam War Is Battle of World, Billy Says," *Charlotte Observer*, December 29 1966.
19) "Billy Says Big Disaster Is Pending," *Charlotte Observer*, December 31 1966.
20) Transcript, Billy Graham Oral History Special Interview, October 12, 1983, LBJLM.

민이 이 전쟁에 점점 싫증을 내고 있다는 사실에는 동의합니다"[21]라고 말하면서 정치적 논평을 전혀 하지 않았다.

「크리스천센추리」는 빌리 그래함의 발언에 자극을 받아 시민종교의 책무나, 거룩한 전쟁에 빠진 선한 크리스천 군인들에 대한 비판기사를 많이 다루었다. 1월의 한 사설은 "빌리 그래함은 해안을 따라 구석구석 군부대를 방문하며 베트남 전쟁에 하나님의 은혜가 있기를 간구했다.[22] 그는 위대한 기독교 운동의 승리를 위해서 불가피한 살육과 방화의 행위가 용납되기를 기도하였지만 어느 한 사람도 국가정책을 좌지우지하는 그를 비난하지 않고 있다"라고 썼다.

「뉴욕타임즈」와의 장시간 인터뷰에서 빌리 그래함은 "최근에 니버가 관심을 갖고 있는 사회적 이슈들에 대하여 설교해 왔습니다"라고 말하며 니버의 비판을 수용했다. 빌리 그래함은 인종 간 정의의 문제에 관해서 꾸준히 입장을 표명해왔으나 "완전히 알지 못하는 문제에 대해서 더는 어리석은 입장 표명을 중단하려고" 결심했다. 특별히 베트남 전쟁에 대해서는 "저는 해답이 무엇인지 잘 모릅니다. 모든 크리스천은 평화를 사랑하지만 서로 다른 논점을 가질 수 있다고 생각합니다."[23]

반전 운동가들은 빌리 그래함을 자기편으로 끌어들이려고 노력했다. 그리고 그를 통해 백악관을 변화하게 하려고 했다. 어떤 사람은 로스앤젤레스에서 빌리 그래함의 차에 다음과 같은 전단지를 끼워놓았다. "린든 존슨의 어리석은 영혼을 긍휼히 여겨 그에게 이 범죄와 같은 전쟁의 결과에 대해 깨우쳐주시오."[24] 존슨 역시 빌리 그래함을 정치적 자산의 하나로 활용하기를 주저하지 않았다. 1967년 2월, 왓슨은 존슨에게 30분짜리 TV 쇼에 출연한 빌리 그래함이 대통령에 대해 몇 가지 찬사를 했다는 내용을 보

---

21) Ibid.
22) "Danger on the Home Front," *Christian Century*, January 25, 1967.
23) "Graham Defends Mass Evangelism," *New York Times*, July 17, 1966.
24) "Billy Refuses to Judge Moral Issue of Vietnam," *Charlotte Observer*, February 1, 1967.

고했다.²⁵⁾ 존슨은 그것을 보고 싶어했다. 일주일 후에 있을 군사작전에 대해 토의하는 중에, 여론 전문가인 후레드 팬저(Fred Panzer)는 갤럽조사 결과 국민이 베트남전을 국민을 담보로 한 위험한 도박으로 여기고 있다고 존슨에게 보고했다. 그러면서 빌리 그래함을 활용하여 여론을 완화해야 한다고 제안했다. 존슨은 9월에 있을 남부 베트남 선거에서, 공정선거감시단을 맡아달라고 빌리 그래함에게 요청했다.²⁶⁾ 빌리 그래함은 거절했다. 그러나 자신의 방송프로인 '결단의 시간'에 베트남 선거를 소개하면서 기자들은 헛 소문을 기사화해서는 안 된다고 말했다. 빌리 그래함은 모든 선거를 미국처럼 "공명정대하게" 치르지 않기 때문에 베트남 선거를 감시해야 한다²⁷⁾고 말했다.

이런 와중에 곤혹스럽게도, 빌리 그래함이 라틴 아메리카 전도집회 경비를 CIA가 지원했다는 기사가 「타임」에 실렸다.²⁸⁾ 충격을 받은 빌리 그래함은 "저는 결코 정부기관, 특별히 CIA가 주는 돈을 받은 적이 없습니다"²⁹⁾라며 그 사실을 부인했다.

전쟁에 대해서 빌리 그래함은 예언자의 역할을 하지 못했고, 오직 정쟁(政爭)에 기진맥진한 대통령을 위한 목회자 역할을 감당했다. 베트남 전쟁은 조지 볼, 험프리 같은 전쟁에 회의를 품은 존슨의 측근들, 킹과 같은 예언자들 그리고 한때 존슨을 지지했지만 천문학적인 전쟁비용에 경악하는 수백만의 국민과 대통령 사이를 멀게 했지만 유독 빌리 그래함과의 사이는 더 가깝게 만들었다.

빌 모이어스가 "대통령이 베트남전에 대한 정당성을 가진 것은 누구보

---

25) Watson to LBJ, February 28, 1967, LBJLM.
26) Fred Panzer to LBJ, March 10, 1967, LBJLM.
27) WHCF subject files, introduction to *Hour of Decision*, September 3, 1967, LBJLM.
28) "Pandora's Cashbox," *Time*, March 3, 1967. The group was the U.S. National Student Association, and it also funded the National Council of Churches and Harvard Law School and AFL-CIO affiliates.
29) "Graham Denies Knowledge of C.I.A. Funds for Trip," *New York Times*, March 25, 1967.

다도 빌리 그래함에 의해서입니다"[30]라고 말했다. 그러나 이것은 전쟁을 보는 특수한 견해라기보다는 대통령 권위의 정당성을 전제한 빌리 그래함의 유치한 신앙에 초점을 맞춘 듯하다. 빌리 그래함은 "존슨 대통령은 선택의 여지가 없었습니다.[31] 케네디가 암살당했을 시점에 이미 수천 명의 미군이 베트남에 파견되어 있었습니다. 존슨은 그 일을 수행해야만 하는 운명에 직면해 있었습니다"라고 늘 존슨에게 원죄가 용서받았다고 말했다. 빌리 그래함은 처음에는 얼마나 많은 시사 평론가와 상원의원들이 존슨과 한 배에 타고 있었는지를 자주 언급하며, 그들이 지지를 철회한 것은 단지 길어진 전쟁기간 때문이라고 비난했다. 한번은 존슨이 빌리 그래함에게 "매스컴이 나를 정치적으로 매장하려 하고 있습니다"라고 말했다.

존슨은 '전쟁 확대'라는 운명적인 순간을 정하기 위해 온 힘을 기울였다. 작전명은 빌리 그래함의 상징인 부흥찬송에서 따와 '몰아치는 번개' (Rolling Thunder)로 명명했다. 동시에 존슨은 아이젠하워에게 전화를 걸어 그를 워싱턴으로 초청하여 대화를 나누고 싶다고 말했다. 존슨은 아이크에게 "이 계획을 드라마틱한 일이라고 말하기에는 상황이 너무 긴급합니다. 일반적으론 심각한 상황은 아닐지 몰라도, 당신의 자문을 구하지 않을 수 없을 만큼 제가 심각합니다"라고 말했다. 존슨은 그에게 백악관에서 하룻밤을 머물기를 요청하고 링컨실(Lincoln Bedroom: 백악관의 손님 접대용 침실에 붙인 이름 중 하나 - 역주)을 침실로 준비했다. "저는 당신을 존경해왔습니다. 당신이 백악관에 하루만이라도 머물기를 간청합니다. 저는 빌리 그래함 만큼이나 당신이 필요합니다. 저는 누군가 필요합니다."[32]

---

30) Frady, *Parable of American Righteousness*, 422.
31) "Billy Refuses to Judge Moral Issue of Vietnam," *Charlotte Observer*, February 1, 1967.
32) LBJ to DDE, February 15, 1965. From Michael Beschloss, *Reaching for Glory: Lyndon Johnson's Secret White House Tapes, 1964-65* (New York: Simon and Schuster, 2001), 178-179.

탈출의 순간

존슨은 비틀거리며 1968년을 맞이했다. 그는 자신이 방송인, 공산주의자, 케네디의 측근 그리고 한때 신뢰를 나누던 사람들이 꾸민 거대한 음모의 희생자가 아닌가 생각했다. 자유주의자들은 이전에 볼 수 없었던 진취적인 행정부를 물어뜯으려고 혈안이 된 듯하고, 민권운동가들은 그들을 위해 모든 것을 헌신했던 유일한 대통령을 끌어내리려는 듯 보였다. 왓슨은 "언론이 이 나라를 지금까지 인도해 온 위대한 인물을 망가뜨렸다"[33]라고 한탄했다. 은퇴 후 굿윈이 "존슨은 대통령 중에 가장 합리적인 인물이었다. 그는 스스로 미 역사상 가장 위대한 일을 수행해왔다고 진심으로 믿었지만,[34] 말쟁이, 글쟁이 같은 시사 평론가들과 지식인들은 그렇게 생각하지 않았다"라고 회고했다.

국내 문제보다는 외교 문제에 자신이 없었기 때문에, 존슨은 자신의 외교정책에 대한 사람들의 인정을 갈망했다. 그래서 존슨은 반대자들은 싫어했고 지지자들을 좋아했다.[35] 간간히 존슨은 잠이 안 오면 전등을 들고 홀을 거닐며 우드로 윌슨 대통령의 초상화를 쳐다보곤 했다. 존슨은 중풍으로 마비된 윌슨의 몸을 보며 자신의 운명을 상상했다. 굿윈은 "존슨은 하나님이 가장 잔인한 방법으로 자신을 고문하고 있다고 하는 생각을 떨쳐버리지 못했다"[36]라고 말했다. 그렇지 않으면 존슨은 새벽 3시에 상황실로 종종 내려갔는데 그곳에는 국방부와 정보국관계자들이 항상 최근의 정보를 가지고 대기하고 있었다.

잭 발렌티(Jack Valenti)가 "존슨이 베트남 문제로 씨름하고 있을 때나 행정부가 곤경에 처할 때마다 빌리 그래함은 나타났습니다. 빌리 그래함은 따뜻하고 신뢰할만한 인물이었기 때문에 존슨은 언제나 그에게서 편안함

---

33) Watson, interview, August 15, 2006.
34) Goodwin, *Lyndon Johnson*, 41.
35) McPherson, interview, june 19, 2006.
36) Goodwin, *Lyndon Johnson*, 342, and interview, September 26, 2006.

을 느꼈습니다. 그 순간 - 얼마나 오랜 시간인지 나는 늘 모르지만 - 그들은 작은 평화를 누렸습니다. 때때로 곤경 중에 처한 대통령의 삶에 찾아오는 일순간의 평화를 통해 존슨은 그날의 우울함을 극복하였습니다"[37]라고 말했다.

발렌티는 계속 말을 이어나갔다. "전쟁터로 군인을 파병하는 명령을 내리고, 국방부에서 걸려오는 전화를 통해 그날의 사상자 수를 보고받는 일보다 더 잔인한 일은 없을 것입니다. 한번은 대통령께 물었습니다. '어떻게 견디십니까?' 그것은 마치 매일 아침 석탄산(carbolic acid: 벤젠 또는 페놀로 불리는 화공약품 - 역주)을 마시는 기분이라고 존슨이 말했습니다."

베트남 전쟁이 교활한 인간이 벌인 터무니없는 잘못으로 비추일 때는 존슨의 기분은 더더욱 그랬다. 겨울철 텟(Tet)을 향한 총공세로 인해 - 그것이 북베트남군에 얼마나 큰 타격을 미치는지 관계없이 - 존슨에 대한 국민의 신뢰는 회복 불능 상태였다. 총공세로 놀란 모든 국민은 대통령을 거짓말쟁이로 생각하였고 지지율은 급락했으며 신문은 일제히 포문을 열었다. 그리고 유진 맥카시는 반전과 평화를 구호로 내걸어 뉴햄프셔 예비경선에서 돌풍을 일으켰다. 중간계층의 부재로 인해 존슨은 비평가들의 손쉬운 먹이감으로 전락했다. 비평가들은 존슨을 시저, 칼리굴라, 무솔리니 같은 폭군으로 비유했다. 그에 대한 조롱은 일상적인 일이었다. SNCC(비폭력학생협회)의 총재인 랩 브라운(Rap Brown)은 대통령과 버드여사를 총살형에 처해야 한다고 주장했다. 반전 운동가들은 "리 하비 오스왈드(케네디 암살범 - 역주), 너는 지금 어디서 무엇을 하고 있니?"라는 푯말을 들었다.

3월 31일 존슨은 대국민 담화문을 발표했다. 폭격 중지 명령을 알리고 베트남 처리계획을 발표하며 선언했다. "미국은 지금 나뉘어 있습니다.[38]… 멀리 전쟁터에 있는 미국의 아들들과, 지금 국내에서 도전에 처한 미국의

---

37) Valenti, interview, June 16, 2005.
38) LBJ speech, March 31, 1968, www.lbjlib.utexas.edu/Johnson/achives.hom/speeches.hom/680331.asp

미래로… 나는 이제 개인적이고 당파적인 목적을 위하여 나의 정력을 쏟아부어야 한다고 생각하지 않습니다… 따라서 다음 임기를 위한 민주당의 후보 지명을 추구하지도, 받아들이지도 않겠습니다."

많은 사람들이 존슨의 성명을 듣고 놀랐지만 빌리 그래함은 그렇지 않았다. 빌리 그래함은 "그는 재출마의 문제로 오랫동안 고심해왔습니다"라고 말했다. 존슨은 지지도가 바닥을 치기 오래 전부터 빌리 그래함과 그 문제를 놓고 많은 이야기를 나누었다. "제가 기억하기로는 식당 방에서 식사 중일 때였습니다. 존슨이 말했습니다. '빌리, 우리 가문의 사람들은 수명이 짧습니다.'"[39] 만약 존슨이 다시 출마하고 운 좋게 당선되었다 할지라도, 임기를 다 마치지 못했을 것이다. 그는 심지어 자신의 수명을 예상한 보험회사의 비밀 보고서도 가지고 있었다.[40] "다음 임기까지 살 수 없을 것 같습니다." 그는 빌리 그래함에게 "이미 한 번 심장발작이 왔습니다. 국민과 내가 속한 정당에 좋은 일인지 모르겠지만 말이죠"[41]라고 말했다.

다음날 국민에게서 환호성이 일어났다. 버드 여사는 존슨은 "감옥에서 해방된 기분"[42]을 느끼는 것 같다고 말했다. 그날 밤 존슨은 책을 읽으면서 밤을 지새웠다. 그 이후 그는 시위자 없는 거리를 걸을 수 있었다. 시사평론가 톰 위커(Tom Wicker)는 존슨이 처음 대통령직을 수행하던 몇 개월 동안 영웅적인 통치를 회상하면서 "그것이 존슨의 운명이었습니다.[43] 존슨은 시작과 끝에서 가장 멋진 모습을 보였습니다. 그는 자신을 정치에서 떼어낼 수 있었고 그 결과 그는 살아날 수 있었습니다"라고 썼다.

빌리 그래함도 존슨이 정치에서 빠져나온 것에 기뻐했다. 그는 대통령에게 "이 나라가 당신의 리더십을 아직도 필요로 하고 있지만 그러나 저는

---

39) BG, interview, January 18, 2006.
40) Dallek, *Lyndon B. Johnson*, 328.
41) BG, interview, January 18, 2006.
42) Dallek, *Lyndon B. Johnson*, 332.
43) Tom Wicker, "In the Nation: The First and the Last," *New York Times*, April 2, 1968.

1월에 당신이 공직에서 물러난다 하니 커다란 안도감을 느낍니다.[44] 긴장 속에서 또 다른 4년은 당신에게 너무 무거운 짐이었을 것입니다. 당신이 노년의 인생을 멋지게 가꾸고 편안한 휴식을 즐기기를 간절히 바랍니다… 이 세대에 제가 당신만큼 개인적으로 친밀감을 느끼고 감사한 마음을 가져본 사람은 없었습니다"라고 편지했다.

존슨의 황혼

비록 존슨은 공직에서 떠났지만, 그는 빌리 그래함과 관계를 지속하였다. 빌리 그래함과 대통령의 우정은 그들이 은퇴한 이후에도 중단되지 않고 오히려 더 깊어졌다. 존슨의 경우를 겪고 나서 빌리 그래함은 자유와 의무에서 해방이 인간의 원초적 욕구임을 이해하게 되었다.

빌리 그래함은 1969년 초 존슨에게 "오랜 시간 공직에 봉사하다가 어느 날 갑자기 평범한 시민이 되어 살아가는 것도 쉬운 일이 아니라고 생각합니다. 제가 하는 조그마한 일에도 간간히 그런 기분을 느낄 때가 있습니다. 저는 국내에서 회오리바람처럼 일하다가도 3개월 또는 6개월로 해외 전도집회를 떠납니다. 그러다 집으로 돌아오면 산속의 적막감 속에 빠져듭니다. 산에 머무는 처음의 며칠 동안은 무엇을 해야 할지 잘 모르다가 절망의 감정을 갖기도 합니다. 그러나 모든 것은 빠르게 지나갑니다"[45]라고 편지를 썼다.

존슨은 자신의 물건을 농장으로 옮기기 위하여 정리하고 있던 중에 "2월 3일 당신의 편지를 기쁘게 읽고 또 읽으니 잠시 백악관에서 외로움에 처하였던 나 자신을 돌아봅니다. 그때 당신의 기도와 우정으로 역경의 시간을 이길 수 있었습니다. 어느 누구도 당신이 얼마나 나의 무거운 짐을 가볍

---

44) BG to LBJ, June 13, 1968, LBJLM.
45) Pollok, *Evangelist to the World*, 147.

게 하고 나의 가정을 따뜻하게 돌보아 주었는지 모를 겁니다. 오직 나만 아는 일입니다"[46]라고 빌리 그래함의 영적 도움에 감사하는 답장을 보냈다.

빌리 그래함은 새로운 대통령 닉슨의 취임식 기도자로 초청되어 새 대통령과 백악관 첫 밤을 보내기 전에, 퇴임하는 존슨 대통령 가족과 마지막 주간을 백악관에서 보냈다. 존슨의 딸 루시는 퇴임하는 아버지의 삶 속에 미친 빌리 그래함의 영향을 "아버지는 해방감을 느끼고 있었습니다.[47] '나는 내가 할 것을 다했다. 최선을 다했어. 나의 정치적 인생을 다 바쳐 모든 이들을 평화의 테이블로 안내하려고 하였지… 그러나 국내에서 나의 능력을 넘어서는 일들이 너무나 많았지. 빌리 그래함 목사님이 제일로 생각나는데 그분은 언제나 내 마음을 가장 잘 알아주셨지. 입에 발린 말이 아니라 나는 그분을 놀라운 사람이라고 말하고 싶다. 그분은 얼마나 멋지고 위대한 지 모른다. 그로부터 받은 사랑, 힘, 위로가 너무나 컸다'[48]라고 기억했다.

존슨의 퇴임을 앞둔 그 주간 주말에 그들은 모두 함께 영화를 관람했다. 평소처럼 같은 시간에 존슨은 잠자리에 들었지만 빌리 그래함은 영사실로 걸어가 필름 하나를 줄 수 없냐고 요청했다. 그것의 제목은 '어부의 신발'(The Shoes of the Fisherman)로 안소니 퀸이 주연했으며 공상을 꿈꾸는 신부가 평화를 가져온다는 내용이었다. 빌리 그래함은 닉슨도 이 영화를 좋아할 것이라고 생각했다.[49]

주일 아침 빌리 그래함과 존슨은 함께 교회에 갔다. 눈발이 가볍게 날리고 있었다. 마술처럼 지난 밤 모든 것이 바뀌었다. 양탄자들은 새로 깔렸고 그림들이 떼어졌으며 벽마다 새롭게 칠해져 있었다. 대통령 집무실만 빼고 어디에서나 일꾼들이 작업을 하고 있었다.[50] 대통령 집무실은 대통령

---

46) LBJ to BG, February 11, 1969, LBJLM.
47) Lucy Johnson, interview, September 12, 2006.
48) Julie Nixon Eisenhower, *Pat Nixon: The Untold Story* (New York: Kensington, 1986), 378.
49) *JAIA*, 416.
50) Goodwin, *Lyndon Johnson*, xiii.

이 떠날 때까지는 누구도 들어갈 수 없었다. 다음날 취임식 행사 중 존슨의 가족들이 단상을 떠날 때 존슨의 딸들이 빌리 그래함에게 달려가 그에게 키스를 했다.

그 이후로 빌리 그래함은 주로 존슨이 머무는 농장으로 가서 그를 만났다. 빌리 그래함이 방문한다는 사실은 존슨에게는 굉장한 사건이었다. 이제 그는 이제는 권력자가 아니기 때문에 찾아오는 사람을 만나는 것은 세 배의 기쁨이었다.[51] 어느 날 빌리 그래함이 존슨 대통령 기념도서관 헌정식 연사로 대통령 전용기를 타고 텍사스로 날아갔는데, 이것은 닉슨 대통령이 존슨에 대해 정중한 예의를 표한 행위였다. 그들은 농장 뒷길로 해서 페더날레 강 북쪽 제방을 향해 걸어갔다. 존슨은 부모님들이 묻혀있는 한 참나무 아래를 가리켰다.

"빌리" 존슨은 단도직입적으로 물었다. "내가 정말로 부모님들을 다시 볼 수 있을까요?"[52]

"물론입니다. 대통령 각하, 당신이 크리스천이고 부모님들이 크리스천이었다면 말입니다. 언젠가 모두가 하늘 집에서 만나게 될 것입니다."

그리고 존슨은 자신의 장례식을 집전해줄 것을 부탁했다. 또한 그는 대통령의 죽음은 전 세계가 지켜볼 것이기 때문에 복음의 메시지를 전해달라고 했다. 존슨은 "나 자신에 관한 이야기는 하지 말아요.[53] 그리고 찬사도 하지 마세요. 이것들은 모두 바람에 날아갈 것들입니다. 카메라 앞에서 그들에게 기독교가 무엇을 말하는지 말하시오. 우리 모두가 어떻게 천국에 갈 수 있는지 말하시오. 나는 당신이 복음을 설교하기를 간절히 바랍니다." 잠시 숨을 고르고 난 후 "그러다가 내가 조국을 위하여 행한 일을 조금은 말하시오"[54]라고 말했다.

---

51) Goodwin, interview, September 26, 2006.
52) Martin, "Billy and Lyndon," *Texas Monthly*, November 1991.
53) Cornwell, *A Time for Remembering*, 195.
54) This version comes from Martin, "Billy and Lyndon"; also Pollok, *Evangelist to the World*, 170.

빌리 그래함은 집으로 돌아간 후 존슨이 자신을 그렇게 생각해 준 것을 영광으로 생각한다고 답장을 썼다. "제가 당신과 가족들을 너무나 사랑했기 때문에 장례식 설교는 제가 사역한 일 중에 가장 어려운 일의 하나가 될 것입니다. 그러나 달리 생각하면 그것은 하나의 승리가 될 것입니다. 왜냐하면 당신의 머리와 가슴 속에는 예수 그리스도를 주와 그리스도로 섬기는 믿음이 가득하기 때문입니다. 우리가 이룬 업적과 선한 공로로는 구원을 받을 수 없습니다. 그러나 그리스도께서 십자가 위에서 행하신 일로 인해 우리는 완전한 구원에 이르게 됩니다… 제가 수많은 사람에게 복음을 전했거나 성경을 수십 번 읽었기 때문에 천국에 가는 것이 아닙니다. 저는 십자가 위에서 마지막 순간에 한 강도가 '주여 나를 기억하소서'[55]라고 한 말과 같이 주님의 은혜로 천국에 갈 것입니다."

1973년 1월 존슨이 죽기 전, 굿윈과 한 마지막 대화에서, 존슨은 "나는 미국 국민의 사랑과 애정을 구하는 대신 부인과 자녀들 그리고 손주들과 함께 영원한 삶을 바라보는 것이 더 좋은 일이라고 여겨왔습니다"라며 자신에 대해 관대해진 역사의 평가에 대해 놀랍다는 이야기를 했다. 존슨은 그녀에게 "국민은 참으로 변덕스럽군요"[56]라고 말했다.

빌리 그래함은 닉슨의 두 번째 취임식에서 돌아오고 난 후, 몬트릿의 집을 거닐다가 존슨의 장례식을 위한 메시지를 생각해냈다. 참으로 성대한 국장이었다. 존슨의 시신은 텍사스에 묻혔다. 빌리 그래함은 오스틴에서 버드 여사를 만나 두 시간 거리의 농장으로 함께 갔다. 도시를 빠져나오는 길에 거리에는 인파로 꽉 차있었다. 일부는 팻말을 들고 있었다. 어떤 팻말은 두 백인 학생이 한쪽 면을 두 흑인 학생이 다른 한쪽을 붙잡고 있었다. 그들이 들고 있던 팻말에는 이렇게 적혀 있었다. "대통령 각하, 우리를 용서하십시오."[57]

---

55) BG to LBJ, March 18, 1971.
56) Goodwin, *Lyndon Johnson*, i.
57) Cornwell, *A Time for Remembering*, 196.

"그에게 '위대한 사회'(Great Society: 존슨이 1964에 정책 이념으로 내건 민주당의 목표 - 역주)는 이룰 수 없는 꿈이 아니었습니다.[58] 그것은 현실 가능한 희망이었습니다." 빌리 그래함은 장례식장에 참석한 이들에게 그렇게 설교했다. "그가 마음에 품고 살았던 것은 미국의 위대함과 지식과 부를 활용하여 이 나라와 전 세계의 모든 가난한 사람과 압제받는 사람을 돕는 것이었습니다. 그가 결코 원치 않았던 전쟁에 휘말리고, 또 평화가 성취된 세상을 살아생전 보지 못한 것은 그의 운명이었습니다. 지난 화요일 밤 닉슨 대통령은 이렇게 말했습니다. '어떤 사람도 존슨처럼 평화를 사랑한 이가 없습니다.'"

---

58) Johnson buried at Texas Ranch," *New York Times*, January 26, 1973.

THE PREACHER AND THE PRESIDENTS

제16장

리차드 닉슨의 복귀

제가 말하고자 하는 강조점은 사랑입니다. 그것은 반대자들을 사랑해야 할 필요가 있기 때문입니다.[1]

- 정쟁에 대하여

다른 사람의 좋은 점을 보려는 빌리 그래함의 성품은 존경의 대상이었지만 빌리 그래함의 영적 관대함 때문에 오히려 커다란 손해를 본 사람이 있었는데 그가 바로 닉슨이었다. 빌리 그래함이 관대한 성품이었다면 닉슨은 의심이 많은 사람이었다. 빌리 그래함이 닉슨을 더 나은 사람으로 만들었다면, 닉슨은 반대로 빌리 그래함을 더 못한 사람으로 만들었다고 볼 수 있다.

여러 교파의 수많은 성직자들이 닉슨의 백악관을 다녀갔지만 빌리 그래함보다 더 많이 출입한 사람이나 공적으로 더 깊은 유대를 맺은 사람은 없었다. 비록 시민이면서 목사인 사람들의 의무가 다른 사람을 돕는 것이

---

1) BG, interview, January 23, 2007.

지만, 영적인 영역에서, 대통령 당선에 지대한 영향을 준 친구인 빌리 그래함을 만나는 것은 닉슨에게 짜릿한 기쁨이었다. 그러나 빌리 그래함은 자신의 장점인 겸손, 순수, 매혹 등으로 인해 친한 지인에게 조차도 무례를 범하는 닉슨의 단점을 보지 못했다. 사실 닉슨의 위험성을 가장 분명하게 묘사한 사람은 상원의원인 마크 하트필드(Mark Hatfield)였다. - 그는 빌리 그래함이 생각하는 이상적인 정치인상에 근접한 사람이었다. 닉슨의 통치가 끝나가고 그의 죄가 점점 드러나게 되었을 때, 하트필드는 그가 본 빌리 그래함과 닉슨의 역동적인 관계를 「워싱턴포스트」에 다음과 같이 기고했다. "'미국 국민이여, 빌리 그래함이 수많은 인파가 모인 전도집회에서 설교하는 모습을 상상해보십시오. 모두가 종교적인 분위기에 휩싸여 있는 상황에서, 빌리가 설교하고, 빌리가 기도하고, 빌리가 성경을 읽습니다. 빌리는 이 나라에서 가장 위대하고 가장 존경받는 사람들 중 하나입니다. 교황과 함께 있는 빌리, 네루 여사 그리고 왕들과 여왕들과 함께 있는 빌리, 빌리가 대통령(닉슨)과 귀엣말로 속삭이는 것을 그려보십시오.'"

"여러분들은 생각하기 시작하겠죠. - 그리고 말할 것입니다. '빌리가 백악관에서 설교하다니 놀라운 일이야. 빌리는 닉슨의 친구거든.'" 다음으로 하트필드는 대중 종교에서 흔히 사용되는 논리로 크리스천들의 단순한 생각에 대해 비판했다. "빌리는 하나님과 가깝다. 빌리는 닉슨과 가깝다. 그러므로 하나님은 닉슨을 대통령으로 선택했다. 그리고 닉슨은 빌리를 통하여 하나님의 메시지를 받는다. 많은 정치인이 이 사실은 너무나 잘 알고 있습니다. 그래서 빌리와 사진을 찍고 싶어하며 함께 단상에 서고 싶어 합니다. 그것이 정치에서 흔히 일어나는 일입니다."[2]

빌리 그래함이 이러한 정치의 속성을 깨닫기까지, 자신의 이미지가 망가지는 아픔을 겪었으며, 자신감은 흔들렸으며, 목회사역에 막대한 손해를

---

2) "From Pulpit, Sen. Hatfield Calls on Nation to Repent," *Washington Post*, May 3, 1974.

보기도 했다. 그러나 결과적으로 상황이 역전되어 이 세 가지 - 이미지, 자신감, 목회사역 - 모두가 성공했다.

닉슨의 부활

1962년에 리차드 닉슨은 정치적 사망선고를 받았다. 캘리포니아 주지사 경선에서 패하는 재앙을 당하고 난후 한 기자와 인터뷰를 했다. "앞으로 1964년, 1966년, 1968년 또는 1972년 어떤 자리의 후보자가 되는 일에 전혀 계획이 없습니다.[3]··· 나는 정치적 기반이 없습니다. 내가 어떤 해에, 어떤 공직의 후보가 될 수 있을 것이라고 생각하는 사람은 정신이 나간 사람일 것입니다." 당시는 상황이 그랬기 때문에 그렇게 말할 수밖에 없었을 것이다. 최소한 상황의 변화가 올 때까지 말이다.

빌리 그래함은 그의 친구가 1962년 이후, 죽었다고 결코 생각하지 않았다. "당신이 비통한 마음으로 골방에 숨어 친구들도 안 만나는 것은 이해할만 합니다."[4] 빌리 그래함은 닉슨에게 편지를 썼다. "한 사람의 진정한 모습은 좌절과 패배 속에서 나타납니다." 빌리 그래함은 이 일로 "음주와 현실도피라는 최악의 비극으로 빠져서는 안 된다고" 경고했다. "우리 시대에 당신 같은 인물을 어디에서도 찾을 수 없기 때문에 수백만 국민이 여전히 당신을 존경하고 있습니다. 그들이 갖고 있는 기대에 부응해야 할 막중한 책임이 당신에게 있습니다."

빌리 그래함은 실의에 빠진 닉슨을 자주 만나러 갔고 그들은 함께 골프를 쳤다. "그는 기가 완전히 죽어 있었습니다.[5] 그의 어깨는 축 늘어졌고 모습은 초췌했습니다. 그는 완전히 낙심에 빠져있었습니다. 저는 그의 어깨

---

3) White, *Breach of Faith: The Fall of Richard Nixon* (New York: Atheneum, 1975), 72.
4) BG to RN, November 11, 1962, RNLB.
5) BG, interview, January 18, 2006.

를 감싸 안고 말했습니다. '딕(닉슨의 애칭 - 역주), 국민이 다시 당신을 부를 것입니다.'"

닉슨이 다시 정치에 대한 희망을 갖게 된 것은 전적으로 빌리 그래함의 덕이었다. 1967년 선거철이 도래하자 닉슨은 다시 정치적 늪지대로 빠져드는 것에 대해 망설이고 있다.[6]고 말했다. 그는 사적인 생활을 즐기고 있었다. 그는 "패배자"의 이미지를 가지고 있었고 그해 9월 어머니가 돌아가셨다. 빌리 그래함이 장례식 설교를 할 때 닉슨은 교회에 앉아 손으로 연신 눈물을 훔쳤다. 그는 전장의 용맹한 장수 같은 날카로운 감각을 이미 다 상실해버렸고 다시 기자들 앞에서 자신을 드러내야 하는 일에 흥미를 잃고 있었다.

크리스마스에 가족들과 장시간의 대화를 나눈 끝에 닉슨은 가족을 떠나 그가 가장 좋아하는 취미인 해변 산책을 위해 키 비스캐인 해변으로 향했다. 그는 빌리 그래함에게 전화를 걸어 자신을 만나러 오지 않겠느냐고 물었다. 당시 빌리 그래함은 폐렴을 심하게 앓고 있었기 때문에 모든 집회를 4개월 이후로 미룬 상태였다. 그러나 빌리 그래함은 충성스럽게도 닉슨을 만나기 위해 비행기를 탔다. 둘은 함께 미식축구를 관람하기도 하고, 성경도 같이 읽고, 정치, 스포츠, 하나님에 대한 이야기를 나누었다. 새해를 맞이하기 전날 밤 그들은 1마일 이상 해변을 걸어 내려가 낡은 스페인 풍의 등대까지 갔다가 돌아왔다. 빌리 그래함은 여전히 병색이 있었고 닉슨은 여전히 결단하지 못하고 있었다.

다음날인 새해 첫날, 빌리 그래함은 떠나려고 짐을 꾸렸다. 그때 닉슨이 "빌리, 당신은 내가 출마해야 하는지, 아니면 그만두어야 하는지 아직 분명히 말하지 않았습니다"라고 말했다.

물론 빌리 그래함은 그를 축복했다. "만약 이번에 출마하지 않는다면 당신은 계속해서 출마 문제를 놓고 그리고 당선 여부를 놓고 의문에 쌓이

---

6) Nixon, *Memoirs*, 291.

게 될 것입니다." 빌리 그래함은 지금이 1960년대 보다 더 상황이 나쁘다고 말했다. 당시 닉슨은 이기고 있던 게임을 놓쳤다. 그러나 하늘의 섭리는 새로운 기회를 부여하고 있었다. 빌리 그래함이 "당신은 대통령이 될 운명을 타고난 사람이라고 저는 생각합니다"[7]라고 말했다.

닉슨이 빌리 그래함의 말을 어떻게 받아들였는지는 후일의 그의 회고록에 나오지 않지만, 몇 개월 후 선거운동을 시작하자, 그는 출마를 결심하고 출마 선언의 시간을 계산하며 초읽기에 들어갔었다. "국민이 저를 원한다면 지옥이라도 갈 용의가 있다는 것을 밝히고자 합니다." 마침내 그는 기자회견을 통해 출마를 선언했다. "빌리 그래함이 이 결정에 큰 힘을 주었습니다."[8] 닉슨의 딸인 줄리가 "아버지의 출마를 설득한 것은 가족과 빌리 그래함 목사였습니다"[9]라고 노스캐롤라이나에서 선거운동을 할 때 역시 같은 말을 기자들에게 했다.

그러나 빌리 그래함은 매우 모호하게 말했다. 기자들이 빌리 그래함에게 닉슨을 만난 내용을 물었을 때, 그는 닉슨의 경험을 칭찬했을 뿐이며 자신은 누구에게 얽매이지 않고 독립적으로 투표할 것이라고 반복해 말했다. 심지어 닉슨이 승리한 이후에도 빌리 그래함은 자신을 드러내지 않았다. 그는 1969년 데이빗 프로스트(David Frost)에게 "저는 국민에게 신뢰받는 인물이 역사의 중대시기에 왜 자신을 헌신해야만 하는지 제 생각을 말했습니다. 제 말이 그의 출마 결정에 얼마나 영향을 미쳤는지 저는 정말 모릅니다… 그것에 대해 닉슨은 아무 말도 하지 않았습니다"[10]라고 말했다. 회고록에서 빌리 그래함은 닉슨에게 어떤 형태로든 조언하지 않았으며 단지 하나님의 인도가 있기를 기도하겠다고 약속했을 뿐이라고 말했다.[11]

---

7) Ibid., 292-293
8) Streiker and Strober, *Religion and the New Majority*, 66.
9) "Julie: Graham Helped Persuade Father to Run," *Charlotte Observer*, October 18, 1968.
10) Frost, *Personal Thoughts*, 49.
11) *JAIA*, 444-445.

비록 닉슨이 빌리 그래함과 12월에 해변을 함께 걸으며 대화를 나누기 전에는 출마 결심을 안했는지는 모르지만, 그는 이미 참모들을 고용하고 있었고 공화당 전당대회가 예정된 마이애미의 힐튼 프라자호텔에 방을 예약해 둔 상태였다.[12] 또한 빌리 그래함과 해변을 걸으며 대통령 후보출마를 권유할 때가 닉슨이 최종적으로 결심한 시간도 아니었을 것이다. 빌리 그래함의 영향력은 때때로 이런 방법을 경유한다. 즉, 후보자는 마음 속으로 결정을 하고 빌리 그래함은 그 결정을 하나님의 뜻으로 성별하여준다. 아이젠하워나 존슨 그리고 후일에 제멋대로 생각했던 조지 W. 부시 때에도 마찬가지였다. 빌리 그래함이 대통령들을 축복하려고 할 때 정치인의 삶은 하나님이 주는 소명으로 해석했다.

전쟁과 평화 그리고 정치

닉슨이 출마를 포기하지 않았다는 단순한 사실은 국민이 그를 다시 받아들였다는 것을 다 설명하지 못한다. 1968년의 그의 정치적 복귀를 이해하기 위해서는 그가 환호와 열정의 캠페인을 자제하고 가능한 조용한 선거를 했다는 사실을 돌아보는 것이 도움이 된다. 닉슨은 모든 것을 진정케 하려는 듯이 보였다. 그동안 나라는 사건도 많았고, 소란한 외침도 난무했고, 위기도 충분히 경험했다. "저를 찍어주십시오. 제가 불을 끄겠습니다. 그리고 국민을 편안하게 하겠습니다."

국내, 해외 모두 평화를 원했다. 베트남은 확실히 당시에 가장 뜨거운 이슈였고 국민의 정서에 깔린 애국심을 요동치게 했다. 국민은 나라를 사랑하는 방법, 군인을 명예롭게 하는 방법, 사명을 지혜롭게 감당하는 방법을 새롭게 묻고 있었고 당황하고 두려워하는 국민을 위해 정치는 새로워져야만 했다. 도시들은 불탔고 미국의 힘과 선을 추구하는 이념, 모두 잿더미로 변

---

12) "Now the Republic," *Time*, August 16, 1968.

하고 있었다. 그러나 공화·민주 양당의 어느 누구도 이 상황을 제압하지 못했다. 오히려 정치인들은 그들이 하는 말과 행동으로 인해 국민의 신임을 잃었고, 국민들은 그들을 평화적 노력에 해(害)가 되는 사람들로 평가했다.

1968년의 미국은 아마겟돈(성경에 나오는 인류최후의 전쟁터 - 역주)처럼 혼돈의 연속이었다. 폭탄사고와 폭동 그리고 암살 등으로 온 국민은 전율했고 한때 확고했던 모든 것들이 무너져 내리고 있었다. 인플레이션은 절약의 미덕을 조롱했고 전통적 가치를 부정하는 신(新)문화가 유행했다. 대법원은 어린이들을 보호하기 위해 공립학교 의무적인 기도 규정을 없앴고 경찰의 잘못을 불가피한 일이라고 옹호하는 등 자유의 가치를 지키려고 분주했다. 뉴욕에서 살인사건은 1968년 한 해에 21%나 증가했다. 보비 케네디, 마틴 루터 킹 같은 영웅들이 암살로 쓰러졌으며 그들의 꿈은 명예로만 남았다. 학생들은 교실을 점령하고 방화했다. 흑인의 새 세대 지도자들은 양심이 아니라 분노에 호소했고 폭력을 정의의 수단으로 받아들여 군중을 모았다. 스톡클리 카미클이 흑인비폭력학생협회(SNCC)의장이 된 후 쓰레기 같은 백인들은 죽일 것이라고 말했고 길거리 시위를 선동했으며 죽기까지 투쟁하라고 명했다.[13]

이러한 일련의 사건들은 국민으로 하여금 빌리 그래함이 강단에서 선포해 온 질문을 다시 하게끔 만들었다. 이 폭력은 어디서 오는 것입니까? 이 악이 어떻게 미국의 영혼 속에 파고들었단 말입니까? 대다수 미국 국민은 충성을 맹세하는 보이(걸)스카웃의 전통을 가진 사람들이고, 식료품을 아끼기 위해 애쓰는 주부들이며, 의심 없이 성조기를 내다 걸고 아이들이 잘못하면 매를 드는 사람들이었다. 국민이 질문하고 있지만 그러나 정치인들은 그들의 소리를 듣지 못하고 있었다. 닉슨은 그런 밑바닥 민심들의 '소리 없는 목소리'와 대화했다.[14] 그들은 폭력을 미워하는 자들이며 법을 준수하고, 세금을 내며 일하는 사람들이고, 아이들을 학교에 보내며 교회에 가는 사람들이고 미움에 가득한 사람들이 아니며 국가를 사랑하는 사람들이었다.

---

13) White, *MOP 1968*, 205.
14) Ibid., 325.

닉슨은 더 보태서 그들은 하나님을 섬기는 사람들이며 빌리 그래함을 존경하는 사람이라고 생각했다. 빌리 그래함 역시 자신의 집회 때마다 "대부분의 미국 국민은 현수막을 들고 시위하지 않습니다.[15] 그들은 목소리를 높이는 급진주의자들이 아닙니다. 그들은 자신들이 원하는 것을 폭력으로 얻을 수 있다고 믿지 않습니다. 그들은 숨어있는 목소리입니다. 그러나 선거에서 그들의 강력한 목소리가 드러날 것입니다"라고 같은 목소리를 냈다.

빌리 그래함은 1968년 선거에서 정치적인 모든 일에 중립을 지키겠다는 약속을 했다.[16] 그는 친구들인 "닉슨과 존슨"의 충고대로 정치에 관여하지 않을 것이며 양당의 성공적인 전당대회를 위하여 기도하겠다고 약속했다. 그러나 1964년 선거에서는 이 약속이 상대적으로 잘 지켜졌다. 공화당 후보였던 골드워터는 잘 알지 못하는 사람이었고 존슨과는 항상 생각이 같지 않았기 때문이었다. 반면에 닉슨이 1968년 후보로 떠오르자 빌리 그래함은 "정당 정치에서 중립을 지키라고 촉구하던 저의 핵심 참모들조차도 더는 저를 말리지 않았습니다"[17]라고 후에 솔직히 인정했다.

빌리 그래함이 정치 현장에 첫 발을 내디딘 것은 5월로, 예비 경선이 열리고 있는 오리건에서였다. 그때 빌리 그래함은 그곳에서 전도집회를 하고 있었다. 시사 평론가 마리안네 민스(Marianne Means)는 자신의 칼럼에서 "빌리 그래함은 닉슨을 돕기 위해 영향력을 행사할 것인가?"라고 질문했다. 2만 명을 수용하는 경기장을 가득 메운 대규모의 열정적인 군중은 표를 얻기 위해 싸우고 있는 보비 케네디나 닉슨을 위해 온 것이 아니라 그들의 영혼을 위해 싸우고 있는 빌리 그래함을 위해서 온 것이었다고 그녀는 말했다. 그 지방의 한 정치인은 "아마도 그날 모두는 다른 사람이 아닌 빌리 그래함에게 표를 찍는 듯이 보였습니다"[18]라고 말했다. 어느 날 밤 상원의원

---

15) Frady, *Parable of American Righteousness*, 449.
16) Streiker and Strober, *Religion and the New Majority*, 67.
17) *JAIA*, 445.
18) Means, "Will Billy Graham Wield Influence to Help Nixon?" *New York Daily News*, May 21, 1968.

인 하트필드가 빌리 그래함과 함께 단상에 섰다. - 얼마 지나지 않아 빌리 그래함은 그를 부통령 후보로 밀었다. 하트필드는 청중에게 줄리 닉슨과 데이빗 아이젠하워를 소개하면서 "내가 리차드 닉슨보다 더 존경하는 사람은 미국에 없습니다."[19]라고 말했다.

빌리 그래함은 아이크나 존슨처럼 신앙의 모범이 되는 대통령을 찾고 있다고 기자들에게 말했다. "이 나라는 남북전쟁 이후로 가장 큰 위기를 맞고 있습니다."[20] 빌리 그래함은 "누구를 찍어야 할지 모르는 대다수 국민은 내가 말하는 것을 인정할 것입니다"라고 말했다. 빌리 그래함은 바다를 잔잔케 해줄 "중도적인" 타입의 사람을 원했다. 빌리 그래함은 양당이 후보를 지명하기까지 조용히 있기로 생각했다. 그러나 그는 양당에서 지명된 후보자들을 개인적으로 검증해 볼 기회를 갖기를 희망했다. "후보자의 내적인 신앙은 대중 언론이 다 알아낼 수 없는 것입니다. 그것은 사적인 영역입니다. 저는 후보들이 자신의 신앙관을 밝히기 전에 알고 싶습니다." 빌리 그래함이 닉슨의 신앙에 대해 자신 있게 말할 수 있는 것은 이미 그가 닉슨을 잘 알고 있었기 때문이었다.

그러나 그것은 한 명의 후보자를 잃고 비통에 잠기기 전의 문제였다. 보비 케네디가 6월 5일 이른 아침에 로스앤젤레스에서 암살당하였을 때, 빌리 그래함은 "교회당에 들어가지 못한다 할지라도, 자리를 잡지 못해 한쪽 구석에 서 있을지라도 예루살렘을 보고 울었던 예레미야처럼 통곡하기 위해" 장례식장으로 가겠다고 말했다.[21] 장례식 다음날 빌리 그래함은 존슨과 함께 백악관에 머물며 대통령 가족을 위한 예배를 인도했다.[22]

상원의원 맥카시는 반전세력 중에서 지지세를 결집하고 있었고, 부통

---

19) *Charlotte Observer*, May 27, 1968.
20) "Billy's Political Pitch," *Newsweek*, June 10, 1968.
21) "Billy Graham Is Planning to Attend Kennedy Rites," AP, in *New York Times*, June 8, 1968.
22) "Thousands Visit Kennedy Grave on Day of Mourning," *New York Times*, June 10, 1968.

령 험프리는 자신의 목소리를 내기 위해 분전하고 있었지만, 보비의 죽음으로 민주당은 대혼란에 빠져들었다. 그들은 정글 밖으로 나가겠다고 맹세한 존슨이 빌리 그래함을 붙잡기를 원하고 있었다. 공화당 전당대회가 코앞으로 다가오자, 존슨의 참모 제임스 로우(James Rowe)는 남부 민주당원들이 빌리 그래함이 공개적으로 닉슨을 지지할 것이라는 소식에 불안해하고 있다고 보고했다. "그들은 빌리 그래함이 1960년에 존 케네디가 말렸음에도 불구하고 닉슨을 공개지지하려 했다고 말했습니다.[23] 1964년도는 대통령이 빌리 그래함과 친분을 유지하고 있었기 때문에 문제가 되지 않았습니다… 오직 대통령만이 빌리 그래함을 막을 수 있는 방법을 알고 있고 또 실제로 막을 수 있는 분입니다."

로우의 보고서 아래에 존슨이 친필로 예언적이라 할 수 있는 메모를 남겼다. "내가 어떻게 빌리 그래함을 막을 수 있나." 뿐만 아니라 존슨은 험프리를 신뢰하지 않았기 때문에 빌리 그래함을 가로막고 싶지 않았다.

밀실

8월 첫 주간 빌리 그래함은 공화당 전당대회가 열리는 마이애미 해변에서 떨어져 있었다. 닉슨은 힐튼호텔 위쪽 5개 층을 임시 선거본부로 잡고 짧은 머리들을 한, 심각한 표정이면서도 한편으론 침착한 참모들을 모두 불러들였다. 닉슨의 그룹은 4년 전의 열정적인 골드워터의 참모들이나, 지금의 맥카시의 부지런한 참모들과는 전혀 닮지 않았다. 닉슨은 만약 베트남 전쟁과 민권법 문제로 이 두 진영의 대의원들끼리 충돌하면 내버려 두고 보고 있을 생각이었다.

닉슨은 로널드 레이건(Ronald Reagan)이나 넬슨 록펠러 그리고 어떤 사람도 자신의 승리를 방해할 힘을 가지지 못했다고 확신했다. 만약의 경우 대의

---

23) James Rowe, memo to LBJ, July 31, 1968, LBJLM.

원을 설득할 수 있는 빌리 그래함이 있었다. 노스캐롤라이나 주지사에 출마한 하원의원 가드너는 남부 대의원의 표심을 움직일 수 있는 사람이었다. 그는 빌리 그래함이 닉슨을 강하게 지지하고 있다고 개인적으로 확신했다.[24] 마지막 순간 그가 입장을 바꿔 레이건의 편으로 돌자 닉슨의 참모들은 기절할 지경이었다. "다른 정치인에게 거짓말하는 것은 좋습니다." 누군가 가드너에게 말했다. "언론에 거짓말을 흘리는 것 좋습니다. 그러나 당신, 빌리 그래함에게는 거짓말을 하지 마시오. 만약 그러면 당신이 원하는 것을 갖지 못할 것이오." 가을 노스캐롤라이나 주지사 선거 마지막 순간에 민주당 후보는 유권자들에게 "빌리 그래함에게 거짓말을 한 사람을 찍을 것입니까?"라고 물었다.[25] 대답은 노(no)였고 결과는 대답대로 되어 가드너는 패했다.

빌리 그래함은 스피로 애그뉴(Spiro Agnew)가 닉슨의 부통령 입후보자가 되도록 영향력을 행사했다는 소문에 시달렸다. 시사 평론가 로우랜드 에반스(Rowland Evans)와 로버트 노박(Robert Novak)은 그해 여름, 설익었지만 그럴듯한 소문을 손에 쥐고 "왕을 알아보는 신비한 정치적 능력을 가진 빌리 그래함 목사는 최근 그의 친구 닉슨에게 특이하게도 텍사스 출신의 조지 부시를 부통령으로 추천했다"[26]라고 썼다.

그러나 빌리 그래함은 자문을 해준 많은 사람 중에 한 사람이었을 뿐이었다. 전당대회가 열리기 몇 주 전 빌리 그래함과 닉슨은 닉슨의 뉴욕 아파트에서 저녁을 함께 하며 부통령 입후보자에 관해 대화를 나누었다. 닉슨은 레이건을 좋아하는 남부의 보수층과 뉴욕시장 존 린재이(John Lindsay)를 싫어하는 북부 진보단체를 아우르는 인물이 필요함을 직시했다. 닉슨이 후보자를 거명할 때 빌리 그래함은 화롯가 앞에 앉아 생각에 사로잡혔다. 그는 진보당 출신이면서도 독실한 신앙인인 하트필드를 추천하며 "그는 기독교와 가톨릭 모두에게 강력한 인상을 줄 수 있습니다"[27]라고 말했다.

---

24) John Sears, interview, September 21, 2006.
25) *Charlotte Observer*, August 18, 1968.
26) Rowland Evans and Robert Novak, "Young Texas Congressman Bush Gets Nixon Look As Running Mate," *Washington Post*, June 5, 1968.
27) *JAIA*, 446.

닉슨이 후보로 결정된 그날 밤에 부통령 후보에 대한 논의가 이루어졌다. 한번 무기명 투표가 있은 후, 중진들이 전당대회장 닉슨의 방에 모여들었다. 골드워터, 듀이, 제럴드 포드(Gerald Ford), 스트롬 더몬드(Strom Thurmond) 그리고 20여명의 상원의원들과 주지사들과 전당대회 의장단이 모여 커피와 콜라를 마셨다. 닉슨은 빌리 그래함을 초청해 자리를 만들며 "빌리 그래함 목사님, 구경 좀 하시죠. 이것은 하나의 작은 역사로 기록될 것입니다"[28]라고 말했다. 토의는 새벽 5시까지 이어졌다. 하트포드가 마지막 후보로 떠오르자 빌리 그래함은 한 번 더 그를 지원했다. 빌리 그래함은 "저는 그가 영적인 소명을 체험한 사람이라고 믿고 있습니다. 그는 온건한 진보주의자로, 보수주의자로 인정받고 있는 닉슨 후보가 필요로 하는 적임자라고 생각합니다.[29] 닉슨 후보에게는 이 나라를 이끌 수 있는 영적인 힘이 필요합니다"라고 말했다. 빌리 그래함이 자리를 뜬 후 한 사람이 하트필드의 "고지식한 성격", 즉 담배도 안 피우고 술도 안하고 눈에 띄는 잘못도 없는 그것이 오히려 정치적으로 치명타가 될 수 있다고 지적했다.[30]

아침에 린즈세이, 레이건, 하트필드 그리고 상원의원 찰스 퍼시(Charles Percy)가 모였다. 닉슨은 이 자리에 빌리 그래함을 청해 기도를 부탁했다.[31] 빌리 그래함의 기도는 담배연기 자욱한 방에서 고심했던 닉슨의 마음을 평온케 했다. 마침내 닉슨은 거기에 있는 모든 사람을 배제하고 스피로 애그뉴(Spiro Agnew)를 지명했다. 그의 장점은 그때까지 아무도 그를 모르고 아무도 그를 미워하지 않았다는 것이었다. 빌리 그래함은 매우 실망했다. 그는 하트필드가 더 큰 도덕적 영향력을 끼칠 것이라고 믿었다. 빌리 그래함은 닉슨이 왜 애그뉴를 필요로 했는지 이해할 수 없었다.

---

28) Ibid.
29) "Watergate," *Christianity Today*, January 4, 1974.
30) John Tower, *Consequences: A Personal and Political Memoir*, quoted in Eric Parddon, "Modern Mordecai: Billy Graham in the Political Arena, 1948-1980," dissertation for Ohio University, June 1999.
31) *JAIA*, 447.

제17장

특사

> 저는 종종 두 사람 모두에게 조언했습니다.[1] 그들은 전쟁을 끝내기를 원했습니다. 그러나 존슨은 전쟁을 끝내는 방법은 승리하는 것이라 생각했고 닉슨은 전쟁을 이길 것이라고 확신하지 못했습니다.
>
> *- 베트남 전쟁에 관하여*

    닉슨은 어떤 특정한 목적에 맞게 특정한 사람을 사용하는 인물로 평가된다. 그러나 그가 빌리 그래함을 사용하는 데는 제한이 많았다. 닉슨의 회고록에 보면 그의 측근 참모들과 사적인 대화 중에 닉슨이 얼마나 빌리 그래함을 보호하려고 했는지 잘 나타나있다. 닉슨이 얼마나 빌리 그래함을 순수하게 대하려고 노력했는지, 미래를 위하여 빌리 그래함의 장점을 그냥 놔두려고 얼마나 애를 썼는지, 빌리 그래함이 할 수 없는 일과 하지 않을 것이라는 일을 닉슨이 얼마나 잘 알고 있었는지, 그의 회고록에 나타나 있다. 확

---

[1] BG, interview, January 17, 2006.

실히 닉슨은 사적으로나, 정치적으로나 빌리 그래함의 친구가 되는 것 자체가 빌리 그래함에게서 얻을 수 있는 가장 큰 선물이라고 여겼다.

닉슨이 대통령 후보지명을 수락하던 날 밤, 그는 연설담당비서인 윌리암 사파이어(William Safire)를 방으로 불렀다. 그들은 곧 다가올 가을 선거전에서 빌리 그래함이 할 일에 관하여 이야기를 나누었다. 특별히 제3당으로 출마해 남부에서 닉슨의 표를 빼앗고 있는 조지 월리스에 대한 분석에 집중했다. "어쨌든 빌리 그래함은 그곳에서 구원투수가 될 수 있지 않을까요?" 사파이어의 생각에 닉슨이 "그건 안 돼. 그것은 빌리 그래함의 사역에 치명상을 입히는 거야.[2] 차라리 빌리 그래함이 '내가 아는 딕 닉슨'이라고 어느 잡지에 기고하는 것이 어떨까? 정치적인 것이나 무거운 주제는 빼고 가볍게 말이야"라고 말했다. 그것은 1960년 선거에서 「라이프」를 통해 한 번 썼던 방법이었다.

빌리 그래함은 시카고에서 열린 민주당 전당대회에 참석해 하나님의 축복을 기원했다. 그는 하나님께서 민주당 후보를 보호하시기를 기도했다. 빌리 그래함은 전당대회에서 "단순히 정치적 비관이 아니라 그보다 더 무거운 것이 짓누르고 있는 듯 했습니다"[3]라고 느낀 점을 말했다.

시카고에서 시위가 일어나 텔레비전에 연일 뉴스가 나오기 전 빌리 그래함은 다음 집회를 위해 이미 피츠버그로 이동한 상태였다. 빌리 그래함은 "시카고의 무법천지 상태는 이전에 보지 못했던 일입니다.[4] 이러한 상황에서 대통령 선거를 치루면 안 될 것입니다"라고 말했다. 빌리 그래함은 기자들에게 균형 있는 보도를 요청했다.

닉슨에 뒤이어 험프리는 시카고의 15군데에서 유세했다. 그는 존슨의 덫에 걸려 고전하고 있었다. 부통령인 험프리는 존슨 행정부를 공격하기 어려웠다. 그러나 험프리는 그렇게 하지 않고는 이길 수가 없었다. 어떻게

---

2) William Safire, *Before the Fall: An Inside View of the Pre-Watergate White House* (New York: Ballantine, 1975), 68.
3) *JAIA*, 449.
4) "Graham Describes Chicago as Unreal," *New York Times*, August 29, 1968.

험프리는 그에게 전쟁을 반대하라고 압력을 가하는 진보층 지지자들을 달래주면서도 존슨을 화나지 않게 할 수 있을 것인가?

반면에 닉슨은 마이애미를 떠나 스스로 은밀한 임무를 수행했다. 그는 존슨의 텍사스 농장으로 날라 갔다. 외견상 국가안보에 관해 간추린 설명을 듣는 것이었지만 빌리 그래함의 막후지원을 받아 존슨과 담판을 지으려고 한 것이다.

닉슨은 부통령이 대통령 후보가 되었을 때, 현직 대통령이 도움을 주기도 하지만 어떤 때는 전혀 그렇지 못하다는 사실을 1960년 아이젠하워의 후계자로 출마한 경험이 있기 때문에 잘 알고 있었다. 닉슨은 또 전쟁이 존슨을 괴롭히고 있으며 그것을 명예롭게 끝내려는 것이 그의 최대의 소망인 것을 알고 있었다. 베트남과 평화회담이 바로 직전에 파리에서 열렸지만 양국은 테이블에 누가 나와야 할지, 심지어 테이블이 어떤 형태여야 하는지로 싸웠다. 존슨은 북베트남의 양보 없이 미국이 철수하기는 불가능하다고 생각했다. 존슨은 험프리가 "연약하고, 충성스럽지 못하며 전쟁을 회피하는 방법만 찾고 있다고" 결론짓고 있었다.

여기서 닉슨은 비밀 협상이 가능하다고 보았다. 농장에서 존슨을 만난 닉슨은 만약 존슨 대통령이 북베트남과 협상에 유화책을 쓰지 않아서 험프리가 평화주의자라는 망토를 입게 해준다면, 전쟁 문제로 더는 존슨을 비판하지 않겠다고 약속했다. 존슨은 후에 국가안보팀원들에게 "앞으로 몇 달 동안은 민주당보다 공화당이 우리를 더 많이 도와줄 것 같습니다"[5]라고 말했다.

대통령학 역사가인 로버트 달렉은 "그것이 미 역사상 가장 은밀한 행위가 많았던 가을 선거전의 서곡이었습니다"[6]라고 말했다.

---

5) Dallek, *Flawed Giant*, 571.
6) Ibid., 575.

빌리 그래함의 사적 임무

　노동절(Labor Day)은 대통령 선거전의 공식적 출발을 알리는 날이다. 빌리 그래함은 양당의 후보를 9월 첫 주간 자신의 피츠버그 전도집회에 초청했다. 험프리는 참석하지 않았다. 대신 험프리는 과감하게 전보를 쳐서 빌리 그래함의 사역을 칭송하고 전도집회의 성공을 축하했다. 빌리 그래함은 청중에게 이 내용을 읽어주었다.

　닉슨은 기회를 놓치지 않았다. 9월 8일 닉슨은 부인 팻과 함께 VIP석에 앉아 4만 명의 인파와 함께했다. 빌리 그래함은 닉슨과의 우정을 소개하며 "내가 만났던 가장 매력적인 사람"[7]이라고 닉슨을 추켜세웠다. 빌리 그래함은 닉슨을 "관대한 사람, 추진력이 강한 사람, 화합을 중시하는 사람"으로 소개했다. 전도집회는 선거일 직전 빌리 그래함의 방송 스케줄에 맞추어 방영되었다.[8]

　닉슨은 이 전도집회를 "내 인생에서 가장 황홀한 신앙경험을 맛보게 했다고"[9] 평가했다. 그리고 빌리 그래함의 설교는 그에게 강력한 인상을 주었다. 닉슨은 후에 연설 담당관에게 메모를 건넸다. 인용한 성구나 농담은 빼고 비유와 이야기들을 기록해두라는 지시였다. "만약 빌리 그래함의 설교를 이해하는 데 어려움이 있다면 비유를 사용하는 그의 테크닉과 그로 인한 청중의 반응만은 반드시 살펴두시오."[10]

　그날 빌리 그래함이 묵고 있는 힐튼호텔에서 두 사람은 사적으로 만났다. 거기서 닉슨은 빌리 그래함에게 존슨 대통령에게 전하고 싶은 말이 있으니 전달해 줄 것을 부탁했다. 닉슨은 구술했고 빌리 그래함은 받아 적었다. 이것은 빌리 그래함이 좋아하는 역할이었다. 빌리 그래함은 백악관

---

[7] Streiker and Strober, *Religion and the New Majority*, 67.
[8] Martin, *PWH*, 353.
[9] Frady, *Parable of American Righteousness*, 447.
[10] Safire, *Before the Fall*, 83.

에 전화를 걸어 가능한 빨리 대통령을 만나고 싶다고 말했다.[11] 전화를 받았던 비서관 밥 페이스(Bob Faiss)가 "빌리 그래함은 대통령을 만나기 위해 약속 같은 것을 할 필요가 없는 사람입니다. 그러나 이것은 뭔가 중요한 문제가 있다는 것을 말하는 것이죠"라고 말했다.

닉슨은 피츠버그를 떠나 선거운동을 위해 노스캐롤라이나로 갔다. 가는 도중 샬롯(Charlotte)에 살고 있는 빌리 그래함의 어머니 모로우(Morrow) 여사를 방문하기 위해 가던 길을 잠시 멈추었다.[12] 모로우는 그 때 일을 기자들에게 "닉슨은 집에 온 것처럼 편안하게 말했습니다"라고 말한 적이 있다. 당시 모로우는 닉슨이 선물한 브로치를 달고 있었다. 기자들은 혹 비밀스런 이야기가 있었는지 궁금해 했다. "예, 있었습니다. 그는 11월 선거에서 이길 것이라고 말했습니다. 그리고 이 사실을 기자들에겐 말하지 말라고 했지요."

9월 15일 빌리 그래함은 존슨을 만나기 위해 워싱턴을 방문했다. 그는 핵심을 빠뜨리지 않기 위해 메모한 노트를 가지고 갔다.

첫째, 닉슨은 다음과 같이 약속했다. "선거 이후 존슨 대통령을 공격하지 않을 것입니다.[13] 나는 당신을 한 명의 인간으로서 그리고 대통령으로서 존경합니다. 당신은 역사 이래 가장 힘든 일을 수행하였고 또 가장 헌신한 대통령입니다." 둘째, 닉슨은 존슨과 함께 일하고 싶다고 말했다. "나는 당신에게 계속 조언을 구할 것입니다." 셋째, 닉슨은 선거 후 존슨이 특별한 일을 계속 수행하기를 희망했다. 존슨이 차기 행정부의 실책을 지적하는 것이 불가피한 일이 발생하더라도 그것으로 인해 존슨을 비난하지 않겠다고 약속했다. 그리고 베트남전이 해결되었을 때 그 공을 존슨에게 돌리겠다고 약속했다. "그것은 당신이 그럴만한 자격이 있기 때문입니다."

---

11) Bob Faiss, memo to Jim Jones, September 10, 1968, LBJLM.
12) "'He's Homey . . . Easy to Talk To'-Mrs. Graham," *Charlotte Observer*, September 12, 1968.
13) Famous Names Box 8, handwritten notes and an undated typewritten account, LBJLM.

존슨은 "그것에 고마운 마음을 가졌을 뿐 아니라 제가 느끼기에 닉슨의 제안에 고무된 듯 했습니다." 빌리 그래함이 "제 개인적인 생각으로는 민주·공화 양당의 지도자들이 이 특수한 시기에 이런 생각을 공유했다는 것은 전례가 없는 일이라고 봅니다"라고 회고했다.

존슨은 요점을 다시 한 번 읽어달라고 부탁했다. 그리고는 빌리 그래함의 손에 있는 노트를 빼앗아 직접 읽으려고 했다. "제가 조목조목 읽겠습니다." 빌리 그래함이 다시 말했고 존슨은 빌리 그래함에게 "만약 닉슨이 대통령 당선자가 된다면 그와의 협력에 최선을 다할 것입니다"라고 약속했다.

이틀 후 닉슨이 결과를 듣기 위해 빌리 그래함에게 전화했을 때, 빌리 그래함은 미육군사관학교에서 설교하고 있었다. 빌리 그래함은 대통령이 "그 제안에 대단히 고맙게 생각하고 있습니다"라고 말했다. 달렉은 닉슨의 전기 『결점 투성이 위인』(*Flawed Giant*)에서 닉슨의 맹세가 최소한 몇 주간은 존슨의 행동에 영향을 끼쳤다고 썼다. 존슨은 국방장관 클락 클리포드(Clark M. Clifford)에게 험프리가 대통령의 자격이 있는지 의심스럽다고 말했다.[14] 그리스의 군 독재자들이 닉슨에게 거금 50만 달러의 선거자금을 전달했다는 보고를 들었을 때도 존슨은 수사를 지시하지 않았고, 정보를 언론에 흘리지도 않았다. 달렉은 "빌리 그래함을 등에 업은 닉슨의 접근은 그 당시 선거전에서 최소한 존슨을 중립지대로 묶어놓았다"[15]라고 결론지었다. 닉슨의 겸양을 정치적 가면으로 보지 않고, 어떻게 자신에 대한 존경으로 여겼는지는 존슨 대통령의 자아를 분석해 보아야할 일이다.

물론 존슨이 닉슨의 정치술(術)에 숨어있는 본질을 놓쳤다면 그 이유는 분명히 빌리 그래함에게 있었다. 빌리 그래함이 닉슨의 메시지를 가지고 왔고 닉슨의 진심을 굳게 믿은 빌리 그래함 때문에 존슨 역시 쉽게 닉슨을 받아들였다. 물론 닉슨은 여러 경로를 통해 동일한 메시지를 존슨에게 보냈지만 확실히 빌리 그래함은 정밀한 미사일처럼 독보적이었다.

---

14) Dallek, *Flawed Giant*, 577.
15) Ibid., 580.

닉슨의 행동은 부드러웠지만 파괴력이 있었다. 험프리의 진영은 우왕좌왕했다. 데오도르 와이트(Theodore White)는 이런 분석을 내놓았다. "1960년 선거에서는 대부분의 기자들이 적진에서 고향으로 돌아가는 기분으로 닉슨을 떠나 케네디에게 갔다.[16] 그러나 1968년에는 오직 한 사람이 험프리를 지지하기 위해 닉슨의 진영을 떠났는데 그것은 마치 잘 꾸며진 안락한 맨션에서 집시의 천막으로 가는 것과 동일했다."

닉슨이 존슨을 선거전 한쪽으로 밀어내는 데 들어간 비용은 거의 없었다. 반면 민주당은 전당대회 기간 동안 단 한건의 전국적 광고를 내보내지도 않았다.[17] 어느 날 험프리가 구멍 난 울타리를 수리하기 위해 존슨과 약속을 잡았지만 선거전으로 인해 늦게 당도한 험프리를 존슨은 만나주지 않았다. 험프리는 "존슨은 비정상적이다"라고 말했다. 그러나 이미 지지자들도 험프리를 희생자로 보기 시작했고 유권자들은 희생자를 찍고 싶어하지 않았다.

유권자들은 신에게 투표하고 싶어 한다. - 이것은 닉슨의 진영에서 하는 말이었다. 닉슨의 연설담당관인 래이 프라이스(Ray Price)는 닉슨에게 필요한 이미지 향상 계획, 특별히 빌리 그래함을 자연스레 우방으로 만드는 복안을 보고했다. 프라이스는 "정치는 이성보다 감성이 훨씬 많이 좌우합니다. 특별히 대통령 선거는 더욱 그렇습니다.[18] 대통령 감은 지도자, 하나님, 아버지, 영웅, 교황, 왕과 같은 인상을 담고 있습니다. 사람들은 그가 보통이 아닌 인물, 살아있는 전설, 전능한 인간이기를 원합니다. 사람들의 숭배는 힘이 있는 곳을 찾아가고 그 힘을 경외합니다… 대통령 선택은 하나의 신앙적 행위임이 분명합니다… 이러한 신앙은 이성으로가 아니라 카리스마로 그리고 신뢰의 감정으로 만들어집니다"라고 닉슨에게 말했다.

그러므로 닉슨의 진영에서 빌리 그래함의 존재는 막강한 힘이었다. 만

---

16) White, *MOP 1968*, 327.
17) Ibid., 353.
18) Ray Price, memo to RN, reprinted in Joe McGuinness, *The Selling of the President, 1968* (New York: Trident, 1969), 193.

약 빌리 그래함이 닉슨을 보증한다면 누가 반대할 수 있는가? 그 전략의 일환이 사람들로 하여금 두 사람의 친분을 알게 만드는 것이었다. 닉슨이 피츠버그 전도집회에 참석한 것이나, 빌리 그래함의 어머니를 방문한 것 그리고 행사 때마다 빌리 그래함을 초청하여 눈에 띄는 자리에 앉게 하는 것 등이 이러한 계획 속에서 나온 것이었다.

반면 빌리 그래함은 투명하게 중립을 지키고자 했다. 그는 자신의 이미지를 정당정치를 넘어서는 것으로 만들고 싶어했다. "저의 역할은 모든 정당의 사람들에게 영적으로 조언하는 것입니다."[19] 그는 「타임」과의 대담에서 "제가 정당정치에 발을 들여놓는 그 순간 저의 사역은 끝이 날 것입니다"라고 말했다. 그러나 빌리 그래함은 다른 기자들에게는 이렇게 인정했다. "자연스레 확신이 들고 그 확신이 너무 강할 때는 잠자코 있는 것이 참으로 어려운 일입니다."[20] 빌리 그래함은 국민이 영적이고 도덕적인 변화를 요구하고 있으며 대통령 후보자들은 이 사실을 인식해야만 한다고 자주 말했다. 유엔대사인 조지 볼이 닉슨을 공격했을 때 빌리 그래함은 그를 변호하기 위해 나섰다. "닉슨에게는 '잔꾀'가 없습니다." 그는 강하게 "저는 닉슨과 20년 친분을 쌓아 왔습니다. 그는 높은 수준의 도덕적 원칙을 갖춘 사람이라고 보증할 수 있습니다. 저는 일부의 목사들처럼 특정한 정치인을 공개적으로 지지할 의사는 없지만 친구가 일방적으로 매도당할 때에는 사실관계는 분명히 할 것입니다"라고 말했다.

10월 중순 험프리는 마침내 국민에게 보여줄 자신의 정체성이 평화를 원하는 사람이라는 것을 발견했다. 그는 솔트레이크에서 자신은 폭격을 중지하고 북베트남의 반응을 지켜보는 위험을 감수할 것이라고 선언했다.[21] 이렇게 함으로써 그는 모든 평화주의자들을 모으는 효과를 기대했을 것이다. 매우 빠르게 그는 활력을 얻었다. 비난도 줄어들고 선거자금도 늘어났

---

19) "The Politicians' Preacher," *Time*, October 4, 1968.
20) Religion News Service, August 19, 1968, quoted in Streiker and Strober, *Religion and the New Majority*, 67.
21) "Billy Graham Says Nixon Is Not Tricky," *Washington Post*, October 1, 1968.

다. 심지어 맥카시 진영도 합류했다. 그러나 반전을 이끌어 내지는 못했다. 효과는 그것으로 만족해야 했다.

이즈음 존슨은 철의 여인으로 알려진 안나 체널트(Anna Chennault)를 면밀히 지켜보고 있었다. 이 여인은 전설적인 중국 로비스트로 닉슨의 기금 조성자이기도 했다. 존슨은 그녀가 닉슨의 당선을 위하여 오래전부터 평화회담을 방해 공작하는 비밀외교를 수행하고 있다는 사실을 알아챘다. 존슨은 외교적 돌파구를 찾아야 할 시점을 맞이하고 있었다. 닉슨은 예전처럼 교묘하게 그것은 악의적인 소문이며 존슨이 험프리를 돕기 위하여 해외 사건을 조작한 것이 아닌가 생각한다고 자신의 입장을 밝혔다. 선거 직전의 목요일 밤 존슨은 전쟁광으로 비난받으며 기다려왔던 마지막 순간을 음미하고 있었다. 그는 "생산적이고 진지하고 집중적인 협상"을 원한다는 협정이 체결되었으므로 북베트남에 대한 폭격을 완전히 중지한다고 발표했다.

험프리의 지지율은 바로 상승했고 반전론자들은 다시 집권당으로 자리를 옮겨갔다. 닉슨의 진영은 레이스가 기울고 있음을 느꼈다. 선거 직전의 마지막 여론조사에 의하면 험프리가 3% 앞서고 있었다. 치열한 승부였다.[22]

존슨의 영웅적인 연설이 있은 다음날, 「댈러스타임즈헤럴드」(*Dallas Times Herald*)는 빌리 그래함과 단독 인터뷰를 했다. 빌리 그래함은 이미 부재자 투표를 통해 닉슨을 찍은 상태였다. 빌리 그래함은 닉슨을 위하여 실질적인 지지표명을 할 것인가? 닉슨의 남부지방 책임자이며 침례교 집사인 해리 덴트(Harry Dent)가 "필요하다고 생각되면 그는 지지표명을 할 것이다"라고 말했다. 정치 평론가 존 매덕스(John Maddox)는 빌리 그래함을 "남부의 성년 유권자들 사이에 가장 존경받는 인물"[23]이라고 평했다. 다시 한 번 모든 언론이 빌리 그래함의 부재자 투표를 다루었다. 덴트는 "그것

---

22) White, *MOP 1968*, 382.
23) McGuinness, *Selling of the President*, 163.

이 내가 필요로 하던 것이었습니다.[24] 나는 그 사실(빌리 그래함이 부재자 투표에서 닉슨을 찍었다는 것)을 선거 마지막 순간까지 광고방송에 내보냈습니다"라고 말했다.

그러나 다음날 선거일 직전 토요일에 험프리 진영 쪽으로 불길한 바람이 불기 시작했다. 막 태어나려고 했던 평화에 대한 기대가 갑자기 사라져 버리고 말았다. 남베트남이 닉슨이 대통령이 되면 더 유리한 협상이 가능하다고 확신한 것은 철의 여인 체널트의 공작에 의한 것이었을까? 신문의 머리기사는 평화의 기대에 부풀었던 국민의 마음을 다시 떨어뜨렸다. "사이공은 파리회담을 반대한다. 그들은 다음 주에 참석할 수 없다고 선언했다." 이것이 「뉴욕타임즈」의 머리기사였다.

이러한 혼란 속에선 선거를 치루기 조차 불가능해 보였다. 어느 누구도 평화가 올 것인지, 아니면 깨질 것인지 그리고 존슨이 이 게임을 주도해 온 것인지 아니면 남베트남이 이 게임을 주도하고 있는 것인지 알지 못했다. 험프리의 진영은 비밀의 커튼을 열어젖혔다. 「크리스천사이언스모니터」 (*Christian Science Monitor*)의 사이공 특파원[25]은 남베트남 고위층과 긴밀한 관계를 갖고 있는 인사의 말을 인용해 남베트남의 갑작스런 훼방은 닉슨 캠프와 밀약에 의한 것이라고 폭로했다.[26]

존슨의 분노를 전해들은 닉슨은 그에게 전화를 걸어 체널트의 공작과는 아무런 관계가 없는 일이라고 부인했다. 험프리는 닉슨이 설마 반역죄에 해당하는 그 어마어마한 일을 했겠느냐고 믿지 않았는데 그것이 험프리의 성품이었다. 험프리는 닉슨이 국법을 어겼다는 의심을 받으면서 대통령이 되었을 때 빠져들지 모르는 깊은 혼란을 두려워했다.

닉슨은 선거당일 밤, 빌리 그래함을 초대하였지만 그는 응하지 않았다. 그것은 매우 당파적이고 감정에 치우진 행위가 될 것이기 때문이었다. 그

---

24) "The Preaching and the Power," *Newsweek*, July 20, 1970.
25) Dallek, *Flawed Giant*, 591.
26) Anthony Summers, *The Arrogance of Power: The Secret World of Richard Nixon* (New York: Viking, 2000), 301.

러나 빌리 그래함은 닉슨에게 "만약 당신이 패하면 당신에게로 달려가겠습니다. 그리고 함께 기도 하겠습니다"[27]라고 말했다.

그날 밤이 지나고 닉슨은 예전에 자신이 케네디에게 간발의 차이로 패한 것처럼 그렇게 승리했다. 험프리는 겨우 0.01% 차이로 패했다. 닉슨은 다수표를 얻지 못했다. 43.3%의 득표율은 1912년 우드로 윌슨 대통령 이래로 가장 적은 것이었다. 그러나 그는 대통령이 되었다. 중요한 것은 그것이었다.

다음날 아침 닉슨은 기자들과 만나기 전에 빌리 그래함이 와서 기도하기를 요청했다. 정장에 면도를 산뜻하게 한 닉슨과 우아한 드레스를 입은 부인이 커피를 마시며 빌리 그래함을 영접했다. 빌리 그래함은 씩 웃으며 "해 냈군요"[28]라고 말했다. 빌리 그래함과 닉슨 그리고 팻과 딸들이 손을 잡고 둥글게 섰다. 빌리 그래함은 "미국을 위한 하나님의 계획"[29]과 닉슨의 어머니의 영적인 유산에 대해 감사의 기도를 드렸다.

그 후 빌리 그래함은 토론토로 갔다. 거기서 그는 죽마고우인 찰스 템플턴에게 전화를 걸어 저녁을 하자고 했다. 템플턴은 "빌리는 언제나 열정적으로 이야기 하지요 그러나 이번에는 다른 때보다 훨씬 흥분했지요"라고 회상했다. 빌리 그래함은 닉슨이 얼마나 준비된 대통령인지, 그가 얼마나 좋은 인간성을 가졌는지 말했다. 얼마나 그랬는지 템플턴은 화가 나기 시작했고 마음이 우울해졌다. "나는 빌리 그래함의 열정이 식는 것을 원하지 않았지만 복음에 대한 이야기들을 듣기 원했습니다. 흐르는 세월이 빌리 그래함과 나 사이에 정반대의 관점을 형성시켰습니다." 저녁식사는 일찍 끝났고 템플턴은 빌리 그래함을 시내 호텔까지 데려다 주었다.

시간이 더 흐른 후, 템플턴은 빌리 그래함과 자신이 얼마나 다른 길을 걸어왔는지에 대하여 쓴 적이 있다. "빌리는 자신이 원하는 길을 갔

---

27) Pollok, *Evangelist to the World*, 172.
28) McGuinness, *Selling of the President*, 163.
29) *JAIA*, 450.

다고 생각합니다. 그러나 나는 기독교에 대한 그의 견해에 대해 전혀 동의하지 않습니다… 그러나 그에게 어떤 악감정은 없습니다. 빌리 그래함은 정말 순수하게 자신이 믿는 것을 믿었습니다. 그는 내가 신뢰하는 유일한 대중 전도자입니다. 나는 그를 그리워합니다."[30]

---

30) Templeton online memoir, www.templetons.com/charles/memoir/.

제18장

백악관 예배

> 닉슨이 당선된 후 자기에게 와달라고 부탁했습니다.[1] 그는 "빌리, 무슨 일을 하길 원하십니까? 당신이 원하기만 한다면 어떤 자리라도 임명할 생각입니다"라고 말했습니다. 저는 "대통령 각하, 저는 아무것도 원하지 않습니다. 하나님은 저를 설교자로 임명했습니다. 저는 그것 이외에는 어떤 것도 안할 것입니다"라고 말했습니다. 그것이 제가 말한 모든 것이었습니다.
>
> - 정치적 유혹에 대해

빌리 그래함은 1969년 닉슨의 취임식 설교를 했는데 취임식장 안의 분위기는 마치 미국이라는 나라가 아니라 미국이라는 교회를 방불했다. 그러나 취임식장 바깥의 분위기는 어두웠다. 총으로 무장한 경찰들과 섬뜩한 마스크를 쓴 시위자들이 대치, 방탄유리, 무장트럭, 살을 에는 북풍과 회색의 하늘 등 1월의 분위기는 이때를 성스러운 계절로 만들려는 백

---

[1] BG, interview, January 17, 2006.

악관의 노력과 묘한 대비를 이루고 있었다. 신앙준수위원회(The Religious Observance Committee)는 만장의 특수 제작된 포스터를 제작해 상점의 유리창에, 공공의 건물에 붙이도록 배부했다.[2] 포스터에는 손과 손이 맞잡고 있는 그림과 함께 "감사, 축복, 헌신, 인도 그리고 닉슨 진영의 표어였던 '함께 앞으로'" 등의 단어들이 적혀있었다. 빌리 그래함은 5명의 성직자들의 축사를 포함한 예식을 집전했다. 「워싱턴포스트」의 한 평론가는 닉슨을 "미 역사상 가장 당당히 기도를 한 신임 대통령"[3]이라고 표현했다.

삼일 전에 닉슨의 비서실장인 밥 할드만(Bob Haldeman)은 자신의 일기에 백악관 역사상 어떤 역사가도 보지 못한 취임식을 거행하겠다는 마음을 피력했다.[4] 그런 점에서 그는 임무를 성공적으로 마친 셈이었다.

할드만은 닉슨과 팻이 국회의사당 계단 맨 꼭대기에 나타나고 팡파르가 연주되는 순간을 "닉슨의 얼굴표정이 지금도 생생하다. 그 표정은 '이제 대통령이 되었구나'라는 것이었다. 그는 모든 권력을 쥐었다. 어떤 사람이 말하기를 닉슨의 눈에서 빛이 뿜어져 나오는 것 같았다'고 했다"라고 기록했다.

「뉴욕타임즈」의 제임스 레스톤은 대통령 취임식에서 빌리 그래함의 개회기도가 "정치적 선언문과 거의 동일하게"[5] 들렸다고 평가했다. 「크리스천 센추리」는 그것을 "귀에 거슬리는 열변"이라고 적나라하게 비판했다. 빌리 그래함은 미국을 "하나님 보호아래 있는 나라"라고 강조하면서 말했다. "도덕과 신앙은 이 나라를 지탱하는 기둥들입니다. 그러나 이 기둥들이 물질주의와 그것의 팽창으로 인해 부식당하고 있습니다." 그는 설교를 마치고 기도했다. "오 하나님, 신임 대통령은 이 백성을 인도하기 위하여 당신의 도움을 필요로 하고 있습니다… 결정을 앞둔 고독의 시간에, 도덕적으로 정

---

2) "An Official Prayer Service to Open Nixon Inauguration," *New York Times*, January 15, 1969.
3) "Five Clergymen Plan Prayers at Service Before Inaugural," *Washington Post*, January 18, 1969.
4) H. R. Haldeman, *The Haldeman Diaries: Inside the Nixon White House* (New York: G. P. Putnam's Sons, 1994), January 20, 1969, 18.
5) Reston, "From Partisan to President of All," *New York Times*, January 19, 1969.

당한 것을 선택할 수 있는 참된 용기를 그에게 주시옵소서." 국가에 대해서는 이렇게 기도했다. "오늘날 우리 모두가 죄에서 돌이켜 '거듭나라'고 말씀하신 주님을 믿는 순수한 신앙을 갖도록 도와주시옵소서. 십자가 위에서 보혈을 흘리셔서 인간을 구원하신 평화의 왕의 이름으로 기도합니다." 이 기도는 닉슨의 취임은 하나의 복음적 소명으로 이 나라를 예수 앞으로 인도해야 함을 분명히 한 것이었다. 빌리 그래함의 눈에는 개인의 회개와 회심처럼 국가가 가야할 길도 다르지 않은 것이었다.

성경에 손을 얹고 맹세한 후 닉슨은 취임 연설을 했다. 그는 "우리는 모두 위대한 영적 왕국을 건설해야 합니다. 그러기 위해 한 사람 한 사람은 돌멩이 하나씩을 옮겨야 합니다. 그것은 이웃에게 손을 내밀어 돕고 보호하는 일을 하는 것을 말합니다." 닉슨은 매주 자신의 기초 돌을 놓기 위하여 백악관 예배라는 새로운 전통을 마련했다. 빌리 그래함이 최초의 설교자가 되는 백악관 예배는 아이젠하워의 시민종교(civil religion)를 새로운 차원으로 끌어올리는 것이었으며, 종교 사유화의 냉소적 차원으로 추락시키는 것이었다.

닉슨의 당선 직후, 빌리 그래함은 왜 닉슨이 거의 교회에 출석하지 않았는지에 대해 설명했다. "그는 그의 교회 출석과 신앙을 정치적으로 이용한다고 생각하는 세간의 오해를 두려워했습니다."[6] 그러나 이제는 당선이 되었고 닉슨은 하나님의 도움을 필요로 하고 있었다. 처음에 닉슨은 퀘이커의 침묵의 모임에 참석하는 아이디어를 만지작거리고 있었다.[7] 그러나 백악관 가장 가까이 있는 퀘이커 교회는 허버트 후버(Herbert Hoover)의 인도로 반전 운동을 강하게 주장하고 있었다. 그 외에도 닉슨의 기질이나 당시 사회적 분위기가 특수한 퀘이커보다 좀 더 보편적인 것이 필요했다. 바바라 부시는 - 닉슨은 그녀의 남편 조지 부시를 유엔대사에 임명했다. "당

---

6) "Billy Graham Cites Integrity: Nixon Seen As Shunning Political Use of Religion," *Washington Post*, November 16, 1968.
7) "Praying with the President in the White House," *New York Times*, August 8, 1971.

시 닉슨 대통령은 잘잘못을 떠나 교회가 매우 중요하다고 확신했으며 백악관에 교회가 있어야겠다고 생각했습니다"라고 말했다. "물론 정직하게 말한다면 백악관에 교회를 만든다는 것은 많은 문제를 야기할 것이라는 두려움을 여러 사람이 갖고 있었습니다. 안전을 위해 교회에 출입하는 사람들은 검문 검색해야 했고 대통령이 움직일 때마다 80명의 경호원이 필요했습니다. 그 결과 교회는 냉소적으로 보일 여지가 있었습니다."

최초의 예배는 닉슨의 집무가 시작된 후 첫 번 주일에 빌리 그래함이 인도하였다. 닉슨의 참모인 드와이트 채핀(Dwight Chapin)과 존 얼리크만(John Ehrlichman)은 빌리 그래함의 참모들과 백악관 예배진행에 대해 논의했다.[9] 닉슨은 연회장의 주인처럼 사회를 보았다. 참석한 이들을 환영하고 설교자를 소개했으며 방문해준 성가대에 감사인사를 했다. 초청된 목사들은 교파별로 할당한 목사들을 초청했는지 모르는 일이다. 빌리 그래함은 노만 빈센트 필, 자신의 처남이자 감독인 라이톤 포드(Leighton), 장인인 넬슨 벨(Nelson Bell), 미국교회협의회 회장인 에드윈 에스피(Edwin Espy) 박사, 「크리스천투데이」(Christian Today)의 편집장인 호랄드 린셀(Harold Lindsell), 몇 명의 저명한 흑인목사들 그리고 달라스 카우보이 팀의 코치인 톰 랜드리(Tom Landry) 같은 저명한 스포츠 스타들을 초청했다.[10]

취임식에서 이미 기도했고 또 곧 있을 국가 조찬 기도회에서 설교가 예정되어 있었기 때문에 빌리 그래함은 백악관 예배에서 설교를 안 하려고 하였지만 닉슨이 허용치 않았다. 내각과 비서실에서 200여명이 참석했고 특송은 빌리 그래함이 데리고 온 베브 쉐아(Bev Shea)가 불렀다. 백악관 도서관장인 제임스 케챰(James Ketcham)은 「타임」에 "빌리 그래함은 백악관에 상주하는 목사처럼 보였습니다"[11]라고 말했다. 예배 직전에 빌리 그래

---

8) Cornwell, *A Time for Remembering*, 197.
9) Charles Wilkinson to BG, January 24, 1969, NPM
10) "List Submitted: For President Nixon Only, CONFIDENTIAL and PRIVATE List of Suggested Protestant Clergymen to Be Invited for White House Services," NPM.
11) "Praying Together, Staying Together," *Time*, February 7, 1969.

함과 부인 룻은 닉슨과 함께 한적한 방에 있었다. 오랜 시간이 지난 후에 빌리 그래함은 "대통령이 낡은 스타인웨이 피아노 앞에 앉아 즉석에서 오래전 찬송가 '그가 나를 강하게 붙드시네. 내 주께서 나를 사랑하시네'를 연주했던 것이 참으로 인상 깊었습니다."[12]라고 회상했다.

그때 "정치적"이라 할 만한 일은 일어나지 않았다고 빌리 그래함이 주장했다. "대통령은 단순히 정규예배 때처럼 타인의 시선을 의식하지 않고 조용히 자신의 영적 소명을 음미하려고 애썼습니다."[13] 닉슨의 언론담당수석이었던 허브 클라인도 "장관들도 많았지만 다른 여타의 행사와 다를 바 없었습니다.[14] 단지 예배의 기회를 가졌을 뿐이고 설교에서도 정치적인 이야기는 없었습니다"라고 빌리 그래함과 같은 이야기를 했다. 최초의 예배가 있고 난 직후 한 무명의 목사가[15] 「뉴욕타임즈」에 "닉슨 대통령은 자신의 임기에만 이 나라가 하나님을 섬겼다는 듯이 행동하고 있다"라고 비판했다. 이 기사는 당장 필과 빌리 그래함의 반박을 불러왔다. 빌리 그래함은 "교회가 있기 전까지 백년 이상 사도들이 집에서 예배를 인도해왔습니다. 역사의 선례를 보아도 대통령이 잘못한 것은 없습니다"라고 반박했다. 빌리 그래함은 백악관 예배로 인해 사람들이 교회에 출석하지 않고 자신의 집에서 예배를 드리는 풍조가 생겨나 교회가 회중을 잃어버릴 수 있다는 두려움 때문에 비판자들이 일어났다고 생각했다. "대통령이 자신의 임기동안만 백악관에서 하나님을 섬겼다는 의식을 갖기 위해 백악관 예배를 만든 것이 아니라고 저는 믿습니다."

닉슨 행정부에 관한 많은 기록과 사람들의 기억은, 백악관 교회에 대하여 두 가지 기류로 나뉘었다. 하나는 긍정적이고 호의적인 평가였다. 클라인은 「타임」에 이렇게 기고했다. "닉슨을 순화했던 고무적인 교회였습니다." 다른 하나는 악의적인 평이었다. "분명히 우리는 조찬 기도회와 교회

---

12) BG, speech at RN funeral, April 27, 1994, BGEA archives.
13) "Nixon Hopes Youth Turn to Religion," *New York Times*, April 28, 1969.
14) Herb Klein, interview, january 31, 2006.
15) "Nixon Hopes Youth Turn to Religion," *New York Times*, April 28, 1969.

예배를 정치적인 목적을 위해 활용했습니다."[16] 닉슨의 참모였던 찰스 콜슨(Charles Colson)은 "저는 그 일을 담당했었습니다"라고 말했다. 평가가 어떠하든 백악관 예배를 압력 넣기, 기금 조성, 충성 경쟁의 장으로 활용했다. 콜슨은 "백악관 예배에 초청받는 데 관심을 갖고 있는 신앙거부들의 명단을 만들어 보시오"[17]라는 닉슨의 명령을 할드만(Haldman) 비서실장을 통해 받았다. 이 명단에는 전화회사 에이티앤티, 제네럴 모터스, 펩시, 그 외 많은 회사의 최고 경영진들을 포함했다.[18] 한번은 할드만이 초청 명단을 보고 불만을 터뜨렸다. "예배에 기업 감독기관의 여러 관리들을 초청하는 것은 그렇게 좋은 일은 아닙니다. 그들을 초청해야 한다면 기관장으로 제한하고 특별한 필요가 있는 사람만 선별하시오."[19] 한 연설담당관이 대통령 직무 시작 첫 주간에 있었던 2번의 조찬 기도회에서 닉슨이 보여 준 행위를 칭송하자 닉슨은 웃어넘겼다. 닉슨은 예배에 참석한 이들에게 "교회 선물"을 주었다. 이러한 일에 자극을 받은 노만 매일러(Norman Mailer)는 닉슨을 "소년을 교회당에서 쫓아내려고 귀를 비틀곤 하는 교회 문지기"[20]로 묘사했다.

설교 초청을 받은 목사들도 얻는 것이 적지 않았다. 사우스캐롤라이나 주지사로 출마한 쌍둥이 동생을 가진 한 침례교 목사가 설교자로 초청받았다. 이 두 형제는 백악관 계단에서 닉슨과 함께 사진을 찍었다.[21] 예배는 정치적 인지도를 얻을 수 있는 가장 좋은 상점이었다.[22] 남침례교 총회장 후보로 출마한 목사를 적극 도우라는 메모를 받은 콜슨은 그를 백악관 예배에 초청했다. 콜슨은 "이 사람이 당선되면 그는 1972년 대통령 선거에

---

16) Charles Colson to Martin, *With God on Our Side* (New York: Broadway Books, 1996), 98.
17) Action memo, February 23, 1970 (Box 12), NPM.
18) Martin, *PWH*, 356.
19) HRH to Alexander Butterfield, February 9, 1971 (HRH box 96), NPM.
20) Quoted in McGuinness, *Selling of the President*, 31.
21) "Praying with the President in the White House," *New York Times*, August 8, 1971.
22) Deborah Sloan to Butterfield, August 3, 1971, (Box 15), NPM.

닉슨을 크게 도울 것"이라는 느낌을 받았다. 초청받는 목사들의 교파는 다양했지만 그들의 신학적 성향은 동일했다. 백악관은 일반적으로 빌리 그래함 같이 사회개혁보다는 개인구원을 강조하는 목사들을 택했다. 초청받은 이들 중에 거절하는 사람들도 일부 있었다. 또 일부는 백악관 참모한테서 금지선 밖으로 넘어가지 말라는 주의를 사전에 받기도 했다. 미니애폴리스의 루터파 목사는[23] 「뉴욕타임즈」 종교담당 논설위원인 에드워드 피스케(Edward Fiske)에게 자신의 설교제목이 "더 개혁적으로 변합시다" 이었는데 결국 "위대한 모험"으로 바꿀 수밖에 없었다고 편지에 썼다.

지나친 편의주의는 폭풍을 잉태하고 있었다. 사적예배(private chapels)는 하나님의 뜻과 자신의 역할을 동일시하는 귀족들의 영역이었다. 그곳에는 다양한 사람들이 모여 생기 넘치는 신앙으로 세속적인 야망을 통제하는 민주적 장치가 없었다. "백악관 초청으로 비판을 무디게 하니 얼마나 놀라운 일인가" 니버는 1969년에 출판된 그의 책 『왕의 예배와 왕의 궁전』(*The King's Chapel and the King's Court*)에서 통렬하게 비판했다. 비판 세력들은 백악관 예배가 부자들에게 도전을 주기는 고사하고 오히려 가난한 자들을 무시해도 되는 면죄부를 주고 있다고 목소리를 높였다. 1950년도만 해도 자기만족에 취해있는 공적인 종교에 대해 국민은 너그러웠지만 이제 강력한 반동이 꿈틀거리고 있었다. 국민의 관심은 국기 앞에서의 맹세, 전쟁, 법률, 정의에 관한 것에서 종교로 옮겨가고 있었다.

빌리 그래함은 백악관 예배를 복음을 대통령 집무실로 직접 전달하려는 자신의 일관된 소망이라는 강력한 사상위에 서서 바라보았던 것 같다. 그러나 예배의 의식은 너무나 가벼워서 송영을 부르는 시간에 랍비들이 풀어진 자세로 서 있는 경우도 있었다. 호프만은 「워싱턴포스트」에 "그것은 알맹이가 없는 예배, 교파의 특징이 없는 예배로 신부, 목사 그리고 랍비가 사회를 보는 중요한 연회나 시상식 같은 예배였다"[24]라고 썼다.

---

23) "Praying with the President in the White House," *New York Times*, August 8, 1971.
24) Nicholas von Hoffman, "'Silent American,' with Sound," *Washington Post*, February

이러한 공격에도 불구하고 빌리 그래함은 자신의 사역에 전혀 거리낌을 갖지 않았다. 중요한 일터에서 예배를 드려줌으로써 모범적 선례를 만들려고 했던 것은 다른 지도자들이 생각하지 못했던 것이었다. 지금까지 빌리 그래함은 대통령의 직무, 즉 너무 무거워서 홀로 지기 어려운 짐을 덜어주려고 왔을 뿐이었다. 빌리 그래함은 1972년에 "두 세분의 대통령과 매우 친밀하게 지냈습니다.[25] 그래서 그분들이 느끼는 고뇌를 조금 알게 되었습니다. 그것은 일반 사람들이 생각을 초월하는 것이었습니다"라고 말을 했다.

콜슨은 "빌리 그래함이 가진 영적인 영향력은 의심의 여지가 없었습니다.[26] 빌리 그래함은 나에게 닉슨이 자기 기도에 확신을 갖고 기도했다고 말했습니다"라고 말했다. 허브 클라인은 "빌리 그래함은 안건을 가지고 대통령 집무실에 들어가는 것이 아니라[27] 대통령과 함께 기도하고 그를 돕기 위해서 들어갑니다. 빌리 그래함은 개인적으로 대통령을 많이 위로했다고 생각합니다. 그는 정치적인 문제로 고심하는 대통령의 관심을 다른 곳으로 돌리는 데 익숙했습니다. 그런 시간이 지나고 나면 신기하게도 대통령은 신문의 정치적인 기사를 읽는 일을 두려워하지 않았습니다"라고 닉슨의 첫 번 임기에 두 사람 사이에 있었던 재미난 이야기를 했다. 그것은 두 사람 사이의 사적인 대화에 목회적인 치유가 있었음을 의미한다. 할드만은 간간히 빌리 그래함에게 대통령에 대한 목회적 역할을 요청한다.[28] 할드만은 대통령이 격무에 녹초가 되고나면 마음의 중심을 잡지 못하는 경우를 염려했다. 그래서 대통령에게 잠시 쉬라고 조언하지만 그래도 효과가 없을 때 할드만은 빌리 그래함을 찾았다. 그는 자신의 일기에 "나는 베베(레베조)와 빌리 그래함에게 이 사실을 알렸다. 그러면 두 사람은 자기의 역할을 찾아

14, 1969.
25) "Billy Graham: The Man at Home," *Saturday Evening Post*, Spring 1972.
26) Colson, interview, July 18, 2006.
27) Klein, interview, January 31, 2006.
28) Haldeman, *Diaries*, December 21, 1970, 223.

나선다"라고 적었다.

비록 닉슨과의 만남은 거의 대부분 순수하고 영적인 것이었지만 빌리 그래함은 가끔은 자신의 관심을 관철하기도 했다. 빌리 그래함은 중재 요청, 직업 알선, 용서, 심지어 러시아에 있는 친척을 데리고 올 수 있게 해달라는 등 수많은 부탁을 받았다.[29] 빌리 그래함은 캠퍼스 전도사역을 하고 있는 젊은이가 목사들과 달리 징집되었다는 이야기를 듣고 백악관을 방문했다. 빌리 그래함의 메모가 웨스트 윙(백악관 내 서쪽별관: 국정이 이루어지는 장소 - 역주)으로 전달되었고 징병심사위원회(Review Board)의 관리들이 교체되면서 캠퍼스 전도팀 사역자들도[30] 안수 받은 목사와 동일하게 군 면제를 받았다. 그들은 대부분의 대학 캠퍼스에 팽배해 있던 반정부 운동에 대항해서 순수 복음을 전함으로써 선한 영향력을 발휘하고 있다고 보았다.[31]

빌리 그래함은 세속주의에 깊이 빠져있는 프랑스에서 전도집회를 하기 위해 닉슨에게 도움을 요청했다. "퐁피두 대통령과 면담을 위해 애써주신 것에 깊은 감사를 드립니다."[32] 빌리 그래함은 프랑스 기독교 지도자들이 한 권고를 받아들여 닉슨에게 부탁했다. 그것은 프랑스 내에서 부흥회를 할 시간이 무르익었으며 그것을 위해 퐁피두 대통령과의 면담이 우선적으로 필요하다는 것이었다.

닉슨과 빌리 그래함이 백악관 집무실에서 오랜 시간 대화를 나눈 후, 할드만은 그들의 대화 내용에 대해 얼리크만에게 "빌리 그래함은 우편물 증가율에 있어 종교문서는 400%로 늘리고 포르노물은 단지 25%만 늘려야 한다고 강력 요청했습니다.[33] 말할 것도 없이 대통령은 당황했습니다… 그리고 어떻게 정부가 그것을 강제할 수 있느냐고 난감해했습니다"라고 전했다.

빌리 그래함에게 가장 확실한 주도권을 부여한 것은 닉슨 취임 후 처음

---

29) "The Closest Thing to a White House Chaplain," *New York Times*, June 8, 1969.
30) Dwight Chapin, memo to HRH and John Ehrlichman, February 15, 1969, NPM.
31) Harry Dent, memo to Ehrlichman, February 27, 1969 (Box 63), NPM.
32) BG to Chapin, August 7, 1970, NPM.
33) HRH to Ehrlichman, February 1, 1972 (HRH box 199), NPM.

맞는 봄이었다. 그때 빌리 그래함은 극동지방을 방문하면서 방콕에서 3일간 머물렀다. 그는 선교사들과 함께 베트남 전쟁을 끝내기 위해 그의 야심에 찬 계획을 진행했다.[34] 선교사들과 만나는 것에 앞서 그는 거의 12번 이상 남베트남 티우 대통령과 그의 각료들을 만났으며 미국 태평양 함대 해군사령관인 존 맥케인(John McCain) 제독에게 군사적 상황에 대한 정밀한 브리핑을 받았다. 그들은 일반적으로 전쟁을 고집하는 매파였지만 현 상황에 대해서는 암울하게 판단하고 있었다. 남베트남은 미국편이지만 파리 평화회의를 통해 자신들이 패망할지도 모른다고 두려워하는 사실을 빌리 그래함은 선교사들을 통해 들었다. 미군의 사기는 떨어져 있었고 40%의 미군이 약물을 복용하고 있었다. 국가재정의 낭비와 부패는 독버섯처럼 퍼져가고 있었다. 선교사들은 "이번 전쟁을 통해 미국의 '치부'만 보여주었습니다"라고 이구동성으로 말했다.

선교사들은 미국의 정책을 비판했다. 그들의 충고는 닉슨에게 영향을 미쳐 11월 "베트남 선언"으로 나타난다. 그것은 대다수 미국인들이 원하는 조속한 철군이 아니라 남베트남에 더 효과적인 지원을 해서 그들이 전쟁을 책임지게 하는 전환 정책이었다. 즉 더 효과적인 전술인 게릴라전으로 전환하되 현대무기로 무장한다는 것이었다. 선교사들은 텔레비전 방송도 단순히 미국영화만 틀어주는 것 대신 선전술을 위해 사용해야 한다고 제안했다. 빌리 그래함은 그들의 주장을 인정했다. 빌리 그래함은 "공산주의자들은 현대화한 남베트남의 군사력과 게릴라전을 두려워하고 있습니다. 공산주의자들은 미국인을 야만인으로 깔보고 있으며 남베트남과 아시아 군인들에 대해서도 똑같이 생각하고 있습니다"라고 말했다. 비판 세력들은 그해 내내 빌리 그래함이 지나치게 수동적인 방관자이며 그가 생각해낸 정치적 조언은 비현실적인 것이라고 비난했다. 그러나 오직 빌리 그래함 비판

---

34) April 15, 1969, Correspondence File central files-confidential files-confidential file (Box 1, NPM). 6개월 후 그래함이 닉슨에게 알린 계획을 키신저에게 전달했는데 키신저는 "그 계획이 상당히 구체적인 내용을 담고 있으며 매우 효용성이 있다"라고 반응했다. 또한 "거기서 제기된 요점을 적극 검토하겠다"라고 말했다.

세력만 그러한 생각을 싫어했을 뿐이다.

빌리 그래함의 노력은 충분히 순수한 것이었다. 그러나 경우에 따라 빌리 그래함의 선의의 의도는 정치적 목적을 가진 자들에 의해 쉽게 왜곡되었다. 빌리 그래함은 백악관과 흑인사회의 긍정적인 힘을 형성하고 있는 흑인 목사들 사이에 대화 창구를 만들려고 했다. 하지만 빌리 그래함의 노력을 닉슨은 흑인 표를 분산할 기회로 사용하면 최적이라고 보았다. 할드만에 따르면, 빌리 그래함이 저명한 흑인 목사들과 대통령과의 만남을 백악관에서 주선하자 닉슨은 이 모임을 정례화하려고 애를 썼다. "닉슨은 빌리 그래함이 느꼈던 것처럼 이것이 흑인사회 내부에 통로를 만드는 최고의 기회가 될 것이라고 생각했습니다."[35]

그러나 닉슨은 백악관 참모들의 무관심에 화가 났다. 흑인 목사들과 만난 지 약 한 달이 지나 할드만은 얼리크만에게 대통령이 무척 화가 났다고 말하면서 "대통령께서는 흑인 목사들이 청원한 문제 중 최소한 하나라도 승인되거나 시행 중이기를 바라고 있습니다.[36] 아니 할 말로, 자금이 없다면 경제기회국(OEO)의 관리들이 자기 돈을 내서라도 일이 시행되기를 원하고 있습니다. 대통령은 경제기회국 국장인 도날드 럼스펠드(Donald Rumsfeld)가 문제 하나를 처리하고 또 하나는 내일 처리할 것이라는 말에 그를 굉장히 칭찬했습니다. 대통령은 우리가 그 사람들을 위해서 할 수 있는 방법을 찾아보라고 지시했습니다"라는 메모를 전달했다.

백악관의 적극적인 관여로 장애물을 치웠고 흑인 목사들이 청원한 프로젝트에 기금이 할당되었다. 돌이켜보면 빌리 그래함은 이런 일에 관여하면서 자신은 가교의 역할을 하고 있다고 믿는 것 같았다. "저는 매번 위험, 즉 정치적 위험을 무릅쓰고 있습니다."[37] 그러나 빌리 그래함이 위험을 의식하고 있는 것과 일어나는 일은 종종 별개의 일인 양 빌리 그래함을 실제

---

35) HRH, memo to Len Garment, January 16, 1970, NPM.
36) HRH, memo to Ehrlichman, April 30, 1970, NPM.
37) BG, interview, January 23, 2007.

위기로 몰아가지 않았다.

그 외에도 빌리 그래함이 세속적인 문제에 대한 조언과 지원을 수없이 많이 했다. 그가 전임 대통령들에게 했던 것처럼, 백악관이 보수층의 민감한 반응을 다루어 가는 방법에 대해 조언했다. 빌리 그래함은 헨리 카봇 롯지(Henry Cabot Lodge)를 바티칸 특별대사로 임명하는 민감한 문제에 대하여 닉슨은 자신에게 전혀 의견을 묻지 않았다고[38] 「뉴욕타임즈」와의 회견에서 말한 적이 있다. 그러나 이것은 '어떤 식으로 빌리 그래함이 개입했느냐'라는 질문을 모면하기 위한 것이었다. 빌리 그래함은 남부 침례교도들이 바티칸 대사 임명 문제로 정부에 분노하고 있다고 닉슨의 참모 샤핀에게 알려주었다. 또한 닉슨에게 남침례교 총회장인 칼 베이트(Carl Bates)를 백악관 예배 설교자로 초청하는 것이 사태진정에 도움이 될 것이라고 강력히 권고했다.[39] "베이트 목사는 신학적으로나 정치적으로 보수적일 뿐 아니라 기독교계에선 굉장한 영향력을 행사하는 인물입니다."

대통령의 눈과 귀

칼슨은 빌리 그래함에 대한 닉슨의 개인적 관심이 일정부분 정치적인 것과 결부되어 있다는 사실을 알고 있었다. 칼슨이 "닉슨은 빌리에 대해 굉장한 호감을 보이고 있었습니다"[40]라고 말했다. 닉슨은 영적인 측면과는 별도로 빌리 그래함의 뛰어난 통찰력에 매력을 느꼈다.

닉슨은 남부 민주당원보다는 공화당원을 선호했다. 그리고 그중에 두 사람을 특별히 존경했다. 그들은 빌리 그래함과 코넬리(Connally)였는데 닉슨은 코넬리를 "미국에서 최고의 사람"으로 여겼다. 닉슨은 두 사람에게

---

38) "Billy Graham: The Appeal Is Still Very Strong." *New York Times*, June 28, 1970.
39) BG to Chapin, June 18, 1970, NPM.
40) Colson, interview, july 18, 2006.

일주일에 한 번 내지 두 번 전화를 걸어 안부를 전하고 그들의 생각을 듣고 백악관을 향한 지적이 있으면 보고하도록 할드만에게 지시했다. 첫 번째 각료회의에서 닉슨은 거품에 지나지 않는 일에 발목이 잡힐 수 있다고 그들에게 주의를 주었다. "백악관은 세상과 완전히 고립될 수 있습니다."[41] 닉슨이 말했다. 그 결과 각료들은 보통사람들의 관심과 행동보다는 시사평론가들이 쓰는 글에 더 많은 주의를 기울여야만 했다.

닉슨은 빌리 그래함의 훌륭한 정치적 자질을 발견했다.[42] 닉슨은 전기 작가인 존 폴락(John Pollock)에게 빌리 그래함이 출중한 행정능력, 결단력, 외국에 대한 해박한 지식, 문서를 빠르게 파악하는 능력, 사진의 정밀함만큼이나 뛰어난 기억력, 아픈 중에도 다른 사람을 도우려고 하는 헌신의 자세를 갖춘 사람이라고 말했다. "그와 대화를 해보면 그는 역사에 대해 해박하며 동시에 사건을 보고 분석하는 통찰력이 뛰어나며 미래를 전망하는 능력이 타의추종을 불허한다는 느낌을 갖습니다. 정치적 사건에 대한 그의 예언이 일반적으로 절묘하게 맞아 떨어지는 것을 보면 확실히 그는 남다릅니다."

언론 그리고 지식인들과 좋은 관계가 아니었기 때문에 닉슨은 항상 1970년에 「타임」이 말한 "다수의 여론"을 파악하기 위하여 스스로 정보를 수집했다. "그는 본능적으로 인플레이션, 전쟁 그리고 여러 이슈에 관한 대중의 여론을 파악하는데 뛰어났다."[43] 「타임」은 "닉슨을 방문하는 모든 사람은 국민이 관심을 보이는 이슈에 관한 정보를 그의 테이블 위에 가져다주었다. 사업가들과 전화를 할 때에도 빌리 그래함과 골프를 칠 때에도 닉슨은 국민이 생각하는 것을 듣고자 했다"라는 닉슨의 참모의 말을 인용했다.

콜슨은 "빌리 그래함은 나라 안의 돌아가는 사정을 잘 알고 있었습니다… 닉슨은 그것을 좋아했습니다. 다른 사람은 하지 못했지만 빌리 그래

---

41) Haldeman, *Diaries*, January 29, 1969, 23.
42) RN to Pollock, October 5, 1965, in Pollock, *Authorized Biography*, 217-218.
43) "Government in the Heartland," *Time*, February 16, 1970.

함은 수많은 그룹들과 알고 지냈습니다. 그래서 둘은 의기투합했고 빌리 그래함의 전화는 언제나 닉슨에게 연결되었습니다. 닉슨은 종교 지도자를 평가할 때 그가 하는 말이 아니라, 공적으로 그가 어떤 위치에 있느냐를 중시했습니다"라고 말했다. 1970년 봄 갤럽조사[44]를 통해 종교에 대한 국민의 관심이 하락하는 현상을 보이자 닉슨은 빌리 그래함의 반응이 궁금했다. 빌리 그래함은 교회의 정치참여에 대한 반동이라고 생각한다고 말했다. "성도의 72%는 정치에 참여하는 목사에 동의하지 않습니다." 특별히 젊은이들은 사람의 생각이 아니라 하나님의 음성을 원한다고 빌리 그래함은 주장했다. "그들은 자신들의 영적인 성장을 바라고 있지, 정치나 사회에 관심을 갖는 사람들의 인도를 원하지 않습니다." 나아가 빌리 그래함은 많은 교회들이 음악과 예식에 있어 너무 형식화했으며 그 결과 젊은이들이 전통보다는 복음자체에 매력을 느끼고 있다고 주장했다.

빌리 그래함이 부흥의 가능성에 늘 흥분했다면 닉슨은 권력의 힘에 심취했다. 닉슨은 여러 개의 투표 층이 블록을 형성하고 있다는 것을 잘 알고 있었다. 도시에 사는 가톨릭 신자, 보수적인 남부 침례교도, 독실한 흑인들은 저마다 신앙의 성격을 달리했다. 그중에 닉슨은 복음적 성향의 유권자 층을 자신의 지지기반으로 삼았다. 이것이 닉슨이 빌리 그래함을 백악관의 중심에 위치케 한 중요한 이유 중 하나였다. 콜슨은 "복음적 유권자 층은 남부 공략의 열쇠입니다.[45] 그래서 닉슨은 복음주의 지도자들을 초청하기 시작했고 백악관에서 나의 임무 중의 하나는 이들과 로맨스를 즐기는 것이었습니다. 우리는 이들을 백악관으로 초청했고 그들은 백악관으로 오는 것을 즐거워했습니다. 그들은 우리가 함께 일했던 어떤 그룹의 사람들보다 고분고분했습니다"라고 말했다.

빌리 그래함은 닉슨을 부흥운동의 후원자로 삼기위해 전력을 다한 나머지 그에 상응하는 백악관의 정치적 요구를 분별하지 못했다.

---

44) BG to Garment, May 16, 1970, NPM.
45) Martin, *With God on Our Side*, 99.

제19장

침묵하는 다수를 불러내다

저는 언제나 위험을 의식했습니다.[1] *정치적 위험을.*

- 권력으로 다가가는 것에 대해

    1970년 봄, 많은 부분에서 닉슨은 빌리 그래함의 도움을 필요로 했다. 정치적 분노와 이유 없는 폭력이 거리로 밀려나오는 시기였다. 3월 과격파 단체가 포트 딕스에서 열린 정부 관료 무도회장에 폭탄을 투여하려는 음모를 꾸몄다. 음모자들은 "지금까지 미국정부가 테러로 겪었던 것과는 비교가 안 되는 가장 무시무시한 테러를 의도했다." 뉴욕 웨스트 빌리지의 브라운색 빌딩이 폭발했을 때, 음모자들 중에 3명이 죽었으며 지하실에서 폭탄 제조공장이 발견되었다.
    대학가는 반전 운동으로 들끓고 있었다. 4월29일, 닉슨은 새벽 1시에

---

1) BG, interview, January 23, 2007.

"개인적인 자문을 위해" 몬트릿의 빌리 그래함에게 전화를 걸었다.[2] 닉슨은 특별한 것은 아니지만 다음날 저녁에 있을 대국민 연설문을 가다듬고 있다고 말했다. 빌리 그래함이 "강하게 하십시오. 미국을 구하겠다는 일념으로"라고 말했다.

다음날 저녁, 닉슨은 텔레비전 앞으로 나아갔다.[3] 그는 미국이 북베트남의 근거지를 뿌리 뽑고 보급로를 파괴하기 위해서 캄보디아를 공격했다고 말했다. 그는 유감스러운 입장을 표명하지 않았으며 미군을 보호하기 위한 필수적인 조치라고 말했다. 그는 정의감으로 충일했다. "긴급 상황시 세계의 가장 강력한 나라인 미국이 불쌍한 거인같이 행동한다면 전제주의(totalitarianism: 지배자가 국가의 모든 권력을 장악하여 아무런 제한이나 구속 없이 마음대로 그 권력을 운용하는 정치 체제 - 역주)세력들과 무정부 세력들은 자유세계와 전 세계의 모든 나라들을 위협할 것입니다. 오늘밤 우리가 시험받고 있는 것은 우리가 가진 힘이 아니라 우리의 의지와 생각입니다."

갑작스럽고도 대담한 전쟁의 확대는 학생들의 폭동에 불을 댕겼다. 흥분한 닉슨은 다음날 폭동을 비난했다. "부랑자들이 학교를 흔들고 있습니다." 그러나 분노에 찬 것은 급진주의자들만이 아니었다. 한 번도 돌멩이를 집어보지 않았던 어린 소년들도 길거리로 뛰쳐나왔다.[4] 교수들도 학부모들도 마찬가지였다. 켄트주립대학교에서 연방보안대가 총을 발사하여 네 명의 비무장 학생들이 죽었을 때, 대학들은 전율했고 모든 교육시스템은 멈췄다. 동부의 예일대학부터 서부의 버클리까지 모든 대학들은 문을 닫았고 대규모 학생들이 데모에 가담했다. 민주당과 모든 신문들은 닉슨의 행동을 비난했으며 정부내각에서도 반대하는 사람이 생겼다. 250명의 공무원들도 항의 성명서에 사인을 했다. 일부 평화단체 회원들은 자신들의 건물에 베트콩의 국기를 게양하기도 했다.[5] 주식시장은 40년 만에 최악의 한

---

2) "Billy Graham: The Appeal Is still Very Strong." *New York Times*, June 28, 1970.
3) His address was printed in *the New York Times*, May 1, 1970.
4) "At War with War," *Time*, May 18, 1970.
5) Henry Kissinger, *White House Years* (Boston: Little Brown, 1979), 513-514.

주간을 보냈다. 헨리 키신저(Henry Kissinger)는 "정부의 골간이 무너져 내리고 있었다"[6]라고 말했다.

그 순간 닉슨은 빌리 그래함의 개인적인 위로와 공적인 지원이 필요했다. 아마 이후로도 그럴 것이다. "닉슨은 매우 괴로워하고 있습니다." 할드만은 "그는 자신의 결정이 불러온 이 사태를 두려워했습니다"[7]라고 대학에서 발포 사고가 있은 후 닉슨의 상태에 대해 말했다.

5월 8일 밤, 닉슨은 텔레비전 방송을 통해 학생들의 시위를 인정하면서도 자신의 전쟁확대 정책를 변호했다. 그날 밤 닉슨은 잠을 잘 수 없었다. 거의 십만 명의 학생들이 백악관을 둘러쌌고 백악관 잔디밭에 병력을 출동시키라는 명령이 내려졌다. 학생들은 링컨 기념관에서 철야를 하고 있었다. 그날 밤 닉슨은 딸 트리키아(Tricia)를 불렀고 할드만을 일곱번, 키신저를 여덟번이나 찾았다. 닉슨은 윌리암 사파이어, 베베 로보조, 팻 모이니한(Pat Moynihan), 토마스 듀이, 넬슨 록펠러… 그리고 빌리 그래함을 불렀다. 키신저는 대통령이 절벽 위에 섰다고 생각했다.[8] 동틀 무렵 닉슨은 경호원들의 보호아래 링컨 기념관을 찾아갔고, 대통령의 방문에 놀란 학생들과 이야기를 나누었다. "여러분들이 종전(終戰)을 원하는 것을 압니다.[9] 여러분들은 항의하기 위하여, 여러분들의 주장을 외치기 위해 이곳에 온 것을 압니다. 나쁘다고 생각지 않습니다. 그러나 평화적으로 시위하십시오. 워싱턴에서 좋은 밤을 보내십시오. 그리고 질서를 지켜주십시오."

시위가 격렬해지기 전부터 닉슨의 참모들은 그의 리더십이 상처를 받고 있고 정책 추진력도 상실해가고 있다는 위기의식을 느끼고 있었다. 대통령의 이미지를 담당하고 있던 클라인, 론 지글러 그리고 얼리크만은 문제를 심각하게 바라보고 있었다. 그러나 모든 것이 현장에서 일어나는 문제로 그

---

6) Ibid., 513.
7) Haldeman, Diaries, May 4, 1970, 159.
8) White, *Breach of Faith*, 131 and Walter Issacson. *Kissinger: A Biography* (New York Simon and Schuster, 1992), 259.
9) "At War with War," *Time*, May 18, 1970.

들이 통제할 수 있는 일은 없었다. 할드만은 자신의 일기에 "그들은(대통령 이미지 담당관들) 대통령이 공개적인 입장표명, 기자회견, 연설, 현장 방문 등 적극적인 행보를 해야 한다고 건의했습니다. 그리고 그들은 대통령이 문제를 인식하고 있으며 나아가 깊은 관심을 갖고 무엇인가 하려고 애쓰고 있다는 사실을 국민에게 보여주어야 한다고 말했다. 국민의 신뢰는 실제 내용보다 대통령의 적극적인 행보에 달려있다는 것이었다"[10]라고 적었다.

닉슨은 참모들에게, 7월 4일 독립기념일에 미국을 위한 대형 집회를 개최하겠다는 빌리 그래함의 아이디어를 추진하고 싶다고 말했다.[11] 닉슨은 참모들이 침묵하는 다수(Silent Majority)를 일깨우는 데에 너무 소심하다고 생각했다. 그러나 닉슨은 "빌리 그래함은 아마도 국민 속으로 들어가서 군중을 깨우고 그들에게 애국심과 열정을 불어넣을 것이 틀림없다"[12]라고 느꼈다. 닉슨은 지금의 사태가 전 국민적인 저항이라기보다는 언론의 편중적인 보도에 기인한 문제라고 생각했다. 닉슨은 전화로 이러한 사실을 빌리 그래함과 이야기를 나눈 후 할드만에게 하나의 메모를 보냈다.[13] 닉슨은 메모에 이렇게 적었다. "빌리 그래함이 지켜보니 CBS가 뉴욕에서 있었던 150,000명의 건설노동자들의 시위를 거의 1분이나 방영했으며 나아가 워싱턴에서 온 1,000여 명의 좌파 계열의 변호사들의 시위모습을 2-3분간 비추어주었다고 합니다. 이 메모를 쓰는 이유는 우리 쪽 지지자들로 하여금 CBS가 균형 있는 보도를 하지 못하고 있다고 항의하도록 할 필요가 있기 때문입니다."

무엇보다도 닉슨은 소란한 대학가를 위해 무엇인가를 해야만 했다. 그러던 중 거부할 수 없는 운명과도 같은 기회가 왔다. 빌리 그래함은 녹스빌에 있는 테네시대학교 풋볼 스타디움에서 전도집회를 열었다. 1965년 휴스

---

10) Haldeman, Diaries, April 24, 1970, 154.
11) Ibid., May 12, 1970, 165.
12) Ibid., May 21, 1970, 168.
13) May 25, 1970, in Bruce Oudes, *From the President: Richard Nixon's Secret Files* (New York: Harper and Row, 1988), 139-140.

턴에서 존슨 대통령에게 기회를 제공했듯이, 닉슨을 초청하고 연설할 기회를 주었다. 그것은 수만 명의 학생들에게 자신을 드러내는 기회였다. 그것도 우호적인 학생들이었으며 문제가 터진 이후로 백악관 밖에서 처음 만들어진 우호적인 자리였다.[14] 사실 어찌 보면 그것은 미국 역사상 가장 규모가 큰 공적인 회담 자리라고도 할 수 있었다.[15]

닉슨은 측근들과 함께 테네시로 날아갔다. 그리고 빌리 그래함과 강단에 나란히 올랐다. "저도 변화를 지지합니다." 빌리 그래함은 8만 8천명의 학생들에게 닉슨을 소개하면서 말했다. "그러나 성경은 우리에게 권세에 순종하라고 가르칩니다."

닉슨은 "미국은 미국 젊은이들에 대해 좀 더 알아야 할 필요가 있습니다.[16] 미국의 젊은이들 역시 미국에 관하여 좀 더 알아야 할 필요가 있습니다"라고 선언했다. 닉슨은 학생들을 향해 "부랑자"라고 비난했던 때와는 달리 그들을 설득하고 있었다. "나는 미국 젊은이들의 대다수가 폭력을 인정하는 것이 아니라 나와 같이 서로 간에 차이가 있다는 점을 인정한다고 믿고 있습니다."

통로마다 심지어 스타디움의 맨 위쪽까지 학생들로 입추의 여지가 없었다. 수백 명의 시위 학생들이 "당신은 살인을 해서는 안 됩니다"[17]라는 팻말을 들고 있었다. 일부는 고함을 지르고 있었고 어떤 학생은 베트콩의 깃발을 흔들고 있었다. 어떤 학생들은 운동장에 무릎을 꿇고 전사자들을 위해 묵념을 하고 있었다. 「뉴욕타임즈」에 따르면 "예수의 복장"을 한 젊은이가 시위대 무리에서 뛰쳐나왔다가 스타디움 통로에서 경찰에 붙잡혀 매를 맞았으며 결국 종교집회를 방해했다는 이유로 체포되었다.[18]

---

14) "Nixon to Talk at Graham's Youth Rally," *Washington Post*, May 28, 1970.
15) Pollock, *Evangelist to the World*, 107.
16) A transcript of Nixon's speech was printed in the *New York Times*, May 29, 1970.
17) "Nixon Speech Cheered at Tenn. Rally," *Washington Post*, May 29, 1970.
18) "Nixon Emphasizes Youth Can Effect Peaceful Change," *New York Times*, May 29, 1970.

그러나 시위대의 함성은 열광하는 대다수에 의해 묻혀버리고 말았다. 그리고 경찰들은 시위대 리더들을 쫓아버렸다. 「타임」은 그것이 닉슨의 가장 뛰어난 연설 중의 하나라고 말했다. 그 효과는 텔레비전에 방영될 때 더 컸다.[19] 영적인 결실도 있었다. 수십 명의 시위 학생들이 빌리 그래함의 회개의 초청에 응답했고 일부는 순수하게 감동을 받아 잘못을 시인했다. 심지어 어떤 젊은이들은 목회자가 되려고 자원하기도 했다.[20]

빌리 그래함이 "모든 미국인들이 대통령의 결정을 동의하지 않을 수 있습니다.[21] 그러나 그는 우리의 대통령입니다"라고 대통령의 고뇌에 찬 결단에 대해 언급했다. 헌금바구니가 돌았을 때 닉슨은 돈이 없었다. 빌리 그래함은 보이지 않게 닉슨에게 지폐를 건네줬다. 4개월 후, 닉슨이 그 돈을 갚으면서 편지를 썼다. "여러 대통령들이 당신에게서 영적인 양식을 기대했습니다.[22] 그런데 내가 처음으로 당신에게서 돈을 빌린 최초의 대통령인 듯합니다. 내가 돈이 문제가 될 때 그때처럼 멋지게 해결되기를 소망합니다."

빌리 그래함은 자신을 선하고 신실한 하나님의 종으로 여겨왔다. 그러나 그날 정치적 감각이 발달한 사람들이 끼어 있었다. 그중에 하나가 닉슨의 측근인 윌리엄 브록이었는데, 그는 테네시주에서 반전론자인 민주당 상원의원인 앨 고어 시니어와 혈투를 벌이고 있던 도전자였다.[23] 그러나 빌리 그래함은 그날의 집회가 정치적 성격을 띠었다는 일부의 주장을 거부했다. 그는 대통령은 더는 정치인이 아니라는 확신을 갖고 있었다. "이 집회는 대통령 선거운동이 아닙니다.[24] 그는 우리 모두의 대통령입니다." 그는 강하게 주장했다. 그날 고어 상원의원은 초청되지 않았고[25] 묘하게도 선거에서 패배했

---

19) Martin, *PWH*, 369.
20) Pollock, *Evangelist to the World*, 109.
21) "The Preaching and the Power," *Newsweek*, July 20, 1970.
22) JAIA. 460.
23) "Nixon Emphasizes Youth Can Effect Peaceful Change," *New York Times*, May 29, 1970.
24) Streiker and Strober, *Religion and the New Majority*, 72.
25) "Nixon Emphasizes Youth Can Effect Peaceful Change," *New York Times*, May 29, 1970.

다. 수십 년이 흘러 그의 아들 앨 고어 주니어(Al Gore Jr.)가 부통령이 되었을 때 빌리 그래함은 그에게 그때의 일 모두에 대해 미안하다고 사과했다.[26]

집회가 끝난 후 빌리 그래함은 닉슨과 함께 검은색 방탄용 리무진을 타고 대통령 전용기가 있는 공항으로 갔다. 닉슨은 빌리 그래함 목사를 호텔로 모셔다 드리라고 명령을 내리고 그곳을 떠났다. 빌리 그래함의 부인 룻은 빌리 그래함과 닉슨이 오토바이 경호대의 경호를 받으며 차를 타고 간 것은 "어리석은 일이었다"라고 회상했다. 그녀는 감정이 복잡했는데 특별히 대통령이 영적인 메시지를 주지 못했다는 이유가 컸다. "저는 대통령들이 청중의 한 사람으로서 앉아 있는 것과 그들이 강단에서 메시지를 전하는 것은 다르다고 생각합니다."[27] 그녀는 전기 작가인 패트리키아 콘웰(Patricia Cornwell)에게 그렇게 말했다. 빌리 그래함도 후에 "닉슨의 연설은 내가 원했던 것처럼 그리스도를 위한 증언과는 거리가 있었습니다.[28] 그러나 그가 극도로 피곤했다는 사실을 이해합니다"라고 인정했다.

또한 닉슨의 참모들도 만족하지 못했다. 그곳에 참석했던 키신저는 빌리 그래함을 방문한 자리에서 그날 대통령의 기분이 최고였다고 말했다.[29] "대통령에게는 최고의 포럼이었습니다."[30] 당시 닉슨의 특별고문이었던 해리 덴트는 "빌리는 참으로 굉장한 사람입니다. 수많은 의원들이 빌리 그래함의 강력한 영향력 때문에 그와 사귀고 싶어 했습니다"라고 말했다.

영광스런 미국의 날

빌리 그래함의 다음 단계는 지금보다 훨씬 더 야망이 넘치는 것이었다.

---

26) Al Gore Jr., interview, July 24, 2006.
27) Corwell, *A Time for Remembering*, 201.
28) *JAIA.*, 459
29) Martin, *PWH*, 370.
30) "The Preaching and the Power," *Newsweek*, July 20, 1970.

즉 다른 형태의 부흥운동이었다. 이것은 혁명이 아닌 개혁을 지지하는 사람들을 위해 디자인한 희망과 축제의 부흥을 의미했다. 빌리 그래함과 닉슨은 왼쪽의 반전 세력과 오른쪽의 애국주의자와의 싸움에서 온건한 중도적 목소리가 들리지 않는다고 생각했다. "우리는 모두 교육제도와 사회정의에 변화가 필요하다는 것을 알고 있습니다. 현대 미국에서 게토(ghetto:미국에서, 흑인 또는 소수 민족이 사는 빈민가-역주)가 있어서는 안 됩니다." 빌리 그래함은 주장했다. 그러나 변화는 제도권 내의 활동을 통해서 와야만 했다. 그렇지 않으면 미국은 무정부 상태의 위험에 빠지거나 그 이상일 수 있었다. "우리가 만약 현 제도를 파괴하면 좌익 쪽에서든, 우익 쪽에서든 반드시 독재자가 일어날 것입니다."[31] 빌리 그래함이 말했다.

성조기 자체가 논쟁의 대상이었다. 즉, 그것을 걸 것인가 아니면 불태울 것인가 또는 그것으로 바지를 꿰매는 데 쓸 것인가? 만약 마을이 불타면 시위자들을 자극할 것이지만 국기가 불타면 침묵하는 다수를 자극할 것이다. 빌리 그래함은 극우세력(far right)으로부터 "애국심"이란 용어를 차용했다. 왜냐하면 애국심보다 나라를 사랑하는 마음을 더 잘 표현하는 용어가 없기 때문이었다. 빌리 그래함은 "전쟁을 반대하는 사람들보다 더 국기를 사랑하는 사람은 없습니다"[32]라고 「뉴욕타임즈」와의 인터뷰에서 말했다.

빌리 그래함과 「리더스다이제스트」의 사장인 호바트 레위스(Hobart Lewis)의 대화가 영광스런 미국의 날을 기안하였고 디즈니가 건국절(National Birthday) 파티의 형태로 워싱턴 몰(Mall)에서 축제화했다. 빌리 그래함이 아침예배를 인도하였고 밥 호프가 저녁 축하 행사를 진행했다. 빌리 그래함은 호프에게 "전쟁의 냄새는 절대로 풍기지 마시오. 이것은 전쟁을 지지하는 것도 반대하는 것도 아닙니다"[33]라고 했다. 이날은 분노를 격리시키는 날이 되어야했다. 단지 백인들과 그리고 복음적 개신교만

---

31) Frost, *Personal Thoughts*, 130.
32) Graham Deplores Distortion of Patriotism," *New York Times*, June 24, 1970.
33) Ibid.

의 축제가 아니었다. 주교 풀톤 신(Fulton Sheen), 랍비 막 태넨바움(Marc Tanenbaum) 그리고 저명한 흑인 목사인 로스앤젤레스 시온산 침례교회의 E. V. 힐(E. V. Hill)등이 참여했다. 빌리 그래함은 "무신론자와 불가지론자만이 예배에 초청되지 않았습니다. 그 이유는 그들은 하나님을 믿지 않기 때문입니다"라고 말했다. 존슨과 트루만이 공동 후원자였으며 민주·공화 양당 지도부의 자리도 배치되었다. 만약 이번 이벤트가 초당적이 되지 않으면 그만 둘 것이라고 빌리 그래함은 말했다.

이 모든 것을 닉슨의 친구(빌리 그래함)에 의해서, 전쟁을 호도하기 위하여 백악관과 함께 만들어졌다고 비난하는 사람들에게 빌리 그래함은 "이것은 정치적 이벤트가 아닙니다. 노래를 부르며 국기를 힘차게 흔듭시다.[34] 미국이 갖고 있는 가치를 즐깁시다. 미국이 약점도 많이 있는 것을 모두가 압니다. 그러나 좋은 것이 더 많습니다. 좋은 것을 개에게 던지지 맙시다. 미국의 건국절을 축하합시다"라고 주장했다.

샤핀은 할드만에게 이 행사를 보고하기 위해 열심히 스케치했다.[35] 샤핀은 "모든 것이 훌륭합니다. 그러나 좀 더 전문적인 언론홍보가 필요합니다. 그리고 좀 더 생생하고 강력하게 진행되어야 합니다. 가장 중요한 것은 인원 동원입니다. 무엇보다도 프로그램 개발진이 필요합니다."라고 말했다. 빌리 그래함 측 행사 진행감독인 월터 스미스(Walter Smyth)는 워싱턴에 상주하여 그들의 자랑거리인 회원 주소록을 활용하여 전 회원들에게 참석 요청 편지를 발송했다. 그리고 동부 연안의 모든 교회들과 접촉하여 참여를 요청했다. 빌리 그래함은 자신의 방송 프로그램인 '결단의 시간'을 활용했으며 특별히 흑인교회들이 참여해 줄 것을 요청했다.

7월 3일 저녁, 빌리 그래함은 몇 주 전 닉슨이 그랬던 것처럼, 거리로 나가 워싱턴 기념비 주변에 천막을 치고 있던 수백 명의 젊은이들을 방문했다.[36]

---

34) "Gather in Praise of America," *Time*, July 13, 1970.
35) Chapin, memo to HRH, June 9, 1970.
36) "The Preaching and the Power," *Newsweek*, July 20, 1970.

그들은 빌리 그래함에게 술잔을 건넸으나 빌리 그래함은 사양했다. 그들이 평화의 사인을 보내자 빌리 그래함은 집게손가락을 들어올렸다. 그것은 유일한 길이신 그리스도를 상징하는 것이었다.

7월 4일 아침이 밝았다. 온도는 화씨 90도(섭씨 32.2도 - 역주)나 되는 뜨거운 날씨였다. 수천 명의 사람들이 바구니, 국기, 담요 그리고 성경을 들고 몰려오기 시작했다. 「타임」은 "인파가 링컨 기념관 앞에 모였다.[37] 그들의 나라는 우리의 나라이기도 하다. 그리고 이 나라가 잘못한 것보다는 잘한 것이 더 많다는 것을 증언하기 위해 시위자들을 향해 걸어갔다"라고 보도했다.

예배 참석자는 행사 기획자들이 생각한 것 보다 많지 않았다. - 약 15,000명 정도였다 - 그러나 방송사들은 이 행사를 저마다 정규 프로그램으로 편성했다. 팻 분(Pat Boone)이 미국국가를 불렀고 아폴로 우주비행사인 프랭크 보르만(Frank Borman)이 기도를 했다. 캐이트 스미스(Kate Smith)는 "미국에 하나님의 축복이"(God Bless America), 조니 캐쉬(Johnny Cash)는 "진정한 평화, 예수"를 노래했다. 그리고 빌리 그래함이 너무 늦기 전에 함께 가자고 국민에게 호소했다.

마틴 루터 킹이 "나는 꿈이 있어요"라는 연설을 한지 7년이 지났지만 빌리 그래함은 자신의 연설제목도 그렇게 정했다. 또는 "아직 끝나지 않은 꿈"이라고도 불렀다. 그의 비전은 킹처럼 정의가 아니고 분열된 국민을 단합시키려는 것이었다. 빌리 그래함은 "우리는 듣고 지켜보았습니다. 좌든 우든 지극히 적은 극단주의자들은 법을 무력화하고, 국가를 모독하고, 교육제도를 붕괴하고, 종교적 유산을 조롱하고, 우리의 도시들을 위협하고, 불태우는 것을 말입니다. 미국을 사랑하는 다수의 국민이 - 백인이든 흑인이든, 매파이든 비둘기파이든, 부모이든 학생이든, 공화당이든 민주당이든 불문하고 - 폭력을 미워하는 사람들은 산처럼 일어서서 이 모든 행위에 대

---

37) "Gather in Praise of America," *Time*, July 13, 1970.

해 경종을 울려야 합니다… 오늘 저는 모든 미국인들이 일어서서 더 늦기 전에 이 대립을 중단해야 한다고 호소합니다"라고 말했다. 영광의 미국을 위하여 그는 군중에게 호소했다. 그리고 처칠의 울부짖음을 인용했다. "여러분이 그렇게 하신다면 결코 패하지 않습니다. 결코! 결코! 결코! 결코!"

멤피스에서 온 하젤 개이(Hazel Gay)는 이른 아침부터 기다리고 있었다. 그녀는 "우리는 빌리 그래함의 말씀을 듣기 위해 일찍 도착했습니다. 내 몸이 부서지는 줄 알았습니다. 저는 승리감으로 충만했습니다. 마치 2차 세계대전이 끝났을 때 가졌던 그 승리감 말입니다. 기억하십니까? 저는 영적으로 고양되는 기분이었습니다. 사람들이 대형 성조기를 높이 쳐들 때의 환희는 표현할 수 없었습니다"라고 말했다. 잭 베니(Jack Benny), 레드 스켈톤(Red Skelton), 디나 쇼어(Dinah Shore) 등 모두가 그날 밤 밥 호프가 진행하는 저녁 축하행사에 참여했다. 허버트 험프리도, 상원의원 조지 맥거번도 35만 명의 참가자와 함께했다.

이것은 평화로운 행사로 이전의 모든 것과 비교되었다. 사람들이 정치와 정책에 대해서 이야기할 때 반론과 의심이 줄어들고 부드러워졌다. 닉슨을 지지하는 사람들도 사실은 닉슨을 좋아했기 때문이 아니라 그가 대통령이기 때문이라고 인정했다. 행사는 사람들로 하여금 공통적인 것을 발견하도록 기획되었다.

그러나 대립을 완전히 피하진 못했다. 일부 시위자들은 백악관 뒤 광장에 베트콩 국기를 세울 수 있도록 해달라고 요구했다. 일부 시위자들은 여전히 경찰에게 돌을 던졌고 경찰은 최루가스를 발포했다. 시위자들은 "하나님, 총으로 자유를 지키려는 자를 벌하소서"[38], "반역자, 쓰레기, 쓸모없는 정치인들이 살아남는 미국" 같은 현수막을 부착했다. 메노나이트의 한 종파는 국가와 교회를 쌍둥이처럼 여기는 빌리 그래함을 정면 반박하는 전단을 나누어주었다. 내용은 이랬다. "결단의 시간, 하나님인가 아니면 국

---

38) Ibid.

가인가?"

　모든 신문들의 첫 면은 워싱턴 기념비 앞에서 일어난 변화에 대해 소개했다. 머리기사는 "링컨 기념관 계단 앞에서 연설한 빌리 그래함, 열렬한 환호를 받다"라고 썼다. 국가의 단결을 호소하고 애국심을 강조한 탁월한 전도자로서 그의 명성과 지위는 절정에 올랐다. 빌리 그래함을 의심의 눈초리로 쳐다보던 일부의 사람들도 그날 예수께서 빌리 그래함을 전령으로 사용하여 그와 같은 포용의 장면을 만들어 주신 것이 아닌가라는 인상을 받았다.

　대통령은 그 자리에 나타나지 않았다. 다만 축하의 전보를 보냈다. 사실 그는 나타날 필요가 없었다. 오히려 그것이 훨씬 더 효과적이었다. 이번 이벤트가 호텔왕 J. 윌라드 메리옷(J. Willard Marriott)이 후원을 했다는 세간의 의심이 있었다. 그는 닉슨의 취임식 진행경비도 후원을 했을 뿐 아니라 닉슨의 동생 도날드를 호텔 부회장으로 영입했던 인물이었다. 빌리 그래함은 이 공적인 행사를 통해 미국의 정부와 모든 기관에 신앙회복 운동을 일으키려고 노력했다. 닉슨과 그의 참모들도 빌리 그래함의 계획에 참여했지만 정확히 3년 후 정반대의 결과를 손에 쥐어야했다. 만약 민주주의 나라에서 그런 행위를 받아들인다면 아마 이교도의 행위와 같은 것이 될지도 모른다.

　1970년 초여름 백악관에 의해서, 국내의 정치적 반대자로 고민하는 닉슨을 위하여 모종의 음모가 진행되고 있었다. 대통령의 안전을 방해하는 법률은 무엇이든지 효과적으로 중단시키려고 하는 이 조치는 "휴스턴 계획"[39]이라고 명명했다. 이 계획은 비밀 경찰조직을 통해서 도청, 편지 열람, 가택수색을 허락하는 내용을 담고 있었으며 심지어 급진 반전 운동가들을 구금하기 위한 특별조직도 논의되었다. 이 계획의 책임자는 29살의 톰 휴

---

39) White, Breach of Faith, 138, and Church Committee Report 1976: Supplementary detailed staff reports on intelligence activities and the rights of Americans, April 23, 1976.

스턴(Tom Huston)이었다.

닉슨은 휴스턴 계획을 6월 중순에 승인한 직후 곧 바로 중단시켰다. 에드가 후버의 반대를 받아들여 많은 사람들이 계획에 대해 알기 전이었다.

인간성 증언

물론 빌리 그래함은 이 사실을 알지 못했다. 그가 알고 있는 것은 친구 닉슨과 어려운 일을 맡아서 하는 닉슨 주변의 좋은 사람들을 돕기 위해서 스스로 노력했다는 것뿐이었다. 빌리 그래함은 닉슨이 자신에게 감사를 표한 것을 수십 번도 더 말했다. 빌리 그래함은 프랑스에서 골프를 칠 때의 일을 말한 적이 있었다. 거기서 빌리 그래함은 골프세트 일체를 빌렸다. "다른 때 보다 훨씬 게임이 잘 풀렸습니다. 그래서 그 골프세트를 사고 싶었죠. 그러나 그들이 팔지 않았습니다. 귀국한 후 어느 날 캘리포니아에서 닉슨 대통령과 골프 시합을 했습니다. 저는 그에게 그때 일을 가볍게 말하고 그 후론 말한 적이 없습니다. 그런데 그 골프세트를 크리스마스 선물로 받게 되었지요. 대통령이 사람을 보내 그것을 가지고 온 것입니다. 닉슨은 친절하고 공손하며 사려가 깊었습니다. 저는 그가 나를 이용한다고 전혀 생각지 않았습니다. - 정말로"[40]

당시 빌리 그래함은 닉슨의 이미지를 유권자들에게 친숙하게 만드는 것을 자신의 특별한 사명으로 여기는 듯이 보였다. 빌리 그래함은 대중의 호감을 쉽게 얻을 수 있었고 대중들의 숭배에 가까운 찬사를 충분히 경험했으며 그것이 전혀 해롭지 않다는 것을 알고 있었다. 1971년 신년 새해에 장미축제 퍼레이드의 총의전관을 맡은 빌리 그래함은 아침 일찍 백악관으로 전화를 걸었다. "빌리 그래함이 이 전화를 지금 꼭 받으시라고 합니다"[41]

---

40) Cornwell, *A Time for Remembering*, 199.
41) Memo to RN signed "A", January 1, 1971, NPM.

라는 메모가 대통령에게 전달되었고 "그들은 주어진 기회를 활용하여 종일 국민에게 친숙한 이미지를 보여줄 수 있었다."

그러나 빌리 그래함의 시각은 종종 논리를 벗어나고 신앙을 혼돈케 하기도 했다. 1971년 봄, 미국은 마이래이(My Lai)에서 일어난 사건 - 늙은 부부와 자녀들을 잔인하게 죽인 윌리암 캘리의 사건 - 이후 도덕적인 문제와 씨름을 하고 있었다. 빌리 그래함은 「뉴욕타임즈」의 금요일판 특집 기사에 "우리 한 사람 한 사람이 자신을 돌아볼 수 있는 선한 기회가 되어야 합니다. 우리도 역시 자신이 속한 마이래이가 있습니다.[42] 총은 가지지 않았지만 우리도 역시 악한 말로, 교만한 행위로 또는 이기적인 처신으로 다른 사람들을 해치고 있습니다… 죄 없는 사람이 그에게 먼저 돌을 던져야 할 것입니다"라고 썼다. 그는 마치 닉슨의 잘못이 드러나기라도 한 것처럼 계속해서 죄 없는 자가 돌을 던져야 할 것이라고 주장했다. 빌리 그래함의 도덕적 판단은 자의적이며 자비의 강조는 지나치게 정치적 편의주의라는 비판을 감수해야 했다.

대통령을 위한 그의 증언이 전 세계로 확대되었다. 1968년 자신의 밀사로 존슨과의 거래를 완벽하게 처리한 빌리 그래함의 능력을 본 닉슨은 빌리 그래함을 비정규 외교관으로 활용했다. 닉슨의 정책이나 정치적 동기들이 의심을 받을 때마다 빌리 그래함은 강력한 방부제 역할을 했다.

닉슨이 중국에 대한 정책의 역사적인 전환을 천명하고 베이징을 방문하였을 때 대만의 장개석 총통은 강력한 동맹국인 미국이 대만을 포기할까봐 두려워했다. 1971년 11월 장개석과 그의 부인은 시국을 논의하기 위해 빌리 그래함을 타이완으로 초청했다. 할드만이 "그들은 빌리 그래함에게 자신들은 매우 곤혹스러우며 빌리 그래함만이 우리의 이야기를 들어줄 수 있는 유일한 사람이라고 말했습니다"[43]라고 키신저에게 보고했다. 닉슨은 12월 초 중국 방문 계획에 사인을 하였고 키신저는 브리핑을 했다. 빌리

---

42) "Billy Graham: On Cally," *New York Times*, April 9, 1971.
43) HRH, memo to HK, november 11, 1971 (Box 197), NPM.

그래함이 대만에서 할 말과 하지 말아야 할 말은 분명해졌다.

키신저는 자신 있는 어조로 닉슨이 장개석에 애정을 갖고 있으며 대만의 안정을 바라며 안보를 지속적으로 보장할 것 등을 강조했다.[44] 키신저는 세부적인 군사지원 문제는 거론하지 말 것을 빌리 그래함에게 부탁하며 "북경과 워싱턴 사이에 깊고도 근본적인 차이점이 있다는 사실을 우리는 정확하게 인식하고 있습니다. 이번 방문은 천진난만하게 진행되지 않을 것입니다"라고 말했다. 뿐만 아니라 키신저는 어떠한 선제 조건도 그리고 비밀 거래도 없을 것이라고 부연했다. "우리는 우방들을 희생시키거나 적들과 관계를 개선하기 위해 우리의 맹약을 파기하지도 않을 것입니다." 다른 한편 닉슨은 빌리 그래함을 인디라 간디, 골다 메이어 그리고 다른 세계 지도자들에게 보내 그들의 의견을 청취하게 했다.

빌리 그래함은 대통령이 하는 모든 일이 천사들에 의한 인도라고 여기며 일방적인 축복을 했고 닉슨은 - 그는 천사 같은 사람은 아니지만 - 그가 할 수 있는 다양한 방법으로 빌리 그래함에게 호의를 베풀었다. 알렉산더 버터필드(Alexander Butterfield)는 허브 클라인에게 "대통령께서「워싱턴포스트」의 어떤 기자가 빌리 그래함에게 그처럼 악독한 비판과 무차별적 공격을 해댔는지 알고 싶어합니다… 혹 알고 계시는 것이 있으면 알려주시기 바랍니다"[45]라는 메모를 건넸다. 그 기자는 빌리 그래함을 "미국의 왕실 설교자"(America's court preacher)라고 불렀다. "빌리 그래함을 보면 혹 하나님과 시저가 연합하고 있는 것처럼 보인다. 빌리 그래함과 대통령은 서로의 손을 씻어주는 것만큼이나 서로에게 호감을 갖는다." 클라인은 이 문제를 조사하고 "그 기자의 비판내용은 이미 확보했습니다. 다음 주「워싱턴포스트」의 편집국장을 만나 처리할 것입니다"[46]라고 보고했다.

존 코넬리(John Connally)는 빌리 그래함이 국세청으로부터 조사를 받

---

44) HK to HRH, November 19, 1971, NPM.
45) Butterfield to Klein, July 15, 1969 (Box 1), NPM.
46) Klein to RN, July 18, 1969, NPM.

고 있다고 닉슨에게 보고했다. 닉슨의 얼굴은 검은빛이 되었다. 그는 왜 국세청이 자기의 적이 아니라 친구의 뒤를 쫓고 있는지 알고 싶어했다. 특별히 닉슨은 빌리 그래함에 관한 뉴스를 듣고 왜 국세청은 민주당 대기부자들은 추적하지 않느냐고 격노했다.

닉슨은 법무장관 존 미첼(John Mitchell)을 불렀다. 닉슨은 "빌리 그래함에 대해 말해보시오."[47] 그리고 민주당 대 기부자들인 유대인들은 조사를 하고 있습니까? 아닙니까?"[48]라고 물었다. "지금 국세청은 유대인들로 가득 차 있습니다." 그것이 그들이 빌리 그래함을 추적하는 이유였다. 할드만은 닉슨에게 유대인들을 표적으로 삼고, 특별히 민주당 대 기부자들을 조사하려면 반유대주의자들을 찾아내야 한다고 제안했다. "지금 우리가 해야 할 일은 빌리 그래함을 싫어하는 유대인 광신도만큼이나 그들을 싫어하는 광신도를 얻는 일입니다."

"개자식 같은 그놈들을 조사해" 닉슨이 명령했다.

어떤 면에서 닉슨은 빌리 그래함이 막강한 특권을 가진, 사실상 자신의 정부의 일원이 되었다는 사실을 전혀 이해하지 못했다. 닉슨이 우익 쪽에서 공격을 받았을 때, 할드만은 해결사로서 빌리 그래함을 기용할 것을 건의했었다. 또한 "대통령을 위한 보수주의위원회"[49]를 만들어 빌리 그래함을 위원장으로 해야 한다고 제안했다. 할드만의 계획에 따르면 이 위원회에 「리더스 다이제스트」의 레위스, 「네셔널 리뷰」(National Review)의 편집인인 제프 하트(Jeff Hart), 클레어 부스 루스(Clare Boothe Luce) 그리고 빌리 그래함 등을 위원으로 참여시켜 보수적인 관점으로 대통령을 보좌하며 보수적 언론의 공격을 받을 시엔 균형 있는 대응논리로 행동하기 위한 것이었다.

---

47) Oval Office meeting, RN and HRH, September 13, 1971, transcript in Stanley I. Kutler, *Abuse of Power: The New Nixon Tapes* (New York: Touchstone, 1997), 31-32.
48) Oval Office meeting, RN, HRH, and Colson, September 14, 1971, transcript in Kutler, *Abuse of Power*.
49) Action paper, August 2, 1971, NPM.

그러나 빌리 그래함은 어떠한 공직도 맡지 않았다. 사실 빌리 그래함 자신은 영적인 임무외에는 다른 어떤 역할에도 마음을 열지 않았다고 생각했다. "닉슨이 당선된 후 자기에게 와달라고 부탁했습니다. 그는 '빌리, 무슨 일을 하길 원해요.[50] 당신이 원하기만 한다면 어떤 자리라도 임명할 생각이오'라고 말했습니다. 저는 말했습니다. '대통령 각하, 저는 아무것도 원하지 않습니다.' 그가 물었습니다. '정말 아무것도 안하겠다는 뜻입니까.' 저는 잠시 말을 멈추었습니다. 그리고 바로 말했습니다. '하나님은 저를 설교자로 임명했습니다. 저는 그것 이외에는 어떤 것도 안할 것입니다.' 그것이 제가 말한 모든 것이었습니다." 설교자의 역할 그것이 빌리 그래함이 자신의 소명으로 믿었던 것이었다. 그러나 1972년 닉슨의 두 번째 임기를 위한 빌리 그래함의 선거운동은 많은 것을 변화시켰다.

---

50) BG, interview, January 17, 2006.

THE PREACHER AND THE PRESIDENTS

제20장

1972년 - 진흙탕 선거

저는 이해할 수 없습니다.[1] 더더욱 기억할 수도 없습니다… 저는 그런 식으로 생각하며 살지 않았습니다. 저는 단지 닉슨이 말한 것을 동의하려고 했을 뿐입니다. 저는 모르는 일입니다.

- 유대인들에 관한 대화가 있었던 대통령과의 만남에 대해

1972년 선거에서, 빌리 그래함이 비공식적이지만 없어서는 안 될 닉슨의 핵심 조언자가 된 순간이 언제부터인지 정확히 말하기는 불가능하다. 1971년 어느 여름 밤, 빌리 그래함은 대통령의 전용 요트인 세쿠오이아(Sequoia)에서 열린 대통령의 최측근만 참여하는 저녁만찬에 합류했다. 거기에는 키신저, 법무장관 존 미셸, 할드만, 얼리크만이 참석했다. 다음날 「워싱턴포스트」는 "만찬은 아마도 정치적 의미를 띄고 있었을 것이다"[2]라고 보고했다.

---
1) BG, interview, January 23, 2007.
2) "President, 7 Guests Take Cruise," *Washington Post*, August 11, 1971.

할드만의 기억에 따르면 닉슨은 매우 여유 있는 기분으로 사회문제를 한 번 더 질타하면서 퇴폐적 리더십에 관한 자신의 이론을 펼쳤다.[3] 닉슨은 미국의 진짜 문제 집단은 젊은이나 히피들이 아니고 지도자, 성직자(빌리 그래함과 그의 계열은 빼고), 교수, 학자와 사업가들이라고 주장했다. "닉슨은 그들이 너무 유약하기 때문에 문제가 발생한다고 생각했습니다."

빌리 그래함은 닉슨의 전제에 동의하며 한 걸음 더 나아갔다. 미국이 필요로 하는 것은 대통령의 강력한 리더십이며 케네디가 제안했던 것 같이 국민을 향해 희생과 의무를 요청해야 한다고 말했다. 빌리 그래함은 나아가 모든 일의 영적인 측면과 국민 사이에 증가하는 영성에 대한 관심을 대통령이 인식하는 것이 중요하며 그럴 때 매우 효과적인 대응책을 가질 수 있다고 했다. 빌리 그래함은 또한 내년에 대통령이 재선되는 것은 절대적 당위가 되어야 하며 그렇지 않으면 복음운동도, 국가도 희망을 가질 수 없다는 자신의 신념을 피력했다.[4]

만약 빌리 그래함이 복음전도운동의 미래와 미국의 운명이 닉슨의 재선에 달렸다고 진실로 믿었다면 - 이것은 민주당 후보자가 정해지기 전의 일이었다 - 그것은 앞으로 일어날 일이 무엇인가를 보여주는 단초였다. 왜냐하면 1972년 선거 이야기는 빌리 그래함이 당파의 물결에 깊이 빠져 들어간 이야기이기 때문이다. 그것은 빌리 그래함이 정치적인 일을 많이 했다는 의미가 아니라 그가 행한 많은 일들이 그의 확고했던 원칙을 벗어나는 일이었다는 뜻이다. 시간이 흘러 빌리 그래함의 전기 작가인 윌리엄 마틴(William Martin)은 닉슨이 영적 친구인 빌리 그래함을 어떻게 활용했는가를 보여 주는 당시의 수많은 증거, 즉 수많은 만남과 기록물들을 가지고 물었을 때 빌리 그래함은 "도살장으로 끌려가는 양 같은 느낌이었습니다"[5]라고 대답했다.

---

3) Haldeman, *Diaries*, August 10, 1971, 338.
4) Martin, *PWH*, 392.
5) Ibid., 399.

물론 빌리 그래함은 닉슨과 백악관에 의해서 종이나 양 같은 취급을 받지 않았다. 어찌 보면 왕 같은 대우를 받았다. 그가 전화를 걸면 반드시 응답이 있었고, 능력은 최고로 인정되었으며 그가 받은 대우와 존경은 파격적이었다. 요트에서 있었던 파티가 끝난 다음날 할드만은 부하 직원에게 화를 냈다. 그는 파티에서 돌아오는 길에 자신의 차가 빌리 그래함의 차보다 앞서 있었던 것을 "신중치 못한 처신"이라며 한탄했다. 할드만은 귀빈의 차가 반드시 앞서 가게 했다고 회고했다.[6]

선거가 다가오자 빌리 그래함은 백악관의 계획, 특별히 할드만이 강력하게 끌어당기는 쪽으로 깊숙이 빠져들었다. 빌리 그래함은 닉슨이 선거에 도움을 요청할 때, 자신의 반응을 "그럼요, 다른 사람들도 선거에 돕도록 하겠습니다. 대통령은 그저 좋은 대통령이 되시면 됩니다. 그런데 저 같은 사람의 조언이 도움을 줄지 모르겠습니다"[7]라고 말했다.

할드만은 크리스천사이언스(Christian Science)의 추종자로서 술과 담배를 하지 않았고 다른 사람의 그런 행위도 인정하지 않았다. 그는 막강한 권력을 휘둘렀는데 그것은 대통령에게 가는 길목을 지키고 있었기 때문이다.[8] 닉슨이 소수의 큰 이슈에 집중할 수 있도록 사소한 일은 그 자신이 통제했다. 할드만은 "딕은 어느 조직이나 소수의 충견이 있어야 한다고 말했습니다. 제가 당신의 충견입니다"[9]라고 말하곤 했다.

할드만의 기록과 일기들을 보면 백악관의 정치에 빌리 그래함을 끌어들인 것은 바로 그였다. 후에 언젠가 빌리 그래함은 할드만과 얼리크만은 크리스천사이언스 회원들로 죄와 인간의 타락의 실재성을 믿지 않는 사람들이라고 말한 적이 있었다. "후에 책으로 출판된 할드만의 일기를 보니 제가 한 말에 대해 부정적으로 평가하고, 또 어떤 것은 제가 말하지 않은 것도 제가 말한 것으로 기술한 것을 보면 아마도 그의 이러한 신앙이 원인이

---

6) HRH to Vern Coffey, August 11, 1971 (HRH box 197), NPM.
7) Pollock, *Evangelist to the World*, 175.
8) White, *Breach of Faith*, 108.
9) White, *MOP 1968*, 132.

아닌가 생각합니다."[10] 도청테이프 사건이 숨길 수 없게 되었을 때, 빌리 그래함은 행정부 내에 있는 수많은 관료들과 친구들이 자신과 은밀히 나누었던 대화들을 폭로하는 것을 지켜보는 비운을 겪어야했다.

선거가 일 년 앞으로 다가오자, 할드만은 "빌리 그래함은 내년에 적극 도우려고 하고 있다.[11] … 그가 최고의 능력을 발휘할 수 있는 영역을 지정해야겠다. 그는 종교영역에서, 특별히 젊은이들 사이에 문제가 터질 것이라고 생각하고 있다. 나는 아무도 모르게 그에게 만날 시간을 알려주었다"라는 기록을 남겼다.

그러나 닉슨이 빌리 그래함과의 관계를 단지 정치적 동지로만 원했다는 말은 아니다. 노스캐롤라이나의 대도시 샬롯의 상공회의소의 의장인 찰스 크러치필드(Charles Crutchfield)가 '빌리 그래함의 날'을 만들려고 하자 빌리 그래함은 거절했다. 그는 이미 충분히 명예로운 인물이었다. 빌리 그래함은 그의 높은 지명도로 인해 테러의 위협을 받기도 했다. 그래서 몬트릿의 집 주변으로 울타리를 설치해야만 했다. 그리고 이미 훈련된 세 마리의 개와 함께 경비원이 순찰을 돌고 있었다. 이러한 경계에도 불구하고 그가 홀로 머물던 어떤 주간에 다섯 번의 침입 시도가 있었다. 빌리 그래함은 닉슨에게 말했었다. 테러리스트나 급진파들이 자신을 납치하는 경우가 있더라도 "저를 구하기 위해 협상하지 마십시오. 제 목숨을 구하려고 애쓰지 마십시오."[12]

그 외에도 빌리 그래함은 자신의 명예를 기리기 위한 행사들이 대통령과 대립하는 반전론자들에게 불가피한 목표물이 되는 것을 우려했다. 이것은 맞아떨어졌고 백악관도 노리고 있는 것이었다. 즉, 그들이 그를 찬양하는 것만큼 적들이 핍박하는 빌리 그래함, 백악관은 그것을 즐기고 있었다. 닉슨은 빌리 그래함에게 전화를 걸어 자신과의 우정을 명예롭게 생각해

---

10) *JAIA*, 452.
11) Martin, *PWH*, 391.
12) "Round the Clock Guards Protecting Billy Graham," *Washington Post*, July 10, 1971.

달라며 '빌리 그래함의 날' 제정을 동의해 줄 것을 간청했고, 빌리 그래함은 정중히 "예스"라고 대답했다.

샬롯에서 대규모 파티가 열렸다. 1971년 10월 15일, 그날을 '빌리 그래함의 날'로 선포했다. 학교, 상점 그리고 공공기관들은 안식일처럼 문을 닫았다. 군중은 대통령의 순찰 오토바이의 행렬을 보기 위해 길거리로 나왔다. 닉슨과 빌리 그래함이 함께 탄 차의 플래시가 연신 빛을 발했다. 닉슨은 그에게 최고의 경의를 표했다. 빌리 그래함은 지금까지 자신에게 일어난 일 중 "가장 기쁜 일들" 중의 하나라고 말했다. "일개 설교자요 전도자인 저에게 과분한 일입니다."[13] 그러나 빌리 그래함은 이 행사를 선거철을 앞두고 있는 이때 정치적으로 해석할 수 있다는 데에 우려했다. 그러나 닉슨은 빌리 그래함을 안심시켰다. 즉, 백악관은 사람들에게 정치적인 용어를 쓴 푯말을 들고 나오지 말 것을 당부했으며 자신을 공항에서 영접하기를 원하는 공화당 정치인들을 물리쳤다고 말했다. "닉슨이 저에게 말했습니다. '아닙니다, 오늘은 당신의 날 일뿐입니다. 정치가 당신의 날을 망가뜨리지 못하게 할 것입니다.'"[14]

그러나 그런 경우에도, 정치적 잡음이 안 날 수가 없었다. 대통령과 함께 빌리 그래함의 날에 참석한 코넬리에 대해서 사람들은 그가 빌리 그래함과 친분 때문에 온 것이 아니라, 애그뉴 대신 부통령 후보가 되고 싶은 마음에 왔다고 생각했다. 이때쯤 빌리 그래함은 군중 사이에서 볼 수 있었던 현수막의 경고를 알아채기 시작했을 수도 있지 않았을까? 현수막에는 이렇게 쓰여 있었다. "예수와 시저는 친구가 아니었다."[15] 게다가 지역신문은 심지에 불을 붙였다. 「샬롯옵저버」(*Charlotte Observer*)의 사설은 "그들이 순수했는지는 모르지만 대통령과 상공회의소 간부들은 빌리 그래함 목사에게 박수를 보냄으로써 자신들의 위상을 부각하였다.[16] 빌리 그래함은 권력

---

13) "'All This for a Preacher,' Billy Says," *Charlotte News*, October 13, 1971.
14) "Billy Graham: The Man at Home," *Saturday Evening Post*, Spring 1972.
15) Frady, *Parable of American Righteousness*, 458.
16) Editorial, "An Evangelist Is Honored by a Nation's President," *Charlotte Observer*,

의 자리로 성큼 다가갔으며 그곳에 참석한 사람들은 그의 축복을 고대했다"라고 썼다.

행사가 열린 원형경기장엔 2,000여명의 군중이 모였고, 두 사람이 무대에 오를 때 군악대가 북과 나팔로 연주를 했다. 거기에 참석하지 못한 저명 인사들은 축하 전보를 보냈다. 밥 호프(Bob Hope), 프린스 레이니어(Prince Rainier), 로이 로저스(Roy Rogers), 아놀드 파머(Arnold Palmer), 제네럴 웨스트모랜드(General Westmoreland), 팻 분, 펄 베일리(Pearl Bailey), 로날드 레이건(Ronald Reagan)은 선물을 보냈다. 닉슨은 검소한 검은색의 퀘이커 복장을 하였고 빌리 그래함은 그날을 위해 특별히 준비한 푸른색의 화려한 체크무니 양복을 입었다. 따사로운 10월의 태양 아래서 빌리 그래함의 옷은 멋지게 보였다.[17] 빌리 그래함은 친구 닉슨을, 편의주의에 타협하는 것은 그의 성격에서 찾아볼 수 없을 정도로 도덕성이 으뜸인 사람이라고 칭찬했다. "제가 한번은 어떤 제안을 한 적이 있었습니다. 그때 대통령은 제 눈을 쳐다보며 말했습니다. '빌리, 그것은 도덕적으로 바르지 않습니다.'[18] 저는 그것을 깊이 생각해 보고 그가 옳다는 것을 알았습니다… 그 순간 제가 죄인이고 대통령이 설교자가 아닌가하는 착각을 했습니다."

빌리 그래함은 사회적 이슈에 대해 자신의 견해를 적극 밝혔다. 빈곤과의 전쟁에 대한 그의 견해는 1967년 이후로 많은 변화를 초래했다. 그리고 그 일로 인해 상처를 받기도 했다. 그는 "우리는 빈곤의 문제와 씨름을 했습니다.[19] 오늘의 삶에 취하여 우리가 가난했었다는 사실을 모르고 있습니다. 오늘 우리가 얼마나 가난했었는지를 상기하여주는 사회운동가, 교육자, 방송인들이 없습니다"라며 자신의 어린 시절을 이야기했다. 그는 "우리는 또한 쥐의 문제로 골치 아파하고 있습니다. 그러나 예전과 지금 달라진 것이 하나 있다면 정부에 전화를 걸어 쥐를 잡아달라고 말하지 않는다는 것

October 15, 1971.
17) Martin, *PWH*, 385.
18) "Nixon Sees Graham in Peacemaker Role," *Los Angeles Times*, October 15, 1971.
19) "Hometown Hornors for Billy Graham," *Washington Post*, October 16, 1971.

뿐입니다"라고 말했다.

　닉슨의 연설은 빌리 그래함에 대한 찬사로 가득 찼다. "빌리 그래함은 우리 시대의 위대한 지도자의 한 사람으로 미국과 전 세계에 지대한 공헌을 해왔습니다."[20] 그는 미국의 신앙을 회복시키는데 노력한 빌리 그래함에게 찬사를 보냈다. "나는 미국을 믿습니다.[21] 그것은 우리가 세계에서 가장 강한 나라이기 때문이 아닙니다. 또한 우리가 가장 부유한 국가이기 때문도 아닙니다. 그것은 이 나라의 심장부에, 미국 국민의 심장부에 여전히 강력한 신앙, 도덕심, 영적인 힘이 흐르고 있기 때문입니다. 이것이 미국 국민을 부자와 강한 민족으로 만들 뿐 아니라 어떠한 도전도 두려워하지 않는 신앙의 민족으로 만들기 때문입니다."

　한 기자가 빌리 그래함에게 대통령이 설교자 이상으로 말하고 있지 않느냐고 묻자 "그런 것 같군요, 저는 대통령 이상으로 말해야겠군요"[22]라고 대답했다.

　원형 경기장 안의 열기는 바깥의 분위기와는 대조를 이루고 있었다. 경기장 안으로 진입하려는 항의자들이 연방보안관에 의해 제지를 받았다. 시위자들이 깃발을 휘날리며 진행을 방해하려 한다는 정보를 이미 입수했기 때문이었다. 대법원 판사의 딸인 16살의 소녀가 남동생과 함께 입장이 거부되었고[23] 한 여성과 그녀의 4학년 아들은 시위대와 말을 주고받았다는 이유로 들어가지 못했다. 그녀가 "저는 그냥 평범한 아이들 엄마일 뿐입니다"[24]라고 기자들에게 말했다. 또한 퀘이커의 주일학교 학생들도 마찬가지였다. 심지어 노스캐롤라이나의 민주당 출신 현역 주지사인 로버트 스코

---

20) Frady, *Parable of American Righteousness*, 460.
21) Remarks at Ceremonies Honoring Billy Graham in Charlotte, North Carolina, October 15, 1971, American Presidency Project, UCSB.
22) *Washington Post*, October 16, 1971.
23) "Service Expected Trouble," *Charlotte Observer*, October 18, 1971.
24) "Three Groups of Protestors Fail to Mar Graham Tribute," *Charlotte News*, October 16, 1971.

트(Robert Scott)[25] 역시 비밀 경호원에게 당한 모욕에 대해 항의했다. 그의 차에 달린 주 깃발은 잠시 차에서 떼어놓아야 했고 공항에서는 대통령과 그의 일행들에게 인사를 나누는 것도 제지를 받았다. 14명의 사람은 공동 명의로 자신들이 받은 부당한 대우에 대해 소송을 제기했다. 후에 빌리 그래함이 그 일에 대하여 질문을 받았다. "비밀경호원들이 장발 때문에 누군가를 제지해야 했다면 저의 아들도 입장 못했을 것입니다. 제 아들도 장발이었기 때문이죠." 그 사건은 불행한 일이었지만 분명 계획적인 일은 아니었다고 빌리 그래함은 말했다. "어쨌든 그것 때문에 대통령을 비난해서는 안 됩니다."[26]

'빌리 그래함의 날'에 대한 전모가 드러난 것은 2년이 흘러 워터게이트 청문회가 열려 모든 오물이 벗겨질 때였다. 연방정부는 행사가 있기 수주일 전에 이미 정보원들을 샬롯에 파견하여 대학가를 정탐하고 급진단체들의 상황을 파악했다. 행사 전날 할드만은 정보책임자 로날드 워커(Ronald Walker)로부터 한 장의 메모를 받았다. 그는 데모의 가능성을 높게 보고 있었다. "그들은 폭력을 사용하려하고 있습니다. 그들은 욕설이 담긴 비방 전단과 현수막을 준비하고 있습니다. 그들의 목표는 대통령뿐 아니라 빌리 그래함이기도 합니다. 그들은 연기폭탄을 소지한 채 대통령의 도착부터 행사 도중에 이르기까지 모든 것을 방해하려고 돌진할 태세입니다." "욕설이 담긴 비방전단"[27]이라는 문장 옆에 할드만은 "좋았어"(good)라고 쓰고 다음에 "그들이 빌리 그래함도 목표로 하고 있다"라는 구절에 밑줄을 그었다. 그리고 그 옆에 "최고야"(great)라고 덧붙였다. 그는 이러한 상황은 대통령을 멋진 순교자로 만드는데 최고의 역할을 할 것이며 더 좋은 것은 그 옆에는 빌리 그래함이 같이 있는 것이라고 생각했다.

---

25) "Notes on People," *New York Times*, October 29, 1971.
26) "Evangelist Backs Amendment for Prayer in School," *Charlotte Observer*, November 5, 1971.
27) Ronald Walker, memo to HRH, reprinted in "Counterattack and Counterpoint," *Time*, August 13, 1973.

이 메모가 1973년 8월 워터게이트 청문회에서 공개되었을 때, 코네티컷 상원의원인 로웰 와이커는 "치욕스러운" 일이었다고 말했다. "도대체 정신상태가 어떻게 된 거야." 그는 욕설과 폭력이 언급되었을 때 왜 할드만이 "좋았어"[28]라고 썼는지 알고 싶어했다. "어떻게 그것을 좋다고 말할 수 있습니까?" 할드만은 이것이 시위자들의 본 모습, 즉 그들이 얼마나 계획적인가 그리고 폭력적인가를 보여줄 수 있는 기회가 된다는 의미였다고 설명했다.

그러나 닉슨은 1971년 가을에 '빌리 그래함의 날' 행사를 통해 자신이 원하던 것을 얻었다. 「시카고 데일리 뉴스」는 "만약 빌리 그래함 목사의 수백만 명의 지지자들이 그의 정치적 입장을 따라간다면 닉슨은 선거에서 노다지를 얻게 될 것이 틀림없지 않은가?"[29]라고 그에 관한 기사를 시작했다.

최악의 만남

3개월 후인 1972년 1월 31일, 할드만은 비서관 회의에서 다음날 빌리 그래함은 조찬 기도회를 인도할 것이며 곧 바로 닉슨을 만날 것이라고 말했다. "오늘 빌리 그래함을 다시 정치로 묶어 놔야 합니다. 우리 중 누군가가 말입니다. 그런 후 대통령을 만나게 해야 합니다."[30] 할드만의 말은 의미심장했다.

조찬 기도회에서 빌리 그래함은 복음서를 읽었다. 거기에는 의원, 판검사 그리고 외국의 귀빈을 포함해서 3,100명이 참석했다. 한편 닉슨은 곧 있을 중국 방문과 그로인한 위험과 평화의 가능성에 관하여 실무자들과 논의하고 있었다. 조찬 기도회가 끝난 후 빌리 그래함은 백악관으로 가서 닉

---

28) "Haldeman Memos Heat Up Hearings," *Los Angeles Times*, August 1, 1973.
29) "Honoring Billy Graham," Chicago Daily News Service, in *Charlotte News*, October 19, 1971.
30) HRH, handwritten notes, January 31, 1972 (HRH box 45), NPM.

슨과 집무실에서 오랜 시간을 보냈다.[31] 그 만남을 녹음한 테이프를 보면 많은 부분이 끊어져 있었고 그들이 말한 것을 확실히 알기 어려운 부분이 많았다. 그러나 거기에 할드만의 음모가 있었다. 그는 어떤 기준에 따라서 그랬는지 모르지만 빌리 그래함이 결코 말하지 않은 것을 편집해 넣었다.

할드만의 노트에 따르면 닉슨과 빌리 그래함은 앞으로 있을 빌리 그래함의 일정에 관하여 논의했다. 그리고 "올해 선거에서 닉슨을 압도적으로 지지할 수 있는 주(洲)들에 관해서도 이야기를 나누었다." 그들은 캘리포니아와 텍사스는 이미 빌리 그래함의 영향력이 미치고 있기 때문에 그 밖의 중요한 주인 펜실베니아, 오하이오, 일리노이즈 그리고 뉴욕에서 합동유세를 하기로 했다.

빌리 그래함은 정치와 외교에 대한 간추린 설명(briefings)을 정기적으로 받기로 하였으며 중국과 러시아 방문 이후 빌리 그래함이 초청하는 지도층 그룹을 위한 키신저의 간추린 설명을 계획해 놓았다. 지도층 인사란 빌리 그래함이 생각하기에 백악관의 브리핑을 직접 들을 필요가 있는 핵심 종교 지도자들을 의미했다. "정치적 전망에 대한 일반적 논의였지만 거기엔 큰 거래가 있었다.[32] 그리고 빌리 그래함은 자신이 할 수 있는 방법을 다해서 조력자가 되어야 함을 느꼈다."

그것 자체로는 최악은 아니었지만 빌리 그래함은 더는 중립 지대에 있을 수 없었다. 할드만은 "대통령과 그 사이에 중요한 논의가 하나 더 있었는데, 그것은 미디어를 유대인들이 완전히 장악하려고 시도하고 있다는 것과 그것이 가져올 무서운 결과에 대해서였다. 그리고 이 문제를 반드시 해결해야 한다고 약속했다"[33]라고 공식문서에는 포함하지 않은 또 다른 내용을 자신의 일기에 적어놓았다.

---

31) Conversation transcript, February 1, 1972, in John Prados, ed., *The White House Tapes* (New York: New Press, 2003), 238-255.
32) HRH, "Memorandum for the President's File, Re: Meeting with Dr. Billy Graham," March 9, 1972.
33) Haldeman, *Diaries*, February 1, 1972, 405.

실로 대통령 집무실에서 일어난 장시간의 대화가 닉슨과 빌리 그래함, 이 두 사람의 삶에 결정적인 순간을 좌우할 수 있었다. 이들 주위로 독이 퍼지고 있었다. 빌리 그래함은 이 독한 향기로 인해 길을 잃었다. 빌리 그래함은 「타임」의 논설위원들이 점심초대를 했다고 말한 적이 있다. 그때 할드만이 "논설위원들과 만날 때 유대인 모자를 쓰고 가는 것이 좋을 것입니다"라고 말했다. 빌리 그래함은 논설위원들 중에 이제는 안면이 있는 사람이 없다는 것을 생각하면서 "정말요"라고 말했다. 대부분의 언론을 유대인들이 "완전히 점령했다"는 사실로 인해 닉슨의 불만은 폭발했다. 그러나 빌리 그래함은 자신의 친구 중에 유대인들이 있으며 또 모든 유대인들이 다 나쁜 것이 아니라고 말하면서 그를 진정시켰다. 사실 이스라엘 유대인들은 좋은 사람들이라고 빌리 그래함이 말했다. 빌리 그래함이 유대인들을 구분한 것은 종교적이라기보다는 정치적인 측면이 강했다. 좌익계열의 미국 유대인, 특별히 젊은 유대인들이 문제라고 닉슨은 말했다. 그들은 미국이 직면한 위기는 외면하며 평화를 위해서라면 베트남에 어떤 대가를 치루더라도 괜찮다는 식이었다.

　"그들은 포르노물을 만들어 내는 인간들입니다." 빌리 그래함이 덧붙였다. 그러나 도청 테이프는 이 지점에서 한참 끊겨있었다. 다시 테이프가 돌아갈 때 빌리 그래함이 "어떻게 이 저질적 문화현상을 타파할 것인지와 국가의 노력이 얼마나 무기력했는지"에 대해 말하고 있었다.

　"정말입니까?" 닉슨이 물었다.

　"예, 대통령 각하" 빌리 그래함이 답했다.

　"친구여, 당신에게 지금까지 말하진 않았지만 나도 같은 생각입니다." 닉슨이 말했다.

　빌리 그래함이 "만약 대통령께서 재선하신다면 그때 우린 무엇인가 할 수 있을 것입니다"라고 말했다. 그리고 나아가 닉슨이 대통령으로 있는 동안 자신이 뉴스초점이 되지 않으려고 얼마나 신중을 기했는지에 대해서 말했다. 빌리 그래함은 "저는 뉴스가 될 수 있는 모든 것에 대해 침묵을 지켜야만 했습니다. 그것은 제가 정치에 관여하고 있는 것처럼 또는 당신의 정책을 비판하는 것처럼 보이는 것을 원치 않았기 때문입니다"라고 말했다. 빌리 그래함은 "아이젠하워가 대통령이던 시절, 미국의 인도 지원 방법에 대해 저는 반대했었습니다. 덜레스 국무장관이 저를 자신의 집으로 불러 여러 가지를 설명했을 때 저는 이것도 안 되고 저것도 안 되고 등 제 생각을 말했습니다… 그런데 그것이 뉴스에 실렸습니다. 그러나 지금은 대통령인 당신과 여러 이야기를 나누는데, 당신도 알다시피 그때처럼 일일이 제 입장을 말할 수가 없습니다"라고 전에 없이 자신의 말에 신중을 기해야만 했다.

닉슨은 권력의 균형과 미국이 가진, 여전히 항구적인 평화를 중재할 수 있는 충분한 능력에 대해 장시간 이야기했다. 심지어 닉슨은 "미래에 어떻게 천년왕국이 도래할 것이며… 그때 모든 사람이 정당하게 평화를 누릴 것이라고" 말했다. 그러나 지금이 공산주의를 정확히 아는 사람들이 백악관에 들어와서 평화를 만드는 방법을 찾아내야만 하는 중요한 시점이라는 것을 자기의 적들, 특별히 학자들이 모르고 있다고 말했다. 닉슨은 "나는 학자들 중에 90%가 무신론자이거나 그보다 더한 경우라고 생각합니다. 그들은 스스로 확신하지 못합니다. 그들은 미국을 신뢰하지 않습니다"라고 말했다.

"그렇습니다. 그들이 미국의 기초를 무너뜨리고 있습니다." 빌리 그래함이 말했다.

빌리 그래함은 자신은 닉슨보다 훨씬 더 보수적이라고 말했다. 그러나 빌리 그래함은 진보주의자들과 만남을 피하지 않았고, 자신의 생각을 주장하기보다 "조금씩 배우기"를 꾸준히 해왔다. 빌리 그래함은 "많은 유대인들이 저의 좋은 친구들입니다. 그들이 제 주변으로 몰려와 친구가 되었습니다. 그들은 제가 이스라엘에 우호적이라는 사실을 알게 되었죠. 유대인들은 제가 미국을 위해 일하는 그들에게 고마움을 느끼고 있다는 사실을 잘 모릅니다"라고 말했다.

닉슨은 "유대인들에게 당신의 그 마음을 알게 할 필요는 없습니다"라고 했다.

그 길고도 소름끼치는 만남에서 가장 최악의 부분을 꼭 집어내기란 쉽지 않다. 어쨌든 이것은 목회 영역이 아니었고 빌리 그래함이 가장 크게 당했던 시험의 순간이었다. 빌리 그래함의 전체 경력에서 보면 일부 반유대주의 성향이 있었지만 전혀 문제는 없었다. 이스라엘 수상이었던 골다 메이어는 "위대한 교사… 그리고 이스라엘의 진정한 친구"라는 문구를 적은 성경을 빌리 그래함에게 선물하기도 했다. 30년 후에 닉슨과의 만남에 대한 도청테이프가 공개되었을 때처럼 60년간의 공적생활로 쌓아 온 빌리 그래함의 명성에 치명적이었던 적은 없었다. 놀라운 것은 빌리 그래함이 받은 치명상이 그가 말한 것 때문이 아니라 말하지 않은 것 때문이라는 것이다. 이 부분이 빌리 그래함의 도덕성에 관해 변명할 기회가 되기도 했다. 어쨌든 전체적으로 조망해 볼 때, 빌리 그래함이 백악관과 가까이 한 이유가 복음을 전달하여 악을 선으로 거두려고 하였음이 분명했다. 그러나 이 경우 정반대의 결과를 낳았다. 선을 가지고 악을 거둔 셈이었다. 한 닉슨의 참모는 닉슨과 빌리 그래함의 대화를 탈의실에서 한 농담 정도로 치부하며 "유대지도자들과 만남이 있었을 때 용서를 구하고 싶다고 그들에게 말했습니다"라고 말했다.

빌리 그래함이 "저는 이해할 수가 없습니다.[34] 기억할 수도 없습니다. 상상도 할 수 없는 일이란 말입니다. 저는 결코 그렇게 느낀 적이 없기 때문에 제가 말했다고 믿을 수 없습니다… 그런 식으로 생각하고 살지 않았습니다. 저는 단지 닉슨이 말한 것을 동의하려고 했을 뿐입니다. 저는 모르는 일입니다"라고 말했다.

---

34) BG, interview, January 23, 2007.

빌리 그래함은 후에 닉슨에게 감사의 편지를 쓰며 "우리가 논의한 것들에 대하여 성심껏 수행할 것입니다"[35]라고 약속했다.

이처럼 선거에 대한 깊숙한 논의가 닉슨과 할드만 그리고 핵심 상원의원들, 나아가 코넬리와 빌리 그래함 사이에 이루어지고 있었다. 대화의 앞뒤를 살펴볼 때, 확실한 것은 백악관이 빌리 그래함의 정치적 자산과 통찰력에 커다란 기대를 걸었고 빌리 그래함은 빅게임에 참여하는 기쁨을 즐기고 있었다는 것이다.

그것은 가벼운 연대를 요구하는 동맹이었다. 찰스 콜슨은 "빌리는 나의 제안에 매우 신중했습니다.[36] 우리가 빌리 그래함에게 그의 회원명단을 달라고 요청했을 때 그는 '노'라고 대답했습니다. 여러 채널을 통해 줄기차게 그것을 요구했지만 언제나 돌아온 대답은 '절대 안 됨'이었습니다"라고 회고했다.

할드만은 현실적으로 이슈가 되고 있는 문제에 대한 질문 목록을 준비했다. 그리고 일주일에 한 번씩 빌리 그래함에게 전화를 하거나 빌리 그래함이 백악관을 방문하면 리스트에 준비한대로 정치적 기류에 대한 일반적인 질문부터 법무장관 미첼을 선거참모로 전환함에 따른 새로운 법무장관에 대한 빌리 그래함의 견해 그리고 신임 FBI 국장인 패트릭 그레이(Patrick Gray)가 한 말에 대한 평가 등을 물었다. 닉슨이 베트남 평화계획을 8가지 요점으로 발표했을 때 할드만은 그것에 대한 빌리 그래함의 견해를 알고 싶어했다.[37] 또한 할드만은 에드문드 머스키(Edmund Muskie)의 반응도 궁금했다. 할드만은 빌리 그래함에게 물어 볼 요점에 "베트남 전쟁에 대한 머스키의 성명은 평화보다는 당파심에 호소하고 있기 때문에 대통령이 받아들이기에는 곤란하다"[38]라는 내용을 포함시켰다.

---

35) BG to RN, February 4, 1972, NPM.
36) Colson, interview, July 18, 2006.
37) HRH, "Talking Paper for Secretary Connally and Billy Graham (separately)," February 10, 1972.
38) HRH, talking paper, February 15, 1972, NPM.

제20장 1972년 - 진흙탕 선거   359

　중국방문이 가까워 오자 닉슨은 할드만에게 보수층의 적대감을 완화할 방법을 강구하라고 지시했다. 힐드만은 "빌리 그래함 주변의 종교 지도자들과 회담을 갖는 것이 효과적이라고 생각합니다.[39] 회담은 이번 주가 아니면 키신저가 휴가를 마치고 돌아온 주간 직후엔 반드시 성사되어야 합니다. 그것은 커다란 문제로 비화될 가능성은 적지만 만약 키신저가 (보수층의) 오해를 풀어 줄 기회를 놓친다면 혹 극단주의자들에게 빌미를 줄 수도 있습니다"라고 보고했다.
　빌리 그래함도 그랬지만 닉슨 역시 누구에겐가 끌려가는 느낌을 받는 일에는 매우 신중했다. 그것은 보호본능에서 나온 것인가? 또는 분명한 것보다 모호한 것을 더 좋아했던 성격의 문제였는가? 닉슨은 문제 소지가 많은 정치적 이슈는 할드만에게 위임시켰다. 빌리 그래함에 관해서는 닉슨은 "정치적 상황을 논의하기 위해 빌리 그래함을 찾는 일은 격주에 한 번씩 하시오. 나는 이런 일에서 빠져있는 것이 좋을 듯하오. 그러나 빌리 그래함과는 항시적인 연락체계를 만들어 놓으시오. 그래야 우리가 자기들의 그룹을 돕는 일에 소홀하지 않다고 빌리 그래함이 느낄 것이오"라고 지시했다.
　할드만은 닉슨의 지시를 잘 수행했다. 매번 그는 빌리 그래함에게 새로운 문제를 가지고 가면서 빌리 그래함의 생각을 알고자 했다. 나아가 그의 입에서 나오는 사람들의 성향도 파악했다. 할드만은 4월의 전당대회의 결과를 알고 싶어 "맥거번이 정말 후보가 될 수 있을까요?[40] 월리스가 더 강해질까요? 아니면 그는 이미 끝이 난 것과 같나요?"라고 빌리 그래함에게 물었다. 학교버스통학제도(백인과 흑인학생들을 함께 통학시키기 위한 강제적 조치 - 역자 주)에 관해서는 "국민이 대통령의 입장을 이해하고 있나요? 우리가 더 해야 할 일은 무엇인가요?" 베트남 문제에 관해서는 "키신저의 비밀방문에 관한 견해를 말씀하세요. 이런 형태의 비밀협상을 국민이 용납할까요?" 그의 질문은 전 방위적이었다. "언론에 대한 최근의 공세가 적중하겠

---

39) RN, memo to HRH, March 14, 1972, NPM.
40) HRH, talking paper, April 26, 1972, NPM

습니까?"[41]

6월 중순 워터게이트 침입계획이 최종단계에 이르렀을 때, 빌리 그래함은 댈러스에서 엑스포 72를 열고 있었다. 대규모의 젊은이들이 모여서 찬양하고 기도하며 말씀을 들었다. 항간에서는 이것을 "종교적 우드스톡(Woodstock: 1969년 뉴욕의 우드스톡에서 열린 록 페스티벌을 말함)"이라고 불렀다. 닉슨은 기회라고 여겨 축하 전보를 보냈고 빌리 그래함은 그것을 무대에서 낭독했다.[42] 집회에 찾아온 할드만의 측근 로렌스 힉비(Lawrence Higby)가 빌리 그래함에게 "할드만은 맥거번이 민주당 후보가 되면 올해의 선거이슈는 종교가 될 것으로 보고 있습니다. 그리고 전국교회협의회는 아마도 맥거번에게 호의를 가질 것입니다"라고 말했다. 힉비는 할드만에게 "빌리 그래함은 맥거번의 아버지가 목사였고 그 또한 한때 목사였기 때문에 수많은 크리스천들이 백악관에 목사 출신이 입성하는 것에 대해 호의적일 것이라고 지적했습니다"라고 보고했다.

워터게이트 사건은 6월 16일 일어났다. 닉슨은 성공적인 모스크바 방문을 마치고 군축조약의 성과를 안고 돌아온 직후였다. 모스크바회담은 1945년 포츠담회담이래 초강대국간 가장 중요한 정상회담으로 불렸다. 그리고 이 회담은 지난 2월의 역사적인 중국방문에 이어 일어났다. 닉슨은 이번 선거에서 다양하고도 강력한 전술을 구사할 수 있는 제반의 여건을 갖추고 있었다. 반면에 민주당은 이미 후보 지명전에서 이전투구의 싸움으로 전력을 상실한 상태였다. 워터게이트의 민주당 본부에서 체포사건이 있은 지 이틀 후에 할드만이 산 클레멘트에 있는 닉슨을 찾아갔을 때엔 언론에 공개된 두 침입자는 상당한 곤경에 처한 모습이었다.

다음날 닉슨과 빌리 그래함이 만났지만 워터게이트 사건에 대해선 의견교환이 없었다. 대화의 주제는 조지 월리스(George Wallace)가 정당배경

---

41) Ibid., May 16, 1972, NPM.
42) Lawrence Higby, confidential memo to HRH, "re: Billy Graham phone call," June 14, 1972, NPM.

없이 단독으로 출마할 때 닉슨이 입게 될 피해에 관한 것이었다. 할드만은 "빌리 그래함은 크리스천인 월리스 부인을 통해 월리스와 접촉할 수 있습니다."[43]라고 닉슨에게 보고했다. 할드만은 자신의 메모장에 이렇게 기록해 놓았다. "빌리는 자신이 원할 때마다 월리스에게 말할 수 있는 사람이다. 그리고 닉슨은 우리가 월리스를 민주당에 묶어두는 전략을 구사하기를 바라고 있었다… 나는 빌리 그래함에게 민주당 전당대회가 끝나면 즉시 월리스를 설득해 달라고 부탁할 생각이었다. 즉 월리스가 출마한다면 맥거번이 당선되는 데에 이용될 뿐이라고 말이다."

빌리 그래함과 대화를 나눈 뒤 닉슨은 자신의 메모장에 이렇게 적었다. "빌리 그래함과 그의 지지자들의 역할이 필요할 때가 오면 다시 빌리 그래함을 만나야 한다."[44] 할드만은 빌리 그래함과의 대화록에 맥거번에 대한 세간의 반응이 긍정적이라는 빌리 그래함의 생각을 적어놓았다. "과연 맥거번은 민주당 전당대회 전후에 스타로 부상할 것인가? 맥거번이 가지고 있는 종교적 배경은 목사들과 교회 지도자들에게 얼마큼의 호소력을 가질 것인가?"[45]

7월 11일, 민주당 전당대회가 맥거번을 대통령 후보로 지명하기 위해 소집되었을 때 빌리 그래함은 기독교 청년지도자들의 명단을 제공하기 위해 백악관에 전화를 걸었다. 그는 무대 뒤에서, 50명의 주요 기독교 청년지도자들을 선거전에 동원하였다. 할드만은 빌리 그래함 전도본부의 최고의 조직행정가인 해리 윌리암스에게[46] 감사를 표시했다. 해리는 전도본부에서 떠나 대통령 선거본부에서 일하기로 되어있었다. 빌리 그래함은 또한 닉슨과 오랄 로버츠(Oral Roberts)를 연결하였다.[47] 그는 오랄 로버츠대학교의 성공과 대학농구팀의 인기에 힘입어 전국적인 지명도를 가진 인물이었다.

---

43) Haldeman, *Diaries*, June 19, 1972, 472.
44) RN, action memo, June 25, 1972, NPM.
45) HRH, talking paper, June 26, 1972, NPM.
46) HRH, memo to Ken Rietz, July 26, 1972, NPM.
47) Dent, memo to RN, August 11, 1972, NPM.

덴트가 닉슨에게 오랄 로버츠에 대해 "그는 깨끗한 젊은이의 이미지를 갖고 있으며 일반적으로 보수층에 속한 인물입니다"라고 말했다. 덴트는 "로버츠는 민주당 전당대회에서 기도를 맡게 되었지만 대통령의 재선을 돕고 싶다는 뜻을 나에게 비쳤습니다"라고 말했다. 할드만이 그것은 "최악의 아이디어"[48]라고 진언했지만, 닉슨은 로버츠와 교분을 강력히 원했다.

빌리 그래함은 즉시 다양한 전위부대를 가동했다. 빌리 그래함과 남부의 민주당원이며 독실한 신앙인인 코넬리는 자연스레 월리스와 존슨 전 대통령을 맡았다. 월리스는 지난 5월 암살범이 쏜 총격으로 충격을 받았을 뿐 아니라 신체도 일부분 마비상태였다. 빌리 그래함은 그가 수술 받고 회복 중일 때 병문안을 갔다. 병문안 후 빌리 그래함은 할드만에게 월리스는 더는 출마를 생각하고 있지 않다고 알려주었다. 할드만은 즉시 닉슨에게 "월리스는 자신이 대통령의 표를 얼마나 빼앗아 갈 수 있는지를 물었고 빌리 그래함은 최소한 75%라고 답했습니다.[49] 월리스는 자신은 결코 맥거번을 돕지 않을 것이며 출마할 수 있는 건강이 아니라고 말했습니다. 그는 출마하지 않을 확률이 99%라고 거듭 말했습니다"라고 보고했다.

대통령들 사이에서

공화당 전당대회가 눈앞에 다가왔을 때, 몬트릿의 집에 머물러 있던 빌리 그래함은 농장에 있는 존슨을 만나러 가려고 준비하고 있었다. 그해 여름, 빌리 그래함은 어떠한 전도집회 계획도 잡지 않았다. 빌리 그래함은 "그와 같이 주목받는 자리에 있을 때, 정치적으로 중립적인 입장을 갖는다는 것이 매우 어렵습니다"[50]라고 말했다. 그는 종교 밖으로 나왔고 자신은 닉

---

48) HRH, memo to Chapin, August 17, 1972, NPM.
49) Haldeman, *Diaries*, July 20, 1972, 484.
50) "Evangelist to Vote for Nixon," AP, August 13, 1972.

순을 지원하고 있었다고 인정했다. 이 선거에서 빌리 그래함의 위선된 중립 표방은 이제는 없었다.

그 달에 『종교와 새로운 대중 : 빌리 그래함과 미국의 중산층 그리고 70년대의 정치』(Religion and the New Majority: Billy Graham, Middle America and the Politics of the 70s)라는 책이 나왔다. 이 책은 빌리 그래함과 가장 유사한 가치관을 가진 후보가 선거에서 최고의 승기를 잡았다는 것을 논증했다. 공동저자인 로웰 스트라이커(Lowell Streiker)와 제럴드 스트로버(Gerald Strober)는 빌리 그래함은 누구도 따라올 수 없는 대부흥사 아니면 단순한 백악관 목사 둘 중의 하나라고 말했다. "빌리 그래함은 오늘날 정치적으로 영향력이 큰 다수그룹의 리더이다. 그는 어떠한 사람보다 대중들이 가진 공포와 희망을 분명하게 전달하는 함으로써 그를 따르지 않을 수 없게 만드는 인물이다."[51] 그들은 닉슨이 빌리 그래함과 친밀한 연합관계를 만들기 위하여 주도면밀한 노력을 기울였다고 평가했다.[52]

빌리 그래함은 존슨이 대통령에서 물러난 이후에도 그에게 헌신적이었다. 그리고 닉슨에게 전임대통령들을 예우할 것을 권고했다. 빌리 그래함은 또한 달 착륙을 위한 아폴로 우주선의 발사에도 존슨을 초청할 것을 닉슨에게 부탁했다. 닉슨은 존슨을 초청하는 전화를 직접 했다. 닉슨은 또한 1969년 여름 레드우드 국립공원의 작은 길을 "존슨여사의 오솔길"이라고 명명하여 존슨의 61회 생일을 축하했다.[53] 그리고 그곳에 빌리 그래함과 함께 참석하여 존슨의 용기와 국가에 대한 헌신을 칭송했다.

존슨은 닉슨에게 예전부터 부드러웠다. 그리고 맥거번에 대한 혐오감을 공공연히 드러냈다. 존슨은 사우스다코타 상원의원인 맥거번이 패할 것이라고 생각했다. 존슨에게 맥거번은 전쟁을 공공연히 비판한 사람이었고 국내문제에 있어서도 늘 아웃사이더였다. 존슨은 그를 "역사 이래 가장 무

---

51) Streiker and Strober, *Religion and the New Majority*, 189.
52) "Billy Graham Values Seen Key to Election," *Los Angeles Times*, July 22, 1972.
53) "Vacationer Nixon," *New York Times*, August 31, 1969.

능한 정치인이자 무능한 대통령 후보"[54)]라고 말했다. "나는 왜 민주당이 그런 멍청이를 대통령 후보로 지명했는지 이해할 수 없다." 민주당은 존슨이 남긴 쓴 맛을 없애려고 작정한 듯이 그와 거리를 두는 전략의 일환으로 맥거번을 후보로 지명했다.[55)] 마이애미에서 열린 전당대회 한쪽 벽에는 민주당의 영웅 15명의 사진들이 - 과거의 대통령들과 후보들 - 걸렸다. 그러나 존슨의 사진은 어디에서도 찾아볼 수 없었다. 존슨은 맥거번이 후보가 되면 자신은 유세장 대신 낚시나 갈 것이라고 친구에게 말했다.

닉슨은 지난 4년 동안 존슨을 중립지대로 남겨두기 위해 빌리 그래함을 활용했다. 빌리 그래함과 존슨이 주말을 함께 보낼 때, 닉슨은 코넬리와 만나 빌리 그래함이 맥거번에 대한 존슨의 지지를 얼마나 막아낼 것인지에 관한 대화를 나누었다.[56)] 빌리 그래함은 이 일을 충실히 감당했다. 빌리 그래함이 존슨을 방문했을 때 그래디 윌슨이 함께했다. 그들은 존슨의 차를 타고 개들과 함께 농장 주변을 드라이브했다. 존슨과 함께 있는 동안 빌리 그래함은 결혼 29주년 기념일을 맞았다. 그날 밤 빌리 그래함이 룻에게 전화를 했을 때, 존슨은 전화로 룻에게 "오늘 밤 빌리와 함께 할 수 있도록 허락하셔서 감사합니다. 오늘밤은 여사보다 저에게 빌리 그래함이 필요한 날인가 봅니다"[57)]라고 말했다.

방문을 마치고 돌아온 빌리 그래함은 할드만에게 존슨이 맥거번을 공식적으로 지지하지 않을 것이라고 말했다. 존슨은 또한 닉슨에게로 도망간 민주당원들에 대해서도 공격하지 않았다. 빌리 그래함은 닉슨에게 존슨이 맥거번을 무시하라고 말했다고 전했다.[58)] 존슨은 대통령이 할 일은 "최선을 다해 국민의 마음을 얻고 방심하지 않으면 된다고 했습니다. 그는 맥거

---

54) Dallek, *Flawed Giant*, 617.
55) "Little Heard from Lyndon Johnson Among Delegates at Convention," *New York Times*, July 14, 1972.
56) Haldeman, *Diaries*, August 14, 1972, 493.
57) Cornwell, A Time for Remembering, 195.
58) Haldeman, *Diaries*, August 17, 1972, 494.

번의 사람들은 스스로 무너질 것이라고 생각하고 있었습니다. 또한 맥거번에 대한 존슨의 감정은 매우 험악했습니다. 존슨은 자신이 골드워터를 상대할 때처럼, 맥거번에게 일일이 대응하지 말고 그 위에 올라서서 균형감각을 유지하는 것이 중요하다고 대통령에게 전해달라고 했습니다." 빌리 그래함이 존슨에게 워터게이트 사건을 이야기 했을 때, 도청문제를 어느 정도 짐작하고 있었던 존슨은 웃으며 "유감이에요. 그러나 그것이 닉슨에게 조금도 타격을 주지 못할 겁니다"[59]라고 말했다.

빌리 그래함과 할드만은 닉슨의 후보 수락 연설에 관한 이야기도 나누었다.[60] 빌리 그래함이 대통령의 주요 연설을 신앙을 증거 하는 기회로 여기는 것은 지극히 당연했다. "빌리는 대통령께서 현직에 있으므로 4년 전의 연설과 같을 필요가 없다고 생각하고 있습니다. 도전자로서 현란한 연설이 아니라 그동안의 성과를 조명하고 미래의 과제에 대하여 호소해야 한다는 것입니다." 그리고 빌리 그래함은 연설에 하나님을 삽입하는 것을 잊지 말아야 한다고 덧붙였다.

"빌리 그래함은 만약 대통령께서 연설 내용에 영적인 부분을 첨가시키지 않는다면 매우 큰 실수가 될 것이라고 믿고 있는 듯 했습니다."[61] 다음 날 할드만은 "우리의 충성스러운 지지자들 대부분은 신앙심이 두텁습니다. 그들은 대통령의 연설에서 영적인 언급을 기대할 것입니다"라고 닉슨에게 빌리 그래함의 조언을 전달했다. 빌리 그래함은 시편 20편, 33편, 잠언 14장 등에서 몇 개의 성구를 뽑아 보냈다. 빌리 그래함이 제안한 성구 중 최고의 것은 아마도 여호수아 24장으로 이 구절은 크리스천과 유대인 모두에게 호소력이 있는 것이었다. 그러나 빌리 그래함의 조언에도 불구하고 닉슨은 민주당을 비판하는 데 열을 올렸다. 그리고 링컨의 열망이었던 "하나님 편에 서는 것"을 인용했다. 닉슨의 연설에는 성구의 인용도 그리고 기

---

59) Nixon, *Memoirs*, 674.
60) HRH, memo to RN, "Reverned Billy Graham's Suggestions Re: Acceptance Speech," August 19, 1972, NPM.
61) HRH to RN, August 19, 1972, NPM.

도도 없었다.

　닉슨과 공화당이 선거운동에 닻을 올렸을 때, 맥거번과 쉬리버는 존슨의 농장을 방문하는 계획을 세웠다. 존슨은 처음에 기자들의 취재를 허용하지 않았다. 그러나 맥거번과 쉬리버와 셋이서 있을 때 기자들의 취재를 허용했다. 존슨은 맥거번이 자신이 치룬 전쟁에 대해 "형편없는"[62] 시각을 갖고 있음을 지적하고 그것을 바꾸어야만 한다고 말했다. 존슨은 공화당이 어떻게 부자들을 대우하고 있는지에 대해 "그들은 당신을 월스트리트에 해가 되는 인물이라고 끊임없이 공격할 것이오"라고 말했다. 존슨이 그의 손을 들어주는 것은 기대하기 힘들었다.

　그들이 떠나고 난 후, 존슨은 "맥거번과 쉬리버가 방금 문밖으로 나갔습니다. 그들은 내게 이번 선거에서 중요한 역할을 해달라고 요청했습니다. 그러나 거절했습니다"[63]라고 몬트릿에 있는 빌리 그래함에게 전화를 걸었다. 존슨은 그들이 대화중 자신을 초라한 노인 취급을 한 것에 대해 분개하고 있었다. 존슨은 맥거번의 팀은 아마추어로 구성되었기 때문에 참모진의 절반을 교체해야만 하고 또 국민 앞에서 미국이 얼마나 위대한 나라인지에 대해 말해야 한다고 말했다. 그리고 존슨은 자신이 대통령을 물러난 이후로 닉슨이 자신과 가족을 친절히 배려해준 것에 대해 깊이 감사하고 있다고 덧붙였다. 빌리 그래함은 즉시 할드만에게 이 소식을 전했다.[64] 할드만은 이것을 "닉슨이 방문하기를 원한다면 존슨은 환영할 것이라고 빌리 그래함에게 분명히 했음"이라고 기록에 남겼다.

　9월까지도 빌리 그래함은 여전히 워터게이트 사건에 대해 존슨과 같이 순진한 생각을 하고 있었다. 「워싱턴포스트」가 사건 주변을 둘러싸고 있는 음모에 대해 조금씩 언급하고 있었지만 빌리 그래함은 그것이 닉슨을 해롭게 할 것이라고 생각지 않았다. 할드만은 "그것은 안개에 싸여있었다.[65] 국

62) Dallek, *Flawed Giant*, 617.
63) BG, interview, January 19, 2006.
64) Haldeman, *Diaries*, August 22, 1972, 497.
65) Ibid., September 16, 1972, 505.

민은 민주당이 스스로 꾸민 일이라고도 생각한다. 그들이 그것을 부풀리고 있었다. 빌리 그래함은 대통령이 결국은 아이젠하워가 가졌던 국부(國父)의 이미지를 성공적으로 만들어낼 것이라고 생각한다. 그리고 중요한 것은 빌리 그래함이 단순한 협력자 이상이 되어야 한다"라고 일기에 기록했다.

그러나 FBI는 워터게이트 사건의 명령체계에 대해 - 할드만을 포함하여 - 광범위한 수사를 하고 있었다. 10월 중순 「포스트」(Post)는 워터게이트 사건을 반대파 공략과 정치적 스파이 행위 등 광범위한 계획의 일환으로 백악관이 관여한 일이라고 수사관들이 결론지었다고 보도했다. 또한 백악관은 민주당의 잠재적 후보자들을 뒷조사하기 위해 10만 달러의 돈을 썼다고 폭로했다. 빌리 그래함은 대통령의 참모들을 다 교체하지 않으면 닉슨이 부도덕한 인물로 추락할 수도 있다는 느낌을 받았다. 빌리 그래함은 할드만에게 "대통령이 성명서를 발표하는 것이 좋을 것입니다. 언론이 모든 것을 망가뜨리게 해서는 안 됩니다"[66]라고 말했다.

선거운동 종반을 맞았지만 워터게이트 사건은 아직 판세를 흔들지 못했다. 종교 분석가들은 다음과 같이 보고했다. "「크리스천투데이」의 '종교적 성격의 선거운동'이라는 분석에 따르면 대부분의 복음주의 신앙인들은 아마도 빌리 그래함의 안내를 받아 닉슨에게 표를 던질 것이다." 「크리스천투데이」의 논설위원 배리 돌레는 "빌리 그래함은 닉슨을 위해 선거운동을 안 했다고 주장했지만[67] 캘리포니아의 퀘이커 신자(닉슨)가 아마도 역사상 가장 위대한 대통령들 중의 하나로 기록될 것이라고 인정했다"라고 말했다.

할드만은 10월 30일 행동지침서를 작성했다. "선거일 밤에 대통령이 전화를 해야 할 사람 명단이 필요하다. 우선적으로 해야 할 사람은 코넬리, 빌리 그래함, 록펠러, 레이건, 존 미셸, 마우리 스탠스, 클락 맥그레거, 밥 돌(Bob Doles), 3명 또는 4명의 노동계 핵심인물, 고액기부자나 오랜 동지들

---

66) Ibid., October 27, 1972, 524-525.
67) "*Christianity Today* Editor Sees Most Evangelicals Backing Nixon," Religion News Service, October 17, 1972.

중에 몇 사람." 그리고 빌리 그래함과 "대통령은 당선 수락 연설에서 맥거번을 어떻게 다루어야하는가?"[68] 당선 후 어떻게 대통령의 지지도를 유지할 수 있는가?"라고 이야기를 나누었다.

11월이 들어서자 연합통신은 빌리 그래함이 부재자 투표에서 그가 "대통령의 운명을 갖고 태어난 사람"이라고 말했던 닉슨에게 표를 던졌다는 기사를 내보냈다.[69] 닉슨을 부패한 사람이라고 비난한 맥거번에 대해서 빌리 그래함은 "맥거번은 자포자기 상태입니다. 그는 너무 지쳤습니다. 제가 대통령을 누구보다도 잘 압니다. 1950년 이후로 그와 친분을 맺었습니다. 저는 대통령이 정직한 인물이라는 것을 확신합니다. 저는 그가 어떤 사람인가를 알기 때문에 그에게 표를 던졌습니다"라고 말했다.

---

68) HRH, talking paper, October 25, 1972, NPM.
69) "Born to be President," AP, November 3, 1972.

제21장

숙고

무엇인가가 닉슨을 괴롭히고 있음을 느꼈습니다.[1] 그러나 그것이 무엇인지를 몰랐습니다.

- 두 번째 임기를 시작하는 닉슨에 대해

결코 사랑받을 수 없는 닉슨이 압도적인 승리를 했다. 속임수를 쓰지 않았어도 닉슨은 승리했을 것이 틀림없었다. 선거 기간 내내 닉슨은 평화를 약속했다. 키신저는 선거일 일주일 전 평화가 우리 눈앞에 있다고 선언했다. 닉슨은 모든 도시가 함께 성장할 수 있도록 하겠다는 역사적인 환경정책을 통과시켰지만 유명무실한 상태였다. 대부분의 하원의원들이 닉슨을 지지하지 않았고 심지어 공화당 의원들 중 많은 사람이 그의 지지를 포기했으며 언론은 더더욱 그랬다. 그러나 닉슨은 1,800만 명 이상의 표차로 맥거번에게 승리했다. 이 엄청난 차이의 승리는 닉슨에게 두 가지를 부여

---

[1] BG, interview, January 18, 2006.

했는데 하나는 그에 대한 국민의 신뢰였고 다른 하나는 대승에 숨겨진 저주였다.

 이 선거는 역시 빌리 그래함에게도 일종의 저주를 안겨주었다. 비록 닉슨과 빌리 그래함 사이의 대화록이나 기록들의 대부분이 사적인 영역에서 일어난 것이지만 빌리 그래함이 닉슨 행정부를 적극 지지했다는 사실이 종교계 안에서 공식적인 논쟁으로 비화했다. 이 부흥운동의 위대한 영웅은 초기 식민지 시대부터 면면히 흘러내려온 종교와 거리를 두어야 하는 목사의 전통과 일대 격돌하는 것처럼 보였다. 닉슨과 더 많이 결탁한 것처럼 보일수록, 대통령을 공개적으로 변호하면 할수록, 그는 더 큰 공격대상이 되어갔다. 심지어 빌리 그래함에게 충성스러웠던 일부의 사람들도 권력에 가까이 다가가고 있는 그가 왕이 듣기 원하는 말만 하는 타협적인 인물이 되어가는 것이 아닌가하는 두려움에 휩싸였다.

 첫 번째 공격은 두 명의 저명한 남부 목사들이 가했다.[2] 그들은 남부목회자협의회의 지원을 받는 진보적 잡지인 「카탈라게테」(*Katallagete*)에 빌리 그래함에게 보내는 공개편지를 게재했다. 그들은 빌리 그래함이 "거짓 궁중 예언자"가 되어 진리를 "변절시켰다"고 공격했다. 그들은 "당신은 우리의 침례교 형제입니다. 그리고 우리는 당신을 사랑합니다"라고 말했다. 그들은 빌리 그래함의 일반적인 예배인도조차 오만하게 비웃는 사람들이 오랫동안 그를 변호해왔다고 말했다. "우리가 그들로부터 당신을 변호한 이유는 당신은 문화보다는 그리스도를, 세속적 법보다는 복음을 선포해왔기 때문입니다. 그러나 지금은 당신이 거대한 능력과 영향력을 가진 사람이 되면 될수록 한때 우리가 지지했던 당신을 바라보면서 안타까움을 느끼며 또한 상처를 받기도 합니다. 아마도 그것은 당신이 그리스도의 이름을 빙자하여 당신의 능력과 영향력을 일개 궁중예언자가 되는 데 - 장소가 어디든, 즉 비밀스러운 정치회합이든, 골프장이나 백악관의 이스트룸(East

---

2) Printed in the *Washington Post*, March 20, 1971.

Room: 백악관 내의 침실 - 역주)에서든 - 사용하기 때문일 것입니다.

「샬롯옵저버」는 "빌리 그래함이 백악관에서 맡은 역할은 개신교인들을 진퇴유곡에 빠뜨린다"[3]라고 머리기사에 썼다. UPI의 저명한 종교담당기자인 루이스 카셀스가 "빌리 그래함은 닉슨 대통령을 사적으로 조언하는 것 말고도 닉슨 행정부의 정치에 대해 공개적인 축복을 한다"라고 말했다. 그러나 반론도 만만치 않았다. 「처치헤럴드」(Church Herald)의 논설위원인 루이스 베네스는 자신의 논설에서 개신교인들은 대통령이 빌리 그래함과 같은 인물과 의견을 나눈다는 것에 감사해야 한다고 주장했다. "그럼 누가 백악관의 은밀한 조언자 역할을 해야 한단 말인가? 일부 하나님이 죽었다는 신학을 주장하는 신학자인가, 아니면 플레이보이형 철학자인가?" 「크리스천투데이」는 조심스럽게 지지를 표명했다. "우리는 목사가 세속세계의 권력자의 막역한 친구가 될 때 위험요인이 많다는 것을 인정한다. 그러나 위험은 훨씬 귀중한 기회이기도 하지 않은가? 복음주의자들은 국가의 문제에 타협하지 않고도 국정책임자들을 위해 오랜 시간 기도해 오지 않았는가?" 성경은 거짓 예언자들을 경고하지만 빌리 그래함이 "백악관에 접근하기 위해서 자신의 신앙을 팔아먹었다는 증거는 없지 않은가?"

빌리 그래함 역시 비판에 대한 대답을 준비하고 있었다. 그의 대답은 조용하면서도 깊이가 있었다. 그는 대통령에게 언제나 동의한 것이 아니라고 「옵저버」(Observer)에 말했다. "저는 대통령만이 해야 할 일이 있다는 것을 알았습니다. 특별히 외교문제는 여러분들과 저에게는 가능한 문제가 아닙니다. 일반 사람들은 제가 대통령에게 한 말을 잘 알지 못합니다.[4] 만약 제가 말한 것을 책으로 냈다면 저에 대한 시비가 그칠 것으로 봅니다. 그것은 제가 대통령에게 여러 문제들에 관하여 저의 견해를 피력할 수 있는 특별한 기회였습니다. 제가 말한 것을 예언이라 할 수 없습니다. 왜냐하면 저는 예언자가 아니기 때문입니다. 저는 영적인 문제들에 관해 대통령

---

3) *Charlotte Observer*, April 22, 1972.
4) "He's Getting in Shape for Crusade," *Charlotte Observer*, April 2, 1972.

과 대화하는 관계를 유지하려고 노력했습니다." 시간이 흘러 그들 간의 사적인 대화가 닉슨의 도청테이프로 공개되었을 때 빌리 그래함은 크게 충격을 받았다. 그는 자신의 원칙을 따르지 않은 것에 대해 확실히 뉘우쳐야만 했다.

룻 역시 남편 빌리 그래함과 같이 닉슨에게 헌신적이었다. 그녀도 마찬가지로 비판에 대해서 강경했다. "여러분은 영적인 필요를 느낄 때 목회자를 자유롭게 만날 수 없는 대통령을 원합니까?[5] 기독교는 이념을 넘어서는 종교입니다. 그것은 공화당이나 민주당이나 마찬가지입니다. 그곳에는 죄인들로 가득 차 있습니다. 저는 언론이 제일 먼저 정치의 세계는 죄인들로 가득 차 있다는 사실을 받아들여야 한다고 생각합니다."

진짜 시험은 닉슨의 재선 승리이후에 찾아 왔다. 10월의 선언으로 파리 회담의 돌파구를 찾는 듯하였으나 12월에 하노이와의 협상이 깨졌다. 닉슨은 공군의 반대에도 불구하고 북베트남에 대한 폭격을 크리스마스로 잡았다. 그것은 전례를 찾을 수 없는 대규모 폭격으로 만 오천 톤의 폭탄이 투하될 예정이었다. 닉슨은 집무실에서 나오지 않았고 키신저가 "그것은 가장 고통스럽고 어려운 그리고 가장 외로운 결정이었을 것입니다"[6]라고 텔레비전 인터뷰를 통해 주장했다. 닉슨은 어떠한 설명도 그리고 자신을 위한 변호도 하지 않았다. 키신저가 "하노이(북)가 점점 어렵게 나올수록 사이공(남)은 점점 완강했다. 그리고 우리는 두 경쟁적인 집단의 포로로 전락할지도 모른다는 전망을 하였다"라고 말했다. 닉슨은 오직 한 번 더 무차별적 폭격이 북베트남을 몰아내고 사태를 해결할 것이라고 결론지었다.

미국은 파국의 벼랑에 직면해 있었다.

누군가가 무엇인가를 해야만 했다. 누군가가 대통령에게 이것은 잘못된 일로 누구도 지지할 수 없는 일이라고 말해야만 했다. 크리스마스 3일 전 10명의 시카고 목회자들이 빌리 그래함에게 찾아와 "닉슨 대통령을 설

---

5) Cornwell, *A Time for Remembering*, 198.
6) HK, interview with Marvin Kalb, CBS, quoted in *Time*, February 12, 1973.

득해서 크리스마스의 주인이신 예수의 이름으로 북베트남 폭격을 중지하게"[7] 하라고 요청했다.

그들은 "폭격은 언제나 비열한 행위였습니다"라고 말했다. "그러나 '평화를 눈앞에 둔 시점에' 베트콩의 굴복을 위해 다시 폭격을 개시하는 것은 그래서 수천 명의 인명을 평화의 왕의 이름으로 살상하는 것은 말도 안 되는 일입니다. 평화의 왕이요 우리 주이며 구원자이신 예수 그리스도의 이름으로 폭격을 중지하여 주십시오."

동시에 개신교, 가톨릭, 유대교의 수장들을 포함하여 41명의 종교 지도자들도 폭격을 개탄하고 백악관이 "평화의 의무를 배반했다"[8]라고 비난하는 목회서신을 닉슨에게 발송했다. 신년 이브에 반전론자들은 뉴욕에 모여 리버사이드 교회의 목사인 어니스트 캠벨(Ernest Cambell)의 설교를 들었다. 설교의 제목은 "빌리 그래함에게 보내는 공개서한"[9]으로 빌리 그래함에게 목회자들의 호소에 응답하라고 재촉했다. "왕의 보좌에 가장 '가까이 있는 목소리'로서 당신은 정부의 정책을 축복하는 것뿐 아니라 비판해야할 책임을 가져야만 합니다."

빌리 그래함은 개인적으로도 목회자들의 비판을 들어야했다. 그것도 전도집회를 함께 했으며 수년간 그의 사역을 명예롭게 여기고 열심을 다해 협력한 목회자들로부터 말이다. 수백 통의 편지와 전보가 쏟아져 들어왔다. 일부는 온당치 못한 내용도 있었다. 10년 이상 빌리 그래함과 함께하며 그의 숭배자로 변호인 역할을 하던 한 목사는 "수년전 사람들이 당신이 이슈들을 지나치게 단순화하고 국제간 도덕적인 문제를 회피하며 빠져나간다고 공격할 때, 나는 당신의 신실성에 대해 변호하고 당신이 하는 일이 선한 일이라고 주장했습니다. 그러나 내가 틀린 것 같습니다"라고 말했다. 그

---

7) "U.S. Clerics Decry the Bombing and Urge End to Vietnam War," *New York Times*, December 23, 1972.
8) Ibid.
9) "100 War Protestors Hear Outdoor Mass Near St. Patrick's," *New York Times*, January 1, 1973.

는 다른 사람들이 빌리 그래함을 "세상의 관심에 굶주린 사람이며, 유명인 친구를 갈망하는 사람"[10]이라고 조롱할 때 앞장서서 변호했다고 말했다. "나는 조금도 의심 없이 빌리 그래함은 그것을 그리스도의 복음을 증거 하는 기회로 삼았다고 말했습니다. 그러나 내가 틀린 것 같습니다." 그는 "위에서 한 무례를 용서하십시오. 그러나 역사가 기록할 것이고 수백만 명의 사람들이 보고 있음을 기억하십시오. 당신의 독특한 공적인 위치는 20세기 인류의 역사에서 결정적인 역할을 하고 있다는 사실을 말입니다"라고 빌리 그래함이 자신에게 오는 기회를 복음증언의 기회로 사용해야한다고 탄원했다.

빌리 그래함은 비판에 대답하지 않는 것을 원칙으로 삼았지만 이 경우에는 비판을 수용했다. 그리고 "충분히 당신의 분노를 이해합니다. 저는 당신의 질책을 최대한 겸손하게 받아들이고 싶습니다. 만약 제가 당신의 입장이라면 저는 더 심한 편지를 썼을 것입니다"라고 답을 썼다.

그러나 빌리 그래함은 바뀌지 않았다. 빌리 그래함과 닉슨 또는 다른 대통령과의 관계의 참된 성격을 파악한다는 것은 일반인으로서는 불가능한 일이다. "당신은 안 믿을지 모르지만 저 역시 베트남에서의 계속되는 전쟁에 대해 당신만큼이나 개탄하고 있습니다." 빌리 그래함은 세계교회협의회(WCC)의 의장과 시간을 같이하면서 그에게 왜 WCC는 철의 장막 뒤에서 일어나는 인권탄압에 관해서는 서방 세계에서 하는 것처럼 강경하게 말하지 않느냐고 물었다고 말했다. "WCC 의장은 저에게 놀랄만한 대답을 했습니다. 그는 그렇게 하는 것은 전략적인 이유로 철의 장막에서 진짜 위기가 일어날 때 오히려 더 큰 영향력을 줄 수 있다고 말했습니다. 저도 사랑하는 친구에게 요청하고 싶습니다. 그와 같은 입장에서 저를 조금만 이해하십시오."

빌리 그래함의 입장에 서보지 않은 사람은 누구도 그가 걸어가는 길

---

10) Pollock, *Evangelist to the World*, 155.

을 이해하기 어렵다. 빌리 그래함 역시 크리스마스 폭격에 대하여 다른 사람들과 똑같이 괴로워했다. 그러나 백악관을 공격하고 닉슨의 결정에 의문을 제기하며 밖으로 걸어 나와 그것을 공개적으로 비판하는 것은 그의 성격을 벗어나는 일이었다. 그것은 이제는 지상에서 가장 강력한 권력자에게 복음을 전달하는 기회를 상실하는 것을 의미했다. 자신의 예언적 또는 목회적 책무에 관한 성명서를 빌리 그래함은 1973년 1월 첫 주간에 발표했다. "저는 하나님께서 저를 구약시대의 예언자가 아니라 신약시대의 전도자로 부르셨다고 믿고 있습니다."[11] 일부의 사람들이 저에게 사회개혁가나 정치적 행동주의자가 되라고 권고하고 있다고 보지만 저는 절대로 그럴 수 없습니다. 저에게 가장 중요한 목표는 예수 그리스도의 복음의 소식을 선포하는 것입니다. 인간의 근본적 문제는 바로 인간의 마음 안에 있습니다."

모든 사람이 빌리 그래함과 닉슨의 오랜 동맹관계를 알고 있었다. 하지만 빌리 그래함은 자신이 닉슨의 정책에 영향력을 행사한다고 말하는 사람들에게 동의하지 않았다. 그는 케네디 시절의 추기경 쿠싱(Cushing)처럼 영향력을 가졌던 소위 "백악관의 목사"가 아니었다. "저는 닉슨의 조언자 중의 한 사람이 결코 아닙니다. 저는 단지 한 명의 개인 친구입니다. 그것이 전부입니다."

빌리 그래함은 "대통령은 저를 불러 '빌리, 이것을 해야 하나요?[12] 아니면 저것을 해야 하나요?' 묻지 않습니다"라고 샬롯뉴스에 말했다. 그는 "이것을 해야만 하나요?"와 "이것을 하면 국민이 어떻게 생각할까요?"라는 질문의 차이를 구분했다. 당연히 자신은 후자의 질문에 자신의 의견을 말한다는 것이었다. "닉슨은 군사적 전략에 대해 저에게 묻지 않습니다. 그는 결코 그런 문제로 저와 의논하지 않습니다. 만약 제가 닉슨 대통령에게 할 말이 있으면 개인적으로 그에게 말합니다. 저는 그것을 지붕꼭대기에 올라

---

11) "Statement to Define Dr. Billy Graham's Position Regarding the Recent Conduct of the Vietnam War," January 5, 1973, NPM.
12) "Billy Graham's No Political Activist," *Charlotte News*, January 4, 1973.

가서 많은 사람 앞에서 공개적으로 말하지 않습니다."

그러나 그가 공적인 자리에 서게 되면 "중립적인" 입장에서 말했다. 그러나 빌리 그래함은 그로 인해 백악관이 자신을 충성심이 없다고 생각하는 것을 원치 않았다. 1973년 1월 8일 샤핀은 "빌리 그래함이 전쟁은 매우 통탄할 일이라고 하면서 질문공세를 하는 기자들로 인해 매우 심란해하는 것 같았습니다. 그리고는 대통령이 자신의 성명서 전문을 보았는지 알고 싶어 했습니다."[13]라고 할드만에게 쪽지를 보냈다.

세월이 흘러 그때의 시절을 회고하면서 빌리 그래함은 사람들이 대통령에게 메시지를 전달해달라고 요청했을 때 그 부탁을 들어주지 못했다고 말했다. "그때에 저는 그 문제로 인하여 약간 의기소침해 있었습니다."[14] 그러나 어느 경우에도 빌리 그래함은 대통령이 자신의 조언을 받아들이지 않았다고 해석할만한 말을 공적으로 한 적이 없었다.

닉슨의 두 번째 취임식이 열리기 전날 밤에 빌리 그래함은 케네디 센터에서 열린 검정 넥타이를 매고 참여해야만 하는 축하 콘서트에서 닉슨과 함께 차이코프스키의 장엄서곡 1812년(a triumphant 1812 Overture)을 들었다. 우울한 분위기가 청중을 사로잡을 때,[15] 사회를 보던 워싱턴 내셔널 성당의 주임신부인 프랜시스 사이레(Francis Sayre)는 하이든의 전쟁미사(Mass in Time of War)를 청했다. 닉슨은 승리한 영웅답지 않게 언짢고도 불안한 얼굴 표정을 짓고 있었다. 후에 빌리 그래함은 이날이 몰려오는 폭풍의 징후를 처음으로 느꼈던 날이라고 말했다. 닉슨은 빌리 그래함의 바로 앞줄 좌석에 앉아있었다. 빌리 그래함이 그때를 이렇게 회고했다. "닉슨이 프로그램을 갖고 있지 않았기에 제가 갖고 있던 프로그램을 건네주었습니다. 그러나 받지 않고 다시 내 손에 넘겨주었습니다. 옆에 있던 팻이 닉슨에게 귀엣말로 무엇인가 속삭였는데 저는 알아듣지 못했습니다. 그런데

---

13) Chapin to HRH, January 8, 1973.
14) BG, interview, January 23, 2007.
15) "Concerts Reflect Moods of Divided Washington," *New York Times*, January 20, 1973.

닉슨이 다시 고개를 돌려 손을 내밀어 프로그램을 다시 달라고했고 저에게 미안하다고 말했습니다."[16)]

취임식 날, 빌리 그래함은 「뉴욕타임즈」의 종교담당 논설위원인 에드워드 피스케(Edward B. Fiske)와 자리를 함께했다. 피스케는 전쟁을 "미국에 대한 하나님의 심판"[17)]이라고 말하면서 처음부터 전쟁에 대하여 진지한 질문들을 던졌다. 빌리 그래함은 "저는 처음부터 승리에 대한 의지 없이 미군을 파견하는 것에 대해 의심쩍어했습니다. 미국은 일부러 전쟁에 지기 위해 참전한 것 같았습니다"라고 말했다. 러시아가 체코슬로바키아를 침공했을 때 그들은 압도적인 군사력으로 전쟁이 끝날 때까지 사상자가 거의 없었다는 것을 빌리 그래함은 주목했다. "지루하게 끌어왔고 전력을 다하지 못한 전쟁을 더는 해서는 안 됩니다. 이 전쟁은 마치 한 번에 고양이 꼬리를 반 인치씩 끊어내는 것처럼 보입니다." 당시 빌리 그래함은 "제 생각엔 이 전쟁을 수행한 것이 정당했는지 아닌지를 아는 데에 25년의 시간은 필요할 것입니다"라고 과연 미국이 시작한 전쟁을 언제 끝낼 것인지에 대해 걱정하고 있었다.

피스케는 "크리스마스 날 폭격에 대해서는 어떻게 생각하십니까?"라는 물음에 빌리 그래함은 "솔직하게 말한다면 참으로 씁쓸했습니다. 모든 미국 국민과 똑같이 저도 시급히 폭격 중지 명령을 내려야한다고 생각했습니다. 저는 이것이 전 국민의 반발을 야기할 것으로 생각했습니다"라고 대답했다. 그러나 인종차별부터 전쟁에 이르기까지 특별히 워터게이트 사건에서도 모든 이슈가 등장할 때마다 이전에도 그랬던 것처럼 빌리 그래함은 성경말씀으로 돌아갔다. 즉, 인간의 죄성(罪性)은 어디서나 찾아볼 수 있으며 비극은 우리의 타락한 본성을 증거한다. 우리는 모두 죄와 그로인한 비극에서 하나님의 은혜가 필요하다는 사실을 상기해야 한다는 것이다. "저는 전쟁에서의 살육과 고통을 개탄합니다. 저는 전쟁이 가능한 한 빨리 끝

---

16) BG, interview, January 18, 2006.
17) "Graham Tells of Reservations Over War," *New York Times*, January 21, 1973.

나기를 기도하고 있습니다. 그러나 우리는 수십만 명의 죽음이 흡연 때문이라는 사실도… 매주일 수천 명의 사람들이 교통사고로 사망하는데 그중 절반의 사고가 음주운전 때문이라는 사실을 반드시 알아야만 하겠습니다. 그런데 음주에 반대하는 데모는 어디서 찾아 볼 수 있습니까?"

어떤 의미에서는 빌리 그래함이 자신의 신앙에 충실했다고 볼 수 있었다. 그가 공적인 지위를 가진 친구들을 판단하지 않은 것은 그럴 권한이 자신이 아니라 하나님에게 있기 때문이라고 생각했기 때문이었다. 그러나 그는 민주주의와 신정(theocracy)의 차이를 간과했다. 유권자들은 지도자들의 정치적 행위를 감시하고 그들이 합리적 행위를 할 수 있도록 도와야 한다. 모든 인간이 죄인이라는 선언은 종교적 진리이지 정치적 진리는 아니다. 즉, 개인적으로 정치인들의 잘못을 용서할 수는 있지만 감시와 균형의 사회제도가 존재하는 이유는 그들도 동일하게 제재가 필요하기 때문이다.

그는 재차 전쟁에서 자신은 공식적 위치에 있지 않았다고 말했다. 그러나 대다수의 사람들이 빌리 그래함이 그런 위치에 있었다고 믿었다면 그가 짊어져야할 책임은 무엇이며 대통령들의 친구라는 상징적 권위에서 그가 배워야할 교훈은 무엇이었는가? 찬반이 있는 논쟁에서 침묵을 하는 것은 커다란 메시지일 수 있다.

취임식 다음날, 백악관 예배 설교에서 빌리 그래함은 평화를 위한 행동이 필요함을 역설했다. 그러나 그는 "우리는 이 세계에서 평화와 정의를 진작시키는 데 조력할 수 있을 뿐이다.[18] 완전한 평화는 완전한 통치자, 즉 유대인들과 크리스천이 고대하고 있는 메시야가 나타날 때까지 기다려야 합니다"라고 말했다. 예배가 끝난 후 빌리 그래함은 집으로 돌아왔다. 그 다음날 존슨 전 대통령의 죽음의 소식을 전달받고 친구의 장례를 집전하기 위해 오스틴으로 날아갔다.

전쟁으로 인한 위기는 그것이 일어날 때만큼 빠르게 사라졌다. 1월 2째

---

18) "Nixon Is Praised at Capital Rites," *New York Times*, January 22, 1973.

주간부터 북베트남은 협상테이블로 돌아왔다. 협상은 빠르게 끝났다. 전쟁 포로들은 석방되어 고국으로 돌아왔다. 주식시장은 최고로 뛰었고 영웅은 닉슨이었다. 그의 지지율은 68%에 이르렀다.

닉슨은 빌리 그래함에게 모든 것에 대해 감사한다고 편지를 썼다. 그 편지는 고별의 색조를 띠고 있었다. 그 편지는 승리자가 빚을 진 많은 사람에게 보내는 형식적인 편지일 수 있다. 그러나 그것은 둘의 관계가 변화의 시점을 맞았다는 것을 암시하고 있었다. 닉슨은 "나는 당신이 보여준 우정과 지원 그리고 끊임없는 기도에 영원히 감사할 것입니다"[19]라고 썼다.

빌리 그래함의 답장도 마치 자신의 시간이 끝난 것처럼 고별의 편지에 가까웠다. 마침내 전쟁은 물러갔다. 1973년 1월 27일에 파리평화협정에 조인하였다. 빌리 그래함은 닉슨에게 평화조약은 "당신의 인내, 결단, 용기와 신앙의 산물입니다"[20]라고 말했다. 그는 미국을 "진흙구덩이"에서 건져냈다. 일부 급진주의 비판가들은 "닉슨이 그것을 해 내다니!"하고 낙심하는 듯이 보였다.

아마도 모든 사람은 과거를 잊어가는 듯 했다. 빌리 그래함은 닉슨에게 "올해 제가 당신을 위해 봉사할 일이 있다면 지체하지 말고 불러 주십시오"라고 편지를 썼다.

---

19) RN to BG, January 22, 1973, NPM.
20) BG to RN, January 27, 1973, NPM.

THE PREACHER AND THE PRESIDENTS

제22장

또 다른 닉슨

> 닉슨을 잘못 보았습니다.[1] 그와 수많은 시간을 보냈지만 그것은 제가 알 수 없었던 그의 일부분이었습니다. 그는 완전히 다른 사람 같아 보였습니다. 줄리에게 그 일에 대해 말했을 때 그녀는 아버지에 대해 연민을 느끼는 듯 했습니다. 마치 악마가 백악관에 침입해 그의 대통령 직무를 장악한 것 같은 느낌입니다. 그만큼 그 일은 있어서는 안 될 일이었습니다. 너무도 부끄럽고 경악스러워 할 말이 없습니다. 지금까지 제가 보지 못했던 닉슨의 모습이었습니다.
>
> - 닉슨에 대하여

닉슨은 밤늦게 빌리 그래함을 백악관으로 자주 불렀고, 빌리 그래함은 이스트 룸(East Room)에서 닉슨에게 국가와 하나님에 대한 충성심을 불러 일으켰고, 또 한편으로 대통령을 향한 하나님의 무한한 사랑에 대해 수없이 설교했다. 그러나 이때 백악관 내에서는 지금까지 유례가 없었던 거

---

[1] BG, interview, January 23, 2007.

대한 범죄 음모가 진행 중이었다. 이것은 사소한 탐욕이나 독직사건 그리고 영향력 행사와 같은 흔히 있는 사건과는 질이 다른 것으로 지상 세계의 질서를 흔든 범죄였다. 닉슨의 범죄는 눈먼 의인들이 저지른 영원히 용서될 수 없는 것으로 민주주의에 대한 도전이었다. 빌리 그래함은 그들에게 "거대한 강박관념"이 있었다고 언급했다. 그러나 빌리 그래함은 이렇게 말해서 닉슨을 최대한 보호하려고 한 것이다. 대부분의 닉슨의 사람들은 독실한 신앙인으로서, 그들은 자신들의 적을 급진주의자, 허무주의자, 폭력주의자 그리고 비애국자로 보았다. 적들은 비도덕적이며 위험해서 그들의 행위를 제지하는 것이 정당한 일이며 그것이 하늘이 자신들에게 부여한 소명이라 느꼈다. 닉슨은 "대통령이 하는 일은 불법이 아님"이라는 에토스(ethos)에 포로상태였다. 만약 시위자들이 평화를 빌미로 법을 어기면 그때 백악관도 평화를 지키기 위해 필요한 조치를 해야만 했다. 워터게이트 사건이 폭발했을 때 닉슨은 "그 빌어먹을 놈들이 외치는 평화의 세계, 이봐요, 론! 어디서 그것을 얻는단 말이요?"라고 언론수석인 론 지글러(Ron Ziegler)에게 물었다. "그들은 언제나 비방의 의자에 앉아서 그 평화를 즐기죠."[2] 대통령의 사람들은 지속적인 애국심으로 국가에 봉사하는 선한 사람들이기 때문에 그들이 하는 일도 자연적으로 선이었다.

빌리 그래함은 그 사건을 조용히 지켜보지 않았다. 그는 법무장관 존 미셸이 "공포에 휩싸인 백악관"이라고 말한 것에 대해 아는 것이 없었다. 뿐만 아니라 정치첩보를 위해 사용된 기금, 첩보대상자의 명단, 도청, 뇌물과 위협에 대해서도 아는 것이 없었다. 대다수의 닉슨의 다른 지지자들처럼 그 역시 대통령이 왜 자신의 이름으로 자행한 범죄를 그렇게 애써 숨겨주려 했는지 알지 못했다. 그러나 빌리 그래함은 스캔들이 터졌을 때, 대통령은 워터게이트 사건과 조금도 연루해 있지 않으며 오히려 그는 위대하고 선한 사람이라고 변호했다. 빌리 그래함은 "그는 도덕적이고 윤리적인 원칙

---

2) RN, phone call to Ron Ziegler, April 27, 1973 in Kutler, *Abuse of Power*, 350.

을 지키는 사람이기 때문에 결코 그와 같은 불법적인 일을 할 사람이 아닙니다. 저는 대통령을 오래전부터 알아왔습니다. 그는 도덕성으로 무장된 사람입니다"[3]라고 말했다.

닉슨은 자신의 도덕성에 대한 국민의 신뢰가 자신의 강력한 자산이었다는 사실을 잘 알고 있었다. 그러나 그는 그 신뢰를 배반했다. 닉슨은 "우리는 살아남을 것입니다.[4] 여론조사와는 달리 여전히 수많은 사람이 우리 편이요. 알겠어요? 국민은 우리를 믿고 있소. 그것이 중요한 점이요. 안 그래요?"라고 사임을 발표하기 전에 할드만에게 마지막으로 말했다.

확실히 빌리 그래함은 그들을 믿고 있던 사람들 중의 한 사람이었다.

1973년, 어두움에 연루된 백악관은 아침이 오는 것을 두려워했다. 날이 밝으면 조사위원회, 집요한 기자들, 워터게이트의 진실을 알기 원하는 양당 의원들의 질문이 몰아닥칠 것이다. 그러나 그때에 닉슨은 빌리 그래함을 찾지 않았다. 일부의 사람들은 닉슨이 빌리 그래함을 보호하려고 했다고 생각했다. 빌리 그래함 역시 닉슨이 언제나 자신의 방패막이가 되려했기 때문에, 그 사실을 인정하는 눈치였다. 빌리 그래함은 "닉슨은 각료에게 저와 연관되지 않게 하라고 지시했습니다. 닉슨은 제가 워터게이트 사건으로 명예를 손상하는 것을 원치 않았습니다. 그 사건이 불거졌을 때 저는 그를 만나려고 여러 번 시도했습니다. 그러나 닉슨의 참모들이 가로 막았습니다[5]라고 말했다. 그러나 닉슨은 빌리 그래함이 아닌, 자기 자신을 보호하려고 빌리 그래함과 거리를 두었는지도 모른다. 그것은 사건이 악화되어 모든 출구가 막힐 때, 친구의 도움을 얻기 위해서 말이다. 아마 닉슨의 양심에 대한 빌리 그래함의 증언을 기대했을 수도 있다. 닉슨은 다른 사람에게는 몰라도 빌리 그래함에게는 거짓말을 하지 않았다.

1973년 봄, 워터게이트 사건을 삼류소설식 주거침입죄로 몰아가기 위해

---

3) "GOP Leaders Join Big Cry for Nixon Action," *Washington Post*, April 28, 1973.
4) White, *Breach of Faith*, 327.
5) BG, interview, January 18, 2006.

닉슨의 언론담당 수석이 책임을 맡아 동분서주했다는 내용이 폭로했다. 닉슨은 사과문을 발표해 자신에게 유리한 국민의 동정심에 호소하려는 계획을 생각했을 지도 모른다. 평화조약에 조인한 직후인 2월에, 그에 대한 국민의 지지율은 거의 70%에 육박하고 있었다. 그러나 자신과 국민을 믿지 못했기 때문에 그리고 사건을 숨기기 위해서 얼마나 많은 일을 꾸며야 할지를 알고 있었기 때문에, 닉슨은 수많은 인간 제물(human sacrifices)을 드리기 시작했다. 그것으로 닉슨은 단지 16개월간의 고통스런 임기를 연장했을 뿐이다.

그해 봄, 빌리 그래함은 남아프리카에서 역사적인 인종 통합 전도집회를 인도했다. 남아프리카 역사상 최초이며 최대인 인종 간 집회였다. 닉슨은 축하 전보를 보냈다. 빌리 그래함은 답장에서 "저는 워터게이트 사건에 관한 수많은 소문에도 불구하고 대통령께서 보여준 자제력에 감탄하고 있습니다"[6]라고 말했다. 그리고 용기를 북돋기 위한 성구를 인용했다. "다윗 왕도 동일한 경험을 했습니다. 다윗은 이렇게 호소했습니다. '저희는 내가 듣지도 못한 일로 고소하나이다. 나는 저희에게 선을 행하나 저희는 나에게 악으로 갚나이다.'"

그러나 닉슨은 다윗 왕이 아니었다. 빌리 그래함은 다윗의 시대를 미국에 비유했지만 세계는 변했다. 워터게이트 위원회는 상원들의 무기명 투표로 출범했다. 상원의장은 빌리 그래함의 오랜 친구이며 빌리 그래함의 고향에서 당선된 샘 어빈(Sam Ervin)이었다. 닉슨이 전화를 걸어왔을 때, 빌리 그래함은 어빈이 자신의 오랜 친구인 것을 언급하며 "이것은 아주 좋은 기회가 될 것입니다"[7]라고 말했다.

"정말입니까" 닉슨이 말했다. "예, 그가 처리해 나가는 것을 지켜보지요." 그리고 두 사람은 크게 웃었다. "그가 파내어 버리겠군요. 그가 많은 뉴스거리를 만들어내고 때로는 우리를 들볶을 것이지만 결국 모든 것은

---

6) BG to RN, April 6, 1973, NPM.
7) RN, call to BG, April 4, 1973, in Kutler, *Abuse of Power*, 302-303.

깨끗이 사라지고 말겠군요." 그렇게 말한 다음 닉슨은 빌리 그래함에게 부드럽고도 사악한 확약을 했다. "사실은 빌리, 당신도 알다시피 선거 운동원들은 때때로 어리석은 일도 하는 것 아니겠어요. 백악관 내에서는 어떤 사람도 그 일에 가담된 사람이 없다는 것을 당신께 확약할 수 있소."

빌리 그래함은 미국의 대통령이, 자신의 20년 친구가 자기에게 그렇게 눈도 꿈쩍 않고 거짓말을 할 것이라곤 상상도 할 수 없었다.

그러나 죄를 인정한 침입자들이 압력여부, 대가성 돈을 받은 여부, 심지어 배후에 대한 추궁에 지금까지 위증을 했다는 사건보도가 전국을 강타했고 그것과 함께 모든 실마리가 풀려나가기 시작했다. 그때까지도 닉슨은 의심의 대상이 아니었다. 선거 전까지 「포스트」가 밝힌 사실은, 공화당 원내총무인 밥 돌이 "정치 쓰레기 사건"으로 치부했다는 정도였다. 이제 밥 돌은 "행정부에 대한 신뢰는 제로입니다"라고 말하면서 할드만과 얼리크만의 사임을 공식적으로 압박했다. 백악관 고문인 존 딘(John Dean)은 흑막의 커튼을 젖히고 대통령의 측근 그룹이 연루된 사실을 폭로하려고 했다.

빌리 그래함은 대통령을 끌고 들어가지 말라고 주장하면서 모든 워터게이트 관련자를 의법처리 하라고 목소리를 높였다. 빌리 그래함은 "물론 모든 미국인처럼 저도 당황스럽고 가슴이 아픕니다"라고 말하면서 특별검사를 임명해 사건을 마무리할 것을 요청했다. 빌리 그래함은 "제 개인적인 생각은 대통령은 모르는 일이라고 봅니다.[8] 그것은 대실책입니다. 그는 그런 일을 할 만큼 어리석지 않습니다… 둘째로 그는 도덕과 윤리관이 확실하기 때문에 그런 불법을 저지를 사람이 아닙니다. 저는 그와 오랫동안 알고 지냈는데 정말로 도덕의식이 분명한 분입니다"라고 텔레비전 인터뷰에서 닉슨에 대해 말했다.

상황은 점점 닉슨을 불안하게 만들었다. 닉슨은 "지금이야 말로 강할 때야, 흔들리지 말게"[9]라고 지글러에게 말했다. 그는 지글러에게 끝까지

---

8) Reported in the *Washington Post*, April 28, 1973.
9) RN to Ziegler, April 28, 1973, in Kutler, *Abuse of Power*, 353.

가보자고 말했다. "빌리 그래함이 목소리를 높이는 대열에 있는 것을 보니 참으로 유감이오. 나는 그가 그렇게 말하는 것을 보고 참으로 놀랐소… 지금의 상황은 바람 앞의 촛불 같아요. 빌리 그래함은 아마도 자기 본분을 잊은 것 같소. 안 그래요?" 닉슨은 무엇인가 하기에는 너무 늦었다고 인정했다. "저들은 우리를 기소했는데 우리의 배심원들은 대열에서 이탈해서 지리멸렬한 상태요." 지글러는 묵묵히 듣고 있었다.

이틀이 지난 1973년 4월 30일 닉슨은 할드만과 얼리크만의 사표를 수리했다. 두 사람은 닉슨의 가장 충성스런 참모들이었다. 그들의 사임은 닉슨을 보좌해왔던 명령체계의 총체적 붕괴를 의미했다. 닉슨은 사임을 발표한 할드만에게 전화를 걸어 "빌어먹을, 자네는 충직한 사람인데 말이야,[10] 그러나 나는 아직도 자네를 신뢰하네. 자네 알지, 내가 자네를 여전히 신임하는 것을 말이야. 자네는 내 형제 같은 친구야"라고 말했다.

"알고 있습니다." 이것이 할드만이 말한 전부였다.

닉슨은 TV 카메라 앞에서 자신의 능력을 믿고 있었다. 그는 그날 밤이 "추악한 사건"의 전모를 밝히겠다는 자신의 의지를 밝히기 위해 카메라 앞에 섰다. 닉슨은 "백악관 연루설에 대해서도 적당히 얼버무리지 않겠습니다"[11]라고 말하면서 권력남용의 시스템을 제거하겠다고 약속했다. 그리고 국민에게 기도를 요청했다.

빌리 그래함은 닉슨의 말을 믿으려고 애를 쓰는 듯 보였다. 그 외에는 달리 생각할 수 없었기 때문이었다. 닉슨의 연설이 끝난 후 빌리 그래함은 기자들에게 워터게이트 사건은 관대한 미국문화에 경종을 울렸으며 닉슨은 대국민 담화에서 아주 겸손히 머리 숙였다고 말했다.[12] "닉슨은 국민에게 기도를 요청했습니다."

닉슨은 그날 밤 10시 20분에 빌리 그래함에게 "할드만과 얼리크만에게

---

10) RN, call to HRH, April 30, 1973, in Kutler, *Abuse of Power*, 381-382.
11) Transcript of the President's Broadcast to the Nation on the Watergate Affair, *New York Times*, May 1, 1973.
12) *New York Times*, May 1, 1973.

사임하라고 말했습니다.[13] 그들은 사임할 의사가 없었습니다. 그렇게 때문에 나의 요청은 매우 잔인한 것이었습니다"라고 전화했다.

빌리 그래함이 "안타깝습니다. 그러나 대통령의 신실함과 겸손함 그리고 국민에게 기도를 요청한 것은 엄청난 반향을 불러일으킬 것입니다"라고 대답했다.

"정말 그렇게 생각합니까. 빌리?"

"정말입니다. 단지 위로로 드린 말이 아닙니다. 사태는 수습되고 신뢰를 다시 받게 될 것입니다. 정말로 그렇게 될 것입니다."

"정말 그렇게 된다면야, 빌리. 당신은 참으로 좋은 친구입니다. 그리고 음…" 그 다음부터 테이프는 끊겨 있었다.

그날 밤 할드만은 빌리 그래함과 통화하고 "빌리 그래함은 그것을(그들이 사표를 제출한 것 - 역주) 잘한 일로 생각하는 것 같았다.[14] 빌리 그래함은 행정부 내에서는 나와 얼리크만보다 더 믿을만한 사람은 없었다고 말했다. 그것은 우리가 대통령을 전적으로 보좌했기 때문일 것이다. 그는 우리가 악의 그물에 걸렸지만 결국 악은 패퇴할 것이라고 생각한다. 그날 빌리 그래함은 나에게 호의와 애정을 보여주려고 했고 나는 그를 친구로 생각했다. 사실, 내가 하려고 했던 일은 대통령을 도우려고 한 것 아닌가?"라고 자신의 일기에 기록했다.

이틀 후 빌리 그래함은 닉슨에게 전화통화를 시도했다. 할드만의 부하인 로렌스 힉비가 그 전화를 받았다. 힉비가 닉슨에게 "국민이 워터게이트 사건을 과장하여 왜곡한 사건임을 깨닫기 시작했다고[15] 빌리 그래함이 전해왔습니다. 빌리 그래함의 제안은 가능한 한 어제 서독총리 브란트와 함께 한 것처럼 그러한 장면을 더 많이 연출하라는 것입니다. 그러면 국민에게 대통령이 한 가지 일로 수렁에 빠져있는 것이 아니라 다른 직무도 잘 감

---

13) RN, call to BG, April 30, 1973(Tape#197 RC-3), National Archives.
14) Haldeman, *Diaries*, April 30, 1973, 674.
15) Higby to RN, May 2, 1973, NPM.

당하고 있다는 인식을 줄 수 있다는 것입니다… 그는 미국 국민의 관심을 워터게이트 사건에서 전환시킬 필요가 있다고 했습니다"라고 보고했다.

백악관에 국면을 전환하는 법을 코치하면서도, 빌리 그래함은 공개적으로 국가가 나가야 할 진정한 영적 방향에 대해 호소하고 있었다. 폭로가 막바지에 이른 주간 그 일요일에 빌리 그래함은 「뉴욕타임즈」 특집란에 "워터게이트와 그것이 주는 도덕적 교훈"의 제목으로 글을 썼다.[16] 거기서 그는 다시 한 번 모든 사람의 비난에 대해 언급하고 난 후에 "이것은 실로 추악한 사건입니다. 그러나 어떤 정치집단도 스스로 깨끗하다고 주장할 수 없습니다"라고 주장했다.

그는 국민에게 아직은 유죄가 입증되지 않았음을 떠올리면서 만약 범죄가 드러나는 사람들이 있다면 엄벌에 처할 것을 요구했다. 그러나 빌리 그래함은 그물을 너무 넓게 폈다. "우리 사회의 기초와 목표에 대해 영적으로 깊이 숙고할 시점이 왔습니다." 빌리 그래함은 미국은 위기 때마다 하나님 앞으로 나아갔다고 기자들에게 말하면서 회개와 영적부흥의 필요를 역설했다. 그는 스캔들을 폭로한 기자들 역시 참회해야만 한다며 "기자들은 이 중대한 시기에 국가를 위하여 건설적인 봉사를 할 수 있습니다… 만약 그들이 교회와 함께 손을 잡고 그들의 막강한 힘을 꺼져가고 있는 국가의 도덕성과 영성을 새롭게 지피는데 사용한다면 말입니다"라고 말했다.

이 글은 빌리 그래함을 다시 전쟁터로 끌어들였다. 워터게이트 사건에 대한 빌리 그래함의 영적 해결책에 대한 민심의 반응은 적대적이었다. 대통령에 대한 불신이 점점 깊어져 감에 따라, 빌리 그래함이 닉슨을 변호하고 지원하는 것과 사건을 원죄와 인간의 연약성에 돌리는 것은 목회자들이나 사회 지도자들이 보기에도 인정할 수 없는 것이었다. 「뉴욕타임즈」의 제임스 레스톤은 "이것은 은폐행위입니다.[17] 빌리 그래함의 말은 아직 말하지 않고 있는 대다수 국민의 진정한 감정을 뒤엎어 버리는 행위입니다"라고

---

16) "Watergate and Its Lessons of Morality," *New York Times*, May 6, 1973.
17) "Silence of the Leaders: The Other 'Cover-Up,'" *New York Times*, May 26, 1973.

말했다.

「워싱턴포스트」는 1973년 6월 15일자 머리기사를 "빌리 그래함은 워터게이트에 대하여 침묵하고 있다"라고 달았다. 기사는 장로교총회에서 빌리 그래함이 한 말을 언급하면서 그가 총대들한테서 대통령을 비판하지 않는 것에 대해 호되게 당했다고 전했다. 장로교총회에서 빌리 그래함은 "저는 여전히 닉슨 대통령을 믿고 있습니다"라고 선언했다. 빌리 그래함은 사건의 전모가 드러나기를 기다리고 있었다. "대통령은 저와 워터게이트에 대해 논의한 적이 없습니다." 그러나 이것은 전화통화를 통해서 사실이 아닌 것으로 드러났다. 빌리 그래함은 여전히 자신의 목회사명을 중시했다. "우리가 해야 할 일은 지도자들을 위해 기도하는 것이라고 생각합니다.[18]… 만약 맥거번이 대통령이 되었다 해도, 저는 그를 위해 기도했을 것이며 최선을 다해 도왔을 것입니다."

한 달이 채 안되어, 신문들은 빌리 그래함이 받고 있는 압박감을 머리기사로 다루었다.[19] 「포스트」는 "빌리 그래함은 전도집회를 포기하는가?"라고 보도했다. 열흘 간 열렸던 미니애폴리스 전도집회에서 빌리 그래함은 기자들에게 이것이 자신의 마지막 집회 일지도 모른다고 밝혔다. 빌리 그래함은 "심신이 탈진하여" 최소한의 것만 남기고 모든 방송 스케줄을 철회해야만 하는 상태였다.

한동안 빌리 그래함과 닉슨은 대화하지 못했다. 전화도 없었고 초대도 없었다. 백악관 주일예배도 중단상태였다. 닉슨은 교회도 가지 않았고 영적인 조언도 구하지 않았다. 빌리 그래함은 "저는 닉슨과 접촉하려고 여러 번 시도했습니다.[20] 만나서 기도를 통해 위로하고 이 어려운 시기에 주님의 인도를 구하라고 조언하고 싶었습니다"라고 말했다. 그리고는 왜 자신과 닉슨 사이에 이러한 영적인 거리감이 생겼는지 빌리 그래함은 알아챘다. 빌

---

18) "Graham Is Silent about Watergate," *Washington Post*, June 6, 1973.
19) "Graham to Abandon Crusades," *Washington Post*, July 13, 1973.
20) Pollock, *Evangelist to the World*, 178.

리 그래함은 대통령을 신앙인이 아니라 하나의 친구로 여겼다고 말했다. "저는 대통령이 과연 저를 친구가 아닌 목사로 여겨 본 적이 있었는지 의심해 보았습니다… 어쨌든 저는 그에게 기도 외에는 해 줄 것이 없었습니다."

닉슨은 완전히 잠적했다. 그는 대부분의 대통령직 수행을 감정의 벙커 안에서 수행했다. 1973년 백악관을 떠난 콜슨은 닉슨이 빌리 그래함을 향한 마음의 문을 닫았다는 사실에 깜짝 놀랐다. "지금까지 닉슨은 빌리 그래함을 의지해 왔습니다.[21] 닉슨은 울적한 일을 만나면 언제나 전화기를 들어 빌리 그래함과 통화했습니다. 어떻게 닉슨이 워터게이트 사건을 그 없이 돌파하려고 하는지 전혀 알 수 없었습니다."

10월에 애그뉴는 기소되었고 이내 사임했다. 그리고 애그뉴가 사임한 주간 토요일 밤에 공직자의 대량 해임사태가 있었다. 그날 닉슨은 법무장관 엘리어트 리차드슨(Elliot Richardson)에게 워터게이트 특별검사인 아치발드 콕스(Archibald Cox)를 해임하라고 명령했다. 그러나 리차드슨은 자기가 대신 사임했다. 헌정질서의 위기가 왔고 급기야 「타임」은 사설에서 닉슨의 사임을 요구하기에 이르렀다.

11월에 대통령이 사임해야만 하는지, 아니면 탄핵받을 것인지 하는 질문을 받고 빌리 그래함은 "민주주의는 반드시 도덕적 기초위에 서있어야 합니다.[22] 범죄의 행위가 드러나 그의 유죄가 인정되면 마땅히 탄핵받게 될 것입니다… 저는 대통령을 위해 기도하고 있습니다. 그를 위해 울부짖고 있습니다. 만약 그가 저에게 영적인 조언을 원한다면 저는 응할 것입니다. 그러나 그는 아무 말이 없습니다"라고 답했다. 빌리 그래함은 추수감사절 설교에서 공개적으로 닉슨에게 "이 비극적인 사건이 아마도 닉슨을 더 성숙한 사람으로 그리고 더 훌륭한 대통령으로 만들 것입니다. 저는 그의 행정부의 정책과 판단에 언제나 동의한 것은 아니지만 닉슨은 저의 조언과 기도를 받아

---

21) Colson, interview, July 18, 2006.
22) "Impeach or Resign: Voices in a Historic Controversy," *Time*, November 19, 1973.

들이려고 노력했습니다"²³⁾라고 용기를 북돋는 말을 건넸다.

닉슨에게서 자신이 알고 있던 대통령의 모습과 차이가 있다는 사실을 발견하기 시작하면서, 빌리 그래함의 불안감은 깊어져 갔다. 12월의 닉슨의 세금환급 내역서는 닉슨의 영혼을 여실히 보여주었다.²⁴⁾ 1970년에 닉슨이 자선단체에 기부한 금액 4,500달러는 그동안 그가 기부한 금액 중 가장 많은 액수였으며 그때까지 총 기부금액의 절반이 넘는 돈이었다. 또 모두 빌리빌리 그래함전도협회에 기증한 것이었다. 그가 대통령에 봉직한 이래 그가 얻은 수입은 3백만 달러에 이르렀다. 그러나 그동안 그가 기부한 돈의 총액은 10,000불이 채 안 되었다. 내역서에 따르면 닉슨은 산 클레멘트와 키 비스케인에 있는 자산을 불리기 위해 연방 공채에 투자했다.²⁵⁾ 빌리 그래함은 "닉슨의 지출은 개인적인 행위로 보아야 한다"라고 「워싱턴포스트」에 기고했다. 한편 빌리 그래함은 자신의 총 수입에서 10~15%의 금액을 기부금으로 사용했다.

당시 닉슨은 백악관이라는 감옥의 죄수였다. 기름 값이 폭등하는 위기가 왔고 국민은 여행을 자제하기 시작했다. 닉슨도 전용비행기를 타고 자신의 별장을 찾을 수 없었다. 그는 불면증에 걸렸고 궁지에 몰린 외톨이 신세로 전락했다. 12월 21일 닉슨은 그의 친구들, 비서인 로즈매리 우드(Rosemary Woods), 배리 골드워터(Barry Goldwater)를 불러 술을 마셨다. 그때 닉슨의 부인 팻은 빌리 그래함에게 전화를 걸어 다시 예배를 인도하러 백악관으로 들어와 달라고 요청했다. 빌리 그래함은 스위스에서 열릴 예정인 세계복음주의대회(World Evangelism conference)를 준비하고 있는 중이었다.

빌리 그래함은 정치적 위기가 왔음을 직감했다. 일부의 목사들은 닉슨의 해임을 요청하는 청원서를 주일 아침 교회 성도들에게 나누어주고 있

---

23) AP, November 22, 1973.
24) "President Concedes Material May Raise More Controversy," *New York Times*, December 9, 1973.
25) "President Questioned by Graham," *Washington Post*, December 23, 1973.

었다. 그러나 빌리 그래함은 언제나 백악관의 초청을 하나의 영적인 기회로 생각해 왔다. "저는 복음을 전하기 위해 어디든 갈 것이라고 말해왔습니다.[26] 그곳이 바티칸이든 혹 크렘린이든 또는 백악관이든 말입니다."

빌리와 룻은 크리스마스 직전 주말 백악관을 찾았다. 그리고 여러 시간 닉슨의 가족과 함께 보내며 예배와 기도 그리고 상담을 했다. 닉슨의 딸 줄리가 "6개월 이상 워터게이트 사건으로 마음 졸이며 보냈어요"[27]라고 회고했다. "더 중요한 것은 노력했는데도 불구하고 여전히 굳건한 영적인 기초를 놓지 못했다는 사실을 알게 된 것이에요." 줄리는 룻과 함께 성경을 공부해 가는 방법에 대하여 장시간 대화를 나누었다. 그녀는 각장마다 빼곡하게 밑줄이 쳐있고 여백마다 깨알 같은 글씨가 써져 있는 룻의 낡은 성경책을 보고 감탄했다. "룻은 내가 원하는 인생을 안내했습니다." 룻과 빌리 그래함은 줄리를 매주일 성경공부에 참여하는 한 하원의원의 부인에게 연결했다.

주일 아침 백악관에서 빌리 그래함은 예배를 인도했다. 그는 회개와 가난한 자들과 박탈당한 자들을 위한 정의에 대해 설교했다. 그는 회중에게 자신을 "지금까지 보낸 역대 크리스마스 주일 중에서 가장 특별한 성도들이 모인 장소"에 초청받은 "노스캐롤라이나에서 온 평범한 전도자"[28]로 소개했다. 그곳에는 부통령 포드와 상원의원 에드워드 케네디(Edward Kennedy)도 참석했다. 빌리 그래함은 마치 은퇴했다가 다시 자기 자리로 돌아 온 사람처럼 설교했다.

예배가 끝난 후 빌리 그래함과 닉슨은 처음으로 워터게이트 사건에 대해 단 둘이서 이야기를 나누었다. 빌리 그래함은 기자들에게 그것은 2년 만에 처음으로 닉슨과 나눈 진지한 대화였다고 말했다. 빌리 그래함은 후에 닉슨에게 "지난 일 년 동안 그 고통스런 시간을 보냈음에도 불구하고

---

26) "Watergate," interview in *Christianity Today*, January 4, 1974.
27) Pollock, *Evangelist to the World*, 178-179.
28) "White House of Worship," *Washington Post*, December 17, 1973.

당신이 그렇게 활기찬 모습을 보여준 것에 대해 무척 기뻤습니다."[29] 확실히 주님께서 놀라운 은혜로 당신을 붙들어 주셨습니다. 보통 사람 같았으면 벌써 무너졌을 것입니다"라고 편지를 썼다.

빌리 그래함의 백악관 방문이후 주요 신문들은 다음과 같은 머리기사를 달았다. "빌리 그래함은 친구 닉슨을 비판했고 심판에 관해 설교했다." 그는 예전만큼 닉슨을 부드럽게 대하지는 못했다. "그러나 닉슨의 도덕성에 관한 빌리 그래함의 완전한 신뢰는 여전했다. 그러나 닉슨의 도덕성에 반대되는 증거가 더 나오는 순간 빌리 그래함의 확신도 사라질 것이다." 비록 아직은 닉슨의 범죄사실이 입증되지 않았지만 "대실책은 이미 빌리 그래함에 의해 저질러졌다. 몇 사람이 도덕과 윤리적인 문제를 제기했지만 빌리 그래함은 대통령에게 말할 것이 있다면 개인적으로 할 것이라고 말했다."

닉슨이 자신의 인기를 위해 빌리 그래함을 하나의 도구로 사용하지 않았느냐는 질문에 대해 그는 "말도 안 되는 일입니다. 만약 닉슨이 그런 생각이었다면 왜 그렇게 수년간 저를 백악관에 초청했겠습니까? 그는 정말로 정치적으로 필요한 시간에는 오히려 저를 부르지 않았습니다"라고 화를 벌컥 냈다.

빌리 그래함은 그렇게 정직하고 충성스럽게 보이는 닉슨 주변의 사람들에 대해서는 어떻게 생각하느냐는 질문을 받았다. "닉슨의 참모들은 그의 재선이 세상에서 가장 중요한 일로 생각했습니다. 그들은 미래의 평화가 닉슨에게 달렸다고 굳게 믿었죠. 저는 그들 대부분이 매우 신실했다고 생각합니다. 그러나 그들은 '목적'이 '수단'을 정당화한다고 생각하기 시작했습니다. 그들은 모든 종류의 시민불복종운동을 저지하는 것이 베트남의 평화만큼이나 매우 중요하다고 생각했습니다. 사실 그들은 닉슨의 재선만이 베트남 평화를 이룰 수 있다고 믿었고요." 빌리 그래함은 "상황윤리"의 전염성에 대해 "워터게이트에 연루된 사람들은 상황윤리를 주장했습니다. 만약

---

29) BG to RN, December 26, 1973, NPM.

하나님이 그리고 하나님의 말씀이 절대적이어야 한다면 인간은 도덕의 한계를 반드시 설정해야 합니다. 하나님은 상황에 따라 자신의 도덕을 변개하지 않습니다"라고 말했다.

여러 사건을 설명할 때의 빌리 그래함의 모습은 깊은 상처를 받은 사람처럼 보였다. 그리고 회개의 필요성을 자기 자신에게도 적용했다. 그는 "오랜 시간에 걸쳐 저는 여러 대통령들에게 정치적으로 오해될 수 있는 조언들을 많이 했습니다. 이제는 정치적 오해를 받는 일을 더이상 하지 않을 것입니다"[30]라고 고백했다. 빌리 그래함은 닉슨의 불같은 성격과 고집스러운 자기주장에 대해선 언급하지 않았다. 그러나 "사람이 실수를 하면 자신의 약점을 훨씬 잘 받아들인다는 것을 이제 알았습니다. 저도 역시 실수들을 인정해야만 했지요. 크리스천은 자기 잘못을 인정하는 데 있어서 더 잘해야 합니다"라고 이야기를 했다.

빌리 그래함은 자신도 심지어 복음전도운동 자체에 해를 끼치기도 했다고 고백했다. "때때로 말실수를 많이 했습니다. 단지 제가 원하는 성명도 많이 발표했습니다. 저는 실수도 많고 넘어지기도 많이 한 예수님의 제자입니다. 유혹과 인간의 연약함의 지배도 많이 받았습니다."

신문에 비평적인 기사가 나가고 난 후 빌리 그래함은 닉슨과의 관계를 개선하기 위해 무척 애를 썼다. "불행하게도 일부 언론들은 부정적인 면만을 부각하였습니다.[31] 저는 다시 한 번 당신에 대한 나의 애정과 우리의 오랜 우정에 대한 감사와 당신의 도덕성에 대한 의심치 않는 저의 마음을 보이고 싶습니다."

그러나 닉슨의 최측근들은 여전히 닉슨을 옹호하고 있었다. 빌리 그래함에 대한 좌익 쪽의 비판은 전형적인 것이었지만 이제는 우익 쪽도 빌리 그래함에 대해 분노했다. 어떤 사람은 분노가 담긴 편지를 보냈는데 이 편

---

30) "Watergate," interview in *Christianity Today*, January 4, 1974.
31) BG to RN, December 26, 1973, NPM.

지는 빌리 그래함을 가라앉는 배에서 도망치는 쥐로 비유했다.[32] 노만 빈센트 필은 자신이 얼마나 실망하고 있는지 빌리 그래함에게 편지했다. "당신이 최근에 발표한 닉슨에 관한 성명서들을 보고 매우 슬프고 분해하고 있습니다.[33] 그것은 지금까지 우정을 유지해왔던 사람 옆에 서서 도와주는 것이 아니라 혼자 도망쳐 나오려는 당신의 모습을 보여주고 있습니다."

"나는 여전히 닉슨은 100% 지지하고 있습니다. 나는 닉슨을 전적으로 신뢰하고 있으며 그에 대한 사악한 공격들로 인해 마음에 큰 상처를 받고 있습니다."

빌리 그래함은 여전히 회개를 통한 용서를 주장했다. 그는 친구에게 자비의 가능성에 대해 설명하려고 애를 썼다. 조찬 기도회가 한 번 더 있다면, 빌리 그래함은 그의 연설에 둘 중의 하나가 포함되기를 원한다고 닉슨에게 편지를 보냈다. 빌리 그래함이 초안으로 보낸 내용 중 하나는 짧았고 다른 하나는 긴 문장이었는데 그것 모두 고백과 시인에 관한 것이었다.[34] 빌리 그래함은 닉슨이 자신의 영적인 씨름에 대해 말하기를 원했다. "저는 수많은 믿음의 선배들처럼 기도하기 위해 무릎을 꿇었을 때 정죄 받지 않으리라 믿습니다." 그러나 빌리 그래함의 계획은 닉슨의 "나는 이번 조찬 기도회를 내 어머니의 무릎에서 배웠던 하나님에 대한 재헌신의 기회를 삼을 것입니다"라는 대답으로 물거품이 되었다.

닉슨의 신임 비서실장인 알렉산더 헤이그(Alexander Haig)는 빌리 그래함이 보낸 편지를 닉슨에게 전달하면서 "워터게이트 사건을 대통령의 탓으로 돌리라는 것은 도저히 인정할 수 없다고 봅니다"[35]라고 말했다.

빌리 그래함은 조찬 기도회 내내 닉슨 옆에 있었다. 그리고는 깊은 고민을 안고 집으로 돌아왔다. 빌리 그래함은 닉슨이 원하는 대로 그의 영적인 삶에 대해 보증해 줄 수 있었지만 그렇게 하지 않았다. 몬트릿의 집에서

---

32) George Stringfellow to BG, January 9, 1974, NPM.
33) Norman Vincent Peale to BG, February 4, 1974, NPM.
34) Suggested Remarks by the President at the Prayer Breakfast, January 31, 1974, NPM.
35) Alexander Haig to RN, January 30, 1974, NPM.

닉슨에게 보낸 편지에서 명확히 볼 수 있는 것처럼 그것은 꾸짖음에 가까웠다.

"대통령께서 링컨의 영적인 삶에 대해 말씀하신 것은 참으로 훌륭했습니다." 빌리 그래함은 편지에서 닉슨에게 말했다. 그리고는 바로 압박을 가했다. "저는 대통령께서 위기 때마다 주님을 의지했던 링컨의 신앙을 말씀하신 것으로 그치지 말고, 한 걸음 더 나아가 당신 자신의 경험을 말하기를 원했습니다. 저는 모든 사람이 그것을 간절히 기다리고 있었다고 생각합니다. 기도회 후에 한 상원의원이 제게 말했습니다. '대통령은 잘나가다가 뒤돌아서고 말았다.'… 저는 당신의 마음속에 헌신과 소명으로 가득 차 있다는 것을 압니다. 그러나 때로는 많은 사람들 앞에서 그것을 공개적으로 말해야 할 필요가 있다는 것입니다."

그런 다음 빌리 그래함은 대통령을 위한 목회로 관점을 옮겨갔다. "대통령이 된다는 것은 엄청난 일이고 짜릿한 성취입니다.[36] 그러나 대통령이 되는 것보다 더 위대한 한 가지 일이 있습니다. 그것은 하나님의 자녀로 인정받고 그분의 세계에 거하는 일입니다. 그곳은 스릴, 기쁨, 모험, 흥분, 만족이 흘러넘치는 세계입니다. 그 놀라운 일들은 말로 표현할 수가 없습니다." 청중이 수만 명이든 혹 한 사람이든 빌리 그래함의 설교는 언제나 긴박성과 열망을 담고 있었으며 한편으로는 경고요 한편으로는 새로운 희망에 대한 기대로 차있었다. 그러나 이 빌리 그래함의 편지는 그가 닉슨을 잃어버린 자로 여기고 있다는 것을 암시하고 있었다. 당시 닉슨은 빌리 그래함이 도저히 짐작할 수 없는 비극의 구덩이인 강박관념의 세계에 잡혀 있었다.

시간이 지나 백악관의 범죄사실이 공개되는 최악의 상황에 이르자 빌리 그래함은 그동안 닉슨과의 관계가 어리석었다는 비난에 직면해야만 했다. 빌리 그래함은 아이젠하워가 잘못된 신앙을 가졌기 때문에 바르게 인

---

36) BG to RN, February 2, 1974, in Oudes, *From the President*, 609-610.

도하려고 했었고 존슨은 천사가 아니고 연약한 인간이었기 때문에 함께 기도하려고 했다. 그러나 닉슨의 경건함과 가문의 독실한 신앙은 의심의 여지가 없었다. "저는 닉슨이 얼마나 자주 자신의 어머니에 대해 이야기했는지 기억합니다."[37] 그의 기억 속에는 늘 성경을 읽고 계시던 어머니로 가득 차 있었습니다… 그리고 그 사실이 저를 감동시켰습니다." 빌리 그래함은 닉슨과 첫 만남을 이렇게 말했다. "우리는 주님에 대해 많은 이야기를 나누었습니다." 확실히 그들의 신앙관은 유사점이 많았다. 그러나 그것은 그들이 전혀 서로 달랐다는 사실이 드러날 때까지였다.

1974년 봄, 모든 것이 밝혀지는 순간, 빌리 그래함은 자신의 인생 중에서 가장 고통스러운 시간을 맞이하고 만다. 대통령 집무실에서의 대통령과의 대화의 모든 것이 공개된 후 빌리 그래함은 심하게 앓았다. 그의 가족들은 빌리 그래함의 병세로 인하여 근심에 빠졌다. "저는 제가 할 수 있는 모든 것을 다해 그를 믿어주었습니다.[38] 그러나 모든 것이 물거품이 되는 순간 저의 몸은 거의 탈진상태에 빠지고 말았습니다."

자신의 입장을 밝혀야만 하는 지경에 이르자 빌리 그래함은 "그 테이프를 보면 닉슨은 제가 전혀 알지 못했던 사람의 모습을 보여줍니다"[39]라고 말했다. 그것은 빌리 그래함 개인적으로는, 일종의 내적 신앙의 위기였다. 공적으로는 닉슨과의 친분으로 인해 수많은 세력에게 비난 받을 수밖에 없었다. 팻 로버트슨(Pat Robertson)은 크리스천들이 가공할만한 날조의 희생자들이었다고 자탄하며 "우리는 빌리 그래함이 자신 있게 추천했기 때문에 그가 독실한 신앙인이라고 믿을 수밖에 없었습니다… 우리는 빌리 그래함 박사가 정치적 이미지 창출을 위해 닉슨에게 이용당했다고 생각합니다"[40]라고 말했다.

---

37) BG, interview, January 23, 2007.
38) *JAIA*, 458.
39) John Dart, "Graham Finds It Difficult to Say Nixon Was 'Using' Religion," *Washington Post*, August 16, 1974.
40) Ibid.

닉슨이 그에게 준 것이 고통스러운 것이라 할지라도 빌리 그래함은 목회자임을 포기하지 않았다. 닉슨은 그의 친구였다. 빌리 그래함은 닉슨이 한 행위를 변호하지 않았지만 넘어진 그를 발로 차지는 않았다. 그는 대통령에게 다가서려고 애를 썼다. 그러나 그럴 기회가 오지 않았다. 빌리 그래함은 단지 그를 위해 기도할 뿐이었다.

세월이 흘러 빌리 그래함은 뒤돌아보며 "영적인 시각으로 보면 아무래도 악한 영이 그를 괴롭힌 것 아니겠어요"[41]라고 말했다.

빌리 그래함은 자서전에 "내가 아무래도 닉슨의 신앙을 과대평가한 듯 하다… 그가 신앙적인 것에 몰두할 때, 그것이 영적인 것인지 아니면 감정적인 것인지 구별한다는 것이 항상 쉽지 않았다. 되돌아보면 그가 주님에 대해 말할 때마다 그것은 흔히 하는 투의 말이었다"[42]라고 기록을 남겼다.

---

41) BG, interview, January 18, 2006.
42) *JAIA*, 442.

제23장

포드의 사면

저는 그것이 포드를 해롭게 할지 전혀 몰랐습니다.[1] *그런데 포드는 상처를 받은 것 같습니다.*

- 포드가 닉슨을 사면한 것에 대해

빌리 그래함의 정치세계가 무너져 내리는 그 순간에, 그의 복음의 세계는 더 큰 활력을 띠고 있었다. 수년간의 준비 끝에 그해 7월 빌리 그래함의 지휘아래 150개국에서 온 2,400명의 교회지도자들이 스위스의 로잔에서 대규모 컨퍼런스를 개최했다. 이 회의는 적어도 복음주의 미래를 논의하고 결정하기 위한 자리였다.

로잔회의는 전쟁보다는 전쟁을 위한 호소의 성격이 더 강했다. 빌리 그래함에 의하면 복음주의는 영혼구원이라는 거대한 목적에서 탈선하여 지상적인 일, 즉 인간 복지를 개선하는 일시적인 임무라는 곁길로 가고 있는

---
1) BG, interview, January 19, 2006.

중이었다. 누가 곁길로 가고 있는가? 빌리 그래함이나 보수적인 미국의 많은 신앙인들은 급진적인 세계교회협의회(WCC)가 단연코 곁길로 가고 있으며 그 결과 복음전파라는 목표를 상실했다고 믿었다. 「타임」은 로잔회의를 취재하면서 이 같은 논점을 파악하고 "WCC의 에큐메니즘(교회일치론) 옹호자들은 기독교가 불교나 힌두교 그리고 유대교의 신앙을 공격할 권리가 있는지에 대해 의문을 제기했다"[2]라고 기록했다. 빌리 그래함은 「타임」의 리차드 오스틀링(Richard Ostling)에게 "WCC는 점점 정통의 교리를 멀리 벗어나고 있습니다. 그 결과 WCC와 복음주의의 간격은 점점 벌어지고 있습니다"[3]라고 말했다.

로잔에서 빌리 그래함은 전쟁의 깃발을 들지는 않았다. 그는 WCC의 뒤뜰에서 싸우고 있는 중이었다. WCC의 본부는 로잔의 레만 호수 아래로 10여 마일 떨어진 제네바에 있었다.

로잔회의와 동일한 시간에 워싱턴에서 두 개의 다른 모임이 있었다. 하나는 하원이었고 다른 하나는 사법부였다. 하원사법위원회는 7개월의 조사 끝에 27대 11로 탄핵법안을 통과하였다. "닉슨 대통령의 그러한 행위는 탄핵, 기소, 해임의 사유에 해당한다." 그 주간 대법원은 만장일치로 닉슨에게 도청 테이프와 64개의 백악관 대화록을 워터게이트 특별검사인 레온 제워스키에게 양도하라는 판결을 내렸다.

빌리 그래함이 복음주의 세계 정상에 서서 전 세계적인 구원사역을 향한 거대한 날개를 펼치는 순간, 그의 가장 사랑한 어린 양은 길을 잃어버린 것이 분명했다. 빌리 그래함이 하나님의 왕국에서 극적으로 승리를 거머쥐는 순간, 인간의 왕국에서는 비참함을 맛보아야만 했다.

로잔에서는 동료들의 박수갈채를 받고 있었지만 국내의 비난은 피할 수 없었다. 로잔회의 첫째 날 연설에서 빌리 그래함은 "그것은 복음과 특정한 정치적 프로그램 또는 문화를 동일시하면서 나타난 실수였습니다. 오늘

---

2) BG, quoted in Ostling, "A Challenge for Evangelicals," *Time*, August 5, 1974, 48.
3) Ibid.

밤 저는 이것이 저의 복음사역을 위험에 빠뜨린 것 중의 하나임을 고백합니다"라고 말했다. 그리고 폐회 연설에서 "하나님이 지난 10일간 계속하여 말씀하신 것이 있습니다. 그것은 하나님이 저에게 유죄를 선고하셨고 동시에 제가 반드시 해야 할 일에 대해 말씀했다고 믿습니다"[4]라고 덧붙였다.

빌리 그래함이 누군가를 만나 개인적 조언을 했는데 이것은 그가 공중 앞에서 자신의 허물을 고백한 것만큼 의미가 있을 것이다. 회기기간 중 빌리 그래함은 로잔회의의 참석자 중 한 사람인 빌리 졸리(Billy Jeoli)[5]에게 사적인 만남을 제안했다. 졸리는 종교영화 제작자이며 수개월간 포드 부통령과 단둘이서 성경공부를 해온 사람이었다. 빌리 그래함과 졸리는 1955년 휘튼대학에서 만난 이래로 서로 잘 알고 있는 사이였다. 2년 후 졸리는 1959년 인디애나폴리스 전도집회 유치를 위하여 지역목사들이 구성한 유치위원회에 참여했다. 28일간의 집회 기간 중 졸리는 거의 매일 밤 빌리 그래함과 단상에 함께했다. 1960년 초, 졸리는 미시건의 그랜드 래피즈(Grand Rapids)로 이사했고 하루는 그 지역 하원의원인 포드를 만나 성경을 선물로 주었다. 그 후 두 사람은 친밀한 관계가 되었다. 그런데 지금 제리 포드(Jerry Ford)[6]가 미국의 제 38대 대통령이 되려는 순간이었다.

졸리는 로잔에 있는 빌리 그래함의 사무실로 방문했고,[7] 어떤 사람에 의해 빌리 그래함에게 안내를 받았다. 빌리 그래함은 그에게 "차기 대통령에게 하나님의 말씀을 전달할 막중한 책임"을 가졌다고 말했다. "자네가 백악관에 가게 되면 그와 골프를 치거나 요트를 타지 말게. 또 이런 저런 행사를 만들지 말게. 자네의 본분을 잊지 말고 그를 성경의 기초위에 서게 해야 하네."

빌리 그래함은 백악관에서 어렵게 배운 교훈을 그에게 전수했다. 빌리

---

4) Pollock, *Authorized Biography*, 135.
5) Zeoli, interview, May 5, 2006.
6) William Gildea, "And Now the White House Has Another Reverend Billy," *Washington Post*, January 29, 1975.
7) Zeoli, interview, September 2, 2005.

그래함은 정치인이 아니었다. 그는 복음을 전하라고 부름 받은 사람이었다. 졸리도 동일한 일을 해야만 했다. 후에 졸리가 빌리 그래함과의 만남을 회고했다. "빌리 그래함은 해서는 안 될 일을 대부분 말했습니다. 매우 심각하고 진지한 가르침"이었습니다. 대화가 끝나고 두 사람은 성경을 읽고 함께 기도했다.

빌리 그래함은 자신의 자리를 졸리에게 양보했다. 아마 영원히는 아니고, 분명히 잠깐이었다.

백악관의 또 다른 빌리

로잔회의가 끝난 그 주간, 졸리는 빌리 그래함의 제안에 따라 독일에서 포드에게 전화를 걸었다. 그때 포드는 마지막 부통령 시기를 보내며 조만간 일어날 일을 의식하고 있었다. 졸리가 "내가 미국으로 돌아가면 함께 기도하자고 포드에게 말했습니다.[8] 그러나 포드는 이렇게 말했습니다. '바로 지금 당신은 그곳에서, 나는 이곳에서 기도할 수 있습니다"라고 회상했다. 두 사람은 전화상으로 기도하며 주님의 지혜와 인도를 간구했다.

제럴드 루돌프 포드(Gerald Rudolph Ford)는 네덜란드 칼빈주의의 중심인 미시간 그랜드 래피즈 출신이었다. 그곳은 1959년대 후반까지도 일부의 주민들 사이에서 안식일에 신문을 읽는 것이 옳은 지 여부에 대해 논쟁이 일던 보수색이 강한 지역이었다. 반면 포드의 가정은 엄격하지 않았다. 그의 어머니와 양아버지는 성공회 교회에 출석했고 주일 오후에 대해 좀 더 자유로운 태도를 가졌다. 포드는 자신의 유년시절을 "때때로 나는 밖에 나가 야구를 즐겼습니다.[9] 물론 나의 일부 네덜란드계 친구들은 밖으로 나

---

8) Zeoli, *God's Got a Better Idea* (Old Tappan, NJ: Fleming H. Revell Company, 1978), 16.

9) J. F. terHorst, *Gerald Ford and the Future of the Presidency* (New York: Third Press, 1974), 31-33.

오는 것이 허용되지 않았습니다"라고 회상했다.

그랜드 래피즈는 1947년에 도시로서는 빌리 그래함이 최초로 전도집회를 한 장소였다. 1950년대에는 빌리 그래함과 포드는 가끔씩 만날 수 있었다. 당시 포드는 떠오르는 공화당 의원이었다. 포드는 애리조나의 존 로드(John Rhodes), 위스콘신의 멜 래어드(Mel Laird) 그리고 미네소타의 알 퀴에(Al Quie) 같은 동료의원들과 주말 아침에 열리는 기도회에 참석했다.[10] 그는 1967년에 시작하여 1975년까지 계속된 주말 기도회 모임을 "정치적 계보를 떠난 모임으로 매우 경건한 시간이었다."[11] 한 친구에 따르면 그는 결코 신앙적인 척하려고 애쓰지 않았다. 그것은 "그가 자신의 신앙을 나타낼수록 스스로 교만해질 수 있다고 생각했기 때문이었다"라고 묘사했다.

한편 졸리는 정규예배에 출석하기 어려운 프로 운동선수들을 위한 목회를 하고 있었다. 1970년대 초반 "축구장 예배"(football chapel)라고 불리는 경기 직전 예배에서 졸리는 포드가 자신의 삶이 그리스도에게 위탁된 것을 확신하고 있다고 말했다. 졸리가 워싱턴에서 예배를 인도할 때, 포드는 자기 친구인 졸리가 설교하는 것을 듣기 위해 맨 앞자리에 앉았다. 그때 설교의 제목은 "하나님의 경기운영 계획"이었다. 그날 포드는 설교에 은혜를 받고 그리스도와 그분을 통한 용서 그리고 그것이 의미하는 것 등에 대해 여러 사람과 대화를 나누었다. 그때 포드는 그리스도에게 자신을 전적으로 위탁하는 순간이었을까? 졸리가 "내가 아닌 다른 사람에게 일어난 신앙적 사건, 즉 그 자신을 그리스도에게 위탁하는 순간이 언제라고 딱히 말하는 것은 어렵습니다. 그것은 하나님의 일입니다. 그러나 저는 그날이 포드가 그리스도를 새롭게 알게 된 중요한 날이라고 생각합니다"[12]라고 설명했다.

포드가 부통령이 되자, 졸리는 그에게 매주일 한절 또는 두절의 성경말

---

10) James Cannon, *Time and Change: Gerald Ford's Appointment with History* (Ann Arbor: University of Michigan Press, 1994), 267.
11) GF, quoted in Bob G. Slosser, "Weekly Session Held Amid Reports of Succession," *New York Times*, August 8, 1974.
12) Zeoli, interview, December 28, 2006.

씀과 기도가 포함된 신앙편지를 써서 보내기 시작했다. 졸리는 신앙편지를 월요일 아침 포드의 집무실 책상에 당도하게 하려고 금요일 오후에 발송했다. 3년에 걸쳐 졸리는 포드에게 146번의 신앙편지를 보냈다. 포드가 회고하며 "편지들은 내용에 있어 깊이가 있었고 말씀선택이나 기도는 아주 적절한 것들이었습니다. 편지들은 하나님의 감동으로 쓰였다고 믿습니다. 하나님은 빌리 졸리를 당신의 도구로 사용했습니다"[13]라고 말했다.

닉슨의 강력한 왕국이 사라지고 포드가 정권을 잡은 초창기 시절, 놀랍게도 그리고 의심스러울 정도로 나라는 안정적이었다.[14] 대통령이 된 후 처음 열흘 동안 포드는 여전히 버지니아 알렉산드리아 지역의 방 네 개짜리 집에 머물렀다. 둘째 날, 집무실에서 밤을 샌 포드는 파자마를 입은 채로 아침신문을 뒤적거렸다. 포드는 워싱턴의 꽉 막힌 출근길 교통을 처리하기 위해 애쓰는 공무원들의 모습에서 자신의 일이 무엇인가를 보았다. 스스로 빵을 구워 아침을 해결한 그날 아침처럼 그는 많은 것을 홀로 감당해야 했다. 그리고 이틀 후 포드는 대통령선서를 했다. 포드의 부인 베티는 일기에 "백악관에서 소수의 사람을 위한 예배는 더는 지속되지 않았다"[15]라고 적었다.

빌리 그래함은 포드가 그의 전임자인 닉슨과는 다른 인물이라는 것을 알았다. 빌리 그래함은 1974년 8월 중순 「워싱턴포스트」에 새로운 대통령은 전임 대통령보다 더 영적인 사람이라고 말했다. "그는 아마 닉슨보다 성경과 하나님에 대해 그리고 기도의 필요성에 대해 더 자주 의견을 피력할 것이라 봅니다.[16] 닉슨 대통령은 그렇게 하는 것을 좋아하지 않았습니다. 그가 왜 그랬는지는 잘 모르겠습니다." 사실 포드는 백악관에서 매일 아침

---

13) Ford recalling weekly devotionals, in Zeoli, *God's Got a Better Idea*, 8.
14) Betty Ford and Chris Chase, *The Times of My Life* (New York: Harper and Row, 1978), 162; and "Gerald Ford: Off to a Fast, Clean Start," *Times*, August 26, 1974.
15) Betty Ford, *Times of My Life*, 162.
16) BG, quoted in Dart, "Graham Finds It Difficult to Say Nixon Was 'Using' Religion," *Washington Post*, August 16, 1974.

잠언서의 말씀을 조용히 읽고 묵상하고 난 후 집무를 시작했다.[17] 그 말씀은 그의 어머니가 어려운 시기에 하나님을 의지하라고 어려서부터 그에게 가르쳐 준 것이었다. "너는 마음을 다하여 여호와를 의뢰하고 네 명철을 의지하지 말라 너는 범사에 그를 인정하라 그리하면 네 길을 지도하시리라"(잠 3:3-6). 이 말씀은 1944년 12월 비행기 조종사로 태평양에서 태풍을 만났을 때, 포드가 붙잡고 기도했던 성구였다. 또한 그와 부인 베티가 대통령이 되기 전부터 밤마다 기도시간에 암송했던 말씀이었다.

졸리는 비공식적인 백악관 목사가 되었다. 그는 포드의 대통령 재임기간인 30개월 동안 24번 백악관을 방문해 어떤 때는 아침식사를, 어떤 때는 저녁식사를 그와 같이했고 또 어떤 때는 밤늦게까지 대화를 나누었다. 그러나 빌리 그래함이 조언한대로 그는 대통령과 정치적인 이야기는 나누지 않았다. 그들은 한 달에 한 번 꼴로 만나 집무실이나 사저에서 성경을 읽고 함께 기도했다. 「워싱턴포스트」는 백악관의 바뀐 영적 조언자에 대해 "백악관에서 또 다른 빌리가 사역하고 있다"라고 기사를 달았다. 그런 기사가 몬트릿에 있는 빌리 그래함의 우려를 자아낼까 걱정한 졸리는 자신은 결코 문제를 만들고 싶지 않다는 것을 알려주기 위해 빌리 그래함에게 전화를 걸었다. 빌리 그래함은 그에게 "자네가 큰 곤경에 처하지 않은 것에 대해 고맙게 생각하네"라고 말했다.

돌아온 우정

포드가 대통령직을 수행한지 채 한 달이 안되어 빌리 그래함은 친구 닉슨의 사면을 호소하기 위해 재등장했다.[18] 포드는 전임 대통령에 대한

---

17) Cannon, *Time and Change*, 36-37.
18) Ambrose, *Nixon, Volume Three: Ruin and Recovery*, 1973-1990 (New York: Simon and Schuster, 1991), 456.

사면에 있어 자신과 빌리 그래함의 생각이 다르지 않았다고 말했다. 빌리 그래함의 타이밍은 아주 훌륭했다.

    1974년 8월 하순, 빌리 그래함과 닉슨 모두 캘리포니아에 머물렀다. 닉슨은 은둔상태로 산 클레멘트의 카사 패시피카에 있었고 빌리 그래함과 그의 부인은 파우마 밸리에서 휴가를 보내고 있었다. 두 사람은 한 시간 정도의 거리를 두고 있었다. 빌리 그래함은 닉슨을 만나려고 애를 썼다. 그러나 불명예를 안고 있는 전임대통령은 빌리 그래함의 전화를 받지 않았다. 닉슨의 건강을 걱정한 빌리 그래함은 닉슨의 전직 참모들인 밥 핀치와 허버트 클라인(Herbert Klein)에게 전화를 걸어 부탁도 했다. 그리고 닉슨에 대한 자신의 침묵을 먼저 깨버렸다. 빌리 그래함은 옛 친구가 시련을 과연 극복할 수 있을지 장담하지 못했다. 사면이 분명한 해결책이었다. 빌리 그래함은 그럴듯하진 않지만 사면이 포드 대통령에게도 좋은 일이 될 것이라고 믿었다. 빌리 그래함은 당시 샌디애고 신문 사장으로 있는 클라인을 만나 사면을 위한 신청방법에 대해 논의했다. 클라인은 빌리 그래함에게 직접 포드 대통령에게 전화할 것을 주문했다.

    그러나 빌리 그래함은 다른 방법으로 접근했다. 그는 한때 닉슨의 참모였던 그러나 지금은 포드의 조언자로 활동하는 앤 암스트롱(Anne Armstrong)에게 전화했고 그녀는 다시 빌리 그래함의 의견을 알렉산더 해익(Alexander Haig)에게 전달하고 해익은 빌리 그래함에게 조만간 포드를 만나게 될 것이라고 전화를 주었다.

    이때 이미 포드는 사면에 대하여 고심하고 있었다. 포드가 대통령이 된 후 처음 기자회견을 했을 때 29개의 질문 중에 11개가 닉슨과 워터게이트 사건에 관한 것이었을 때 무척 당황했었다. 그리고 포드는 그것을 지혜롭게 답하지 못했다. 닉슨에 대한 판결문을 정밀하게 검토한 포드는 이 문제를 해결하지 않는 한 앞으로 수개월간 자신이 대통령직을 수행하기가 어려울 것이라고 참모들에게 토로했다. 포드가 참모들에게 8월 30일 비공식적인 회합을 제안했을 때 그들은 전율했다. 후에 법률고문 로버트 하트만 (Robert Hartmann)은 "우리는 벙어리가 된 채 앉아만 있었습니다. 대통령의 논리에는 문제가 전혀 없었습니다. 그러나 나는 스스로 자기 몸을 자해하고 있는 사람을 보는듯한 느낌이었습니다"[19]라고 회고했다. 같은 날 포드는 그랜드 래피즈에서부터 자신에게 법률자문을 해 준 절친한 친구인 필 부헨(Phil Buchen)에게 노동절 주말을 함께하면서 사면에 대한 논의를 하자고 부탁했다.[20] 부헨은 사면에 대한 교환조건으로 닉슨의 참회성명이 필요하다고 말했다. 그때까지 포드는 그것을 생각해보지 않은 상태였다. 포드의 대부분의 참모들은 사면결정을 쉽게 해서는 안되며 최소한 당분간은 연기되어야 한다고 조언했다.

8월 31일 포드는 자비심으로 가득 찼다. 워터게이트 사건의 상처를 싸매려는 희망으로 그는 아침부터 베트남전 징병 거부자를 포함한 일종의 사면 계획을 논의했다. 법무부와 국방부 관계자들과 함께 포드는 징병을 거부한 젊은이들을 어떻게 사면하는 것이 좋은지, 또 어떤 형량이 적절한 것인지 집중 검토했다. 회의가 끝난 후 포드는 집무실로 돌아와 캘리포니아에 있는 빌리 그래함에게 전화를 걸었다. 일전에 해익이 빌리 그래함에게 약속한 대로였다.

통화시간은 15분이 이내였지만 포드의 마음을 거의 움직인 대화였다. 빌리 그래함은 "대통령에게 제가 느끼는 것을 말했습니다."[21] 빌리 그래함은 닉슨의 전 참모들인 핀치와 클라인과 나눈 대화를 소개하면서 "닉슨이 매우 의기소침해 있다고" 말했다. 그리고 빌리 그래함 자신은 "닉슨이 기소되어 감옥에 가는 비극적인 사태가 올지도 모른다는 걱정을 하고 있다. 이 시점에서 제 친구를 돌려달라고 간청했습니다. 저는 그것만큼은 볼 수가 없었습니다. 저는 그렇게 포드 대통령에게 말했습니다"라고 말했다.

---

19) Robert T. Hartmann, *Palace Politics* (New York: McGraw-Hill, 1980), 259.
20) Cannon, *Time and Change*, 373-375.
21) BG, interview, January 23, 2007.

포드는 그때 닉슨을 사면하기로 마음먹었지만 빌리 그래함에게는 밝히지 않았다. 빌리 그래함이 밝힌 바에 따르면 그때 포드는 사면에 대해 그리고 그 파장에 대해 생각해 보고 있는 중이라고만 말했다. 포드는 빌리 그래함에게 기도를 부탁했고 그들의 전화통화는 빌리 그래함이 기도한 후 끝났다.

2006년 인터뷰에서, 92세가 된 전임대통령 포드는 빌리 그래함과 전화통화하기 이전에 닉슨을 사면하기로 결정한 상태였다고 분명하게 "나는 빌리 그래함에게 그것을 말하지는 않았습니다. 그러나 그의 탄원이 나의 마음을 더욱 확고하게 만들어 주었습니다"라고 말했다.

9월 8일 주일, 포드는 예배를 드리러 백악관 근처 라파에트 광장을 지나자마자 나오는 성요한성공회교회에 갔다. 50여명의 성도들과 함께 그는 성찬을 받고 무릎을 꿇고 기도했다. 그런 다음 집무실로 돌아와 준비한 사면 성명서를 두 번 크게 읽어보았다. 그리고 닉슨의 건강을 걱정하는 내용을 첨가한 후 의회지도자들에게 자신의 계획을 설명하기 위해 집무실 옆 부속실로 이동했다. 드디어 11시 5분, 그는 사면을 발표했다.[22] 그는 짧은 성명서를 발표하면서 하나님의 이름을 6번이나 불렀다. "헌법은 이 나라의 최고의 법입니다.[23] 그리고 그것이 우리의 삶을 통치합니다. 그러나 오직 우리의 양심을 통치하는 것은 하나님의 법입니다. 그것은 헌법 위에 있는 거룩한 법입니다… 나는 대통령이 아니라 하나님의 비천한 종의 한 사람으로 진심을 다해 믿고 있는 것이 있습니다. 그것은 우리가 자비를 보이지 않으면 자비 없는 심판을 받을 수밖에 없다는 것입니다."

이것은 아직 자비의 분위기가 무르익지 않은 상태에서 나온 심오한 하나의 기독교 선언이었다. 빌리 그래함은 텔레비전을 통해 포드의 담화를 지켜보았다.[24] 그는 이미 백악관의 비서를 통해 포드의 계획을 전달받았다

---

22) "The Pardon That Brought No Peace," *Time*, September 16, 1974.
23) GF, *Nixon pardon statement*, September 8, 1974, GFL.
24) *JAIA*, 555.

고 회상했다. 백악관의 한 사람은 빌리 그래함의 조언이 대통령으로 하여금 성명서를 발표하게 했다고 평가했다.

여론의 반응은 험상궂었다. 국민은 닉슨을 용서한 포드를 용서하지 않을 분위기였다. 사면을 지지한 몇 안 되는 사람 중에 하나인 빌리 그래함은 자신의 견해를 "저는 그것이 포드를 해롭게 할지 전혀 몰랐습니다. 그런데 포드는 상처를 받은 것 같습니다."[25]라고 밝혔다. 어쨌든 포드가 대통령 직무기간 중 가장 중요한 결정을 그렇게 쉽게 내리는 데에는 빌리 그래함의 역할이 컸다. 1999년 포드는 기자들에게 빌리 그래함이 대통령취임 후 초반 몇 개월 그 어려운 시기에 자기를 지원에 준 것이 고마웠다고 말했다. "빌리 그래함 목사가 나를 찾아와 힘을 북돋아 준 것이 산적한 수많은 난제를 해결하는 데 정말로 큰 힘이 되었습니다."[26] 포드는 그렇게 말했다.

빌리 그래함은 닉슨이 여전히 의기소침한 것을 걱정했다. 그해 가을 닉슨이 정맥염으로 병원에 입원하자 룻은 친구에게 부탁해 개인 비행기를 대절해서 병원 주위 상공을 날게 하였다. 비행기에는 대형 현수막이 달려있었다. "닉슨, 하나님이 당신을 사랑해요 그리고 우리도요." 닉슨은 병실 창문을 통해 그것을 보았다. 그러나 닉슨은 한동안 누가 그 일을 한 것인지 몰랐다. 빌리 그래함은 "우리는 그것으로 닉슨에게 용기를 주려고 했습니다"[27]라고 말했다. 닉슨과 빌리 그래함 두 사람은 산 클레멘트에서 함께 저녁식사를 했다. 그렇게 아이젠하워와 존슨과 유지했던 퇴임 대통령과의 우정을 닉슨에게서도 회복할 수 있었다. 1993년 빌리 그래함은 닉슨의 부인 팻 여사의 장례식을, 다음해 닉슨의 장례식도 집전했다.

대부분 빌리 그래함은 포드의 대통령직 수행을 멀리서 지켜보았다. 1975년 5월, 빌리와 룻은 샬롯에서 있은 포드의 연설을 듣기 위해 참석했다. 그들은 군중이 쉽게 접근할 수 있는 맨 앞자리에 앉았다. 그때 맨발에

---

25) BG, interview, January 19, 2006.
26) Lisa Singhania, "President Ford Toasted by the Reverend Graham," AP, August 20, 1999.
27) *JAIA*, 553.

상체를 발가벗은 시위자가 피켓을 들고 룻이 있는 곳으로 다가왔다. 피켓에는 "엿이나 먹어라"라고 쓰여 있었다. 피켓이 룻의 시야를 가로막자 그녀는 얼른 그 피켓을 잡아채 발아래 내려놓았다. 시위자가 피켓을 달라고 요구했지만 그녀는 주지 않았다. 그는 룻을 고소했다. 그녀는 벌금을 물기보다는 차라리 감옥에 가겠다고 말했다 (고소사건은 법정에서 45분 만에 없던 일로 끝났고 룻은 후에 고소인을 찾아가 성경을 선물로 주었다). 룻은 후에 그 일을 회상하며 "누구나 자신의 의견을 피력할 권리가 있습니다. 그러나 미국의 대통령이 연설하는 곳에서는 자신의 의견을 자제하는 것이 마땅합니다. 저는 다섯 아이들의 엄마입니다. 아이들이 다른 사람을 존중하지 않는 것은 참지 않았습니다"[28]라고 말했다. 포드는 빌리 그래함에게 감사의 말을 전했다. 거기서 포드는 그 사건에 대해 "저는 그런 멋진 친구들을 가졌다는 것이 기뻤습니다. 그녀는 심지어 몸으로 나를 보호했습니다!"[29]라고 말했다.

그러나 포드와 빌리 그래함의 만남은 쉽게 이루어지지 않았다. 아마도 그런 만남은 서로 상처를 주는 결과를 가져올지도 모르는 일이었다. 8월 어느 날에 베티 포드가 자신의 어린 시절에 마리화나 피우는 것이 일반적인 일이었다면 자신도 아마 피워보려고 애를 썼을 것이라고 말했을 때, 빌리 그래함은 "그녀가 그렇게 말한 것에 대해 실망했다"라고 말했다. 그리고 덧붙여 말했다. "제가 그런 실수를 했을 경우라면 입을 닫고 이미 한 말을 취소하려고 노력했을 것입니다. 저는 그녀가 그렇게 하길 바라고 있습니다."[30] 포드 행정부 시절의 각료들은 빌리 그래함의 이러한 언급 뿐 아니라 포드의 백악관이 빌리 그래함을 원치 않았던 단순한 이유는 빌리 그래함 뒤에 닉슨의 망령이 따라다녔기 때문이라고 회고했다. 짐 캐논(Jim Cannon)은 "백악관은 닉슨의 추억이 담긴 것은 무엇이나 없애버리려고 무

---

28) Ruth Graham, in Cornwell, *Ruth: A Portrait* (New York: Doubleday, 1997), 234-236.
29) GF, letter to BG, June 6, 1975, GFL.
30) BG, quoted in Jim Dumbell, "Graham, Mrs. Ford at Odds," *Charlotte Observer*, August 23, 1975.

척 애를 썼습니다"라고 말했다. 1975년 9월 포드는 부 비서실장인 딕 체니(Dick Cheney)에게 메모를 전달했다.

그 메모는 "딕, 한 주전에 빌리 그래함과 잠시 마주쳤소. 그는 백악관을 방문하고 싶다는 의사를 표명했소. 그래서 메모를 보내는데… 우리가 만난다면 무슨 이야기 거리가 있겠소"[31]라고 시작했다.

체니는 포드의 메시지를 가을 전후 어느 땐가 받았고 포드와 빌리 그래함과의 회동은 12월에 하기로 최종 결정했다. 그러나 회동 직전 룻이 전화를 걸어 빌리가 갈 수 없는 상황이라고 사과했다.[32]

결국 그들은 만남을 1976년으로 연기하였다.

---

31) GF, memo to Richard Cheney, September 1975, GFL.
32) Ruth Graham, call to Ann Breen, December 3, 1975, GFL.

THE PREACHER AND THE PRESIDENTS

제24장

새로운 형태의 선거전

카터는 지나치게 신중한 사람이었습니다.[1] 저는 그가 어떤 사람인지 잘 알지 못했습니다.

- 카터와의 관계에 대하여

미국의 정치는 1976년 3월 어느 날 밤, 지미 카터(Jimmy Carter)가 노스캐롤라이나 어느 집 뒤뜰에서 모인 모임에서 하나님에 대한 신앙에 대해 말할 때에 완전히 바뀌었다.

노스캐롤라이나 예비경선이 있기 며칠 전, 윈스톤-살렘에서 으스스한 봄날 저녁에, 카터가 75명의 지지자들이 질문하는 것에 답하는 것으로 모임이 시작했다. 어떤 사람이 카터에게 거듭난(born again) 크리스천인지를 물었을 때, 카터는 그것에 대한 입장을 정리하게 위해 지지자들 앞에 섰

---

1) BG, interview, January 18, 2006.

다.² 카터는 "나는 '예스'라고 대답했습니다.³ 이것은 내가 청년시절 이후로 늘 하던 대답이었습니다"라고 말했다.

1970년대 중반 당시 남부 개신교인들 중에 거의 절반 이상이 스스로 거듭난 크리스천으로 여겼다. 남부 본토 출신으로 카터만큼 강력한 대통령 후보는 이제까지 없었다. 그날 밤 그의 고백이 무엇을 의미하였건 간에, 그것은 그가 11살에 플래인즈침례교회에서 한 개인적 신앙고백에 대해서 말한 것이 아니라 1967년 그의 나이 42세 때 자신의 삶을 그리스도에게 다시 위임한 결단을 말하는 것이었다. 카터는 그날 모인 사람들에게 "그때서야 비로소 내가 아직 그리스도와 성령의 임재 앞에 나의 삶을 완전히 위임하지 못했다고 깊이 깨달았습니다. 그 후부터 내적인 평화와 확신이 흘러 넘쳤고 내 인생이 변화하였다는 것을 확신하였습니다"⁴라고 말했다.

이것은 새로운 형태의 유세연설이었다. - 그것을 달리 표현할 말이 없다 - 즉 대통령 출마 후보자가 자신의 신앙선언을 선거유세의 중심으로 삼는 것이다. 물론 그것은 즉흥연주가 아니었다. 카터의 초기 선거 참모이었던 아이젠스타트(Stuart Eizenstat)에 따르면 카터는 유세 중에 발표해야 할 자신의 자산 목록표에 반드시 기독교신앙을 집어넣었다. 연설원고 담당이었던 아이젠스타트는 카터의 원고 초안에서 신앙에 관한 것을 빼려고 했다. "내가 그 부분을 원고에서 빼도 카터는 원고에 다시 넣었습니다. 당시엔 제가 알지 못했지만 카터는 분명 남부의 백인 유권자들에게 호소할 수 있는 중심의제를 만들 의향이 분명 있었습니다. 나는 그것이 카터가 깊이 믿고 있는 신앙을 잠깐 소개하는 것인 줄만 알았으나 완전히 정치적인 결정이었습니다."⁵

---

2) Martin Schram, *Running for President: A Journal of the Carter Campaign* (New York: Pocket, 1976), 111.
3) JC, interview, September 20, 2005.
4) Schram, *Running for President*, 111.
5) Stuart Eizenstat, interview, Miller Center, University of Virginia, Jimmy Carter Presidential Oral History Projet, January 29-30, 1982.

카터는 신문과의 인터뷰에서도 자신의 독실한 신앙에 대해 강력한 암시를 주었다. 카터의 선거유세를 위해 만든 책『왜 최선을 다하지 않는가?』(Why not the Best)에서 - 이 책은 남침례교총회 출판부가 이미 6개월 전에 출판하였다. - 그는 복음주의자들의 신앙 용어를 사용함으로써 그들과 강력한 연대감을 표시했지만 그러나 신앙을 무능의 증거로 여기는 세속적 민주당원들이 기겁할 정도까지는 아니었다. 카터는 윈스톤-살렘의 연설 전까지는 선거유세에서 자신의 신앙을 거의 드러내지 않았다. 그러나 이제 1976년 대선의 예비경선이 바이블벨트(Bible Belt: 미국 남부의 보수주의 신앙이 강한 지역을 일컫는 말 - 역주)에서 시작하자 카터는 자신의 신앙이야기를 공개하기 시작했다.

그리스도께 다가서려는 카터의 결단은 어느 날 갑자기 청천벽력과 같이 온 것이 아니라 점진적인 것이었다. 그것은 기도와 말씀을 따라가려는 삶속에서 자연스럽게 이루어졌다. "어느 날 하나님의 음성을 들은 것이 아닙니다. 신비로운 사건이 있었던 것도 아닙니다. 일반사람들이 크리스천의 길을 택한 것과 거의 비슷한 방식으로 개인적인 결단으로 택한 것입니다."[6]

1966년 지미 카터는 조지아 주지사 선거에서 패배했다.[7] 섬터 군(郡)지역 이외에서는 그의 말을 들어주는 청중이 거의 없었다. 카터의 부인 로잘린은 "믿을 수 없는 일"이라고 경악했다. 선거 결과가 나오기 이전부터 카터는 어안이 벙벙했다. 불과 몇 개월이 안되어 선거 빚은 66,000불이 되었고 체중은 10kg가량 빠졌다. 그는 결국 애틀랜타의 레스토랑 기업을 경영하는 레스터 매덕스(Lester Maddox)에게 패했다. 그는 한밤중에 조용히 짐을 꾸려 애틀랜타를 떠나 고향인 플래인즈로 귀향했다. 카터는 참모들을 원망하지 않았다. 그는 삶의 공황 그리고 영적인 공황상태에 빠졌다. "나

---

6) Schram, *Running for President*, 112; see also Wesley G. Pippery, *The Spiritual Journey of Jimmy Carter* (New York: Macmillan, 1978), 8.

7) Rosalynn Carter, *First Lady from Plains* (Fayetteville: University of Arkansas Press, 1984), 54; also Jerry Rafshoon, interview, November 1, 2005.

는 완전히 탈진했습니다.[8] 내 인생의 중요한 목표에서 실패해보긴 처음이었습니다. 신앙과 하나님한테서도 멀어져갔습니다. 나는 반드시 주지사가 되어야 한다고 생각했습니다. 우리 주에 인종차별을 강요할 사람이 주지사가 되어서는 안 된다고 믿었습니다."

카터의 여동생인 룻 카터는 오빠의 상태가 안 좋다는 것을 알고 노스 캐롤라이나에서 플래인즈로 손수 운전해서 갔다. 룻은 남부일대에 잘 알려진 전도자로 뉴에이지의 심리학과 기독교신앙을 혼합해서 프리랜서로 사역하고 있었다. 룻은 오빠와 걸으면서 먼저 그를 성경으로 위로했다. "동생은 야고보서의 말씀들을 인용해서 실망, 실패, 슬픔, 상실 등은 인내를 배우게 하고 자신을 다시 평가해 보게 하고, 미래의 보다 큰 성공을 위해서 신앙을 새롭게 하는 계기가 된다고 위로했습니다." 카터는 그때 일을 "나의 상태를 정확히 표현할 수 없지만 엉망인 것은 사실입니다. 동생은 이렇게 말했습니다. '오빠, 오빠는 미 해군사관학교를 졸업했고 해군 장교였고 주상원의원이었고 마침내 주지사에 출마했었어요. 지금까지 많은 것을 성취해왔어요. 현재는 섬터군 교육위원이고요. 그런데 왜 그것은 모르고 하나님께 감사하지 않나요? 그리고 왜 지금 일어난 일만 쳐다보나요?"[9]라고 회상했다.

그해 여름 카터에게 기대치 않았던 일이 일어났다. 카터가 "빌리 그래함 전도본부에서 우리 마을에서 열리는 전도집회를 도울 사람을 찾아달라는 요청이 우리 군(郡)으로 왔는데, 내가 그 일을 하기로 자원했습니다. 생각해 보면 무기력한 순간이었습니다."[10]라고 그때 일을 회상했다.

왜 그때가 "무기력한 순간"이었는가? 카터는 1966년 주지사 선거에서 패배하자 곧바로 선거운동을 준비하기 시작했다. 그는 빌리 그래함의 운동이 인종 간의 통합된 집회의 성격을 띠고 있다는 사실을 알고 스스로 깜

---

8) JC, interview, September 20, 2005.
9) Ibid.
10) Ibid.

짝 놀랐다.[11] 카터는 빌리 그래함의 본부에 합류하면서 "알다시피 나는 정치인입니다. 그리고 여전히 주지사를 꿈꾸고 있습니다. 그러나 현재는 패배자입니다. 그렇다고 인종통합종교집회의 일시적인 리더가 되려고 하는 것은 인종차별이 심각한 조지아 주에서 표를 얻기 위한 얄팍한 정치적인 행위가 아니었습니다"라고 말한다.

처음에 카터는 인종통합회의를 위한 장소를 찾는데 어려움을 겪었다 (그러나 이내 폐교된 학교 빌딩 지하실을 찾아냄으로써 이 문제를 해결한다). 두 번째 카터의 임무는 전도집회를 개최할 장소를 발견하는 일이었다. 빌리 그래함 전도본부는 '아메리쿠스' 같은 작은 마을들에서는 전도영화를 보여주고 예수를 영접하라고 초청하는 식으로 활동을 했다.[12] 카터는 "빌리는 우리 동네 같은 작은 마을에는 올 수가 없었습니다"라고 말했다. 마침내 카터는 마을 극장 사장을 설득해 전도영화를 상영했다. 수백 명의 사람들이 영화를 보려고 극장에 왔다. 6개의 짧은 영화가 끝난 후 카터는 영접 초청을 하기 위해 극장 무대 위로 올라갔다. 어떤 보고에 따르면 그날 565명이 참석했다고 했다. "모든 사람이 깜짝 놀랄 일이 벌어 졌습니다. 통로마다 흑인과 백인이 함께 걸어 나왔고 그리스도에 대한 신앙을 고백하기 위하여 함께 무대 앞에 무릎을 꿇었습니다."[13] 카터 또한 놀랬다.

카터에게는 빌리 그래함 전도집회가 새로운 영적세계를 향한 하나의 걸음이었다. 그는 조지아주전지역 전도집회의 자원봉사자로 일했고 자신의 마을에서는 설교자를 대신해서 설교도 했다. 그 이후 카터는 6명의 다른 평신도들과 함께 펜실베이니아 록 하벤에서 열리는 선교대회에 참여했다. 대회의 슬로건은 '가정 안에 교회 세우기'였다. 이 운동은 1960년대와 70년대 남침례교에서 벌인 대규모 선교운동의 일환으로 북부 해안가 지역에 교회를 세우려는 목표로 시작했다. - 이 조직은 후에 카터를 정치적으로 돕

---

11) Ibid.
12) Ibid.
13) *JAIA*, 582-583.

게 된다. 카터는 록 하벤에 도착해 YMCA에 여장을 풀었다. 그리고 수백 장의 카드를 받았는데 이 카드에는 록 하벤에서 교회에 등록되지 않은 가정들의 주소와 이름이 적혀있었다. 카터는 텍사스에서 온 사업가와 한 조를 이루었다. 그러나 카터는 자기 동료처럼 가정을 방문하며 전도하는 데에 익숙하지 못하다는 사실을 발견했다. 그는 "내가 바로 알아차린 것은 내가 무엇을 전해야 할지 모른다는 것이었습니다. 그것은 내게 매우 어려운 일이었습니다"라고 회상하며 말했다

카터는 집집마다 찾아다니며 계단으로 올라가 문을 두드리고 예수를 전했다. "우리는 집 한쪽 편에 무릎을 꿇고 하나님이 우리를 인도하시기를, 성령께서 동행하셔서 우리가 구원의 말씀을 잘 전할 수 있도록 그리고 일어나는 결과에 대해 미리 염려하지 않게 해달라고 기도했습니다." 그때 카터는 동역자와 함께 카드에 적혀있는 100명의 사람들에게 복음을 전했고 그중 48명을 교회로 인도했다. 카터에게는 록 하벤 지역전도가 한 시간도 낭비하지 않고 자신이 가진 모든 것을 하나님께 헌신한 최초의 시간이었다. 그는 후에 록 하벤의 한 가정에 편지를 써서 그때가 어느 때 보다도 "그리스도의 임재"를 경험한 시간이었다고 말했다. 그녀의 여동생 룻이 옳았다. 빌리 그래함의 전도팀에 합류한 것이 카터의 일생에 변화를 주었다. 그것은 카터에게 복음을 알려 주었고, 좌절과 새로움에 대하여 말할 수 있게 하였고, 광야에서도 신앙의 싸움을 하는 방법을 배우게 하였고, 잃어버렸다가 다시 찾았다는 의미를 알려 주었다.

양면전략

1976년 봄에 민주당에서 가장 두드러진 후보자로 떠오른 카터는 정치와 신앙을 단단하게 결합시켰다. 그해 여름 카터는 정치를 하나님의 연장

된 사역임을 반복해서 강조했다. 즉 영혼구원 이후 가장 중요한 돌봄의 사역으로 인식했다. 그의 책 서문에 보면 카터는 "세속적 세계에서 정의를 세우는 것이 정치의 운명적인 사명"[14]이라는 니버의 사상을 받아들였다. 캠페인의 메시지를 한 마디로 요약해 달라는 질문에 카터는 "신앙"이라고 말했다.

카터의 캠페인에서 중요한 요소가 하나 더 있었다. 그는 주일이면 고향 플래인즈를 자주 찾아 플래인즈 침례교회에 출석했으며 종종 자신이 인도하는 주일학교를 기자들에게 공개했다. 그는 고향을 떠나있을 때엔 그 지방 교회에서 설교를 하곤 했으며 가능하면 종교방송에 출연해 인터뷰를 하려고 했다. 카터의 여동생 룻은 전국의 신앙인들에게 편지를 발송했다.[15] 그녀의 사역을 추종하는 6천명의 아이오와 주민들은 아이오와에서는 무명인 카터를 위해 유세단을 구성했다. 그녀는 카터의 유세를 동행하면서 카터의 사생활을 취재하기를 원하는 기자들에게 즉석에서 대담을 하곤 했다.

목회사역 같은 정치를 주창한 카터는 아이젠하워가 한 것처럼 국가를 어떤 거대한 목적에 종속하려고 한 것은 아니지만 베트남 전쟁, 워터게이트 사건과 닉슨의 사임의 여파로 혼란스러웠던 국민에게 대단한 호응을 받았다. - 당시 국민 사이에선 영적 재갱신의 물결이 일어나고 있었다. 정치 전략으로서도 신앙은 많은 장점을 가졌고 무엇보다도 많은 청중을 확보했다. 전통적으로 민주당 지지 세력이었던 남부 백인들은 이제 더는 민주당의 편이 아니었다. 그들은 1968년 선거에서 민주당의 조지 월리스를 포기했고 1972년에는 민주당에 미미한 지지를 보냈다. 카터는 1976년 선거에서 승리하게 위해 이들을 되찾아 와야 할 필요가 있었다. 만약 카터가 정책에서 그들에게 관심을 끌 수 없다면, 신앙적인 면에서라도 그들을 붙잡아야했다. 1976년 신학자 마이클 노박(Michael Novak)은 "지미 카터가 말

---

14) Niebuhr, *On Politics* (New York: Scribner's, 1960), 180; quoted in Pippert, *The Spiritual Journey of Jimmy Carter*, 91.
15) Myra MacPherson, "Evangelicals Seen Cooling on Carter," *Washington Post*, September 27, 1976.

할 때 수백 만 미국 개신교인들은 신앙의 맛을 느낀다.[16] 그는 진지하다. 그는 청중에게 이상적인 자아를 바라보게 한다… 카터는 미국인들이 원하는 것을 너무 잘 알고 있는 것 같다. 아마도 모든 것을… 미국인들이 바라는 대통령상은 그들이 이렇게 말할 수 있는 사람이다. '대통령이 나에게 말을 했어. 그는 우리와 똑같이 생각해'"라고 말했다.

카터의 신앙적 호소가 남부 백인들에게 초점을 맞춘 것이라면, 그의 겸손한 인간성의 표출은 카터를 신뢰하지 않는 진보주의자들과 흑인들에게 초점을 맞춘 것이었다. 미국의 주요정당들은 단 한 가지 이유로, 지난 128년간 정통 남부 출신을 대통령 후보로 지명하지 않았다. 그것은 인종문제였다. 민주 공화 양대 정당에서 정상의 자리에 오른 대부분의 남부 출신 정치인들은 인종차별의 정치문화 속에서 자라났다. 카터도 예외는 아니었다. 그는 1950년대와 60년대 인종차별을 실시하는 학교의 교육위원으로 봉사했다. 1970년 주지사 선거전에서 카터는 인종차별주의자인 앨라배마 주지사 조지 월리스(George Wallace)에 대해 호의적으로 말했을 뿐 아니라 자신의 참모까지 꺼려하는 전략을 구사하기까지 했다. 그는 진보파인 칼 샌더스(Carl Sanders)를 격파하기 위해서 우파와 손을 잡기도 했다. 주지사 경선이 끝나고 카터는 모든 것을 새롭게 시작하고 싶었다. 그는 주지사 취임연설에서 인종차별의 시대는 끝이 났다고 선언했다.

1976년 대선에서 카터의 신앙적 메시지가 갖는 특성은 보수파, 흑인, 진보파 모두에게 그것도 동시에 그들의 가치를 존중하는 자신의 모습을 보여주려는데 있었다. 그는 자신의 신앙을 통해 한편의 유권자들에게는 조지 월리스와 자신이 다르지 않다는 것을 보여주려 했고 다른 한편의 유권자들에게는 조지 월리스와 자신이 같지 않다는 것을 확실히 보여주기 위해 또 신앙을 활용했다. 그의 신앙은 양면의 동전과도 같았다. 동전은 두 개의 서로 다른 얼굴을 갖고 있다. 카터의 친구는 "카터는 양면 전략에 뛰

---

16) Michael Novak, "The Hidden Religious Majority," *Washington Post*, April 4, 1976, 29.

어난 사람이었다"라고 말했다.

그것의 찬반양론에도 불구하고 카터의 신앙에 근거한 선거유세는 탁월한 장점이 있었다. 즉 그가 신앙적 삶을 살아가는 진정한 크리스천이라는 데에 어느 누구도 이의를 달지 않았다. 그리고 그것은 워터게이트 사건 이후 미국 국민이 워싱턴 정가에 반드시 필요한 것이라고 생각한 신뢰성과 딱 들어맞았다. 카터에게 세부적인 의제를 담은 공약은 많지 않았다. 그는 단순히 국민에게 거짓말을 하지 않을 것이며 연방정부를 성실한 사람들로 채우겠다고 약속했다. 대부분의 국민은 카터에게 표를 주는 것을 떠나 그의 신앙만큼은 진정한 것이라고 생각했다.

지미 카터와 빌리 그래함의 관계는 이 책에 나온 모든 인물의 관계와는 완전히 대조적이다. 어떤 대통령도 카터만큼 신학적으로나 영적으로 빌리 그래함과 비슷했던 사람이 없었다. 그럼에도 케네디를 제외하고 카터만큼 개인적인 관계에서 빌리 그래함과 소원한 사람이 없었다. 대통령들 중 오직 카터만이 전 인생을 통해 성경을 공부하고 가르쳤으며 신앙서적도 저술했다. 카터만이 스스로 빌리빌리 그래함 전도집회의 일원으로 활동했으며 그와 그의 부인은 스페인어 성경을 읽을 수도 있었다.

오직 지미 카터만이 신앙적인 면에서 빌리 그래함의 도움을 필요로 하지 않았다. 대통령 집무기간 동안 어찌 보면 카터는 빌리 그래함을 대부분 잊고 살았다.

독실한 신앙인이며 남부 사람인 카터는 매주일 교회에 출석했으며 지역교회에서 집사로 수고했고 해군장교 시절 잠수함 어뢰 실에서도 성경공부를 인도했고, 한때 조지아주에서 설교자로 자원했고, 신구약성경에 정통했다. 그는 빌리 그래함의 조지아 전도집회에서 명예 대회장을 역임하기도 했고 "숨 쉬는 것과 같이"[17] 기도한 사람이었다.

빌리 그래함과 미래의 대통령 카터는 닉슨이 신임 주지사들을 환영하

---

17) Pippert, *The Spiritual Journey of Jimmy Carter*, 40.

는 백악관 연회장에서 처음 만났다.[18] 누구보다 눈치가 빠른 빌리 그래함은 섬터 군 전도집회에서 카터의 활약상을 익히 알고 있었다. 빌리 그래함은 사람들 속에서 카터를 발견하고 그에게 다가가 인사를 했다. 카터는 "빌리 그래함이 저를 보고 있었더군요. 아마 그의 동역자 중 누군가가 내가 누구였는지 말했다고 생각했습니다. 빌리 그래함은 나의 이름을 불렀는데 경의를 표하는 목소리였습니다. 그리고는 섬터 군에서 행해진 나의 전도 활동에 대해 감사하다고 말했습니다"라고 회상했다.

35년이 지나 그때의 일을 회상하는 카터의 얼굴에는 잔잔한 미소가 흘렀다. 그때의 기억은 여전히 그를 즐겁게 했다. 청년이 되면서 빌리 그래함은 카터의 우상이었다. 카터의 생각엔 남부인 중에 빌리 그래함만큼 "개인적 성공"[19]을 거둔 사람이 없었다. 2005년도에 영적으로 가장 큰 영향을 준 사람이 누구냐는 질문에 카터는 빌리 그래함이라고 답했다. "빌리 그래함은 여전히 똑같습니다. 그는 넓은 마음을 가진 사람입니다. 그는 정죄보다 늘 용서를 강조했습니다. 그는 다른 사람을 대하는 데 늘 겸손했습니다. 그는 성경말씀대로 헬라인이나 히브리인이나 주인이나 종이나 남자나 여자나 아무런 차별 없이 복음을 전했습니다."

그러나 두 사람은 긴밀하지 못했다. 카터는 워낙 철저하게 교회생활을 하였기 때문에 닉슨처럼 개인교사형 목사가 필요하지 않았다. 카터는 오히려 젊은 세대의 목사 두 사람에게 관심을 가졌다. 하나는 짐 바클러(Jim Bakker) 목사였고 다른 하나는 700인 클럽을 만든 팻 로버트슨(Pat Robertson) 목사였다. 카터는 이 두 사람에게 상당한 호의를 가지고 있었다. 그는 1976년 로버트슨의 집회에 참여해 자신의 기도생활에 대해 말하기도 했다.

카터의 성격은 빌리 그래함을 필요로 하지 않은 또 다른 이유이다. 그는 누구의 도움도 필요하지 않았다. 그는 굉장히 자아가 강한 사람이었다. 거의 40년이나 함께 한 친구들도 카터는 부인 로잘린을 빼고는 그렇게 친

---

18) JC, interview, September 20, 2005.
19) Ibid.

밀하게 지낸 사람이 없었다고 말했다. 그는 수십 년간 알고 지낸 친구에게도 사적인 생각을 털어놓지 않았다. 카터는 사생활 영역을 그렇게 철저하게 봉쇄되었기 때문에 빌리 그래함이라 할지라도 그의 마음속 문을 열 열쇠를 갖지 못했다. 빌리 그래함은 "카터는 지나치게 신중한 사람입니다. 저는 그가 어떤 사람인지 잘 알지 못했습니다"라고 회상했다. 대통령들을 친구로 삼았던 빌리 그래함은 카터를 친구의 범주에 넣을 수 없었다. 빌리 그래함은 "저는 카터를 대통령으로만 생각했습니다"[20]라고 말했다.

빌리 그래함과 카터는 휴전상태를 유지하고 있었지만 오래가지 않았다. 카터 진영에선 카터가 신약성경만을 너무 강조한다고 적개심을 표출하기 시작한 미국 유대인들을 진정시켜야 할 필요가 있었다. 6월에 카터의 선거 참모 제리 래프슨이 "지미 카터는 빌리 그래함처럼 백악관을 성경교실로 만들지 않을 것입니다"[21]라고 말했다. 이런 언급이 빌리 그래함을 자극했는지 몇 주 후에 빌리 그래함은 기자들에게 "저는 닉슨 행정부 때처럼 백악관 예배가 반드시 있어야 된다고 생각하지 않습니다. 그러나 주일 하루에 일어났던 문제는 그리 크지 않았습니다… 진짜 문제는 나머지 6일 동안에 일어나는 일이 아니겠습니까?"[22]라고 말했다.

그러나 빌리 그래함은 신앙으로 인한 긴장을 낮추려고 애를 썼다. 공화당의 기독교계에서 두 명의 스타가 떠올랐다. 하나는 대학생선교회(CCC)의 리더로 막강한 영향력을 가진 빌 브라이트(Bill Bright)였고 다른 하나는 애리조나의 보수성향의 하원의원인 존 콜란(John Conlan)이었다. 이 두 사람은 선거참여를 위한 미국복음주의협회를 창설하겠다고 7월에 선언했다. 빌리 그래함은 이 운동에 반대한다고 「뉴욕타임즈」에 발표했다. "저는 무수한 대가를 치루고 교훈을 얻었습니다.[23] 브라이트는 지난 20년간 저와

---

20) BG, interview, January 18, 2006.
21) Rafshoon, quoted in Kenneth L. Woodward, "Carter's Cross to Bear," *Newsweek*, June 7, 1976, 56.
22) BG, quoted in Ann Ray Martin, "Folding His Tent," *Newsweek*, June 21, 1976.
23) BG, quoted in Woodward, "Politics from the Pulpit," *Newsweek*, September 6, 1976.

제 이름을 사용해왔습니다. 그러나 이제 그가 행하려고 하는 정치적 방향에 대해 깊은 우려를 가지고 있습니다."

공화당 전당대회가 있기 직전 빌리 그래함은 샌디에이고 전도집회를 위하여 집을 떠났다. 이 집회는 수주 간에 걸쳐 진행하기로 예정되었고 빌리 그래함은 도중 산 클레멘트에 있는 닉슨의 집을 목회차원으로 잠시 방문했다. 빌리 그래함은 "저는 종교적으로는 전문가 수준이지만 자격이 없는 사람이 대통령이 되는 것보다 종교적으로는 전문가가 아니지만 대통령의 자격을 갖춘 사람이 대통령이 되는 것이 낫다고 생각합니다"라고 말했다. 빌리 그래함은 앞으로 종교가 대선에서 중심이슈가 되지 않을 것이라고 예상했다. "저는 지미 카터나 제럴드 포드 그리고 레이건의 신앙관에는 머리카락 하나의 차이도 없다고 생각합니다."[24] 선거운동 때마다 자신의 신앙을 수없이 반복하는 카터에 반해 빌리 그래함의 말은 공화당 후보들을 암시적으로 지원한다고 쉽게 해석할 수 있는 말이었다.

포드의 참모들은 카터의 전략을 간파하고 있었다. 그들은 카터가 닉슨에 의해 공화당세로 돌아선 남부 백인들의 표를 잠식하려고 애를 쓰고 있다고 보았다.[25] 그러나 포드는 그러한 조언을 무시했다. 포드는 마치 예수를 자신의 부통령인 것처럼 생각했다. 그는 독실한 신앙인이었고 견고한 신앙적 배경을 갖고 있었다. 그러나 그의 뿌리 깊은 네덜란드식 신앙관은 신앙을 공중의 논쟁거리로 만드는 것을 싫어했다. 졸리는 완고한 생각에서 벗어나 공중 앞에서 본인의 신앙관을 피력하라고 포드에게 개인적으로 조언했다. 또한 졸리는 대통령을 위해 일하는 그룹들에게 대통령의 이력을 자유롭게 사용할 수 있도록 허락할 것을 요청했다. 그리고 자원하여 그의 신앙을 알리는 책자를 출판하겠다고 포드에게 말했다. 포드는 이 두 가지 제안을 모두 허락하지 않았다. 포드는 "선거 유세마다 카터는 자신의

---

24) BG, quoted in Russel Chandler, "Graham Warns of Voting on Religion Basis," *Los Angeles Times*, August 11, 1976.
25) MacPherson, "Evangelicals Seen Cooling on Carter," *Washington Post*, September 27, 1976.

신앙을 이야기했는데 저는 그런 방법에 실망했습니다. 나는 언제나 하나님의 임재를 느꼈고 하나님의 인도하심과 도움을 바라보았습니다. 그러나 저 자신의 신앙을 광고하는 것은 옳은 일이 아니라고 생각했습니다"라고 말했다. 나중에 졸리가 "대통령은 선거를 위해 하나님을 이용하지 않았습니다"[26]라고 회상했다.

9월 노동절이 왔음에도 포드의 입장이 완강하였기 때문에 백악관은 빌리 그래함을 초청하려고 준비했다. 9월 3일 포드에게 종교문제를 조언해온 침례교 목사인 리차드 브랜논(Richard Brannon)은 빌리 그래함에게 도움을 청하라고 포드에게 강력히 권했다. 포드는 1975년 내내 빌리 그래함을 초청하라는 내부의 압력을 받아왔지만 결코 만남은 이뤄지지 않았었다. 이제 압력은 거세졌다. "빌리 그래함은 올 선거에서 중립적인 자세를 유지하고 있지만 개인적으로는 그의 부인과 그리고 스텝진과 함께 대통령에게 표를 던질 것입니다." 브랜논은 계속 빌리 그래함을 부르라고 포드를 압박했다. "빌리 그래함이 이번 선거를 어떻게 생각하고 있는지 묻고 그에게 좋은 제안이 있는지 조언을 요청하십시오."[27] 빌리 그래함의 집 전화번호를 적은 메모가 포드에게 전달되었다.

다음날인 9월 4일 포드는 전화기를 들었다. 빌리 그래함은 포드가 어떤 방향의 대화를 의도하든 그것에 적절하게 대답할 준비를 하고 있었다. "굉장히 유익한 대화였음" 포드는 그때 비서실장이 되어있던 딕 체니에게 빌리 그래함과의 대화의 요점을 건넸다. "빌리 그래함은 여러 가지 방법으로 우리를 도울 것임. 그는 10월 10일 미시간 폰티악 스타디움에서 전도집회를 열 예정임. 그는 나와 베티가 참석하는 것이 도움이 될 것이라고 생각하고 있음. 나는 여기서 대화를 마쳤고 10일 안에 자유롭게 다시 통화하자고 했음."[28]

---

26) Gerald Ford, *A Time to Heal* (New York: Harper and Row, 1979), 417.
27) Richard Brannon, memo to GF, September 3, 1976, GFL.
28) GF, memo to Cheney, September 5, 1976, GFL.

일주일 후 빌리 그래함은 미시간 전도집회에 포드를 초청하는 일을 구체화하였다. "전도집회 유치위원회는 이미 대통령이나, 혹 카터 주지사가 참석할 경우를 대비해서 논의를 마쳤습니다. 그리고 모든 결정을 저에게 위임했습니다. 물론 저는 대통령과 영부인의 참석을 대환영합니다. 그러나 선거일이 다가왔기 때문에 대통령께 연설할 기회를 주는 것은 불가능합니다. 그것은 저의 사역에도 해가 될 뿐 아니라 국민이 대통령이 저를 이용한다고 생각할 것이니 대통령에게도 해가 될 것이기 때문입니다. 그러나 대통령께서 참석한다면 그래서 연단에서 보이는 곳 아무 데나 착석하시면 당신을 크게 환영하도록 하겠습니다. 물론 저는 정치에 중립적인 자세를 유지해왔기 때문에 카터 주지사에게도 초청장을 보낼 것입니다. 1968년 선거 때 닉슨 전 대통령이 저의 피츠버그 전도집회에 참석해서 군중과 함께 앉아 있었습니다. 그리고 험프리 후보에게도 초청장을 보냈지만 그는 참석하지 않았습니다. 저는 하나님의 뜻이 11월 2일 선거일에 이루어지기를 그리고 하나님이 선택하는 사람이 당선되기를 기도하고 있습니다."[29]

다시 한 번 대통령과 빌리 그래함 사이에 전화가 오고 갔고 빌리 그래함은 그를 돕기 위해 앞으로 나아갔다. 9월 20일 카터는 포드에게 뜻밖의 선물을 보낸다. 「플레이보이」(Playboy)와의 인터뷰에서 카터는 현실적으로 간음죄를 저지르지 않았지만 "나는 여인들을 욕망의 눈으로 쳐다보았던 때가 있었습니다.[30] 나는 마음속으로 수십 번도 더 간음죄를 저질렀습니다… 그리스도께서 말씀하시기를 다른 사람보다 자신을 낫게 생각하지 말라고 하셨습니다. 그것은 어떤 사람은 자신의 부인에게만 충실하지만 어떤 사람은 수많은 여인들과 관계를 맺기 때문입니다"라고 말했다. 「플레이보이」와의 인터뷰는 카터를 "좁은 소견을 가진 침례교인"이라고 생각하는 사람들에게 접근하기 위하여 계획된 것이었다. 카터는 경건하고 도덕적인 사람들에게는 호소력이 있었지만 세속적인 유권자들은 그를 너무 고지식한

---

29) BG, note to GF, September 10, 1976, GFL
30) JC, quoted in *Playboy*, November 1976, 136.

사람이라고 평가하고 있었다.

　신앙인들은 카터가 「플레이보이」와 인터뷰했다는 자체만을 가지고도 경악했다. 그들에겐 카터가 세속적 사람들을 구애하기 위하여 산상수훈을 직접 인용했다는 것도 이해되지 않는 일이었다. 카터는 신학적으로 육신의 죄에 대해선 바르게 지적했다. 그러나 적용을 잘못함으로써 기독교 교리의 요점을 상실했다. 이 인터뷰는 대통령 후보로서는 적절치 못했다는 평가가 지배적이었다. 모든 사람이 카터에게 불만을 표출했다. 카터의 한 참모가 "구피 같은 행위였습니다.[31] 정신 나간 짓이었습니다. 선거에 대형악재가 되고 말았습니다"라고 평가했다. 카터의 독실한 신앙을 선전하고 다녔던 일부 복음주의 지도자들은 조지아 사람들에게 공식적인 언급을 피하느라 쩔쩔맸다. 팔웰 목사가 "많은 사람들처럼 나도 완전히 뒤통수를 맞은 기분이었습니다.[32] 4개월 전만해도 대다수의 사람들이 카터를 지지했습니다. 그런데 오늘 완전히 전세가 뒤집어졌습니다"라고 말했다. 카터의 인터뷰가 잡지에 나온 지 며칠 안되어 빌리 그래함은 포드와 함께 워싱턴에서 외교사절 모임에 나타났다.

　9월 29일 카터의 29살 먹은 아들 제프가 한 라디오 프로그램에서 정치인들은 자신의 신앙을 자랑해서는 안 된다고 말한 빌리 그래함의 의견에 대해 어떻게 생각하느냐는 질문을 받았다. "나는 종교 자체의 진리에 대해선 말하고 싶지 않습니다. 그러나 개인적인 생각으로는 빌리 그래함 같은 사람들의 말을 유의해 보아야만 한다고 생각합니다." 다음날 제프는 한 걸음 더 나아가 빌리 그래함이 돈으로 박사학위를 취득했다는 비난을 했다. 그리고는 "종교는 정치에서 물러나 있어야 합니다"[33]라고 덧붙였다. 그러나 그의 아버지가 오히려 정치와 종교를 확고하게 하나로 융합하고 있지 않느

---

31) Anonymous Carter aide, interview, March 22, 2006.
32) Jerry Falwell, quoted in MacPherson, "Evangelicals Seen Cooling on Carter," *Washington Post*, September 27, 1976.
33) Jeff Carter, quoted in "Jeff Carter Statement Causes Stir," AP, in *Asheville Times*, October 2, 1976.

냐는 지적에 대하여 카터의 아들은 "맞습니다.[34] 아버지는 종교와 정치를 하나로 보죠. 그러나 그것은 정치인을 채집하는 종교 지도자들의 행위하고는 다릅니다"라고 설명했다.

잘못하면 끝도 없는 전쟁이 될 수 있었다. 양 진영은 냉정을 찾고자 했다. 제프는 하루 만에 빌리 그래함의 학위에 대한 자신의 언급을 취소했다. 로잘린은 빌리 그래함에게 전화를 걸어 사과를 했다. 빌리 그래함은 후에 기자들에게 그때를 "로잘린에게 제프를 꼭 껴안아 주라고 했습니다.[35] 저도 두 아들이 있는데 그럴 수도 있는 거라고 말이죠"라고 설명했다. 카터 역시 빌리 그래함에게 전화를 걸어 유감을 표명했다. 이 어색한 공방전은 쉽게 사라졌다.

빌리 그래함과 카터 두 사람은 단순히 휴전만 한 것이 아니라 일정 부분 협력하기로 했다. 아들의 소동 이후에 카터는 플래인즈에서 기자들에게 민주당 후보인 자신에게 빌리 그래함이 서신을 보냈다고 밝혔다. "빌리 그래함은 나의 선거를 도울 수 있는 한 돕겠다고 했습니다… 포드 대통령에게만 호의를 보이지 않을 것이며 선거에 공평치 못한 행위를 안 할 것이라고 말입니다." 빌리 그래함은 카터가 평화선언문을 발표하도록 지켜보았다. 카터는 "처음에는 오해가 있었지만 이제는 다 해결되었습니다"[36]라고 말했다.

포드와 카터는 둘 다 미시간 폰티악 전도집회에 참석하지 않았다.[37] 최종 투표결과는 예상보다 근소한 차이였다. 8천만 명 이상이 투표했지만 카터가 2백만 표 차이 미만으로 승리했다. 그는 놀랄만한 반전을 일궈냈지만 복음주의 유권자 층에서 절반의 지지밖에 얻지 못했다. 이

---

34) Jeff Carter, quoted in "Graham Is 'Unfair,' Carter Son Charges," UPI, in *Miami Herald*, September 30, 1976.
35) BG, quoted in "Graham Shrugs Off Carter's Son's Remark," *New York Times*, October 8, 1976.
36) BG, quoted in "Graham Likes Both Candidates and Young Carter," Wire Services, in *Pine Bluff* (Arkansas) *Commercial*, October 10, 1976.
37) Douglas E. Kneeland, "Dole Pictures Ford As Gaining on Carter," *New York Times*, October 31, 1976.

것은 지난 20년간 민주당이 얻은 표심과 다른 것이었다. 민주당에서 볼 때 카터의 가장 불안한 징조는 가톨릭 유권자들이 대거 포드를 지지했다는 것이었다. 개신교 얼굴을 한 카터 그리고 낙태에 대한 그의 오락가락한 처신이 피츠버그, 클리블랜드 그리고 세인트루이스 같은 지역에서 포드에게 지는 결과를 주었다. 종교가 다시 대통령 선거에서 결정적인 역할을 한 것이다. 즉 카터가 이긴 것이나 표차가 근소하게 나온 것이 종교적 표심의 결과였던 것이다.

선거가 끝나고 빌리 그래함은 후유증을 완화하려고 노력했다. 선거 후 3주일쯤 지나 빌리 그래함은 몬트릿에서 포드에게 "선거기간 내내 하나님의 뜻이 이루어지기를 기도했습니다.[38] 이 기도는 십자가에 달리기 전 하신 예수의 기도였습니다. 그분은 '나의 뜻대로 말고 아버지의 뜻대로'라고 기도했습니다. 제가 의아스럽게 생각하는 것은 당신과 모든 참모들이 그렇게 최선을 다했음에도 불구하고 카터 주지사가 이겼다는 것입니다. 저는 당신이 미국의 위대한 대통령의 하나로 역사에 남을 것이라 믿습니다. 당신은 미국 역사상 가장 불안정한 시기에 이 나라를 인도해 오셨습니다… 당신이 이 나라를 이끌기 위해 정직한 사람이 되려고 노력하신 것에 대해 마음 깊이 감사합니다.[39] 당신을 향한 국민의 사랑과 존경 그리고 감사는 계속될 것입니다"라고 편지를 썼다. 포드는 2주 후에 답신을 보냈다. "참으로 따뜻하고도 친절한 편지였습니다. 나를 위해 기도하고 지원해줘서 진심으로 감사합니다." 포드는 후에 시간을 만들어 만나자는 약속을 했다. 그리고 빌리 그래함의 편지를 자신의 스크랩북에 보관했다.

선거 후 빌리 그래함은 새로운 백악관에서 그가 가질 수 있는 영향력은 얼마인지에 대한 질문에 답했다. "아마도 별로 일 것입니다." 수년 후에 빌리 그래함은 정치와 종교를 융합한 카터의 새로운 시도를 인정했다. "지미 카터는 자신을 완전하다거나 경건하다고 말하지 않았습

---

38) BG to GF, November 24, 1976.
39) GF to BG, December 9, 1976 (10-13), GFL.

니다.[40]… 그는 말을 둘러대거나 이중적 언어로 복음을 훼손하지 않았습니다. 오히려 신앙에 대해 솔직했기 때문에 정치적 위험을 당하기도 했습니다. 그러나 결국 그의 솔직함이 사랑을 받았습니다. 워터게이트의 충격이후에 미국인들은 도덕적 부흥을 역설하는 카터의 설교에 매력을 느낀 것이 분명합니다."[41]

2005년에 이르러 카터는 1976년 선거유세에서 자신의 신앙에 대해 이야기하려고 의도한 것이 아니었으며 오히려 그로 인해 심각한 정치적 위기를 겪었다고 말했다. "그때를 회고해보면 거듭난 크리스천이라고 자신만만하게 고백한 것이 잘한 것만은 아닙니다. 그것은 정치적으로 바른 행위가 아니었습니다." 만약 카터가 자신의 결정을 후회한 것이라면 그것은 아마도 정치적 성향을 가진 복음주의자들이 거대한 블록을 형성해서 전례 없이 공화당을 지지했기 때문일 것이다. 카터는 "이번 선거는 가톨릭과 케네디를 끌어들이는 후유증을 맛보아야만 했습니다. 선거기간 나의 신앙을 이야기 하지 않는 것이 본래의 의도였습니다. 그리고 내 신앙에 대한 공공연한 지지행위를 금하려고 매우 애를 썼습니다. 그러나 방어벽이 조금씩 무너졌고 마침내 일이 터지고 말았습니다. 결국 1976년에 내 신앙이 정치에 주입되고 말았습니다"라고 말했다.

그는 덧붙였다 "그 이후, 그것은 다시 돌아갈 수 없는 일이 되어버렸습니다."[42]

---

40) "Carter Will Restore Confidence, Graham Says," *Miami Herald*, December 26, 1976.
41) *JAIA*, 584-585.
42) JC, interview, September 20, 2005.

제25장

대각성

저는 특별한 때를 빼곤 그들을 대통령들이 아니라 개인적인 친구들로 여겼습니다. 그러나 카터만큼은 저에겐 대통령이었을 뿐입니다.[1]

- 카터와의 관계를 설명하면서

마침내 카터가 1979년 빌리 그래함에게 손을 내밀었던 것은 지미 카터의 정치적 판단에 따른 전략이었다. 그것도 단순한 선거에 대한 조언이 아니었다.

그것은 군축회담을 위한 도움 요청이었다.

빌리 그래함은 1970년대 후반 군축회담에 자신의 이름과 도덕적 권위를 사용한 최초의 종교 지도자는 아니었지만 가장 비중이 큰 인물이었다.[2] 교회지도자 100여명 이상이 핵무기의 연구, 개발, 실험을 "예수 그리스도의 이름으로" 강력하게 저지하기로 1978년 서약했다. 남침례교는 정부

---

1) BG, interview, January 18, 2006.
2) Jeremy Rifkin, *The Emerging Order* (New York: Ballantine, 1979), 252.

가 군축회담 협상에서 칼을 쳐서 쟁기를 만들라고 촉구하고 나섰다. 복음주의전국연합도 이 대열에 합류했다. 그러나 모든 사람이 주목한 인물은 바로 빌리 그래함이었다. 그 이유는 월터 크롱키트(Walter Cronkite)가 진행하는 CBS 저녁뉴스에서 빌리 그래함의 선언이 있었기 때문이었다. "핵무기를 철폐하고 신뢰를 회복해야 합니다. 무기를 감소할 뿐 아니라 점차 완전히 없애야 합니다. 왜 나라들이 핵무기를 보유해야 합니까?"[3]

빌리 그래함의 생각이 새로워지고 있었다. 기도와 헌신 그리고 필적할 수 없는 군사비 증대라는 삼위일체만이 소련의 위협에 대응할 수 있다고 생각하는 정치인들을 수없이 만나보고 나서 근본적으로 생각이 바뀐 것이다. 빌리 그래함은 1977년 헝가리 그리고 1978년 폴란드 전도집회에서 전쟁이 가져오는 파멸에 대한 미국의 책임을 깨달았다.[4] 그는 인구 밀집 지역 주변에 배치되고 있는 핵무기의 확산에 외국의 교회들이 저항하고 있다는 사실을 알게 되었다. 그러나 빌리 그래함에게 새로운 사고를 열어준 것은 아우슈비츠를 방문하고 난 후였다. 거기서 그는 홀로코스트의 참상을 보고 미래의 핵 참사의 결과를 상상했다.

1979년 빌리 그래함은 사회정의문제에 포커스를 두는 기독교 잡지인 「소저너스」(Sojourners)에 자신의 새로운 각성은 신학적 깨달음에 의한 것이라고 말했다. "하나님은 이 세계를 통치하시지만 어떤 때는 악을 허용하십니다… 그러나 핵무기는 하나님의 뜻과는 전혀 무관한 것입니다… 나의 깨달음은 늦은 감이 있지만 핵무기는 절대로 안 된다는 확신을 얻었습니다. 제가 보다 빨리 알았어야만 했던 것을 지금까지 생각조차 못했습니다. 지금은 이것이 성경의 가르침이라고 믿게 되었습니다."[5]

「소저너스」의 편집장이며 진보적 목사인 짐 왈리스(Jim Wallis)는 빌리 그래함의 생각이 핵 폐기 쪽으로 선회한 것은 해외 집회를 하면서 얻은 결

---

3) BG, interview, *CBS Evening News*, March 29, 1979.
4) Jim Wallis and Wes Michaelson, "A Change of Heart," *Sojourners*, August 1979, 12.
5) Ibid.

과라고 말했다. "좋은 설교자나 좋은 전도자가 되려면 회중과 사랑에 빠져야 합니다. 빌리 그래함은 동유럽의 거대한 군중 앞에서 설교하면서 깨달은 것이 있었습니다. 그는 이렇게 말했습니다. '저의 모국인 미국은 제가 사랑하는 여러분과 그리스도를 소개하고 싶은 여러분의 나라를 겨냥하고 있는 핵무기를 보유하고 있습니다. 저는 그 문제로 고심하고 있습니다.' 나는 빌리 그래함이 동유럽 전도집회를 하기 전까지는 핵무기정책에 관한 의문을 품지 못했다고 생각합니다. 빌리 그래함은 언제나 대통령들을 지원해왔습니다. 그러나 지금은 철의 장막에 갇혀 사는 사람들과 만나는 경험을 하게 되었고 그들을 사랑하게 되었습니다. 그는 그들을 긍휼히 여기게 되었고 그들을 핵무기의 위협에서 보호해야겠다는 생각을 하게 되었습니다. 그러다 아우슈비츠 방문이 그의 마음에 방아쇠를 당긴 것입니다."[6]

또 하나의 요인이 있었다. 빌리 그래함은 점점 나이를 먹었다. 1978년 그는 60세가 되었고 12명 이상의 손자 손녀들을 얻었다. 점점 그는 세계가 나아가고 있는 방향에 관심을 보였다. "나이가 들수록 우리 세대가 만들어 온 이 세계에 대하여 더 알게 되었습니다. 또한 다음 세대에게 평화를 남겨주기 위하여 제가 해야 할 일이 무엇인가 하고 더 큰 관심을 품게 되었습니다." 제리 팔웰이나 팻 로버트슨 같은 젊은 전도자들이 공중의 생활개선을 위하여 크게 기여하고 있는 반면에 빌리 그래함은 단순히 종교적이거나 또는 영적인 이슈들을 벗어나 세계 간 평화윤리를 위해 일할 기회가 왔음을 직감하고 있었다. 빌리 그래함은 「소저너스」에서 말했다. "이제 복음주의자들도 사회변혁운동의 선구자가 되어야 할 때가 왔습니다. 예를 들면 노예무역 반대 투쟁 때와 같이 말입니다. 어떤 면에서 보면 우리는 사회악과 투쟁해야 하는 의무감을 상실했습니다. 지금까지 우리는 그리스도께서 다시 이 땅에 오실 때까지 세계는 절대로 변혁되지 않을 것이므로 그 일은 불필요하다고 말해왔습니다."

---

6) Wallis, interview, December 19, 2006.

빌리 그래함은 일방적인 군축을 요구한 것은 아니었다. 그는 소련이 동일한 수준으로 무기감축을 호응할 때라는 단서를 달았다. 그는 과거의 군축회담의 선례를 조사하면서 쌍방 간에 대규모의 완전한 감축을 요구했다. 그의 주장은 비상한 관심을 끌었다. 지난 5년간 정치적 광야생활을 했던 미국 제일의 전도자인 빌리 그래함은 냉전의 끈을 잡아당김으로써 다시 활력을 찾았고 인류의 미래에 초점을 맞춘 그의 목회는 다시 주목을 받았다. 빌리 그래함의 선언은 카터가 상원에서 SALT조약(전략무기제한협정)을 밀어붙이고 있는 상황에서 로잘린 여사의 관심을 끌었다.

운 좋게도 백악관과 몬트릿 사이의 대화의 끈이 1976년 대선 이후로 완전히 사라진 것은 아니었다. 쌍방 간에 편지나 크리스마스 카드의 교환은 의례적으로나마 있었다. 빌리 그래함과 룻은 특별한 때 몇 번 과일 케이크를 보내기도 했고 아시아에 관한 책이나 특별한 이슈를 담은 책들을 선물로 보내기도 했다. 한번은 카터의 참모가 침례교 신앙을 갖고 거듭난 크리스천 대통령이 국빈만찬에서 와인을 대접하는 것을 어떻게 생각하느냐고 문의했고 빌리 그래함이 받았다. 빌리 그래함은 "예수님도 와인을 마셨습니다"라고 여섯 항아리의 물을 포도주로 변화시킨 가나의 잔치를(요 2:1-11) 인용하면서 와인은 괜찮다고 말했다. "예수님이 마신 것은 일부의 사람들이 주장하는 것처럼 포도즙이 아니었습니다."[7]

카터는 1977년 빌리 그래함의 전격적인 헝가리 방문을 지지했다. "일부의 참모들은 헝가리가 자유세계가 되기까지 빌리 그래함이 기다려야 한다고 말했습니다." 카터가 후에 회상했다. "그러나 나는 빌리 그래함에게 꼭 가야 한다고 조언했습니다."[8] 헝가리 전도집회는 범위가 엄격히 제한되어 있었다. 헝가리에 대한 사전 정보도 거의 없었을 뿐 아니라 대규모 집회는 허락되지 않았다. 그러나 헝가리 당국이 빌리 그래함의 집회를 허용한 것은 빌리 그래함이 백악관과 연결되어 있다고 생각했기 때문이었다. 출발하

---

7) "Did Jesus Drink Wine?" *Time*, January 24, 1977.
8) JC, interview, September 20, 2005.

기 전 빌리 그래함은 카터와 대화를 나누었다. 그리고 대통령은 헝가리 크리스천들에게 자신의 인사를 전해달라고 부탁했다. 빌리 그래함의 대외정책 담당자인 존 아커스는 구두로 한 카터의 인사 부탁이 매우 중요하다고 생각했다. "그것은 헝가리 당국에게 빌리 그래함이 출발 전 미 대통령을 만났으며 또한 대통령이 빌리 그래함의 일정을 지켜보고 있다는 신호가 되었습니다."[9] 당시 헝가리의 관심은 종교적인 것이 아니고 워싱턴과 밀접한 관계였으며 특별히 국가 간 무역협정을 체결하는 것이었다. 그러나 정치적으로 뿐만 아니라 실질적인 실수가 있었다. 빌리 그래함은 가을에 돌아와서 자신의 헝가리 방문을 대통령에게 설명할 기회를 얻지 못했다. 대신 카터의 참모는 부통령인 먼데일의 참모와 빌리 그래함을 연결하였다. 그리고 먼데일이 빌리 그래함을 만났다. 이러한 일처리는 빌리 그래함에게 상처가 될 수 있었으나 빌리 그래함은 그리 놀라지 않은 것 같았다. 백악관의 카터와 빌리 그래함의 관계는 여전히 답보상태였다. 빌리 그래함은 「피플」과의 인터뷰에서 이렇게 말한 적이 있다. "닉슨 이후로 더는 백악관의 경내를 걸어보지 못했습니다… 워터게이트 사건 이후 백악관이 저를 꺼려하는 것 같았습니다."[10]

빌리 그래함에게 또 다른 시련이 찾아왔다. 빌리 그래함은 1977년 중반을 재정문제에 대한 세간의 의혹과 - 그의 목회생활 중에 최초의 비난이었다 - 싸우느라 보냈다. 빌리 그래함은 검소한 사람이었다. 그는 교회를 건축하지도 않았으며 결코 사치스럽게 살지 않았다. 몬트릿에 있는 그의 통나무집은 비록 넓고 잘 관리된 땅이긴 하지만 어느 모로 보나 비난받을 만하지 않았다. 그의 전도협회의 기금조성은 다른 기관에 비해 건전했다. 그러나 1977년 초「샬롯옵저버」는 BGEA(빌리그래함전도협회)가 그동안 2,300만 달러의 기금을 모아 여유자금으로 주식과 부동산에 투자했다고 폭로했다. 빌리 그래함은 여유자금의 현황을 설명하기 위해 수주간을 보낸

---

9) John Akers, letter to authors, April 2007.
10) BG, unpublished portion of interview in *People*, January 31, 1981.

후 회계장부를 공개하고 재정의 투명성을 확보하기 위해 외부 목회자들로 구성된 재정감사위원회를 만들었다. 여유자금은 결국 애슈빌 외곽에 1,000에이커의 대지를 매입해 평신도 훈련센터를 만드는 기금으로 사용했다.

반면에 카터는 자신의 정치적 기반세력 자체 내의 문제에 직면했다. 그러나 그 문제는 아직 크게 드러난 상태는 아니었다. 성경을 인용하자면 소위 거듭난 대통령, 그래서 1976년 선거에서 복음주의 유권자의 절반의 지지를 획득한 대통령은 무엇보다도 골수 민주당원이었다. 카터는 신앙심이 깊었지만 교회와 국가의 분리를 믿는 정통 남침례교의 신앙을 가진 진부한 사람이었다. 그는 성경으로 설교도 할 수 있는 사람이었지만 성경을 가지고 통치하려는 의도는 없었다. 1977년에 복음주의자들은 76년에 카터의 등장에 환호할 때만큼이나 빠르게 카터에 대한 지지를 철회했다. 더 놀라운 것은 낙태에 대한 카터의 입장으로 인해, 외교정책에 대한 불신으로 인해, 연방공무원들이 개신교 계통의 유치원에 불이익을 주고 있다는 생각으로 인해 복음주의자들이 처음으로 정치 세력화 한다는 것이었다. 그들은 점점 더 정치에 참여했고 수백 개의 종교방송과 TV는 그것을 더욱 북돋았으며 그 결과 수백 개의 보수주의 정치단체들이 여러 사회적 이슈들을 중심으로 조직되기 시작했다. 1978년 중반 남침례교대회는 카터에게 총회에서 연설할 기회를 주지 않았기 때문에 일부 우호적인 인사들이 카터에게 연설기회를 주기 위한 특별 이벤트를 조직해야만 했다. "크리스천은 옷장 밖으로 나와야 합니다. 우리에게는 지켜내야 할 사회적 책임이 있습니다. 그것을 붙잡아야 합니다."[11] 텍사스의 전도자 제임스 로빈슨이 말했다.

로잘린은 남편의 허약한 기반을 누구보다도 먼저 알아챘다. 그녀는 남편이 전통적인 지지 세력에게 신뢰를 잃고 있다는 소식을 친구들에게 들었다. 그녀는 카터를 움직여 조지아의 침례교 목사인 로버트 매덕스를 백악관과 종교그룹간의 소통 책임자로 임명하고자 했다. 처음에 카터도 반대

---

11) James Robison, interview, April 5, 2006.

하고 카터의 참모들도 뒤로 뺐다. 그러나 로잘린은 이 모든 회의적인 시각을 정복하고 마침내 1979년 5월 매덕스를 백악관에 들여보냈다.

같은 달 카터는 SALT 조약에 대한 지지를 요청하고 조약에 대한 브리핑[12]을 한 후 빌리 그래함의 조언을 듣기 위해 그를 백악관으로 초청하는 전보를 보냈다. 다른 대통령들이 빌리 그래함에게 보낸 메시지와 비교해 보면 카터의 것은 매우 공식적인 것이어서 아마 빌리 그래함이 받아본 연락들 중에 가장 비인간적인 것이었을 것이다. 빌리 그래함은 호주에 있다는 핑계로 불참의 통보를 보냈다. "시드니에서 전도집회 중이라 방문이 불가능할 것 같습니다."[13] 그 후 8월에 빌리 그래함은 「밀워키저널」(Milwaukee Journal)과 대담에서 자신과 대통령들과의 만남은 늘 불필요한 소문이 많았다고 말했다. "저는 앞으로 대통령이나 대통령 후보자들과 가깝게 지내는 일로 국민에게 제가 누구를 위해 일하는 지에 대한 혼란을 주지 않을 것입니다."[14]

로잘린의 제안으로 매덕스는 8월 29일 노스캐롤라이나로 날아가 빌리 그래함의 오랜 지기인 윌슨을 만났다. 두 사람은 차로 몬트릿 근처의 산 정상까지 올라갔다. 매덕스는 SALT 조약을 다루기 위한 상원외교관계위원회가 열기기 직전에 빌리 그래함이 상원에서 증언하기를 원했다. 빌리 그래함은 1976년 이후로 남아있던 카터에 대한 좋지 못한 감정을 한쪽으로 밀어놓은 듯이 보였다. 빌리 그래함은 12년도 더 된 일이었던 아메리쿠스 지역에서 전도집회를 할 때 카터의 헌신적인 자원봉사를 회상했다. 또한 1973년 애틀랜타 전도집회에서 명예대회장으로 봉사해준 카터를 기억했다. 그 일들로 인해 빌리 그래함은 1976년 대선에서도 카터를 비판하는 것을 삼갔다.

그러나 매덕스는 원하는 것을 얻지 못했다. 카터에게 한 보고에서 매덕

---

12) JC to BG, May 9, 1979, JCL.
13) BG to JC, May 12, 1979, JCL.
14) "Names in the News," AP, August 7, 1979.

스는 "빌리 그래함은 상원 앞에서의 증언해달라는 요청은 거절했지만 자신이 연설하는 모든 공적인 모임에서 군축문제를 제기하겠다고 약속했습니다"라고 말했다. "대통령을 위한 봉사는 빌리 그래함에게는 기쁨인 듯 했습니다. 특별히 그는 대통령과 개인적인 대화에 대해서는 환영의 뜻을 표했습니다." 그러나 미국 대통령인 카터가 한 번 더 그렇게 빌리 그래함에게 다가갔지만 그는 거절하고 말았다. 그는 여전히 워터게이트 사건에서 빠져나오지 못한 상태였으며 어떠한 공적인 역할도 피하고 있었다. 특별히 SALT 비준 문제에 관해서도 선뜻 나서지 않았다.

두 사람의 관계는 다른 정치적 무대로 빠르게 이동했다. 빌리 그래함은 교황의 백악관 방문은 교회와 국가의 분리라는 원칙만 지킨다면 큰 문제가 없을 것이라고 매덕스에게 조언했다. 평등법 개정을 위해 린다 존슨 롭(Lynda Jonson Robb)을 공식 지지하는 모임에 매덕스는 빌리 그래함을 초청했지만 그것 역시 거절했다. 매덕스는 "빌리 그래함은 평등법 개정에 아무런 문제를 느끼지 않는다는 인상을 보여주었음에도 불구하고 초청에는 웃으면서 일언지하에 거절했습니다"라고 기록했다. 빌리 그래함은 그달 하순에 뉴욕에서 열리는 가족을 주제로 한 컨퍼런스에 대통령을 초청했다. 백악관은 로잘린이 참석하는 것을 검토했지만 결국 아무도 가지 않았다. 다음 선거는 일 년 이상 남아있었지만 빌리 그래함이 카터의 정치적 동반자가 될지도 모른다는 의심은 조금도 없었다. 매덕스는 "보수 우파와 근본적 복음주의자들의 정치적 연합은 미국 역사에 명백한 변수입니다. 빌리 그래함 박사는 대통령에게 이 그룹들을 예의주시하라고 조언했습니다"라고 카터에게 보고했다.

매덕스의 보고 마지막 부분에는 이런 내용을 포함하고 있었다. "빌리 그래함은 내가 방문한 것을 기뻐했습니다. 그는 또한 대통령과의 만남을 기대하고 있었습니다. 백악관으로 저녁식사 초대를 하면 분명 그가 받아들일 것입니다."[15] 메모를 읽고 난 카터는 맨 윗부분에 즉시 글을 써서 부인에게 보냈다. "로잘린, 저녁식사를 준비하시오" 그리고 카터가 간단히 자기 이름 첫 글자 "J"[16]로 사인했다.

빌리 그래함은 몬트릿에서 매덕스를 영접한 후 바로 국가의 미래를 위한 기도모임을 주선하고 댈러스 호텔로 12명의 동역자들을 불러 모았다.[17] 그들 중에는 댈러스의 복음전도자 로빈슨, 텔레비전 설교자인 렉스 훔바르드(Rex Humbard), 남침례교대회에서 그들의 방향과 성격을 바꾸는 데 신학적으로 기여한 아드린 로저(Adrian Rogers), 남침례교대회에서 로저를 도와 결정적인 역할을 한 찰스 스탠리(Charles Stanley)와 지미 드랩퍼(Jimmy Draper) 그리고 빌리 그래함의 처남인 클레이톤 벨(Clayton Bell) 등이었다. 그들은 댈러스 공항 근처의 한 호텔 전체를 임대했다. 이들은 한발은 강단에 그리고 다른 한발은 공화당 전국위원회에 걸친 목사들과는 다른 사람들이었다. 그들은 신진인사들이 아니었으며 최소한 공적으로는 어느 당에 치우치지 않았다. 이들은 다음 선거에서 카터를 무너뜨리기 위해 남부 전역 라디오 방송을 장악하려고 하는 공화당의 전략에 동조하지 않았다. 그러나 이들은 보수적인 크리스천들로 1979년 그때까지 카터를 자신들의 친구라고 생각하지 않았다.

빌리 그래함은 이들을 댈러스에 모았는데 로빈슨이 말한 것처럼 "지금이 기도해야 할 때"이기 때문이었다. 로빈슨은 동역자들이 미국에 새로운 리더십이 필요한지 여부를 논의하기 위하여 모였다고 회상했다. 로빈슨은 "그것은 빌리가 주선한 모임이었습니다. 하나님께서 우리에게 원하는 것은 함께 모여 수일간 기도하고, 또 이 나라에 어떤 중요한 변화가 일어날지에 대해 깨닫는 것입니다"라고 말했다. 빌리 그래함은 그의 동역자들에게 미국의 자유와 안보가 아프리카, 중앙아메리카, 남아메리카 그리고 중동에서

---

15) Bob Maddox, memo to JC and Rosalynn Carter, September 5, 1979, JCL.
16) JC, annotation to Maddox memo, September 5, 1979, JCL.
17) Robison, interview, April 5, 2006; see also Martin, *With God on Our Side*, 205-206.

세력을 확대하고 있는 소련에 의해 위협받고 있다고 말했다. 이점에서 빌리 그래함은 목표를 분명히 했다. 댈러스 모임이 있은 후 정확히 3개월 후 소련은 아프가니스탄을 침공했다. 빌리 그래함은 이미 공산주의의 확산을 내다보았으며 그것은 전 세계 종교적 자유에 대한 위협일 뿐 아니라 창궐하는 악의 세력으로 오직 그것을 인식하는 지도자가 중단할 수 있는 것이었다. 로빈슨은 "빌리가 말하기를 어떤 중대한 일이 일어나지 않는다면 우리는 단지 1,000일, 즉 3년의 자유밖에 가지지 못할 것이라 했습니다. 우리는 방향을 전환해야 한다는 것이었죠. 그리고 우리는 카터에게서 중대하는 위험에 대처할 수 있는 강력한 지도력을 찾을 수 없었습니다."[18] 어느 누구도 지미 카터의 신앙에 대해서 호의적으로 말하는 사람은 없었습니다"[19]라고 회상했다.

로빈슨은 빌리 그래함과 그의 친구들이 원하는 사람은 "확고한 신념을 가진 위대한 소통자(communicator), 거기에서 하나의 합의, 즉 전 캘리포니아 주지사 로날드 레이건은 확실히 소통의 능력을 가지고 있기에 그가 그러한 확신을 보여줄 수만 있다면 지도자로서 가능할 것이라는 생각의 일치가 있었습니다"라고 말했다. 빌리 그래함은 그 모임을 주선한 사람이요 참여자를 선정하고 모임의 개회연설을 한 사람이지만 자신은 공적인 역할을 더는 원하지 않는다고 분명히 선을 그었다. 그는 자신은 많은 상처를 입었으며 전임 대통령들을 위한 기도와 조언으로 인해 많은 오해를 받았으며 또 자신은 단지 기도하는 사람으로 보이길 원한다고 말했다. 로빈슨은 "빌리 그래함은 반드시 말해야 할 것도 자제하고 있었습니다. 그는 더는 상처를 받고 싶어하지 않았습니다"[20]라고 했다.

모임은 끝났고 참석자들은 레이건 캠프와 접촉하고 만날 시간을 정하는 것을 로빈슨에게 위임했다. 그들은 레이건이 출마의사가 있는지 그리고

---

18) Robison, e-mail to authors, June 6, 2006.
19) Robison, interview, April 5, 2006.
20) Ibid.

공산주의를 바라보는 그의 확신이 충분한지를 알아보기를 원했다. 로빈슨은 참석한 목회자들 모두가 레이건을 정확히 알지 못했으며 왜 그가 배우에서 정치인으로 변모했는지 알고 싶어했다고 말했다. 물론 1979년에 레이건은 대통령이 되기 위한 세 번째 도전을 생각하고 있지 않았다. 빌리 그래함은 그때까지 25년 이상 레이건을 알고 지낸 사이였다.

빌리 그래함은 10월 중순 5일간의 일정으로 전도집회를 하기 위해 노바 세코티아로 날아갔다. 당시 하나의 회담이 10월 26일에 예정되어 있었다. 빌리 그래함과 카터의 참모들은 오랫동안 미뤄 온 두 사람의 백악관 회담을 합의했다. 처음에 그 초청은 저녁식사로 예정되었다. 그러나 준비과정에서 로잘린이 밤을 함께 보내는 것으로 제안했다. 매덕스와 백악관의 다른 참모인 안네 웩슬러는 대통령과 영부인에게 빌리 그래함과 만나기 전에 정치권력과 미국 복음주의 정통신학과의 관계를 다룬 신간 『떠오르는 질서』(The Emerging Order)를 일독할 것을 권했다. "이 책을 중심으로 한 대화가 가장 효과적일 것입니다."[21] 그리고 그들은 빌리 그래함에서 SALT 조약에 대한 지지성명을 얻어내야 한다고 거듭 카터에게 강조했다.

예정된 날짜보다 늦어진 11월 1일, 빌리 그래함이 백악관에 도착했다. 빌리 그래함은 그날 밤을 잔잔히 회상했다. "여러 시간 동안 우리는 남부의 삶에 대해 추억을 나누었습니다. 그리고 국가 문제에 대해 이야기를 나누었습니다. 카터의 어린 손주가 조용히 텔레비전을 시청하고 있었지요. 그날 밤 많은 시간을 예수 그리스도에 대한 서로의 신앙을 이야기했고 또 때때로 독실한 신앙인들을 나뉘게 하는 이슈들에 대해서도 대화를 했습니다."[22] 두 사람은 잠자리에 들기 직전에 함께 기도했다. 다음날 아침 빌리 그래함은 대통령 집무실에서 카터와 작별했다.

어떻게 빌리 그래함은 10월 초 댈러스에서 카터를 부정하는 정치적 색채가 짙은 기도모임을 갖고 난 다음에 얼마 안되어 카터의 초청을 받고 그

---

21) Maddox and Anne Wexler, memo to JC, October 26, 1979, JCL.
22) *JAIA*, 586.

의 가족들과 밤을 새울 수 있었는가?[23] 가능한 하나의 설명이 있다면, 대통령에 대한 목사로서 빌리 그래함 자신의 역할을 변화무쌍한 것으로 인정하는 것일 것이다. 빌리 그래함은 변신을 시도했다. 연약한 자에 대한 상담자로, 대통령들에 대한 목사로, 국민에 대한 설교자로 말이다. 그는 카터에 대해 개인적으로나 정치적으로 나름대로의 생각이 있었겠지만 그것으로 인해 만나서 대화하고 기도하는 일을 거절하지 않았다. 그는 확실히 정치 세계에 잠깐 들어갔다 나오는 일을 싫어하지 않았다. 그는 자신의 정치적 성향에 관계없이 자신의 도움을 필요로 하는 한 어떤 대통령의 초청도 거부하지 않을 것이 분명했다.

며칠 후 빌리 그래함은 카터부부에 대한 감사의 편지를 써서 보냈다. 이 편지는 빌리 그래함이 직접 쓰지 않고 룻이 대필했다. "룻과 저는 평화와 정의로운 세상을 만들려고 하는 두 분의 헌신 그리고 복음에 대한 헌신에 깊은 감명을 받았습니다. 우리 부부는 대통령께서 그리스도에 대한 확고부동한 신앙을 가지신 것과 매사에 영적인 지도력을 갖기 위해 기도하시는 것에 대해 감사하고 싶습니다. 우리는 하나님께서 대통령께 지혜와 용기 그리고 믿음을 부어주시며 남은 직무기간 중에도 선하게 인도하시기를 기도하고 있습니다." 룻은 빌리 그래함의 글 밑에다 몇 마디 첨가했다. "빌리는 지금 파리와 옥스퍼드 그리고 캠브리지에서 집회하기 위해 비행기를 탔습니다. 그리고 저에게 전화로 대통령 부부께 드릴 감사의 말을 불러주었습니다. 그는 자신이 직접 쓰지 못한 것을 미안하게 생각하고 있습니다. 그러나 두 분께서 빌리의 악필을 보지 않게 되어 다행입니다. 두 분과 함께 잊을 수 없는 밤을 보낸 것에 대해 감사드립니다. 늘 두 분을 위해 기도하고 있습니다."[24]

빌리 그래함이 출발한 지 이틀 후인 11월 4일, 테헤란의 학생들이 66명

---

23) Terence Smith, "Inside White House, a New Tone Emerges," *New York Times*, November 6, 1979.
24) Ruth Graham, note to Rosalynn Carter, November 6, 1979, JCL.

의 외교관을 인질로 삼는 사태가 일어났다. 인질범들은 매우 완강했다. 이란 정부는 언제나 그랬던 것처럼 진압의 의지도 없고 능력도 없었다. 로잘린은 후에 이 상황을 이렇게 묘사했다. "종말의 시작"[25]

1980년대 초, 카터는 전국적인 지명도가 있는 텔레비전 방송 설교자들을 아침식사에 초대했다. 그들은 회의 차 워싱턴에 와 있던 참이었다. 그것은 매덕스가 "복음주의자들이 갖고 있는 정치적인 힘"[26]을 인식해야 한다고 카터에게 조언해서 이루어진 일이었다. 그러나 조찬회동 전날 카터는 참석하지 않겠다고 말했다. 참석자들은 매덕스와 대통령에게 한 가지 질문만 하기로 약속했었다. 그러나 이제 그것은 단순한 연회에 지나지 않았다.[27] 1976년 선거에서 카터를 지지한 팻 로버트슨은 참석하지 않았다. 두 달 후 로버트슨은 "우리는 미국을 움직일 충분한 유권자를 가지고 있습니다"[28]라고 떠벌였다.

1980년대 카터의 상황은 악화일로였다. 인질사태는 여전히 오리무중이었고 에드워드 케네디 상원의원이 민주당 대통령 후보 지명전에 뛰어들었다. 4월에 민주당 좌파는 이란 인질 구출작전을 시도했으나 결과는 비극적인 실패로 끝나고 말았다. 그리고는 전운이 감돌았다. SALT 조약은 상원에 계류 중이었고 진전은 커녕 폐기직전의 상태였다. 공화당에선 레이건이 대통령 후보를 거머쥐었고 레이건은 빌리 그래함의 친구인 전 CIA 국장 조지 허버트 워커 부시(George Herbert Walker Bush)에게 부통령 후보직을 제안했으며, 빌리 그래함은 공화당 전당대회 개회기도를 수락한 상태였다. 레이건과 부시의 팀워크는 닉슨 이래로 빌리 그래함과 가장 강력한 연대를 형성했다. 레이건과 부시 가문은 1950년대 초부터 빌리 그래함과 매우 친

---

25) Rosalynn Carter, *First Lady from Plains*, 324.
26) Maddox, letter to JC, January 2, 1980, JCL.
27) Maddox, interview, June 2006.
28) JC, quoted in Garrett Epps, "Born Again Politics Is Still Waiting to Be," *Washington Post*, March 30, 1980.

밀한 관계를 맺고 있었다. 공화당 전당대회가 끝난 2주 후, 빌리 그래함은 메인 주의 케네벙크포트에 있는 부시 가문의 별장에서 한 주간을 함께 보냈다.

11월 레이건과 부시는 쉽게 승리를 따냈고 상원에서도 역대 가장 큰 차이로 대승을 거두었다. 카터가 참패한 지역이 얼마나 광범위했던지 방송을 들으며 차를 타고 버지니아 린치버그로 돌아가던 팔웰 조차도 놀랄 정도였다. 다음날 아침, 팔웰은 자유침례대학에서 지지자에게 성대한 환영의 인사를 받았다. "총장님 만세"[29]

선거 후 몇 주일이 지났지만 인질사태는 여전히 진전이 없었다. 이미 워싱턴 정가는 공화당이 보인 혁명의 물결에 휩쓸렸다. 카터 대통령과 영부인은 퇴임을 앞두고 매덕스 부부와 조촐한 저녁식사를 하게 된다. 매덕스 부부를 엘리베이터 앞에서 영접한 로잘린은 매덕스에게 "이번 선거에서 하나님의 뜻은 무엇이었을까요?"[30]라고 물었다.

---

29) Cal Thomas and Ed Dobson, *Blinded by Might: Why the Religious Right Can't Save America* (Grand Rapids, MI: Zondervan, 1999), 25.
30) Maddox, interview, June 2006.

제26장

모스크바로 가는 길

　　기도하면 할수록 그리고 생각하면 할수록 이번 방문이 동유럽과 러시아에서 복음의 새로운 장을 열 기회일 것이라고 믿게 되었습니다.[1] 마침내 저는 가기로 결단했습니다.

- 1982년 모스크바 방문에 대해

　　로널드 레이건과 빌리 그래함의 운명은 오래전 할리우드에서부터 시작했다.
　　보수적인 텍사스의 영화사 사주들은 극장문화가 쇠퇴하고 텔레비전 시대가 오자 이 문제를 논의하기 위하여 댈러스에서 3일간의 회의를 개최했다. 그들은 영화배우들과 감독들 그리고 죄와 공산주의 그리고 전통적 가치의 쇠락을 질타해온 목사들을 초청했다.
　　1952년 6월, 로널드 레이건과 빌리 그래함은 그곳에서 만났다. 레이건은 41살로 막 재혼한 상태였고 이미 유명배우로 영화산업을 일으키려는

---

[1] BG, interview, January 23, 2006.

사주들에게 주목대상 중 한사람이었다. 반면 당시 34살인 빌리 그래함은 거대한 군중을 몰고 다니는 복음주의 진영의 신화적인 젊은 목사로 매스컴의 뜨거운 관심을 받고 있었다. 당시 댈러스 회담을 주도적으로 이끌어 간 사람은 '바람과 함께 사라지다'라는 영화의 감독이었던 데이빗 셀즈닉(David O. Selznick)이었다. 빌리 그래함은 첫 만남에서 레이건에 대해 강력한 인상을 받았다.[2] 빌리 그래함은 그 회의에서 영화사 사주들에게 이렇게 말했다. "여론을 조성하는 데 가장 강력한 도구는 영화산업입니다. 그런 이유로 미국은 여러분들을 지금까지 필요로 했고 앞으로는 훨씬 더 필요로 할 것입니다.[3] 미국의 전통적 가치를 스크린에 담을 때 우리는 인종차별을 완화할 수 있고, 공직자들에게 정직함을 가르칠 수 있으며, 자라나는 아이들에게는 미국을 자랑스럽게 생각하게 하며, 또한 공산주의의 실체를 밝혀낼 수 있습니다… 그리고 섹스와 범죄를 영화에서 추방해야 합니다. 우리는 병들만큼 섹스의 홍수에 시달려 왔습니다. 그것이 국민으로 하여금 영화를 떠나게 하는 이유입니다. 분별 있는 국민은 그런 영화를 부끄러워합니다."

한 주일 후 「타임」의 특파원 윌라드 래플리는 뉴욕에 있는 편집국장에게 3일간의 회의에 대해 보고하면서 "빌리 그래함과 그의 부인의 복음 인생을 다룬 영화가 논의되었습니다. 그 영화는 레이건이 빌리 그래함의 역을 그리고 그의 부인이 빌리 그래함 부인의 역을 맡는 것으로 되어 있습니다"라고 말했다.

빌리 그래함과 레이건은 둘 다 젊고 핸섬하고 카리스마가 넘치며 능변가에 정치적 매력을 갖춘 사람들이었다. 그들은 복잡한 문제에 명쾌한 해답을 제시하는 특별한 능력들을 소유했다. 빌리 그래함은 노스캐롤라이나에, 레이건은 일리노이에 뿌리를 두었지만 두 사람 모두 이상적인 미국인의 상을 갖추었다. 그들은 숭배자들에게는 신비롭게 보였고 적대자들에게

---

2) *JAIA*, 626-627.
3) Willard Rappleye, memos to *Time* editors, June 6-12, 1952.

는 단순명쾌했으며 그들 전기 작가들에겐 다 묘사할 수 없는 내면을 가진 사람들이었다. 두 사람은 공산주의의 실체를 알기 원했으며 기독교는 매우 중요한 역할을 감당하고 있다고 생각했다.

　레이건이 대통령으로서 이룩하고자 했던 광대한 계획 때문에 역사가들은 그의 신앙이 그의 대통령 직무 수행에 미친 영향력을 무시하려는 경향을 보여왔다. 레이건은 할리우드에 팽배했던 포용의 문화에서 자라났는데 그곳에서 신앙심이란 드러낼만한 것이 아니었다. 대통령 시절 레이건은 거의 교회에 출석하지 않았는데 국민들은 그 일에 대한 레이건의 변명을 수긍하지 못했다. 1980년대 기자들은 레이건의 신앙은 다루지 않고 대신 그의 지지층인 문화적 보수주의자들의 환심을 얻기 위해 참모들이 만들어낸 이야기들을 대부분 기사화했다. 그러나 레이건이 임기를 마친 이후 거의 이십년간 그의 신앙이 인간 레이건과 대통령 직무기간 동안의 일을 파악하는데 가장 중요한 요인이었다.

　대부분의 대통령들처럼 레이건 역시 경건한 어머니 손에 컸다. 레이건의 딸 마우렌은 할머니 넬리 레이건에 대해 "성경을 제일의 명령으로 생각한 사람"이라고 묘사했다. 그녀는 "할머니는 지상에서의 당신의 일은 아직 끝나지 않았으며 자신은 복음을 전하는 사명을 받았다고 생각하며 살았습니다"[4]라고 말했다. 넬리가 직접 종교연극을 무대에 올리고 레이건으로 하여금 분장의 맛을 보게 한 것은 일리노이 딕슨에 있는 한 교회에서였다. 교회는 어린 레이건에게 피난처와도 같았다. 그의 아버지는 냉담한 성품에 늘 문제를 일으켰고 술에 자주 취했으며 가정의 형편을 돌아보지 않았다. 넬리는 그래서 자녀들에게 신앙을 물려주려고 갖은 애를 다 썼다. 후에 낸시 여사는 레이건이 어려운 시련에 부딪힐 때 오히려 부인인 자신을 위로하기 위해서 애를 쓰는 남편의 신앙에 대해 회고한 적이 있었다. "그는 종종 자신이 중요하게 생각하는 것을 신앙적인 말로 편지를 써서 나에게 주곤

---

4) Maureen Reagan, *First Father, First Daughter* (New York: Little, Brown, 1989), 61.

했지요. 나는 그만큼 확고한 신앙을 가지진 못했지만 그의 신앙심에 경의를 표하곤 했습니다."[5]

레이건은 점점 정상의 자리에 다가가면서 자신의 신앙을 표명하기 시작했다. 1968년 처음으로 공화당 대통령 후보 지명전에 출마했을 당시 데이빗 프로스트와의 대담에서 레이건은 그가 가장 존경하는 역사적 인물들 중에 예수를 첫 번째로 꼽았다. 레이건과 낸시는 빌리 그래함의 캘리포니아애너하임 전도집회를 유치하고 주지사로서 환영사를 했다. "내가 오늘밤 참석하지 않을 것이라고 생각한 사람들도 있을 것입니다.[6] 사람들은 교회와 국가가 분리되어야 한다는데 너무 골똘히 생각한 나머지 종교의 자유(freedom of religion)를 종교로부터의 자유(freedom from religion)로 해석하는 사람들이 있습니다." 빌리 그래함은 레이건의 환영사에 "여러분들이 레이건 주지사의 말과 행동에 동의하든 안 하든, 저는 그가 정치적 용기를 가진 분으로 생각합니다"라고 응답했다.

레이건은 1971년 주의회 개원연설에 정치에서의 종교의 역할이라는 주제로 연설해 달라고 빌리 그래함에게 요청했다. 또 레이건은 1980년 디트로이트에서 있었던 대통령 후보 수락연설을 마치고 그것은 두려운 일이라고 언급하면서 묵상기도를 제안했다(빌리 그래함은 이미 개회기도를 한 상태였다). 대통령으로서 레이건은 중요한 연설이나 회의가 있을 때 그의 비서실장인 제임스 베커에게 "베커, 나 잠시 시간이 필요하군"[7]라고 말하곤 했다. 앞장서던 베커가 걸음을 멈추고 뒤돌아보면 레이건은 눈을 감고 기도하고 있었다. "신앙은 그분의 삶의 일부분이었습니다." 그의 부비서실장인 마이클 디버(Michael Deaver)는 "실망과 좌절의 순간마다 그분은 늘 이렇게 반응했습니다. '거기에는 반드시 이유가 있어요. 언젠가 그것을 알게

---

5) Nancy Reagan, *I, Love You, Ronnie* (New York: Random House, 2000), 85-86.
6) RR, quoted in Dart, "Graham Launches 10-day Southland Crusade in Anaheim," *Los Angeles Times*, September 27, 1969.
7) Jim Baker, interview, September 27, 2006.

되겠지. 실패도 하나님 계획의 일부분이거든.[8] 그렇다고 그분이 감상적이 된 것은 아닙니다. 그는 언제나 사실을 직시했습니다"라고 말했다.

레이건은 소련에 종교의 자유가 없다는 것에 깊은 관심을 가졌다. 그는 소련 국민이 가족이 죽었을 때도 공개적으로 기도할 수 없다는 현실에 유감의 뜻을 자주 나타냈다. 그는 공산제국을 깨부수는 열쇠의 하나로 지속적인 신앙전파라고 생각했다. 제리 팔웰(Jerry Falwell)은 "레이건은 신앙인들 특별히 소련 위성국가 내의 신앙인들이 언젠가 종교의 자유를 맞이하면 동유럽의 모든 국가에 위대한 신앙운동이 일어날 것이라고 생각했습니다"[9]라고 레이건의 말을 회상했다. 대통령으로서 레이건은 이러한 생각을 수면 아래에서 진행했다. 그는 러시아 전문가들을 거의 24번이나 만나 소련에 종교자유 문제를 어떻게 접근해 가야할지 논의했다. 국가안보 보좌관인 프랭크 카루치(Frank Carlucci)는 레이건이 소련의 미하일 고르바초프 서기장과의 정상회담에서 소련의 교회 개방속도가 더디다고 비판하는 것을 보고 기겁을 했다고 회고했다. "레이건은 그 문제에 매달려 있었습니다. 그는 소련의 종교문제로 고르바초프를 공격했습니다." 빌리 그래함은 레이건이 슬라브 민족의 종교자유에 너무나 관심이 많은 나머지 "대화의 일부분은 언제나 그 문제였다"[10]라고 말했다.

종교문제에 관한 레이건의 열정은 1981년 암살미수사건으로 인해 오히려 강화되었다. - 레이건의 자신에 대한 암살사건을 그의 어머니가 매사에 그랬던 것처럼 나중에 들어날 하나님의 거대한 계획의 일부분으로 해석했다. 그것은 하나님의 부르심이었다 - 암살사건이 일어난 지 18일이 지난 어느 금요일 레이건은 디버에게 목회자 한 사람을 불러달라고 말했다. 디버는 뉴욕의 테렌스 쿠키 주교를 백악관으로 초청했다. 두 사람은 백악관 2층 옐로우 룸(Yellow Room)에서 "깊은 대화"를 나누었다. 디버가 전한 레이

---

8) Mike Deaver, interview, July 2006.
9) Falwell, interview, June 2006.
10) Frank Carlucci Interview, Miller Center, University of Virginia, Ronald Reagan Presidential Oral History Project, August 28, 2001.

건의 말은 이런 것이었다. "나는 언제 세상을 떠난다 하더라도 그것은 주님께로 가는 것이라고 믿습니다." 레이건은 자신이 하나의 목적 - 핵전쟁의 위험을 제거하는 것 - 을 위하여 준비 된 사람이라고 믿었다. "죽음이 가까워졌다는 것을 느꼈을 때 나는 하나님이 나에게 주신 기간 동안 핵전쟁의 위협을 없애기 위해 내가 할 수 있는 모든 것을 해야만 한다고 생각했습니다. 이유가 있다면 하나님이 저를 준비하셨다는 것이지요."[11] 레이건은 이러한 생각을 소수의 사람들, 즉 가족, 교황 그리고 빌리 그래함에게만 드러냈다.

빌리 그래함의 모스크바 방문길은 예상과 다른 경로였다. 그는 1959년 붉은 광장에 잠시 들러서 언젠가 다시 이곳에 와서 사람들 앞에서 설교할 기회가 오기를 기도했었다. 레이건과 같이 빌리 그래함은 거의 20년간 서방세계에 대한 모스크바의 계획에 우려를 표명해왔다. 잘못되면 서방을 통해 전 세계에 반기독교적인 문화가 무섭게 퍼져나갈 것이기 때문이었다. 그러나 1970년대 후반까지 소련의 지배하에 살아가는 국민이 종교의 자유를 누리지 못한다는 사실을 심각하게 생각한 사람은 빌리 그래함이 처음이었다. 그래서 그는 직접 러시아로 가기로 결정했다. 만약 빌리 그래함이 모스크바에서 집회를 하겠다고 어느 정도 합리적으로 제안한다면 소비에트 세계에 복음을 전할 기회를 기대할 수도 있었다.

1981년 늦봄에 모스크바에서 날아 온 초청장은 빌리 그래함이 기대한 것과는 사뭇 달랐다. 그는 러시아 정교회가 "핵 파멸로부터 인류를 지키기 위한 종교인 세계대회"로 부른 회의에 초청 받은 것이었다. 소련은 빌리 그래함을 평화회의에 초청한 것이었다.

모스크바 종교회의는 시간과 내용 모두가 소련의 입장에서 조율되었다. 미국 내 20개의 개신교 교파가 1982년 봄까지 핵무기 동결을 요구하며 전국 곳곳에서 대규모 시위를 벌였다. 필라델피아 관구의 보수파 지도자인 크롤 주교는 '형제사랑의 도시'(필라델피아라는 말의 뜻 - 역주)에 모인 15,000

---

11) Ronald Reagan, *An American Life* (New York: Simon and Schuster, 1990), 269.

명의 청중 앞에서 워싱턴의 핵개발 계획을 "이성을 잃은 자해행위"[12]라고 규정했다. 그해 여름 유럽에서도 대규모 시위가 예정되어 있었다. 그들은 핵무기뿐만 아니라 나토의 독일과 이탈리아 내 미사일 배치 계획에도 반대했다. 모스크바의 5월 회의는 이런 여론을 확대해서 유럽의 여론을 미국의 미사일 배치 계획 반대로 전환하려는 전략의 일환으로 소련에 의해 준비되었다.

빌리 그래함은 모스크바 회의가 소련의 위장된 선전도구의 일환이라는 것을 모르지 않았다.[13] 그러나 그는 자신의 참여가 철의 장막을 여는 첫걸음이 되기를 희망했다. 복음의 능력이 심령과 역사를 변화하는 것을 믿지 않는 사람들은 그의 모스크바 방문을 만류했다. 일부는 심하게 반대했다. 그러나 빌리 글래함이 자문을 구했을 때, 닉슨과 키신저를 비롯한 여러 사람들이 소련으로 갈 것을 강력 권유했다. 그러나 레이건의 행정부에는 모스크바에 대하여 강경노선을 취하는 사람들로 가득했다. 빌리 그래함의 모스크바 방문은 1982년 봄, 당시 레이건 행정부 사람들에게는 이해할 수 없는 일이었지만 레이건만큼은 달랐다.

2월 3일 빌리 그래함의 참모인 존 액커스(John Akers)와 월터 스미스는 국가안전보장위원회(NSC)의 제임스 낸스(James Nance)를 만나 모스크바 방문계획을 설명했다. 낸스는 즉각 레이건과 국가안전보좌관인 윌리엄 클락에게 "액커스와 스미스는 자신들이 '주사위 게임'을 하고 있으며 소련은 그들을 체제선전의 도구로 활용할 것이라는 것을 알고 있었습니다. 그러나 빌리는 이 회의의 공식성명이 발표되기 전 회의장을 떠날 것이며 또한 서방교회 지도자들에게 소련의 선전활동의 도구가 되지 않도록 각별히 주의할 것을 요청할 것이라고 말했습니다. 전반적으로 볼 때 그들이 소련의 행위에 휘말리지 않을 것으로 보입니다"라고 보고했다.

---

12) Kenneth A. Briggs, "Growing Roles for Churches in Disarmament Drive," *New York Times*, April 10, 1982.
13) *JAIA*, 593-594.

빌리 그래함은 러시아와 위성국가들인 동유럽에 복음을 전하는 것이 그가 받을 비판보다 훨씬 중요하다고 확신했다. 낸시의 보고에는 "왜 빌리 그래함이 러시아와 동유럽국가로 가려고 하느냐는 질문에 액커스와 스미스는 소련이 빌리 그래함의 방문을 이용해서 자신들이 종교의 자유를 가진 나라라는 것을 선전하려고 하지만 우리는 그들이 얻는 것보다 더 큰 종교적 성과를 얻을 것이라고 말했습니다. 빌리의 생각이 아마도 옳은 듯합니다."[14]라는 내용도 포함하고 있었다.

한 주일 후 6페이지의 보고서가 모스크바 미 대사관으로부터 날아왔을 때 NSC 관리들은 긴장했다. 보고서 작성자는 소련 공사인 워렌 짐머만(Warren Zimmerman)으로 빌리 그래함이 소련의 관리들에 의해 정치적 목적으로 이용되고 있다고 주장했다. 전 세계 해외 대사관에 전송된 짐머만의 보고서는 "이 모스크바 회의에 참가해서 소련의 선전도구 대상이 될 만한 사람들의 명단을 파악해 놓아야 할 것이다"[15]라고 조언하고 있었다. 이것은 외교상의 화재경보였다. 모스크바에 주재한 미국 고위 관리는 빌리 그래함을 주저앉혀야 한다고 워싱턴에 강력한 경고음을 보낸 것이다. 다음날 NSC에 파견 나와 있던 해군 장교 윌리엄 스티어만(William Stearman)은 짐머만의 보고서에 의거하여 정리된 메모를 클락에게 전달했다. 메모에 따르면 소련은 미국의 무기 군축 정책을 비난할 의도로 주최하려는 컨퍼런스에 빌리 그래함을 참석하려는 계획을 분명히 하고 있었다는 것이었다. "컨퍼런스는 처음부터 끝까지 치밀하게 계획되어 어떤 종교 지도자도 소련의 선전도구로 이용되는 것에서 빠져나올 수 없을 것이 확실합니다."[16]

스티어만은 "빌리는 이미 저들에게 말려들었습니다"라고 단언했다.

백악관이 빌리 그래함에게 직접 모스크바 방문 계획 취소를 요청하지

---

14) James B. Nance to RR, February 4, 1982, RRL.
15) Warren Zimmerman, cable from American embassy in Moscow to secretary of state, February 9, 1982, RRL.
16) National Security Council, memorandum from William Stearman to William Clark, February 10, 1982.

제26장 모스크바로 가는 길   453

않았다할지라도 재고할 것을 권면한 것은 확실했다.[17] 부시 부통령은 3월 초 런던에서 빌리 그래함에게 전화를 걸어 모스크바 대사관의 정보판단을 알려주었다. 어떤 신문은 부시가 빌리 그래함에게 모스크바 회의에 가는 것을 강력히 만류했으나 빌리 그래함이 받아들이지 않았다고 발표했다. 3월 15일 「뉴스위크」가 빌리 그래함의 모스크바 방문에 관한 전모를 기사화하자 빌리 그래함은 정치적 이해득실로 인해 자신의 계획을 중단할 생각이 없음을 분명히 했다. "만약 제가 모스크바에 간다면 오직 복음만 전할 것입니다."[18] 빌리 그래함은 단호하게 말했다. 그러나 이 말은 빌리 그래함 자신에게도 또한 정치적 판단을 고려하는 사람에게도 충분한 대답이 아니었다.

3월 19일 두 명의 NSC 관리들인 로버트 린하드(Robert Linhard)와 스벤 크래머(Sven Kraemer)가 빌리 그래함의 참모인 액커스를 백악관에서 다시 만났다. 액커스는 상황실에서 왜 여러 우려에도 불구하고 빌리 그래함이 모스크바를 가야만 하는 지에 대해 장시간 설명했다. 액커스는 NSC 관리들에게 빌리 그래함이 이미 부시 부통령과 전반적인 의견조율을 했으며 오직 국무부만이 반대의견을 표한 것으로 안다고 말했다.[19] 그러자 NSC 관리들은 백악관과 국무부는 같은 견해를 가지고 있다고 말하면서 "소련은 빌리 그래함을 자신들의 목적에 따라 철저히 이용할 것"이라고 다시 한 번 경고했다. 그들은 미국 대통령의 긍정적인 입장은 조금도 전달하지 않고 오히려 빌리 그래함이 "군축의 필요성(냉전을 넘어서는), 전쟁과 평화에 관한 이슈가 모든 국가에서 종교와 양심에 거리낌 없이 자유롭게 논의해야 함, 그리고 인간을 분리하는 모든 장벽의 제거"에 관한 성명서를 발표하

---

17) "Billy Graham in Moscow?" *Newsweek*, March 22, 1982, 69. Graham said in one of his conversations with the authors that Bush had urged him not to go; in his autobiography, he reported that Bush did not tell him to cancel the trip.
18) Ibid.
19) National Security Council, memorandum from Sven Kraemer to Clark, March 24, 1982.

거나 아니면 설교를 할 것을 촉구했다. 액커스는 백악관이 먼저 그러한 성명서를 발표해줄 것을 제안했다.

백악관이 빌리 그래함의 소련방문 계획을 취소시키려는 것이 분명해졌지만 3월 하순쯤 빌리 그래함은 "기도하면 할수록 그리고 생각하면 할수록 이번 방문이 동유럽과 러시아에서 복음의 새로운 장을 열 기회를 줄 것이라고 믿게 되었습니다. 마침내 저는 가기로 결단했습니다"[20]라며 자신의 생각을 철회하지 않겠다는 뜻을 명백히 했다. 부시 부통령은 빌리 그래함을 점심식사에 초청했다. 부시는 워싱턴의 해군본부에서의 오찬에 레이건 대통령 부부도 초청했다. 점심식사 도중, 레이건은 빌리 그래함을 한쪽으로 끌어당겨 조용히 속삭였다. "이번 모스크바 방문 길을 위해 기도하겠습니다."[21] 청신호였다.

미 국무부와 국가안전보장위원회(NSC)의 관리들이 어떻게 전도자가 전략가나 할 수 있는 일을 해 낼 수 있겠느냐고 회의적으로 생각했지만 레이건 자신만큼은 그렇게 생각하지 않았다. 사실 1982년 4월 한 달은 레이건의 대통령 재임기간 중 그 어느 때보다 많은 의견교환이 레이건과 빌리 그래함 사이에 오고갔다. 백악관의 전화 통화기록을 보면 4월 한 달 두 사람 사이의 통화는 하루에도 서너 번씩이었다. 4월 중순 이후부터 빌리 그래함은 뉴잉글랜드 지방 8개 도시를 돌면서 캠퍼스 전도집회에 전념했다. 거기서 그는 핵전쟁의 위험이 고조되고 있으며 그러므로 이 거대한 살상무기를 제거해야만 한다는 내용을 설교의 중심으로 삼았다. 4월 26일 빌리 그래함은 레이건의 편지를 받았다. 레이건은 편지에서 "존경하는 빌리… 내가 소련을 방문하겠다는 당신의 결정을 전적으로 지지한다는 것을 알아주기 바랍니다. 하나님께서 우리가 알지 못하는 놀라운 방법으로 일하실 것입니다. 그리고 우리가 그것을 보도록 하실 것입니다"[22]라고 자신의 지원을

---

20) BG, intrview, January 23, 2007.
21) *JAIA*, 596.
22) RR to BG, April 26, 1982 (PHFII;3; Folder 35), RRL.

강조했다.

빌리 그래함은 이제 레이건의 전폭적인 지지를 얻었고 백악관은 빠르게 지원태세를 갖추었다. 4월 중순 부시 부통령은 모스크바 미 대사관에 빌리 그래함의 방문을 공식 지지한다는 전문을 보냈다. "대통령과 나는 빌리 그래함 목사의 모스크바행을 만류하는 것은 비생산적이라고 생각합니다"[23]

빌리 그래함의 6일간 오디세이(odyssey)식 러시아 방문은 긍정적일 수도 또한 부정적일 수도 있었다. 즉 장차 철의 장막에서 복음의 선교를 할 수 있다는 희망이 긍정적이라면 일부가 걱정하는 것처럼 쌍방 간의 협정에서 치러야 할 대가를 생각하면 부정적이었다. 빌리 그래함은 모스크바에 도착하는 순간부터 소련에 허를 찔리고 말았다. 첫날 소련의 대미 전문가인 게오르기 아르바토브(Georgi Arbatov)는 무려 3시간 동안 빌리 그래함과는 관계없는 정치적 문제로 빌리 그래함을 괴롭혔다.[24] 다음날은 정교회와 모스크바에 하나 밖에 없는 침례교회에서 설교하기로 일정이 잡혔다.[25] 소련은 예배의 순서를 뒤바꾸어 2시간 동안의 예배를 자신들의 뜻대로 끌고 갔으며 참석인원도 제한하였다. 침례교회에서 30분의 설교가 끝났을 때 평복을 입은 비밀 경호원이 "복음을 전했다는 이유로 150명 이상의 사람이 감옥에 있습니다"[26]라고 쓴 푯말을 들고 있는 한 여성을 교회 밖으로 끌어내었다. 예배 후 이 사건에 대하여 질문을 받았을 때 빌리 그래함은 그 사건이 무슨 내용이었는지 잘 알지 못했다고 말하며 "미국에서도 잘못된 일을 하는 사람들은 밖으로 내보냅니다"[27]라고 오히려 소련 정부의 서투른 행위를 변호했다.

---

23) GHWB, cable to Ambassador Arthur Hartman, April 1982, RRL.
24) Edwin Meese, interview, June 30, 2005.
25) Martin, *PWH*, 503.
26) BG, quoted in Serge Schmeman, "Graham Preaches at Church in Moscow," *New York Times*, May 10, 1982.
27) Woodward, "Billy Renders Unto Caesar," *Newsweek*, May 24, 1982.

예배 후 소련 관리들은 빌리 그래함을 4시간 동안 불필요한 러시아 정교회 출판국 방문으로 보내게 한다. 빌리 그래함은 검은색 리무진에 태워진 채 이 모임, 저 모임으로 안내받았지만 그들의 결례에도 불구하고 공손히 대했다. 빌리 그래함은 후에 자신이 받은 대접에 대해 "미국에서도 오직 백만장자만이 철갑상어 요리를 먹는데 거기서 저는 매끼마다 그것을 먹었습니다"[28]라고 말했다.

드디어 빌리 그래함이 "평화회의"에서 연설할 시간이 왔다. 그러나 이미 소련 측의 선전공세에 의해서 회의의 순수성이 무너지고 있었다. 모스크바를 둘러 본 여러 미국 목회자들이 평화회의가 완전히 반미 정치공세로 기울어졌다고 불만이 가득했다. 그러나 그것이 오히려 빌리 그래함의 활동공간을 넓혀주었다. 빌리 그래함은 "강대국이건 약소국이건 어떤 나라도 현재의 상태로 인해 비난받아서는 안 됩니다. 저는 모든 나라들이 유엔헌장에 나타난 보편적 인권선언에 따라 신앙인들의 권리를 보장해야 한다고 촉구했습니다. 저는 언젠가 모든 국가들이 개인의 자유를 인정하고 또 존중하는 때가 오기를 희망했습니다. 그래서 개인적으로나 또는 공중 앞에서 자신의 양심에 따라 신앙을 고백하고 실천할 수 있는 자유로운 세상을 희망했습니다"[29]라고 돌려서 말했지만 이것은 크렘린을 겨냥한 말이 분명했다.

그러나 며칠 후 빌리 그래함은 "미국에서 생각해왔던 것보다는 더 많은 자유가 이곳에도 있다고 생각합니다"라고 기자들에게 말했다. 또한 빌리 그래함은 러시아 교회의 토요일 밤 예배가 미국에서의 예배보다 자기에게 훨씬 깊은 인상을 주었다는 말을 함으로써 구설수에 올랐다. "러시아인들이 큰 예배당 안으로 끝도 없이 밀려들어 왔습니다. 노스캐롤라이나 샬롯에서는 볼 수 없는 일이었습니다."[30]

그 후 몇 주간동안 빌리 그래함은 자기가 한 말에 대해 변명하며 시간

---

28) Woodward, "Billy Renders Unto Caesar," *Newsweek*, May 24, 1982.
29) *JAIA*, 598.
30) Woodward, "Billy Renders Unto Caesar," *Newsweek*, May 24, 1982.

을 보내야 했다. 그는 자신의 말은 현지의 특수한 상황과 자신의 정보부재로 벌어진 일이지만 전혀 터무니없는 말은 아니었다고 변명했다. 빌리 그래함의 이러한 노력은 그가 소련에게 속았다는 인상을 국민에게 심어주었을 뿐 아무런 효력이 없었다. 빌리 그래함은 영국의 ABC 방송의 '데이빗 브링클리와 함께하는 주간뉴스'에 출연해서 여전히 동일한 변명을 했다. 비록 자신의 초기 주장에선 약간 물러섰지만 말이다. 다음날 윌리엄 사파이어는 자신의 칼럼에서 빌리 그래함을 악의 세력과 협상한 사람이라고 공격했다. 칼럼의 제목은 "하나님의 말씀을 전한다는 명분으로 모든 세력과 협상하는 빌리 그래함의 열정"이었다. 사파이어는 "진리를 말하려고 하는 사람은 박해받는 신앙의 현실을 외면할 수 없는 특별한 사명이 있음을 인식해야만 한다"[31]라고 말하며 빌리 그래함이 거짓증언을 수행했다고 비난했다. 빌리 그래함을 변호하는 언론매체는 거의 없었다. 오직 하나 예외는 "빌리 그래함은 핵무기의 공포를 인식하고 자신의 명성을 군비경쟁을 반대하는 데 사용했다"[32]라고 변호하는 「크리스천센추리」였다.

빌리 그래함에 대한 논란은 그가 미국으로 돌아올 때까지도 잠잠해지지 않았다. 그는 뉴욕에 내리면서 "저는 공산주의자도 아니며 그들의 책략에 놀아나지도 않았습니다"[33]라고 말했다. 며칠 후 그는 뉴욕 힐튼호텔에서 기자회견을 하였는데 여전히 자신의 입장을 견지했다. "저는 예배당에 들어온 사람은 누구나 자유롭게 예배를 드린다는 이야기를 들었습니다. 그리고 제가 미국에서 생각했던 것보다는 더 많은 자유가 소련에도 있었습니다. 소련에는 종교의 자유는 없었지만 예배의 자유는 있었습니다."[34] 같은 날 소련의 종교자유에 관한 빌리 그래함의 기자회견에 항의하기 위하

---

31) Safire, "All Things to All Men," *New York Times*, May 17, 1982.
32) Editorial comment, "A Few Kind Words for Billy Graham," *Christian Century*, May 26, 1982.
33) Michael Shain, "Graham Red Faced on Soviet Freedom Quote," *New York Post*, May 20, 1982.
34) James Duddy and Charles W. Bell, "Graham Insists Moscow Allows Worship Freedom," *New York Daily News*, May 20, 1982.

여 10여 명의 유대교 옹호단체 회원들이 맨해튼 리버사이드에 있는 세계교회협의회(WCC) 사무실을 방문했다. 그들은 "소련의 폭정에 면죄부를 준"[35] 빌리 그래함 목사에게 WCC가 강력히 경고할 것을 요구했다.

한편 레이건 행정부의 강경론자들은 지난 수주 간에 걸쳐, 여러 나라에서 보여준 빌리 그래함의 회견과 주장을 매우 미숙한 일처리로 보고 있었다. 그러나 백악관은 매우 신중하게 처신했다. 빌리 그래함의 소련방문에 대한 평가를 묻는 질문에 부시 부통령의 대변인인 래리 스피케스(Larry Speakes)는 "아직 입장을 밝힐 때가 아닌 것 같습니다"[36]라고 대답했다. 그러나 상황은 점점 빌리 그래함에게 유리한 쪽으로 나아갔다. 몇 개월 지나지 않아 빌리 그래함은 체코슬로바키아와 동독에서 설교해달라는 초청을 받았다. - 이 전도여행은 순수한 복음집회로 끝이 난다 - 처음엔 그 초청의 성격을 알기가 쉽지 않았다. 그러나 빌리 그래함은 주저 없이 걸음을 옮겼다.

빌리 그래함은 2년 후인 1984년 다시 소련으로부터 초청을 받아 4개 도시에서 12일간, 23번의 설교를 함으로써 성공적인 전도집회를 할 수 있었다. 그때 빌리 그래함은 이미 자신의 발걸음을 어떻게 옮겨야 하는지 잘 알고 있었다. 2번째 소련방문을 위해서 빌리 그래함은 자신의 참모를 백악관으로 보내지 않고 직접 레이건의 원로급 참모들과 수시로 의견을 교환했다. 모스크바에 도착해서는 자신이 하는 일을 숨기거나 부인하지 않았으며 정치적으로는 균형감각을 유지하려고 노력했다. 소련의 유익을 위해 이용되는 것이 아니냐는 거듭되는 질문에 빌리 그래함은 "저의 소련 방문에는 진리를 위한 봉사적 측면이 있다고 생각합니다. 세계의 평화를 위해 위험을 무릅쓰는 것은 가치가 없는 일이 아닙니다. 마찬가지로 그리스도의 복음을 전하기 위해 위험을 감수하는 것은 더 큰 유익이 있습니다"[37]라고 말했다.

---

35) "17 J.D.L. Protestors Seized," AP, in *New York Times*, May 20, 1982.
36) Larry Speakes, White House Press Briefing, May 17, 1982, RRL.
37) Schmeman, "Graham Tour of Soviet Ends on an Upbeat Note," *New York Times*, September 22, 1984.

소련에 도착하자마자 빌리 그래함은 미국의 군사정책을 비난하기 시작한 소련의 종교담당 관리와 부딪혔다. 「타임」의 모스크바 특파원이었던 에릭 암피테로프(Erik Amfitheatrof)는 뉴욕의 편집국장에게 이 사실을 급히 전송했다. "그 소련 관리는 평화에 대한 소련의 입장을 말하기 시작했고 교회지도자들이 이 문제에 매우 중요한 역할을 할 수 있다고 떠들었습니다… 반면에 빌리 그래함은 눈을 들어 그를 바라보면서 그의 말이 끊어지기를 기다리고 있었습니다. 그의 말이 잠시 끊어지는 순간, 빌리 그래함은 웃으면서 그의 깊고도 부드러운 바리톤의 목소리로 말했습니다… '당신도 주님을 믿어야만 합니다.' 그 관리는 자기 앞을 지나치는 빌리 그래함을 멋쩍은 표정으로 쳐다보면서 이렇게 말했습니다. '나는 무신론자요.'"[38]

빌리 그래함은 리무진에 올라타면서 그 관리에게 소리쳤다. "당신은 좋은 설교자가 될 수 있었을 텐데."

---

38) Erik Amfitheatrof, memo to *Time* editors, September 10, 1984.

THE PREACHER AND THE PRESIDENTS

제27장

비밀 임무

그의 요청을 여러 번 거절했지만 레이건은 그것을 기분 나쁘게 생각하지 않았습니다.[1] *… 저는 전임 대통령들의 요청도 여러 번 거절한 경험을 갖고 있습니다.*
- 레이건이 정치적 도움을 요청하였을 때

레이건은 기독교 권리운동에는 큰 관심을 보이지 않았다. 반면에 그가 백악관에서 빌리 그래함과 나눈 종교적 의제는 미국 국민에 관심을 갖는 것만큼이나 소련 사람들의 종교문제에 관심을 갖는 것이었다. 레이건은 낙태, 공립학교 내에서 기도하는 문제, 게이들의 권리 그리고 성 교육 등에 관해서는 보수적인 입장을 견지했지만 이러한 문제들을 통제하기 위한 법 개정을 자주 중지하였다. 한편 레이건은 빌리 그래함과 교황 요한 바오로 2세가 동유럽에 잠재해 있는 기독교를 나타내기 위해 공동노력하고 있는 것에 개인적인 찬사를 보냈다. 레이건은 최소한 다른 종교적 세력들과 - 이들은 레이건이 당선하는데 도움을 주었지만 그의 정치적 의제에는 동의하지

---

1) BG, interview, January 18, 2006.

않았다 - 균형을 맞추기 위하여 다양한 방법으로 빌리 그래함을 도왔다.

기독교의 사회정치적 권리를 주장하는 사람들은 빌리 그래함이 그들과 거리를 유지하고 있는 것에 불만이 많았다. 레이건이 취임선서를 한 후 10일이 지난 후 빌리 그래함은 「퍼레이드」(Parade)와의 인터뷰에서 "복음주의자들은 특정한 정당이나 인물을 지지해서는 안 됩니다.[2] 우리는 우나 좌, 모든 사람에게 복음을 증거하기 위해선 중립을 유지해야만 합니다. 저는 과거에 꼭 그렇지만 못했습니다. 그러나 앞으로는 그렇게 할 것입니다"라고 말했다. 심지어 빌리 그래함은 팔웰에게 전화를 걸어 버지니아 침례교회는 특별히 정치와 멀어져야 한다고 강조했다. "저는 그에게 우리의 사명은 복음을 전하는 것이라고 말했습니다. 권리만을 주장하는 사람들은 종교를 이용하려는 것일 뿐 종교자체에는 관심이 없는 사람들입니다." 빌리 그래함은 워싱턴에서 있었던 기독 방송인들의 모임에서 "미국이 한 해 무기관련으로 5,500억 달러를 쓰는 반면 해마다 전 세계 수백만 명이 굶주려 죽어가고 있다고[3] 말하면서 이 참상을 외면해서는 안 된다고 역설했다. 또한 빌리 그래함은 "그리스도를 모르는 이 세계가 겪는 참상이 점점 증가하는 이때에 우리는 한가하게 앉아서 자신의 등만 긁고 있어서는 결코 안 됩니다"[4]라고 방송인들이 자기만족에서 벗어나야 한다고 경고했다.

때때로 빌리 그래함은 도덕적 다수(Moral Majority)를 상대로 직접 호소했다. 예를 들면 1981년 그는 레이건의 부탁으로 미 상원의원들을 상대로 개인적인 로비를 했다. 사우디아라비아에 조기경보 비행기를 판매하는 문제로 상원은 시끄러웠다. 이스라엘은 이 거래와 이 거래 성사를 목적으로 하는 로비단체에 강력반대하고 나섰으며 이 거래를 중단하려는 목적으로 움직이고 있었다. 빌리 그래함은 말할 것도 없이 레이건 편에 서서 도덕적 입장에 서 있는 핵심의원들을 만났다. 빌리 그래함은 팔웰목사와 도덕

---

[2] *New York Daily News*, January 30, 1981.
[3] Briggs, "Graham Warns on Arms and 'Dangers' in TV Evangelism," *New York Times*, January 29, 1981.
[4] Ibid.

적 다수들이 복음의 정신을 파괴하는 이슈들에 대해 방관하고 있다고 경고했다. "정치적 이슈들이 도덕의 경계를 넘어오면 영적인 지도자들은 나서서 경고해야한다고 생각합니다."[5] 그러나 저는 파나마 운하 같은 세속적인 문제나 비도덕적이고 비신앙적인 이슈들에 대해선 영향력을 행사할 의도가 조금도 없습니다."

빌리 그래함의 질타는 다른 방향에서도 예외가 아니었다. 그는 1983년 3월 「TV가이드」(TV Guide)에서 텔레비전 방송설교자들에게 "많은 이들이 복음보다 기금조성을 우선시 합니다. 돈은 하나의 수단일 뿐입니다. 돈은 복음의 내용이 아닙니다"[6]라고 경고하는 글을 실었다.

1983년 봄, 빌리 그래함은 대통령 안보 보좌관인 윌리엄 클락의 부탁으로 은밀한 정치적 임무를 수행했다. 클락은 바티칸에 제한 없는 외교 신분 보장을 제공하는 것에 대해 복음주의 지도자들의 여론을 조사해 줄 것을 부탁했다. 이 문제는 트루만 정부 이래로 빌리 그래함도 고심했던 이슈였다. 당시 레이건 대통령은 모스크바와 대결구도에서 폴란드 출신의 교황과 손을 잡고 싶어했기 때문에 바티칸에게 줄 선물이 필요했고 그것이 가져올 국내 종교계의 반응을 알아보고자 했던 것이다.[7]

빌리 그래함의 7쪽 짜리 보고서는 매우 흥미로웠다. 그는 약 12명의 복음주의 지도자들과 종교 전문가들을 만나 그들의 반응을 조사했다. 그들은 「크리스채너티투데이」의 편집장인 길버트 비어스(Gilbert Beers), 일리노이 휘튼 대학의 총장 리차드 체이스(Richard Chase), 침례교 대외담당 총무인 제임스 던(James Dunn) 박사, 풀러신학교의 총장 데이빗 허버드(David Hubbard) 그리고 빌리 멜빈(Billy Melvin) 박사등이었다. 그 외 빌리 그래함은 백악관의 부탁이라는 말은 빼고 자기와 액커스가 만든 설문지라며 팻

---

5) "Billy Graham, First of the Big-Time TV Preachers," *People*, February 16, 1981.
6) Billy Graham, "TV Evangelism: Billy Graham Sees Dangers Ahead," *TV Guide*, March 5, 1983.
7) Briggs, "Diplomatic Ties with the Vatican: For US, an Old and Divisive Question," *New York Times*, December 12, 1983.

로버트슨과 제리 팔웰을 만났다. 빌리 그래함은 또한 미국 내 가톨릭의 원로 두 사람을 만나 바티칸과의 새로운 외교협정에 관해 그들의 의중을 떠보았다.

빌리 그래함의 여론조사는 다양한 반응으로 나타났다. 팻 로버트슨은 그것은 "적극적인 외교행위이며 미국에 정보획득의 기회를 줄 것"이라며 적극 지지했다. 몇 명은 대부분의 복음주의자들은 그러한 변화를 잘 알지도 못할 것이라고 말했다. 나머지 대부분은 미지근한 반응 아니면 명백한 반대였다. 던 박사는 공개적으로 반대한다는 입장이었고 멜빈은 전국복음주의연합회 회원들은 대부분 반대할 것이라 했고 몇 사람은 팔웰도 반대할 것이 확실하다고 말했다. 사실 팔웰도 반대 입장을 분명히 했다.

빌리 그래함은 자신의 입장을 보고서에 포함하지 않았다. 빌리 그래함은 "솔직히 말한다면 저도 대통령이 어떻게 결정하시는 것이 좋은 것인지 모르겠습니다"라고 클락에게 썼다. 대신 그는 대통령이 정책시행을 결정해 나아갈 경우 "대통령의 정치적 지지기반을 확실히 다져놓고, 나아가 대통령을 괴롭힐 수 있는 그룹(유대인, 주교회의, 교회협의회 등)에게 정치적 전망을 확실히 보여주어야 하며 일부의 사람들은(제리 팔웰 같은) 침묵을 지키도록 설득될 수 있다"라고 말했다. 빌리 그래함은 또 긴장을 누그러뜨릴 수 있는 제안을 하였는데 그것은 백악관이 바티칸뿐만 아니라 미국 내 가톨릭 교회와도 우호관계를 맺으라는 것이었다. 나아가 미국의 입장을 둘로 나누어서 즉 종교적인 이슈와 정치적인 문제를 바라보는 미국의 시각이 다르다는 것을 설명하라고 조언했다. "다음의 사실을 강조하는 것입니다. 그것은 미국은 바티칸을 단지 정치적 결사체인 하나의 국가로만 인식하고 있다는 것을 말입니다."

빌리 그래함은 또한 백악관이 바티칸에 보낼 대사 후보자를 긴장관계를 풀어 줄 사람으로 고려하라고 조언했다. 또한 빌리 그래함은 클락에게 자신이 1980년에 바티칸에 방문했을 때 "우리 일행은 복음주의 진영으로

부터의 반대가 그렇게 적었던 것에 깜짝 놀랐었습니다"[8]라며 생각보다 복음주의 진영의 큰 비판이 있었다고 언급했다.

백악관은 주도적으로 그 일을 여론에 흘렸다. 그런데 복음주의 진영의 반응은 빌리 그래함의 예상과는 달리 크게 부정적이었다. 팔웰은 정부의 움직임은 중대한 잘못이며 국가설립목적의 위반이라고 공격했다. 빌리 그래함의 보고서에 나타나 있던 다른 그룹들도 국가 외교행위에 대한 가처분신청을 법원에 제출했다. 대체로 온건파 복음주의 진영은 전혀 반응을 나타내지 않았다. 그래도 침묵의 반응이 많았던 것은 미국 내 새로운 정치단체에 - 1970년대 등장한 레이건을 지지하게 위해서 남침례교와 북가톨릭이 연대함 - 기인한 바가 컸다. 이 두 그룹은 수십 년간 신학적 차이로 갈라져 있었지만 1973년 대법원이 낙태를 합법화하자 공동연대하기 시작했다.

빌리 그래함은 모든 대통령들이 예외 없이 사소한 정치적 문제들을 내놓고 도움을 요청했다고 회고했다. 그러나 그가 거절하게 되었을 경우 레이건만큼 정중하게 그 거절을 받아준 사람이 없었다고 말했다. "그의 요청을 여러 번 거절했지만 레이건은 그것을 기분 나쁘게 생각하지 않았습니다." 1980년에 빌리 그래함은 노스캐롤라이나 예비경선에서 자신을 위해 연설해 달라는 레이건의 부탁을 거절했다. 그때 레이건은 그것이 빌리 그래함의 사역에 상처를 줄 수 있다고 인정하고 받아들였다. 한번은 레이건의 참모인 에드윈 미세(Edwin Meese)한테서 후보지지 요청을 받았지만 그것도 빌리 그래함은 정중히 거절했다. "그가 말하기를 레이건이 저를 원한다고 했습니다. 그러나 저는 그렇게 할 수 없다고 말했습니다."[9] 빌리 그래함과 부인 룻은 1981년 7월 레이건이 그해 3월에 있었던 암살을 모면하고 회복 중에 있었을 때 레이건 부부와 하룻밤을 같이 보냈다. 그리고 1982년 9월 필리핀의 마르코스 대통령을 위한 저녁만찬에 참석한 후 그 밤을 함께 보내기도 했다. 1983년 2월엔 레이건이 빌리 그래함에게 대통령 자유메

---

8) BG to Clark, April 23, 1983 (System 2, 91492), RRL.
9) BG, interview, January 18, 2006.

달을 수여했다. 1984년 9월 빌리 그래함은 다시 한 번 레이건의 편이 되어 주었다. 레이건은 전 국민을 향해 라디오 방송연설을 하던 도중에 "미국 시민 여러분, 러시아를 영원히 꼼짝 못하게 만드는 법에 사인했다는 기쁜 소식을 전해드립니다. 5분 만에 승리하였습니다"라며 공개적으로 농담을 던졌다. 한 달 후 에스토니아에서 설교를 하던 중 빌리 그래함은 기자들의 질문에 그 말은 "유감"이라고 말하고 "여러분들은 레이건이 영화배우였다는 것을 기억해야만 합니다. 배우들은 큰 의미 없이 가벼운 농담을 하잖아요"[10]라고 덧붙였다.

가끔 빌리 그래함이 그를 위한 호의를 베풀면 레이건 역시 호의로 보답했다. 1986년 빌리 그래함은 "여사님께 하고 싶은 부탁이 있습니다. 이런 부탁드리는 것을 용서하십시오"라고 낸시 여사에게 편지를 썼다. 빌리 그래함은 이제 파리로 전도집회를 떠나려 한다고 말했다. 그는 정중한 말로 낸시 여사에게 자신이 2차 세계 대전이후 프랑스 사람들에게 가장 유명한 미국인으로 보이지만 "실제로는 프랑스 사람들이 저를 전혀 모르고 있습니다"라고 언급하고 이어 "프랑스 교회에 출석하는 성도 수는 거의 제로에 가깝습니다. 그러므로 이 일은 중대한 일이라 생각됩니다. 그런데 현지 관계자들의 조언에 의하면 제가 미테랑 대통령이든지 아니면 시라크 총리 중 한 사람을 만나는 것이 필요하다고 합니다. 그래서 저와 현지 미 대사가 내린 결론은 여사께서 대통령께 말씀드려주셔서 우리 대사가 프랑스 대통령을 한번 만날 수 있는 기회를 만들어 주셨으면 합니다. 그러면 파리 전도집회 진행에 대해 미테랑 대통령의 도움을 받을 수 있으리라 생각합니다"라고 말했다.

빌리 그래함은 프랑스 대통령과 사진 찍을 기회를 얻으면 자신의 프랑스 방문을 전국에 공개적으로 알리게 될 것이며 그것이 전도집회에 사람을 끌어당기는 동력으로 작용할 것이라고 생각했다. 한 주일 후 6월 7일,

---

10) BG, quoted in "Graham Tells Estonia Reagan Didn't Mean It," *New York Times*, September 14, 1984.

레이건은 미테랑에게 친서를 보냈다. 먼저 레이건은 지난 해 자유의 여신상 제막 백주년 기념식에 참석해 준 것에 대해 감사를 표한 다음 "부탁하나 드려도 될까요?"[11] 우리나라에서 가장 존경받는 성직자의 한 사람이고 세계적 명성을 가진 빌리 그래함 목사가 오는 9월 파리의 버키 스타디움에서 전도집회를 계획하고 있습니다. 저와 빌리 그래함 목사는 수십 년간 가까운 친구로 지냈습니다. 우리나라 로저 대사가 각하를 찾아뵙고 빌리 그래함 목사와의 면담을 주선하려고 합니다. 부디 시간을 내셔서 그를 한 번 만나주시면 대단히 감사하겠습니다"라고 말을 꺼냈다.

빌리 그래함이 레이건에게 보낸 편지는 대부분 목회서신이었다. 편지에서 빌리 그래함은 레이건을 위로하고 기도했으며 무엇보다도 성경말씀을 동봉했다. 1986년 12월 빌리 그래함은 레이건에게 이사야 43:2절의 말씀 "네가 물 가운데로 지날 때에 내가 함께 할 것이라 강을 건널 때에 물이 너를 침몰치 못할 것이며 네가 불 가운데로 행할 때에 타지도 아니할 것이요 불꽃이 너를 사르지도 못하리라"를 적어 보냈다. 레이건은 "그 말씀이 예나 지금이나 힘이 되었고 가장 큰 위로가 되었습니다"[12]라고 답장을 보냈다. 1987년 3월, 빌리 그래함은 1953년 아이젠하워의 외교정책에 관한 연설에 대해서도 그랬던 것처럼 레이건의 연설을 칭찬하는 편지를 보냈다. 그는 편지에서 자신은 대통령이 연설하는 내내 기도했으며 대통령의 연설의 스타일과 테크닉은 산상수훈을 말씀하신 예수님과 닮았다며 "예레미야 32:17절에는 하나님에게는 능치 못함이 없다고 하였습니다. 대통령께서 문제에 직면하시면 하나님의 도움과 구원을 바라십시오"[13]라고 말했다. 며칠 후 레이건은 빌리 그래함의 기도에 감사하는 내용을 담아 "바로 그 말씀입니다. 그 말씀이 제 마음을 사로잡았습니다"[14]라는 답장을 보냈다. 이처럼 레이

---

11) RR, letter to President Francois Mitterrand, July 7, 1986 (PHF Series I, Box 16, Folder 227), RRL.
12) RR to BG, December 8, 1986 (PHF Series II, Box 17, Folder 268), RRL.
13) BG to RR, March 6, 1987, RRL.
14) RR to BG, March 11, 1987 (PHF Series II, Box 18, Folder 282), RRL.

건의 대통령 집무기간 내내 빌리 그래함은 매년 1월 국가조찬 기도회에서 대통령이 할 기도나 연설에 필요한 성경과 아이디어를 정기적으로 제공했다. 그러나 편지내용의 대부분은 한 전도자로서 대통령 친구를 하나님께 부탁하는 기도였다. 대통령 퇴임을 며칠 앞두고 레이건은 빌리 그래함과 룻에게 지난 8년간의 도움과 기도에 감사하며 "당신의 기도에 감사합니다. 당신의 기도는 늘 응답이 있었습니다. 링컨처럼 나도 누구보다도 지혜롭고 강하고 전능하신 하나님께서 도우셨습니다"[15]라는 편지를 보냈다.

빌리 그래함은 레이건과의 친분은 사적인 것이었다고 자주 말했다. 그의 수많은 공개하지 않은 방문과 대화 그리고 편지들이 있는 것을 보면 사실이라고 말할 수 있다. 빌리 그래함은 1984년에 "저는 레이건과 여러 밤을 함께 보냈습니다. 그러나 우리는 정치적인 대화를 거의 나누지 않았습니다."[16]라고 말했다. 레이건은 빌리 그래함에게 자주 전화를 걸어 뉴스에서 나온 다양한 주제들을 가지고 토론하는 것을 즐겼다. 예를 들어 레이건이 뉴스의 기사에 관심을 가지면 빌리 그래함에게 전화를 걸어 그의 생각을 물어보곤 했다. 그러나 여전히 그들의 관계는 풀리지 않는 점이 남아있었다. 특별히 빌리 그래함에게 말이다. 빌리 그래함은 레이건을 자신과 가장 친하게 지낸 대통령이며 그가 더 잘 알고 싶은 인물이라고 말한 적이 있었다. 2006년에 낸시 여사는 레이건과 빌리 그래함의 친분에 대해서 "그들의 친분은 정치를 뛰어 넘었습니다"[17]라고 말했다. 그녀는 남편이 대통령이 된 이후에 더 깊은 관계를 빌리 그래함과 맺었다고 하면서 이렇게 말했다. "빌리는 로니"(레이건의 애칭)와 모든 문제에 대해 이야기를 나누었습니다. 빌리는 그에게 러시아인들의 영적인 요구는 일반사람들이나 로니가 생각하는 것보다 훨씬 크다고 말했습니다. 그리고 그들은 그 문제에 대해 더 이야기를 나누었습니다. 또한 로니가 연설을 하고 나면 빌리는 자신의 소감을 편

---

15) Ibid., January 17, 1989 (PHF Series II, Box 21, Folder 346), RRL.
16) Paul Hendrickson, "Billy Graham, Fundamentally," *Washington Post*, April 28, 1986.
17) Nancy Reagan, interview, August 4, 2006.

지로 보내곤 했습니다. 또 우리가 어려운 문제로 고심 할 때마다 편지를 보냈습니다. 정말로 거의 대부분이 개인적 친분에서 오고 간 것들입니다. 또한 대부분 목회자로서 영적인 조언과 기도에 관한 것들이었습니다."

낸시는 계속하여 "빌리가 사람들과 친분을 갖는 것은 아마도 상대방이 그와의 교분을 원하기 때문일 것입니다. 로니도 그런 생각이었지요. 사람들이 영적인 대화에 관심을 가지면 빌리 그래함과의 만남은 크게 유익하다고 생각합니다. 그래서 빌리 그래함을 만나기를 원하는 사람은 그와 다른 것보다 영적인 대화를 나누어야만 한다고 생각합니다. 빌리는 영적인 사람이었습니다. 그래서 로니는 빌리를 신뢰했던 것입니다"[18]라고 말했다. 레이건의 장남인 마이클 레이건(Michael Reagan)은 "빌리는 아버지에게 기도하기 위해 백악관에 왔습니다. 아버지는 언제나 그분을 최고로 존경했습니다.[19] 아버지는 기도를 부탁하고 조언을 구할 수 있는 사람으로 그리고 신뢰할 수 있는 사람으로 늘 그분을 꼽았습니다. 빌리는 또한 어떠한 이야기를 나누어도 다음날 신문에 보도될 염려가 없는 분이셨습니다"라고 회상했다.

빌리 그래함은 레이건에 대해 "미국을 강하게 하고 국가의 영성을 부흥한 사람"으로, "당신은 이 나라를 강하게 만드셨습니다. 그리고 국민으로 하여금 미국인인 것을 자랑스러워하게 하셨습니다.[20] 당신은 이 백성의 자존감을 고양하였고 루즈벨트 이래로 어떤 대통령도 하지 못한 일 즉 국민의 마음을 하나로 묶어 놀라운 위업을 달성하셨습니다"라고 칭송했다. 그리고 빌리 그래함은 레이건과 30년 우정에서 나누었던 수많은 이야기도 언급했다. 그 가운데는 "미국과 세계가 가지고 있는 수많은 문제는 우리가 다 해결할 수 있는 것이 아닙니다. 우리가 두려워하는 문제들은 예수님이 다시 오실 것을 지적하는 징표들입니다. 이러한 문제들은 인간의 능력을

---

18) Ibid.
19) Michael Reagan, interview, June 2006.
20) BG, letter to RR, January 10, 1989.

벗어난 것들입니다"라는 예수의 재림사건도 있었다.

　또 어떤 편지는 레이건의 업적에 대한 빌리 그래함의 평가로 가득 차 있었다. "당신은 상황에 따라 변하지 않는 국정철학과 인생철학을 가지고 있었습니다. 당신은 미국이 위대한 나라가 될 것을 믿었습니다… 둘째, 당신의 하나님에 대한 충성스러운 신앙과 그 신앙을 공중 앞에서 거리낌 없이 드러냈던 용기입니다… 셋째, 당신은 국민을 진정으로 사랑했습니다. 하나님은 당신에게 강력한 카리스마를 부여하셨는데 이것은 다른 사람들이 말하기 좋아하는 것처럼 할리우드의 경험에서 온 것이 아니었습니다. 그것은 하나님이 주신 선물이었습니다. 상황이 아무리 어렵고 기자들의 질문이 마음을 상하게 해도 당신은 언제나 웃으셨습니다. 그리고 당신은 언제나 바른 것을 말하는 법을 알고 계셨습니다. 미국 역사에 또 다른 로날드 레이건을 만날 수 있는 행운이 있을지 궁금합니다."

　레이건이 퇴임 후 캘리포니아로 돌아가서도 빌리 그래함은 전화를 자주했으며 그가 로스앤젤레스에 들릴 때마다 반드시 찾아갔다. 낸시는 "빌리는 이곳 근처로 오는 일이 있으면 언제나 로스앤젤레스에 들러서 우리를 찾아오는 것을 첫 번째 일로 삼았습니다"라고 회상했다. 1990년 5월 레이건은 "빌리, 낸시가 오늘 파리에서 돌아옵니다.[21] 그녀는 자신의 저서를 프랑스어로 번역하기 위해서 그곳에 가 있었습니다. 내가 전화로 당신이 병중에 있다고 전하니까 그녀가 당신에게 빨리 안부를 전하라고 명령하지 뭡니까"라고 편지를 썼다.

　빌리 그래함은 레이건의 생애 마지막 순간에 그의 집을 자유롭게 방문할 수 있는 몇 안 되는 사람들 중에 하나였다. 빌리 그래함은 1990년대 어느 날 레이건을 방문해서 뒤뜰에서 그들과 함께 앉아 시간을 보내면서, 낸시와 여러 이야기를 나눈 것을 기억하고 있었다. 그때 레이건의 알츠하이머병은 상당히 진행된 상태로 빌리 그래함이 당도하기 전까지는 더는 기도가

---

21) RR, letter to BG, May 13, 1990.

불필요한 것이 아닌가라고 생각될 때였다. 레이건의 아들 마이클은 "빌리와 대통령들 간의 우정은 그들이 대통령이 되었기 때문만이 아닙니다"[22]라고 말했다.

1998년 빌리 그래함은 알츠하이머로 투병하는 남편을 돌보는 낸시 여사를 위로하기 위해 "늘 여사와 로니를 위해 기도하고 있습니다.[23] 저는 두 분을 사랑합니다. 그러나 제가 할 수 있는 일이 없어 마음이 아픕니다. 그러나 주님 앞에 겸손히 기도하는 것이 우리가 할 수 있는 최선의 것입니다"라고 편지를 썼다.

레이건 부부는 빌리 그래함에게 장례식을 부탁했다. 그러나 레이건이 죽었을 때, 빌리 그래함은 골반이 부서지는 치명적인 상처로 움직일 수 없었다.

레이건이 죽자, 낸시가 가족을 제외하고 제일 먼저 전화를 건 것은 몬트릿 언덕에 사는 남편의 오랜 친구였던 빌리 그래함이었다.

---

22) Michael Reagan, interview, June 2006.
23) BG, letter to Nancy Reagan, January 30, 1998.

THE PREACHER AND THE PRESIDENTS

제28장

부시 가문(家門)의 목사

저희는 매 여름 케네벙크포트에 가서 며칠 간 그들과 함께 했습니다.[1]
　　　　　　　　　　　- 조지 부시와 바바라의 초청을 받은 것에 대해

　　왜 로날드 레이건이 미국정치에서 모델이 될 만한 사람이었는지에 대한 이유는 매우 많다. 그는 전직 영화배우로서 무대를 어떻게 이용할 줄 알았으며 어떻게 장소에 맞는 적절한 말을 사용하고 끝을 맺어야 할 줄을 알았던 사람이었다. 그는 대통령이 갖추어야 할 모든 재능을 구비하고 있었다. 그는 매력적이었으며 정확했고 유머감각이 뛰어났으며 능변가였고 논리가 명쾌했고 협상에 대한 신념을 품고 있었다. 그의 재능은 후임자들이 추구해야 할 대통령 덕목이 무엇인지 알게 하는 도전을 주었다. 그러나 레이건의 후계자(부시)에게는 전임자의 후광을 갖고 있었지만 하나의 난제도 가지고 있었다. 1980년 공화당을 지지한 복음주의 세력은 1985년까지 공화당의 편에 서 있었다. 복음주의 세력의 입장에서 볼 때 카터는 그들의 견해

---

[1] BG, interview, January 18, 2006.

에 동조하지 않는 진보적 민주당의 일원이었다면, 레이건은 성격을 규정하기가 간단치 않았다. 즉 레이건은 그들의 가치관을 공유했지만 그들을 위해 앞장서지는 않았다. 한편 사회참여 세력들은 레이건의 정당인 공화당을 포기할 생각은 없었지만 그렇다고 다음 후보자를 일방적으로 지지할 의사도 없었다. 부통령 조지 허버트 워커 부시(George Herbert Walker Bush)는 그들의 표를 얻어야만 했다.

부시의 이력은 특별했다. 그는 뉴욕과 가까운 코네티컷의 그린위치에서 자라나 앤도버고등학교와 예일대학교를 졸업했다. 대학 졸업 후엔 전쟁 이후 찾아온 오일 붐을 따라 텍사스의 미드랜드로 가서 자수성가를 했다. 그의 정치적 이력 또한 화려했다. 그는 배리 골드워터의 선거본부에서 일했고 린든 존슨 대통령과 친분을 맺었으며 닉슨 그리고 포드 행정부에서 일했다. 그리고 레이건 행정부의 2인자였다. 그는 세계 2차 대전 참전용사였으며 자수성가한 사업가이고 상원의원의 아들이었으며 대가족의 가장이었다. 또한 두 개의 성공회 교회의 교구위원이며 특별히 빌리 그래함의 오랜 친구이기도 했다.

그러나 그 역시 복음주의 세력에게 접근할 실마리를 갖지 못했다.

1985년 2월, 부시는 그의 언론담당 비서 페테 틸리(Pete Teeley)를 보려고 자신의 집무실에서 나와 대리석이 깔린 긴 홀을 걸었다. 그가 틸리의 방에 당도했을 때 틸리는 어떤 사람을 만나고 있는 중이었다. 그는 38살의 작가로 이미 영감 넘치는 저서로 인해 이름을 떨치던 도우그 웨드(Doug Wead)였다. 틸리는 부통령에게 웨드가 거듭난 크리스천이라고 소개했다. 이것이 부시의 흥미를 자아냈고 부시는 그의 신앙에 관한 질문을 했다. 웨드는 자신과 신앙의 뜻을 같이 하는 백악관 내 관리들의 이름을 밝혔다. 얼마 되지 않아 부시는 웨드와 함께 연설하게 되어있는 전국종교방송인대회에 참석했다. 부시는 자신의 연설 원고를 웨드에게 보여주었고 웨드는 즉시 몇 개의 문장을 수정할 것을 권고했다. 웨드가 볼 때 부시의 원고는 신앙을 가진 청중이나 방송인들에게 감동을 주기에는 턱없이 부족해 보였다. 웨드는 "원고의 수정은 마른 땅에 물을 뿌리는 것과 같았습니다"[2]라고 말했다.

웨드는 1985년부터 사소한 스캔들로 백악관 참모직을 사임하는 1990년까지 부시를 위해 일했다. 그는 두 개의 세계, 즉 정치와 종교 사이에서 천재적인 행보를 보였다. 그는 다양한 그룹들 사이를 오가는 부시의 공식 연락관으로 일하면서 부시에게 종교적 언어를 이해시키고 또 그것을 자유롭게 사용할 수 있도록 도왔다.

웨드의 특출한 능력을 알아챈 것은 부시가 처음이 아니었다. 지미 카터의 참모에 의해 그는 1979년 종교 지도자들을 초청해 카터 지지를 호소하기 위한 백악관 원탁회의에 참여했다. 곧 이어 레이건의 참모는 레이건의 신앙적 배경을 담은 책을 빠른 시간 내에 집필해 줄 것을 웨드에게 요청했다. 웨드는 1979년 말 캘리포니아 패시픽 팰리사이드 호텔에서 열린 저녁 식사에 레이건 부부와 함께했다. 레이건에 관한 웨드의 책은 출간되자마자 50만부 이상이 팔려나갔다. 1970년대와 80년대 저술가로 명성을 얻은 것으로 인해, 그는 각계각층과 폭넓은 접촉을 가졌고 특별히 다양한 복음주의 세력 분포도와 그들의 리더들에 관해 독보적인 정보를 가지고 있었다. 1985년까지 그는 포드, 카터, 레이건 그리고 그들의 참모들과 특별히 선거 유세와 신앙에 관한 인터뷰를 수없이 했다. 두 다른 세계의 연결고리로서 웨드는 부시 선거본부에 없어서는 안 될 인물이었다.

그 이후 3년간, 웨드는 부시가 천명 이상의 복음주의 지도자들을 만나 담화하는 일을 보좌했다. 또한 그는 수백만 명의 성도들에게 부시의 이름과 얼굴을 각인하기 위해 온갖 노력을 다했는데 이것은 향후 20년간 공화당 대통령 후보들에게 복음주의를 다루는 데 필요한 규범이었다. 웨드의 가이드라인을 따라 다른 사람이 먼저 뛰어들기 전에, 일찍부터 복음주의

---

[2] Doug Wead, interview, June 16, 2005.

진영을 묶어두려고 부시는 철저한 계획에 따라 1985년과 86년도에 적극적으로 그들에게 구애하기 시작했다. 부시의 장남인 조지 워커 부시(George W. Bush)는 이 은밀한 사전 선거운동에 핵심적인 역할을 맡아 2년간 웨드와 밀접한 관계를 맺었다. 1988년 선거에서 아들 부시의 역할은 복음주의 진영으로만 국한되지 않았다. 이런 훈련은 아들 부시로 하여금 어떻게 핵심그룹들에게 호소해서 그들의 마음을 얻어내는 것을 배울 수 있는 기회였다. 이 도제교육은 훗날 아들 부시에게 유용하게 활용되었다.

웨드는 수많은 선거 전략들을 만들어냈다. 그는 부시 부통령에게 가능한 한 복음주의 운동과 지도자들에 대해 공부할 것, 그들과 정기적으로 만날 수 있는 방법을 강구할 것 그리고 연락관을 고용할 것, 특별한 용무로 백악관을 떠나 지방을 방문할 때 반드시 그 지역 목회자들을 만날 것을 제시했다. 또한 목회자들에게 정기적으로 카드를 보내고 전화를 해서 종교계에서 일어나는 다양한 이슈들에 대한 공감대를 나눌 것도 제안했다. 무엇보다도 웨드의 가장 핵심적인 권고는 부시의 신앙이 깊은 모습을 대중에게 보여주어야 한다는 것이었다.[3] 그의 결론은 "부통령은 이 거대한 투표 층의 관심과 특수한 요구를 절대로 무시하지 않도록 보좌를 받아야만 합니다. 부통령은 레이건 대통령의 지지층을 물려받아야 하는 입장에 있습니다. 그러나 분명한 것은 레이건 대통령은 캘리포니아 주지사 시절부터 복음주의 세력과 밀접한 관계를 맺어왔다는 것입니다… 부통령께서 이 지지층을 자동적으로 물려받으리라는 보장은 누구도 할 수 없습니다"라는 것이었다.

웨드는 앞으로 2년간 부시가 수백 명의 복음주의 지도자들과 교분을 쌓으려면 예수에 대한 그의 신앙을 분명히 설정해야 한다고 생각했다. 웨드는 부통령에게 "거듭남"이라는 용어의 정의부터, 그 자신이 구원받았는지 여부에 대해 질문을 받았을 때 어떻게 답해야 하는지에 대해 2, 3쪽

---

3) Wead, *Vice President George Bush and the Evangelical Movement*, June 25, 1985.

짜리 보고서를 만들어 부시에게 보냈다. 사실 그는 부시의 개인 신앙상태에 대해 미심쩍어 했다. 그래서 그는 개인구원에 관한 일종의 세미나를 열었다. 그가 만든 교안에는 이런 내용이 있었다. "한 개인이 위기를 경험하지 않고도 거듭날 수 있습니까?"(정답은 예이다), "한 개인이 그것에 대한 지식 없이도 거듭날 수 있습니까?"(정답은 예이다) 그러나 부시는 대통령 선거에 출마한 후 복음주의자들의 질문에 잘 대답하지 못했다. 부시는 그해 시카고의 한 호텔에서 제임스 케네디 목사가 주최한 모임에 참석했고 거기서 목사들을 만났다. 그때 목사들이 부시에게 그가 천국 문에 이를 때 베드로에게 무엇을 말할 것이냐고 질문했다. 그때 부시는 자신은 지상에 있을 때 하나님의 말씀을 따르려고 최선을 다했다는 것을 말하겠다고 답했다. 그러나 부시의 대답은 그들이 원하는 것이 아니었다. 예전에 레이건은 그런 질문을 받았을 때 우수한 성적을 받았다(레이건은 워싱턴의 한 호텔에서 질문받았다). 레이건은 그때 예수께서 자신의 죄를 위해 돌아가신 사실 이외에는 베드로에게 할 말이 없다고 말했다. 부시에게도 이런 대답이 필요했다. 그러나 다음에도 부시는 자신의 신앙을 보여주는 데 실패했다.

웨드가 보고서에 기록한 거의 모든 종교 지도자들은 긴급 영입대상자였다. 그러나 빌리 그래함은 분명 다른 범주에 속했다. 웨드는 "몬트릿의 전도자는 모든 사람이 복음주의 운동의 아버지로 여기고 있습니다. 또한 복음주의 진영이 가장 존경하고, 가장 영향력 있는 인물입니다… 빌리 그래함 박사는 비록 10년 가까이 정치적인 이슈에 대해 침묵하고 있지만, 그에게는 다른 여타의 인물들이 따라갈 수 없는 최고의 명성이 있습니다"라고 보고했다. 웨드의 보고서는 빌리 그래함은 영입하기 쉬운 인물이 아니며 그리고 영입해서도 안 된다고 강력 제언하고 있었다. 대신 부통령이 맺고 있는 빌리 그래함과의 우정을 계속 유지할 것을 요청했다.

그때까지 부시 가문과 빌리 그래함의 우정은 30년이나 되었다. 빌리 그래함은 부시의 어머니를 1950년대 중반부터 알고 지냈으며 그의 아버지와

도 골프를 치곤했다. 휴가를 부시와 그의 부인과 함께 보냈으며 그의 자녀들에게 신앙적으로 가르침을 주었다. 1980년대 중반에 빌리 그래함은 비공식적이긴 하지만 부시 가문의 목사가 되었다. 이러한 그들의 관계가 새로운 유형의 시험을 유발했다. 1988년 대통령 선거에서 부시는 참모들한테서 미국이 가장 존경하는 목사인 빌리 그래함과 관계 맺어온 것을 집중적으로 드러내라고 압력을 받았다. 부시를 천성적으로 거부하는 복음주의 진영 유권자들을 유인하기 위해선 최선의 방책이었다. 부시는 처음엔 그것을 사양했지만 그리 오래가지 못했다. 부시는 비범할 정도로 겸손하고 친절한 사람이었으며 처음 만나는 사람에게도 굉장한 관심을 보이는 능력이 탁월했다. 그는 또한 계산이 뛰어난 사람이어서 자기에게 필요한 것이 무엇인지 잘 알고 있었다. 부시와 빌리 그래함은 우정과 정치라는 경계에서 씨름을 하고 있었다. 그러나 결국 빌리 그래함이 자신의 친구에게 은혜를 베풀어야 할 순간이 다가왔을 때 그는 기꺼이 그렇게 했다.

틸리는 웨드의 보고서를 보스인 부시에게 전달했다. 그때는 부시가 8월 케네벙크포트로 정례적인 여름휴가를 떠나기 직전이었다. 부시 가문이 매년 모이는 그 자리에 다른 두 사람이 늘 함께했다. 그들은 빌리 그래함과 부인 룻이었다.

오랜 친구관계

부시에게 빌리 그래함과의 우정을 유지하는 것은 어려운 일이 아니었다. 그러나 다른 사람들의 눈에 두 사람의 순수한 우정이 편의적 결탁으로 보이는 것을 방지하기 위해선 비책이 필요한 시점이었다. 부시와 빌리 그래함은 부시가 그의 참모들과 알고 지낸 시간보다 훨씬 오래전부터 친분이 있었다. 코네티컷 상원의원의 부인이었던 부시의 어머니 도로시 여사는 1950대 중반 자신이 주도한 성경공부시간에 자주 빌리 그래함을 초청해 설교를 들었다. 빌리 그래함은 "그녀는 자신의 집에서 열린 성경공부에 저를 초청했습니다.[4] 저는 말씀을 가르치고 또 여러 부인들의 질문에 대답했습니다"라고 말했다. 상원의원이었던 프레스코트 부시(Prescott Bush)는 성경공부시간이 끝나면 빌리 그래함과 함께 골프를 즐겼다. 부시 부통령은 그들의 관계를 "아버지와 빌리 그래함 목사는 좋은 짝이었습니다. 빌리는 골프를 잘 쳤고 아버지는 그와 골프 치는 것을 매우 즐거워했습니다"[5]라고 회상했다.

도로시는 아주 독실한 크리스천으로서 아침 식탁을 차려놓고 다섯 명의 자녀들과 규칙적으로 성경을 읽었으며 밤에는 남편과 함께 그렇게 했다.[6] 그녀는 자녀들에게 공손하고 온유하며 실력 있는 사람 그리고 무엇보다도 겸손한 사람이 되라고 가르쳤다. 그녀는 아들이 대통령이 되었을 때, 그 아들에게 자신에게 스스로 엄격할 것을 요구했고 실수를 저지르지 않도록 늘 지켜보았다. 성경을 열심히 공부하는 성공회 교인으로서 그녀는 강직했지만 또한 영성이 뛰어난 여인이었다. 그녀는 남편의 장례식 때 아이들에게 밝은 옷을 입게 했는데 그것은 하늘나라에 간 그들의 아버지를 환영하기 위해서였다. 그녀는 또한 주위의 모든 사람에게 영적으로 성장하는 일에 게을리 하지 말라고 말하는 것을 좋아했다. 어느 여름에 도로시는 부시 가문의 별장으로 빌리 그래함을 초청했다. 부시는 후에 "두 사람은 조용히 앉아 성경을 읽었습니다. 그리고 빌리가 기도를 했습니다. 그 후 어머니가 저에게 말했습니다. '오늘은 내 인생에서 가장 기쁜 시간이었다.' 어머니는 빌리를 좋아했습니다"[7]라고 회고했다.

---

4) BG, interview, January 2006.
5) GHWB, *e-mail to authors*, October 24, 2006.
6) Wead, memo to Craig Fuller, April 16, 1986, author's collection; and Mickey Herskowitz, *Duty, Honor, Country* (Nashville: Rutledge Hill, 2003), 9.
7) GHWB, quoted in Vernon McLellan, *A Tribute from Friends* (New York: Warner, 2002), 23.

부시는 자신이 언제 빌리 그래함과 처음으로 개인적인 친분을 맺었는지에 대해 어느 곳에서도 말하지 않았다. 빌리 그래함 역시 마찬가지였다. 아마도 둘의 만남은 1960년대 중반 부시가 텍사스주 하원의원으로 일하던 때가 아닐까 한다. 빌리 그래함은 1968년 대통령 선거를 앞두고 당시 44살의 부시에게 닉슨의 부통령 후보가 될 것을 종용했다.[8] 부시가 비교적 안전한 하원의원직을 포기하고 결과가 불확실한 상원의원 선거에 뛰어든 1970년에도 두 사람은 적극적 우정관계를 유지했다. 1970년 초 부시는 닉슨 행정부에서 주요 공직을 맡았다. 1970년대 후반 부시가 처음으로 대통령 선거전에 뛰어들었을 때 그들의 관계가 깊어지기 시작했다. 그때 둘은 우연히 휴가를 같이 보냈는데 그 후 15년간이나 지속했다. 1979년 처음 함께 휴가를 보내는 일은 이렇게 시작했다. 둘은 아카풀코에서 열린 젊은 사업가들의 모임에 강사로 초청받았다.[9] 거기서 둘은 아침에 함께 배를 타고 즐겼으며 - 이때 빌리 그래함은 부시에게 수영복 바지 하나를 빌렸다 - 준비해 갔던 간단한 점심을 벤치에 앉아 나누어 먹었다. 식사가 끝난 후 빌리 그래함은 맞은편 호텔로 수영해서 가려고 했던 생각을 접고 대신 걸어서 가기로 했다. 빌리 그래함은 멕시코 해군기지가 보이는 쪽을 가리키며 부시에게 맨발로 모래 위를 걷자고 제안했다. 한참을 걷다가 빌리 그래함은 잠시 쉬려고 벤치에 앉았는데 마침 이 벤치가 초록색 페인트를 칠한 지 얼마 안되어 아직 마르지 않은 상태였다. 그래서 부시에게 빌린 수영복 바지에 초록색 페인트가 그대로 묻어버렸다. 부시는 "우리 부부는 다른 사람의 이야기를 통해서만 알았던 빌리를 직접 경험할 수 있었던 시간이었습니다.[10]… 당시 아카풀코에 참석한 모든 사람은 빌리에게 큰 경외심을 보냈습니다"라고 말했다. 바바라는 빌리 그래함의 수영복 사건을 두고 "하나님의

---

8) Evans and Novak, "Young Texas Congressman Gets Nixon Look as Running Mate," *Washington Post*, June 5, 1968.
9) Barbara Bush, A Memoir (New York: Scribner, 1994), 144; see also Cornwell, Ruth: *A Portrait*, 184.
10) GHWB, interview, October 14, 2006.

사자에게도 운이 안 좋은 일이 벌어지더군요"[11]라고 농담처럼 자주 이야기했다.

이 사건으로 인해 부시와 빌리 그래함은 더욱 깊은 관계를 맺었다. 그 이후 빌리 그래함은 부시의 초청으로 여름마다 케네벙크포트에서 휴가를 보내게 된다.

그 이후 빌리 그래함은 다른 어떤 대통령의 가문보다 부시 가문과 깊은 인연을 맺었다. "우리 부부는 일주일 예정으로 8월 말에 케네벙크포트로 휴가를 가곤 했습니다.[12] 아마 5, 6번 정도일 것입니다. 그들이 매년 초청했지만 다 참석하지는 못했습니다." 이 방문은 보통 주말에 있었기 때문에 부시와 빌리 그래함은 함께 주일을 보냈다는 것을 알 수 있다. 성앤성공회교회와 제일회중교회를 번갈아 가거나 주일에 두 교회 모두 참석을 참석하기도 했다. 빌리 그래함은 교회의 설교를 부탁받기도 했고 또는 부시 가문의 식구들을 위해 설교하기도 했다. 점심을 먹고 나서는 두 사람은 승마, 테니스, 자전거, 낚시, 보트타기 등을 하면서 함께 시간을 보냈다.

케네벙크포트의 휴가는 두 사람뿐 아니라 부인들도 굳게 결속할 수 있었다. 바바라와 룻은 장시간 대화를 나누었고 많은 계획도 함께 세웠다. 그녀들은 의지가 강하고 적극적인 여성들이었으며 일찍 결혼을 해서 대가족을 섬기고 세상에서 가장 바쁜 남편들을 두었다는 점에서 공통점이 많았다. 두 여성은 남편을 신뢰했고 유머를 자주 사용했다는 점에서도 닮았다. 2006년 바바라는 룻이 크리스천으로서 이혼을 생각해본 적이 있었느냐는 질문에 대해 "룻의 반응은 이랬죠. '이혼이요, 절대로 그런 생각은 없었어요,[13] 사람을 죽이고 싶다는 생각은 있었지만.' 나는 그 말의 뜻을 바로 알아들었죠"라고 말한 적이 있었다.

빌리 그래함이 1985년 여름휴가차 케네벙크포트에 갔을 때는 부시가

---

11) Barbara Bush, speech delivered in College Station, Texas, April 10, 2006.
12) BG, interview, January 18, 2006.
13) Barbara Bush, speech, College Station, Texas, April 10, 2006.

대통령 선거에 뛰어들 준비를 할 때였고, 그의 장남 조지 W. 부시가 인생의 방향을 전환하려는 시점이었다. 조지 W. 부시는 당시 39살로 특별한 아버지의 그늘에서 벗어나려고 애쓰는 중이었다. 이때 빌리 그래함은 저녁식사 후 부시의 아들들의 인생을 지도해줄 것을 부탁받았다. 어느 날 저녁식사 후 부시의 다섯 아들과 두 명의 사촌이 빌리 그래함의 말을 듣기 위해 한 방에 모였다. 부시는 빌리 그래함에게 "인생의 진정한 의미, 예수 그리스도, 하늘나라, 죄 그리고 기적"[14] 등에 관하여 자녀들에게 설명하기를 요청했다. 거기서 질문과 대답 그리고 많은 대화가 오고갔다. 그리고 이 모임은 성공적이어서 다음해에 다시 한 번 모이는 것으로 마무리했다. 부시는 이 일에 대해 이렇게 회상했다. "빌리 그래함은 매우 온유하게 아이들을 대했고 신앙전반과 특별히 자신의 신앙일대기에 대해 말했습니다." 당시 20대 중반이었던 도로 부시(Doro Bush)는 "우리는 모두 국목(國牧, Nation's Pastor)에 대한 경외심을 품고 자리에서 일어났습니다.[15] 목사님의 복음의 말씀은 너무나 명쾌했습니다. 그리고 너무나 감명 받은 것은 복음과 그것을 위해 헌신한 당신의 일생에 대해 너무나 겸손하게 말씀하신 것이었습니다"[16]라고 말했다. 물론 그날은 조지 W. 부시에게도 강력한 영향력을 준 밤이었다.

조기 착수

부시가 웨드에게 여러 번 감사를 표한 것을 보면, 1985년 케네벙크포트의 가족휴가에서 돌아올 때 복음주의 유권자들에 대한 생각을 정리하고 온 것이 틀림없었다. 9월 14일 부시는 에어포스 2(Air Force Two:부통령 전

---

14) GHWB, quoted in McLellan, *Tribute from Friends*, 23.
15) GHWB, interview, October 24, 2006.
16) Doro Bush Koch, *My Father, My President* (New York: Warner Books, 2006), 211.

용기 - 역주) 안에서 웨드에게 그의 "복음주의 운동에 대한 감탄할만한 연구"[17]에 대해 감사의 카드를 친필로 써서 보냈다. 그리고 "'조기착수'를 사리에 맞게 시작할 것"을 지시했다. 그로부터 10일 후 부시는 두 번째 편지를 보내 웨드를 워싱턴으로 불렀다. "당신이 보낸 보고서를 읽고 또 읽고 검토했습니다. 그것은 참으로 놀랍고도 크게 유익한 보고서입니다. 나는 당신과 함께 내 집에서 그 보고서에 대해 이야기를 진지하게 나누고 싶습니다."[18]

이미 웨드는 부시의 참모들과 한 주에 서너 번씩 만나 그 보고서 내용에 대해 그리고 복음주의 지도자들을 섭외하려고 하는 경쟁자들의 전략에 대해 집중적인 질문공세를 받고 있었다. 당시 웨드는 부시진영을 향해 끊임없이 경계경보를 울렸고 잭 캠프(Jack Kemp: 당시 공화계 뉴욕주 하원의원 - 역주)와 팻 로버트슨에 대해 안타까워했고 부통령 부시가 자신의 신앙을 조기에 명확히 드러내지 않고 시간을 낭비하고 있는 것에 대해 두려워하고 있었다. 웨드의 보고서는 풋내기의 열정을 드러내고 있긴 했지만 반면에 분명한 비전을 제시하고 있었다. 11월에 웨드는 부시 선거참모들에게 6월에 보냈던 자신의 최초 보고서를 일부 다시 수정해서 보냈다. 웨드의 수정본에는 부시가 반드시 수행해야만 하는 더 세밀하고 특수한 지침들이 추가되었다. 웨드는 부시가 반드시 C.S. 루이스(C.S. Lewis)의 책인 『순전한 기독교』(Mere Christianity)를 읽고 레이건 대통령이 연설 때마다 그랬던 것처럼 그 책을 수시로 인용해야만 한다고 주장했다.[19] 또한 그는 부시가 일부 프랜시스 쉐퍼(Francis Schaeffer)의 책들을 정독해야 한다고 강조했다(웨드에 의하면 당시 잭 캠프는 목회자들과의 모임에서는 반드시 쉐퍼의 책을 인용해 대화를 주도하고 있었다). 마지막으로, 웨드는 자신이 6월에 예견했던 것처럼 팻 로버트슨 목사가 여론을 주도하고 있다고 언급했다. 부시도

---

17) GHWB to Wead, September 14, 1985.
18) Ibid., September 24, 1985.
19) Wead, second edition of memo to GHWB, November 1985.

이미 수천 명의 신도들을 가진 비정치적인 목사들과 교분을 넓혀가고 있는 중이었다.

이미 수개월간 로버트슨 목사는 부시가 최고 통수권자 감이 아니라고 신랄하게 공격하고 있었다. 테니스 후보 선수들처럼 대중과의 친밀감에 약점을 갖고 있던 부시는 로버트슨의 공격보다 뉴욕주 하원의원인 잭 캠프의 부상에 대해 더 크게 우려하고 있었다. 부시와 그의 참모들은 전 NFL(미국 풋볼리그)에서 쿼터백으로 활약했고 지금은 뉴욕 버팔로 지역 하원의원인 잭 캠프가 보수주의 진영에서 레이건의 후계자로 강력하게 떠오르고 있다고 생각하고 있었다. 웨드의 보고서를 정독한 부시지만 크리스천의 사회적 권리에 관한 웨드의 조언은 종종 무시했다. 부시는 자신의 강점과 약점을 잘 알고 있었다. 부시는 자신이 통과할 수 없다고 생각하는 물속에 뛰어드는 데에는 과감하지 못했다. "웨드, 마음에 없는 일을 하는 것은 나에게 어색한 일입니다. 그러나 내가 잘 할 수 있는 일은 알고 있어요. - 대중의 마음을 흔드는 것은 우리의 참모진들이 할 수 있다고 생각합니다. 나는 성경을 인용하는 것을 잭 캠프보다 더 잘할 수 없어요 - 그리고 그것으로 경쟁하고 싶지도 않습니다. 좋은 생각이 있으면 알려주십시오."[20]

웨드는 별 수 없이 1985년 12월에 부시에게 세 번째 보고서를 보냈다. 보고서에는 다음과 같은 제목이 붙었다. "목표: 부통령과 영향력을 가진 복음주의 지도자들" 자료에는 150명의 복음주의 지도자들이 영향력의 순위대로 적혀 있었다. 그리고 가장 중요한 20명을 어떻게 끌어들일 것인가에 대한 특별한 지침들을 포함하였다. 물론 명단의 첫 자리에는 빌리 그래함이 자리하고 있었다.

웨드는 부시에게 빌리 그래함과의 유대를 공적인 자리에서 천명하는 일을 강력히 추진해야 한다고 권고하면서 그러한 움직임이 가져올 파급효과 - 심지어 위험 - 에 대해 언급했다. "복음주의자로서 빌리 그래함의 명성은

---

20) GHWB to Wead, November 18, 1985.

부통령과의 우정에 관한 이야기를 통해 강화할 수 있지만 아마도 빌리 그래함은 복음주의자들에게 신앙을 정치적으로 이용하지 말 것을 경계할 것입니다. 그렇다고 해서 부통령에겐 문제될 것이 하나도 없습니다. 왜냐하면 그것은 빌리 그래함 자신의 개인적 견해로 받아들여질 것이기 때문입니다." 그것은 매우 흥미로운 주장이었다. 웨드에 따르면 부시와 빌리 그래함이 지속적으로 개인적 유대를 강화해 나가는 것은 복음주의자들에게 부시를 지지하라고 빌리 그래함이 부추겼다는 향후의 공격에 대해 면역효과를 가져올 것이었다.

하나님에 대한 자신의 신앙심을 대중에게 보여주기 위한 부시의 지상 게임은 빠른 속도로 진행됐다.[21] 1986년 3월 7일, 부시의 고위참모들이 복음주의자들에게 부시의 이미지를 심어주기 위한 전략을 논의하기 위해 그레이그 풀러(Craig Fuller's)의 사무실에 모였다. 선거참모인 빌 필립(Bill Phillips)이 웨드에게 전해준 메모에 따르면, 그해 연말에 로버트 슐러(Robert Schuller) 목사의 방송시간인『권능의 시간』에 비디오로 편집된 부시의 모습을 방영하도록 결정하였다. 이미 웨드는 여러 종교방송 시간대에 방영할 비디오테이프를 만들고 있었다. 또한 웨드는 전국의 주요 종교 지도자들의 명단과 그들의 사역상황을 확보하여 부통령의 스케줄과 맞추기 위해 조정하고 있었다. 뿐만 아니라 자신이 부시에 관한 기사를 작성하여 다양한 종교계 신문과 잡지에 연재했다. 웨드에 의해서 제안되고 부시가 검토한 후 받아들여진 "조기착수" 전략을 시행하기 위한 모임이 1986년 내내 정기적으로 열렸다. 풀러가 후에 "우리는 그 일을 은밀히 행하는 것이 좋다고 결론지었습니다"[22]라고 회고했다. "부시는 약간 불편해 했지만 결국은 해야만 할 일로 받아들였습니다."

부시진영의 복음주의 유권자를 확보하기 위한 조기착수 전략은 긴급사항으로 취급했다. 1986년 봄, 미시건의 로버트슨 목사의 지지자들은 공화

---

21) Bill Phillips, memo to Lee Atwater, Fuller, and Wead, March 10, 1986, GHWBL.
22) Fuller, interview, August 2006.

당 전당대회를 내다보고 주대의원선거에서 자파 대의원들을 확보하기 위해 대규모 군중을 동원했다. 그러나 부시와 같은 선두주자들은 훈련된 조직원들과 수백 명의 지지자들로 구성된 정보망을 통해 이러한 사실을 알아챌 수 있었다. 로버트슨의 조직원들은 일찍부터 작업에 뛰어들었고 이미 수 천 명의 지지자들을 확보하고 있었다. 웨드의 보고서에 따르면 로버트슨의 지지자들은 미시건의 모든 지역에서 - 플린트, 그랜드 래피즈, 배틀 크릭 - 활동을 시작하고 있었다. 문제는 그들이 접근하고 있는 유권자들은 지금까지 정치적 성향과는 거리가 있거나 정치에 관심을 두지 않던 사람들로 부시의 정보망에는 알려지지 않은 대상들이라는 것이었다. 웨드는 다음과 같이 경고했다. "만약 그들이 마음을 먹고 전략만 수립할 수 있다면 당을 접수할만큼 큰 세력을 확보하고 있습니다."[23] 부시는 미시건 전략을 수립하지 않을 수 없었다. 그는 8년 전 미시건주 공화당 예비경선에서 레이건을 2대 1로 물리치고 승리했던 경험이 있었다. 그러나 이제는 부시를 환대했던 80년도의 미시건주가 아니었다. 오히려 버지니아의 텔레비전 방송 설교자인 로버트슨의 영향력 하에 있는 미시건주였다. 1976년엔 카터에게 몰표를 주고 1980년엔 카터에서 레이건에게 옮겨갔던 미시건의 복음주의 유권자들의 표심이 또 다시 공화당의 예비경선을 뒤흔들고 있었다.

부시 캠프 내에선 미시건의 대의원들을 확보하는 일이 가장 큰 걱정거리이자 위기였다. 그러나 부시에게 점수를 벌어 줄 하나의 기회가 찾아오고 있었다. 빌리 그래함은 1986년 4월 말에 워싱턴에서 8일간의 전도집회를 시작했다. 부시의 참모들은 이 사실을 수개월 전부터 알고 있었다. 웨드는 겨울부터 이 집회에 부시가 참석해야 한다고 강권했다.[24] 그러나 부시는 참석 여부를 고려하지 않고 있었다. 4월 16일, 웨드는 풀러와 언론담당 비서인 마린 피츠워터(Marlin Fitzwater)에게 보고서를 제출했다. 보고서에

---

23) Wead, memo to Atwater, Craig Phillips, and Ron Kaufman, April 2, 1986.
24) Wead, "Targets: The Vice President and Evangelical Leaders of Influence," December 28, 1985.

따르면 빌리 그래함의 수석 언론담당관인 로저 플레싱은 집회 중 카메라 감독으로 하여금 부시에게 전담 카메라를 비추기로 사전에 웨드와 약속했다. 카메라는 부시가 웃는 모습, 진지하게 고개를 끄떡이는 모습 그리고 다른 여러 감정표현을 담아내기로 했다. 그러한 부시의 모습들을 편집하여 집회를 중계하는 중간 중간에 삽입하려 했다. 그러면 수백만 명의 복음주의 시청자들이 그것을 볼 것이었다. 웨드는 보고서에서 다음과 같이 결론을 내렸다. "부시 부통령의 모습이 복음주의 핵심인사들과 함께 화면에 비추기 때문에 부통령에게는 그 이상의 기회가 없을 것입니다."

플레싱은 2006년 한 인터뷰에서 이러한 사실을 부인했다. 그는 웨드가 먼저 자신에게 찾아와 먼저 전담카메라 이야기를 부탁했다고 말했다. 그리고 자신은 부시팀에게 전담 카메라를 설치하거나 필름을 편집하여 중계하겠다는 약속을 한 적이 없다고 주장했다.

웨드와 플레싱, 둘 중 누구의 말이 맞는지는 모르지만 더 중요한 것은 그러한 제안에 대한 부시의 반응이었다. 부시는 전도집회에 참여하기는 원했지만 자신이 특별한 관심을 받는 것은 꺼려했다. 특별히 정치적 광고효과를 위한 참여에는 불쾌하게 생각했다.

부시는 1986년에 있은 빌리 그래함의 전도집회에서 자신의 역할에 대한 그러한 논의는 기억에 없다고 우리에게(저자들) 말했다. 웨드는 후에도 필름을 사용하는 문제로 빌리 그래함의 팀과 협상한 일에 대해선 밝히지 않았다. 부시의 유능한 참모였던 웨드는 이것을 다음과 같이 묘사한 적이 있었다. "선거본부의 핵심 책임자들이 크게 기대를 했던 상황이었습니다."[25] 얼마 지나지 않아 부시는 자신의 일정속에 빌리 그래함 전도집회 참석을 포함하였다.

워싱턴 컨벤션 센터에서 열린 첫날 모임에 20,000명 이상이 모였다. 빌리 그래함과 부시는 함께 연단에 올랐다. 빌리 그래함은 부시에게 청중에

---

25) Bush campaign official, interview, January 21, 2007.

게 인사말을 해줄 것을 요청했다. 부시는 목소리를 가다듬고 "우리나라는 교회와 정치의 분리를 신봉하고 있습니다. 그러나 우리는 우리나라가 하나님의 보호아래 있는 나라임을 믿습니다"[26)]라고 인사했다. 빌리 그래함은 1시간 동안 설교했다. 그리고 1,309명이 그리스도를 영접하기로 결신했다.

두 주 후 웨드는 부시의 참모인 론 카우프만에게 부통령의 연설은 전도집회 이후 있을 TV 특집방송 중 처음의 10분 동안 방영할 것이라고 보고했다. 방송 서두에 워싱턴 기념비의 현란한 사진들을 부각하면서 부시의 음성을 내보낼 것이었다. "3, 4분간 미국의 부통령 조지 부시의 음성을 들을 수 있을 것입니다." 부시가 연설하는 이미지는 프로그램의 시작과 함께 나올 것이며 이것은 6월 중 황금 시간대에 전국 230개 텔레비전 방송국에서 방영할 것이라고 웨드는 상관들에게 보고했다. 웨드는 "부통령은 매우 관대한 이미지를 가지고 있으며 빌리 그래함과 자신의 우정은 정치적인 것이 아니라고 수없이 강조해 왔습니다. 그러나 지금까지는 타이밍이 적절하지 못했습니다."[27)]라고 보고했다.

빌리 그래함과 부시는 자신들의 우정에 대해 민감하게 생각했었다는 것이 분명했다. 워싱턴집회 후 그해 가을 부시는 미드웨스트로 가는 중에 노스캐롤라이나에 잠시 들리기로 했었다. 빌리 그래함의 요청으로 이루어진 부시의 방문은 아마도 집 뒤쪽으로 나있는 숲길을 함께 걸으며 우정을 나누는 것이었을 것이다. 그러나 부시는 빌리 그래함에게 전화를 걸어 일정을 취소했다. 그는 빌리 그래함에게 수행원들과 함께 몬트릿을 방문하는 것은 어색한 장면을 연출하게 될 것이라고 말했다. 빌리 그래함은 이 이야기를 1997년 자신의 자서전에서 밝혔고 부시는 2006년에 그 일을 "어쨌든 나는 빌리 그래함을 정치적으로 이용하는 사람으로 보이는 것을 원치 않았습니다. 더욱이 내가 요청해서 이루어진 일로 오해를 빚을 수 있었습니

---

26) GHWB, quoted in "A Packed House for Graham," *Washington Post*, April 28, 1986.
27) Wead, memo to Kaufman, May 13, 1986.

다"[28]라고 회상했다.

부시는 빌리 그래함을 여타의 종교적 인사들과는 다른 인물로 여겼다. 그는 다른 성직자들과 이야기한 것은 말하는 법이 없었지만 빌리 그래함과 나눈 이야기는 자주 언급했다고 그레이그 풀러는 다음과 같이 설명했다. "우리는 5개 주에서 명망 있는 목회자 5명을 위촉했습니다. 그리고 부시는 그들과 관계를 돈독히 하려고 노력했습니다. 그러나 부시가 진실로 신뢰한 사람은 오직 빌리 그래함이었습니다. 부시는 우리 참모들에게 말하기를 자신은 오직 빌리 그래함과 모든 문제를 놓고 의논한다고 말했습니다. 그는 우리들에게 자신이 만난 모든 종교계 인사들을 빌리 그래함과 비교해서 말했습니다. 나는 그 일을 통해 부시가 자신의 신앙에 관한 문제는 오직 빌리 그래함 하고만 대화한다는 사실을 알았습니다. 나의 추측이긴 하지만 오직 빌리 그래함만이 부시에게 영적인 세계를 바라보게 하는 유일한 사람이라는 것입니다."[29]

빌리 그래함은 1986년 8월 하순경 여름휴가를 위해 다시 케네벙크포트를 찾았다. 그는 작년에 부시가의 자녀들과 신앙에 관한 대화시간을 다시 가질 것을 약속했었다. 1987년 역시 빌리 그래함은 그곳을 찾았다. 그때 부시가 이미 웨드가 제안했던 복음주의 장벽을 거의 허물어 버렸을 때였다. 웨드는 조기착수 신호를 부시에게 보냈었고 1986년엔 애틀랜타에서 복음주의 진영 지도자들과의 모임주선으로 부시의 인상을 깊게 심어 놓은 후였다. 선거운동에 박차를 가하기 위해 웨드는 1987년 부시에 관한 책 『완벽한 사람』(*Man of Integrity*)을 출간했다. 그 책은 복음주의 지도자들에 대한 부시의 찬양과 부통령 부시의 '거듭남'에 관한 문제를 언급했다. "만약 누군가가 '당신은 예수 그리스도를 당신의 구주로 영접했습니까?'라고 묻는다면 나는 지체 없이 '예'라고 말할 수 있습니다. 그러나 만약 또 어떤 사람이 '당신의 인생은 즉시로 변화되는 체험이 있습니까?'라고 묻는다

---

28) GHWB, interview, October 24, 2006.
29) Fuller, interview, August 2006.

면 나는 그런 순간을 여러 번 경험했기 때문에 꼭 어느 날이라고 말하기는 곤란합니다."[30] 그 책에는 부시가 맺은 빌리 그래함과의 우정에 대해서 특별히 빌리 그래함을 정치로 끌어들이지 않겠다는 소망을 품고 있다는 내용이 포함했다.[31]

부시에 관한 책 『완벽한 사람』을 출간하면서 웨드의 임무는 끝이 났다. 로버트슨이 아이오와 예비경선에서 부시를 위협했지만 그 이후 공화당에서는 부시의 상대는 없었다. 선거의 해인 1988년 빌리 그래함은 어느 한쪽 편에 발을 딛지 않으려고 매우 조심했다. 빌리 그래함은 1988년 7월 애틀랜타에서 열린 민주당 전당대회에서 축사하기 위하여 몬트릿을 나섰다. 당시 매사추세츠 주지사인 마이클 듀카키스(Michael Dukakis)는 여론조사에서 부시를 12%차로 앞서고 있었다. 빌리 그래함은 민주당 전당대회에서 "국민은 복음적 크리스천이거나 보수적인 공화당원이면 호감을 갖는 경향이 있습니다. 그러나 저는 이러한 생각들이 투표에 영향을 주어서는 안 된다고 생각합니다"[32]라고 말했다. 빌리 그래함은 공평함을 유지하기 위해 케네벙크포트에서의 축제를 마음 한 구석으로 밀어놓았다.

치열한 선거전이었지만 부시는 어렵지 않게 당선하였다. 그는 40개 주에서 승리하고 53.4%의 지지를 얻었으며 426명의 대의원을 확보함으로써 대승을 거두었다. 그는 3년여의 무대 뒤에서의 노력으로 복음주의 진영의 표 중 81%를 얻었다. 부시는 빌리 그래함에게 전화를 걸어 취임식을 주관하기를 요청했다. 12월초 빌리 그래함은 대통령 당선자의 어머니를 방문하기 위해 조용히 플로리다를 찾았다. 도로시 여사는 마치 30년 전 빌리 그래함을 처음 맞이할 때처럼 수십여 명의 친구를 모았다. 빌리 그래함은 그때 일을 12월 중순에 대통령 당선자에게 편지로 알려주었다. "저는 오분 내

---

30), George H. W. Bush with Wead, *Man of Integrity* (Eugene, OR: Harvest House Publishers, 1988), 34.
31) Ibid.
32) "Christians Don't Have to Belong to GOP, Democrat Graham Says," *Los Angeles Times*, July 23, 1988.

지 십분 정도 방문하려는 생각으로 도로시 여사에게 갔습니다. 그런데 집에는 어머니가 초청한 사람들로 가득 차 있었고 그들은 저에게 성경공부를 기대하고 있었습니다. 당연히 저는 성경을 펼치지 않을 수 없을 정도로 압도당했는데 사실 준비한 것은 아무것도 없었습니다."[33]

1월 20일, 빌리 그래함은 대통령 취임식을 인도했다. 식이 끝나고 공식 행사가 시작했을 때 그는 백악관 안으로 들어갔다. 그리고 백악관 2층에서 오후 내내 공식행사를 지켜보았다. 대통령의 어머니 도로시 여사가 퍼레이드에 참여한 모습도 눈에 들어왔다. 빌리 그래함이 작별인사를 하기 위해 도로시를 찾았을 때 87살이 된 그녀는 침대에 앉아 빌리 그래함을 반갑게 맞았다. 그들은 함께 대통령을 위하여 기도했다. 빌리 그래함이 "전능하신 하나님, 당신께서 조지를 이끌어주시고 보호하소서"라고 마무리 지었다.

기도가 끝났을 때 도로시의 눈에는 눈물이 맺혔다. 그리고 속삭이듯 "조지에겐 기도가 필요해요"[34]라고 말했다.

---

33) BG, letter to GHWB, December 12, 1988 (3255), GHWBL.
34) *JAIA*, 703.

THE PREACHER AND THE PRESIDENTS

제29장

내가 찾은 사람은 빌리였다

부시는 저에게 다음날 아침 말씀을 전해달라고 부탁했습니다. 저는 제 방으로 가서 깊은 생각에 잠겼습니다. 그리고 제가 해야 할 말을 결정했습니다. 즉 평화에 대하여 말하기로 한 것입니다.[1]

- 걸프전 발발하기 전날 밤 백악관에 있었던 때를 회상하며

부시가 미국의 제 41대 대통령이 되었을 때 부시와 빌리 그래함은 선물을 교환했다. 빌리 그래함은 부시에게 성경읽기용 이동식 테이블을 선물했다. 부시는 빌리 그래함에게 감사의 말을 전했다. "저에게 꼭 필요하고도 매우 특별한 선물입니다."[2] 부시도 빌리 그래함에게 선물을 했다. - 그 물건이 무엇인지 정확히 드러나지는 않았다 - 무엇보다도 빌리 그래함은 닉슨 이후로 최고통치권자에게 무시로 출입할 수 있는 특권을 누릴 수 있었다. 그러나 빌리 그래함은 그 사실을 자랑하거나 드러내지 않았다. 부시 역시

---

[1] BG, interview, January 23, 2007.
[2] GHWB, letter to BG, January 25, 1989 (FG001-03), GHWBL.

빌리 그래함과의 우정을 공적인 관계로 여기지 않았다.

　백악관 종교담당비서관이 된 웨드는 부시와 빌리 그래함의 이러한 입장을 일찍부터 알고 있었다. 1989년 웨드는 빌리 그래함에게 전화를 걸어 부시 대통령이 조찬 기도회에 초청하고 싶다는 의사를 전달했다. 빌리 그래함은 부시의 간접적인 의사전달에 약간 어색함을 느꼈다. 부시가 비서실장인 존 서누누(J. Sununu)에게 보낸 메모에 따르면 빌리 그래함은 부시에게 직접전화를 걸어 조찬 기도회 초청을 재확인했다. 부시가 보낸 메모에 따르면 웨드의 행동은 신임대통령을 특별하게 보좌한다는 측면에서 자발적으로 처리한 일이었다. "빌리는 이런 방식의 초청을 매우 재미있다고 반응하였소. 사실 웨드는 이 사실을 나에게 보고하지 않았소. 나는 빌리에게 말을 했소. 첫째, 참모들이 내 이름을 함부로 사용하지 않도록 할 것임. 둘째로 빌리가 기도회에 참석한 이들에게 나를 소개하기를 바라고 있음. 그 후 빌리는 조찬 기도회에서 내가 연설하는데 도움이 될 만한 내용들을 패티(부시의 참모)에게 보내왔소. 그는 레이건 대통령 때에도 조찬 기도회 연설을 위해 도움이 될 만한 문안을 작성해 보냈소… 웨드에게 앞으로 이런 일에 조심하라고 말하시오… 그러나 이제 모든 것이 좋소."[3)]

　부시와 빌리 그래함은 오랫동안 서로의 일정을 알려주는데 익숙해 있었다. 1989년 5월 하순 빌리 그래함은 부시에게 자신이 "앞으로 5주간" 런던에 있을 것이라는 것을 편지로 알렸다. 그 시기는 부시가 나토정상회담을 마치고 런던을 방문하는 시기와 일부분 겹쳤다. 빌리 그래함은 편지에서 "대통령의 빽빽한 일정을 알고 있기 때문에 유럽집회에는 시간적 여유를 두려고 조정하고 있습니다. 그러나 저를 꼭 찾아주려고 애쓰지 마십시오. 그냥 도착하실 때 전화로 안부를 나누어도 족하다고 생각합니다"[4)]라

---

3) GHWB, memo to John Sununu, January 29, 1989 (TR001190991), GHWBL. 웨드의 잘못된 판단은 앞으로 일어날 일을 예고하는 것이었다. 웨드는 혐오범죄안서명식에 동성애 권리 옹호자들을 참석시킨 백악관 관리들을 비판했는데 그 후 일 년이 못되어 사임압력을 받아야했다.
4) BG to GHWB, May 25, 1989, GHWBL.

고 말했다. 부시는 답장에서 꼭 전화를 하겠다고 말하면서 "시간을 내서 꼭 찾아뵙고 싶습니다.[5] 그러나 목사님이 더 바쁘신 것 아닌지 모르겠습니다"라고 덧붙였다. 그리고 부시는 유럽 선발대에게 빌리 그래함의 전화번호를 기억해 둘 것과 미 대사관에서의 만찬을 빌리 그래함의 일정에 맞추어서 조정하라고 지시했다.

부시와 빌리 그래함의 우정이 각별한 데에는 몇 가지 이유가 있다. 첫째는 빌리 그래함이 부시가 가장 중요하게 생각하는 두 사람의 영적 스승이었다는 것이다. 그 두 사람은 그의 어머니와 그의 장남이었다. 이것이 부시가 신앙적인 측면에서 어느 누구보다도 빌리 그래함을 신뢰한 이유였다. 다른 하나는 빌리 그래함이 의제(議題)를 가지지 않은 사람이었다는 것이다.[6] 부시가 빌리 그래함의 충실한 성도였다는 말이 있는데 그것은 사실이라 할 수 있다. 그들 사이에는 청탁이나 의무 같은 것은 없었다. 그것이 그들을 진정한 친구로 만들었으며 부시가 빌리 그래함을 존경한 이유였다. 부시는 "나는 의제를 갖고 들어온 빌리 그래함을 본적이 없습니다.[7] 그는 목사요 친구로서 저를 찾았습니다. 그리고는 저를 늘 위로했습니다. 나와 바바라가 그와의 고귀한 우정을 악용하지 않았다는 것을 빌리도 알 것입니다"라고 말했다.

부시는 빌리 그래함과 나이도 엇비슷했기 때문에 내면의 고민과 두려움도 드러낼 수 있었다. 그러나 부시는 와습(WASP - White Anglo-Saxon Protestant: 앵글로 색슨계 백인 신교도로 미국의 지배적인 계급을 형성한 그룹을 일컬음 - 역주)의 일원이었기 때문에, 감정이 없는 사람은 아니었지만 남에게 쉽게 자신의 비밀을 털어놓지 못했다. 그는 "비밀을 털어 놓지 않는다"를 좌우명으로 삼은 사람이었다. 부시의 말에 따르면 빌리 그래함은 이러한 강박관념에서 자신의 균형감각을 유지해준 인물이었다. "대통령은 현

---

5) GHWB to BG, May 25, 1989 (TR021-04), GHWBL.
6) Fuller, interview, August 2006.
7) GHWB, interview, October 24, 2006.

실을 현실 그대로 보아야만 합니다. 그러나 신앙의 담대함으로 현실을 넘어설 필요도 있지요. 나는 빌리와 어떤 특별한 신앙적 주제를 놓고 이야기한 기억은 별로 없습니다. 그러나 그가 내 곁에 있는 것만으로도 정치를 넘어설 수 있었고 새로운 시각을 가질 수 있었지요, 나는 크리스천입니다. 당연히 그의 설교와 신앙이 내게 커다란 힘이 되었죠."[8]

빌리 그래함은 때때로 백악관에서 일어나는 일상적인 이야기도 말했다. 부시가 대통령 직무 2년째를 막 시작할 때 빌리 그래함은 「타임」과의 인터뷰에서 "부시하고는 영적인 일에 대해 부담 없이 이야기를 나눕니다.[9] 아마도 제가 만난 어떤 대통령보다도 자연스럽게 말입니다. 그는 자신이 그리스도를 구주로 영접한 일, 자신이 거듭난 신앙인이라는 것 그리고 매일 성경을 읽는다는 것 등을 직선적으로 표현하곤 합니다. 그는 누구보다도 높은 도덕수준을 지닌 사람입니다. 그와 부인은 믿기지 않을 정도로 잉꼬부부입니다. 그가 부통령일 때도 자주 그랬지만 백악관에서도 가끔 그들 부부와 같이 밤을 지내곤 했습니다. 제 방은 대통령 부부의 방 맞은편에 준비됩니다. 그들은 언제나 방문을 잠그지 않고 열어놓습니다. 어느 날 제가 그들의 방에 들어갔는데 그들이 침대 위에서 두 손을 꼭 잡고 신문이나 책을 함께 보고 있었습니다"라고 말했다.

빌리 그래함은 1989년과 1990년 여름에도 케네벙크포트를 찾았다. 1989년에는 낚시와 바비큐 그리고 해변마을을 산책하며 즐거운 시간을 보냈다. 그러나 1990년 여름에는 부시가 페르시아의 걸프 만에서 일어난 사건으로 고심하고 있을 때였다. 그해 8월 초, 사담 후세인의 쿠웨이트 침공은 미국을 경악케 했다. 부시는 백악관 남쪽 잔디광장에서 성명을 발표했다. 부시는 이 상황을 원상복구하려는 의지를 피력했다. "있을 수 없는 일입니다."[10] 부시는 반년간 외교적 노력에 총력을 기울였고 동시에 군사작전

---

8) Ibid.
9) BG, interview by David Aikman, *Time*, March 30, 1990.
10) George H. W. Bush and Brent Scowcroft, *A World Transformed* (New York: Vintage, 1998), 333.

을 준비했다. 첫째로, 그는 가장 빠른 시간 내에 대규모 공격을 감행할 수 있도록 미국의 육해공군을 재배치하였다. 미국의 동맹국들이 공동전선을 펼 수 있도록 그리고 반대 가능한 국가들을 중립지대로 묶어두려고 외교력을 집중했다. 이 일을 위하여 부시는 이전과는 비교가 안 되게 모든 가능한 에너지와 동원 가능한 모든 힘을 쏟아 부었고 또한 인내심을 갖고 지휘했다.

그러나 부시가 해외에서 치밀하게 그리고 성공적으로 외교작전을 수행한 반면 국내에서는 급진 기독교 세력으로부터 저항을 받았다.[11] 부시가 출석하는 성공회 교회 감독인 에드몬드 브라우닝(Edmond L Browning)은 전쟁에 대한 반대 입장을 전달하기 위해 12월 20일 부시를 찾아왔다. 그 다음날 19명의 교회 지도자들이 전쟁 반대 성명서에 서명을 했다. 그들 대부분은 막 중동지역의 상황을 돌아보고 돌아와 행동을 개시한 것이다.

빌리 그래함만은 예외였다. 1월 6일, 그는 부시에게 전화를 걸어 제임스 러셀 로웰(James R. Lowell)의 "어떤 사람도 그리고 어떤 나라도 한 번은 결정해야 할 순간을 맞이하네. 어둠과 빛 사이에서 한 번의 선택은 영원을 가르네"[12]라는 시를 들려주었다. 부시는 그 시구(詩句)를 일기에 적으며 "그 시구가 나에게 강하게 부딪혀왔다. 피할 수 없는 순간이 온 것이다. 빌리 그래함은 그 시로 자신의 말을 대신한 것이다. 그리고 나에게 도움을 주고자 한 것이다"라고 덧붙였다. 다음날 「뉴욕타임즈」의 전면광고에 19명의 교회지도자들이 서명한 성명서가 게재됐다. "전쟁은 해답이 아니다."[13]

며칠 후인 1월 10일, 빌리 그래함은 부시를 지원하기 위하여 "전쟁을 원하는 사람은 없습니다.[14] 또한 권력을 가진 사람에게는 도덕적 책무가 따

---

11) Dart, "Clerical Opposition to War in Gulf Builds Quickly," *Los Angeles Times*, December 22, 1990.
12) George H. W. Bush, *All the Best* (New York: Scribner, 1999), 501.
13) "War Is Not the Answer," *New York Times*, January 7, 1991.
14) BG, quoted in "U.S. Religious Leaders: Let There Be Peace on Earth," AP, January 10, 1991.

릅니다. 그러나 약자들을 돕기 위하여 마땅히 싸워야 할 때가 있는 것입니다"라며 모습을 드러냈다.

부시는 사담 후세인에게 1월 15일까지 이라크군을 쿠웨이트에서 철수하라고 최후통첩을 보냈다. 최후통첩의 날이 지나가자 공격날짜는 아직 결정되지 않았지만 전쟁은 불가피하였다. 군과 정보당국자들로부터 무슨 보고를 들었는지 모르지만 부시는 1월 16일 하루 종일 성직자들 - 교황, 브라우닝, 빌리 그래함, 상원 담당목사, 빌 브라이트 그리고 추기경 버나드 로우(Bernad Law)와 대화를 했다. 그리고 다음날 오직 한 사람만이 백악관으로 초대했다.[15]

빌리 그래함은 폭격이 시작되기 90분전에 백악관에 도착했다. 부시가 전쟁 발발 직전에 빌리 그래함을 백악관으로 초청한 것은 전쟁을 반대해 온 종교 지도자들의 비판을 면해보려는 노력의 일환이기도 했다. 미국인들은 전쟁은 정당하고 공정해야 하며 원칙과 명분 있게 수행되어야 한다고 생각한다. 그러나 부시가 속한 교파의 일부 지도자들을 포함하여 많은 종교 지도자들이 부시의 전쟁을 인정하려고 하지 않았기 때문에 빌리 그래함의 출현은 확실히 예방 효과를 노린 것이었다. 그러나 군인들을 전쟁터로 보낸다는 것만큼 대통령에게는 더 큰 형벌이 없다는 것과 대통령들은 전쟁 때에 목사들의 지원을 절실히 필요로 한다는 것도 사실이다.

풀러가 생각했던 것처럼 만약 대통령이 신뢰할만한 유일한 사람이 빌리 그래함이었다면 그것은 목회차원의 일이었다는 것에서 이해할 수 있다. 부시와 바바라는 자신들의 자서전에서 전쟁이 임박하였기 때문도 아니며 전쟁 후 면책을 위한 정치적 계략의 일환으로 빌리 그래함을 백악관에 초청한 것이 아니었다고 주장했다. 그러면 빌리 그래함의 초청은 순수 기도를 위해서인가 아니면 다른 의도가 있었던 것인가? 대통령들은 사적인 요구를 가진 공인이기 때문에 이것이냐 아니면 저것이냐로 딱 잘라 말할 수

---

15) BG, "Hands On," *Washington Post*, January 18, 1991.

없다. 그것은 전형적으로 두 가지 모두를 포함한다. 그날 밤 저녁식사 전 바바라는 여왕의 침실(Queen's Bedroom: 백악관 내, 방에 붙여진 이름의 하나 - 역주)의 방문을 노크해 "목사님, 괜찮다면 블루 룸(Blue Room: 백악관에 있는 별실의 하나 - 역주)으로 가서 TV를 시청하는 것이 어때요?"[16]라며 빌리 그래함을 불렀다. 부시는 10분 후에 그 방으로 와서 합류했다. 빌리 그래함은 "바그다드 전체를 집어 삼키는 전쟁의 불빛들을 지켜보았습니다"[17]라고 회상했다. 세 사람은 저녁 식사 테이블에서 함께 기도를 했다. 그리고 저녁 늦게 한 번 기도하였다. 세 사람의 기도회는 대통령 집무실에서 연두교서를 발표하기 전까지 3차례나 있었다.

다음날 빌리 그래함은 부시의 요청으로 버지니아 근처의 포트 마이어 부대에서 예배를 인도했다. "부시는 다음날 아침 제가 설교하기를 원했습니다. 저는 제 방으로 와서 기도하면서 무엇을 말해야 할지를 결정했습니다. 그것은 평화에 관한 것이었습니다."[18] 다음날 아침 빌리 그래함은 평화에 관해 17분간 설교하면서 아브라함 링컨의 기도, 즉 미국은 다른 어떤 길이 아니라 하나님의 편에 서는 길을 가야한다는 내용을 소개했다. 빌리 그래함은 "때가 왔습니다. 우리가 평화를 위해서 싸워야 할 때 말입니다"라고 역설했다.

십여 년이 흐른 2006년에 부시는 빌리 그래함을 백악관으로 부른 사건을 "우리 부부는 미국의 아들과 딸들을 사지로 보내야만 하는 고통스런 결정을 눈앞에 두고 있었기 때문에 빌리 그래함이 우리 옆에 있어주기를 간절히 원했습니다.[19] 우리는 전쟁이 어떤 방향으로 흘러갈지 알 수 없었지만 한 가지 분명한 사실은 알고 있었습니다. 그것은 역경과 위기의 순간에는 흔들리지 않는 믿음으로 새 힘을 늘 공급하는 사람이 우리 옆에 필요하다는 사실입니다"라고 설명했다.

---

16) Barbara Bush, quoted in Joe Treen, "America's Crusader," *People*, October 7, 1991.
17) Ibid.
18) BG, interview, January 23, 2007.
19) GHWB, interview, October 24, 2006.

살아 숨 쉬는 인간에게서 오는 위로

걸프전에서는 총력을 쏟아 화려한 연출을 보여주었던 부시였지만 국내 문제에서는 그렇지 못했다. 쿠웨이트에서 승리를 거둔 후 1년이 지나지 않아 그의 대통령직은 점점 그 효력을 상실해가고 있었다. 경제는 벌써 상반기 내내 침체 상태였고 국내의 여러 정책들은 가시적 성과를 내지 못했으며, 특별히 1988년 선거에서 그를 지지했던 보수층은 세금 인상에 대해 크게 반발하고 있었다. 그러나 부시는 분명한 처방전을 제시하지 못했다. 부시는 1991년 크리스마스 시즌에 국민의 소비를 진작하기 위해 친히 캠프 데이빗(Camp David: 대통령 별장 - 역주) 근처의 쇼핑몰로 물건을 사러 나갔지만 오히려 그의 상실한 지도력을 보여주는 상징적 사건이 되고 말았다. 한때 닉슨 행정부에서 일했던 보수주의 진영의 TV 평론가 패트릭 부캐넌(Patrick Buchanan)이 대통령 후보 지명전에 뛰어 들었다. 그리고 뉴햄프셔 예비경선에서 37%의 지지를 획득했다. 이 사건은 텍사스의 사업가 로스 페롯(Ross Perot)의 출마를 부추겼다. 결국 페롯은 정당 배경 없이 출마를 선언해 부시를 공격하면서 우익진영의 표를 잠식했다. 보수적 종교인들도 대부분 이 혼미한 상황을 관망하고 있었다. 부시는 더는 1988년 때와 같이 여유 있는 자세를 가질 수가 없었다. 그는 직접 보수진영에 적극적인 구애의 손길을 내밀 수밖에 없었고 심지어 선거 마지막 순간에는 팔웰에게도 접근하는 모험을 감행했다.

부시는 그렇게 열렬히 호소했음에도 불구하고 복음주의 진영과 한 때 그를 강력히 지지했던 세속적 성향의 유권자들에게 필요한 만큼의 지지를 얻지 못했다. 페롯에게 달려간 유권자들로 인해 부시는 클린턴에게 42대 37로 패했다. 부시 진영은 검증된 전쟁 영웅이 아니라 과거 인물(페롯)에게 쏠린 일부 민심으로 인해 경악할 수밖에 없었다. 비록 부시는 자신의 감정을 드러내지는 않았지만 결과를 고통스럽게 받아들인 것이 분명했다.

백악관에서 마지막 밤을 맞았을 때, 부시와 바바라는 함께 보낼 사람으로 빌리 그래함을 마음에 두고 있었다. 후에 부시는 "빌리의 출현은 언제나 나에게 사물을 새로운 각도로 보도록 자극했습니다"라고 말했다. 부시는 "많은 예를 들면서 빌리는 인생은 계속된다고 가르쳐주었습니다. '그날 밤, 빌리가 '주님이 신비한 방법으로 일하신다.'고 말했던 것 같습니다. 확실히 그 말은 맞는 말입니다. 왜냐하면 나는 매우 행복한 삶을 살아왔다고 생각하기 때문이지요"[20]라며 백악관에서의 마지막 밤을 회상했다.

1993년 1월 19일, 빌리와 룻은 백악관에서 친구들인 부시와 바바라와 함께 조개 스프로 저녁식사를 했다. 빌리 그래함은 백악관을 떠나는 최고 통수권자의 고통스런 마음을 알았겠지만 결코 그것을 누설하지 않았다. "부시는 다가올 자신의 인생과 다음 세대 미국의 모습에 대해 이야기했습니다. 저는 그에게서 회한의 감정을 보지 못했습니다. 부시에 대해 꼭 한마디 하라면 그는 대통령의 자격이 충분했던 사람입니다." 저녁식사 후 두 커플은 백악관 앞뜰을 함께 걸었다. 그러나 빌리 그래함은 밤을 함께 보내지는 않았다. 빌리 그래함이 후에 그때 일을 "저는 부시에게 말했습니다. '내일 아침 당신은 일찍 일어나야만 합니다. 그런데 저는 아침 일찍 일어나기에는 몸이 안 좋습니다. 그리고 내일 저도 해야 할 일이 있습니다"라고 회상했다. 부시는 아침 일찍 백악관에서 클린턴 부부를 맞아야 했을 것이고 빌리 그래함 역시 취임식 기도를 해야 하기에 바쁜 날이 되었을 것이다.

퇴임한 다른 대통령들과의 관계처럼 빌리 그래함은 퇴임한 부시 대통령과도 여전히 긴밀한 유대관계를 유지했다. 빌리 그래함은 1995년과 1997년 조지 W. 부시의 주지사 취임식 기도, 부시 도서관 오픈 예배, 1999년 부시의 차남 젭 부시(Jeb Bush)의 주지사 취임식에 기도했다.

2006년 4월 빌리 그래함은 텍사스의 칼리지 스테이션으로 날아갔다. 공적 봉사에 대한 업적으로 '조지 부시'의 상을 수상하기 위해서였다. 전에

---

20) GHWB, interview, October 24, 2006.

는 미하일 고르바초프(Mikhail Gorbachev) 같은 정치인들에게 수여한 상이었다. 수천 명의 사람들이 A&M사 강당에 모였다. 강당 안에는 빌리 그래함의 모습을 담은 4개의 거대한 사진이 걸려있었다. 두 개는 케네벙크포트에서 부시와 함께 찍은 사진이고, 하나는 바바라와 빌리 그래함이 보트를 타고 있는 모습이었고 다른 하나는 뒤뜰을 걷는 빌리 그래함의 모습이었다. 텍사스의 유명 인사들이 눈에 떠었다. A&M사의 회장인 로버트 게이츠(Robert Gates), 액션배우인 척 노리스(Chuck Norris), 휴스턴 텔레비전 전도자인 조엘 오스틴 부부(Joel and Victoria Osteen) 등이었다. 그것은 작은 또 하나의 빌리 그래함 전도집회라 할 수 있었다. 복음성가 가수인 마이클 W. 스미스가 두 곡의 찬양을 불렀다. 그리고 빌리 그래함의 인생을 담은 영상이 흘렀다. 화면에는 부시를 포함한 미국 대통령들과 함께 하는 빌리 그래함의 모습이 보였다. 그리고 "어느 대통령과도 저의 자리를 바꾸지 않을 것입니다"라는 빌리 그래함의 말이 자막으로 나왔다. 그 밤은 부드럽고 평범했으며 엄숙했다. 빌리 그래함이 무대 위로 등단할 때 바바라는 그에게 키스를 했다. 전임 대통령 부시가 다음과 같이 부인 바바라를 소개하면서 마이크를 넘겼다. "여기 은색 여우가 있습니다." 그 말에 바바라는 약간 샐쭉해서 "나는 그의 말을 믿지 않아요. 61년간의 결혼생활을 해왔지만 이제 62살 된 것처럼 느낀답니다"라고 말했다.

바바라는 룻에게 경의를 표하며 "이 두 분이 미국과 전 세계에 끼친 영향은 누구도 측량할 수 없는 영적인 권위 그리고 삶에서 나오는 권위에서 비롯된 것입니다"라고 말했다.

부시 부부의 말은 빌리 그래함 부부의 인생을 함축한 말이었다. 부시는 "오늘 밤 우리는 왜 빌리를 경외해 왔는지를 설명하는 것이 내 임무이지만 나는 정확하게 말할 수 없습니다. 그는 나와 내 가족에게 너무나 친밀했고 너무나 따스했습니다"라고 축사를 했다. 그의 음성은 떨리고 있었다. 그는 모든 대통령들이 빌리 그래함의 무릎 기도에 힘입어 직무를 수행했으며 빌리 그래함은 상상할 수 없는 하나님에 대한 절대적 신앙으로 자신에게 주어진 직무를 수행했다고 언급했다.

그리고 부시는 "그러나 이것만으로 빌리를 다 설명할 수 없습니다. 사람의 신앙심이 아무리 돈독해도 우리는 살아 숨 쉬는 인간에게서 오는 위로와 도움을 필요로 합니다. 나도 그렇고 대통령 집무실의 다른 주인도 마찬가지입니다. 그 사람이 바로 빌리 그래함이었습니다. 내 영혼이 떨릴 때 내가 달려갔던 사람이 그였습니다. 조언을 받기 위해, 위로를 받기 위해 그리고 기도를 부탁하기 위해서"라고 덧붙였다. 그것은 참으로 강력하고도 감동적인 순간이었다. 부시는 끝을 제대로 맺을 수가 없었다.

부시는 우리에게(저자들) "나는 이 무대에서 내 인생을 간결하게 돌아볼 수 있었습니다… 나는 내 마음 속에 있었던 빌리 그래함에 대해 말하려고 그 자리에 섰지만 내 스스로가 너무 감동을 받아 부끄러움도 모르고 울었습니다"[21]라고 말했다.

---

21) GHWB, interview, October 24, 2006.

THE PREACHER AND THE PRESIDENTS

제30장

빌리 그래함과 힐러리 클린턴

저는 두 사람을 깊이 사랑했습니다.[1]

- 클린턴 부부에 대하여

미국 제 42대 대통령 빌 클린턴의 취임식을 한 달 앞두고 40명의 임신중절 반대운동 지도자들이 빌리 그래함에게 편지를 써서 취임식장에 나오지 말 것을 촉구했다.

빌리 그래함이 취임식장에 나타나는 것 자체가 "클린턴의 반기독교적 정책에 대한 적극적인 지지"로 보일 수 있다고 그들은 주장했다. "우리가 가장 우려하는 것은 존경받는 목사님께서 클린턴과 함께 자리를 해서 그의 정책을 지지하는 것처럼 보이는 것입니다. 최근 역사에서 그렇게 명백하게 반기독교적인 의제를 들고 나와 최고의 지위에 오른 사람은 없었습니다."[2]

---

1) BG, interview, January 18, 2006.
2) Terry Mattingly, "Inaugural Prayer Put Graham in a Tight Spot," *Chicago Tribune*, January 22, 1993.

74세의 나이로 대통령 취임식에 일곱 번째 참여하는 빌리 그래함은 최고 통수권자를 위해서 기도를 할 것이냐 말 것이냐를 놓고 여러 조언을 들었다. 그는 지금까지 기도하는 일로 방해받지 않았다. 특별히 대통령을 위한 기도는 더 말할 것도 없다. 그러나 지금은 흔쾌하게 나설 수 있는 입장이 아니었다. 그러나 그는 성경을 따라서 "하나님의 끊임없는 도우심과 인도를 필요로 하지 않는 대통령은 없습니다. 더욱이 성경은 경건한 중에 평화를 얻기 위해 권세 있는 자를 위하여 기도하라고 우리에게 명령하고 있습니다"[3]라고 했다.

1992년의 시점에서 볼 때, 빌리 그래함은 이미 7년 전부터 클린턴을 잘 알고 있었다. 수년간 서신을 교환했고 사적인 대화를 나누었으며 전화통화도 적지 않았다. 클린턴은 매 십년 단위로 빌리 그래함의 집회에 3차례 참석한 이력도 있었다. 그리고 마지막에는 전도협회 조직위원회의 활동에도 참여했다. 빌리 그래함은 단순한 감정으로 클린턴을 좋아했다. 빌리 그래함은 진보주의자들을 놀라게 하고 또 보수주의자들에게는 화를 돋우는 클린턴에게서 특별한 것이 있다는 것을 - 특별히 그의 부인인 힐러리에게서도 - 발견했다. 클린턴은 보수주의자와 진보주의자 모두를 어울리는 한 쌍으로 만들겠다고 당당히 말했다. 빌리 그래함이 클린턴에 대해 "클린턴은 편안한 사람이었고 그를 도울 수 있는 뛰어난 부인을 가진 사람이었습니다"[4]라고 말했다.

대통령들도 용서받기를 필요로 한다. 대통령으로서 클린턴만큼 용서가 필요한 사람도 없었을 것이다. 1998년에 무대에 오른 클린턴의 불륜(不倫)극에서 힐러리가 그녀의 남편을 용서하는데 빌리 그래함만큼 역할을 한 사람은 없었다.

---

3) *JAIA*, 771.
4) Jim Morrill, "Graham Dines with Old President, Welcomes New," *Charlotte Observer*, January 21, 1993.

은밀한 십일조

13살에 빌리 그래함의 설교를 들은 것이 정치적인 이력을 쌓아가는 데 도움이 되었다고 클린턴은 말한 적이 있다. "빌리 그래함의 설교는 공적인 삶을 준비하는 데 큰 자극이 되었습니다."[5]

윌리엄 제퍼슨 클린턴(William Jefferson Clinton)은 어린 시절에 - 아칸소 핫 스프링스의 중학생 - 빌리 그래함을 만난 첫 번째 대통령이다. 그는 이미 전도자 빌리 그래함에 대한 이해를 갖고 있었다. 그를 양육한 할머니는 말썽쟁이 소년 클린턴에게 말썽을 부리지 않아야 (빌리 그래함 같은) 위대한 설교자가 될 수 있다고 매일 말하곤 했다. 그러나 클린턴은 영적이면서도 정치성을 갖는 한 특수한 상황 속에서 빌리 그래함을 만난다. 1959년 9월 빌리 그래함은 리틀록에서 전도집회를 시작했다. 불과 2년 전에 아칸소 주지사 퍼버스가 9명의 흑인학생이 센트럴고교에 등록하는 것을 금지한 인종차별 사건이 있었다. 백인시민연합 회원들은 흑인폭동이 우려된다는 이유로 백인들만을 위한 전도집회를 열자고 빌리 그래함에게 제의했다. 클린턴은 후에 이렇게 회상한 적이 있었다. "리틀록의 대다수 사업가들은 흑백 대충돌을 우려하였습니다. 흑백 갈등이 매우 심각했기 때문입니다. 그래서 그들은 빌리 그래함의 집회가 백인들만 모여야한다고 건의했습니다. 빌리 그래함은 그들이 그런 주장을 계속하면 자신은 오지 않겠다고 말했습니다. 빌리 그래함은 흑백 모두가 하나님의 자녀들이며 자신은 이 모든 사람을 그리스도에게 인도하기를 원한다고 했습니다. 결국 빌리 그래함은 사람들의 건의를 받아들이지 않았습니다."

빌리 그래함은 백인들의 편협심과 정면대립하며 이틀 밤을 설교했다. 수백 명의 흑백 청중은 감동을 받고 자리를 박차고 함께 운동장으로 뛰어나왔으며 빌리 그래함의 인도에 따라 그리스도를 영접했다. 클린턴은 직접

---

5) BC, speech delivered at Ministers Leadership Conference, Urbana, Illinois, August 10, 2000.

그 광경을 목격했다. 주일학교의 한 교사가 핫 스프링스에서 클린턴을 포함한 몇 학생을 데리고 빌리 그래함의 집회에 참석했기 때문이었다. 클린턴은 "그 집회는 남부를 휩쓸고 있던 인종차별 정치에 한방 먹이는 결정적인 펀치와 같은 것이었습니다. 그 일 이후로 나는 빌리 그래함을 좋아했습니다"[6]라고 말했다.

빌리 그래함의 운동은 풋내기 소년에게 강력한 인상을 남겼다. 클린턴은 "그 광경은 형언할 수 없는 감동을 주었습니다. 비록 교육을 받지 못하셨지만 겸손하셨던 조부모님들은 흑백통합교육이 옳다고 여기셨던 몇 안 되는 백인들이었습니다. 그런데 빌리 그래함의 기독교 운동을 통해서 이것을 확인하자 깊은 감동을 받게 된 것입니다. 빌리 그래함의 집회는 어린 나에게 신앙과 행위의 관계에 대해 생각해 보는 계기를 만들어주었습니다"[7]라고 회고했다.

빌리 그래함과 다른 대통령들의 만남의 이야기처럼 클린턴의 만남도 인상적이다. 클린턴은 빌리 그래함과의 만남을 거듭해서 이야기하기를 좋아한 것만큼 백인 복음주의자들과 흑인 민권운동가들 모두의 가치를 존중하려고 애를 썼다. 또 하나의 이야기가 있다. 클린턴이 그때 빌리 그래함에게 헌금을 한 것이다. 리틀록 전도집회가 끝나고 난 뒤에 클린턴은 용돈의 일부를 빌리빌리 그래함전도협회에 헌금으로 보냈다. 그는 헌금을 비밀리 보내기 위해 부모에게 말하지 않고 몰래 집을 빠져나와 우체국에서 빌리빌리 그래함전도협회로 발송했다. 클린턴은 "그게 말이죠. 돈 같지도 않은 돈을 보냈는데도 여전히 내 이름이 전도협회 회원명부에 들어 있습니다. 그렇지만 당시로는 나에게 작은 돈은 아니었습니다"[8]라고 농담을 했다.

클린턴이 빌리 그래함을 다시 본 것은 12년이 흐른 뒤였다. 핫 스프링스의 허스키한 목소리의 소년은 1959년 이래로 인생을 질주해 나갔다. 고

---

6) Bill Clinton, *My Life* (New York: Knopf, 2004), 39.
7) BC, from Q&A session following Illinois conference, August 2000.
8) Clinton, *My Life*, 46.

등학교를 졸업하고 대통령 장학생으로 로즈가든에서 케네디 대통령을 만났으며 조지타운대학에서 예수회의 전통을 익히고 영국 옥스퍼드대학의 장학생으로 공부한다. 그리고 예일대학교 법과대학원을 마쳤다. 클린턴은 25세에 이미 정치적 진출을 계획하고 있었다. 그러나 그것은 그만의 계획이 아니었다. 그는 1971년 여름 캘리포니아 버클리법대의 클래스메이트인 힐러리 로댐(Hillary Rodham)과 사랑에 빠져있었다.[9] 그는 대통령지명전에 출마한 상원의원 맥거번의 선거본부에서 일할 수 있는 기회를 포기하고 자신의 사랑을 위해 시간을 보냈다. 클린턴은 시카고 태생의 힐러리에 정신이 빠져 초여름에 맥거번 선거본부장인 그레이 하트(Gary Hart)에게 달려가 선거보다 더 중요한 일을 만났다고 설명하며 선거본부에서 빠져나왔다.

둘은 영화를 보고 음악회를 관람하며 데이트를 했다. 그리고 어느 날 둘은 빌리 그래함의 오클랜드 전도집회에 참석했다. 2007년에 클린턴은 "힐러리에게 빌리를 보여주고 싶었습니다"[10]라고 회고했다.

그 후로 14년이 흘렀다. 그 시간동안 클린턴은 변호사 시험에 통과했고 힐러리와 결혼했으며 하원의원 선거에서 패배를 맛보았다. 그리고 몇 년 후 아칸소 주지사에 올랐으며 재선에서 실패했다가 다시 주지사에 도전에 당선하는 등 많은 변화를 경험했다. 1985년 여름 클린턴과 빌리 그래함, 두 사람은 보이즈에서 열린 전국 주지사회의에 참석했다. 클린턴은 회의 도중 빌리 그래함을 찾아 면담을 요청했으며 두 사람은 야외 의자에 앉아 장시간 대화를 나누면서 교제하였다. 빌리 그래함은 후에 "클린턴의 민첩함과 따뜻한 품성이 바로 저를 사로잡았습니다"[11]라고 회고했다.

이후 빌리 그래함은 떠오르는 민주당의 스타에게 지원과 격려를 아끼지 않았다. 1888년 클린턴은 애틀랜타에서 열린 민주당 전당대회에서 32분의 긴 연설로 인해 비난을 받았다. 그는 자신의 실수를 지체하지 않고 시인

---

9) Ibid., 185.
10) BC, interview, April 23, 2007.
11) *JAIA*, 769.

했다. 그리고 텔레비전에 출연해서도 솔직히 자신의 약점을 밝혔다. 그 일이 있은 지 얼마 지나 빌리 그래함은 클린턴이 실수를 잘 처리했다고 격려의 편지를 보냈다. 빌리 그래함은 "조니 카슨의 쇼에 출연한 이후 다른 때 보다 더 강인해 진 것 같아 보입니다"라고 클린턴을 격려했다. "제가 생각하기에 지난 일을 정정당당하게 잘 처리했다고 봅니다. 이제부터는 언론과 방송과 친밀해 지세요. 그것이 당신의 미래에 매우 중요한 역할을 할 것입니다"[12]라는 빌리 그래함의 격려에 클린턴은 "최선을 다해 실수를 만회해 보려고 했습니다"라고 답례했고 나아가 "목사님은 언행일치의 삶을 보여주셨습니다. 그리고 믿음을 따라 살아오신 하나님의 사자입니다. 우리 중 누구도 당신처럼 일관되게 살 수 없을 것입니다. 그러나 우리는 모두 하나님의 말씀을 따르려고 노력해야만 한다고 생각합니다"라며 빌리 그래함을 칭송했다.

1988년 클린턴은 아칸소의 유명 인사들과 함께 빌리 그래함에게 일주일동안 리틀록집회를 요청했다. 30년 전에 리틀록에서 인종차별의 장벽을 무너뜨린 빌리 그래함의 전도집회는 이번에도 특별한 반응을 일으킬 것이라고 클린턴은 생각했다. 사실 클린턴은 빌리 그래함의 도움을 바라고 있었다. 그는 아칸소주의 낡은 교육제도를 개혁하는 일을 최우선 과제로 삼고 있었지만 십대들의 약물 남용이 끊임없이 아칸소의 문제로 떠올랐다(클린턴의 동생인 로저는 이미 코카인 소지로 체포된 상태였다). 클린턴은 이 문제를 해결해 아칸소의 미래를 새롭게 하기 위하여 빌리 그래함의 도움이 필요했다.

클린턴의 호소에 힘입어 빌리 그래함은 1989년 가을에 리틀록의 전쟁기념 스타디움에서 8일간의 집회를 인도하기로 결정했다. 클린턴은 집회가 시작되기 직전에 빌리 그래함에게 전화를 거는 등 예의를 갖추었다. 빌리 그래함은 아칸소의 한 신문과의 인터뷰에서 자신의 설교를 약물남용에 초점을 맞출 것이며 이제는 종교 지도자들과 공직자들이 힘을 합쳐 약물과

---

12) BG, letter to BC, August 1, 1988.

의 전쟁에 나서야 할 때가 되었다고 촉구했다. 또한 빌리 그래함은 소외받는 소수의 약자들에게도 관심을 나타냈다. "동성연애를 하는 친구들도 많이 있습니다." 빌리 그래함은 그들 역시 이번 리틀록집회에 참여하기를 바란다고 말했다.

집회 3일째 날 클린턴은 빌리 그래함과 함께 무대에 올라 "아칸소는 다시 혼돈에 휩싸여 있습니다. 그것은 인종갈등 때문이 아니라 약물남용이 가져오는 끔찍한 결과 때문입니다… 이것은 정치인이 해결할 수 있는 문제가 아닙니다. 이것은 어떤 프로그램으로 풀 수 있는 문제도 아닙니다. 인간적인 어떠한 노력도 영혼의 빈곤을 해결할 수 없습니다. 영혼의 빈곤은 인간을 벼랑 끝으로 몰고 가며 결국은 파멸케 하는 것입니다. 그래서 우리는 오늘 밤 여기에 오신 빌리 그래함 목사님을 환영합니다. 우리는 그가 필요합니다. 그분은 오늘 하나님의 말씀을 우리에게 전하실 것입니다"라며 빌리 그래함에 앞서 연설을 했다.

아마도 빌리 그래함이 전도집회를 통해 개인적으로 얻은 것은 기간 내내 보여준 클린턴의 감사의 태도였을 것이다. 전도집회 중간에 클린턴은 빌리 그래함을 초청해 리틀록의 한 집으로 안내했다. 그 집은 월리 오스카 바우트(Worley Oscar Vaught) 목사[13]의 집으로 그는 빌리 그래함의 오랜 친구였으며 1959년과 1989년 리틀록 전도집회의 후원자였다. 그가 암으로 죽어가고 있었던 것이다. 클린턴은 많은 영적인 조언자들을 두었는데, 그 중 바우트가 가장 중요한 인물이었다. 클린턴은 1980년 바우트가 담임한 임마누엘침례교회에 출석했으며 짧지만 성가대원으로 활동했다. 일 년 후 클린턴과 힐러리는 바우트와 함께 예루살렘 성지순례를 함께 갔으며 거기서 통곡의 벽, 성전산의 바위사원 그리고 마사다를 보았다. 바우트는 1938년 이래 정기적으로 성지를 순례했다. 그러나 클린턴은 처음 방문이었으며 그곳에서 그는 아브라함의 세 자녀(기독교, 이슬람교, 유대교를 말함 - 역주)들

---

13) Clinton, *My Life*, 294.

이 성지에서 공존하는 모습을 보았다. 그리고 그것이 그의 인생에서 결코 지워지지 않는 인상으로 남았다. 바우트는 자주 클린턴의 주지사 공관으로 방문했으며 죽음의 문제 같은 영적인 문제에서 낙태 같은 현실의 문제에 이르기까지 많은 조언을 했다. 그리고 바우트는 클린턴에게 만약 대통령이 된다면 절대로 이스라엘을 버려서는 안 된다고 말했다.

클린턴의 차가 바우트의 집에 도착했고 바우트 부인은 빌리 그래함과 클린턴을 바우트가 누워있는 침실로 안내했다. 빌리 그래함은 옛 친구를 내려다보며 "윌리 오스카, 자네를 위하여 늘 기도해왔네"라고 말했다. 몸이 여윈 그는 빌리 그래함을 기억했다. 그리고 침대에서 몸을 일으켰다. 그리고 자신의 스코필드 성경을 펴고 읽으려고 했다. 바우트는 "자네 두 사람에게 말하고 싶은 것이 있네. 어서 자리에들 앉게나"라고 말하며 빌리 그래함과 클린턴에게 30여 분간 예수의 재림과 하늘의 약속에 대하여 설교를 했다.[14] 설교가 끝나고 바우트는 빌리 그래함과 클린턴, 두 사람에게 기도를 부탁했고 두 사람은 돌아가며 기도를 했다. 클린턴이 먼저 기도한 후 빌리 그래함, 바우트가 기도를 했다. 돌아갈 시간이 되자 빌리 그래함이 바우트의 손을 잡고 "윌리, 우리 모두 시간이 얼마 남지 않았네. 천국 문에서 자네를 곧 만날 걸세"[15]라고 말했다. 빌리 그래함은 "클린턴과 저는 그때의 방문을 통해 다른 어느 때 보다도 하늘에서 내려오는 큰 감동을 받았습니다"[16]라고 회고했다. 그 경험은 클린턴과 빌리 그래함의 사이를 강력하게 밀착시켰다.[17] 클린턴은 "빌리 그래함 목사님은 제가 존경했던 분에게 너무나 관대하고 온유하셨습니다. 그리고 죽어가는 친구 앞에서 자신의 죽음도 담담하게 받아들이셨습니다. 그 일로 인해 그분과 너무 가까워진 느낌을 받았습니다"라고 말했다.

---

14) *JAIA*, 770-771.
15) BG, recounted by Clinton in *My Life*, 39.
16) *JAIA*, 771.
17) BC, interview, April 23, 2007.

한반도 문제에 당신이 필요합니다

보수주의 목사들은 클린턴이 대통령으로 취임하기도 전에 그를 공격하기 시작했다. 팔웰은 1992년 클린턴이 대통령에 당선되자마자 그의 섹스 테이프를 손에 넣었다고 공표했다. 그는 자신의 TV 프로그램인 '흘러간 복음성가 시간(Old Time Gospel Hour) 시청자들에게 "그에 관한 지저분한 이야기를 듣고 나니… 그를 대통령으로 존경하기가 매우 어렵습니다"라고 말했다. 8,000명의 성도가 있는 코랄리쥐장로교회의 제임스 케네디 목사는 1992년 제니퍼 플라워스(Gennifer Flowers)라는 여인과 클린턴 사이에 있었던 스캔들을 공격했다. "클린턴의 부인도 그가 결혼서약을 지키지 않았다고 생각할 것입니다. 그가 대통령 취임선서의 맹세는 지킬 것이라고 국민이 어떻게 믿을 수 있겠습니까?"[18]

그러나 빌리 그래함의 생각은 달랐다. 그는 곧 클린턴을 도우러 나타났다.

클린턴의 대통령 취임식에서 축복기도를 함으로써 일부 보수주의자들을 혼란에 빠트린 빌리 그래함은 2주일 후 부인 룻과 함께 클린턴 부부와 하룻밤을 보내기 위해 백악관에 들어갔다. 그들은 저녁식탁에 둘러앉았다. 그 자리엔 하와이 주지사도 함께 했는데 그는 그날 밤 힐러리와 의료보험 개혁안에 대해 논의하기 위해 들어와 있었다. 다음날 아침 조찬 기도회를 시작하기 몇 시간 전에 클린턴과 빌리 그래함은 아침 일찍 일어나 긴 대화를 나누었다. 백악관의 참모들은 그들이 생각한 것보다 빌리 그래함과 클린턴의 관계가 돈독한 것을 그때야 알아챘다. 클린턴의 언론담당수석이었던 디 마이어(Dee Myers)는 "클린턴이 빌리 그래함에게 말을 할 때는 심지어 그의 목소리도 변했습니다.[19] 나는 그들의 관계를 주목하기 시작했고 '빌리 그래함이 도대체 어떤 사람인지 다시 생각해야겠다'고 마음먹었습니

---

18) James Kennedy, in Priscilla Painton, "Clinton's Spiritual Journey," *Times*, April 5, 1993.
19) Dee Dee Myers, interview, November 2006.

다. 그들이 대화를 나눌 때마다 함께 했는데 클린턴은 빌리 그래함을 다른 사람과는 전혀 다르게 대우했습니다. 마치 존경하는 아버지처럼 말입니다"라고 말했다.

백악관의 클린턴은 일찍부터 대학 기숙사의 너저분한 방에서 책을 가득 쌓아놓고 공부하는 학생과 같다는 평판을 받았다. 피자 박스가 책상에 계속 쌓이도록 그들은 밤새워 의료보험에서 범죄예방에 이르기까지 모든 문제를 어떻게 개정할 것인가로 회의에 회의를 거듭했다. 대변인 중에 한 사람인 마이크 맥커리(Mike McCurry)가 "클린턴은 복음주의와 정치의 관계를 이해하고 있었던 최초의 민주당 출신 대통령이었습니다.[20] 그것은 그가 신앙적 전통 속에서 자라났기 때문이라 할 수 있습니다. 그러나 백악관 사람들은 이 사실을 대부분 알지 못하고 있었습니다. 그만큼 우리는 세속적인 문제에만 관심을 두고 있었지요"라고 말했다.

대통령의 직무를 시작한 지 2년 째 되는 해에 클린턴은 골치 아픈 한반도의 문제에 직면했다. 1994년 초에 북한은 핵확산금지조약을 탈퇴하고 유엔사찰단에 방해를 놓기 시작했다. 미국의 유화정책은 북한에 대한 군사적 압박을 가하라는 남한정부의 강경책에 의해 그 기반부터 흔들렸다. 이러한 와중에 미국의 관리들은 핵을 포기하고 다시 핵사찰을 수용하면 그 대가로 경제적 원조를 제공하겠다는 워싱턴의 의도를 북한의 김일성 주석이 잘 파악하고 있지 못하다는 사실에 주목했다. 이때 빌리 그래함은 자신이 북한을 방문하겠다는 의사를 워싱턴에 알렸다.

북한으로 출발하기 전 빌리 그래함은 측근 존 액커스를 클린턴의 참모들에게 보냈다. 빌리 그래함은 클린턴의 메시지를 김일성에게 전달하고 또 그의 답을 받아오는 방법을 제안했다. 이것은 선례가 있었다(빌리 그래함은 1992년 평양방문에서 부시 대통령의 메시지를 김일성에게 전달했었다). 이제 2년이 흘렀고 국가안보보좌관인 토니 레이크(Tony Lake)는 빌리 그래함의

---

20) Mike McCurry, interview, January 31, 2007.

아이디어를 지지했다. 국가안전보장위원회의 댄 포네만(Dan Poneman)은 "식량반입금지라는 우리의 정책이 얼마나 실효성이 있는지 확신할 수 없었습니다. 그래서 우리는 북한과 더 직접적인 접촉에 대해 관심이 있었습니다"라고 설명했다. 빌리 그래함의 가족과 북한의 인연이 신중히 고려되었다. 빌리 그래함의 부인 룻은 십대에 평양에서 살았으며 아들 중에 하나가 1993년 북한 방문하기도 했다. 어머니에게서 어린 시절 기독교를 배우며 자란 김일성은 빌리 그래함을 좋게 생각했다. 그래서 클린턴 참모들은 빌리 그래함이 최소한 잠깐이라도 김일성을 독대할 수 있을 것이라고 결론을 내렸다.

아시아로 출발하기 직전에 빌리 그래함은 클린턴에게 전화를 걸었다. 그러나 전화의 내용은 국제정치로 한정하지 않았다. 집무실에 앉아 그들의 전화 내용을 들은 포네만은 공무에 관한 격식 있는 대화가 아니라는 것을 금방 알아차렸다. 클린턴과 빌리 그래함은 이것저것 친밀한 잡담을 나누었다. 즉 힐러리에 대해, 그녀가 백악관 물 알레르기가 있다는 것, 클린턴의 딸 첼시에 관한 것 그리고 클린턴의 일상적인 관심사 등등 이었다. 포네만은 공무를 수행 중인 대통령에게 그와 같은 대화를 들어본 적이 없었다. "그들은 요점도 없는 매우 사소하고 시시한 이야기들을 나누고 있다는 것을 알았습니다. 두 사람 모두 태평했습니다. 클린턴은 시간이 남아 심심해하는 사람처럼 보였습니다. 그들에게는 급한 것도 그리고 정해진 주제도 없었습니다."[21]

빌리 그래함이 북경에 도착했을 때, 중국주재 미 대사인 스탭레톤 로이(Stapleton Roy)가 클린턴이 김일성에게 전달하려는 구두 메시지를 빌리 그래함에게 전달했다. 워싱턴의 희망사항은 두 나라가 함께 이 교착상태를 해결하도록 노력하자는 것이었다. 빌리 그래함이 미국을 출발한 지 48시간 만에 마침내 평양에서 김일성과 마주 앉았다.[22] 김일성은 핵문제를 대화로

---

21) Dan Poneman, interview, July 2005.
22) Joel S. Wit, Poneman, and Robert L. Gallucci, *Going Critical* (Washington:

풀기를 원한다고 말했다. 빌리 그래함은 클린턴의 메시지를 전달하고 나서 통역을 통해 김일성이 잘 이해했는지를 여러 번 반복해서 물었다. 그리고 두 사람은 점심을 함께하기 위해 자리를 옮겼다. 식사를 시작하기 전 김일성은 빌리 그래함에게 기도를 부탁했다. 빌리 그래함의 기도가 끝났을 때 김일성은 분명한 목소리로 "아멘"하고 반응했다.

빌리 그래함은 핵문제를 평화스럽게 해결한다면 두 정상은 만날 수 있을 것이라고 김일성에게 말했다. 김일성은 북한은 핵무기를 원치 않는다고 말하면서 클린턴과의 정상회담에 힘을 써달라고 빌리 그래함에게 요청했다. 빌리 그래함은 북한을 떠나 다음날 홍콩에 도착했다. 기자회견에서 빌리 그래함은 자신은 클린턴의 메시지를 김일성에게 전달했다고 밝혔다. 그러나 빌리 그래함의 은밀한 외교는 돌파구를 만들어내지 못했고 남한의 일부 인사들은 그의 아마추어 외교를 못마땅해 했다. 그러나 워싱턴은 남한의 견해에 동의하지 않았다. 포네만은 "빌리 그래함은 정해진 업무를 넘어서지 않았습니다. 그러나 거래는 성사되지 못한 것은 사실입니다. 그는 우리의 가이드라인을 지켰고 자신의 한계를 넘어서지 않았습니다"[23]라고 말했다.

그러나 클린턴은 빌리 그래함이 훌륭히 임무를 수행했다고 보았다. 몇 주가 지나지 않아 다시 고양이와 쥐의 게임이 시작되었을 때 클린턴은 다시 빌리 그래함을 찾았다. 클린턴은 3월 중순 빌리 그래함에게 전화를 걸어 "한반도 문제에 다시 한 번 목사님의 도움이 필요합니다. 김일성에게 전화를 걸어 제 메시지를 전달했으면 합니다"라고 말했다. 클린턴은 빌리 그래함이 김일성에게 전화를 걸어 미국은 전쟁을 원치 않으며 협상을 통해 해결책을 모색하려고 하는 자신의 의지를 전달하고자 했다. 나아가 더 나은 양국 관계를 약속하고 고위급회담을 제안하고자 했다. 물론 빌리 그래함은 흔쾌히 클린턴의 요청을 수락했고 편지와 전화로 김일성과 접촉을 시도했다. 빌

Brookings Institution, 2004), 132.
23) Poneman, interview, July 2005.

제30장 빌리 그래함과 힐러리 클린턴   517

리 그래함은 "이번이 당신에게 좋은 기회가 될 것입니다"[24]라고 김일성에게 편지를 썼다. 그러나 당시 빌리 그래함은 김일성과 연결되지 않았다.

지금까지도 빌리 그래함과 클린턴의 북한에 관한 대화가 어디서 끝나고 또 다른 대화가 어떻게 시작했는지에 대한 설명이 쉽지 않다. 한 달 후 빌리 그래함은 뉴욕에서 북한의 외교관들과 저녁식사를 하고 있었다. 그때 빌리 그래함은 아들 네드(Ned)에게서 닉슨 전 대통령이 뇌출혈로 위중하다는 소식을 들었다. 닉슨의 두 딸들과 전화접촉이 안되자 빌리 그래함은 백악관으로 전화를 걸었다. 그러나 백악관 당직실도 그리고 대통령의 비서실도 닉슨의 상태를 알지 못했다. 빌리 그래함은 대통령을 연결해 달라고 요청했다. 클린턴이 전화를 받자 빌리 그래함은 닉슨을 보호하고 있는 병원의 소재를 파악하는 즉시 그에게 갈 것이라고 클린턴에게 말했다. 닉슨의 목숨이 경각간에 달렸을 때, 클린턴은 빌리 그래함에게 전화를 걸어 닉슨의 가족들에게 자기와 힐러리가 장례식에 참석하는 것을 어떻게 생각하는지 알아봐 달라고 부탁했다.[25] 빌리 그래함은 닉슨의 딸 줄리 아이젠하워(Julie Eisenhower)와 대화를 나눈 후 닉슨의 가족들이 대통령 부부의 장례식 참석을 환영한다는 내용을 클린턴에게 알렸다. 빌리 그래함과 클린턴 두 사람은 모든 부분에서, 즉 사적으로도, 대통령의 업무에서도 그리고 국가 외교에서도 함께 하고 있다는 것을 보여주었다.

1996년 대통령 선거가 서서히 다가오자 공화계 하원의원들은 빌리 그래함에게 하원골드메달을 수여하는 법안을 통과하였다. 그러나 수여식은 하원에서 40년 만에 민주당을 물리치고 공화당 승리라는 혁명을 이룬 하원대변인 깅그리치(Gingrich)가 인도한다는 단서조항이 붙었다. 보통 대통령이 요청하고 하원이 받아들여 수여하는 이 상은 6년 만에 하원이 자체적으로 결정한 것이다. 그리고 이 상을 수여하는 법안을 주도한 공화계 의원들은 민주당 대통령과 필요 이상의 친분을 맺고 있는 빌리 그래함을 중

---

24) BG, quoted in Wit, Poneman, and Gallucci, *Going Critcal*, 148.
25) JAIA, 547-548.

립지대로 묶어두려는 의도를 품고 있었다.

　빌리 그래함은 자신이 정당 간 신경전의 볼모가 되었다는 사실을 간파하고 지체하지 않고 대처했다. 빌리 그래함은 CNN의 래리 킹(Larry King) 쇼에 출연해서 시상식은 주최 측이 원하는 것과 조금 다르게 끝났다고 말했다. 빌리 그래함이 밝힌 경위는 이러했다. 메달 수여식이 끝나자마자 백악관의 차가 빌리 그래함을 휙 채어 갔다. 그리고 빌리 그래함은 백악관에서 클린턴과의 차를 나누었다. 빌리 그래함은 대통령 부부와 그날 오후 한 시간하고도 십오 분이나 더 되는 시간을 함께 보냈다. 그날 저녁 클린턴은 빌리 그래함이 묶고 있는 호텔로 차를 보내 다시 함께 시간을 보냈다. 빌리 그래함은 래리 킹에게 "주최 측 사람들과 함께 보낸 시간만큼이나 대통령과 함께 보냈지요"라고 설명했다.

　그러나 빌리 그래함은 거기서 그치지 않았다. 래리 킹이 클린턴이 좋은 "목사"가 될 자질이 있냐는 질문에 빌리 그래함은 "제 생각은 클린턴이 백악관을 떠나면 목사나 전도자가 되어야 한다고 생각합니다. 그는 전도자가 가져야만 하는 모든 자질을 갖고 있기 때문입니다. 또한 그는 성경과 하나님 그리고 그리스도를 믿는 신앙인이며 또한 본인이 거듭난 크리스천인 것을 믿고 있습니다. 실로 그는 전도자가 되기에 충분한 자질이 있습니다. 클린턴은 제가 만난 사람 중에 가장 카리스마가 넘치는 사람입니다"[26]라고 최대의 찬사를 클린턴에게 보냈다. 이것은 분명 공화당 사람들이 하원골드메달 수상자에게 듣고 싶어 했던 말과는 현격한 차이가 있는 증언이었다.

　빌리 그래함의 문제로 양당 간의 싸움이 치열한 것으로 비추어지자 빌리 그래함은 1996년 대선에서 완전히 발을 뺐다. 그는 스스로 이중자물쇠를 채웠다고 선언했다. 빌리 그래함은 "빌 클린턴은 그가 7살 때부터 저의 친구였습니다. 밥 돌 부부는 우리 집의 귀한 손님입니다. 돌 여사와는 그녀의 소녀시절 때부터 알고 지냈습니다. 그리고 돌과는 얼마나 오래 사귀었

---

26) BG, interview with Larry King, *Larry King Live*, CNN, May 25, 1996.

는지 모를 정도입니다. 우리는 밥 돌 부부도 사랑하고 클린턴 부부도 사랑합니다. 우리는 정말로 완전 중립지대에 있을 것입니다"라고 말했다.

팻 로버트슨(Pat Robertson)이 조직하고 랄프 리드(Ralph Reed)에 의해 움직이는 기독교연합이 실제적으로 돌을 지지하고 나섰지만 빌리 그래함은 그들과의 연대를 거부했다. 빌리 그래함은 "비록 많은 친구들이 여러 가지 말을 하지만 저는 중립을 지킬 것입니다. 그리고 크리스천들은 공화당을 찍던 아니면 민주당을 찍던 반드시 투표장에 나가야 할 것입니다. 그러나 누구를 찍어야 한다고 말할 권리가 저에게는 없다고 생각합니다"[27]라고 말했다.

클린턴이 승리를 하자 그는 다시 빌리 그래함에게 취임식 기도를 부탁했다. 취임식을 준비하는 과정에서 클린턴의 한 참모가 대통령에게 빌리 그래함을 비난하는 말을 했다. 그때 클린턴은 수많은 백악관 관료들 앞에서 화를 벌컥 내며 그 사람을 꾸짖었다.[28]

1997년 1월 20일, 빌리 그래함은 대통령 취임식에 참석했다. 이번이 그의 8번째 참석이요 아마도 마지막 참석이었던 것 같다. 그날 빌리 그래함의 기도는 예언적이었다. "주여 실패가 있는 곳에서는 용서를 내려주소서, 전진이 있는 곳에서는 확신을 주소서, 성공이 있는 곳에서는 겸손케 하소서. 그리고 또 다른 시대를 맞이한 우리에게 당신의 말씀을 좇아갈 수 있도록 지혜를 주옵소서."

---

27) BG, quoted in "Graham Neutral on Clinton, Dole," AP, in *Los Angeles Times*, September 28, 1996.
28) McCurry, interview, January 31, 2007.

THE PREACHER AND THE PRESIDENTS

제31장

깨느냐 덮느냐

제가 말하고 싶은 한마디는 "용서"라는 말이었습니다.[1]

- 클린턴에 대한 용서를 구하며

    빌리 그래함의 백악관 사역에서 놓쳐서는 안 될 일중의 하나가 그가 대통령만큼이나 영부인과도 깊은 관계를 맺었다는 것이다. 영부인은 누구보다도 남편이 겪는 특수한 중압감을 잘 알고 있었다. 그녀들은 또한 남편들이 무거운 격무의 짐을 벗을 수 있는 통로를 가장 잘 알고 있었던 사람들이다. 당시의 영부인은 힐러리 클린턴이었다. 빌리 그래함은 영부인들을 위해서도 역시 하나님의 말씀으로 사역했다. 재키 케네디(Jackie Kennedy)는 빌리 그래함과 깊은 인연을 맺지 못했지만 버드 존슨(Bird Johnson)은 그녀의 90평생 동안 빌리 그래함과 깊은 유대관계를 가졌다. 그녀는 노년의 생활 중에도 빌리 그래함과 전화를 자주하며 대화를 나누었다. 빌리 그래함은 팻 닉슨의 장례식을 집례 했으며, 로잘린 카터(Rosalynn Carter)는 1979

---

1) BG, intrview, January 23, 2007.

년 카터가 곤경에 처했을 때 빌리 그래함의 위로와 조언을 듣기위해 셀 수 없이 전화통화를 했고 만나기도 했다. 낸시 레이건의 어머니는 1952년에 자신의 새 사위(레이건)를 만나 기도해 달라고 부탁했으며 그 이후 50년간 빌리 그래함과 교분을 유지했다. 낸시는 남편 레이건이 죽은 후에도 빌리 그래함과 편지를 주고받으며 영적인 위로를 받았다.

빌리 그래함은 역시 힐러리 클린턴과도 뗄 수 없는 관계를 맺었다. 힐러리 신앙은 많은 부분 사회정의와 결합되어 있었다. 그녀는 일리노이 주 파크리지감리교회에 출석했으며 그곳에서 젊은 목사인 돈 존스(Don Jones)의 영향을 받았다.[2] 존스 목사는 "인생대학"이라는 프로그램을 운영하면서 수많은 십대들에게 지성적 신앙을 훈련했다. 그는 힐러리와 그녀의 친구들에게 요한 웨슬리(John Wesley), 폴 틸리히(Paul Tillich), 디트리히 본회퍼(Dietrich Bonhoeffer) 그리고 라인홀트 니버(Reinhold Niebuhr)의 신학사상을 소개했다. "인류의 성장을 위해서 세계 속에서 철저한 도덕적 실천을 하는 것이 크리스천의 역할"이라는 본회퍼의 신앙을 존스 목사에게서 배웠다고 힐러리는 말한 적이 있다. 그 이후 힐러리의 신앙은 현실 참여 쪽으로 방향을 잡았다.

힐러리는 텔레비전을 통해 빌리 그래함을 볼 수 있었다. 그러나 1989년 리틀록 전도집회 이전까지는 개인적인 만남은 없었다. 전도집회 후 빌리 그래함을 위한 축하 연회가 열렸다. 힐러리가 빌리 그래함에게 "목사님과 이야기를 나누고 싶었던 적이 종종 있었습니다. 점심을 함께 하실 수 있을까요?"라고 말을 걸었다. 그러나 빌리 그래함은 주지사의 부인인 힐러리에게 자신은 여성하고 단 둘이서는 만나지 않는다며 정중하게 거절했다. 힐러리는 "아, 죄송합니다. 그러면 여러 사람하고는 어떻습니까?"라고 물었다. 빌리 그래함은 생각해 보겠다고 답했다. 힐러리는 "빌리 그래함에게서 답이 왔습니다. 세 분의 동료들과 함께 나오시겠다고 하더군요"라고 말했다.

---

2) Hillary Rodham Clinton, *Living History* (New York: Scribner, 2004), 23.

1989년 가을에 리틀록의 최고로 멋진 호텔인 캐피탈 호텔에서 다섯 사람이 라운드 테이블에 둘러앉았다. 빌리 그래함과 처음 만난 것에 대한 힐러리의 회고는 조지 W. 부시가 빌리 그래함과의 첫 번째 대화를 설명한 것과 비슷했다. "우리는 최고의 대화를 나누었어요. 조용하고도 온화한 분위기였지요. 정말로 빌리 그래함에 대해 좋은 감정을 품은 날이었습니다."[3)]

힐러리는 정치적으로 민감한 문제에 대해, 특별히 역대 가장 정치적인 영부인이라는 평가에서 오는 고충에 대해 빌리 그래함의 도움을 많이 받았다고 회고했다. "빌리 그래함은 나를 많이 도와주었습니다. 그는 이렇게 말하곤 했습니다. '저도 강한 아내가 있습니다. 그런데 사람들은 룻이 얼마나 강한 여자인지 알지 못합니다.' 빌리 그래함은 고집 센 아내 이야기를 하면서도 부드럽고도 친절하게 말했습니다."[4)] 1989년 리틀록 전도집회 첫날에 35,000명이 모여 대성황을 이루었다. 그날 클린턴은 없었고 힐러리가 참석해서 빌리 그래함을 영접했다. 그녀는 환영사에서 하나님의 축복이 집회에 참석한 모든 사람에게 있기를 기원했으며 아칸소의 모든 주민들의 영적갱신의 체험을 위하여 기도했다.

주지사의 아내에서 영부인으로 변신한 힐러리는 초기시절 고통스러운 시간을 보냈다. 백악관에서의 첫해는 끔찍했는데, 힐러리는 이 시간을 "잔인함"[5)]이라고 표현했다. 아버지가 돌아가셨고, 절친했던 친구인 빈스 포스터(Vince Foster)는 백악관의 삶에 회의(懷疑)를 느껴 자살했다. 백악관이 7명의 여행국(travel office) 관리를 해고한 것이 그녀가 영향력을 행사한 결과라는 비난도 받았다. 그녀의 집무실은 '웨스트 윙'(서쪽 별관)에 자리했는데 다른 영부인 때와는 달리 그곳은 "힐러리의 왕국"이라고 알려졌다. 클린턴 참모들의 첨예한 내부 갈등으로 인해 앨 고어(Al Gore) 부통령 그리고 경제팀의 대다수 사람들과 힐러리의 관계는 좋지 않았다. 힐러리는 자신의

---

3) HRC, interview, January 10, 2007.
4) HRC, interview.
5) Hillary R. Clinton, *Living History*, 167.

일 - 국가 의료체계에 대한 개혁 - 에서 손을 떼어야했다.

　힐러리의 신앙은 그녀로 하여금 다시 근원을 생각해보게 하는 장소였다. 백악관 생활 6개월이 안되어 그녀는 정파구분을 두지 않은 기도그룹에 동참했다.[6] 회원들은 돌아가며 힐러리의 백악관 시절 내내 그녀를 위해 기도했다. 워싱턴을 떠날 때에는 자신이 직접 만든 기도문과 성구를 적은 노트를 들고 다녔는데 그것이 그녀의 영혼을 고양하였다. 4월 아버지의 병구완을 위해 아칸소에서 2주간을 보낼 때 힐러리는 텍사스 대학에서 연설을 했다. 그녀는 "미국인들은 인간의 근본, 즉 개인의 삶의 의미와 함께 살아가는 것의 의미를 상실했다"라고 주장했다. 그녀는 한 걸음 더 나아가 "개인의 책임과 서로 간의 돌봄이라는 새로운 정신"[7]을 요구했다. 힐러리의 연설 주제는 결국 경제적 세계화의 흐름에 대처하자는 클린턴의 주장을 옹호하는 듯한 인상을 주면서 부정적인 반응을 얻었다. 「뉴욕타임즈」는 영부인의 연설을 커버스토리로 게재했다. 신문은 그녀를 천사로 묘사하면서 다소 냉소적인 머리기사를 달았다. "성녀 힐러리?"

　힐러리의 "의미의 정치"가 적대적인 반응을 불러오면서 클린턴은 그녀의 영적인 직관에 주의를 주었고 신앙에 관한 사적인 대화까지도 중요한 영향을 미친다는 사실을 인식했다. 힐러리는 공인들의 사소한 말과 행동이 가져오는 엄청난 반향과 그것에서 겪는 공인들의 스트레스가 어떤 것인지, 또한 마음을 털어놓고 솔직한 이야기를 나눌 사람을 찾는다는 것이 얼마나 어려운 일인지, 빌리 그래함이 어떤 목사들보다도 잘 이해했다고 말했다. 그러한 빌리 그래함의 품성이 대통령들과 그들의 부인들과 그렇게 오랜 시간 유대를 가능케 했다. 힐러리는 "빌리 그래함은 그런 은사가 있는 분이었죠.[8] 대통령들도 다른 종류이기는 하지만 은사를 가지고 있고요. 그러나 한 가지 공통점은 있어요. 그것은 좋은 일이든 나쁜 일이든 쉽게

---

6) Ibid.
7) HRC, speech delivered at the University of Texas, Liz Carpenter Lecture Series, April 7, 1993.
8) HRC, interview, January 10, 2007.

말할 수 없는 공인들을 대할 때 그들을 인정하고 위로하는 것이지요"라고 말했다.

나아가 힐러리는 세계적인 설교자가 되는 것이나 미국의 대통령이 되는 것에는 어찌 보면 큰 차이가 없다고 말했다. 힐러리는 빌리 그래함이 "정치를 좋아했다"라고 했고 "그래서 그런지 그분은 정치인들을 나쁘게 보지 않았습니다. 그는 정치인의 언어로 말을 걸어왔죠. 그분은 선거에 대해, 정치인들에 대해 그리고 그들이 보여주는 서로 다른 종류의 리더십에 대해 깊은 관심을 보였습니다"라고 말했다. 1997년 칼리지 스테이션에서 부시 전 대통령 기념도서관 헌정식에 힐러리와 빌리 그래함이 참석해서 만났다. 그들은 복잡한 연회장에 있었는데 빌리 그래함은 "그녀는 지나가려고 했고 저는 가만히 서 있었습니다. 사람이 많아서 마음대로 할 수 없었습니다. 그런데 힐러리가 저를 끌어당기며 '목사님, 여기 앉아서 이야기하는 것이 어떻겠어요?[9]라고 말했습니다"라고 회고했다. 빌리 그래함은 힐러리와 클린턴에 대해 대화를 나누었다고 말했다. "그녀는 손으로 내 머리를 붙잡고 제 눈을 똑바로 응시하면서 말했습니다. '빌에 대해 말하고 싶은 것이 있어요.'"

클린턴과 21살의 백악관 인턴사이의 섹스추문이 터지고 법정에서 클린턴의 증언이 거짓말로 드러나자 정치권이 요동쳤다. 공화당이 장악하고 있던 하원은 그를 탄핵하려는 움직임을 보였다. 반대로 대통령 변호인단은 반격을 준비하고 힐러리를 내세웠다. 힐러리는 클린턴이 "우익진영의 거대한 음모의 희생자"라고 말했다.

한쪽 면으로만 보면 힐러리의 생각이 틀린 것은 아니었다. 일 년 이상 끌어온 클린턴의 섹스추문은 반대파에 의해서 정치적 전쟁으로 비화되었다. 그러나 다른 한편으로 보면 클린턴의 추문은 국민으로 하여금 간음죄라는 도덕적 전쟁에 빠지게 했다. 온 국민이 지켜보는 중에 특별검사가 정

---

9) BG, interview, January 21, 2007.

치인이 아니라 자연인으로서 자신의 죄를 가리는 클린턴을 소환했다. 힐러리의 우군들은 이것을 다른 두 종류의 전쟁으로 분리해서 대응했다. 정치적으로, 그들은 클린턴과 제휴해서 대통령을 탄핵하려고 하는 세력들과 맞섰다. 그러나 도덕적으로는 정치적인 대응처럼 그렇게 일사불란하게 움직일 수가 없었다. 만약 클린턴의 죄가 명백하다면 그것은 힐러리에게도 죄를 지은 것이다. 비록 그녀가 정치적 전쟁에서는 남편의 편이지만 도덕적 전쟁에서는 그와 한 길을 갈 수가 없었다. 그녀는 클린턴을 용서하든지 아니면 정죄하던지 둘 중 하나의 길을 택해야만 했다.

다른 종교 지도자들과는 달리 빌리 그래함은 정치적 전쟁에서는 물러나 있었다. 그러나 도덕적 전쟁에서는 힐러리의 편에 서 있었다.

비록 매우 어려운 이슈였지만 빌리 그래함은 아주 쉽게 한 세대 전 닉슨을 용서한 것처럼 클린턴을 용서하는 것으로 마음을 정했다. 클린턴의 추문이 터지고 채 두 달이 안되어 빌리 그래함은 투데이 쇼에 출연해서 "저는 클린턴을 용서하고 싶습니다. 용서한다는 것이 얼마나 어려운 일인지 잘 알고 있습니다.[10] 그는 특별히 건강하고 원기 왕성한 젊은이 같습니다. 그는 참 설명하기 어려운 성정을 가졌습니다. 저는 여성들이 매우 화가 나있다는 사실도 알고 있습니다"라고 말했다. 빌리 그래함의 말은 복음주의 진영의 격노를 불러일으켰다. 빌리 그래함은 후에 "제가 말하고 싶은 한 마디는 '용서' 라는 말이었습니다.[11] 저는 그 이후 온갖 욕설이 담긴 편지들을 받았습니다. 그러나 그때 용서라는 감정을 제가 느꼈고 지금도 마찬가지입니다. 저는 클린턴 부부에 대해 많은 생각을 했습니다. 그들 모두에 대해서 말입니다"라고 말했다. 빌리 그래함은 일관되게 행동했다. 몇 주후 뉴욕에서 있은 「타임」 발간 제75주년 기념식에서 또 다시 동일한 메시지를 전했다. 천명이 넘는 사람들이 참석했는데 특별히 「타임」 의 표지인물로 선정되었던 사람들은 모두 초대되었다. 처음에 빌리 그래함의 자리는 클린턴

---

10) BG, quoted on the *Today* show, March 5, 1998.

11) BG, interview, January 23, 2007.

과 다른 테이블로 배정했다. 그러나 양키의 전설적인 야구선수 조 디마지오(Joe DiMaggio)가 스캔들로 전투 중인 대통령과 같이 앉기를 거부하였기 때문에 빌리 그래함은 그 자리를 자원했다. 그러면서「타임」의 발행인에게 자신의 자리이동은 대통령에 대한 무언의 지지 표시로 비칠 수 있을 것이라고 말했다.[12] 이러한 행위는 빌리 그래함의 트레이드마크였다. - 베트남 전쟁으로 곤경에 처한 존슨에게, 워터게이트 사건의 닉슨에게 그리고 모니카와의 추문으로 궁지에 몰린 클린턴에게 - 대통령들이 곤경에 몰리면 몰릴수록 더욱 공개적으로 그들의 편에 섰던 사람이 빌리 그래함이었다.

사실 클린턴은 스캔들에 대해서 빌리 그래함의 지원을 받을만한 자격이 없었다. 그는 처음부터 모니카와의 관계를 부인하고 놀라울 정도로 담담하게 대응했다. 그는 자신의 부인과 딸에게도 거짓말을 했다. 시간을 끌기는 했지만 만약 그가 거짓말이 잘못이며, 부적절했으며 비도덕적이었다고 말을 했다면 결코 탄핵사건으로 까지는 불거지지 않았을 것이다. 특별검사팀에 의해 클린턴의 거짓말이 드러났고 결국 그는 시인할 수밖에 없었다. 국민의 분노는 오히려 가라앉았지만 문제는 부부관계였다. 국민의 3분의 2는 클린턴이 부적절한 행위를 했지만 그것으로 인해 대통령직에서 물러나야 한다고 생각하지는 않았다.

힐러리는 처음부터 허상을 붙잡고 있었던 것이 확실한 것 같다. 처음 몇 개월 동안 백악관의 참모들은 두 그룹으로 나뉘어 있었다. 한 그룹은 클린턴의 말을 믿었는데 그 이유는 클린턴이 자신에 대한 비난이 거짓이라고 너무나 그럴듯하게 주장했기 때문이었다. 다른 그룹은 사실이야 어찌되었든 클린턴이 거짓말을 하고 있다고 느낀 사람들이었다. 클린턴을 믿었던 사람들은 이미 변호사 비용으로 많은 돈을 쏟아 부었고 의심을 가진 사람들은 거리를 유지했다. 1998년 내내 대통령 부부 둘 다 고립되어 있었다. 심지어 그들 사이도 간격이 벌어졌다. 대통령에게 남은 것은 법원의 유죄판결

---

12) Isaacson, interview, February 5, 2007.

여부와 그것에 대한 걱정이었다면 힐러리에게 남은 것은 남편을 끝까지 믿어야 되느냐, 아니냐의 여부였다. 그것이 최초의 베이비붐 세대의 영부인이 가진 아이러니였다. 그녀는 법학을 전공했으며, 역사상 다른 영부인 보다 뛰어난 이력을 가졌으며, 국가 정책에 조언하는 능력이 누구에게도 뒤지지 않았으며, 대통령을 옆에서 보좌하기에 누구보다도 뛰어난 여인이었다.

미국인들은 정치적으로도 그리고 도덕적으로도 파탄을 맞은 상황에서 그녀의 취할 다음 행보를 예의주시하고 있었다. 그녀는 모든 정치적 전쟁에서 클린턴의 가장 강력한 우군이었다. 그해에 그녀의 지지율은 60%를 넘었다.[13] 여론처럼 단순히 클린턴을 고용하고 해고하는 일이 아니었다. 그들은 행복도 그리고 고통도 함께 나누기로 서약하고 결혼한 사이였다. 그러나 그녀의 마음속에는 다음과 같은 생각이 일어났다가 부서지곤 했다. 만약 스캔들이 사실이라면 그를 용서할 것인가? 아니면 영원히 내다 버릴 것인가? 그녀는 클린턴의 전체 참모들 중 누구보다 위기 때 가장 강력한 힘을 발휘해 왔다. 그녀는 최악의 순간엔 거의 혼자 지내다가 해결책이 명료해지면 용기를 내어 자신을 다시 일으켜 세우는 여인이었다. 이제 위기를 해결할 수 있을 것인가? 그녀는 무엇을 할 것인가?

그녀는 배심원 앞에서 증언을 해야 했다. 그 전날 아침 클린턴은 부인을 깨웠다. 그리고 르윈스키와의 섹스에 관한 사실을 고백했다. 상처와 분노, 절규와 불신으로 그녀는 나락으로 떨어졌다. 그녀의 대변인이 다음날 아침 기자들에게 말했다. "오늘은 힐러리 여사의 인생에서 가슴 아픈 날입니다. 그녀는 지금 자신의 신앙에 의지하고 있습니다."[14] 한 주후 마르다의 포도원으로 휴가를 갔을 때,[15] 클린턴 부부는 방을 따로 사용했고 한 마디도 나누지 않았다. 클린턴은 공중 앞에서 사과하기로 계획했다. 그해 여름

---

13) For an excellent discussion of the impact of 1998 on the Clintons' relationship, see John F. Harris, *The Survivor* (New York: Random House, 2005).
14) Statement by Marsha Berry, HRC'S spokeswoman, August 18, 1998.
15) Clinton, *My Life*, 803; see also Hillary R. Clinton, *Living History* (New York: Scribner, 2003), 468-469.

클린턴은 교회에서 회중들에게[16] "여러분들은 제가 엎드려서 용서를 빌어야 할 사람인 것을 알고 계실 것입니다. 여러분들이 요청하는 것보다 제가 먼저 용서를 구하는 것이 마땅한 일이겠지요. 여러분들도 가족, 행정부, 의회 그리고 국민에게 잘못을 했다면 저보다 먼저 용서를 구했을 것입니다. 용서를 구해야만 한다는 생각이 다시금 절실합니다. 대통령이 되어 제가 제일 먼저 배운 것을 아직도 뼈 속 깊이 새기고 있습니다. 그것은 용서받기 위하여 기꺼이 용서를 청해야 한다는 사실입니다"라고 말했다.

클린턴이 다수에게 용서를 구했다면 힐러리는 오직 한 사람을 용서해야만 했다. 취사선택을 요구하는 사람들의 목소리는 힐러리를 용서 쪽으로 방향을 틀게 했다. 그녀의 십대시절 영향을 미쳤던 존스 목사는 은혜와 죄가 동전의 양면이라고 주장한 신학자 틸리히의 말로 그녀를 위로했다. 존스는 클린턴에게 틸리히의 말을 전하라고 그녀에게 권했다. 후에 힐러리가 설명한 바에 의하면 클린턴과 힐러리 두 사람은 넬슨 만델라(Nelson Mandela)한테서 용서의 용기를 얻었다. 그녀는 그해 초여름 만델라를 만났었다. 수십 년간 남아프리카 감옥에 있었지만 모든 사람을 용서한 만델라를 만났을 때 그는 용서의 길을 배웠다. 그리고 또 한 사람이 그녀의 옆에 있었는데 그는 빌리 그래함이었다. 빌리 그래함 역시 클린턴을 용서하라고 조언했다. 그녀는 "두 분은 삶에서도 그리고 종교적으로도 성자들이었습니다.[17] 그 당시 두 분은 우리 부부를 진정으로 지지했고 이해했습니다. 두 분은 오랜 세월을 살면서 인간의 연약성과 그로인해 직면하는 어려움을 충분히 꿰뚫고 있었습니다. 그분들을 통해 인간의 연약성과 인생에 닥쳐오는 시련들에 대해 배울 수 있었습니다"라고 회상했다.

클린턴 부부는 워싱턴으로 돌아왔다. 클린턴은 먼저는 백악관 참모들에게 그리고 내각의 장 차관들로 포함한 모든 이들에게 사과했다. 그의 지지자들과 그의 위치는 점점 불확실해졌다. 그러나 목이 메도록 "정말, 미

---

16) BC, speech at Union Chapel, Oak Bluffs, Massachusetts, August 28, 1998.
17) HRC, interview, January 10, 2007.

안합니다"라고 말하는 사람을 찾아보기는 쉽지 않다. 그러나 적대그룹들은 그를 쉽게 용서하지 않았다. 팔웰은 클린턴에게 사임을 요구했다. 그리고 남침례교의 총회장인 페터슨도 동일한 요구를 했다. "가정세우기" 운동을 하는 돕슨은 무려 2백만 가정에 편지를 보내 분노를 표출해야 한다고 독촉했다. 프랭클린 빌리 그래함(Franklin Graham)은 더 강경하게 "이 나라를 진정으로 위한다면 클린턴이 즉각 사퇴하는 것이 최선이다"라고 했다. 클린턴이 출석했던 리틀록의 교회 목사인 렉스 호른(Rex Horne)은 "대통령의 행위는 변호하거나 용서할 수 있는 것이 아니다"[18]라고 말했다.

결국 9월 중순에 클린턴은 한 번 더 사과하기 위해 종교 지도자들을 백악관 '이스트룸'으로 초청했다. 그러나 이 조찬 기도회 행사는 정치적인 파장만 더 크게 했다. 전국교회협의회(NCC)는 대표자를 파송했지만 전국복음주의협회(NAE)는 초청을 거절했다. 백악관은 지지자들에게 현장에서 친구들과 기자들의 곤혹스런 질문에 잘 대처하고 용서의 필요성을 잘 설명하도록 지침서를 배부했다. '이스트룸'의 기도회는 클린턴을 지지하는 목사들만 참석했기 때문에 절반의 성공으로 끝나고 말았다. "이 문제를 마무리 지으려고 여러 주간을 조용히 움직였습니다. 내 첫 번째 성명에서 내가 충분한 사과를 하지 못했다고 말하는 분들의 말씀에 동의합니다. 그러나 내가 죄인이라고 말하는 데에 더 특별한 방법이 있는 것은 아닙니다. 나로 인해 상처를 입었지만 내 사죄의 감정이 진실했다고 믿는 사람들, 즉 내 가족, 친구들, 참모들, 내각의 장차관들, 모니카 르윈스키와 그녀의 가족들 그리고 미국 국민이 있다는 것이 더 중요합니다."

2007년 1월, 힐러리가 대통령 출마를 선언하기 전날 밤의 한 인터뷰에서 그녀는 자신이 클린턴을 용서하도록 도와준 결정적인 인물이 빌리 그래함이었다고 말했다. 힐러리는 "빌리 그래함은 상상이상으로 내편이 되어주었습니다. 그는 매우 친밀하게 말했습니다. '여사께서 정말로 어려운 결

---

18) "President in Peril," *Charlotte Observer*, September 18, 1998.

정을 했습니다. 정말로 잘했습니다.' 그는 아주 가까운 친구처럼 나를 위로했습니다. 시간이 많이 흘렀지만 지금도 나는 그것을 생생하게 기억하고 있습니다. 세상은 나의 결정과 행동을 시시콜콜 판단하기를 좋아하지 진실로 이해하는 사람이 많지 않습니다. 빌리 그래함은 이렇게 말했습니다. '사람들은 용서, 용서라고 말하지만 그것은 세상에서 가장 힘든 일예요.[19] 그리고 우리 자신도 어느 때에 그런 순간을 맞이하게 됩니다. 저는 당신이 그런 용기를 낸 것에 진심으로 감사했습니다.' 그리고 그분은 빌에게도 매우 친절했습니다. '당신도 알지요, 빌은 좋은 사람이고 뛰어난 사람인 것을.' 그의 말은 내 마음에 와 닿았고 나를 크게 위로했습니다"라고 회고했다.

힐러리는 남편과 함께 2000년에 백악관을 떠나 상원의원이 되었으며 지금은 그녀 자신이 대통령이 되려고 계획하고 있는 중이다. 뉴욕주의 상원의원 시절 그녀는 2005년 빌리 그래함의 뉴욕 전도집회에 나타났다. 빌리 그래함은 "집회 이외의 시간엔 힐러리가 언제나 저를 부축했습니다. 그녀는 매우 따뜻했습니다. 그녀는 매스컴을 통해서 알려진 힐러리와는 아주 다른 여인입니다. 저는 힐러리에게서 지극히 인간적이며 영적인 모습을 봅니다"라고 회고했다. 힐러리는 사적인 삶에서 뿐 아니라 공적인 삶에서도 신앙이 얼마나 중요한 역할을 하는지 크게 배웠다. 그녀는 다시 자신이 백악관의 주인으로 입성하는데 필요한 힘이 무엇인가를 생각하고 있는 중에도 신앙의 필요성은 빠뜨리지 않았다. 그러나 개인의 신앙과 공적인 목표를 결합하려는 그녀의 시도는 여전히 많은 사람들의 조소거리임을 그녀는 잘 알고 있다. 그러나 시대는 많이 바뀌었고 마찬가지로 대통령 후보를 바라보는 시각도 변했다. 힐러리는 "누구나 자신이 말하고 싶은 것을 말할 수 있어야 한다고 나는 생각합니다.[20] 나는 수년간 내 자신의 신앙에 대해 말해왔습니다. 그리고 그것이 언론의 웃음거리인 적도 있었습니다. 내가 93년과 94년에 의미의 정치와 영성 그리고 신앙에 대해 말했을 때 언론은

---

19) HRC, interview, January 10, 2007.
20) Ibid.

이렇게 반응했습니다. '힐러리는 무슨 권리로 이 일을 하려고 하는가? 이것은 현실과 동떨어진 이야기다. 그것은 가당치 않은 이야기이다.' 그러나 이제 세월이 흘렀기 때문에 우리는 우리 자신의 이야기를 당당히 말할 수 있습니다… 참으로 기쁜 일이 아닐 수 없습니다. 만일 여러분 중 누군가가 신앙심이 깊고 또 자신의 신앙을 자연스럽게 표현하고 싶으면 그렇게 하십시오. 그러나 그런 감정이 아니라면 그렇게 하지 않으면 됩니다. 미국의 헌법은 공직에 진출하는데 종교를 문제 삼지 않습니다. 그래서 우리는 그 사람을 있는 그대로 인정해야 할 것입니다. 그러나 여러분 중 누군가가 종교에 대한 편견을 보인다면 그리고 그것이 진정한 그 사람의 모습이라면 좋다고 생각합니다. 그러나 그것으로 다른 사람을 판단하거나 공격해서는 안 될 것입니다"라고 말했다.

힐러리는 "누구나 양쪽을 기웃거리는 위선적 태도를 가질 수 있다고 봅니다"라며 누구도 냉소주의에 빠져서는 안 된다고 말했다. 그러나 "이제 우리는 그러한 정쟁을 끝내야 합니다. 왜냐하면 상대방을 존중하지 않거나 종교적인 문제로 공격하는 것은 정치적 실익이 전혀 없기 때문입니다"라며 대통령 후보쯤 되는 사람이라면 지금까지 서로 상처를 입히는 정쟁에서 배워야만 할 것이 있다고 했다. 그녀는 "빌리 그래함이 행한 일은 이제 대다수의 종교 지도자들에게 조금이나마 인정을 받고 있습니다. 그분은 모든 영역을 넘나들며 모든 사람을 이해하고 치료하고 위로하려고 했습니다. 우리 모두가 그분을 인정할 날이 올 것입니다"라며 다른 종교 지도자들은 아무 말도 못하는 시기에도 자신이 믿는 것에 대하여 당당하게 말한 사람은 빌리 그래함이라고 말했다.

제32장

겨자 씨앗

그가 그때 맨 뒤에 앉아있는 것을 보았습니다.[1] *그는 현재 주지사도 아니고 정치에 입문한 상태도 아니었습니다.*

- 조지 W. 부시를 처음 만났을 때

빌리 그래함은 무엇을 떠벌리는 사람이 아니다. 그러나 2006년 1월, 우리와 15분간 이루어진 첫 번째 대담에서 빌리 그래함은 지난 주 조지 W. 부시 대통령한테서 전화를 받았다고 말했다. "대통령이 지난 화요일에 전화를 주었습니다. 그는 저와 점심이나 저녁 식사를 함께 하고 싶다고 말을 했습니다." 빌리 그래함은 워싱턴에서 부시를 만나는 것을 꺼려했다. 빌리 그래함은 부시에게 한 말을 우리에게 전했다. "저는 '대통령 각하, 당신이 크로포드(Crawford) 목장에 있을 때 만나고 싶군요'라고 말했습니다. 그리고 '그것이 제가 인생을 살아가는 방식입니다'라고 말했습니다. 저는 워싱턴보다 그곳 목장에서 대통령을 만나는 것이 좋다고 생각했습니다. 그러자

---

1) BG, interview, January 18, 2006.

대통령은 '언제든지 오시기를 기다리겠습니다'라고 응답했습니다."

빌리 그래함은 조지 W. 부시의 인생 형성에 결정적인 영향을 미친 유일한 목사였다. 다른 대통령들도 자신들의 정치적 인생 중 일정부분을 빌리 그래함과 함께 했다. - 대통령 출마를 결정할 때, 취임식 기도 때, 직무 중 어려움을 만났을 때, 승리의 순간이나 실패의 순간에 - 그러나 부시는 그것보다 훨씬 깊은 관계를 빌리 그래함과 맺었다. 그는 빌리 그래함이 자신의 인생을 바꾸어 놓았다고 인정했다. 장차 미국의 제43대 대통령이 될 사람이 자신의 인생의 방향과 목적을 놓고 방황하는 그 결정적인 순간에 그를 깊은 신앙의 세계로 인도한 이가 빌리 그래함이었다.

종교적 회심은 신비로운 일이지만 일반적인 의외의 사건보다 더 자주 일어난다. 십대 시절에 빌리 그래함은 번개가 치는 갑작스런 사건으로 인해 그리스도에게로 회심한 것이 아니라 자신을 향한 하나님의 목적을 찾아가는 과정에서 부딪히는 일련의 과정을 통해 그리스도를 영접했다. 그것은 부시에게도 마찬가지였다. 부시의 인생 중반에는 많은 안내자가 있었다. 어찌 보면 빌리 그래함은 그들 중에 한 사람이었다. 그러나 빌리 그래함은 그들 중 가장 강력했고 중요했다.

부시는 자신과 관련된 빌리 그래함의 이야기를 조금씩, 한 번에 한 부분씩 나누어 밝혔다. 그는 자신의 아버지가 대통령에 출마했던 1988년에 그리고 자신이 텍사스 주지사로 출마했던 1994년에 빌리 그래함과 관련된 이야기를 일부분씩 밝혔다. 가장 크고 중요한 이야기는 백악관을 향한 대장정을 위하여 아껴두었다. - 2000년 대통령 선거 당시, 부시는 자신에 대한 국민의 의혹을 해소하려고, 선거 48시간을 남겨놓고 극적으로 빌리 그래함을 다시 정치무대에 부르게 된다.

비치에서 함께 한 시간

당신이라면 조지 같은 아들을 어떻게 할 것인가? 그는 결혼해서 두 쌍둥이를 두었으며 서부 텍사스의 정유회사의 최고경영자(CEO)였고, 그의 이름은 미국의 부통령을 지냈던 아버지의 이름을 딴 조지였다. 그는 전 부시 가문의 사람들 중에 가장 활동적인 성격의 소유자로 장난치기를 좋아했고 에너지가 넘쳤으며 권위에 반항하고 때로는 난폭했으며 사람들을 모아 대장노릇하기를 좋아했다. 부시 가문의 아이들이 어렸을 때 조지는 군인에게 하는 것처럼 호루라기를 불며 "빨리 줄서, 이 조무래기들아"라고 동생들에게 말하곤 했다. 그리고 장난감 총으로 동생들을 쏘면 동생들은 쓰러져서 죽은 척을 해야 했다. 후에 가족 중의 한 사람이 "그것은 정말 싫었습니다. 그러나 우리는 다시 일어나고 또 형이 총을 쏘면 다시 넘어져야 했습니다"라고 회고했다.

그는 영주의 아들처럼 태어났다. 그러나 조지는 영주의 아들답게 행동하지는 않았다. 그는 워커스 포인트의 집을 몰래 빠져나와 친구들과 담배를 피거나, 노난툼 호텔 지붕이나 해변 도로가에 서 있는 자동차들을 목표로 골프공을 쳐서 날리는 등, 도가 지나칠 정도로 장난 꾸러기였다. 그가 좋아했던 영화는 '차가운 손을 가진 룩(Cool Hand Luke)이었는데 이 영화는 매력적이고, 고집 세고, 명석한 도둑의 이야기였다. 조지의 한 사촌이 "그는 다양한 성격을 가졌습니다. 그러나 그는 금지의 선을 넘어가려고 하진 않았습니다. 그의 부모님들은 눈을 부라리며 그에게 말하곤 했습니다. '오 하나님, 도대체 왜 그 모양이니.' 그러나 그렇게 말하는 그들에게서 안도의 숨을 쉬는 것을 보곤 했습니다"라고 말했다.

장남으로 아버지의 이름을 물려받았다는 것은 다른 형제들이 느끼지 못하는 멍에를 져야한다는 것을 의미했다. 그리고 그에게 또 하나의 멍에가 있었다. 그에게는 로빈(Robin)이라는 여동생이 있었는데 여섯 살의 나이로 백혈병에 걸려 죽었다. 로빈은 살고 싶어 몸부림을 쳤지만 오빠인 그는 죽어가는 여동생에게 아무것도 해줄 수 없었다. 경박한 행동은 부시 가문의 전통과 거리가 멀었다. 가족 중의 한 사람은 "아이들이 모두 성장했을 때 가문의 모든 일이 조지의 책임이었습니다. 그리고 조지는 어른들의 실망이 매우 크다는 것을 알고 있었습니다. 다른 가족 구성원들은 이렇게 생각했습니다. '그것은 조지의 일이다. 우리는 자격이 주어지지 않았어. 우리는 단지 우리의 삶을 위해서 살아가면 돼'"라고 말했다. 대학을 졸업한 후 부시는 성공과 공직진출을 위하여 가문의 방침을 따랐다. 그것은 먼저 돈을 모으고 나중에 정치에 뛰어드는 것이었다. 그는 조심스럽게 아버지의 발자취를 뒤따랐다. 앤도버 고등학교와 예일대학을 나와 텍사스의 정유회사에서 트레이닝을 받았다. 그러나 각각의 단계에서 부시는 뛰어난 성과를 보이진 못했다. 무거운 압박감에 휩싸인 부시는 술에 손을 대기 시작했고 그것이 문제가 될 정도가 되었다. 그리고 그의 나이는 거의 40이었다.

음주를 가볍게 여긴 태도가 그가 출마한 최초의 선거에서 시행된 여론조사에 나쁜 영향을 주었다. 1978년 하원의원 선거에 출마한 부시는 민주당의 주상원의원 출신인 켄트 한스(Kent Hance)와 접전을 벌이고 있었다. 부시의 참모들은 텍사스공과대학 신문에 한 광고를 냈는데 그것은 부시의 진영에서 맥주를 공짜로 준다는 내용으로 "부시와 한 잔을"[2]이라는 광고였다. 한스 진영은 즉각 반격에 나서 4천 통의 편지를 그 지역 '그리스도의 교회'의 성도들에게 띄웠다. "부시 후보는 막대한 자금을 풀어 젊은 대학생들의 표를 얻기 위해 공짜 술을 제공하는 수법을 쓰고 있습니다." 그 이외에도 다른 쟁점들이 있었다. 즉 부시는 지역출신이 아니며 부시의 자금출처는 그의 아버지의 전국적인 후원조직에 힘입고 있다는 공격이 있었지만 부시는 효과적으로 대처하지 못했다. 반면 한스는 그 지역의 보수적 민심을 잘 파고들었다. 선거는 부시가 7% 뒤진 결과로 나타났다. 부시진영은 교회

---

2) Bill Minutaglio, *First Son* (New York: Random House, 1999), 190-192.

와 관계를 맺지 못한 것을 자신들의 결정적 패인으로 꼽았다.

그리고 몇 년 후, 부시는 종교적 대각성을 체험하는데 이것이 정치적 편의를 위한 선택은 아니었다. 그런 증거는 어디에서도 찾을 수 없었다. 그는 신앙적 순례를 그 후 1980년대 중반까지, 사람들이 그가 주지사가 될지도 모른다고 생각하기 전까지 계속했다. 1984년 봄, 부시는 미국 내뿐 아니라 전 세계 많은 나라에서 12피트(3.6m)짜리 나무 십자가를 지고 다니며 복음을 전하는 순회설교자인 아더 블레시트(Arthur Blessit)를 만나 도움을 받고 싶어했다. 그때 블레시트는 미 중부지역 채패럴 센터에서 일주일간 매일 밤 집회를 열 예정이었다. 이 소식을 라디오로 들은 부시는 친구를 통해 그가 묵고 있는 호텔로 찾아가 그를 만나기로 약속을 잡았다. 부시는 블레시트에게서 복음에 대한 설명을 듣고 그날 예수를 자신의 구주로 받아들였다. 블레시트는 자신의 홈페이지에 "우리는 예수를 따라간다는 것에 대해 많은 이야기를 나누었습니다. 나는 부시에게 자신에게 일어난 일을 부인과 친구들에게 말하라고 권면했습니다. 그리고 주님 안에서 성장하기 위해 하나님의 말씀을 마음을 열고 공부하는 것이 필요하다고 말했습니다"라고 기록했다. 그러나 그 후 두 사람은 깊은 관계를 유지하지 못했다. 그리고 부시가 그의 권면을 따랐다는 증거는 찾을 수 없었다.

1985년에 부시는 39살이었고 그때가 전환기를 맞는 시기였다. - 그의 한 사촌은 "40살이 다 되었지만 그는 아직 갈 길을 정하지 못하고 있었습니다"[3]라고 말했다. 그의 아버지 부시는 대권을 위하여 3년간의 오디세이식 여정을 준비하고 있던 시기였기 때문에 아들 부시는 최소한 그 현란하고 방탕했던 삶에 종지부를 찍어야 했다. 1985년 8월 부시의 가문은 케네벙크포트에 모였다. 이 모임은 매년 연례적으로 모이는 가족모임이었다. 이 모임에는 특별한 손님들을 초대했다. - 주지사, 텍사스의 친구, 떠오르는 테니스 선수, 골프선수, 핵심선거참모, 때때로 대사나 외국의 귀빈, 정치적 동

---

3) John Ellis Bush, quoted in Sam Howe Verhovek, "Is There Room on a Republican Ticket for Another Bush?" *New York Times*, September 13, 1998.

맹자들이었다. 일부는 마을에 있는 호텔에 머물렀으며 당일만 왔다가는 사람들도 있었다. 웬만한 사람들은 가족까지 동반했다. 그 중에서도 특별 손님들의 침실은 부시 저택 안에 있는 침실은 그 중에서도 특별한 손님들 몫이었다. 또한 도로시 부시 여사의 단독별채는 VIP 손님이 차지했다.

    빌리 그래함과 룻은 1985년 여름 케네벙크포트에서 며칠 간 그들과 함께 시간을 보냈다.[4] 아버지 부시에게는 5명의 자녀들이 있었지만 그때까진 모두 경험이 부족하고 평범했다. 빌리 그래함은 부시가의 별장에서 자동차로 몇 분밖에 떨어져 있지 않은 케이프 애룬델 클럽에서 골프를 즐겼으며 다시 별장으로 돌아와 테니스 코트에서 벌어지고 있는 부시가의 테니스 경기를 관람하기도 했다. 어느 날은 조지 W. 부시와 수영을 했는데 빌리 그래함은 그날 그가 매우 젊게 보였다는 것과 물이 차가웠고, 둘이서 수영하면서 이야기를 했다는 것만 기억했다. 빌리 그래함은 "그날 우리 둘만 있었지요. 그날이 우리 사이에 개인적인 대화가 시작된 첫 날입니다"[5]라고 회고했다.

    어느 날 밤, 부시 가문의 젊은이들은 빌리 그래함의 설교를 듣기 위하여 모였다. 빌리 그래함은 벽난로 주변에서 일어난 그들과의 최초의 좌담을 기억해냈다. "질문 중의 하나가 그(조지 W. 부시)한테서 튀어나왔습니다.[6] '목사님은 어떻게 예수님을 영접했는지 말할 수 있나요' 저는 최선을 다해 설명했습니다. 저는 그가 제일 뒤에 앉아있는 것을 보았습니다. 그땐 주지사도 아니었고 정치에 입문하지도 않은 때였습니다."

    다음날 조지 W. 부시와 빌리 그래함은 별장 안을 걸으며 사적인 대화를 나누었다. 부시에 따르면 그것이 빌리 그래함이 그에게 직접 신앙에 대하여 교훈을 준 두 번째 대화였다. 칼 로브(Karl Rove)는 "둘은 전능한 하나님에 대해 이야기를 나누었습니다.[7] 그리고 그것이 부시로 하여금 하나

---

4) BG, interview, January 20, 2006.
5) Ibid.
6) Ibid.
7) Karl Rove, interview, February 2007.

님과 친밀한 관계를 추구하게 만든 결정적 계기가 되었습니다"라고 말했다. 그날 빌리 그래함은 수많은 사람에게 그랬던 것처럼, 부시가 스스로의 신앙의 여행을 출발할 수 있도록 그에게 연료를 듬뿍 채워주었다.

부시가 빌리 그래함과 한 주간 함께하며 대화를 나눈 것에 대해 처음으로 공개한 것은 3년 후인 1988년이었다. 그때 그는 아버지의 대통령 선거 캠페인에 참여하였고 크리스천 유권자들을 겨냥해 아버지의 신앙에 관한 내용을 담은 책『완벽한 사람』을 출간하는 웨드를 도왔다. 웨드와의 계속적인 인터뷰에서 부시는 자기 가문의 신앙, 아버지의 신앙적인 측면 그리고 1985년 밤에 있었던 부시가의 자녀들과 빌리 그래함의 성경공부 등에 대해 말했다. 미래의 43대 대통령은 웨드에게 "그날 밤은 내 인생에서 가장 흥미진진한 날이었습니다. 빌리 그래함은 열정적이었으며 매우 겸손했습니다. 그분이 보여준 지혜와 겸손함이 너무나 감동적이었기 때문에 어느 때보다 진지하게 성경을 펼쳤습니다. 당신도 알다시피 한 사람의 생애란 어리석은 뒷골목의 삶으로 어느 정도는 얼룩져있습니다. 그리고 인생의 방향을 바로잡는 것은 쉬운 일이 아닙니다. 그런데 빌리 그래함은 내 인생을 새롭게 설정했습니다. 그는 나의 모든 의문에 답을 주었습니다"라고 말했다.

웨드의 책에는 해변에서 걸으면서 나누었던 이야기는 언급되지 않았다. 그것은 아마도 아버지의 관한 책이지 아들에 관한 책이 아니었기 때문이었을 것이다. 그것은 그후 11년이 지나 1999년 부시 자신의 대선 캠페인 때에 들을 수 있게 된다.

부시는 빌리 그래함과의 대화를 몇 명의 친구들에게 상세하게 말했다. 친구들은 그 이야기를 약간씩 다르게 기억하고 있었다. 부시의 친한 친구이며 후에 상공부장관이 되는 돈 에반스(Don Evans)는 부시가 빌리 그래함에게 어떤 죄가 다른 것보다 더 심각한 것인지 물었다고 말했다. 에반스는 빌리 그래함이 "죄는 모두 같은 죄일 뿐입니다"[8]라고 대답했다고 기억했

---

8) Aikman, *A Man of Faith* (Nashville: W Publishing Group, 2004), 75.

다. 칼 로브는 부시가 자신의 성품을 꿰뚫어 보고 있던 빌리 그래함과 밀접한 관계를 유지했고 그것을 통해 강력한 영향을 받았다고 말했다. 로브는 빌리 그래함과 여러 번 인터뷰한 「타임」의 기자인 아이크만에게 이렇게 말했다. "빌리 그래함이 부시를 그 오랜 시간 쭉 지켜보고 있었다는 것은 정말 놀라운 일이었습니다."[9] 빌리 그래함은 부시와 그의 가문의 신앙을 오랜 시간 지켜본 사람으로 부시에게 이렇게 물었다고 합니다. '하나님과 바른 관계를 맺고 있습니까?'"

빌리 그래함은 부시와 해변에서의 대화 내용을 잘 기억하진 못했지만 그런 일은 있었다고 확인했다. 빌리 그래함은 "우리가 무슨 이야기를 나누었는지는 잘 기억이 나지 않습니다.[10] 그곳은 물보다 바위가 많았습니다. 우리의 대화가 그에게 무슨 영향을 주었는지도 모르겠습니다. 그러나 우리가 해변을 걸었다는 것은 확실합니다"라고 말했다.

빌리 그래함이 해변에서의 대화를 잘 기억하지 못하는 것은 놀랄 일이 아니다. 빌리 그래함은 수많은 사람과 비슷한 대화를 나누었기 때문에 장소와 사람만 기억할 수 있을 뿐이었다. 어쨌든 부시가 빌리 그래함과 대화를 나눈 그해에 자신의 인생을 전환했다고 하는 것은 의심의 여지가 없어 보인다. 부시는 석유사업에서 손을 떼고 - 1985년 후반에는 석유산업이 하강곡선을 그릴 때이다 - 정계입문에 집중했다. 그는 1986년 콜로라도의 스프링스에서 맞은 제 40회 생일을 기점으로 술을 끊고 옛 습관을 청산했다. 1987년 초 부인과 두 쌍둥이 딸과 함께 워싱턴으로 이사를 했고 아버지의 대선 캠페인 운동원으로 일했다. 그는 전국을 돌며 자신과 이름이 같은 아버지 부시를 위해 지지를 호소하는 연설을 했다. 그리고 선거본부에서 중책을 맡아 부시 가문의 눈과 귀의 역할을 감당했다. 부시는 당시 부통령인 아버지에게 등을 돌리고 있던 한 유권자 그룹에 주목했는데 - 이 그룹은 훗날 아들 부시의 중추적인 지원세력이 된다 - 그들은 복음주의계열의 공

---

9) Ibid., 74.
10) BG, interview, January 20, 2006.

화당원들이었다.

1986년 여름 빌리 그래함은 다시 케네벙크포트로 휴가를 왔다. 한 번 더 부시 가문의 자녀들과 성경공부시간이 있었고 빌리 그래함은 그들이 하는 질문에 답을 했다. 그리고 빌리 그래함은 방탕한 부시가의 장남과 만났다. 후에 부시는 그 순간을 "빌리 그래함은 나를 한 쪽으로 불러 요즈음 신앙생활이 어떠냐고 물었습니다.[11] 그는 나에게 진지한 관심을 보여주었습니다… 나는 그것에 대해 지금도 감사하고 있습니다. 그때의 만남은 한 사람이 다른 사람에게 어떤 영향력을 미칠 수 있는지를 보여주는 하나의 실례였습니다. 그가 보여준 감화력은 실로 강력한 것이었습니다"라고 그 순간을 회고했다.

빌리 그래함을 불러주세요

아버지의 선거를 위해 1987년 전국 유세를 할 때나 심지어 1988년 복음주의 지도자들과의 모임에서도 부시는 자신과 빌리 그래함의 만남에 대해 말하지 않았다. - 아마도 빌리 그래함과의 관계가 지속되고 있어서 그랬을까?

1993년 「휴스턴포스트」와의 인터뷰에서 부시는 빌리 그래함에 대한 한 일화를 밝혔는데 그때는 부시가 텍사스 주지사 선거를 시작하고 있을 때였다. 바바라 부시에 따르면 그 일화는 1980년대 후반 아직 그의 아버지가 부통령일 때 일어난 일이었다. 부시는 어머니와 누가 천국에 갈 수 있는 사람인가에 대해 대화를 나누고 있었다. 부시는 어머니에게 오직 거듭난 사람만이 베드로가 지키는 문을 통과할 수 있다고 말했다. 바바라는 아들의 성구 인용이 정확하지 않았다고 지적했다. "어머니와 나는 논쟁, 아니 논쟁이 아니고 토론을 하고 있었습니다. 그 토론은 누가 천국에 갈 자격이

---

11) GWB, quoted in George H. W. Bush, *Man of Integrity*, 45-46.

있느냐 하는 것이었습니다… 나는 '엄마, 여기 신약성경이 말하고 있는 것을 보세요'라고 말했습니다. 그러자 어머니는 '좋아'라고 말하면서 전화기를 들었습니다. 그리고 백악관 교환수에게 '빌리 그래함을 불러주세요'[12]라고 말했습니다."

1, 2분이 지나자 교환수는 빌리 그래함을 찾아냈다. "빌리가 어머니의 이야기를 들은 후 말했습니다… 그는 '자, 잘 들어 보세요, 저는 조지가 신약성경을 잘 인용했다고 봅니다'라고 말하면서 한마디 덧붙였습니다. '그런데 하나님을 가지고 게임을 해서는 안 됩니다.'"[13] 2007년에 이 일화에 대해 기자들이 질문을 했을 때에 부시는 하나님을 놓고 게임을 할 수 없다고 말하면서 마태복음 7장 3-5절을 인용했다. "어찌하여 형제의 눈 속에 있는 티는 보고 네 눈 속에 있는 들보는 깨닫지 못하느냐?… 외식하는 자여 먼저 네 눈 속에서 들보를 빼어라 그 후에야 밝히 보고 형제의 눈 속에서 티를 빼리라"

부시가 이 일화를 주지사 선거전에서 밝힌 것은 텍사스의 유권자들에게 자신은 거듭난 크리스천이라는 것을 알리려는 것이었다.[14] 그는 또 주님께 다른 사람을 판단하지 말라는 것을 배웠다고 말했다. 신앙심이 깊은 사람부터 신앙에 회의를 갖고 있는 사람까지 많은 사람이 이 일화를 들었다 (심지어 앤 리차드는 '하늘의 선택'이라는 부시의 개념이 관심을 끌도록 텍사스 내 유대인 신문에 광고를 내기도 했다).[15] 부시는 빌리 그래함과의 다른 일화를 더 말할 필요가 없었다. 그는 텍사스의 복음주의자들의 전폭적인 지지를 업고 선거에서 승리했다. 그리고 빌리 그래함은 1995년 그의 주지사 취임식에 참석해 기도를 했다.

---

12) Barbara Bush, reported in Verhovek, "Is There Room on a Republican Ticket for Another Bush?" *New York Times*, September 13, 1998.
13) Ken Herman, "Bush and Baptists Concur," *Austin American-Statesman*, June 18, 1997.
14) Ibid.
15) Fred Barnes, "The Gospel According to George W. Bush," *Weekly Standard*, March 22, 1999, 22.

1999년 부시는 친구 웨드에게 2000년 대통령 선거에서 복음주의자들의 지지를 얻어낼 수 있는 방법에 대해 물었다. 웨드가 14년 전 부시의 아버지에게 보낸 보고서가 다시 빛을 보는 순간이었다. 보고서의 요점은 크리스천 유권자들과 동맹관계를 일찍부터 튼튼히 하는 것이었다. 다시 한 번 신앙의 세계에서 가장 독보적인 존재인 빌리 그래함과 연대가 중요한 시점이었다. 종교계와 긴밀한 접촉을 위한 특별연락관제도와 후보자의 신앙을 보여 줄 책의 출판이 거론되었으며, 가능한 빨리 그리고 보다 많은 종교지도자들을 만나야만 했다.

    웨드는 연합통신(Associated Press)의 오스틀링에게 개인의 신앙 이야기를 말하라고 부시에게 조언했다. "그는 주지사(부시)의 신앙 이야기를 실어 줄 것입니다.[16] 물론 대가를 지불할 필요도 없습니다. 내용은 특이하거나 논쟁적이거나 또는 종교적 인물들을 내세울 것도 없습니다. 단지 빌리 그래함과의 관계만 기술하면 됩니다. 그것은 하룻밤에 읽을 정도의 내용이면 족합니다. 한 사람의 개인 신앙 이야기를 통해 어떤 큰 것을 얻기 보다는 적대적인 시각을 보내고 있는 복음주의자들에게 부드러운 인상을 줄 수 있고 나아가 그 기사를 읽는 사람들에게 호감을 주기 위한 것입니다."

    그러나 부시는 아버지하고는 달리 웨드의 조언을 수용하지 않았다. 부시는 복음주의 진영의 지도자들과 단지 한 두 번의 회동을 생각했고 자신을 진실한 신앙인으로 부각하는 전략을 사용하지 않기로 결정했다. 그것이 필요치 않은 이유는 간단했다. 그는 이미 텍사스의 중추적인 공화당원들과 충분할 정도의 선의의 관계를 맺어왔다. 텍사스 주지사 시절, 부시는 신앙에 기초한 다양한 정책들을 - 교도소 문제부터 학교정책에 이르기까지 - 수립해서 실천해왔다. 칼 로브에 따르면 텍사스의 복음주의자들은 부시의 진심어린 정책을 다른 주의 친구들에게 자연스럽게 전달할 정도로 부시에 대해 호감을 보이고 있었다. 1997년 선거기금조성을 위한 순회방

---

16) Wead, memo to GWB, April 18, 1999.

문 중 캘리포니아에 이른 부시는 복음주의 진영의 인사들한테 환대를 받았다.[17] 그리고 그들은 텍사스의 친구들한테 부시에 관한 업적을 들었다고 말했다.

그 외에도 부시는 복음주의 유권자들에게 호감을 줄만한 것들을 많이 보유하고 있었다. 그는 자신의 이야기를 진솔하게 밝힌 책인 『지켜야 할 하나의 책무』(*A Charge to Keep*)를 발간했다. 그의 동료인 카렌 휴가 대필한 이 책에는 방황하던 정유 사업가에서 성경을 공부하는 공직자가 된 부시의 변화된 삶의 과정이 솔직하고도 진솔하게 그려져 있다.

비록 그 책에는 빌리 그래함에 관한 이야기가 많은 비중을 차지하지 않았지만 빌리 그래함의 역할은 결정적이었다. 부시는 이 책에서 1985년에 있었던 부시 가문의 자녀들과 빌리 그래함 사이에 오갔던 질문과 대답의 내용뿐 아니라 자신과 빌리 그래함이 해변을 걸으며 나누었던 이야기를 밝혀놓았다. 그는 빌리 그래함과 걸으며 나누었던 대화를 통해 인생의 방향을 바꿨다고 책에 털어놓았다. "다음날 우리는 워커스 포인트를 걸으며 대화를 나누었습니다. 나는 인생의 거인 앞에 서 있음을 느꼈습니다. 빌리 그래함은 자석과도 같이 사람의 마음을 끌어당기는 분입니다. 나는 그분에게서 다른 사람들과는 다른 무엇을 느꼈습니다. 그분은 설교를 하거나 훈계를 하려고 하지 않았습니다. 단지 그분은 따뜻하게 관심을 보여주었을 뿐입니다. 빌리 그래함은 사람으로 하여금 죄의식을 느끼게 하는 것이 아니라 사랑받고 있다는 느낌을 주는 분입니다. 그 주간 내내 빌리 그래함 목사님은 내 영혼에 한 알의 겨자씨를 심으셨습니다. 그리고 그 씨는 다음해에 자라났습니다. 그는 나의 인생의 길을 안내하였고 나는 그분을 따라 걷기 시작했습니다."[18]

그 이후 부시의 영적인 삶은 성장해 나갔다. 성경공부 반에 등록을 하

---

17) Rove, interview, February 5, 2007.
18) George W. Bush and Herskowitz, *A Charge to Keep* (New York: HarperCollins, 1999), 136.

였고, 성경을 정기적으로 읽었으며, 성지를 순례하고, 술을 끊었다. 그의 신앙적 삶은 사람들에게 알려졌으며 결국 텍사스뿐 아니라 밖에 있는 복음주의 그룹에게 신뢰를 얻었다. 그것은 한 탕자가 불신을 극복하고 신앙을 얻어가는 내용을 그린 완벽한 이야기였다. 불신자들은 이 이야기를 대수롭지 않게 여기겠지만 신앙인들에게는 결코 그냥 넘어가는 이야기가 아니다. 부시의 이야기는 조용히 신앙인들에게 파고들었다. 1966년 선거에서 패배하고 난 뒤에 나온 지미 카터의 이야기 - '잃어버렸다가 찾았다' - 처럼 부시의 이야기도 잃어버렸다가 찾아 진 사람의 이야기였다. - 그리고 부시의 이야기는 사실이라는 데 호소력이 있었다. 책에는 순회설교자 아더 블레시트(Arthur Blessit)와의 만남은 빠져 있고 오직 복음주의의 영웅인 빌리 그래함과의 만남을 통해 부시의 인생이 변화된 것으로 묘사되어 있다. 부시는 1999년 봄 대통령 출마를 앞두고 가진 한 잡지, 「위클리스탠다드」(Weekly Standard)의 프레드 반스와의 인터뷰에서 "나는 빌리 그래함에게 하나님과 예수 그리스도에 관해서 질문했습니다. - 좀 빈정거리는 질문이었죠. 그런데 빌리 그래함은 나의 빈정거림을 전혀 개의치 않는 표정이었습니다… 당신도 아마 그런 사람을 만나면 무슨 말을 해야 할 지 잠시 망설이게 될 터인데 말이죠"[19]라며 빌리 그래함과 있었던 몇 가지 세부적인 이야기를 더 밝혔다.

 부시는 선거에서 빌리 그래함 카드를 쓰는 데에 매우 신중했다. 그것은 정당정치와 거리를 유지해야만 하는 빌리 그래함에 대한 예의 때문이기도 했고 다른 한편으로는 빌리 그래함을 친구로서 존경했기에 그를 정치적으로 이용하려하지 않았던 자신의 아버지에 대한 예의 때문이기도 했다. 부시가 1999년 12월에 아이오와에서 있은 토론회에서 그리스도를 자신의 인생에 가장 큰 영향력을 준 철학자라고 말했을 때 빌리 그래함은 "참으로

---

19) Barnes, "The Gospel According to George W. Bush," *Weekly Standard*, March 22, 1999, 20.

경탄할만한 답변입니다"[20]라고 부시를 칭찬했다. 그리고 며칠 후 빌리 그래함은 「워싱턴포스트」와의 인터뷰에서 "사람들이 부시가 내용이 없는 사람이라고 말합니다.[21] 그러나 그것은 사실이 아닙니다. 그는 지금 도덕적 품성으로 강력하게 무장된 사람입니다. 혹 그들이 말하는 부시의 젊은 시절의 방탕함은 사실이지만 말입니다"라고 부시의 신앙 형성 과정에 대한 설명이 일부 평가절하 되었다고 설명했다.

이제 80살이 된 빌리 그래함에게는 차기 대통령이 자신의 제자라고 해서 크게 자부심을 가질 것은 아니었다. 2000년도 내내 빌리 그래함은 부시의 대통령 선거운동에 대해 거의 완벽에 가까울 정도로 침묵을 지켰다. 부시 또한 2000년도 내내 빌리 그래함에게 예의를 다했다.

"교회성장 컨설턴트"인 브라이언 제이콥은 2002년 빌리 그래함의 텍사스 전도집회 이후 자신의 교회를 포트 워스에서 시작했다. 제이콥은 1988년 이래 거의 모든 빌리 그래함의 전도집회에 자원봉사자로 활동했다. 2000년 선거의 해가 돌아오자, 제이콥은 부시와 빌리 그래함을 유권자 앞에 동시에 등장시키기 위해 노력했다. 제이콥은 부시의 회심에 미친 빌리 그래함의 역할에 관한 이야기가 대통령 선거에서 유권자의 표심을 흔들 수 있는 가장 강력한 무기가 될 것이라고 생각했다. 제이콥은 2006년에 "만약 미국 국민이 그 이야기를 듣는다면 저절로 투표장으로 걸어 나올 것입니다. 그렇게 만드는 것이 나의 간절한 소망이었습니다"[22]라고 회고했다.

2000년 여름, 제이콥은 오스틴에 있는 칼 로브에게 그리고 몬트릿의 빌리 그래함의 사무실에 그해 10월 하순 잭슨빌 전도집회에서 만날 것을 강력히 요청하는 팩스를 보냈다. 제이콥은 만약 부시가 참석하지 않는다면 자기 혼자서라도 부시의 회심과 빌리 그래함의 역할에 관하여 증언하려

---

20) "Graham Rejects Farrakhan As 'Unifying Force,'" *Ottawa Citizen*, January 3, 2000.
21) BG, quoted in David Von Drehle and Dan Balz, "Bush, McCain Clash in Debate; Campaign Finance, Taxes Draw Fire in Spirited Forum," *Washington Post*, January 7, 2000.
22) Brian Jacobs, interview, May 5, 2006.

는 계획도 세웠다. "복음주의 우파들을 투표장으로 끌어내는 데에 그것보다 강력한 홍보는 없었을 것입니다." 제이콥은 부시와 빌리 그래함 모두 자기의 아이디어에 지대한 관심을 가졌지만 결국은 둘 다 참여하지 않았다고 회고했다. "두 사람 모두 그 문제를 꺼내려고 하지 않았습니다." 결국 제이콥은 속보이는 전략을 포기했다. 어느 날 아침 제이콥은 무릎을 꿇고[23] "만약 당신이 빌리 그래함과 부시가 하나가 되는 것을 원하시면 당신이 그 길을 친히 인도해 달라고…"라고 하나님께 기도했다.

 제이콥은 자신이 혼자라고 생각했다. 사실 제이콥은 웨드 이외에는 어느 누구와도 자신의 계획을 의논하지 않았다. 비록 부시가 웨드의 조언을 수용하지 않았지만 제이콥은 암묵적으로 수많은 전략을 논의하고 시행하고 있다고 생각했다. 당시 웨드는 텍사스 주지사 공관 안에 있는 부시의 개인 팩스로 수많은 메모를 전송했다. 그리고 웨드는 부시와 장시간 대화를 하면서 부시와의 대화 내용을 녹음해서 거의 9시간짜리 분량의 녹음테이프를 소지하고 있었다(웨드는 이 사실을 부시에게 비밀로 했다. 그러나 2004년도에 녹음테이프의 내용의 일부가 노출되자 웨드는 부시의 팀에서 추방되었다). 제이콥이 외부에서 부시팀을 압박했다면 웨드는 텍사스 오스틴에 있는 내부 그룹에게 압력을 넣었다. 웨드는 2000년 10월 25일 "빌리 그래함을 무대로 나오게 하시오!"라는 최후의 메시지를 부시에게 보냈다.

 그때까지 부시와 빌리 그래함은 거리를 유지하고 있었다. 부시는 선거 막판에 복음주의 유권자들에게 호소해서 얻을 수 있는 것이 더는 없었고, 반면 빌리 그래함은 자신의 정치적 독립성을 보호해야만 했다. 그러나 웨드는 한 걸음 더 나가기로 결심하고 부시의 옆구리를 살짝 건드렸다. 웨드는 10월 25일에 보낸 최후의 메모에서 빌리 그래함이 부시를 사적으로 지지연설을 하고 싶어 한다는 간접보고를 받았다고 적었다.

 사실 간접보고는 증거가 희박했다. 그럼에도 불구하고 웨드는 물러서

---

23) Jocobs, interview, December 13, 2006.

지 않았다. 웨드의 전략은 부시가 빌리 그래함에게 전화를 걸어 전도집회에 참석하고 싶다는 의사를 살짝 비추라는 것이었다. 웨드는 "당신이 빌리 그래함에게 전화를 걸어서 친구들이 계속 잭슨빌 전도집회에 참석하라고 강요하지만 당신은 빌리 그래함을 너무 사랑하고 존경하고 빌리 그래함이 정치적으로 보이는 것을 원치 않기 때문에 여러 이유로 단호히 거절했다고 말하는 것입니다.[24] 그러면 누가 압니까? 빌리 그래함이 감동을 받아서 당신이 전도집회에 오는 것을 환영한다고 손을 내밀지 말입니다. 이것은 당신에게 커다란 유익을 가져다 줄 것입니다. 여론조사에 의하면 전선의 상황은 밝지 않습니다. 당신이 얻을 수 있는 복음주의 그룹 내 여성 표는 아직 부족합니다"라고 덧붙였다.

부시가 웨드의 메모를 읽었는지는 밝혀지지 않았다. 혹 부시가 읽었다면 부시가 그대로 행했을 것인가도 알 수 없다. 어쨌든 한 주일이 지나 빌리 그래함의 잭슨빌 전도집회가 열렸다. 그리고 여전히 방탕했던 부시의 과거가 불식되지 않아서 부시의 발목을 잡고 있었다.

11월 2일, 폭스 TV 메인 주(洲) 방송이 부시가 1976년 노동절에 음주운전으로 경찰에 체포된 적이 있었다고 폭로했다. 당시 30살인 부시는 벌금을 물었고 운전면허는 중지를 당했다. 선거를 목전에 두고 주지사 부시의 방탕했던 과거가 다시 수면 위로 뚫고 나오자, 부시의 진영과 지지자들은 전율했다. 이 폭로는 정치적 타격을 주기 위해 의도된 것이라는 의심이 있었지만 그것이 문제가 아니었다. 부시가 체포 사실을 비밀에 부쳐왔던 것이 문제였다.

뉴스는 계속해서 부시의 성격과 정직성에 대해서 수많은 의문을 제기했다. 즉 부시가 배심원의 의무를 수행할 때, 배심원의 의무를 지는 사람이 적어내는 설문지의 항목에 자신의 체포 사실을 표시했는지의 여부 그리고 이러한 질문을 하는 기자들에게 정직하게 말했는지의 여부 등의 의문이 꼬리를 물었다. 그러나 부시는 "그때는 내가 젊었을 때였고 무책임했던

---

24) Wead, memo to GWB, Ocotober 25, 2000.

시절입니다. 나는 어렸고 책임이 무엇인지 잘 모를 때였습니다"라며 의문에 세세하게 답하기 보다는 총체적인 시인만 했다. 선거를 며칠 앞두고 부시는 자신의 과거를 실수로 돌리려고 애를 썼다. 금요일 아침 부시는 미시건의 그랜드 래피즈에 있는 한 신학교에서 "나는 선거 기간 내내 내 인생에 실수가 많았다는 사실을 국민 앞에 분명히 밝혔습니다.[25] 이제 여러분 앞에 부끄럽지 않게 말할 수 있습니다. 나는 그러한 실수를 통해 인생을 배웠습니다. 국민과 함께 자신의 경험과 지혜를 나누는 것이 리더의 역할이라고 생각합니다"라고 말했다.

부시의 음주운전 폭로사건이 터진 지 이틀 후인 토요일 저녁, 여론조사 결과 여러 주에서 고어가 강세를 보이는 것으로 나타났다. 국민이 관심을 빨리 전환하기를 희망하는 부시 진영은 기자들에게 누가 음주사건을 막판에 터뜨렸는지 조사하라고 압박했다. 그날 밤 늦게, 부시는 제트기를 전세 내어 잭슨빌로 날아갔다. 그곳에서 7만 명의 청중이 빌리 그래함의 설교를 듣고 있었다. 부시 고위 참모진들은 빌리 그래함과 빠른 시간 내에 면담해야 한다는 결론을 내고 선거 직전 일요일에 스케줄을 잡았다.

다음날 아침, 부시는 5명의 잭슨빌 지역 목사들이 공동 주관하는 연합예배에 참석했다. 예배 후 부시는 호텔로 돌아와 빌리 그래함과 아침식사를 같이했다. 그 자리에는 부시의 부인 로라(Laura)와 빌리 그래함의 아들 프랭클린도 함께했다. 그리고 네 사람은 짤막한 성명을 발표하기 위해 기다리고 있던 기자들과 카메라맨 앞에 나타났다. 부시가 "경주의 마지막 순간에 목사님과 함께 커피도 마시고 또 기도를 받으니 마음이 편안해졌습니다.[26] 빌리 그래함 목사님은 내 인생에 가장 큰 영향을 주신 분입니다"라고 먼저 말했다.

기자들은 왜 빌리 그래함이 더는 선거에 관여하지 않겠다고 오랫동안 지켜왔던 맹세를 깨고 부시와 함께 나타났는지 궁금해 했다. 빌리 그래함

---

25) GWB, quoted in Tim Burger, "In the Driver's Seat: The Bush DUI," chapter 4 of Larry Sabato, *Overtime! The Election 2000 Thriller* (New York: Longman, 2002), 79.
26) Ibid.

은 "저는 후보자들 지지선언을 하지 않았습니다. 그러나 부시에 대해 말하기 위해 여기 섰습니다. 왜냐하면 그것이 매우 중요하기 때문입니다. 저와 우리 가족이 누구를 찍었는지 추측해 보십시오. 이번 돌아오는 화요일이면 우리나라는 거대한 승리와 변화를 맞이할 것입니다. - 그것은 하나님의 선한 손길에 달려있습니다. 저는 이 사람(부시)의 신실성을 믿고 있습니다. 저는 부시와 어린 시절부터 알고 지냈습니다. 그리고 그의 청년시절도 알고 있습니다. 우리는 부시를 매우 자랑스럽게 생각합니다"라고 했다. 빌리 그래함은 부시와 그의 아내에게 사랑스런 표정을 보여주곤 "하나님의 인도하심으로 부시가 승리하면 저는 모든 힘을 다해 그가 성공적인 대통령이 되도록 도울 것입니다"[27]라고 다시 말했다.

빌리 그래함의 입장에서 좋게 말하면, 이것은 빌리 그래함이 가진 순진한 외고집의 표출이라고 할 수 있다. 그러나 최악으로 말한다면 개인적인 우정과 공적인 지지 사이의 균형을 스스로 깨버린 것이었다. 그러나 부시 입장에서 보면, 위기에 처한 공인에게 신앙이 줄 수 있는 특혜를 누린 것이었다. 부시는 빌리 그래함을 부축해 마지막 집회가 열리는 무대로 올라갔다. 그것은 국민 마음속에 남아있던 그에 대한 불명예를 지워버리는 기회가 되었다.

칼 로브에 따르면 이 날 아침의 만남은 부시에게 뜻밖의 성과를 주었다. 로브는 "부시와 빌리 그래함 두 사람은 잭슨빌에서 서로 다른 곳에 있었습니다. 그런데 주지사가 빌리 그래함이 그곳에 있었기 때문에 빌리 그래함에게 개인적으로 찾아뵙겠다고 한 것입니다"라고 말했다. 로브는 부시가 전도집회에 참석하려는 계획이나 빌리 그래함의 지지선언을 받아내려는 의도는 전혀 없다고 말했다. "주지사는 자연스레 자신의 예의를 갖춘 것이고 빌리 그래함 역시 자연스레 부시를 지지하게 된 것입니다."[28]

---

27) BG, quoted in Jake Tapper, "Bush Makes a final push in Florida," Salon com, November 5, 2000.
28) Rove, interview, February 5, 2007.

부시와 빌리 그래함의 만남이 순전히 우연의 발로였는지, 아닌지는 누구도 모른다. - 그리고 그렇다고 믿기는 어렵다 - 분명한 것은 이 일로 부시 캠프는 완전히 다시 살아났다는 것이다. 그날 아침 늦게 CBS 뉴스의 '전국 상황'(Face the Nation) 진행자인 쉬퍼가 플로리다 주지사인 젭 부시에게 앨 고어 부통령이 멤피스 조찬 기도회 모임에서 한 말에 대한 반응을 물었다. 앨 고어는 "우리의 선택에 따라 선이 악을 이기게 될 것입니다. 나는 그 시간이 다가오고 있음을 느낍니다"라고 말했다. 젭 부시(Jeb Bush)는 그에 대해 "만약 고어가 우리 형을 악이라고 지칭한 것이라면 나도 할 말이 있습니다. 형은 지금 아침 식사를 하고 있습니다. 잭슨빌에서 빌리 그래함 박사와 아침을 함께 하고 있단 말이지요. 형의 영혼에 악이 있다면 아마 빌리 그래함 박사님이 모두 빼내어 주시지 않을까요?"[29]라고 반격했다.

부시와 그의 동생은 그날 '태양빛의 주'(Sunshine State)인 플로리다의 네 지역을 돌며 선거유세를 가졌다. 빌리 그래함은 그날 오후 잭슨빌 전도집회를 끝마쳤다. 나흘 동안에 그의 설교를 듣기 위해 찾아 온 사람은 25만 명이 넘었다.

그로부터 48시간이 채 안되어 투표를 플로리다를 비롯하여 전국적으로 실시했다. 투표가 끝난 후, CNN의 래리 킹이 부시의 대변인 플레셔에게 마지막 순간에 빌리 그래함이 등장한 것이 어떤 차이를 만들어냈는지에 대해 물었다. 그는 "백중의 선거전에선 아무리 작은 것이라도 중요합니다"[30]라고 대답했다.

그러나 선거의 결과를 알기 위해선 37일간의 시간을 더 기다려야 했다.

---

29) Jeb Bush, interview with Bob Schieffer, *Face the Nation*, CBS, November 5, 2000.
30) Ari Fleischer, interview with Larry King, *Larry King Live*, CNN, November 7, 2000.

THE PREACHER AND THE PRESIDENTS

결론

한 사람 인생이 주는 교훈

　　텔레비전과 신문들은 모두를 초청하고 있었다. - 오세요, 와서 마지막으로 그의 말을 들으세요 - 초청장은 가로등 전신주에도, 벽에도, 버스에도 붙어 있었다. 내용은 와서 그의 이야기를 듣고 하늘의 음성을 들으라는 것이며 또한 시대적 경고도 담겨있었다.

　　뉴욕 시 남북을 가로지르는 모든 고속도로 표지판은 교통정체의 상황을 알려주고 있었다. "대중교통 이용 바람", 기온은 화씨 95도(섭씨 35도 - 역주)를 가리키고 있었으며, 살을 데울 것 같은 뜨거운 공기로 인해 숨을 쉬기조차 어려운 날씨였다. 곳곳에 "오존경보" 사인도 반짝이고 있었다. 그러나 사람들은 뒤 범퍼에 물고기 마크를 붙인 승용차와 미니밴 승합차로, 수백 대의 학교버스로, 수만 명의 사람은 맨하탄에서 7번 전철을 타고, 플러싱(Flushing: 퀸즈區에 있는 한인 밀집지역 - 역주)일대에 사는 사람들은 걸어서 모여들었다. 플러싱은 거의 100여개의 언어가 통용되는 곳이다. 소방관들은 코로나 공원으로 출동해서 넓은 잔디밭과 뛰어다니는 어린아이들을 위해 물세례를 주고 있었다. 놀랍게도 수없이 펼쳐있는 의자들 사이로 산들바람이 불어왔다. 독자들은 어떻게 수십 년에 걸쳐 수백회의 전도집회가 날씨와 관계없이 이루어질 수 있었는지 독자들은 궁금할 것이다. 빌리 그래함은 93에이커(약 12만평 - 역주)나 되는 퀸즈(뉴욕시의 5개 구(區)중에 하나 - 역주)의 야외 예배당에 에어컨이라도 설치했단 말인가?

　2005년도 여름 뉴욕집회를 사람들은 빌리 그래함의 마지막 집회라고 말한다. 전 세계 700명의 저널리스트들이 참석하였고 모든 방송매체들은 거기에 집결했다. 모든 앵커맨은 빌리 그래함에게 존경을 보내는 인터뷰를 하기위해 자리했다. 수십 년 동안 빌리 그래함을 취재해왔던 연합통신의 오스틀링도 보였다. 빌리 그래함의 집회에 흥을 돋기 위해 동원된 젊은이들은 왜 이렇게 많은 사람들이 이 노인의 설교를 듣기 위해 이곳에 왔는지 이해할 수 없었을 것이다. 그러나 이전 집회에서도 동일한 현상이 나타났었다. 빌리 그래함의 전도집회 기록관(Chronicler)은 처음 취재를 나온 기자들이 하룻밤만 집회장에 앉아있으면 밀려드는 군중으로 인해 깜짝 놀라게 된다고 회고했다. 그만큼 빌리 그래함의 전도집회는 어떤 장소에서 개최되든, 인기 절정의 록밴드나 최고의 스포츠 팀도 만들어 낼 수 없는 청중으로 넘쳐났다.

　신참 기자가 놀라며 말했다. "상상을 초월하네요."

　기록관이 대답했다. "놀랬나요, 당신이 처음이 아닙니다."

　거대한 이동용 카메라가 마치 공룡이 풀을 뜯어먹는 것처럼 군중의 머리를 비추며 지나갔다. 그러나 카메라는 군중의 규모만을 포착할 수 있을 뿐이다. 경찰이나 주최측은 어떤 때보다도 다국적인 인종과 다국적 문화가 어우러진 집회라고 평했다. 3일간 집회에 25만 명 이상의 청중이 모였다. 1,400개 교회가 호스트로 참여한 이 집회는 7만 개의 간이용 의자가 설치되었다 - 세인트루이스에 있는 한 회사를 포함해서 4개의 회사가 의자를 기증했다 - 가족으로 온 사람들은 잔디밭에 소풍용 돗자리를 깔고 앉았다. VIP석에는 마이클 블룸버그(Michael Bloomberg) 뉴욕시장, 찰스 슈머(Charles Schumer) 상원의원, 여러 경제계 인사들이 앉아 크리스천 록 밴드인 '자 오브 클레이'(Jars of Clay)의 연주를 들으며 시작을 기다리고 있었다.

　드디어 빌리 그래함이 아들 프랭클린의 부축을 받으며 천천히 모습을 드러내었다. 빌리 그래함은 검은 조끼와 양복을 입고 아주 천천히 걸어 나왔다. 그는 엉덩이 골반 뼈가 부서지는 부상을 입은 상태였다. 친구에게 경의를 표하기 위해 온 클린턴 부부가 그 뒤를 따랐다. 빌리 그래함이 연단에 오르자 그때 모든 청중이 기립해 함성과 함께 박수를 쳤고 빌리 그래함의 눈가에 눈물이 흘렀다.

환영사에서 빌리 그래함은 클린턴 부부를 "자신의 절친한 친구들"이라고 소개했다. "저는 클린턴에게 대통령직에서 물러나면 전도자가 되어야만 한다고 말했습니다. 그것은 그가 모든 자질을 갖추고 있기 때문입니다." 그리고 빌리 그래함은 잠시 멈추었다. 그의 눈이 깜박이더니 다음과 같이 말을 이었다. "그런데 클린턴은 자기 부인을 대통령에 출마시킬지도 모릅니다."

여전히 빌리 그래함은 변하지 않았다. - 빌리 그래함의 판단력이 흐려졌다는 세간의 판단도 변함없었다 - 힐러리에 대한 빌리 그래함의 언급은 다시 한 번 회오리바람을 불러일으켰다. 신문의 칼럼들은 빌리 그래함이 이제는 힐러리를 지지 선언했다고 비평했고 빌리 그래함을 비난하는 편지도 쇄도했다. 결국 빌리 그래함의 아들 프랭클린은 「샬롯옵저버」에 아버지의 말은 농담이었다고 해명해야만 했다.

클린턴은 빌리 그래함의 환영사에 대한 응답에서 "저는 이 분을 사랑합니다. 저는 이 분의 가르침을 따랐습니다. 이 분이야 말로 자신의 신앙을 삶으로 보여준 유일한 사람입니다"라며 진지하게 말했다.

클린턴이 자리에 앉자 빌리 그래함은 믹 재거(Mick Jagger: 영국의 록 음악가 - 역주)와 성경을 인용하며 예수 없는 인생의 무의미에 대해 설교하기 시작했다. "비록 노력하고 또 노력한다 할지라도, 예수 없이는 만족을 얻을 수 없습니다." 그는 청중이 살아가는 삶의 세계를 지적하기 위해 새로 개봉된 영화 스타워즈(Star Wars)에 대해 그리고 뉴스에 나온 여러 사건들의 의미에 대해 설명한 후 메시지의 본론으로 들어갔다. "여러분들은 사랑받기를 원하고 있습니다. 성경은 하나님께서 여러분을 사랑하신다고 말합니다." 그의 말은 화살같이 빠르게 청중을 향해 날아갔다. "하나님은… 여러분을… 사랑하십니다."

집회는 언제나 초청의 시간 이후 끝났다. 교회를 다니는 사람이나 안 다니는 사람, 젊은이나 노인이나 누구든 관계없이 예수를 마음에 영접하기를 원하는 사람은 앞으로 나왔다. 이때 성가대는 초청의 찬송을 불렀다. -

"큰 죄에 빠진 날 위해… "(통일찬송 339장 - 역주)- 빌리 그래함은 미소를 지으며 조용히 서 있었다. 그는 마치 사람들이 자기에게 오기를 간절히 바라고 있는 듯 종종 눈을 감았다. 사람들은 통로를 통해 물밀듯이 앞으로 쏟아져 나왔다. 앞으로 나온 그들에게 여러 나라 말로 성구가 적힌 - 스페인어, 한국어, 아르메니아어, 타밀어, 아랍어, 포르투갈어, 중국어, 인도어 - 팸플릿이 전달되었다.

카메라와 휴대용 컴퓨터를 통해 집회를 지켜보고 있던 한 기자가 기자석을 넘어 앞으로 나왔다. 그리고 진리를 발견한 듯 이 상담자 앞에 섰다.

클린턴은 빌리 그래함을 "믿음을 삶으로 보여준 사람"이라고 말했다. 빌리 그래함의 정치적 목회에 관한 이야기는 반론과 은혜가 교차했던 풍운아적인 이야기다. 빌리 그래함이 직면했던 긴장감과 유혹들 그리고 균형을 잡으려고 애썼던 노력, 시험에 넘어졌던 순간들 이 모든 이야기는 두 왕국 사이를 순례하는 모든 이들에게 모든 종류의 지침 - 안내판과 경고판 - 을 제공하고 있다. 앞으로 어떤 목사도 그리고 어떤 영역의 사람도 빌리 그래함과 같은 역할을 할 사람은 없을 것이다. 그는 권력과 밀접한 거리를 유지하며 오랫동안 역할을 수행했다. 그는 정치인 뿐 아니라 수많은 경제계 인사, 세계의 지도자와 친분을 나누었다. 그를 필요치 않는 시대는 없었으며 그를 모르는 나라도 없었다. 그는 전 세계적인 인물로 전 세계인의 존경을 받은 인물이다. 콜슨은 "빌리 그래함은 하나님을 경외하는 마음을 잃어버린 적이 없었다"[1]라고 말했다. 콜슨은 권력이 인간의 영혼에 미치는 영향을 정확히 이해하고 있던 사람이었다. 그는 "한 친구가 말하기를, 20세기의 가장 큰 기적 중의 하나는 빌리 그래함이 여전히 겸손한 사람으로 남아있는 것이라고 했습니다"라고 말했다.

사실 더 큰 기적은, 시간이 지날수록 빌리 그래함은 더 겸손했으며, 더 자주 자신의 실수를 인정했고, 확실한 것을 요구하는 사람들에게 자신이 모르는 것을 과장하지 않았다는 것이다. 미국의 가치를 유일한 것으로 확신하고 강력한 반공산주의자 대열에 섰던 빌리 그래함은 시간이 지나면서

---

1) Colson, interview, July 18, 2006.

점점 다양한 견해를 가진 세계시민이 되었다. "복음을 전하기 위해 다른 나라에 갈 때 저는 미국의 대사가 아니라 하나님 나라의 대사라는 마음으로 갑니다."²⁾ 그의 백악관 방문도 같은 의미를 부여할 수 있을지 모른다. 그는 백악관에 갈 때 선거구민의 의사를 대변하기 위해서가 아니라 그리스도의 특사의 자격으로 갔다.

빌리 그래함은 우익과 좌익의 계속된 비난공세에 직면했는데 비난의 내용은 빌리 그래함이 권력자에게 진실을 말하려는 용기가 없었다는 것이다. 빌리 그래함은 권력에 타협하고 아부하는 인물이어서 권력자에게 기쁨과 위로를 주려고 열심인 나머지 물러설 때와 도전할 때를 전혀 분간하지 못했다는 비판을 적대자들한테서 받았다. 1950년대 여론이 전쟁과 평화, 권리와 문화 등에 관해 선택을 요구했을 때, 좌익의 행동주의자들은 왜 빌리 그래함은 마틴 루터 킹과 함께 거리에 나서지 않았으며, 왜 빌리 그래함은 닉슨과 수없는 골프회동을 가졌으면서도, 인도차이나 반도에 폭탄세례를 중지하라고 닉슨에게 조언하지 않았는지에 의문을 제기했다. 우익세력은 왜 빌리 그래함은 전도집회에서 낙태와 동성연애 그리고 급진적인 법원의 판결 등에 대해 반대 의견을 제시하지 않았는지에 대해 의문을 제기했다. 목회자들이 빌리 그래함에 대해 가장 논쟁하는 부분은 빌리 그래함이 전혀 논쟁적인 인물이 아니었다는 것이다. 열정적인 사람들은 빌리 그래함이 전혀 사회문제에 분노를 표시하지 않으며 첨예한 대립을 비켜가는 것에 분노했다.

빌리 그래함은 자신의 사명은 수많은 다윗 왕들을 꾸짖어야 하는 나단 예언자와 같지 않다고 말했다. 또한 권력자에게 진실을 말하지 않는다는 공격에는 오히려 그것은 권력자가 진리에 의해 변화될 때 가능하다고 받아쳤다.

빌리 그래함이 사적으로도 대통령들에게 반대의견을 개진하지 않으려고 한 것이나, 공적으로 그들을 질책하지 않은 것은 가장 중요한 진리는 복음의 진리라는 그의 확신에 근거한 것이었다. 그는 지상의 문제를 거론하기 시작하면 복음을 증언할 기회를 상실한다고 늘 말했다. 대통령들은 하

---

2) "A Challenge from Evangelicals," *Time*, August 5, 1974.

나님이 기름 부었으며 자신의 사명은 그들과 함께, 그들을 위하여 기도하는 것이라고 빌리 그래함은 확고히 믿었다. 그러면 나머지는 저절로 될 것이라는 것이 그의 생각이었다.

빌리 그래함과 생각이 다른 사람에게는, 그의 사역은 무익할 뿐 아니라 위험한 것으로 보였다. 대통령들이 신에 의해 택함 받은 사람이라는 빌리 그래함의 사고는 대통령들로 하여금 의도는 좋으나 최악의 결정을 부추길 수 있었고, 비판을 수용하지 않으며, 목적보다 수단을 중요시하는 사람들로 만들 수 있었다. 또한 대립하는 갈등은 최선의 지혜를 찾아내는 민주적 토대를 붕괴할 위험이 있었다. 워터게이트 사건 이후, 그가 신뢰하는 인물들로 가득했던 닉슨 행정부가 그가 가장 혐오하는 방법으로 국정을 농단했다는 명백한 증거에 직면한 빌리 그래함은 확실하게 사회개혁적인 종교 장려운동에서 발을 빼고 헌법 제일 조항인 교회와 국가의 분리의 정신 - 우리는 교회와 국가를 명예롭게 여기며 둘을 안전하게 보호한다 - 을 재발견한다.

왜 빌리 그래함이 대통령들을 보호하려고 했는지, 그 이유들은 더 찾을 수 있다. 빌리 그래함은 갈등을 싫어했다. 그는 사람들을 선동하는 것도 그리고 투쟁하는 것도 싫어했다. 빌리 그래함은 수 십 만의 사람들의 지원을 업고 대통령에 대해 도전할 수 있었다. 그러나 대통령들과 그들의 가족들은 빌리 그래함에게 목사의 직무를 행할 수 있는 순수한 기회를 제공했다. 한 번 대통령에 당선되면 그들이 풍파를 일으키지 않고 교회에 출석하기란 불가능했다. 빌리 그래함의 지적에 의하면 교회 또한 심각한 정치적 장소로 변해버린다. 빌리 그래함은 대통령들에게 예배를 제공했고 대통령들은 빌리 그래함의 회중이었다.

대통령들의 입장에서 보면, 빌리 그래함과의 연합은 여러 면에서 도움을 주었다. 대통령들은 그들의 신앙이 국민의 입담에 오르기 시작할 때 지뢰밭을 통과하는 것과 같았다. 많은 정치인들이 이러한 국민의 정서에 두려워 떨었다. 그들은 무엇을 말해야 할지, 누구를 멀리해야 할지, 너무 나가는 것도, 가만히 있는 것도 문제가 될 때가 부지기수였다. 빌리 그래함은 안내자였고 가장 독실한 신자 대통령일지라도 빌리 그래함의 안내를 기대했다.

그러나 그것만으로 빌리 그래함이 존슨의 백악관을 20번 이상 방문한 것을 설명하지 못한다. 그들의 연대는 우정과 영적 위로를 넘어서는 것이었다. 대다수의 대통령들은 최고의 지성을 소유했지만 사적인 자리에서, 때로는 공개적으로, 지식인들을 경멸했다. 최소한이라도 그런 경향이 있는 대통령들은 - 특별히 케네디 - 빌리 그래함과 친밀한 관계를 맺는다. 대부분의 대통령들은 스스로 자신을 행동하는 사람으로, 과감하게 위험을 무릅쓰는 사람으로, 역사를 움직이는 사람으로 여겼다. - 아이젠하워, 존슨, 닉슨, 레이건 그리고 조지 W. 부시는 그것을 이상적인 대통령 이미지로 생각했다. 그러나 학자인 체하는 지식인들은 늘 한쪽으로 물러나 앉았다 - 심지어 트루만도 어려운 결정은 전혀 하지 않고 의자에만 앉아있는 정치인을 경멸했다. 그러나 용기있는 사람들이 역사를 만들었다. 대통령들은 빌리 그래함이 세계 역사에 빛날 인물임을 알아보았다. 세속왕국의 주인이 되어 본 그들은 영적왕국의 왕자인 빌리 그래함을 자신과 동일시했다. 빌리 그래함이야 말로 생각보다는 행동하는 사람이었다. 그는 하나의 거대한 사상으로 두려움 없이 행동했다. 즉 하나님이 자신을 온 세계에 복음을 전달하는 사람으로 부르셨다는 생각에서 그는 한 치의 흔들림도 없었다. 빌리 그래함은 사람들이 그의 사상은 너무나 단순할 뿐 아니라 인간이 처한 상황을 도외시한다고 맹렬히 비판해도 앞으로 전진했다. 심지어 미국 전도자를 환영하지 않는 나라까지 파고 들어가 수백만의 사람을 복음 앞으로 인도했다. 대통령들은 모두 빌리 그래함의 이러한 모습을 보고 경탄했다. 대통령들은 하나같이 "어떻게 그들을 당신 앞으로 나오게 합니까?"라고 빌리 그래함에게 물었다. 빌리 그래함은 대통령들의 특별한 친구였고 대통령들은 직무에서 물러나서도 빌리 그래함을 찾았다. 그들은 세계에서 가장 특이한 클럽의 회원들이라 할 수 있다.

대통령과의 우정은 늘 선거의 해에 문제를 일으켰다. 빌리 그래함은 거듭해서 정치에 개입하지 않는다고 맹세했다. 그러나 거듭해서 그는 정치에 빠지고 말았다. 그는 언제나 국민에게 자신은 민주당원으로 성장했으며 양당에 많은 친구들이 있다고 말했다. 이 말은 사실이긴 했지만, 그는 오래전에 미국의 주류를 이룬 온건한 공화당원이 된 것도 명백한 사실이었다. 빌리 그래함은 민주당 친구들이 출마하면, 공화당 후보를 도우라는 압력을 버텨내는 것으로 그들을 도왔다. 그러나 빌리 그래함은 아이젠하워나 닉슨을 도왔던 것만큼 존슨이나 클린턴을 돕지 못했다. 물론 카터나 케네디는 전혀 돕지 못했다. 두 명의 부시는 상대적으로 덜 도왔다. 그러나 존슨, 카터, 클린턴을 포함하여 어느 대통령이라도 개인적이던, 정치적이던, 위기를 당하면 그들의 도움 요청을 받아들여 그들의 편에 서 주었다.

대통령에게 다가간 빌리 그래함의 동기를 살펴보면, 그가 정치를 기본적으로 좋아했지만 정치를 활용하려는 실제적인 유혹과는 거리가 멀었다. 그가 대통령의 힘을 이용해 사회적 의제나 법률안을 실행하려고 했다는 증거는 없다. 그는 일반사람들이 생각하는 것보다 재물을 얻기에 훨씬 많은 기회가 있었지만, 정치적 관계를 이용해서 개인의 부를 추구하지도 않았다. 또한 이미 소유하고 있는 것보다 더 큰 명예를 탐내지도 않았다. 반대로 실추된 명예를 회복하기 위하여 빌리 그래함에게 다가간 이들은 대통령들이었다. 대통령과의 우정이 빌리 그래함에게 준 것이 무엇일까 하고 사람들이 질문한다면 떠오르는 한 가지 이야기가 있다. 그것은 그를 인터뷰하러 간 첫날 우리에게 직접 해 준 이야기이다. 빌리 그래함의 뒤로 문이 열려 있었는데 그곳은 대통령의 허락이 없으면 절대로 들어갈 수 없는 곳이었다고 한다(그는 대통령의 허락으로 백악관을 들어가 보았다). 그것이 대통령과의 우정이 준 실제적인 혜택이었다. 그러나 우리는 그들의 우정은 전 세계적으로 영향력을 미쳤다는 느낌을 받았다.

빌리 그래함은 자신의 이상인 '정치적 중립'을 다짐하지만 무대 배후에서 대통령 친구를 도울 수 밖에 없었다. 그 결과 그는 종교 지도자들이 정치적 무대에서 배역을 맡게 되는 길을 열어놓았다. 그는 다음 세대의 목회자들은 치열한 정당 간 선거에 싸움에 휘말리지 않게 될 것이라고 내다보았다. 역사가 마틴 마티는 "우리나라가 빌리 그래함을 가졌다는 것은 행운 중의 행운입니다. 왜냐하면 그의 마음속에는 저속한 동기가 전혀 없기 때문입니다"라고 말했다. 마티는 미국의 기독교를 진보와 보수로 나누지 않고 "저속"(mean)과 "성숙"(nonmean)으로 나누었고 "만약 빌리 그래함이 저속한 기독교를 택해, 인간애와 세속세계를 거부하는 운동을 행했다면 우리는 이미 30년 전에 문화적으로 두 극단으로 나뉜 미국을 보고 있었을 것입니다"[3]라고 말했다. 빌리 그래함은 아마 미국의 정치적 유산을 자랑스럽게 생각하지 못했던 최후의 사람이 될 수도 있다. 만약 논쟁에서 독설이 사라지고, 자기 주장보다는 더 듣는 일이 많아지고, 분노보다는 겸손이 지배하는 날이 오면 말이다. 그때 빌리 그래함은 그런 논쟁을 지켜보는 것을 기뻐하게 될 것이다.

우리는 2007년 1월에 빌리 그래함을 마지막으로 만났다. 우리의 첫 방문 이후 거의 1년이 지났다. 그때 우리는 많은 것을 물었고 그가 대답했다. 그러나 알고 싶은 하나의 미스터리가 있었다.

우리의 재방문 길은 첫 번째와 거의 흡사했다. 잠시 동안이지만 1년 전의 방문을 기억하며 그 곳을 향했다. 다시 한 번 우리는 몬트릿의 언덕 아래에서 빌리 그래함의 최고위 참모인 데이빗 브루스(David Bruce)를 만났다. 그리고 가파른 산길을 달렸다. 빌리 그래함의 집으로 가는 길엔 녹색의 꽃들과 잎은 없지만 크고 단단한 나무들이 줄지어 있었다.

빌리 그래함의 일과는 매일 비슷했다. 아침에 일어나 기도하고, 가벼운 아침을 하고, 경건의 시간을 가졌다. 그리고 잠깐 눈을 부친 후 점심을 들고, 이후에 그는 성경을 읽었고 방문객이 있으면 손님을 맞아 담소했다. 오후엔 운동을 했는데 보통 언덕 아래 길을 걸어 내려갔다. 어두워지면 그는 고양이 같이 몸을 움츠리고 현관 근처 낡은 나무의자에 앉아 있곤 했다. 저녁식사 후엔 거의 놓치지 않고 CNN의 래리 킹의 프로를 시청했다. 잠들기 전까지 긴 기도의 시간을 가졌다.

우리가 다시 만났을 때, 문에서 나온 빌리 그래함은 웃으며 반겨주었는데 88세의 나이에 비해 강건해 보였다. 그는 우리를 다시 한 번 그의 개인 서재로 안내했다. 서재는 다시 꾸며져 있었다. 좀 더 밝고 산뜻한 색 페인트를 내부에 칠해 놓았고 책과 사진들도 더 많아졌다. 그의 시력은 많이 나빠졌는데 최근에 매요(Mayo)지역의 의사들이 그의 망막퇴축현상을 치

---

3) "American Revival: A life Spent Bringing That Old-time Religion to Everybody," *Minneapolis Star-Tribune*, June 16, 1996.

료하기 시작했다. 그래서 빌리 그래함은 큰 글자 성경도 읽기가 어려웠다. 그는 담담하게 "인생이 그런 것이죠. 점점 늙어가고 있습니다"라고 말했다.

어떤 면에선 빌리 그래함은 1년 전보다 더 강건해 보였지만 룻은 많이 쇠약해 갔다. 그녀는 그날 오후 구급차에 실려 15마일 떨어진 애쉬빌 지역에 있는 병원으로 호송되었다. 지난 가을 이후 그녀의 나쁜 건강상태로 인해 빌리 그래함은 아내에게 온 신경을 쏟았다.

빌리 그래함은 뉴스를 통하여 백악관의 친구가 어려움에 처해 있다는 사실을 알게 된다. 조지 W. 부시의 대통령직은 2006년에 붕괴의 위험을 맞이했다. 대다수 나라들이 이라크 전쟁에 의구심을 보냈다. 공화당은 중간선거에서 민주당에 상하의원 모두 패배했다. 이러한 뉴스를 보면서, 빌리 그래함은 부시의 계속되는 초청을 거절한다는 것이 곤혹스러웠다고 말했다. "저는 부시 대통령이 점심이나 아니면, 오후에 자신과 로라와 함께 차 한 잔을 나누자고 초청했기 때문에 편지를 썼습니다. 저는 그 초청을 벌써 세 번이나 연기하고 있었습니다. 그것은 제 부인의 병세 때문에 응하기가 어려웠기 때문입니다. 참으로 곤혹스러웠습니다." 빌리 그래함은 확실히 이라크 전쟁의 전개되는 양상과 그것으로 인해 대통령이 곤혹을 치루는 것에 대해 가슴 아파하고 있었다. 빌리 그래함은 이라크에 관한 이야기는 하고 싶지 않다고 말했다. 그러나 바로 "이라크에 대해 생각하면 마음이 무거워집니다… 그것이 부시에게 어떤 영향을 미칠지 생각해 보았습니다. 탈출구가 쉽게 보이지 않는 것 같습니다"라고 말했다. 빌리 그래함은 자신의 손자가 군 순찰대로 이라크에서 복무하고 있다는 사실에 대해선 한 마디도 언급하지 않았다.

빌리 그래함은 또한 2008년 대선에 대해 깊은 관심을 나타냈다. 그는 양당의 레이스 열기를 듣고 있었다. 빌리 그래함은 매사추세츠의 미트 롬니(Mitt Romney)에 대해선 잘 알지 못한다고 말했다. 그러나 그의 아버지인 조지는 알고 있었다. 빌리 그래함은 전 매사추세츠 주지사인 롬니에게 국민이 몰몬교도 롬니를 어떻게 생각하는지에 대해 깊이 생각해야 한다고 조언했다. "롬니는 극복할 수 있을 겁니다. 그는 케네디가 가톨릭이었기 때문에 당했던 문제에 직면해 있다고 봅니다."

빌리 그래함은 존 매케인(John McCain)의 선거운동도 지켜보고 있었다. 두 사람은 만난 적은 없었다. 빌리 그래함은 "저는 그에게 반드시 해 줄 말이 있습니다"라고 말했다. 빌리 그래함은 베트남 전쟁 중에 자신이 베트남을 방문했던 일을 말했다. "베트남으로 가는 길에 호놀룰루에 3, 4일 들렀습니다. 그때 태평양 함대 사령관인 매케인 장군(존 매케인의 아버지 - 역주)은 저를 초청해서 그를 만난 적이 있었습니다. 그는 저에게 베트남전 포로가 된 아들의 이야기를 말했습니다. 우리는 무릎을 꿇고 함께 기도했습니다. 베트남에서 돌아오면서 이번에는 제가 그를 찾아갔습니다. 그의 아들은 여전히 포로상태였고 우리는 또 다시 함께 기도했습니다. 이런 이야기를 매케인 상원의원에게 할 수 있는 기회가 지금까지 없었습니다."

빌리 그래함은 버락 오바마(B. Obama)에 대해선 알지 못했고, 20년간 친구로 지내온 힐러리의 선거운동 과정을 예의주시하고 있었다. "저는 그녀와 계속 연락하고 있습니다. 그녀에 대해 많이 생각합니다."

과거의 선거전에 관해 물었을 때, 빌리 그래함은 어떤 부분에서는 선명히 기억했는가 하면 어떤 부분에서는 희미하게 기억했다. 그는 매우 조심스레 말했고 우리는 알고 싶었던 대부분의 것을 얻었다. 우리가 아무리 오래 앉아 있었어도, 많이 들을 수 없었던 부분은 빌리 그래함, 그 자신에 관한 이야기였다. 우리는 그의 공적을 진심으로 인정하려고 했고 그리고 어떻게 그런 성취를 이루어 낼 수 있었는지 설명해 달하고 하자, 빌리 그래함은 손사래를 치며 과연 자신이 무슨 영향을 미쳤는지 알 수 없다고 말했다.

시간이 늦어 마지막으로 우리가 지난 2년간 몰입했던 그 질문을 던졌다. 어떻게 그것을 다루어 나갔는지, 즉 정치와 종교 사이에서 밀접한 삶을 살았던 그에게 찾아올 수밖에 없는 전 방위적 압박을, 원칙을 희생하지 않고, 기초를 무너뜨리지 않고, 균형을 상실하지 않으면서 어떻게 다루어 나갔는지를 물었다.

그는 주저하지 않고 "저는 앉아만 있지 않고 그 문제와 씨름을 했습니다. 또는 생각에 생각을 거듭했습니다. 저는 단지, '원래의 나'이려고 노력했습니다. 우리에게는 다섯 자녀가 있는데 모두 성격이 다릅니다. 그들은 모두 자신의 생각이 있고 서로 다른 환경에서 자랐습니다… 그들은 모두 견해가 다릅니다. 저는 그들 모두를 있는 그대로 받아들입니다. 그들을 모두 사랑합니다. 이것이 제가 사람을 대하는 방법입니다"라고 말했다.

우리는 그가 가려고 했던 길을 어렴풋이 이해하기 시작했다. 우리는 빌리 그래함의 인생 이야기가 두 가지라고 생각한다. 하나는 공인들과의 개인적인 우정, 다른 하나는 위대한 전도자의 정치적 목회사역이다. 그에게는 대통령도 가족과 같았을 뿐이다. 그리고 친구들이었다. 그의 이러한 원칙은 상황이 달라졌다고 변하지 않았다. 그는 대통령과 그 가족들을 사랑했고 용서했으며 어려울 때 그들과 함께 있어주려고 노력했다. 결국 빌리 그래함은 우리는 모두 똑같으며 또 똑같은 것을 원한다고 말했다.

"저는 그 사람의 이름은 잊었지만 어느 유명한 사람이 이렇게 말한 것을 기억하고 있습니다. '나는 내가 미워할 만한 사람을 한 번도 만난 적이 없다.'" 빌리 그래함은 아주 진기한 순간을 연출했다. 그는 카메라를 자기에게로 비추게 했다. 그리고는 계속 말했다. "저도 그렇게 느낍니다. 저는 사람들을 미워하지 않았습니다. 어떤 사람에게 복수하고 싶다고 느낀 적이 없었습니다. 그리고 제가 기억하는 모든 사람에게 결코 질투의 감정을 느낀 적도 없었습니다."

그는 "그것은 주님이 주신 선물이었습니다. 예수께서는 당신의 사역의 대부분을 사랑의 필요성에 대해 말하시는데 사용하셨습니다. 그리고 사랑을 보여주셨습니다. 그 사랑 때문에 십자가에서 돌아가셨습니다. 예수님은 사랑을 받을 자격이 없는 죄인들을 사랑하셨습니다. 그것이 은혜입니다. 은혜는 하나님께서 자격이 없는 우리들을 용서하셨다는 것을 말하는 것입니다. 이 복음의 소식이 저에게는 너무 놀라운 것입니다"라고 말했다.

의자에 앉아 있다가 몸을 앞으로 움직이면서 말하는 빌리 그래함의 목소리는 또렷했고 확신에 넘쳤다. 그의 말은 주저함이 없었다. 적당한 말을 찾으려고 생각에 잠길 필요도 없었다. 일평생, 한결같이 빌리 그래함은 그렇게 말했다. 우리는 또 하나의 전도집회 현장에 앉아 있었던 것이다.

자료소개

빌리 그래함의 자서전은 12권이다. 그리고 빌리 그래함 자신이 쓴 책이 25권이며, 대부분의 그의 책은 수백만 권씩 팔렸다. 그는 살아생전 최다 인터뷰 기록을 가지고 있다. 그것은 반세기 이상 공적인 무대에서 활동했던 그의 인기와 비중을 말해준다. 휘튼대학에 있는 빌리 그래함 센터는 그의 전도집회에 관해 방대한 자료를 보유하고 있다. 다시 말하면, 빌리 그래함의 공적인 생애를 살펴보는데 자료의 부족함이란 없다는 말이다.

빌리 그래함의 자서전 중에서 윌리암 마틴(William Martin)이 1991년에 쓴 『존경받는 예언자』(*A Prophet with Honor*)가 단연 으뜸이다. 방대한 자료와 연구 분석 그리고 빌리 그래함이 한 수많은 인터뷰를 근거로 하였기 때문에 빌리 그래함의 생애와 사역에 대해 전모를 알기 원하는 사람은 반드시 읽어야 할 책이다. 마틴의 또 다른 책, 『우리의 편이신 하나님과 함께』(*With God on Our Side*)는 PBS의 인물 안내서 시리즈의 일환으로 나온 책으로, 종교의 역사에서 빌리 그래함의 위치와 역할을 잘 설명하고 있는 책이다.

빌리 그래함의 자서전 중 가장 우수한 책 중의 하나는 스탠리 하이(Stanley High)가 쓴 『빌리 그래함: 그의 메시지와 사역 그리고 그의 인간적 면모』(*The Personal Story of the Man, His Message and His Mission*)가 1956년에 출판되었다. 하이는 저명한 저널리스트가 되기 전에 독학으로 신학을 공부한 사람이요 목사의 아들이었다. 또 한때 아이젠하워의 연설문 작성을 담당하였다. 그는 빌리 그래함의 매력과 그가 받는 인기, 그의 메시지의 내용 등에 대해 의심과 공정성이라는 두 잣대를 가지고 기술하였기 때문에 그가 속한 언론사의 사장으로부터 곱지 않은 시선을 받아야했다. 마치 1958년「홀리데이」(*Holiday*)에서 빌리 그래함의 프로필을 두 분야로 나누어 기술했던 노엘 휴스턴(Noel Houston)의 글처럼, 1960년에 윌리엄 맥롤린(William McLoughlin)이 쓴 『빌리 그래함, 세속시대의 부흥사』(*Revivalist in a Secular Age*)는 날카로운 통찰력을 보여준다. 권위 있는 자서전으로 제일 먼저 나온 것은 존 폴락(John Pollock)이 1966년에 쓰고 그 후 계속적으로 확대 보충하여 1979년에 최종본이 나온 『세계를 향한 전도자』(*Evangelists to the World*)이다. 그해 또 한 권의 책이 나왔는데 마샬 프레디(Marshall Frady)가 쓴 『빌리 그래함: 미국인의 정의를 보여주는 하나의 우화』(*A Parable of American Righteousness*)이다. 이 책은 닉슨의 백악관을 광야로 여기며 순례하며 그가 새로운 진리를 발견한다는 내용을 담고 있다.

빌리 그래함 자신이 쓴 회고록의 하나는 『내 모습 이대로』(*Just As I Am*) 이다. 이 책은 1997년에 발간되자마자 베스트셀러가 된 책으로 대통령들과의 만남을 통해 그가 배운 교훈을 솔직하게 회고하는 내용을 담고 있다. 룻 빌리 그래함은 양녀로 삼은 패트리카아 콘웰(Patrica Cornwell)이 후에 소설가가 되었기 때문에 자신의 이야기가 책으로 나오는 행운을 맞는다. 콘웰이 그녀를 위해서 쓴 책은 『회고의 시간, 룻 벨 빌리 그래함의 이야기』(*A Time for Remembering: The Ruth Bell Graham Story*)로 1983년에 출간되었다.

데이빗 프로스트는 수십 년에 걸쳐 빌리 그래함과 인터뷰를 했다. 그의 인터뷰는 종교와 정치에 관한 빌리 그래함의 통찰력 그리고 자신의 역할 문제로 씨름을 하고 있는 빌리 그래함의 모습을 제공해준다. 그는 이러한 내용을 다음의 책에 담았다. 『빌리 그래함: 공인으로서 갖는 개인적 사고』(*Personal Thoughts of a Public Man*)

　빌리 그래함이 겪은 정치와 종교의 상관관계에 대한 다른 측면을 알기 위해서 우리는 대통령들의 일기나 회고록 그리고 현대의 저명한 대통령 사가들의 저술들을 참조했다. 그들은 다음과 같다. 데이빗 맥컬로우, 로버트 달렉, 로버트 케로(Robert Caro), 로우 캔논(Lou Cannon), 도리스 케른스 굿윈, 스티븐 앰브로스(Stephen Ambrose), 리차드 리브스(Richard Reeves), 존 해리스(John Harris) 그리고 마이클 베쉬로스(Michael Beschloss) 등이다. 데오도르 H. 와이트(Theodore H. White)의 『대통령 만들기』(*Making of the President*)는 1960년부터 1972년까지의 선거운동을 파헤치면서 그러한 선거가 갖는 진정한 의미가 무엇인지를 상기하여 준다. 대통령의 도서관들은 각각 빌리 그래함과 대통령 간에 일어났던 일들을 기록한 문서들을 가지고 있다. 대통령과 주고받은 많은 서신들은 아무리 사소한 것일지라도 공식적인 것이었다. 특히 친분을 나눈 초기단계의 서신들은 형식적인 것들이 많다. 그러나 친분을 깊게 맺을수록 대통령들의 목소리가 달라졌고 호칭도 '빌리 그래함 목사'에서 '빌리'로 바뀌었다. 특별히 닉슨과의 관계에서는 1960년 선거기간 중 정치적 조언을 하는 편지도 상당했고 심지어 닉슨에게 편지를 읽고 파기시킬 것을 요청하는 편지도 있었다. 대통령 도서관들에는 빌리 그래함의 정치적 행위에 대해 보고하는 내부 메모들도 있었다. 우리는 메모의 여백에서 손으로 직접 쓴 글씨를 발견하기도 했다. 존슨이 1968년에 빌리 그래함이 닉슨을 지지할지도 모른다는 경고성 메모를 받고 그 위에 친필로 "내가 어떻게 빌리 그래함을 막을 수 있나!"라고 쓴 문서도 우리는 보았다.

　특히 버지니아대학교의 밀러 센터의 도움으로 빌리 그래함과 존슨이 전화로 잡담하는 것을 온라인으로 생생하게 들을 수 있었다.

백악관과 빌리 그래함
THE PREACHER AND THE PRESIDENTS
Billy Graham in the White House

2009년 8월 5일 초판 발행

지은이 | 낸시 깁스 · 마이클 더피
옮긴이 | 류 장 열

펴낸곳 | 사) 기독교문서선교회
등록 | 제16~25호(1980. 1. 18)
주소 | 서울시 서초구 방배동 983-2
전화 | 02) 586-8761~3(본사)   031) 923-8762~3(영업부)
팩스 | 02) 523-0131(본사)   031) 923-8761(영업부)
홈페이지 | www.clcbook.com
이메일 | clckor@gmail.com
온라인 | 기업은행 073-000308-04-020, 국민은행 043-01-0379-646
　　　　　　예금주: 사)기독교문서선교회

ISBN 978-89-341-1044-6(03230)
* 낙장 · 파본은 교환해 드립니다.

1949년 로스앤젤레스 전도집회에서의 빌리 그래함. 이때 그는 전국적인 스포트라이트를 받는다.

빌리 그래함과 그의 동역자들이 1950년 트루만 대통령과 면담을 마친 후 백악관 뜰에서 기도하고 있다(좌로부터, 제리 비아벤, 클리프 바로우스, 빌리 그래함, 그래디 윌슨).

1952년 워싱턴 전도집회 때의 빌리 그래함. 12명 이상의 상하의원이 매일 밤 집회에 참석했다. 그러나 트루만 대통령은 많은 사람의 권유에도 불구하고 참석하지 않았다.

1952년 6월 레이건 부부와 함께 영화시사회 모임에 참석한 빌리 그래함. 이 기간 중 할리우드는 레이건 주연의 빌리 그래함의 인생에 관한 영화가 만들어질 것이라는 소문으로 소동을 겪었다.

1952년 8월 빌리 그래함이 아이젠하워에게 성경을 선물했다. 그는 이 성경을 침대 머리에 놓고 수시로 읽곤 했다.

빌리 그래함이 부통령인 닉슨과 친해진 후, 수시로 그가 읽을 성구를 뽑아 보내곤 했다.

1957년 7월 20일 10만 명이 넘는 군중이 빌리 그래함의 설교를 듣기 위해 양키 스타디움을 찾았다. 단상에서 닉슨은 청중을 휘어잡는 빌리 그래함의 능력을 우선적으로 증언했다.

취임식 며칠 전 케네디는 빌리 그래함을 초청해 팜 비치 골프장에서 골프를 함께했다. 골프가 끝난 후 그들은 함께 기자회견을 했다. 이 모임은 플로리다 상원의원인 조지 스마더스(George Smathers)(오른쪽 끝)가 주선했다.

빌리 그래함은 정기적인 대통령 초청 조찬 기도회를 포함하여 몇 번밖에 케네디를 만나지 못했다.

존슨과 빌리 그래함이 1966년 국가조찬 기도회에 함께 했다. 존슨은 다른 어떤 대통령보다 자주 빌리 그래함을 백악관에 초청해 함께 밤을 보냈다.

베트남 전쟁으로 건강이 악화되고 대통령직에 대한 의욕을 상실할 때, 존슨은 빌리 그래함이 옆에 있어주기를 원했다. 존슨은 한밤중에도 빌리 그래함을 침실로 불러 기도를 요청했다.

1968년 미주리주 인디펜던스에 있는 트루만의 집을 방문했다. 그리고 그의 도서관을 돌아본다.

1969년 닉슨의 취임식: 빌리 그래함은 존슨과 그리고 닉슨과 너무 친밀해서 존슨의 백악관 마지막 주간 그리고 닉슨의 백악관 첫 번째 주간에 백악관에서 그들과 함께 보낸다.

1969년 애너하임 전도집회에 캘리포니아 주지사인 레이건과 그의 부인 낸시가 함께했다.

1970년 5월 닉슨이 캄보디아 폭격을 명령한 후 정치적 곤경에 빠졌을 때 빌리 그래함은 자신의 녹스빌 전도집회에 닉슨을 초청해서 대학생들에게 연설을 하게 한다.

1971년 10월 15일 노스캐롤라이나 샬롯에서 있은 '빌리 그래함의 날' 행사에 닉슨과 함께 군중의 환호에 답하고 있는 빌리 그래함

1974년 포드가 대통령직을 승계하기 직전, 그와 함께 샬롯에서 열린 캠퍼프로 암대회에서 골프를 즐기고 있는 빌리 그래함

빌리 그래함은 다른 어떤 대통령보다 카터와 신학적으로 공유된 입장을 나누었다. 그러나 두 사람은 결코 가깝게 지내지 못했다. 1980년 선거 후, 빌리 그래함과 카터 그리고 부통령 당선자인 조지 부시가 빌리 그래함이 설교한 워싱턴의 한 교회에서 예배가 끝난 후 함께 했다.

부통령 부시와 빌리 그래함이 1982년 남침례교총회에 참석. 단상에서 담소하고 있다. 부시가 1988년 공화당 후보지명에 대해 관심을 갖기 시작할 때, 빌리 그래함은 1986년 워싱턴 전도집회를 취재한 텔레비전 방송에서 그를 걸출한 지도자로 소개했다.

레이건 대통령이 빌리 그래함에게 1983년 자유의 메달 수상자로 시상하면서 함께했다.

1983년 워커스 포인트에서 조지 W.부시와 그의 쌍둥이 딸들

1989년 리틀록 전도집회에 아칸소 주지사인 클린턴이 참가했다. 클린턴은 13살 때 빌리 그래함 전도본부에 아무도 모르게 헌금을 했다.

빌리 그래함 부부는 메인의 케네벙크포트에 있는 부시의 여름 별장에 정기적으로 방문했다. 맨 오른쪽이 대통령의 어머니인 도로시 여사

1990년 초반 국가 조찬 기도회에서 힐러리와 클린턴과 함께 앉은 빌리 그래함

1993년 6월 26일 닉슨의 기념도서관 앞에서 있었던 닉슨의 부인 팻의 장례식에서 빌리 그래함이 설교했다. 빌리 그래함은 닉슨의 어머니 한나의 장례식도 집례했다.

1994년 애틀랜타에서 카터 전 대통령과 사적인 만남을 갖는 빌리 그래함

클린턴이 1997년 자신의 두 번째 취임식 후 오찬장에서 빌리 그래함을 껴안고 있다. 그로부터 1년 후 빌리 그래함은 섹스 스캔들로 인해 탄핵 사태를 맞은 클린턴을 변호하여 용서에 관한 설교를 한다.

빌리 그래함은 2000년 선거 이틀 전 플로리다 잭슨빌에서 조지 W. 부시 지지를 선언한다.